Datenbanken

Konzepte und Sprachen

Andreas Heuer
Gunter Saake

Datenbanken
Konzepte und Sprachen

Zweite, aktualisierte und erweiterte Auflage

mitp

Die Deutsche Bibliothek — CIP-Einheitsaufnahme

Heuer, Andreas:
Datenbanken: Konzepte und Sprachen /
Andreas Heuer; Gunter Saake
– Bonn : mitp-Verlag, 2000
ISBN 3-8266-0619-1

ISBN 3-8266-0619-1
2. Auflage 2000

Printed in Germany

© Copyright 2000 by mitp-Verlag,
ein Geschäftsbereich der verlag moderne industrie Buch AG & Co. KG, Landsberg
All rights reserved

Druck
Media-Print, Paderborn

Umschlaggestaltung
Justo Garcia Pulido, Bonn

Satz und Layout
Andreas Heuer, Rostock; Gunter Saake, Magdeburg

Vorwort zur zweiten Auflage

Die erste Auflage des Biber-Buches erschien im September 1995 [HS95]. In der seitdem verflossenen Zeit ist die Entwicklung im Datenbankbereich nicht stehengeblieben — wichtige Themen in den Jahren 1999 und 2000 wie UML, SQL-99, XML, JDBC und SQLJ, objektrelationale Datenbanken, Internet-Datenbanken, Datenbankintegration in Föderationen, semistrukturierte Datenbanken und Data Warehouses spielten damals noch keine wichtige Rolle oder waren nicht in präsentierbarer Form. Daher ist es nun an der Zeit, mit der zweiten Auflage eine umfassendere Überarbeitung vorzunehmen, die hiermit vorliegt.

Verweise auf den zweiten Band

Ein weiterer Grund für eine Überarbeitung ist die Fertigstellung des lang angekündigten "Biber-2"-Buches [SH99a], das sich primär Implementierungstechniken für DBMS widmet und daher das alte Kapitel 10 "Weitere Komponenten und Aufgaben" überflüssig macht. Dieses Kapitel wurde nunmehr entfernt, und Verweise auf [SH99a] wurden an vielen Stellen eingebaut. Gleichzeitig werden einige Abschnitte aus [SH99a] in dieses Buch übernommen, da sie eher zu den grundlegenden Konzepten und Sprachen gehören (beispielsweise Date Warehouses, Data Mining, semistrukturierte Daten und XML, Multimedia-Datenbanken). Diese Abschnitte werden dann in zukünftigen Auflagen des "Biber-2"-Buches entfernt.

Neue Kapitelstruktur

Desweiteren erfolgte eine Umstrukturierung der Kapitel, wobei mehrere alte Kapitel aufgespalten wurden:

- Kapitel 3 (Datenbankmodelle): Die frühere Darstellung von Datenbankmodellen wurde in dieser zweiten Auflage deutlich erweitert und besteht nun aus zwei Kapiteln:

    - Kapitel 3 beschreibt die Datenbankmodelle, die für den Datenbankentwurf eingesetzt werden.

    - Kapitel 4 umfaßt alle konkreten Datenbankmodelle, die für die Realisierung in Datenbanksystemen genutzt werden.

- Kapitel 4 (Datenbankentwurf und -definition): Die frühere Darstellung wurde um Verfahren zur Integration von heterogenen Datenbanken und aktuelle Datendefinitionssprachen erweitert und besteht jetzt aus zwei Kapiteln:

    - Kapitel 5 konzentriert sich auf den konzeptionellen und logischen Entwurf eines Datenbankschemas.

    - Kapitel 7 enthält in einem eigenen Kapitel die Datendefinitionssprachen für verschiedene konkrete Datenbankmodelle.

- Kapitel 7 (Relationale Datenbanksprachen): Die bisherige Darstellung der relationalen Datenbanksprachen wie SQL und QBE wurde insbesondere im Bereich von SQL und verschiedener SQL-Erweiterungen deutlich vertieft und erstreckt sich nun auf zwei Kapitel:

    - Kapitel 9 beschreibt ausschließlich die relationale Datenbanksprache SQL und ihre Erweiterungen.

    - Kapitel 10 erläutert in einem getrennten Kapitel die weiteren relationalen Datenbanksprachen wie QUEL, QBE, die QBE-Variante MS-Access, sowie regelbasierte und objektorientierte Ansätze.

- Kapitel 9 (Sichten, Datenschutz, Integrität und Trigger): Das bisherige Kapitel mit dem "Sammelsurium" an weiteren Datenbankkonzepten wurde in drei Kapitel thematisch aufgeteilt und in jedem Thema deutlich ausgebaut:

    - Kapitel 12 beschreibt Integritätssicherungsverfahren und insbesondere Trigger-Konzepte, wobei die Methoden der neuen SQL-Sprachvorschläge berücksichtigt wurden.

    - Kapitel 13 enthält die Darstellung des Sichtkonzeptes und erweitert den bisherigen Abschnitt um ausführlichere Informationen zu Änderungsoperationen auf Sichten und Sichten in objektorientierten Datenbanken.

    - Kapitel 14 behandelt schließlich Aspekte der Zugriffskontrolle und insbesondere die Rechtevergabe in Datenbanksystemen.

Aktualisierungen und Erweiterungen

Unabhängig von den Kapiteln wurden speziell folgende Aktualisierungen und Erweiterungen vorgenommen:

- Detailliertere Diskussion von objektorientierten und objektrelationalen Modellen
- Übersicht über die Konzepte des aktuellen Standards SQL-99
- Modellierungs- und Sprachkonzepte für Data-Warehouse-Anwendungen
- Konzepte der Anwendungsprogrammierung im WWW-Umfeld

Unter anderem sind nun folgende Themen enthalten:

- SQL-99 und ODMG-97 (ODMG 2.0): Die neuen Standards für objektrelationale und objektorientierte Datenbanken
- UML für den objektorientierten Entwurf
- Mehrdimensionale Datenmodelle und OLAP-Operationen für Data Warehouses
- MS-Access als graphische Datenbankschnittstelle
- Konzepte von Suchmaschinen (Information Retrieval in Texten)
- SQL/PSM, ODBC, JDBC, SQLJ und CGI als Konzepte für die Datenbankanwendungsprogrammierung und die Erstellung von WWW-Applikationen
- Multimedia-Datenbanken, Digitale Bibliotheken und E-Commerce-Anwendungen

Dazu kommen viele Verbesserungen und Aktualisierungen im Detail.

Auch für die zweite Auflage geben wir in einer Abbildung 1 mögliche Wege durch das vorliegende Buch an. Nach den einführenden und damit grundlegenden Kapiteln 1 und 2 können verschiedene Kapitel übersprungen oder ausgewählt werden.

Da Datenbank-Vorlesungen unterschiedliche thematische Ausrichtungen haben können, haben wir im folgenden noch einmal verschiedene Schwerpunkte und die dazu passenden Kapitel aufgeführt. Ein $\sqrt{}$ bedeutet dabei "sehr wichtig", ein ∘ "bei Zeitknappheit nicht unbedingt notwendig" (siehe Tabelle 1).

Eine eher anwendungsorientierte Vorlesung für Wirtschaftsinformatiker oder Studiengänge mit Nebenfach Informatik könnte folgende Kapitel oder Abschnitte behandeln: 1, 2.1, 3.2, 3.3, 4.1, 5.2, 5.4, 6.1, 6.2, 7.1, 9, 11, sowie Teile von 12 bis 15.

Für Spezialvorlesungen in einer Vertiefungsrichtung Datenbanken werden in diesem Buch zumindest die "Anker" gelegt:

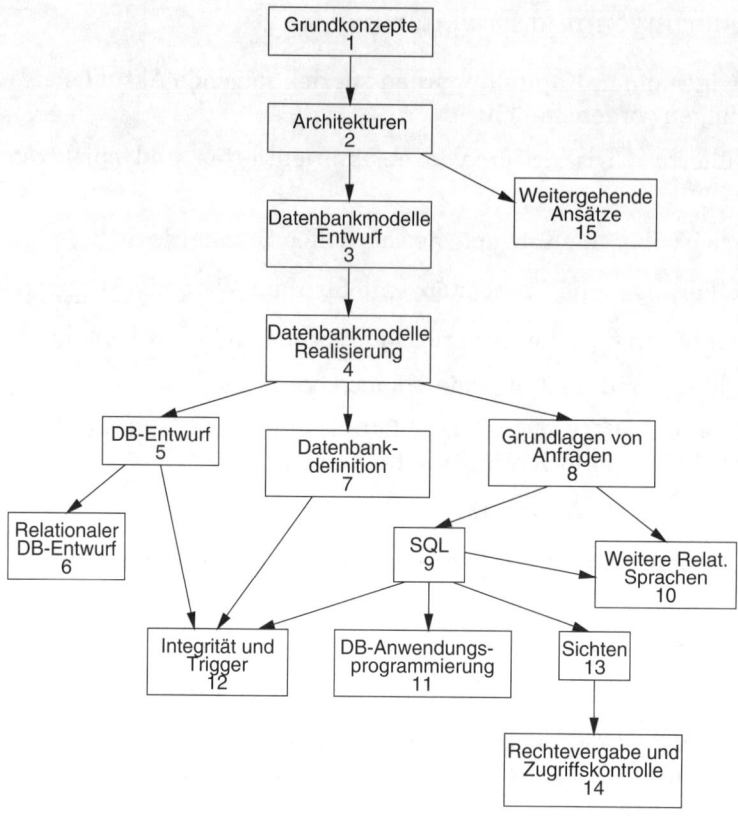

Abb. 1: Abhängigkeiten zwischen den Kapiteln der 2ten Auflage

- Eine Erweiterung der Kapitel 4 bis 7 ergibt eine Spezialvorlesung "Semantische Datenmodellierung und Datenbankentwurf".

- Kapitel 9 bis 11 können zu einer Vorlesung "Datenbank-Anwendungsprogrammierung" ausgebaut werden.

- Eine Erweiterung von Kapitel 12 führt zu einer Spezialvorlesung "Integritätssicherung".

Danksagungen

Zu danken haben wir bei dieser Neuauflage insbesondere für Korrekturen und Hinweise für Aktualisierungen und Erweiterungen unseren (jetzigen und ehemaligen) Mitarbeitern Benedikt Berger, Stefan Conrad, Antje Düsterhöft, Mar-

Kapitel:	1	2	3	4	5	6	7	8	9	10	11	12	13	14	15
Theorie	√		√	√		√		√		○		○	○		
DB-Entwurf	√		√	√	√	√	√					√	√	√	
DB-Sprachen	√			√			√	√	√	√	√	○	○	○	
Architektur	√	√							○		○	○	√		√

Tab. 1: Thematische Schwerpunkte und die dazu passenden Kapitel der zweiten Auflage

tin Endig, Thomas Herstel, Petra Kegler, Meike Klettke, Joachim Kröger, Wolfgang Lindner, Astrid Lubinski, Holger Meyer, Beate Porst, Denny Priebe, Kai-Uwe Sattler, Eike Schallehn, Ingo Schmitt, Kerstin Schwarz, Patrick Titzler, Can Türker und Gunnar Weber. Bei folgenden Studenten und weiteren Lesern der 1. Auflage können wir uns für weitere Korrekturen und sonstige Reaktionen bedanken: Kai Bleek, Tilmann Fingerle, Oliver Vornberger, Stefan Trapp, Monika Treipl und Andre Zeitz.

Die Beispiele in MS-Access und die zugehörigen Screenshots hat Gunnar Weber erstellt. Einige der neueren Abschnitte sind inspiriert durch Beispiele und Ausführungen aus anderen Büchern, bei denen einer der Autoren Alleinautor [Heu97] oder Mitautor [CHRS98, SST97, SS00] war. Ein herzlicher Dank gilt daher den Mitautoren dieser Bücher. Stefan Conrad, Ingo Schmitt und Kai-Uwe Sattler stellten Material zu einigen Themenbereichen zur Verfügung und waren kritische Korrekturleser der betroffenen Abschnitte.

Ein Dankeschön geht auch an den zuständigen Lektor des MITP-Verlages, Ernst Heinrich Pröfener. Andreas Heuer möchte sich schließlich bei seiner Frau Renate bedanken, die die drastischen Aufwandsunterschätzungen Ihres Mannes in Bezug auf Neuauflagen von Büchern über Monate mit Gelassenheit ertragen hat ("Ich muß hier noch das Biberbuch aktualisieren. Das ist nicht so schlimm. Das dauert nur ein paar Tage.").

Technische Hinweise

Alle technischen Hinweise bleiben im Vergleich zum Vorwort der ersten Auflage unverändert. Der Leser möge sich im folgenden Vorwort zur ersten Auflage in den entsprechenden Passagen informieren. Ein zusätzlicher Hinweis betrifft das Symbol □, das normalerweise am rechten Rand erscheint und das Ende von abgegrenzten "Umgebungen" wie Definitionen, Beispielen und Übungsaufgaben ankündigt.

Weitere Informationen

Auch die E-Mail-Adressen

```
heuer@informatik.uni-rostock.de
gunter.saake@cs.uni-magdeburg.de
```

und WWW-Adressen

```
http://wwwdb.informatik.uni-rostock.de/biber/
    http://wwwiti.cs.uni-magdeburg.de/biber/
```

bleiben unverändert. Der Verlag ist mittlerweile unter

```
http://www.mitp.de
```

erreichbar.

Frei verfügbare SQL-Datenbanksysteme

Während vor fünf Jahren noch kaum frei verfügbare Datenbanksysteme existierten, hat sich die Situation inzwischen entscheidend geändert. Viele Datenbanksysteme sind (zumindest für den Privatgebrauch oder die Ausbildung) Public Domain, wie beispielsweise die gerade im Linux- und Internet-Bereich beliebten mSQL und MySQL. Da beide Systeme leider nicht den in diesem Lehrbuch dargestellten Sprachstandard SQL-92 (und selbst nicht den älteren Standard SQL-89) unterstützen, können wir aber auch auf die meisten Hersteller relationaler Datenbanksysteme verweisen, die in vielen Fällen Versionen für den privaten Gebrauch, Evaluierungslizenzen oder zumindest zeitlich oder speicherplatztechnisch eingeschränkte Versionen frei verfügbar machen. Zu den derzeit bekannten Systemen gehören hier Adabas D (Software AG Darmstadt), DB2 UDB (IBM), Informix Dynamic Server / Universal Option, Sybase, CA Open Ingres II und Oracle 8i. Nähere Informationen halten wir auf den oben angegebenen WWW-Seiten zu diesem Buch bereit.

Rostock und Magdeburg, im Januar 2000

Andreas Heuer und Gunter Saake

Vorwort zur ersten Auflage

Datenbanksysteme gehören zu den entscheidenden Software-Bausteinen in einer modernen EDV-Umgebung und somit auch zu den Kernfächern in Universitäts- oder Fachhochschul-Studiengängen der Informatik und Wirtschaftsinformatik, aber auch in vielen Studiengängen mit Nebenfach Informatik. Während viele Konzepte und Komponenten von Datenbanksystemen wichtig für jeden Informatiker — teilweise sogar für viele EDV-Anwender — sind, gibt es auch Interna, die für Datenbankspezialisten wie Datenbankadministratoren oder Implementierer von Datenbanksystemen interessant sind, aber nicht für Informatiker mit anderer Spezialisierung oder gar den EDV-Anwender.

Dieses Buch **Datenbanken — Konzepte und Sprachen** behandelt primär die für den Anwender von Datenbanksystemen (und damit erst recht für den Spezialisten) entscheidenden Konzepte, Sprachen und Komponenten, die für ihn auch direkt sichtbar sind. Implementierungstechniken und interne Speicherstrukturen sind nicht Gegenstand dieses Buchs. Schwerpunktmäßig werden die wichtigsten Phasen im Datenbankeinsatz, also

- die Anwendungsmodellierung mit semantischen Datenbankmodellen,

- der Datenbankentwurf für klassische Datenbankmodelle, speziell für das Relationenmodell,

- das Auswerten und Manipulieren von Datenbeständen mit Hilfe von Anfrage- und Änderungsoperationen,

- die Umsetzung dieser Operationen in Datenbanksprachen wie SQL,

- die Spezifikation und Überwachung von Integritätsbedingungen, sowie

- der Einsatz von Sichten und Datenschutzmechanismen

behandelt. Dabei werden die Grundlagen und Prinzipien ausführlich motiviert und erläutert, aber auch die Umsetzung in kommerziell eingesetzte Sprachen detailliert vorgestellt. Damit soll der Bogen von den "Wurzeln" der Datenbank-technik bis zum Einsatz im kommerziellen Bereich geschlagen werden.

Das Buch ist speziell auch zugeschnitten auf Vorlesungen in modernen Studienplänen, die nach dem Vordiplom ein Kernstudium vorsehen, in dem die entscheidenden Bereiche der theoretischen, technischen und angewandten/praktischen Informatik gelehrt werden. Zu diesem Kernstudium, das dann für alle Informatiker obligatorische Vorlesungen enthält, paßt auch eine Vorlesung **Datenbanken — Konzepte und Sprachen**, wie sie mit Hilfe dieses Buchs gelesen werden kann. Nach dem Kernstudium können dann verschiedene Vertiefungsgebiete angeboten werden und speziell für Datenbank-Interessierte auch Systemdetails, Implementierungstechniken und spezielle Arten von Datenbanksystemen und Datenbank-Architekturen vorgestellt werden. Es ist geplant, daß diesem Buch weitere Bücher für dieses Vertiefungsstudium folgen. Die Struktur des ersten geplanten Buchs wird sich den Themen, die hier in Kapitel 10 und 11 nur angerissen werden, widmen und diese vertiefen.

In Abbildung 2 geben wir mögliche Wege durch dieses Buch an. Nach den einführenden und damit grundlegenden Kapiteln 1 und 2 können verschiedene Kapitel übersprungen oder ausgewählt werden.

Da Datenbank-Vorlesungen unterschiedliche thematische Ausrichtungen haben können, haben wir im folgenden noch einmal verschiedene Schwerpunkte und die dazu passenden Kapitel aufgeführt. Ein $\sqrt{}$ bedeutet dabei "sehr wichtig", ein ($\sqrt{}$) "bei Zeitknappheit nicht unbedingt notwendig" (siehe Tabelle 2).

Kapitel:	1	2	3	4	5	6	7	8	9	10	11
Theorie	√		√		√	√	(√)		(√)		
Datenbankentwurf	√		√	√	√				√		
DB-Sprachen	√		√			√	√	√	(√)		
Architekturen	√	√					(√)	(√)	(√)	√	(√)

Tab. 2: Thematische Schwerpunkte und die dazu passenden Kapitel

Eine eher anwendungsorientierte Vorlesung für Wirtschaftsinformatiker oder Studiengänge mit Nebenfach Informatik könnte folgende Kapitel oder Abschnitte behandeln: 1, 2.1, 3.2, 3.3, 3.4, 4.2, 4.4, 4.5, 5.1, 5.2, 7, 8, (9), (11).

Für Spezialvorlesungen in einer Vertiefungsrichtung Datenbanken werden in diesem Buch zumindest die "Anker" gelegt:

- Eine Erweiterung der Kapitel 4 und 5 ergibt eine Spezialvorlesung "Semantische Datenmodellierung und Datenbankentwurf".

- Kapitel 7 und 8 können zu einer Vorlesung "Datenbank-Anwendungsprogrammierung" ausgebaut werden.

- Eine Erweiterung von Kapitel 9 führt zu einer Spezialvorlesung "Integritätssicherung".

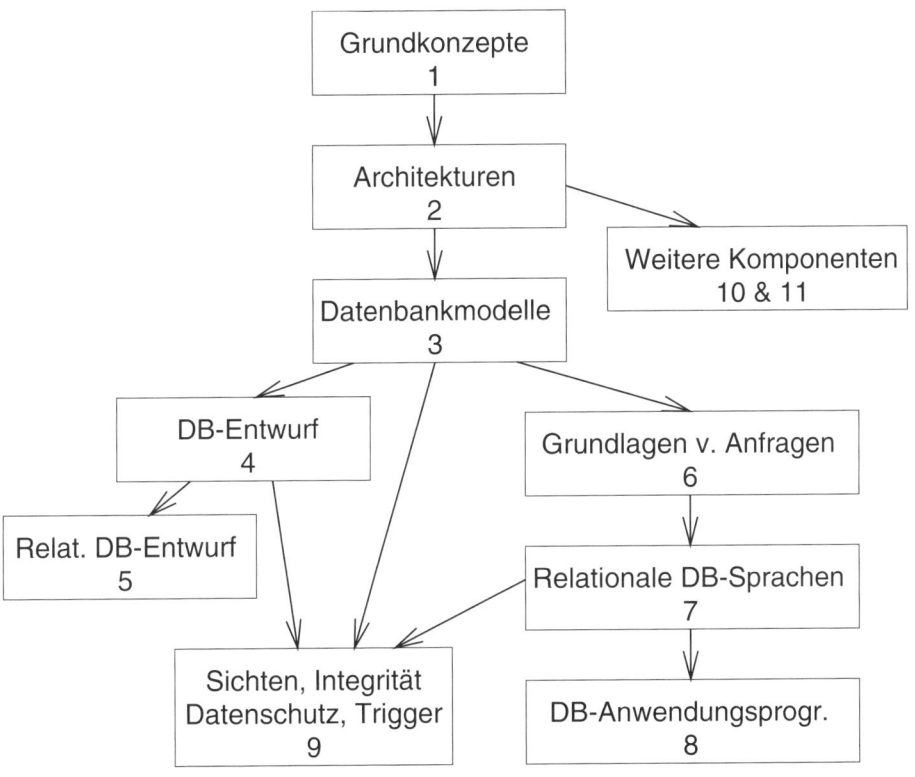

Abb. 2: Abhängigkeiten zwischen den Kapiteln dieses Buchs

- Kapitel 10 ist die Grundlage für eine übliche Fortsetzungsvorlesung ("Datenbanken II") zu der hier vorgeschlagenen Grundvorlesung ("Datenbanken I").

- Jeder Abschnitt von Kapitel 10 und jeder Abschnitt von Kapitel 11 reißt ein Gebiet an, das zu Spezialveranstaltungen ausgebaut werden kann (Anfrageoptimierung, Transaktionsverwaltung, verteilte Datenbanken, interoperable Datenbanken, ...).

Danksagungen

Zu danken haben wir einer großen Anzahl von Personen, die direkt oder indirekt zum Entstehen dieses Buchs beigetragen haben. Die Überlassung von Folienkopien und Skripten von Hans-Dieter Ehrich, Martin Gogolla, Udo Lipeck, Perdita Löhr-Richter, Gregor Engels, Gerti Kappel, Michael Schrefl, Stefan Conrad und Heinrich Jasper haben Inhalt und Aufbau des Buchs beeinflußt. Dies gilt auch für bestehende Lehrbücher zu dieser Thematik, wie die Bücher von Jeffrey Ullman [Ull88, Ull89], Ramez Elmasri und Shamkant Navathe [EN94], Gottfried Vossen [Vos94], Patrick O'Neil [O'N94], Chris Date [Dat95, DD93] und David Maier [Mai83].

Die Mitarbeiter in den Lehrstühlen beider Autoren mußten unter der Erstellung des Buchs aus diversen Gründen leiden. Unser besonderer Dank gilt darum

- den Rostocker Mitarbeitern Bernd Griefahn, Holger Meyer, Joachim Kröger, Uwe Langer[1] und Astrid Lubinski für inhaltliche Anmerkungen, konstruktive Kritik und das Beisteuern von Übungsaufgaben, sowie ganz besonders Jürgen Schlegelmilch für den 24-Stunden-Hotline-Support in Sachen LaTeX und die Mühe bei der Schlußredaktion,

- den Magdeburger Mitarbeitern Stefan Conrad, Thorsten Hartmann, Jan Kusch, Ingo Schmitt und Can Türker für inhaltliche Anmerkungen, konstruktive Kritik und das Beisteuern von Übungsaufgaben, sowie

- den ehemaligen Clausthaler und Braunschweiger Mitarbeitern, die an der Lehre im Bereich Datenbanken bis Anfang 1994 beteiligt waren, insbesondere Jutta Göers für das Beisteuern von Übungsaufgaben und Thomas Weik für die Mitarbeit beim "Showdown" der Korrekturphase.

Die Studenten in den Datenbank-Grundvorlesungen waren aufmerksame Hörer und kritische Leser von Skripten und anderen Vorversionen des Buchs. Gedankt sei den Studenten in Rostock, speziell den freiwilligen Korrekturlesern Holger Janz, Sven Popp, Jörn-Ulrich Meister und René Erdmann, den Studenten in Magdeburg als alpha-Tester des Buchmanuskripts, den Studenten in Clausthal-Zellerfeld und Braunschweig, die die Urur-, Ur- und Vorversionen des aktuellen Skripts schrittweise verbessern halfen.

Für konstruktive Hinweise zu Vorversionen danken wir ganz besonders Michael Schrefl, Alexander Schill, Bernhard Thalheim, Nelson Mattos und Klaus-Dieter Schewe. In zwei Korrekturrunden, für die wir uns herzlich bedanken, hat Ingrid Erdmann uns auf diverse sprachliche und stilistische Mängel hingewiesen. Korrekturhinweise, die in diesen korrigierten ersten Nachdruck eingeflossen sind, lieferten Stefan Conrad, Karl-Michael Goeschka, Joachim Kröger, Holger Meyer, Jürgen Schlegelmilch, Holger Riedel, Marcus Seelis, Can Türker, Mark Richters, Thomas Kudrass, Normen Seemann und Oliver Hein. Unser allergrößter Dank gilt jedoch Christa Loeser von International Thomson Publishing, die das ganze Buch hervorragend betreut hat, uns die gesamte organisatorische Arbeit abgenommen hat, die Kontakte zu LaTeX-"Stylisten" und SQL-Freeware-Lieferanten geschaffen hat und "Nerven aus Stahl" bewiesen hat, selbst als die Autoren zum x-ten Mal den Abgabetermin wieder einmal

---

[1] Danke auch für die Korrekturarbeit!

Vorwort

"um nur einen Monat" verschieben wollten. Danke für das dauernde Krisenmanagement, das Umplanen von Erscheinungsterminen und die Korrekturrunden auf der "Zielgeraden"!

Beschließen möchten wir die Danksagungen mit zwei persönlichen Dankesworten: Andreas Heuer möchte sich insbesondere bei seiner Frau Renate bedanken, die mit stoischer Ruhe den "nach-diesem-Buch-wird-es-endlich-ruhiger"-Zweckoptimismus ihres Mannes erträgt. Gunter Saake möchte sich bei seinen Eltern und den anderen Familienmitgliedern bedanken, die ihn während der Bucherstellung noch seltener zu Gesicht bekamen als üblich.

Technische Hinweise

Alle in diesem Buch auftauchenden Produktnamen können mit Trademarks belegt sein, auch wenn dies nicht kenntlich gemacht wird.

Bei der Angabe der Syntax von Anweisungen benutzen wir folgende Konventionen: Mit {, | und } wird eine Liste von Alternativen angegeben. Dagegen wird mit [und] ein Teil als optional markiert.

Wir benutzen im vorliegenden Buch einige typographische Konventionen, um bestimmte Textteile vom normalen Text abzuheben. Neu definierte Begriffe und Hervorhebungen werden in *Kursivschrift* notiert. `Programmtexte` und aus ihnen entnommene `Bezeichner` werden in einer nicht-proportionalen Schrift notiert; **`Schlüsselworte`** hierbei fett hervorgehoben. Speziell in SQL-Beispielen werden *Datentypnamen* und *Tupelvariablen* besonders hervorgehoben.

Häufig verwandte Abkürzungen wie RDBS sind im Anhang im Abkürzungsverzeichnis erläutert. Die Pluralform jeder Abkürzung bilden wir wie im Englischen durch ein angehängtes s. Der Plural von RDBS ist damit RDBSs.

Attributnamen wie `Inventarnummer` werden aus Platzgründen auch in abgekürzter Form (etwa `InvNr` oder `InventarNr`) verwendet, falls der volle Name aus dem Zusammenhang hervorgeht.

Die Strukturierung des Buchs erfolgt in numerierte Kapitel (etwa 2), Abschnitte (etwa 3.4) und Unterabschnitte (etwa 4.1.2). Paragraphen und Absätze haben eine Zwischenüberschrift, tragen aber keine Nummer.

Weitere Informationen

Zu diesem Buch können über die E-Mail-Adressen

```
heuer@informatik.uni-rostock.de
gunter.saake@cs.uni-magdeburg.de
```

Informationen angefragt und konstruktive Hinweise zum Inhalt des Buchs abgegeben werden, die wir bei einer weiteren Auflage des Buchs berücksichtigen können. Über WWW werden Schritt für Schritt weitere Informationen und Begleitmaterialien zu diesem Buch zur Verfügung gestellt, insbesondere

- Folien zu einer Datenbank-Grundvorlesung als Postscript-File,

- Lösungen zu ausgewählten Aufgaben und weitere Aufgaben zu den Kapiteln dieses Buchs,

- Informationen über konkrete Datenbanksysteme und ihre Eigenschaften, die in diesem Buch aus Aktualitätsgründen und der extrem kurzen Halbwertszeit von systembezogenen Informationen entfallen mußten,

- Informationen zu begleitend einsetzbaren SQL-Systemen, die für Lehr- und Ausbildungszwecke auf PCs verwendet werden können, und in denen die Aufgaben und Beispiele dieses Buchs zumindest auszugsweise erprobt werden können.

Die URLs für das WWW sind

```
http://wwwdb.informatik.uni-rostock.de/biber/
http://wwwiti.cs.uni-magdeburg.de/biber/
```

Der Verlag ITP stellt Informationen bereit unter:

```
http://www.itp.de
```

Frei verfügbare SQL-Datenbanksysteme

Eine Testversion des SQL-Datenbanksystems SQL-Base (im Rahmen der etwas veralteten Datenbank-Entwicklungsumgebung SQL-Windows 5.0) steht im WWW bereit (für Windows 3.1). In der Testversion gibt es keine Beschränkung in der Funktionalität oder Dauer der Nutzung, sondern nur eine Mengenbeschränkung (festgelegte Maximalgröße der Datenbank). Ebenfalls unter den angegebenen WWW-Adressen findet sich eine leistungsfähigere und neuere Version des SQL-Datenbanksystems ADABAS D von der Software AG (geeignet für Testdatenbanken bis 100 MB, für Windows95, Windows-NT und Linux). Vielen Dank an Herrn Gärtner von der SAG für die gute Zusammenarbeit!

Zum Titelbild

Am Schluß noch ein Dank an den Graphiker, der für das Titelbild zuständig war: Justo Garcia Pulido hat unsere Ideen von einem fleißigen Tier, arbeitend inmitten großer Datenbestände, mit dem freundlichen Bibliotheks-Biber hervorragend umgesetzt. Viel Spaß nun auch dem Leser beim "Durchnagen" durch den folgenden Stoff.

Rostock und Magdeburg, im September 1995
(und für den korrigierten, ersten Nachdruck: März 1997)

Andreas Heuer und Gunter Saake

Inhaltsverzeichnis

Grundlegende Konzepte

Dieses erste Kapitel ist den grundlegenden Konzepten der Datenbankterminologie und -technik gewidmet. Wir werden uns die historische Entwicklung hin zu Datenbanksystemen ansehen, Gründe für den Einsatz von derartigen Systemen diskutieren sowie Funktionen und Architektur von Datenbanksystemen betrachten. Gleichzeitig ist dieses Kapitel als Einstieg in das gesamte Buch gedacht. Ferner wird eine weitgehend durchgängig verwendete Beispielanwendung vorgestellt.

1.1 Motivation und Historie

Wie ordnen sich Datenbanksysteme in die Vielfalt von Software-Paketen ein, die heutzutage eingesetzt werden? Um diese Frage zu beantworten, diskutieren wir zuerst eine verbreitete Klassifikation von Software-Systemen.

Software-Schichten

Üblicherweise teilt man die Software eines Computer-Systems in mehrere Schichten ein, etwa folgend der Aufteilung in Abbildung 1.1. In der Praxis können insbesondere einige Software-*Pakete* natürlich mehrere Schichten übergreifen.

Jede Schicht baut auf den weiter innen liegenden Schichten auf. Beispielsweise bietet das Betriebssystem Dateien und Operationen auf Dateien, Möglichkeiten zum Drucken etc. an. Anwendungssoftware wie Textverarbeitungssoftware nutzt diese Möglichkeiten als Dienste der niedrigeren Schicht. Als Bei-

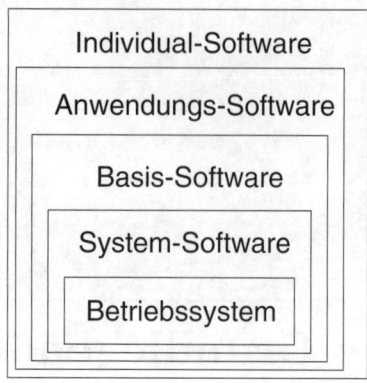

Abb. 1.1: Aufteilung in Software-Schichten

spiele für typische Software-Produkte auf den einzelnen Schichten mag die folgende Auswahl dienen:

- Typische *Betriebssysteme* sind etwa OS/2, UNIX, VMS, Windows NT oder Windows98.

- Zur *System-Software*, die direkt auf diesen Betriebssystemen aufbaut, zählen Datenbanksysteme und Benutzerschnittstellen (wie Windows oder X-Produkte).

- Zur *Basis-Software*, die wiederum auf der System-Software aufbaut, gehören etwa Graphiksysteme und Textverarbeitungssysteme.

- *Anwendungssoftware* ist auf bestimmte Anwendungsklassen hin zugeschnitten: CAD-Systeme für Konstruktionsanwendungen, Desktop-Publishing-Systeme für Publikationsanwendungen sowie Buchhaltungssysteme, Lagerverwaltungssysteme und Umweltdatenbanken.

Die Rolle der Datenbanksysteme ist also eine sehr elementare. Idealerweise sollten selbst Textverarbeitungssysteme ihre Texte und Informationen über Texte in einem Datenbanksystem verwalten und nicht einfach in einem Dateisystem. Genauso sollten CAD-Systeme auf allgemeineren Graphiksystemen aufsetzen und diese wiederum zur Speicherung von Graphiken auf Datenbanksysteme zurückgreifen. Die Welt der kommerziellen Software ist von dieser Idealvorstellung jedoch leider noch etwas entfernt.

Das Problem der Datenredundanz

Ohne den Einsatz von Datenbanksystemen tritt das Problem der *Datenredundanz* auf. Die Basis- oder Anwendungssoftware verwaltet in diesem Szenario jeweils ihre eigenen Daten in ihren eigenen Dateien, jeweils in eigenen speziellen Formaten. Ein typisches Szenario gibt die folgende Auflistung wieder:

- Eine Textverarbeitung verwaltet Texte, Artikel und Adressen.

- Die Buchhaltung speichert ebenso Artikel- und Adreß-Informationen.

- In der Lagerverwaltung werden Artikel und Aufträge benötigt und verwendet.

- Die Auftragsverwaltung manipuliert Aufträge, Artikel und Kundenadressen.

- Das CAD-System verwaltet Artikeldaten, technische Daten und technische Bausteine.

- Die Bereiche Produktion, Bestelleingang und Kalkulation benötigen teilweise auch diese Daten.

In diesem Szenario sind die Daten *redundant*, also mehrfach gespeichert. Etwa werden Artikel und Adressen von mehreren Anwendungen verwaltet. Die entstehenden Probleme sind Verschwendung von Speicherplatz und "Vergessen" von lokalen Änderungen, die typisch für das Fehlen einer zentralen, "genormten" Datenhaltung sind. Ein Ziel der Entwicklung von Datenbanksystemen ist die Beseitigung der Datenredundanz.

Weitere Problemfelder

Die meisten anderen Software-Systeme (auch Programmiersprachen, Tabellenkalkulation, Dateiverwaltungssysteme, ...) können große Mengen von Daten nicht *effizient* verarbeiten, so daß fehlender Einsatz von Datenbank-Management-Systemen (kurz DBMS) zu erheblichen Effizienzeinbußen führen kann. Auch ermöglichen es viele Systeme nicht, daß mehrere Benutzer oder Anwendungen *parallel* auf den gleichen Daten arbeiten können, ohne einander zu stören. Weiterhin können gar Datenverluste durch unkontrolliertes Überschreiben entstehen. Diese Kontrolle ist eine Basisfunktion moderner DBMS.

Auch in der Anwendungserstellung führt der fehlende Einsatz einer zentralen Datenhaltungskomponente zu erheblichen Defiziten. Die Anwendungsprogrammierer oder auch Endanwender können Anwendungen nicht programmieren bzw. benutzen, ohne

- die interne Darstellung der Daten sowie

- Speichermedien oder Rechner (bei verteilten Systemen)

zu kennen. Dieses Problem wird als fehlende *Datenunabhängigkeit* bezeichnet und in Abschnitt 2.2 noch intensiver diskutiert. Auch ist die Sicherstellung der *Zugriffskontrolle* und der *Datensicherheit* ohne zentrale Datenhaltung nicht gewährleistet.

Datenintegration

Die obigen Probleme können mit Hilfe des Einsatzes von Datenbanktechnologie gelöst werden. Wir sprechen dann im Gegensatz zur Datenredundanz von einer *Datenintegration*. Das Prinzip der Datenintegration basiert auf folgenden Überlegungen:

Die gesamte Basis- und Anwendungssoftware arbeitet auf denselben Daten, die in einer zentralen Datenhaltungskomponente verwaltet werden. Der Gesamtbestand der Daten wird nun als *Datenbank* bezeichnet. Diese Architekturvorstellung wird in der Abbildung 1.4 auf Seite 7 im Rahmen der historischen Entwicklung von Datenhaltungskomponenten graphisch verdeutlicht. Eine derartige Datenbank muß natürlich äußerst sorgfältig entworfen, und in einer geeigneten Datendefinitionssprache beschrieben werden.

In unserem Beispielszenario bedeutet Datenintegration, daß zum Beispiel Adressen und Artikel nur einmal gespeichert werden, also nicht mehr redundant vorliegen. Man kann sich leicht klarmachen, daß Datenintegration die obigen Probleme der Datenredundanz zu vermeiden hilft.

Auch andere Probleme im Umgang mit großen Datenbeständen, etwa Fragestellungen der Effizienz, Parallelität, Zugriffskontrolle und Datensicherheit können mit heutigen kommerziellen Datenbank-Management-Systemen zufriedenstellend gelöst werden. Diese Systeme zeichnen sich durch folgende Eigenschaften aus:

- Datenbanksysteme können große Datenmengen effizient verwalten. Sie bieten benutzergerechte *Anfragesprachen* an, die eine komfortable Anfrageformulierung ohne Rücksichtnahme auf die interne Realisierung der Datenspeicherung ermöglichen. Eine interne *Optimierung* ermöglicht trotzdem einen effizienten Zugriff auf die Datenbestände.

- Viele Benutzer können parallel auf Datenbanken arbeiten. Das *Transaktionskonzept* verhindert hier unerwünschte Nebeneffekte beim Zugriff auf gemeinsam genutzte Daten.

- Die *Datenunabhängigkeit* wird durch ein Drei-Ebenen-Konzept gewährleistet, das eine externe Ebene der Anwendungssicht, eine konzeptuelle Ebene der logischen Gesamtsicht auf den Datenbestand und eine interne Ebene der implementierten Datenstrukturen unterscheidet.

- Zugriffskontrolle (kein unbefugter Zugriff) und Datensicherheit (kein — ungewollter — Datenverlust) werden vom System gewährleistet.

Historische Entwicklung

Die historische Entwicklung hin zu Datenbank-Management-Systemen kann in drei Stufen zusammenfassend skizziert werden:

Die *erste Stufe* ist zeitlich Anfang der 60er Jahre anzusiedeln, also zu einem Zeitpunkt, als die ersten Anwendungen der Massendatenverarbeitung auf Rechnern realisiert wurden. Die Daten wurden in elementaren Dateien abgelegt, und es erfolgte eine anwendungsspezifische Datenorganisation. Die Datenorganisation war geräteabhängig, zwangsweise redundant und führte leicht zu inkonsistenten Datenbeständen. Die Situation ist in Abbildung 1.2 verdeutlicht.

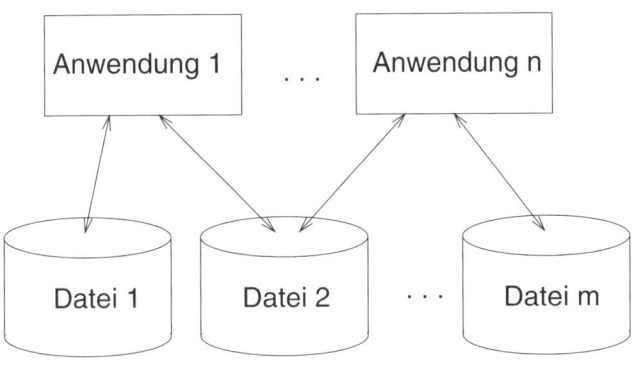

Abb. 1.2: Historische Entwicklung 1: Zugriff auf Dateien ohne spezielle Verwaltung

Die *zweite Stufe* kennzeichnet die Situation Ende der 60er Jahre. Sie ist durch die Verwendung sogenannter *Dateiverwaltungssysteme* gekennzeichnet (bekannte Methoden sind etwa die Systeme SAM und ISAM für den sequentiellen und indexsequentiellen Dateizugriff, die auch in der Datenbankimplmentierung eine große Rolle spielen [HR99, SH99a]). Dateiverwaltungssysteme konnten um zusätzliche Dienstprogramme ergänzt werden, etwa zum Sortieren von Datenbeständen. Die Situation der zweiten Stufe ist in Abbildung 1.3 verdeutlicht. Als wesentlicher Fortschritt wurde die *Geräteunabhängigkeit* der Datenhaltung erreicht, die Probleme der redundanten und eventuell inkonsistenten Datenhaltung blieben aber bestehen.

Die offenen Probleme konnten dann beginnend in den 70er Jahren mit dem Einsatz von *Datenbanksystemen* gelöst werden. Sie garantieren Geräte- und Datenunabhängigkeit und ermöglichen eine redundanzfreie und konsistente Datenhaltung. Das Prinzip der Datenbanksysteme ist in Abbildung 1.4 skizziert: Der Datenbestand ist in *einer* Datenbank integriert, und jeder Zugriff erfolgt ausschließlich durch den "Filter" des DBMS.

Die Entwicklung der Datenbanksysteme hin zum heutigen Stand und aktuelle Entwicklungstendenzen werden wir in den verschiedenen Abschnitten dieses Buchs noch genauer betrachten.

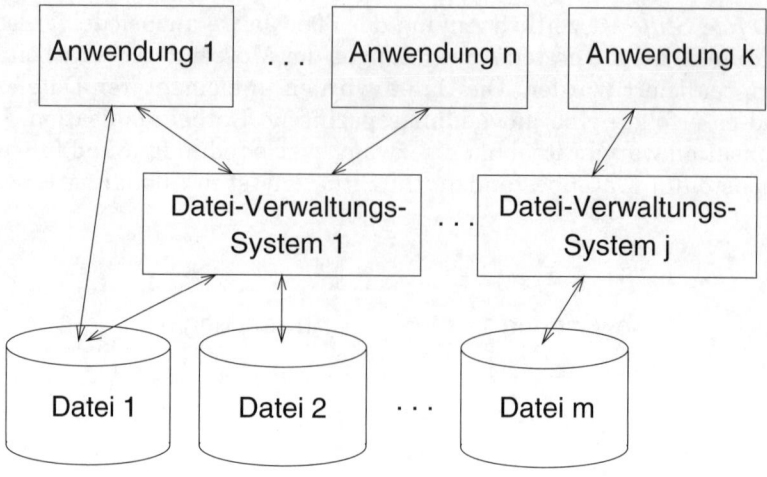

Abb. 1.3: Historische Entwicklung 2: Dateiverwaltungssoftware für Dateien

1.2 Komponenten und Funktionen

Im vorigen Abschnitt haben wir den Einsatz von Datenbanksystemen anstelle einfacher Dateispeicherung motiviert. In diesem Abschnitt werden wir uns die Aufgaben eines derartigen Systems sowie die daraus folgenden grundlegenden Komponenten eines Datenbanksystems im Überblick anschauen. Eine genauere Beschreibung der Komponenten eines DBMS und insbesondere der verwendeten Implementierungstechniken kann im Datenbankimplementierungsbuch [SH99a] gefunden werden.

1.2.1 Prinzipien und Aufgaben

Wir wollen die Diskussion der Komponenten und Funktionen eines Datenbanksystems damit beginnen, daß wir die allgemeinen Aufgaben kurz skizzieren sowie einige grundlegende Begriffsbildungen festlegen.

Aufgaben eines Datenbank-Management-Systems

Im Laufe der Jahre hat sich eine Basis-Funktionalität herauskristallisiert, die von einem Datenbank-Management-System erwartet wird. Codd hat 1982 diese Anforderungen in einer Liste von neun Punkten zusammengefaßt [Cod82]:

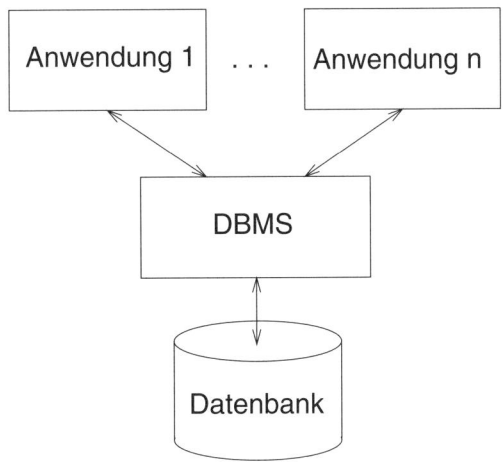

Abb. 1.4: Historische Entwicklung 3: Datenbank-Management-Systeme

1. **Integration**

   Die Datenintegration erfordert die *einheitliche* Verwaltung *aller* von Anwendungen benötigten Daten. Hier verbirgt sich die Möglichkeit der kontrollierten nicht-redundanten Datenhaltung des gesamten relevanten Datenbestands.

2. **Operationen**

   Auf der Datenbank müssen Operationen möglich sein, die Datenspeicherung, Suchen und Änderungen des Datenbestands ermöglichen.

3. **Katalog**

   Der Katalog, auch "Data Dictionary" genannt, ermöglicht Zugriffe auf die Datenbeschreibungen der Datenbank.

4. **Benutzersichten**

   Für unterschiedliche Anwendungen sind unterschiedliche Sichten auf den Datenbestand notwendig, sei es in der Auswahl relevanter Daten oder in einer angepaßten Strukturierung des Datenbestands. Die Abbildung dieser speziellen Sichten auf den Gesamtdatenbestand muß vom System kontrolliert werden.

5. **Konsistenzüberwachung**

   Die Konsistenzüberwachung, auch als *Integritätssicherung* bekannt, übernimmt die Gewährleistung der Korrektheit von Datenbankinhalten und der korrekten Ausführung von Änderungen, so daß diese die Konsistenz nicht verletzen können.

6. **Zugriffskontrolle**

   Aufgabe des Zugriffskontrolle ist der Ausschluß unauthorisierter Zugriffe auf die gespeicherten Daten. Dies umfaßt datenschutzrechtlich relevante Aspekte personenbezogener Informationen ebenso wie den Schutz firmenspezifischer Datenbestände vor Werksspionage.

7. **Transaktionen**

   Unter einer Transaktion versteht man eine Zusammenfassung von Datenbankänderungen zu Funktionseinheiten, die als Ganzes ausgeführt werden sollen und deren Effekt bei Erfolg permanent in der Datenbank gespeichert werden soll.

8. **Synchronisation**

   Konkurrierende Transaktionen mehrerer Benutzer müssen synchronisiert werden, um gegenseitige Beeinflussungen, etwa versehentliche Schreibkonflikte auf gemeinsam benötigten Datenbeständen, zu vermeiden.

9. **Datensicherung**

   Aufgabe der Datensicherung ist es, die Wiederherstellung von Daten etwa nach Systemfehlern zu ermöglichen.

Prinzipien von Datenbanksystemen

Unter dem Begriff *Datenbank-Management-System*, kurz DBMS, verstehen wir die Gesamtheit der Software-Module, die die Verwaltung einer Datenbank übernehmen. Ein *Datenbanksystem*, kurz DBS, ist die Kombination eines DBMS mit einer Datenbank[1]. Diese Begriffsbildung ist für das Verständnis der Datenbankkonzepte essentiell und wird in Tabelle 1.1 zusammengefaßt.

Grundmerkmale von modernen Datenbanksystemen sind die folgenden (angelehnt an die aufgeführten neun Punkte von Codd):

- DBMSs verwalten persistente (langfristig zu haltende) Daten, die einzelne Läufe von Anwendungsprogrammen überstehen sollen.

- Sie haben die Aufgabe, große Datenmengen effizient zu verwalten.

- DBMSs definieren ein *Datenbankmodell*, mit dessen Konzepten alle Daten einheitlich beschrieben werden.

---

[1]Vereinfachend werden wir im Verlaufe dieses Buchs ein Datenbank-Management-System auch als Datenbanksystem bezeichnen, wenn es aus dem Kontext ersichtlich ist, daß hier keine konkrete Bindung an eine Datenbank vorliegt.

Kürzel	Begriff	Erläuterung
DB	Datenbank	Strukturierter, von DBMS verwalteter Datenbestand
DBMS	Datenbank-Management-System	Software zur Verwaltung von Datenbanken
DBS	Datenbanksystem	DBMS plus Datenbank(en)

Tab. 1.1: Begriffsbildungen für Datenbanksysteme

- Sie stellen Operationen und Sprachen (Datendefinitionssprache, interaktive Anfragesprachen, Datenmanipulationssprachen, ...) zur Verfügung. Derartige Sprachen sind *deskriptiv*, verzichten also auf die explizite Angabe von Berechnungsschritten. Die Sprachen sind getrennt von einer Programmiersprache zu benutzen.

- Datenbank-Management-Systeme unterstützen das Transaktionskonzept inklusive Mehrbenutzerkontrolle: Logisch zusammenhängende Operationen werden zu Transaktionen zusammengefaßt, die als atomare (unteilbare) Einheit bearbeitet werden. Auswirkungen von Transaktionen sind langlebig. Transaktionen können parallel durchgeführt werden, wobei sie voneinander isoliert werden.

- Sie unterstützen die Einhaltung des Datenschutzes, gewährleisten Datenintegrität (Konsistenz) und fördern die Datensicherheit durch geeignete Maßnahmen.

1.2.2 Aufbau und Funktionen eines Datenbanksystems

Nach der Diskussion der grundlegenden Funktionen von Datenbanksystemen und der damit zusammenhängenden Begriffsbildung werden wir in diesem Abschnitt Aufbau und Funktionen eines Datenbanksystems anhand eines vereinfachten Beispielsystems genauer betrachten und die wesentlichen Module und Funktionalitäten eines Datenbank-Management-Systems erläutern.

Architektur eines Datenbank-Management-Systems

Die Abbildung 1.5 zeigt einen Überblick über die prinzipielle Aufteilung eines Datenbank-Management-Systems in Funktionsmodule, angelehnt an eine Aufteilung in drei Abstraktionsebenen. Die *externe Ebene* beschreibt die Sicht, die eine konkrete Anwendung auf die gespeicherten Daten hat. Da mehrere angepaßte externe Sichten auf eine Datenbank existieren können, gibt die *konzeptuelle Ebene* eine logische und einheitliche Gesamtsicht auf den Datenbestand.

Die *interne Ebene* beschreibt die tatsächliche interne Realisierung der Datenspeicherung.

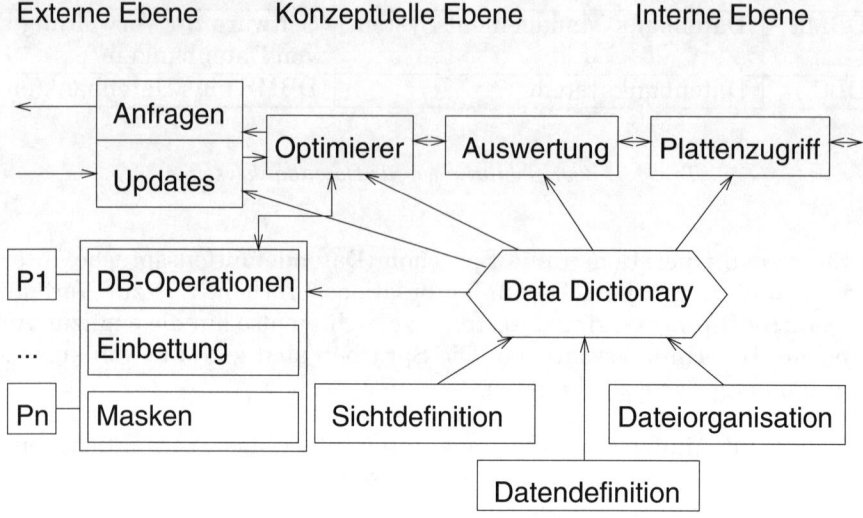

Abb. 1.5: *Grob-Architektur eines Datenbank-Management-Systems mit Ebenenaufteilung*

Die in Abbildung 1.5 gezeigten Komponenten können wie folgt kurz charakterisiert werden:

- **Dateiorganisation**: Definition der Dateiorganisation und Zugriffspfade auf der internen Ebene

- **Datendefinition**: Konzeptuelle Datendefinition (konzeptuelles Schema)

- **Sichtdefinition**: Definition von Benutzersichten (externe Ebene)

- **Masken**: Entwurf von Menüs und Masken für die Benutzerinteraktion

- **Einbettung**: Einbettung von Konstrukten der Datenbanksprache in eine Programmiersprache.

- **Anfragen / Updates**: Interaktiver Zugriff auf den Datenbestand

- **DB-Operationen**: Datenbank-Operationen (Anfrage, Änderungen)

- **Optimierer**: Optimierung der Datenbankzugriffe

- **Plattenzugriff**: Plattenzugriffssteuerung

- **Auswertung**: Auswertung von Anfragen und Änderungen

- **P1...Pn**: Verschiedene Datenbank-Anwendungsprogramme

- **Data Dictionary** (oder auch Datenwörterbuch): Zentraler Katalog aller für die Datenhaltung relevanten Informationen

In den folgenden Abschnitten werden wir einzelne Komponenten kurz erläutern. Hierzu diskutieren wir exemplarisch einige Funktionen, die von einem Datenbank-Management-System ausgeführt werden müssen, sowie die zugehörigen datenbankspezifischen Sprachen.

Modell für die konzeptuelle Ebene: Relationenmodell

Die relationalen Datenbanken sind zur Zeit von den moderneren Ansätzen kommerziell am weitesten verbreitet, so daß sie sich für eine Einführung in die Problematik besonders gut eignen. Zudem unterstützen sie ein verhältnismäßig einfaches Datenstrukturierungsmodell, und der Zugang zu ihnen über Datenbanksprachen ist in Form der SQL-Norm weitestgehend standardisiert.

Konzeptionell ist eine relationale Datenbank eine Ansammlung von *Tabellen*. Hinter den Tabellen steht mathematisch die Idee einer Relation, ein grundlegender Begriff, der dem gesamten Ansatz den Namen gegeben hat.

Die folgenden zwei Tabellen sollen die Daten einer Bibliotheksausleihe darstellen. Eine Tabelle beinhaltet die Ausleihdaten, die zweite die Informationen über die verwalteten Bücher allgemein.

AUSLEIH

INVENTARNR	NAME
4711	Meyer
1201	Schulz
0007	Müller
4712	Meyer

BUCH

INVENTARNR	TITEL	ISBN	AUTOR
0007	Dr. No	3-125	James Bond
1201	Objektbanken	3-111	Heuer
4711	Datenbanken	3-765	Vossen
4712	Datenbanken	3-891	Ullman
4717	Pascal	3-999	Wirth

Wir verwenden in diesem Abschnitt die folgenden begrifflichen Konventionen. Die erste Zeile gibt jeweils die Struktur einer Tabelle an (Anzahl und Benennung der Spalten). Diese Strukturinformation bezeichnen wir als *Relationenschema* (als Pluralform von Schema verwenden wir *Schemata*). Die weiteren Einträge in der Tabelle bezeichnen wir als *Relation* zu diesem Schema. Eine einzelne Zeile der Tabelle bezeichnen wir als *Tupel*. Spaltenüberschriften werden als *Attribut(namen)* bezeichnet. Diese Konventionen werden in Abbildung 1.6 noch einmal verdeutlicht.

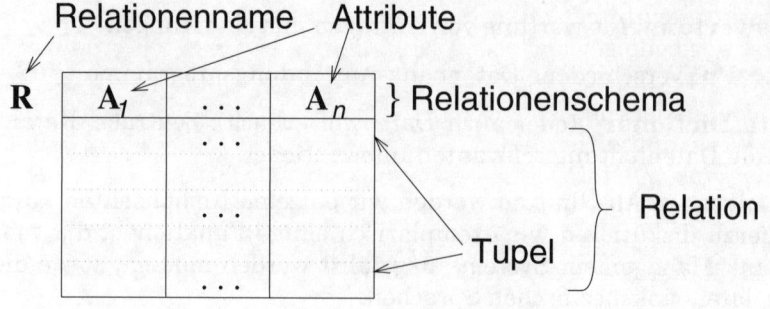

Abb. 1.6: Begriffsbildung und Darstellung von Tabellen im Relationenmodell

Relationenmodell: Integritätsbedingungen

Selbst in einem derart einfachen Datenstrukturierungsmodell wie dem relationalen ist es sinnvoll, bestimmte *Konsistenzforderungen* oder *Integritätsbedingungen* an gespeicherte Datenbanken zu stellen, die vom System gewährleistet werden müssen.

Betrachten wir die AUSLEIH-Tabelle erneut. Die Einträge für Inventarnummern in der INVENTARNR-Spalte, in der folgenden Tabelle kursiv hervorgehoben, sollten sicher nicht beliebig gewählt werden dürfen.

AUSLEIH	INVENTARNR	NAME
	4711	Meyer
	1201	Schulz
	0007	Müller
	4712	Meyer

Von jeder Inventarnummer erwarten wir, daß sie tatsächlich auf einen Bucheintrag in der BUCH-Tabelle verweist. Dies ist aber nur möglich, wenn diese Inventarnummern eindeutig Zeilen identifizieren. Wir bezeichnen diese Eigenschaft als *Schlüsseleigenschaft*.

BUCH	INVENTARNR	TITEL	ISBN	AUTOR
	0007	Dr. No	3-125	James Bond
	1201	Objektbanken	3-111	Heuer
	4711	Datenbanken	3-765	Vossen
	4712	Datenbanken	3-891	Ullman
	4717	Pascal	3-999	Wirth

Derartig einfache Integritätsbedingungen sind im relationalen Datenbankmodell fest integriert. Wir werden darum im folgenden jeweils Relationenschema *plus* Integritätsbedingungen betrachten.

Unter *lokalen* Integritätsbedingungen verstehen wir Bedingungen, die lokal für eine Tabelle gewährleistet sein müssen. Etwa ist das Attribut INVENTARNR *Schlüssel* für BUCH, d.h., eine INVENTARNR darf nicht doppelt vergeben werden; oder anders ausgedrückt: In der Spalte INVENTARNR dürfen keine zwei gleichen Werte auftauchen.

Unter *globalen* Integritätsbedingungen verstehen wir Bedingungen, die über den Bereich einer Tabelle hinausreichen. Wir sagen, daß INVENTARNR in der Tabelle AUSLEIH ein *Fremdschlüssel* bezüglich BUCH ist. Dies bedeutet, daß INVENTARNR in einem anderen Relationenschema als Schlüssel auftaucht und die Inventarnummern in AUSLEIH auch in BUCH auftreten müssen.

Anfrageoperationen

Wir werden uns im vorliegenden Buch ausführlich mit den Möglichkeiten beschäftigen, Anfragen an Datenbanken zu formulieren. Wir betrachten hier nur kurz einige Basisoperationen auf Tabellen, die die Berechnung von Ergebnistabellen aus Datenbanktabellen erlauben.

Die *Selektion* ermöglicht es, Zeilen einer Tabelle auszuwählen. Hierbei kann ein einfaches Prädikat[2] über die Tupelwerte der zu selektierenden Zeilen angegeben werden. Die Selektion wird im folgenden mit SEL, die Selektionsbedingung in eckigen Klammern notiert. Ein Beispiel ist die folgende Anfrage:

```
SEL [NAME = 'Meyer'] (AUSLEIH)
```

Die Anfrage liefert als Ergebnis die folgende Tabelle:

INVENTARNR	NAME
4711	Meyer
4712	Meyer

Während die Selektion Zeilen selektiert, werden mittels der *Projektion* Spalten ausgewählt. Die Projektion wird analog zur Selektion mit PROJ notiert:

```
PROJ [ TITEL ] (BUCH)
```

Zur Auswahl von Spalten müssen die Attributnamen angegeben werden. Das Ergebnis der Anfrage ist die folgende Tabelle:

TITEL
Dr. No
Objektbanken
Datenbanken
Pascal

---

[2]Prädikate sind Bedingungen, die die Wahrheitswerte `true` oder `false` liefern.

Wie man am Ergebnis sieht, werden bei der Projektion doppelte Tupel entfernt. Dies ist die Folge der Interpretation von Tabellen als mathematische Relationen, also als (duplikatfreie) Mengen von Tupeln.

Wir benötigen nun noch eine Operation, um zwei Tabellen miteinander zu verschmelzen. Der *Verbund* (oder engl. *join*) verknüpft Tabellen über gleichbenannte Spalten, indem er jeweils zwei Tupel verschmilzt, falls sie dort gleiche Werte aufweisen. Er wird mit JOIN notiert.

```
PROJ [ INVENTARNR, TITEL ] (BUCH)
     JOIN
SEL [ NAME = 'Meyer' ] (AUSLEIH)
```

Das Ergebnis einer Verbundoperation ist eine Tabelle, die als Schema die Vereinigung der Spaltennamen der Eingangsrelationen erhält. Die Tupel der Eingangsrelationen werden immer dann zu einem neuen Tupel verschmolzen, wenn sie bei den gemeinsamen Attributen in den Werten übereinstimmen. Die obige, schon etwas komplexer aufgebaute Anfrage führt zu folgendem Ergebnis:

INVENTARNR	TITEL	NAME
4711	Datenbanken	Meyer
4712	Datenbanken	Meyer

Auf Tabellen können weitere sinnvolle Operationen definiert werden, etwa Vereinigung, Differenz, Durchschnitt, Umbenennung von Spalten etc. (vergleiche Abschnitt 8.2). Alle Operationen sind beliebig kombinierbar und bilden somit eine "Algebra" zum "Rechnen mit Tabellen", die sogenannte *relationale Algebra* oder auch *Relationenalgebra*.

Sprachen und Sichten

Nach diesen Vorbemerkungen kommen wir zurück zu unserer Grob-Architektur eines (relationalen) Datenbanksystems aus Abbildung 1.5 von Seite 10 und diskutieren die dort aufgeführten Komponenten. Wie bereits erwähnt, werden in diesem Buch nur die Sprachschnittstellen vertieft. Für eine Vertiefung der internen Implementierungsprobleme verweisen wir auf das ergänzende Datenbankimplementierungsbuch [SH99a].

Die relationale Algebra gibt bereits einen guten Eindruck davon, wie moderne Datenbanksysteme Daten manipulieren. Ein wichtiger Aspekt dabei ist, daß Tabellen konzeptionell als Ganzes verarbeitet werden und nicht etwa in einer Schleife durchlaufen werden müssen. Ein Datenbanksystem stellt an der Benutzungsschnittstelle mehrere Sprachkonzepte zur Verfügung, etwa um Anfragen, Datenbankänderungen oder externe Sichten zu deklarieren.

Als *Anfragesprache* (auch *Abfragesprache*) wird oft eine Sprache zur Verfügung gestellt, die es erlaubt, aus vorhandenen Tabellen neue zu "berechnen", die eine Antwort auf eine Fragestellung geben. Relationale DBMS bieten eine interaktive Möglichkeit an, Datenbankanfragen zu formulieren und zu starten. Heutzutage ist die Sprache in der Regel ein Dialekt der in Kapitel 10 ausführlich vorgestellten Sprache SQL. SQL umfaßt grob gesagt die Ausdrucksfähigkeit der Relationenalgebra und zusätzlich Funktionen (SUM, MAX , MIN, COUNT...) zum Aggregieren von Werten einer Tabelle sowie einfache arithmetische Operationen. Alternativ dazu existieren oft graphisch "verpackte" Anfragemöglichkeiten für den gelegentlichen Benutzer.

Um einen ersten Eindruck der Sprache SQL zu vermitteln, geben wir eine Umsetzung unserer Verbundanfrage in SQL-Notation an:

```
select BUCH.INVENTARNR, TITEL, NAME
from BUCH, AUSLEIH
where NAME = 'Meyer' and
      BUCH.INVENTARNR = AUSLEIH.INVENTARNR
```

In der verwendeten SQL-Variante muß man die Verbundbedingungen ("Gleichheit auf gleich benannten Attributen") explizit hinschreiben, neuere Normierungsvorschläge bieten auch in SQL direkt den Verbund als Operation an. Näheres dazu in Kapitel 10.

Ebenfalls interaktiv wird eine *Änderungskomponente* (auch angelehnt an den englischen Fachbegriff als *Update-Komponente* bezeichnet) angeboten, die es ermöglicht,

- Tupel einzugeben,

- Tupel zu löschen und

- Tupel zu ändern.

Lokale und globale Integritätsbedingungen müssen bei Änderungsoperationen automatisch vom System überprüft werden.

Definition von Benutzersichten

Häufig vorkommende Datenbankanfragen können unter einem "Sichtnamen" als "virtuelle" Tabelle gespeichert werden. Als Beispiel möchten wir die Tabelle MEYERS definieren, die alle Ausleiher mit Namen Meyer und die von ihm ausgeliehenen Bücher enthalten soll:

```
MEYERS := PROJ [ INVENTARNR, TITEL ] (BUCH)
            JOIN
          SEL [ NAME = 'Meyer' ] (AUSLEIH)
```

Das Ergebnis der Anfrage ergibt die Tabelle von vorhin; jetzt ist diese berechnete Tabelle aber ansprechbar wie BUCH oder AUSLEIH über den Sichtnamen MEYERS. Änderungen auf den beiden anderen Tabellen werden in der Sichtrelation automatisch berücksichtigt.

Optimierer

Eine wichtige Komponente eines DBMS ist der *Optimierer*, da Anfragen unabhängig von der internen Detail-Realisierung der Datenstrukturen formuliert werden sollen. Das DBMS muß Anfragen selbst optimieren, um eine effiziente Ausführung zu ermöglichen.

Für unsere Beispielbetrachtung stellt sich also das folgende Problem: Finde einen Relationenalgebra-Ausdruck, der äquivalent ist ("das gleiche Ergebnis liefert") zu einem vorgegebenen, der aber effizienter auszuwerten ist.

Eine Möglichkeit der Optimierung ist die sogenannte *algebraische Optimierung*. Hierbei werden Algebra-Ausdrücke nach "Rechenregeln" in äquivalente Ausdrücke umgeformt. Betrachten wir etwa die beiden folgenden Algebra-Terme:

1. `SEL [A = Konst] ( REL1 JOIN REL2 )` /* *wobei* A *aus* `REL1` */

2. `(SEL [A = Konst] (REL1) ) JOIN REL2`

Man kann sich leicht klarmachen, daß die beiden Ausdrücke für jede gegebene Datenbank dieselben Ergebnisse liefern, sie also äquivalent sind. Die algebraische Optimierung nutzt derartige Äquivalenzen aus, um jeweils Umformungen vorzunehmen, die zu äquivalenten, aber effizienteren Ausführungen führen.

Hierbei werden heuristische Strategien eingesetzt, etwa die allgemeine Strategie *"Führe Selektionen möglichst früh aus, da sie Tupelanzahlen in Relationen verkleinern"*.

Betrachten wir unser Beispiel, und nehmen wir an, daß REL1 100 Tupel und REL2 50 Tupel enthält. Nehmen wir ferner an, daß die Tupel intern sequentiell, etwa in der Einfügereihenfolge, abgelegt sind. Ein Verbund wird in ineinander geschachtelten Schleifen durchgeführt, hat also den Aufwand $n * m$ bei Relationengrößen (Tupelanzahlen) n und m. Nehmen wir ferner an, daß eine Selektion über eine Konstante 10% der Tupel selektiert und daß der Verbund hier alle Kombinationen liefert, da die beiden Relationen keine gemeinsamen Attribute haben. Unter diesen Annahmen ergibt sich etwa folgender Aufwand (grob gemessen in Anzahl Zugriffe auf Einzeltupel):

1. Im ersten Fall erhalten wir $50 * 100 = 5.000$ Operationen als Zwischenergebnis für die `JOIN`-Ausführung. Das Zwischenergebnis enthält 5.000 Tupel, die für die Selektion alle durchlaufen werden müssen. Wir erhalten insgesamt 10.000 Operationen.

2. Laut unserer Annahme erfüllen zehn Tupel in REL1 die Bedingung A = Konst. Die Ausführung der Selektion erfordert 100 Zugriffe und die Ausführung des Verbundes nun zusätzlich $10 * 50 = 500$ Operationen. Insgesamt werden somit 600 Operationen benötigt.

Die beiden unterschiedlichen Ausführungen führen in diesem Beispiel zu Aufwandsabschätzungen, die fast um den Faktor 20 differieren.

Datenbankoptimierer werden in Kapitel 7 von [SH99a] intensiv diskutiert.

Interne Strukturen

Die interne Ebene legt die Dateiorganisationsformen fest, die bei der Speicherung von Relationen eingesetzt werden. Eine Relation kann intern als Datei zum Beispiel wie folgt abgespeichert werden:

- Als Heap (dt. "Haufen"), also ungeordnet bzw. in der Reihenfolge des Einfügens.

- Sequentiell, also geordnet nach einer bestimmten Spalte oder Spaltenkombination.

- Hash-organisiert, also gestreut gespeichert, wobei die Adreßberechnung durch eine numerische Formel, die Hash-Funktion, erfolgt.

- Baumartig, die Tupel sind hierbei in einem Suchbaum angeordnet.

- Weitere, hier nicht ausgeführte Speicherstrukturen.

Neben der Speicherung der Relation selber können zusätzliche *Zugriffspfade* angelegt werden, die den Zugriff nach bestimmten Kriterien beschleunigen können. Etwa kann die Relation BUCH intern sequentiell nach der INVENTARNR abgelegt sein, ein zusätzlich aufgebauter baumartiger Zugriffspfad aber auch den Zugriff über Buchtitel beschleunigen.

Zwischen der Realisierung verschiedener Dateiorganisationen bzw. Zugriffspfade soll beliebig gewechselt werden können, ohne daß dies Auswirkungen auf der konzeptuellen und externen Ebene haben darf.

Man muß beim Einsatz zugriffsunterstützender Strukturen immer beachten: Je schneller die Anfragen aufgrund zusätzlicher Zugriffsstrukturen werden, desto langsamer werden Datenbankänderungen, da die Zugriffsstrukturen jeweils an die neuen Daten angepaßt werden müssen.

Kapitel 4 von [SH99a] behandelt ausführlich die verschiedenen Datenorganisationsformen, die in klassischen Datenbanksystemen zum Einsatz kommen.

Zugriffe auf Plattenseiten

Jede Operation des (vor)optimierten Ausführungsplans (etwa SEL, PROJ, JOIN ...) muß nun in eine optimale Folge von Seitenzugriffen umgesetzt werden. Dabei werden Zugriffspfade und Dateiorganisationen ausgenutzt, wenn es dem System sinnvoll erscheint. Die Reihenfolge der Zugriffe wird nach vorliegenden Zugriffspfaden bestimmt. Betrachten wir dazu wieder ein Beispiel:

```
SEL [ NAME = 'Meyer']
   ( SEL [ INVENTARNR > 4500 ] ( AUSLEIH ))
```

Nehmen wir nun an, daß für den Zugriff über NAME ein Zugriffspfad definiert ist, hingegen auf dem Attribut INVENTARNR nicht. Das System muß jetzt die Reihenfolge der Selektionen ändern, um eine effizientere Ausführung zu garantieren.

Sprachen und Verantwortliche

Bei der Benutzung eines DBMS sind verschiedene Aufgaben zu lösen, die verschiedene Beschreibungssprachen erfordern und zum Teil von verschiedenen Personenkreisen eingesetzt werden:

- Zur Datenbankdefinition wird eine sogenannte Datendefinitionssprache eingesetzt, kurz DDL (Data Definition Language). Klassischerweise fällt diese Aufgabe dem Datenbankadministrator (DBA) zu, wird aber im Trend der lokalen Verantwortlichkeit und PC-Umgebungen auch vermehrt von Endanwendern vorgenommen.

- Die Dateiorganisation erfolgt in der Speicherstruktur-Beschreibungssprache SSL (Storage Structure Language), klassischerweise mit der Person des Systemadministrators verbunden.

- Die Sichtdefinition erfolgt in einer Sichtdefinitionssprache, je nach System als SDDL (Subscheme Data Definition Language) oder VDL (View Definition Language) abgekürzt. Das betreffende Tätigkeitsfeld wird mit der Person des Anwendungsadministrators verbunden.

- Anfragen erfolgen in einer interaktiven Anfragesprache IQL (Interactive Query Language). Bietet die Sprache auch Änderungsoperationen an, wird sie allgemein als Datenmanipulationssprache bezeichnet, kurz DML (Data Manipulation Language). Zielgruppe für diese Sprache sind ausgebildete Endanwender oder auch "anspruchsvolle Laien".

- Die Datenbankprogrammiersprachen, kurz DBPL (Data Base Programming Language), sind für die Anwendungsprogrammierer gedacht. Sie vereinen datenbankspezifische Konzepte mit klassischen Programmierungstechniken.

- Die Schnittstellen der Datenbank-Anwendungsprogramme, etwa menü- und maskengesteuerte Tabellendarstellungen, schließlich sind für den Endanwender ohne jegliche tiefergehende datenbankspezifischen Kenntnisse gedacht.

Die feine Aufgliederung in verantwortliche Personen stammt aus der Zeit der
zentralen Großrechner in Rechenzentren — heute sind damit statt tatsächlicher Personen eher Aufgabenkreise gemeint, die stark miteinander verzahnt
sind.

1.2.3 Einsatzgebiete, Grenzen und Entwicklungstendenzen

Bisher haben wir die Grundkonzepte von DBMS beschrieben. Nun müssen wir
sie in die Software-Landschaft einordnen sowie Entwicklungslinien der Vergangenheit und Entwicklungstendenzen der Zukunft diskutieren.

Einsatzgebiete und Grenzen

Die klassischen Einsatzgebiete der Datenbanken sind Anwendungen im kommerziellen Bereich, die sich aus Buchhaltungs- und Katalogisierungsproblemen
entwickelt haben. Ein typisches Beispiel wäre eine Bibliotheksausleihe. Derartige Anwendungen zeichnen sich durch einige Charakteristika aus: Es gibt
viele Objekte (15.000 Bücher, 300 Benutzer, 100 Ausleihvorgänge pro Woche,
...), aber vergleichsweise wenige Objekttypen (BUCH, BENUTZER, AUSLEIHUNG).
Objekte sind einfach strukturiert und verhältnismäßig klein. Transaktionen
sind kurz und betreffen wenige Objekte (etwa Ausleihen eines Buchs), und
die ausgeführten Operationen sind relativ unkompliziert, etwa einfache arithmetische Berechnungen. Andere vergleichbare Beispiele sind Buchhaltungssysteme, Auftragserfassungssysteme, Bibliothekskataloge und Personaldatenbanken. Die kommerziellen Datenbanken sind heutzutage auf derartige Problemklassen hin optimiert.

Normalerweise sind derartige, herkömmliche Datenbanksysteme überfordert, wenn die Anwendungsgebiete nicht zu den obigen Charakteristika passen:

- CAD- oder andere technische Anwendungen betreffen viele Objekte, aber
  auch viele Objekttypen. Die einzelnen Objekte sind stark strukturierte Objekte, und Transaktionen (etwa das Erzeugen einer Variante eines Bauteils) betreffen viele Objekte und haben eine lange Dauer.

  Relationale Datenbanksysteme sind nur bedingt daraufhin konzipiert, derartige Anwendungen effizient zu unterstützen. Aktuelle Entwicklungen
  wie *objektorientierte Datenbanksysteme* (kurz OODBSs) versuchen darum,
  besonders diese Art von Anwendungen adäquat zu handhaben.

- Ein anderes Beispiel sind Expertensysteme. Expertensysteme verwalten
  oft wenige Objekte, die aber vielen Objekttypen zugeordnet sind. Die Operationen auf diesen Objekten sind kompliziert und langwierig, und komplexe Integritätsbedingungen sind zu berücksichtigen.

Auch derartige Anwendungen werden von heutigen Systemen nur bedingt unterstützt, was zur Entwicklung spezieller *deduktiver Datenbanksysteme* führt.

Entwicklungslinien bei Datenbank-Management-Systemen

In den 60er Jahren entstanden die ersten Datenbanksysteme im Sinne unserer Begriffsbildung. Diese unterstützen das sogenannte *hierarchische Modell* bzw. das *Netzwerkmodell*. Diese Modelle sind an die Datenstrukturen von kommerziellen Programmiersprachen angelehnt und basieren somit auf Zeigerstrukturen zwischen Datensätzen. Dem hierarchischen Datenmodell können hierbei Baumstrukturen zugeordnet werden, während das Netzwerkmodell allgemeinere Verknüpfungen zuläßt.

Die Systeme dieser ersten Generation zeichneten sich durch eine schwache Trennung zwischen interner und konzeptueller Ebene aus, so daß die Art der internen Speicherung die Anwendungsprogrammierung beeinflußte. Die Datenmanipulationssprache war navigierend anhand der Zeigerstrukturen.

Die 70er und 80er Jahre waren geprägt durch die Entwicklung der *Relationalen Datenbanksysteme*, die zur Zeit den kommerziellen Markt (neben Altsystemen der ersten Generation) beherrschen. Wie wir anhand unseres Beispielsystems gesehen haben, werden Daten in Tabellenstrukturen verwaltet, wobei das Drei-Ebenen-Konzept eine Trennung der internen von der konzeptuellen Ebene erzwingt. Relationale DBMS unterstützen eine deklarative Datenmanipulationssprache, in der Regel SQL. Die Datenmanipulationssprache ist von der Programmiersprache der Anwendungsentwicklung separiert, so daß die Kopplung der beiden Sprachwelten zwangsweise zu Problemen führt.

In den (späten 80er und) 90er Jahren kann die relationale Datenbanktechnik als etabliert gelten. Von den Entwicklungstendenzen stehen darum Systeme für die beschriebenen *Nicht-Standard-Anwendungen* im Vordergrund sowie der allgemeine Trend zur Objektorientierung.

Wissensbanksysteme verwalten Daten ebenfalls in Tabellenstrukturen, angelehnt an relationale Datenbanken, fassen die Einträge aber etwa als logische Aussagen auf. Wissensbanksysteme besitzen eine an formaler Logik angelehnte, deklarative DML. Durch die Logikprogrammierung bieten sie faktisch eine integrierte Datenbankprogrammiersprache an.

Objektorientierte Datenbanksysteme sind eines der populärsten Schlagworte im Datenbankbereich der letzten Jahre. Sie ermöglichen die Zusammenfassung von Daten in komplexeren Objektstrukturen und bieten so adäquate Strukturierungskonzepte etwa für Ingenieur-Anwendungen. OODBSs bieten zum Teil deklarative oder navigierende DML an, wobei die deklarativen Ansätze in kommerziellen Systemen noch nicht als ausgereift zu bezeichnen sind. Oft bieten sie eine integrierte Datenbankprogrammiersprache an (als Erweiterung etwa von C++). Heutige kommerzielle Systeme zeigen keine vollständige

Ebenentrennung, so daß interne Realisierungen etwa in die Anfrageformulierung einfließen müssen.

Die *objektrelationalen Datenbanksysteme* ORDBS haben die Integration der erfolgreichen kommerziellen relationalen DBMS mit Techniken der Objektorientierung zum Ziel. Im Gegensatz zu den objektorientierten Datenbanken werden ORDBS-Entwicklungen von den großen Datenbankherstellern vorangetrieben und haben den SQL-99 Standard beeinflußt.

1.2.4 Wann kommt was?

Wie finden sich die bisher nur kurz angerissenen Konzepte und System-Bestandteile in diesem Buch wieder? Viele der diskutierten Aspekte werden im vorliegenden Buch ausführlich behandelt, aber einiges, das eher den internen Realisierungen zuzuordnen ist, ist dem Buch "Datenbanken: Implementierungskonzepte" von Saake und Heuer [SH99a] (das sich einer Vorlesung "Datenbanken II" zuordnen läßt) vorbehalten. Die Themen können wie folgt den Kapiteln und Abschnitten des vorliegenden Buchs zugeordnet werden:

- Allgemeine *Architekturfragen* sind Inhalt des Abschnitts 2.

- Die Frage der *Datendefinition* ist eng mit dem Konzept des Datenbankmodells verbunden. Diese Aufgabe gehört zu den wichtigsten Tätigkeiten beim Einsatz von DBMS und wird darum in diesem Buch sehr intensiv behandelt. Kapitel 3 führt *Datenbankmodelle* für den Entwurf von Datenbanken, Kapitel 4 verschiedene Modelle zur Beschreibung von Datenbanken ein. Die Kapitel 5 und 6 diskutieren die Probleme des Datenbankentwurfs, wobei Kapitel 6 die theoretischen Grundlagen für den Entwurf relationaler Datenbanken liefert. Die Datendefinition und die zugehörigen Datendefinitionssprachen der verschiedenen Datenbankmodelle werden in Kapitel 7 behandelt.

- Die interne *Dateiorganisation* ist "Datenbanken II" zugeordnet und wird in [SH99a] in den Kapiteln 4 und 5 behandelt.

- Das Problem der *Sichtdefinition* wird in Kapitel 13 intensiver diskutiert. In den Kapiteln 12 und 14 werden des weiteren Integritätssicherung und Aspekte der Zugriffskontrolle behandelt.

- Die Struktur des *Data Dictionary* ist natürlich an das verwendete Datenbankmodell angelehnt. Weitere Aspekte, wie benötigte Informationen für die Optimierung, werden in "Datenbanken II" behandelt.

- Die Themenfelder *Plattenzugriffssteuerung*, *Auswertung* und *Optimierung* sind eindeutig dem Themenbereich der Datenbankimplementierung zugeordnet. Eine ausführlicher Diskussion der Konzepte erfolgt in den Kapiteln 6 und 7 von [SH99a].

- Sprachen für *Anfragen* und *Änderungen* sind naturgemäß ein wichtiger Aspekt. Kapitel 8 (Grundlagen), 9 (die Datenbanksprache SQL) und 10 (weitere Datenbanksprachen) behandeln diese Themen.

- Der Bereich der *Datenbankprogrammierung* wird in Kapitel 11 behandelt.

1.3 Beispielanwendung

In diesem Buch verwenden wir weitgehend ein durchgängiges Beispiel, das einen kleinen Ausschnitt einer Universitätsanwendung beschreiben soll. Wir gehen dabei von folgenden Objekttypen aus, zu denen Informationen in einem Datenbanksystem verwaltet werden müssen:

- Von **Personen** müssen wir innerhalb der Universitätsanwendung folgende Eigenschaften verwalten: Personalausweisnummer, Vor- und Nachnamen, Adresse mit Postleitzahl, Ort, Straße und Hausnummer, Geburtsdatum sowie eine Menge von Telefonnummern.

- Spezielle Personen sind **Mitarbeiter** der Universität, die zusätzlich Angestelltennummer, Fachbereich, Raum, Einstellungsdatum und Gehalt besitzen.

- Spezielle Mitarbeiter sind wiederum **Professoren**, für die neben den obigen Eigenschaften noch Lehrstuhlbezeichnung und Stufe (C4, C3, ...) verwaltet werden müssen.

- Spezielle Personen sind **Studenten**, die neben den allgemeinen Eigenschaften von Personen noch Matrikelnummer, Studienfach und Immatrikulationsdatum besitzen.

- **Lehrstühle** kennzeichnen an unserer Universität die vertretenen Fachrichtungen. Informationen über Lehrstühle sind Lehrstuhlbezeichnung und Anzahl der Planstellen.

- **Vorlesungen** haben eine Bezeichnung, eine Semesterwochenstundenzahl, das Semester (für das die Vorlesung gelesen wird), den Studiengang und eine Menge von Voraussetzungen (ebenfalls wieder Vorlesungen).

- In der Universitätsbibliothek vorhandene **Bücher** werden mit Inventarnummer, ISBN, Titel, Erscheinungsjahr, Auflage, mehreren Stichwörtern und der Liste von Autoren geführt. Außerdem werden die Anzahl der Seiten und der Preis erfaßt. Dabei müssen wir zwischen Informationen unterscheiden, die für Bücher, Buch-Versionen und (in unserer Bibliothek inventarisierte) Buch-Exemplare gelten.

- Spezielle **Bücher** sind **Lehrbücher** und **Tagungsbände**.

- Die zu den Büchern gehörenden **Verlage** haben einen Verlagsnamen und den Verlagsort.

Die genannten Objekttypen stehen miteinander in vielfältigen Beziehungen, die ebenfalls in der Datenbank verwaltet werden sollen:

- Sowohl Mitarbeiter als auch Studenten können Bücher *ausleihen*.

- Professoren *empfehlen* für bestimmte Vorlesungen Lehrbücher.

- Einige Professoren sind *Inhaber* von Lehrstühlen.

- Professoren *lesen* in einem bestimmten Semester bestimmte Vorlesungen.

- Studenten *hören* in einem gewissen Semester einige Vorlesungen.

- Einige Vorlesungen haben andere Vorlesungen als *Voraussetzung*.

- Bücher *erscheinen* bei Verlagen.

- Professoren *prüfen* Studenten in bestimmten Vorlesungen. Für jede Prüfung wird die Note erfaßt.

Im Anhang A werden Darstellungen der modellierten Anwendungsdaten sowohl in einem abstrakteren Modell, dem Entity-Relationship-Modell, kurz ER-Modell (vergl. Kapitel 3), als auch im Relationenmodell gegeben. Dort sind auch einige Beispieldaten aufgeführt. Für die verschiedenen Namen von Objekten, Beziehungen und Eigenschaften werden wir gegebenenfalls auch Abkürzungen verwenden, falls wir dies zur Darstellung aus Platzgründen benötigen.

Wir haben uns für diese Beispielmodellierung entschieden, weil erstens viele Modellierungskonzepte anhand dieser Modellierung diskutiert werden können und wir zweitens annehmen, daß unsere Leser mit dem betreffenden Problemkreis vertraut sind. Natürlich kann eine einzelne Beispielanwendung nicht für alle Problembereiche gleichermaßen zur Veranschaulichung geeignet sein, so daß wir in einigen Abschnitten auf kleine andere Anwendungsprobleme ausweichen, etwa eine einfache Datenbank mit Daten über Waren, Lieferanten und Lieferungen, falls mittels dieser die Konzepte besser verdeutlicht werden können.

1.4 Vertiefende Literatur

Die Grundkonzepte von Datenbanksystemen sind in vielen Lehrbüchern aufbereitet, die wir an dieser Stelle nicht alle explizit aufzählen wollen. Stellvertretend seien hier nur die Bücher erwähnt, auf die wir uns zum Teil schon im Vorwort bezogen haben: es sind die Bücher von Jeffrey Ullman [Ull88, Ull89], Ramez Elmasri und Shamkant Navathe [EN94, EN00], Silberschatz, Korth und Sudarshan [SKS97], Ramakrishnan [Ram98], Kemper und Eickler [KE96], Gottfried Vossen [Vos94, Vos99], Patrick O'Neil [O'N94], Chris Date [Dat95, DD97] und David Maier [Mai83]. Eine Einführung in Datenbankkonzepte geben auch die Bücher von Ullman und Widom [UW97] und von Atzeni, Ceri, Paraboschi und Torlone [ACPT99]. Vertiefende Literatur zu den einzelnen Themenkomplexen werden in den einzelnen Abschnitten angegeben. Auch die historische Entwicklung wird zum Teil in diesen Lehrbüchern abgehandelt und spiegelt sich in den wechselnden Themenschwerpunkten der großen Datenbank-Tagungen und -Zeitschriften wider.

Die Standardisierung der Drei-Ebenen-Architektur, der verschiedenen Datenbanksprachen und Verantwortlichen durch ANSI-SPARC kann in [TK78, DAF86] oder [LD87] nachgelesen werden.

Die neun Aufgaben eines Datenbanksystems — die Codd'schen Regeln — wurden von Codd in [Cod82] definiert.

1.5   Übungsaufgaben

Übung 1.1 Vergleichen Sie die Dateiverwaltung eines Betriebssystems, etwa das UNIX-File-System, mit einem Datenbank-Management-System! Welche Funktionalität stimmt überein, wo liegen die Unterschiede?   □

Übung 1.2 Vor rechnergestützten Datenbanksystemen wurden Daten ausschließlich manuell, etwa in Bibliotheken, verwaltet. Geben Sie manuelle Tätigkeiten als Gegenstücke (etwa in einer Bibliothek) zu den Funktionsmodulen eines DBMS an, die in Abbildung 1.5 auf Seite 10 abgebildet sind!   □

Übung 1.3 Überlegen Sie sich umgangssprachlich formulierte Anfragen und Änderungsoperationen, die Ihrer Meinung nach für die Universitätsanwendung häufig anfallen.   □

Architekturen von Datenbanksystemen

In diesem Kapitel werden wir die prinzipielle Architektur eines Datenbank-systems vorstellen. Datenbank-Architekturen kann man aus verschiedenen Blickwinkeln betrachten:

- Die **Schema-Architektur** beschreibt den Zusammenhang zwischen dem konzeptuellen, internen und externen Schema. Außerdem ordnet sie die Datenbank-Anwendungsprogramme in diese Schemata ein.

- Die **System-Architektur** beschreibt den Aufbau eines Datenbanksystems aus Komponenten, Bausteinen oder Werkzeugen. In Standardisierungs-vorschlägen werden die Schnittstellen zwischen diesen Komponenten ge-normt, nicht jedoch die Komponenten selbst.

- Die **Anwendungsarchitektur** beschreibt den Ablauf der Anwendungs-entwicklung mit Datenbanken. Insbesondere beschreibt es die Vorgän-ge und Arbeitsschritte, die bei der Erstellung und Übersetzung eines Datenbank-Anwendungsprogramms anfallen.

Die *Schema-Architektur* beschreibt im wesentlichen drei Schemata:

- Das *konzeptuelle Schema*, welches das Ergebnis der Datenmodellierung, des Datenbankentwurfs und der Datendefinition ist. Diese drei Bereiche sind Thema der nächsten Kapitel.

- Das *interne Schema* legt die Dateiorganisationen und Zugriffspfade für das konzeptuelle Schema fest. Das genauere Aussehen des internen Schemas ist Gegenstand des zweiten Andes [SH99a].

- Das *externe Schema* ist das Ergebnis der Sichtdefinition und legt Benutzersichten auf das globale, konzeptuelle Schema fest. In der Regel handelt es sich nicht nur um ein externes Schema, sondern um mehrere anwendungsspezifische externe Schemata. Sichten werden in Kapitel 13 behandelt.

- Die *Anwendungsprogramme* sind das Ergebnis der Datenbank-Anwendungsprogrammierung und arbeiten idealerweise auf den externen Schemata.

Die *System-Architektur* enthält die folgenden Arten von Komponenten, die in einem Datenbanksystem nötig sind:

- Die *Definitionskomponenten* zur Datendefinition auf der konzeptuellen Ebene, Definition der Dateiorganisation auf der internen Ebene und der Sichtdefinition auf der externen Ebene.

- Die *Programmier-Komponenten* zur Datenbankprogrammierung mit Datenbank-Operationen, die in herkömmliche Programmiersprachen eingebettet werden.

- Die *Benutzerkomponenten* wie erstellte Datenbank-Anwendungsprogramme, interaktive Anfrage- und Änderungswerkzeuge.

- Die *Transformationskomponenten* zur Optimierung, Auswertung und der Plattenzugriffssteuerung für Datenbank-Operationen und der Transformation der Ergebnisdaten von der internen in die externe (Benutzer-)Darstellung.

Die *Anwendungsarchitektur* wird das Abarbeiten eines Datenbank-Anwendungsprogramms genauer vorstellen und außerdem eine anwendungsbezogene Sicht auf die Werkzeuge geben, mit denen man eine Datenbankumgebung für ein spezielles Problem erstellen kann.

2.1 Schema-Architektur und Datenunabhängigkeit

Ein wesentlicher Aspekt bei Datenbank-Anwendungen ist die Unterstützung der *Datenunabhängigkeit* durch das Datenbank-Management-System. Sowohl Datenbanken als auch Anwendungssysteme haben in der Regel eine lange Lebensdauer, während derer sowohl die Realisierung der Datenspeicherung als auch externe Schnittstellen aus verschiedensten Gründen modifiziert oder erweitert werden. Das Konzept der Datenunabhängigkeit hat das Ziel, eine (oft langlebige) Datenbank von notwendigen Änderungen der Anwendung abzukoppeln (und umgekehrt).

Die Datenunabhängigkeit kann in zwei Aspekte aufgeteilt werden:

- Die *Implementierungsunabhängigkeit* oder auch *physische Datenunabhängigkeit* bedeutet, daß die konzeptuelle Sicht auf einen Datenbestand unabhängig von der für die Speicherung der Daten gewählten Datenstruktur besteht.

- Die *Anwendungsunabhängigkeit* oder auch *logische Datenunabhängigkeit* hingegen koppelt die Datenbank von Änderungen und Erweiterungen der Anwendungsschnittstellen ab.

Zur Unterstützung der Datenunabhängigkeit in Datenbanksystemen wurde bereits in den 70er Jahren von der "ANSI/X3/SPARC[1] Study Group on Database Management Systems" eine *Drei-Ebenen-Schema-Architektur* als Ergebnis einer mehrjährigen Studie vorgeschlagen [DAF86, TK78, LD87]. ANSI ist das Kürzel für die amerikanische Standardisierungsbehörde "American National Standards Institute". Die dort vorgeschlagene Aufteilung in drei Ebenen ist im Datenbankbereich inzwischen allgemein akzeptiert. Die Abbildung 2.1 zeigt die diesem ANSI-Vorschlag folgende, prinzipielle Schema-Architektur.

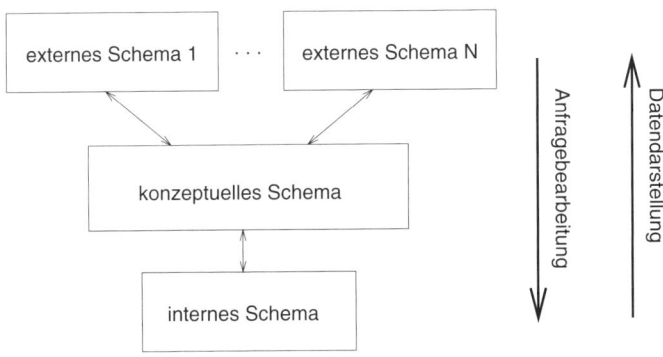

Abb. 2.1: Drei-Ebenen-Schema-Architektur für Datenbanken

Die ANSI-Schema-Architektur teilt ein Datenbankschema in drei aufeinander aufbauende Ebenen auf. Von unten nach oben sind die folgenden Ebenen vorgeschlagen:

- Das *interne Schema* beschreibt die systemspezifische Realisierung der Datenbank, etwa die eingerichteten Zugriffspfade. Die Beschreibung des internen Schemas ist abhängig vom verwendeten Basissystem und der von diesem angebotenen Sprachschnittstelle.

---

[1]SPARC steht für Standards Planning and Requirements Committee.

- Das *konzeptuelle Schema* beinhaltet eine implementierungsunabhängige Modellierung der gesamten Datenbank in einem systemunabhängigen Datenmodell, zum Beispiel dem ER-Modell oder dem relationalen Modell. Das konzeptuelle Schema beschreibt die Struktur der Datenbank vollständig.

- Basierend auf dem konzeptuellen Schema können mehrere *externe Schemata* definiert werden, die anwendungsspezifische (Teil-)Sichten auf den gesamten Datenbestand festlegen.

  Oft beschreiben externe Sichten einen anwendungsspezifischen Ausschnitt des konzeptuellen Schemas unter Benutzung desselben Datenmodells. Es ist aber auch möglich, unterschiedliche Datenbankmodelle für verschiedene externe Schemata zu verwenden.

Die Sprachmittel und typischen Konzepte auf den verschiedenen Ebenen werden im folgenden exemplarisch anhand einer kleinen Beispielanwendung vorgestellt.

Zwischen den verschiedenen Schemaebenen müssen Abbildungen festgelegt werden, die die Transformation von Datenbankzuständen, Anfragen und Änderungstransaktionen zwischen den Ebenen ermöglichen. Da diese Transformationen vom Datenbank-Management-System durchgeführt werden, müssen diese Abbildungen in einer formalen Beschreibungssprache mit festgelegter Semantik notiert werden.

Die Aufgabe der Abbildungen zwischen den Ebenen kann in zwei Problembereiche aufgeteilt werden:

- Die *Anfragebearbeitung* erfordert eine Übersetzung von Anfragen und Änderungsoperationen, die bezüglich der externen Schemata formuliert wurden, in Operationen auf den internen Datenstrukturen (über den Zwischenschritt der konzeptuellen Ebene).

- Die *Datendarstellung* erfordert eine Transformation in der umgekehrten Richtung: Die internen Datenstrukturen von Anfrageergebnissen müssen derart transformiert werden, daß sie den Beschreibungskonzepten der externen Darstellungen entsprechen.

Ebenen-Architektur am Beispiel

Wir wollen die Basisidee der Drei-Ebenen-Architektur von Datenbankschemata im folgenden anhand einer kleinen Beispielmodellierung diskutieren. Die modellierte Datenbank enthält Daten über Bücher und Autoren. Die konzeptuelle Gesamtsicht ist im relationalen Datenbankmodell beschrieben.

Die konzeptuelle Gesamtsicht

Die konzeptuelle Gesamtsicht erfolgt in relationaler Darstellung. Die Datenbank ist in zwei Relationen gespeichert, wie in Abbildung 2.2 dargestellt.

AUTOR	Name	Nr	BuchID → BUCH.BuchID
	Meier	1	4242
	Schulze	2	3745
	Ibsen	1	3745
	...	...	....

BUCH	BuchID	Titel	Jahr	ISBN
	4242	Datenbasen I	1993	3-452-12
	3745	UNIX X	1998	1-424-11
	...	...	...	...

Abb. 2.2: Konzeptuelle Beispieldatenbank mit zwei Tabellen in Relationendarstellung

Schlüssel, also identifizierende Attribute in Relationen, werden durch Unterstreichung gekennzeichnet. Bezüge zwischen Relationen, die sogenannten Fremdschlüssel als Verweise auf Schlüssel, sind in der Beispielrelation mit dem Bezug zu dem Schlüssel einer anderen Relation angegeben.

Externe Sichten

Eine mögliche Anwendungssicht wäre dadurch gegeben, daß die Daten in *einer* Relation dargestellt werden, wobei die BuchID ausgeblendet werden soll (wie in Abbildung 2.3 gezeigt).

TITEL	Name	Nr	Titel	Jahr	ISBN
	Meier	1	Datenbasen I	1993	1-424-11
	Schulze	2	UNIX X	1998	3-452-12
	Ibsen	1	UNIX X	1998	3-452-12
	...	...	...	...	...

Abb. 2.3: Externe Sicht auf zwei Relationen, dargestellt als eine Relation

Diese externe Sicht kann in SQL-Datenbanksystemen einfach durch eine View-Definition (vgl. Kapitel 13) definiert werden.

Dieses erste Beispiel definiert eine flache Tabelle als Sicht auf andere flache Tabellen, verläßt also den verwendeten Beschreibungsrahmen im gewissen

Sinne nicht. Aber auch Sichten in einem anderen Datenbankmodell sind möglich, etwa als eine hierarchisch aufgebaute Relation wie in Abbildung 2.4.

TITEL	Autoren { Autor }	Titel	Jahr	ISBN
	Meier	Datenbasen I	1993	1-424-11
	Ibsen Schulze	UNIX X	1998	3-452-12
	...	...	...	...

Abb. 2.4: Externe Sicht als hierarchisch aufgebaute Relation

Diese externe Darstellung ist in den meisten SQL-Datenbanken nicht möglich, entspricht aber der hierarchischen Darstellung von Tabellen, wie sie in vielen Anwendungen üblich ist. Eine derartige Daterepräsentation ist allerdings in *objektrelationalen Datenbanken* möglich, die wir später noch kennenlernen werden.

Interne Darstellung

Für die interne Darstellung kann ein Datenbank-Management-System optimierte Datenstrukturen verwenden, etwa eine Baumstruktur über Autorennamen und eine Hash-Tabelle über die Buchtitel. Die Verbindung zwischen den beiden Datenstrukturen könnte dadurch erfolgen, daß die Fremdschlüsseleigenschaft des Attributs BuchID in die Definition physischer Zeiger umgewandelt wird. Diese interne Realisierung wird in Abbildung 2.5 skizziert.

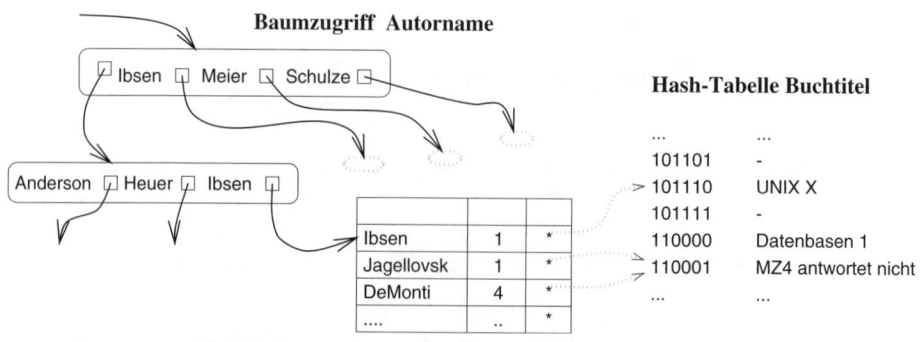

Abb. 2.5: Interne Realisierung durch Baumzugriffsstruktur und Hash-Tabelle

Diese komplexe interne Realisierung geht über die Möglichkeiten existierender Systeme hinaus, zeigt aber sehr gut, wie stark die interne Realisierung von der konzeptuellen Darstellung abweichen kann.

2.2   System-Architekturen

System-Architekturen beschreiben die Komponenten eines Datenbanksystems. Es gibt zwei wichtige Architekturvorschläge, die in diesem Abschnitt vorgestellt werden sollen:

- Die ANSI-SPARC-Architektur als detaillierte Version unserer etwas groben Drei-Ebenen-Architektur.

- Die Fünf-Schichten-Architektur als detaillierte Version der Transformationskomponenten der Drei-Ebenen-Architektur.

Nach diesen beiden Architekturvorschlägen werden wir auf die Architekturen konkreter Datenbanksysteme und Pseudo-Datenbanksysteme eingehen.

2.2.1   ANSI-SPARC-Architektur

Im ANSI-SPARC-Normvorschlag wurde neben der Drei-Ebenen-Schema-Architektur auch eine Drei-Ebenen-System-Architektur vorgestellt. Im wesentlichen entspricht die Architektur unserer vereinfachten Architektur aus dem letzten Kapitel, die wir in Abbildung 2.6 noch einmal aufführen.

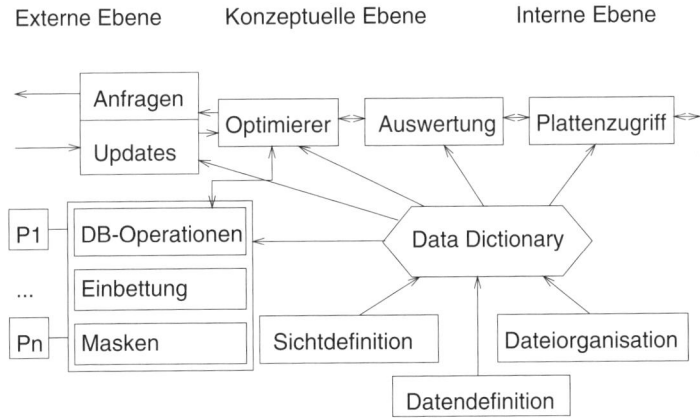

Abb. 2.6: Vereinfachte Architektur eines DBMS

Der endgültige Vorschlag stammt aus dem Jahre 1978 und verfeinert die Grob-Architektur um

- eine detailliertere interne Ebene, insbesondere mit Berücksichtigung der diversen Betriebssystem-Komponenten,

- weitere interaktive und Programmierkomponenten auf der externen Ebene wie etwa Berichtsgeneratoren und

- eine genaue Bezeichnung und Normierung der Schnittstellen zwischen den einzelnen Komponenten.

Eine genauere Darstellung entnehme man der Originalliteratur [TK78, DAF86] oder [LD87]. Die in Abbildung 2.6 aufgeführten Komponenten kann man folgendermaßen klassifizieren (siehe auch Abbildung 2.7):

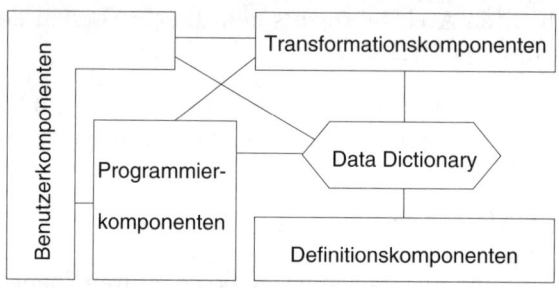

Abb. 2.7: Klassifikation von Komponenten eines DBMS

- Die *Definitionskomponenten* bieten Datenbank-, System- und Anwendungsadministratoren die Möglichkeit zur Datendefinition, Definition der Dateiorganisationsformen und Zugriffspfade sowie Sichtdefinition.

- Die *Programmierkomponenten* beinhalten eine vollständige Entwicklungsumgebung in einer höheren Programmiersprache, einer 4GL[2] oder einer graphischen Sprache, die Datenbankoperationen und in den meisten Fällen auch Werkzeuge zur Definition von Menüs, Masken und anderen Primitiven einer graphischen Benutzeroberfläche integriert.

- Die *Benutzerkomponenten* umfassen die interaktiven Anfrage- und Änderungs- (oder Update-)Werkzeuge für anspruchsvolle Laien und die vorgefertigten Datenbank-Anwendungsprogramme für den unbedarften Benutzer ("parametric user", die in der Abbildung mit P1 bis Pn bezeichnet werden).

---

[2]4th Generation Language; Programmiersprache der vierten Generation

2 Architekturen von Datenbanksystemen

- Die *Transformationskomponenten* wandeln Anfrage- und Änderungsoperationen schrittweise über Optimierung und Auswertung in Plattenzugriffsoperationen um. Umgekehrt werden die in Blöcken der Platte organisierten Bytes in die externe Benutzerdarstellung (im Relationenmodell: Tabellen) transformiert.

- Zentraler Kern des ganzen Systems ist das *Data Dictionary* (der *Datenkatalog* oder das *Datenwörterbuch*), das die Daten aus den Definitionskomponenten aufnimmt und die Programmier-, Benutzer- und Transformationskomponenten mit diesen Informationen versorgt.

Gerade die Transformationskomponenten sind in der Drei-Ebenen-Architektur noch etwas ungenau beschrieben. Die folgende Fünf-Schichten-Architektur wird die schrittweise Transformation von Operationen und Daten genauer darlegen.

2.2.2   Fünf-Schichten-Architektur

Nach Ideen von Senko [Sen73] wurde als Weiterentwicklung von Härder [Här87a] im Rahmen des IBM-Prototyps *System R* die folgende System-Architektur eingeführt.

Die *Fünf-Schichten-Architektur* basiert auf einer genaueren Beschreibung der in einem Datenbank-Management-System enthaltenen Transformationskomponenten, die eine schrittweise Transformation von Anfragen und Änderungen von der abstrakten Datenbankmodellebene bis hinunter zu Zugriffen auf den Speichermedien realisieren. Abbildung 2.8 zeigt die einzelnen Transformationskomponenten mit den zugehörigen Aufgaben sowie die zwischen den Komponenten geltenden Schnittstellen. Die Aufgaben der höheren Komponenten sind dort jeweils unterteilt in Aufgaben der Anfragetransformation (links) sowie der Datensicherung (rechts).

Die *mengenorientierte Schnittstelle* **MOS** realisiert eine deklarative Datenmanipulationssprache auf Tabellen, Sichten und Zeilen einer Tabelle. Eine typische Sprache für diese Abstraktionsebene ist SQL mit mengenorientiertem Zugriff auf Relationen.

Die Anweisungen der MOS werden durch das *Datensystem* auf die *satzorientierte Schnittstelle* **SOS** umgesetzt. Die SOS realisiert einen navigierenden Zugriff auf einer internen Darstellung der Relationen. Manipulierte Objekte der SOS sind typisierte Datensätze und interne Relationen (geordnete Listen von Datensätzen mit Duplikaten) sowie logische Zugriffspfade, die sogenannten *Indexe*, und temporäre Zugriffsstrukturen, die *Scans*. Aufgaben des Datensystems sind die Übersetzung und Optimierung etwa von SQL-Anfragen auf die SOS unter Ausnutzung der Zugriffspfade sowie die Realisierung der Zugriffs- und Integritätskontrolle.

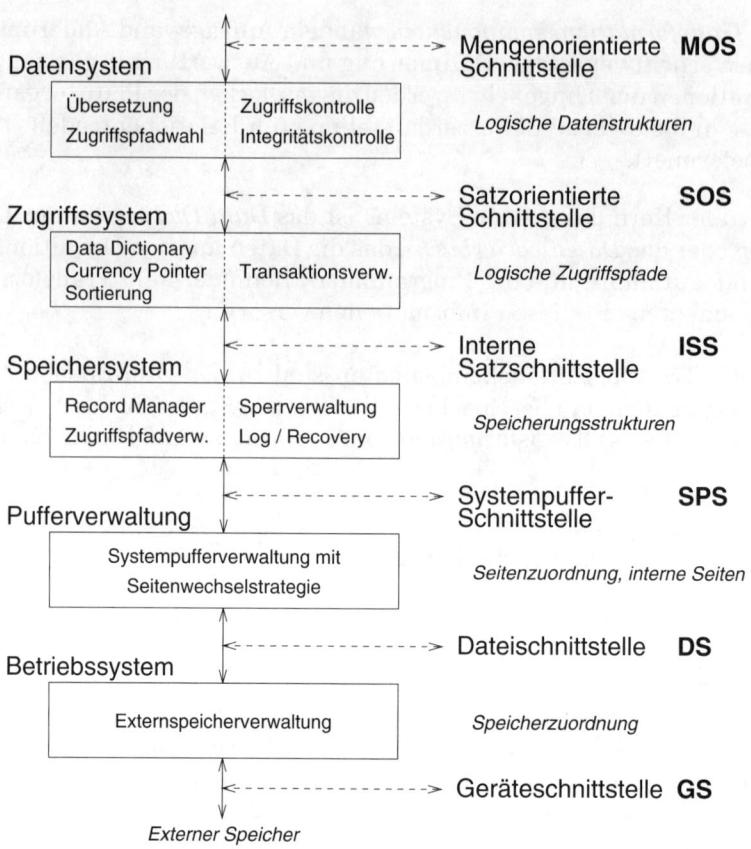

Abb. 2.8: Funktionsorientierte Sicht auf die Fünf-Schichten-Architektur

Das *Zugriffssystem* übernimmt die Transformation auf die *interne Satzschnittstelle* **ISS**. Hier werden interne Tupel einheitlich verwaltet, also ohne Typisierung aufgrund unterschiedlicher Relationstypen wie in der SOS. Auf der ISS werden die Speicherstrukturen der Zugriffspfade implementiert, etwa konkrete Operationen auf B*-Bäumen und Hash-Tabellen. Neben der Umsetzung der SOS auf diese implementierungsnähere Darstellung realisiert das Zugriffssystem Operationen wie die Sortierung und den Mehrbenutzerbetrieb mit Transaktionen.

Das *Speichersystem* hat die Aufgabe, die Datenstrukturen und Operationen der ISS auf internen Seiten eines virtuellen linearen Adreßraums zu realisieren. Dieser interne Adreßraum wird durch die Operationen der *Systempufferschnittstelle* manipuliert. Typische Objekte sind interne Seiten und Sei-

2 *Architekturen von Datenbanksystemen*

tenadressen, zugehörige Operationen sind etwa Freigeben und Bereitstellen von Seiten. Neben den typischen Operationen zur Verwaltung eines internen Seitenpuffers mit Seitenwechselstrategien realisiert das Speichersystem die Sperrverwaltung für den Mehrbenutzerbetrieb sowie das Schreiben des Log-Buchs für das Recovery.

Die *Pufferverwaltung* bildet die internen Seiten auf die Blöcke der *Datei-schnittstelle* **DS** des Betriebssystems ab, das die Externspeicherverwaltung übernimmt. Die Umsetzung der Operationen der Dateischnittstelle auf die *Ge-räteschnittstelle* erfolgt nun nicht mehr durch Komponenten des DBMS, son-dern durch das Betriebssystem.

Nach der eher funktionsorientierten Sicht aus Abbildung 2.8 werden in Ab-bildung 2.9 zur Erläuterung typische Objekte, die durch die Sprachmittel der Schnittstellen manipuliert werden, sowie typische Operationen in die Architek-tur eingeordnet.

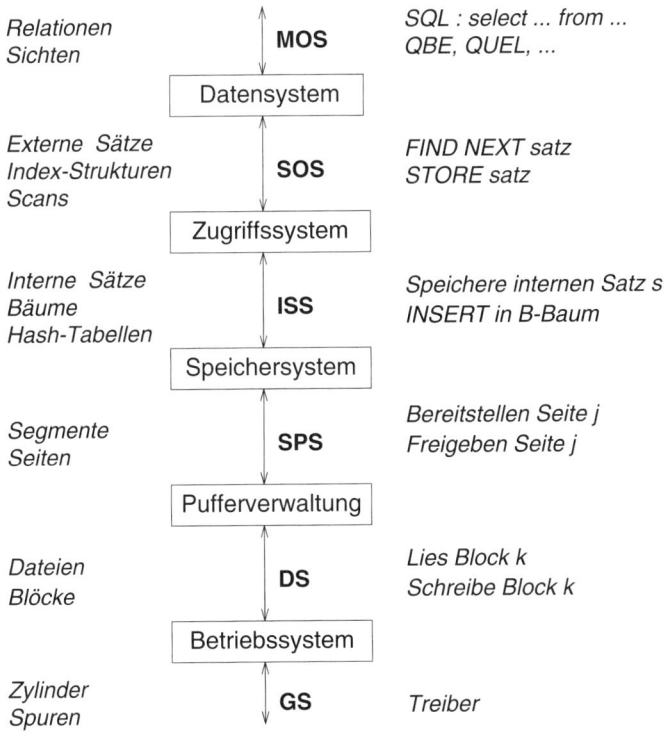

Abb. 2.9: *Typische Objekte (links) und Operatoren (rechts) der jeweiligen Schnittstellen in der Fünf-Schichten-Architektur*

Die Fünf-Schichten-Architektur ist nur *ein* Vorschlag für eine Aufteilung in Transformationsschritte, der auf den ursprünglichen Prototyp-Entwicklungen für relationale DBMS basiert. Die Architektur kann etwa verkürzt werden, indem Zugriffssystem und Speichersystem in einer Komponente zusammengefaßt werden. Einige ältere Datenbankmodelle, aber auch einige moderne objektorientierte DBMS, bieten keine mengenorientierte Schnittstelle an und überlassen deren Aufgaben dem Anwendungsprogrammierer. Auch können einige Aufgaben der tieferen Ebenen alternativ auf den höheren Ebenen realisiert werden; ein Beispiel wäre die Realisierung eines *Objektpuffers* im Zugriffssystem anstelle eines Seitenpuffers.

Auch die Zuordnung der Datensicherungsmaßnahmen zu den Ebenen ist nicht zwingend vorgegeben. Die Sperrverwaltung kann zum Beispiel auf höheren Ebenen angesiedelt werden, während alternativ die Zugriffskontrolle implementierungsnäher modelliert werden könnte.

Abschließend soll noch bemerkt werden, daß alle in diesem Unterabschnitt angesprochenen Komponenten der Fünf-Schichten-Architektur im zweiten Band [SH99a] dieses Lehrbuches weitaus ausführlicher behandelt werden: Der zweite Band widmet sich ausschließlich diesen Implementierungstechniken von Datenbanksystemen, während sich der vorliegende Band eher auf den Entwurf von Datenbankanwendungen und die Benutzung von Datenbanksystemen konzentriert.

2.2.3 Konkrete System-Architekturen

In diesem Unterabschnitt werden die vorgeschlagenen System-Architekturen nun mit dem Aufbau kommerzieller Datenbanksysteme verglichen. Leider veralten Informationen über konkrete Systeme sehr schnell — so schnell, daß es in einem Lehrbuch nicht förderlich ist, sie zu ausführlich darzustellen. Deswegen werden hier nur allgemeine Architekturprinzipien skizziert, die sich in einem Datenbanksystem üblicherweise über mehrere Versionen hinweg nicht entscheidend ändern. Übersichten über aktuelle Features der einzelnen (insbesondere relationalen) Datenbanksysteme werden auf speziellen WWW-Seiten elektronisch bereitgestellt (siehe Vorwort).

Architekturprinzipien über die Verteilung eines Systems auf mehrere Prozesse oder die Verteilung des Systems in einem Rechnernetz, wie Client-Server-Systeme oder verteilte Datenbanksysteme, werden erst in Kapitel 15 erläutert.

Wir geben nun Architekturüberblicke über

- IMS (ein hierarchisches Datenbanksystem),

- UDS (ein Netzwerk-Datenbanksystem),

- relationale Datenbanksysteme wie DB2, Oracle und INGRES sowie

- Pseudo-Datenbanksysteme wie dBASE und MS-Access.

IMS — Ein hierarchisches Datenbanksystem

IMS (Information Management System) ist das erste Datenbanksystem der Firma IBM, das in der zweiten Hälfte der 60er Jahre eingeführt wurde. Die Begriffsbildungen in IMS unterscheiden sich stark von den heute gebräuchlichen (siehe Tabelle 2.1): Der Begriff *Datenbank* ist in IMS eher physisch denn kon-

DB-Begriff		IMS-Begriff
Datenbank	≡	interne (physische) Datenbanken
internes Schema	≡	DBD (Data Base Description) für jede Datenbank
Sicht	≡	Menge logischer Datenbanken
Sichtdefinition	≡	PSB (Program Specification Block), bestehend aus mehreren PCBs (Program Communication Blocks)

Tab. 2.1: Begriffsbildungen nach ANSI-SPARC und in IMS

zeptuell gemeint. Die *Data Base Descriptions* (DBDs) enthalten die Festlegungen des internen Schemas für diese Datenbank. Die zugehörige "DDL" werden wir noch in Unterabschnitt 7.3 vorstellen. Zugehörige Benutzersichten werden direkt auf diesen DBDs definiert und spielen die Rolle logischer Datenbanken. Sie werden in *Program Communication Blocks* (PCBs) spezifiziert, die in *Program Specification Blocks* (PSBs) zusammengefaßt werden. IMS besitzt also eine Zwei-Ebenen-Struktur, wobei jedoch auch die interne Ebene im Zugriff des Anwendungsprogrammierers ist (keine Datenunabhängigkeit).

Die Datenbanksprache von IMS ist *DL/I* (Data Language One). Es gibt keine interaktive Version von DL/I, sondern nur DL/I eingebettet in PL/I, CO-BOL oder System/370 Assembler. Die Operationen sind navigierend. Auf DL/I werden wir in Unterabschnitt 11.1.2 noch eingehen.

Die Gesamt-Architektur von IMS ist in Abbildung 2.10 noch einmal dargestellt. Die Komponenten sind in Analogie zur bereits bekannten Drei-Ebenen-Architektur angeordnet. Der Zugriff auf die Datenbank erfolgt ausschließlich über Datenbank-Anwendungsprogramme, die Datenbankoperationen werden ausschließlich eingebettet verwendet und auch das interne Schema (DBDs) ist im Anwendungsprogramm sichtbar.

UDS — Ein Netzwerk-Datenbanksystem

UDS (Universelles Datenbank-System) ist ein Netzwerk-Datenbanksystem von Siemens, das 1976 eingeführt wurde. UDS wurde für das Betriebssystem BS2000 der Siemens-Rechner 7100 bis 7500 entwickelt. UDS hat keinen Optimierer in unserem Sinne, entspricht im sonstigen Systemaufbau jedoch etwa der ANSI-SPARC-Grob-Architektur. Die Datenmanipulationssprache von

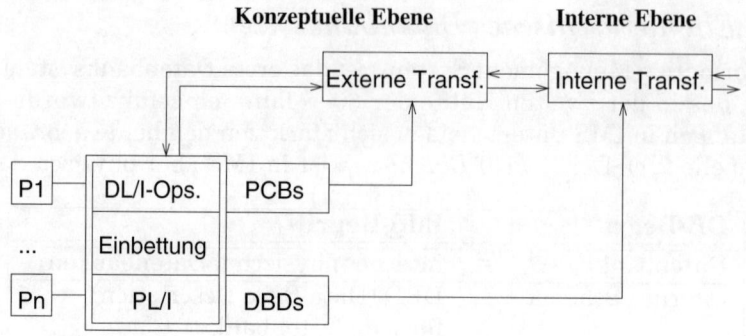

Abb. 2.10: Grob-Architektur des IMS Systems

UDS ist eingebettet in COBOL, Assembler, FORTRAN oder Pascal. Auch die Begriffswelt entspricht bereits der von ANSI-SPARC geprägten (siehe Tabelle 2.2).

DB-Begriff		UDS-Begriff
DDL	≡	Schema-DDL
VDL	≡	Subschema-DDL
SSL	≡	SSL
IQL	≡	IQS

Tab. 2.2: Begriffsbildungen nach ANSI-SPARC und in UDS

Die Sichtdefinitionssprache wird Subschema-DDL genannt, die interaktive Anfragesprache IQS (Interactive Query System).

DB2, Oracle und INGRES — Relationale Datenbanksysteme

Relationale Datenbanksysteme (RDBSs) sind derzeit in einer Vielzahl auf dem Markt präsent. Zu den wichtigsten RDBSs zählen DB2, Oracle, INGRES, Informix, SYBASE und ADABAS D. Gemeinsame Merkmale dieser Systeme sind

- eine Drei-Ebenen-Architektur nach ANSI-SPARC,

- eine einheitliche Datenbanksprache (SQL; Structured Query Language),

- eine Einbettung dieser Sprache in kommerzielle Programmiersprachen,

- diverse Werkzeuge für die Definition, Anfrage und Darstellung von Daten und den Entwurf von Datenbank-Anwendungsprogrammen und der Benutzer-Interaktion, sowie

- kontrollierter Mehrbenutzerbetrieb, Zugriffskontrolle und Datensicherheitsmechanismen.

Daneben gibt es gerade im PC-Bereich noch *Pseudo-RDBSs* wie dBASE, Paradox, MS-Access und andere. Diese verwalten zwar ebenfalls Tabellen, zeichnen sich jedoch durch das Fehlen eines oder sogar mehrerer dieser für ein DBMS wichtigen Merkmale aus. Es gibt aber auch im PC-Bereich "ernsthafte" Datenbanksysteme wie Gupta SQL-Base, Watcom SQL und den MS-SQL-Server, die die gemeinsamen Merkmale mit ihren großen Schwestern teilen. Wir stellen in diesem Unterabschnitt nur die Systeme DB2, Oracle und INGRES kurz vor. Außerdem skizzieren wir die Unterschiede dieser Systeme zu Pseudo-RDBSs.

Aus dem Forschungsprototyp *System R* entstanden in den Entwicklungslabors von IBM zunächst zwei kommerzielle, relationale Datenbanksysteme:

- *DB2* für IBM-Rechner unter MVS,

- *SQL/DS* (SQL/Data System) für IBM-Rechner unter DOS/VSE oder VM/CMS.

DB2 ist in letzter Zeit *das* IBM-Datenbanksystem für diverse Plattformen geworden, so für OS/2 (DB2/2) und UNIX (DB2/6000).

SQL ist bei beiden Systemen die gemeinsame Sprache für DDL, VDL, SSL, IQL und DML. SQL ist eine deklarative und mengenorientierte Sprache, im Gegensatz zu den datensatzorientierten Sprachen bei IMS und UDS. SQL wird in den Kapiteln 7 und 9 noch ausführlich erläutert. Die physische Datenbank besteht (betriebssystemabhängig) etwa aus VSAM-Dateien (Virtual Storage Access Method) für Basistabellen und zusätzliche Indexdateien.

Oracle (früher von der Relational Software Corporation; jetzt von der Oracle Corporation) wird vom Vertreiber als Marktführer bei relationalen Datenbanksystemen bezeichnet. Oracle gibt es für fast alle Plattformen vom PC bis zum Großrechner und für fast alle Betriebssysteme von Windows bis zu herstellerspezifischen Betriebssystemen. Auch hier ist die Datenbanksprache SQL. Die physische Datenbank besteht aus ein oder mehreren Betriebssystemdateien, die von Oracle selbst strukturiert werden. Mehrere Tabellen werden also in einer Betriebssystemdatei gespeichert.

INGRES hat sich vom Universitätsprototypen zum Technologieführer bei relationalen Datenbanksystemen entwickelt, beispielsweise im Bereich der Optimierung von Anfragen und bei der Integration neuer Konzepte wie benutzerdefinierter Datentypen und Regeln. Aus dem Universitätsprototypen *University INGRES* der University of Berkeley entstand ab 1980 ein Produkt der Firma Relational Technology. Später wurde diese Firma zur INGRES Inc., wurde dann von dem Software-Hersteller ASK und schließlich von CA (Computer Associates) übernommen. Auch INGRES ist für diverse Rechner und Betriebssystemplattformen zu haben, insbesondere für den UNIX-Bereich. Die Original-

Datenbanksprache in INGRES ist QUEL (QUEry Language). Durch die Standardisierung von SQL wurde SQL als zweite Datenbanksprache in INGRES eingeführt. Beide Sprachen werden in Kapitel 10 vorgestellt und verglichen. Die physische Datenbank in INGRES besteht aus je einer Betriebssystemdatei pro Tabelle.

Pseudo-RDBSs wie dBASE und MS-Access

Im PC-Bereich gibt es viele Dateiverwaltungssysteme mit tabellarischer Benutzeroberfläche oder Pseudo-Datenbanksysteme, die nicht alle Eigenschaften eines Datenbanksystems besitzen. Wir bezeichnen sie deshalb als Pseudo-RDBSs, weil sie zwar Verwaltungssysteme für strukturierte Dateien sind, aber nicht die volle Funktionalität eines Datenbanksystems erreichen.

dBASE ist ein Produkt, das von Ashton-Tate eingeführt und dann von Borland übernommen wurde. dBASE gibt es seit 1982 (dBASE II) in jeweils erweiterten Versionen (dBASE III, III+ und IV bis 1988, dann dBASE für Windows 5 und 5.5 ab 1994). dBASE ist der Quasi-Standard für Pseudo-RDBSs im PC-Bereich geworden. Insbesondere das Dateiformat ist ein beliebtes Austauschformat für Datenbestände. Als Sprache bietet dBASE zunächst einmal eine eigene, prozedurale Datenbankprogrammiersprache an. Diese ist keine vollständige und orthogonale Programmiersprache, beinhaltet auch keine vollständige relationale Anfragesprache. Seit dBASE IV wird eine SQL-Schnittstelle unabhängig von der dBASE-DBPL angeboten. Leider entspricht diese SQL-Version nicht dem später noch erläuterten Standard. Sie ist auch nicht integriert in die dBASE-DBPL. Es wird kein Sichtkonzept und keine abgetrennte interne Ebene angeboten: So gibt es benutzersichtbare Indexe (NDX-Dateien). Die Datenunabhängigkeit ist damit verletzt. Eine graphische Anfragesprache wird zusätzlich angeboten. In alter dBASE-Terminologie ist eine Datenbank nichts anderes als eine einzige Tabelle: Man verknüpft dann also mit einem Verbund dBASE-Datenbanken. Die Architektur ist daher auch nicht vergleichbar mit der Drei-Ebenen-Architektur moderner Datenbanksysteme.

MS-Access ist dagegen eine moderne Benutzeroberfläche für relationale Datenbanksysteme, mit der man bequem und graphisch Anfragen, Änderungen, Sichten, Berichte und Anwendungsmodule (letztere in einem BASIC-Dialekt) erstellen kann. Die graphischen Operationen werden auf eine SQL-Variante abgebildet, die leider nicht dem Standard genügt. Ebenso wie in dBASE fehlen einige Konzepte von Datenbanksystemen wie kontrollierter Mehrbenutzerzugriff (für PC-Datenbanksysteme auch nicht so interessant) und eine getrennt einstellbare interne Ebene. Einen Anfrageoptimierer in unserem Sinne bieten weder dBASE noch MS-Access.

Aus der weiteren Betrachtung fallen Pseudo-RDBSs daher heraus. MS-Access wird allerdings als Beispiel für eine gute Datenbank-Benutzeroberfläche später noch herangezogen.

2.3 Anwendungsarchitekturen

Als Anwender kann man ein Datenbanksystem aus zwei Blickwinkeln betrachten:

- Aus welchen Benutzerkomponenten besteht ein Datenbanksystem, und welche Schnittstellen bietet es?

- Wie wird das von einem Programmierer erstellte Anwendungsprogramm, das Datenbankoperationen beinhaltet, abgearbeitet?

Benutzerkomponenten

Die Benutzerkomponenten sind in Abbildung 2.11 aufgeführt. Unter einer graphischen Benutzeroberfläche werden Möglichkeiten angeboten, Anfragen und Änderungen interaktiv auszulösen. Abgebildet werden diese Operationen dann auf SQL-Operationen. An der Benutzeroberfläche kann eine graphische Sprache ähnlich zu *QBE* (Query By Example) benutzt werden. Gleichfalls werden unter einer graphischen Oberfläche *4GL-Entwicklungswerkzeuge* für Datenbank-Anwendungsprogrammierer angeboten. Auch diese beinhalten meist SQL-Operationen zur Datenmanipulation.

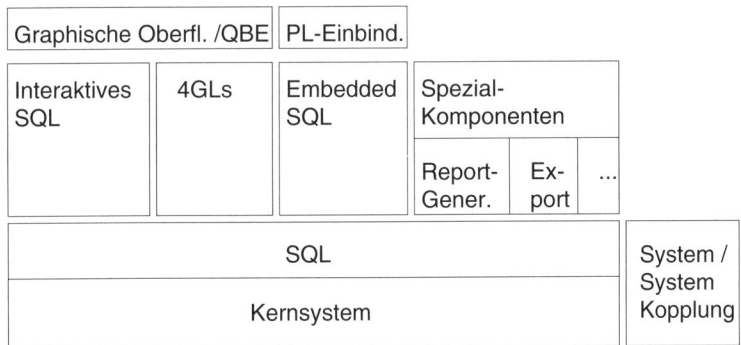

Abb. 2.11: *Anwendungsarchitektur und Komponenten eines relationalen Datenbank-Management-Systems*

SQL-Operationen können daneben auch in eine herkömmliche Programmiersprachenumgebung eingebettet werden. Üblicherweise sind dies *Host-Sprachen* wie C, COBOL, FORTRAN oder PL/I.

An weiteren Spezialkomponenten stehen dem Endanwender oder Anwendungsadministrator Berichtsgeneratoren, Exportfunktionen zum Übertragen von ausgewählten Datenbankdaten in ein Fremd-Datenformat und entsprechende Importfunktionen zur Verfügung. Die Schnittstelle zur Datenbank bietet auch hier SQL. Die Kopplung zu anderen Datenbanksystemen oder anderen Anwendungssystemen kann auch über System/System-Kopplungen (etwa *Gateways*) automatisch erfolgen.

Abarbeiten eines Datenbank-Anwendungsprogramms

Am Beispiel des relationalen Datenbanksystems DB2 geben wir nun einen Überblick über die Abarbeitung eines Anwendungsprogramms aus Sicht eines Anwendungsprogrammierers.

Am Beispiel der in der Einleitung eingeführten Tabelle Ausleihe mit den Spalten Inventarnr und Name wollen wir nun eine einfache SQL-Anfrage aus einem Datenbank-Anwendungsprogramm heraus auslösen. Die Anfrage

```
select  Name
from    Ausleihe
where   Inventarnr = 007
```

soll in ein C-Programm eingebettet werden.

Aus Benutzer- oder Anwendungsprogrammierersicht besteht das Datenbanksystem DB2 aus

- Precompiler,

- Binder,

- Laufzeitüberwachungssystem und

- Dateiverwaltungssystem,

die folgendermaßen zusammenwirken (siehe auch Abbildung 2.12):

Precompiler. Ein Precompiler wird programmiersprachenabhängig angeboten, hier etwa für C. Die Aufgaben des Precompilers sind

- die Analyse des Quellprogramms,

- die Ersetzung aller SQL-Kommando durch Unterprogrammaufrufe und

- die Konstruktion eines *Database Request Modules* (DBRM) für jedes SQL-Kommando als Eingabe für den Binder.

Binder. Die Aufgabe des *Binders* ist die Übersetzung eines oder mehrerer DBRMs zu einem *Anwendungsplan*, der ausführbaren Code zur Verwirklichung des ursprünglichen SQL-Kommandos und Betriebssystemaufrufe zum Dateiverwaltungssystem enthält.

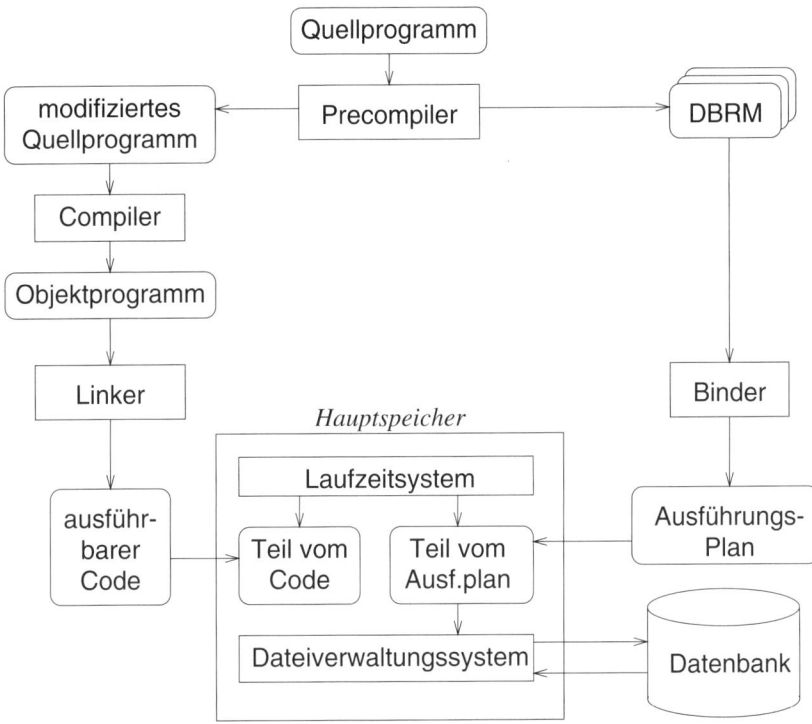

Abb. 2.12: Abarbeitung eines Anwendungsprogramms durch ein DBMS

Der Name "Binder" sagt aus, daß die Wahl der Dateiorganisationsformen und Zugriffspfade durch diese Komponente an den Anwendungsplan gebunden wird: Wird die interne Ebene geändert, muß der Binder erneut in Aktion treten. Für den Benutzer ist dieser Vorgang transparent, damit die physische Datenunabhängigkeit weiter gewährleistet bleibt.

Laufzeitüberwachungssystem. Das Laufzeitüberwachungssystem kontrolliert die Ausführung des Anwendungsprogramms. Falls das Anwendungsprogramm auf SQL-Kommandos stößt, wählt das Laufzeitüberwachungssystem einen Teil eines passenden Anwendungsplanes aus. Außerdem muß es auf Fehlersituationen reagieren.

Dateiverwaltungssystem. Das Dateiverwaltungssystem des Betriebssystems verwirklicht nun den schnellen Zugriff auf Daten, beispielsweise durch Bereitstellung von Suchprozeduren, Änderungsoperationen und Indexverwaltung.

2.4 Vertiefende Literatur

Architekturen von Datenbank-Management-Systemen werden in diesem Buch nur kurz angerissen. Eine ausführlichere Behandlung, auch von weiteren Architektur-Prinzipien wie Client-Server-Architekturen, verteilten und föderierten DBMS kann in [SH99a] gefunden werden.

Die ANSI-SPARC-Architektur wird in [TK78, DAF86] und [LD87] erläutert. Dabei ist [TK78] die Originalarbeit mit der Definition der Schnittstellen, Sprachen und Verantwortlichen. Die Fünf-Schichten-Architektur, die auf Ideen von Senko [Sen73] zurückgeht, wird im Buch von Härder [Här87a] ausführlich erläutert. Eine ausführlichere Diskussion von Architekturkonzepten für DBMS findet sich im Datenbank-Handbuch [LS87b], und in den Büchern von Härder und Rahm [HR99] sowie von Saake und Heuer [SH99a].

Informationen zu IMS und dem Netzwerk-Datenbanksystem IDMS erhält man aus [Dat90, Dat95], [EN94] und teilweise [Ull88]. UDS wird in [Vos91] detailliert erläutert. Über relationale Datenbanksysteme gibt es etliche Spezialbücher, wie [Cha98] für DB2, [Stü93, Stü95, CHRS98] für Oracle, [Dat87] und [Pet92] für INGRES, [Pet98] für Informix und [MD92] für SYBASE. Die Abarbeitung eines DB2-Anwendungsprogramms wird insbesondere in [Dat90] beschrieben.

2.5 Übungsaufgaben

Übung 2.1 Geben Sie analog zu den Beispielen über Bücher jetzt auch für Vorlesungsdaten ein konzeptuelles Schema, zwei unterschiedliche externe Sichten und eine interne Realisierung an. □

Übung 2.2 Vergleichen Sie die Drei-Ebenen- und die Fünf-Schichten-Architektur. Welche Schichten lassen sich welchen Ebenen zuordnen? □

Übung 2.3 Falls Ihnen Informationen über PC-Datenbanksysteme unter MS-DOS oder Windows vorliegen: Ermitteln Sie ihre Architektur und ihre Systemkomponenten und vergleichen Sie diese mit der Drei-Ebenen-Architektur. Fragestellungen sind etwa:

- Gibt es einen Optimierer?

- Gibt es Dateiorganisationsformen und Zugriffspfade?

- Gibt es eine Datenbanksprache, die in eine herkömmliche Programmiersprache eingebettet werden kann? □

Datenbankmodelle für den Entwurf

Datenmodelle dienen in der Informatik zur Erfassung und Darstellung der Informationsstruktur einer Anwendung, nicht der Informationen selbst. Die Konzepte, die die Informationsstruktur darstellen können, umfassen:

1. *statische Eigenschaften* wie a) Objekte und b) Beziehungen, inklusive der Standard-Datentypen, die Daten über die Beziehungen und Objekte darstellen können,

2. *dynamische Eigenschaften* wie a) Operationen und b) Beziehungen zwischen Operationen sowie

3. *Integritätsbedingungen* an a) Objekte und b) Operationen.

Objekte sind dabei etwa (Daten über) Studenten und Bücher, aber auch Ereignisse wie Prüfungen (1a). Eine Beziehung zwischen diesen Objekten ist etwa die Ausleihe von Büchern durch Studenten (1b). Operationen auf Objekten sind das Inventarisieren der Bücher und das Prüfen von Studenten (2a). Beziehungen zwischen Operationen können zum Beispiel festlegen, daß eine Person erst nach der Immatrikulation Bücher ausleihen darf (2b). Weiterhin können wir als Integritätsbedingung an Studenten-Objekte formulieren, daß ihre Matrikelnummer jeweils unterschiedlich ist (Schlüsselbedingung, 3a) und daß das Gehalt eines Studenten während einer Gehaltsänderung nur steigen darf (Übergangsbedingung, 3b).

Datenmodelle sind in vielen Gebieten der Informatik grundlegend. Beispielsweise gibt es in folgenden Bereichen spezifische Datenmodelle:

- Programmiersprachen: Typsysteme wie in Pascal oder Ada,

Datenbank-Konzept	Typsystem einer PS
Datenbankmodell	Typsystem
Relation, Attribut, ...	*Typsystem:* `int`, `record`, *...*
Datenbankschema	Variablendeklaration
`relation` KUNDE = *(...)*	`var` *x:* `int`, *y:* `record` *(...)*
Datenbank	Werte
Kunde('Meier',5.11.63,'HRO',0)	*41,* `'Meier II'`, *...*

Tab. 3.1: *Gegenüberstellung von Datenbank-Konzepten zu Konzepten imperativer Programmiersprachen*

- Expertensysteme: Wissensrepräsentationsmethoden wie semantische Netze, logische Formeln oder Frame-Strukturen,

- Graphiksysteme: Repräsentationsmodelle wie das Begrenzungsmodell (Boundary Representation, BRep) oder die Constructive Solid Geometry (CSG),

- Datenbanksysteme: Datenbankmodelle, mit denen wir uns in diesem Kapitel beschäftigen.

Tabelle 3.1 stellt die Begriffe Datenbankmodell, Datenbankschema und Datenbank der den meisten Lesern vertrauten Begriffswelt imperativer Programmiersprachen gegenüber. Ein *Datenbankmodell* entspricht einem Typsystem einer Programmiersprache, in dem die Strukturierungskonzepte für die manipulierten Daten festgelegt werden. Ein *Datenbankschema* entspricht in dieser Analogie den Variablendeklarationen, während die eigentliche Datenbank den den Variablen zugewiesenen Daten (den "Werten") entspricht.

Klassische Datenbankmodelle sind speziell geeignet für:

- große Informationsmengen mit relativ starrer Struktur und

- die Darstellung statischer Eigenschaften und Integritätsbedingungen (umfaßt somit die Bereiche 1a, 1b und 3a).

Als Operationen sind in den klassischen Datenbankmodellen nur die Standard-Anfrage- und Änderungsoperationen vorhanden, die objektspezifische Operationen wie die Immatrikulation (von Studenten) oder die Inventarisierung (von Büchern) nicht adäquat modellieren und unterscheiden können.

Zu den klassischen Datenbankmodellen zählen abstrakte Datenbankmodelle, die speziell für den Datenbankentwurf geeignet sind, und konkrete Datenbankmodelle, die zur Implementierung dieses Entwurfs mit einem konkreten Datenbanksystem bereitstehen. Tabelle 3.2 zeigt einige Beispiele und gleichzeitig den Zusammenhang zu Programmiersprachen: Auch hier gibt es abstrakte Notationen für Algorithmen und konkrete Implementierungen als Programm in einer konkreten Programmiersprache.

Modelle	Daten	Algorithmen
abstrakt	Entity-Relationship-Modell	Struktogramme
konkret	Hierarchisches Modell	Pascal
	Netzwerkmodell	FORTRAN
	Relationenmodell	Ada

Tab. 3.2: Modelle für Daten und Algorithmen in verschiedenen Abstraktionsstufen

In diesem Kapitel und dem folgenden Kapitel 4 werden wir uns mit der Vorstellung der klassischen Datenbankmodelle befassen. Außerdem werden noch einige neuere Datenbankmodelle (deduktives Datenbankmodell, objektorientierte Datenbankmodelle, ...) vorgestellt. Abbildung 3.1 beinhaltet eine historische Einordnung sowie einen Überblick über die Bezüge zwischen den vorgestellten Datenbankmodellen. Dabei bedeuten HM: Hierarchisches Modell, NWM: Netzwerkmodell, RM: Relationenmodell, NF^2: Modell der geschachtelten (Non-First-Normal-Form = NF^2) Relationen, eNF^2: erweitertes NF^2-Modell, ER: Entity-Relationship-Modell, SDM: Semantische Datenmodelle, OODM / C++: Objektorientierte Datenmodelle auf Basis objektorientierter Programmiersprachen wie C++, OEM: Objektorientierte Entwurfsmodelle (etwa UML), ORM: Objektrelationale Modelle.

Die genannten Modelle lassen sich wie folgt kurz charakterisieren:

- *Hierarchisches Modell* (*HM*)

  Die Datenbestände werden angelehnt an hierarchisch strukturierte Dateiformate beschrieben. Beginnend in den 70er Jahren ist das hierarchische Modell (neben dem Netzwerkmodell) das erfolgreichste der Datenbankmodelle der ersten Generation.

- *Netzwerkmodell* (*NWM*)

  Der Datenbestand besteht aus verketteten Datensätzen (Records), die ein Netzwerk bilden. Zur Verkettung werden zweistellige funktionale Beziehungen genutzt. Der Zugriff auf die einzelnen Datensätze geschieht mittels Navigation. Alle Programme werden in einer Wirtssprache geschrieben, die um spezielle Kommandos wie **find** (Suchen und Positionieren),

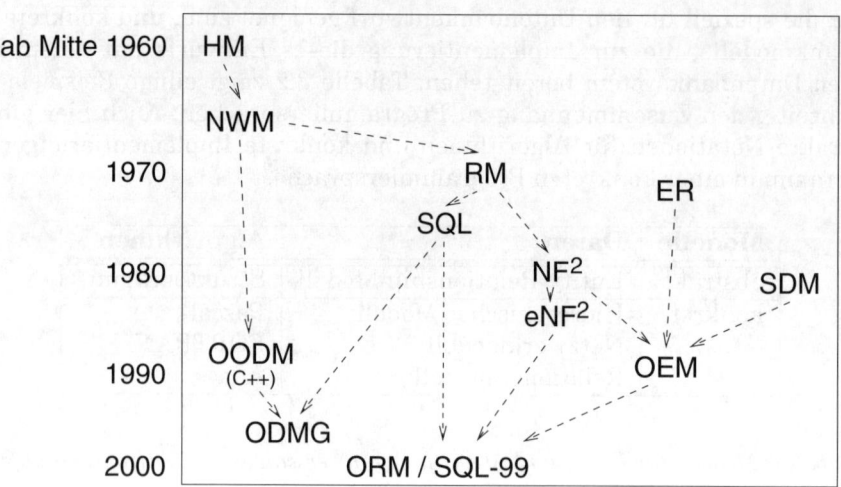

Abb. 3.1: Historische Einordnung und Bezüge zwischen einigen der vorgestellten Datenbankmodelle

get (Datentransfer zum Anwendungsprogramm) und **store** (Datentransfer zur Datenbank) erweitert wird.

- *Relationenmodell (RM)*

  Im Relationenmodell werden die Daten als flache (ungeschachtelte) Tabellen dargestellt. Tabellen sind Mengen von Tupeln. Beziehungen werden ausschließlich über Wertegleichheit ausgedrückt.

- *SQL-Datenmodell (SQL)*

  Das SQL-Datenmodell erweitert das theoretische Relationenmodell um einige weitere Aspekte: Tabellen als Multimengen und als Mengen werden unterschieden; eine Reihe von unterschiedlichen Wertebereichen (unter anderem lange Felder, Strings, Datumswerte) und Nullwerte werden eingeführt; Gruppierung und Sortierung (im flachen Relationenmodell nicht ausdrückbare Operationen) werden in der Anfragesprache unterstützt.

- *Modell der geschachtelten (Non-First-Normal-Form) Relationen (NF^2)*

  Das NF^2-Modell stellt eine Erweiterung des Relationenmodells um hierarchische Schachtelung dar: Attribute dürfen in diesem Modell Relationen als Werte haben.

- *Erweitertes NF²-Modell* (*eNF²*)

  Die Erweiterung der geschachtelten Relationen des NF²-Modells um die Kollektionstypen Liste und Multimenge sowie die orthogonale Schachtelung aller Typkonstruktoren führt zum eNF²-Modell.

- *Entity-Relationship-Modell* (*ER*)

  Das ER-Modell ist ein abstraktes Modell, in dem Datenbestände durch abstrakte Datensätze (Entities), beliebige Beziehungen (Relationships) und Attribute modelliert werden (siehe Erläuterungen in Kapitel 3).

  Dieses Modell wird hauptsächlich für den Entwurf von Datenbanken eingesetzt.

- *Semantische Datenmodelle* (*SDM*)

  Semantische Datenmodelle erweitern das ER-Modell um weitere Abstraktionskonzepte (Spezialisierung, Generalisierung, komplexe Objekte) bzw. stellen Neuentwicklungen basierend auf diesen Konzepten dar. Hier weden auch erweiterte ER-Modelle eingeordnet.

  Auch diese Modelle werden primär als Entwurfsdatenmodelle eingesetzt.

- *Objektorientierte Datenmodelle* auf Basis objektorientierter Programmiersprachen wie C++ (*OODM*)

  Das Typsystem der Programmiersprache wird direkt als Datenbankmodell eingesetzt. Naturgemäß ist die Umsetzung in der Datenbank sehr implementierungsnah; es existiert keine physische Datenunabhängigkeit.

- *Objektorientierte Entwurfsmodelle* (*OEM*)

  Objektorientierte Modellierungskonzepte (Kapselung, Methoden, Spezialisierung, Referenzen) werden mit den Konzepten von ER-Modellen vereinigt (Entity = Objekt). Im Gegensatz zu den programmiersprachenbasierten OODM-Ansätzen wird der *extensionale* Aspekt von Klassen (Klasse als Kollektion von Objekten) betont.

- Standardisierungsvorschlag *ODMG*

  Das Datenbankmodell des ODMG-Standards ist eine Weiterentwicklung der programmiersprachenbasierten OODM-Ansätze durch Aufnahme datenbankspezifischer Modellierungskonzepte. Besonders bei der Anfragesprache wurden auch Konzepte von SQL übernommen.

- *Objektrelationale Datenbanken* (*ORM*) und neuer SQL-Standard *SQL-99*

  Objektrelationale Datenbanken stellen eine evolutionäre Erweiterung von relationalen Datenbanken um Konzepte der Objektorientierung dar. SQL-99 (vormals SQL3) umfaßt die Standardisierungsbemühungen für die Erweiterung des relationalen Modells um objektorientierte Konzepte wie abstrakte Datentypen, Spezialisierungshierarchien für Tabellen sowie Objektidentifikatoren.

3.1 Grundlagen von Datenbankmodellen

Der Begriff Datenmodell wird in mehreren Bereichen der Informatik benutzt, um ein System von Konzepten zur Beschreibung relevanter Daten zu charakterisieren. In dieser allgemeinen Bedeutung können wir von dem Datenmodell einer Programmiersprache oder einer Wissensrepräsentationstechnik sprechen. In diesem Buch sind wir natürlich nicht an diesen allgemeinen Datenmodellen interessiert, sondern konkret an Datenmodellen für *Datenbanksysteme*. Wir sprechen deshalb von Daten*bank*modellen, wenn wir Datenmodelle für Datenbanksysteme meinen. Im weiteren gilt folgende Begriffsbildung:

> *Ein Datenbankmodell ist ein System von Konzepten zur Beschreibung von Datenbanken. Es legt somit Syntax und Semantik von Datenbankbeschreibungen für ein Datenbanksystem fest, den sogenannten Datenbankschemata.*

Die Begriffsbildung für Datenbankmodelle führt zur folgenden dreistufigen Beziehung: Eine *Datenbank* ist eine Ausprägung einer Datenbankbeschreibung, einem sogenannten *Datenbankschema*. Das Datenbankschema wiederum ist in einer Sprache formuliert, die ausgewählte Abstraktionskonzepte (etwa Typisierung, Aggregation, vergleiche Abschnitt 3.4) zur Beschreibung von Datenbeständen anbietet. Die Auswahl an unterstützten Abstraktionskonzepten wird als *Datenbankmodell* bezeichnet.

Die Begriffe Datenmodell und Datenbankmodell werden in der Literatur oft synonym benutzt. Zur weiteren Verwirrung trägt bei, daß auch die Begriffe Datenbankschema und Datenmodell oft nicht sauber getrennt werden. Deutlich wird dies bei Begriffen wie dem "unternehmensweiten Datenmodell" [Vet87], bei dem tatsächlich ein Datenbank*schema* und nicht etwa ein generisches Begriffssystem gemeint ist.

Die folgenden Begriffsbildungen und Definitionen bereiten die Darstellung konkreter Datenbankmodelle vor, in dem die allen diesen Modellen zugrundeliegenden Begriffe festgelegt werden sowie die prinzipielle Vorgehensweise bei der Festlegung einer formalen Semantik für Datenbankmodelle diskutiert wird.

3.1.1 Daten und Wertebereiche

Datenbanksysteme sollen *Daten* für Anwendungsbereiche verwalten. Eine Festlegung der Konzepte eines Datenbankmodells muß somit auf einer Formalisierung der Begriffe "Wert" oder "elementares Datenelement" basieren. In der Informatik hat sich der Begriff des *abstrakten Datentyps*, kurz ADT, als Konzept für Wertebereiche durchgesetzt. Ein Datentyp definiert einen (oder mehrere) Wertebereich(e) — Mengen möglicher Werte — und die Operationen, durch die die Werte manipuliert werden können. Mathematisch entspricht dies einer (mehrsortigen) Algebra[1]. Wir reden von *abstrakten* Datentypen, da wir von der internen Struktur bzw. Implementierung einzelner Elemente abstrahieren.

Die Theorie abstrakter Datentypen [EM85, EGL89] ist ein etabliertes Forschungsgebiet und stellt einen reichhaltigen Rahmen zur Beschreibung und Semantikfestlegung abstrakter Datentypen bereit. Als Grundlage für Datenbankmodelle benötigen wir in der Regel nur einige ausgewählte elementare Wertebereiche, wie die ganzen Zahlen oder Zeichenketten, sowie wenige Typkonstruktoren zur Definition komplexerer Wertebereiche, etwa Listen- oder Mengenbildung.

Für die Definition eines Datenbankmodells werden eine Menge von elementaren *Wertebereichen* und auf ihnen definierte Operationen festgelegt. Die Bedeutung dieser Wertebereiche ist den Anwendungen in der Regel bekannt; sie entsprechen Grunddatentypen der Anwendungssprachen. Diese Wertebereiche werden darum oft auch als druckbare Daten bezeichnet, da wir ihre Interpretation und Darstellung ("Druckbild") als bekannt voraussetzen. Typische Beispiele sind die Wertebereiche der Zahlen und der Zeichenketten. In Anlehnung an den englischen Begriff *domain* werden sie in einigen Lehrbüchern auch als Domänen bezeichnet.

Zusätzlich zu diesen elementaren Wertebereichen werden in Datenmodellen sogenannte *Datentypkonstruktoren* unterstützt. Ein Datentypkonstruktor akzeptiert als Parameter einen Wertebereich und konstruiert einen Wertebereich aus zusammengesetzten Werten, etwa Listen von elementaren Werten. In Datenbankmodellen sind die folgenden Konstruktoren verbreitet:

set (Duplikatfreie) Mengen von Werten.

bag / multiset Multimengen von Werten, d.h. Mengen von Werten, bei denen für jedes Element die Anzahl zusätzlich gespeichert ist: Multimengen können im Gegensatz zu Mengen Duplikate beinhalten,

list Listen von Werten, bei denen die Reihenfolge signifikant ist.

tuple Tupel aus Werten, entspricht dem **record**-Konstrukt imperativer Programmiersprachen.

Zusätzlich zu einer Reihe von fest vorgegebenen Wertebereichen und Konstruktoren erlauben einige neuere Datenbankmodelle auch die Definition neuer, an-

---

[1]Eine Algebra ist durch eine Sorte und Funktionen auf den Werten dieser Sorte definiert. In mehrsortigen Algebren werden mehrere Sorten unterschieden.

wendungsspezifischer Datentypen. Wir bezeichnen diese Datenbankmodelle als um neue Datentypen *erweiterbare* Datenbankmodelle.

3.1.2 Semantikfestlegung für Datenbankmodelle

Wie legt man die Semantik eines Datenbankmodells fest? Als Datenbankmodell bezeichnen wir eine abstrakte Sprache zur Beschreibung von Datenbankschemata, und ein derart beschriebenes Datenbankschema beschreibt mögliche Datenbanken als Instanzen sowie die Möglichkeiten, diese Datenbanken zu ändern. In letzter Konsequenz legt ein Datenbankmodell somit die Semantik von Datenbankschemata fest, die wiederum Abfolgen von Datenbanken charakterisieren, wie sie von einem Datenbankverwaltungssystem verwaltet werden.

Ein Datenbanksystem wiederum kann als lange Zeit laufender Prozeß aufgefaßt werden, dessen jeweils aktueller Zustand den Inhalt der Datenbank festlegt. Eine formale Semantikfestlegung kann einen derartigen Systemlauf als lineare Folge von Zuständen modellieren, wobei jeder Zustand einer Datenbank entspricht, und die Übergänge die Änderungen der Datenbank modellieren, etwa das Einfügen eines Datenelements.

Eine derartige Semantikfestlegung ist uns von imperativen Programmiersprachen bekannt: Dort werden die Zustände zum Teil durch die aktuellen Belegungen der Variablen festgelegt, und ein Zustandsübergang kann diese Belegung durch den Zuweisungsoperator ändern. Die Semantikfestlegung für Datenbanksysteme kann somit als Erweiterung derartiger Programmiersprachensemantiken aufgefaßt werden: Datenbankzustände werden durch Variablen zu einem strukturierten Datentyp (in der Regel basierend auf dem Mengen-Konstruktor) modelliert, und der Zuweisungsoperator wird durch elementare Operationen (etwa Einfügen oder Löschen von Elementen) auf diesen Variablen ersetzt.

Abbildung 3.2 zeigt eine Zustandsfolge für eine einfache Datenbank, die Informationen über Bücher (Autoren, Titel, ISBN, Erscheinungsjahr) speichert. Es werden die ersten drei Zustände σ_0 bis σ_2 gezeigt. Beim ersten Zustandsübergang bleibt der Inhalt der Datenbank unverändert; beim Übergang von σ_1 auf σ_2 wird ein Bucheintrag hinzugefügt.

Die konkreten Semantikfestlegungen für Datenbankmodelle sind natürlich etwas ausgefeilter als diese direkte Modellierung. Wir werden das Prinzip an einem einfachen Beispiel kurz erläutern und danach jeweils bei den konkreten Datenbankmodellen ausgereiftere Semantikfestlegungen angeben. Statt Folgen von Datenbankzuständen wird bei der Semantikfestlegung vereinfacht jeweils die *Menge der möglichen Datenbankzustände* festgelegt.

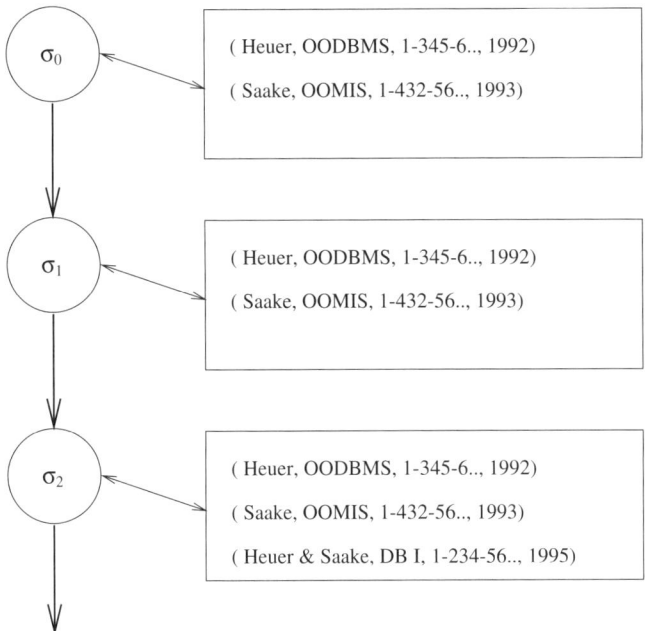

Abb. 3.2: Beispiel für eine Datenbankzustandsfolge

3.1.3   Semantikfestlegung am Beispiel

Als Beispiel behandeln wir ein einfaches Datmodell, das als Datenbankobjekte Mengen von Tupeln betrachtet. Dieses Modell ist eine vereinfachte Version des relationalen Datenbankmodells, das später in diesem Buch intensiv behandelt werden wird. In unserem Beispiel — wie in Abbildung 3.2 — sollen Daten über Bücher gespeichert werden. Dazu wollen wir in der Datenbank unter dem Begriff `Bücher` jeweils Einträge der Form (`Autor, Titel, ISBN, Jahr`) speichern.

Als Basisdatentypen verwenden wir die ganzen Zahlen **integer** sowie Zeichenketten **string**. Die Konstruktoren **tuple** und **set** erlauben die Konstruktion komplexerer Datenstrukturen und stellen die Basisoperationen für diese Datenstrukturen bereit, etwa **insert** und **delete** für Mengen. Die Notation **set**(z) bedeutet, daß der Konstruktor **set** auf den Datentyp z angewendet wird.

Für jeden Datentyp legen wir nun eine Trägermenge als Bedeutung des Datentyps fest (und Funktionen auf diesen Trägermengen als Bedeutung der Operationen). Wir bezeichnen diese Trägermengen als *mögliche Werte* und notieren diese Zuordnung mit dem griechischen Buchstaben μ (gesprochen *mü*).

- $\mu(\texttt{integer}) = \mathbb{Z}$

  (die ganzen Zahlen $\mathbb{Z}$)

- $\mu(\texttt{string}) = C^*$

  (Folgen von Zeichen aus $C = \{a, b, \ldots, z, A, B, \ldots, Z, \ldots\}$)

- $\mu(\texttt{set}(z)) = 2^{\mu(z)}$

  (die Potenzmenge über den Werten des Parameterdatentyps z, oder anders ausgedrückt, die Mengen aller Teilmengen von möglichen Werten in $\mu(z)$)[2]

- $\mu(\texttt{tuple}(z_1, \ldots, z_n)) = \mu(z_1) \times \ldots \times \mu(z_n)$

  (das kartesische Produkt der Parameterwertebereiche)

Die Semantik eines Datenbankschemas ist zustandsbasiert: Eine Zustandsfunktion $\hat{\sigma}$ (ausgesprochen *Sigma Dach*) ordnet jeder "Datenbankvariablen" in jedem Zustand einen Wert zu. Allgemein entspricht eine Datenbankentwicklung einer Folge

$$\hat{\sigma} = \langle \sigma_0, \sigma_1, \ldots, \sigma_i, \ldots \rangle.$$

Das 'Dach' über dem Sigma soll die aufgespannte Folge von einzelnen Zuständen σ_i andeuten. Im Datenbankbereich gehen wir in der Regel von unendlichen Folgen aus — die Datenbestände sind beliebig lange persistent. Als Menge der Datenbankzustände nehmen wir Punkte einer Zeitachse $\mathcal{T}$ (in der Regel die natürlichen Zahlen), so daß wir für eine Datenbankvariable *db* erhalten:

$$\hat{\sigma}(db) : \mathcal{T} \to \mu(\texttt{typ}(db))$$

wobei $\texttt{typ}(db)$ den Datentyp der Datenbankvariablen bezeichnet. In unserem konkreten Beispiel der Bücher-Datenbank haben wir die Funktion

$$\hat{\sigma}(\text{Bücher}) : \mathcal{T} \to 2^{C^* \times C^* \times C^* \times \mathbb{Z}}$$

als Semantik unseres einfachen Datenbankschemas. Ein konkreter Zustandswert, etwa zum Zeitpunkt 42, könnte dann wie folgt lauten:

$$
\begin{aligned}
\hat{\sigma}(\text{Bücher})(42) \quad = \quad & \{(\texttt{Heuer,OODBMS,1-345-6..}, 1992), \\
& \ (\texttt{Saake,OOMIS,1-432-5..}, 1993)\}
\end{aligned}
$$

Dieses Beispiel sollte die prinzipielle Vorgehensweise andeuten, mit der man die Semantik von Datenbankschemata festlegen kann. Wir folgen den prinzipiellen Konventionen (μ für mögliche Werte, σ für Zustände) in den weiteren Kapiteln, werden aber die Notationen jeweils an die Konventionen der betrachteten Datenmodelle anpassen. Des weiteren betrachten wir in der Regel einen festen Datenbankzustand $\hat{\sigma}(i)$, ohne daß dem i eine besondere Bedeutung zuzuordnen sei, und notieren diesen Zustand abkürzend als σ.

---

[2]Genaugenommen nur die endlichen Teilmengen der Potenzmenge $2^{\mu(z)}$: Wir haben an dieser Stelle eine vereinfachte Darstellung gewählt, um den verwendeten mathematischen Apparat nicht unnötig aufzublähen.

3.2 Grundlagen von Entity-Relationship-Modellen

Der Begriff des Entity-Relationship-Modells (kurz ER-Modell) geht zurück auf einen grundlegenden Artikel von P. P. Chen im Jahre 1976 [Che76]. Seit dieser Zeit hat sich dieses Datenmodell fest im Bereich der Datenbankmodelle etabliert und wird — in abgewandelten Formen — heutzutage faktisch als Standardmodell für frühe Entwurfsphasen der Datenbankentwicklung eingesetzt.

3.2.1 Grundkonzepte des klassischen ER-Modells

Das Entity-Relationship-Modell basiert auf den drei Grundkonzepten *Entity* als zu modellierende Informationseinheit, *Relationship* zur Modellierung von Beziehungen zwischen Entities und *Attribut* als Eigenschaft von einem Entity oder einer Beziehung. Neben dem englischen Lehnwort Entity sind in deutschsprachigen Dokumenten die Begriffe Objekt, Ding oder gar Entität vorgeschlagen. Wir verzichten auf diese Eindeutschungen, da die Begriffe zum Teil in der allgemeinen Informatik anders belegt sind (etwa "Objekt"), zum anderen Teil in der Umgangssprache ("Ding") oder dem Fremdwörtergebrauch ("Entität")[3] anders verwendet werden. Neben dem Begriff "Relationship" sind die Begriffe "Beziehung" und "Relation" verbreitet.

Die drei Basisbegriffe Entity, Relationship und Attribut können wie folgt charakterisiert werden:

Entity: Objekt der realen oder der Vorstellungswelt, über das Informationen zu speichern sind, z.B. eine Vorlesungsveranstaltung, ein Buch oder eine Lehrperson. Auch Informationen über Ereignisse wie Prüfungen können Objekte im Sinne des ER-Modells sein.

Relationship: Beziehung zwischen Entities, z.B. eine Lehrperson hält eine Vorlesung.

Attribut: Eigenschaft von Entities oder Beziehungen, z.B. die ISBN eines Buchs, der Titel einer Vorlesung, oder das Semester, in dem eine Vorlesung gehalten wird.

---

[3]Gebräuchliche Bedeutungen des Begriffs *Entität* sind etwa die folgenden:

- Brockhaus Enzyklopädie, Band 6: **Entität** [mlat.] *die, -/-en, Philosophie:* die bestimmte Seinsverfassung (Wesen) des einzelnen Seienden, auch dieses selbst.

- Duden Fremdwörterbuch: **Entität** [lat.-mlat.] *die, -, -en:* 1. Dasein im Unterschied zum Wesen eines Dinges (Philos.). 2. [gegebene] Größe

Trotz dieses sehr spezifischen Fremdwortgebrauchs wird Entität wiederholt als deutsches Gegenstück zu Entity vorgeschlagen.

3.2.2   Ein einfaches Beispiel für ein ER-Schema

Ein einfaches Beispiel für eine Modellierung im ER-Modell ist in Abbildung 3.3 gegeben. Objekte der dort modellierten Anwendung sind Professoren, Vorlesungen und Bücher. Derartige Entities werden im ER-Modell als Rechtecke dargestellt. Eigenschaften von Entities werden als Attribute modelliert, die durch abgerundete Rechtecke dargestellt sind und mit den zugehörigen Entities verbunden werden. Beispiel für ein Attribut ist der Name eines Professors. Beziehungen zwischen Entities werden als Rauten gezeichnet, die mit den betreffenden Entities durch Striche verbunden sind. Beispiel ist die Beziehung 'Vorlesung Y wird von Professor X gelesen'. Auch Beziehungen können qualifizierende Attribute haben, in diesem Fall das Semester, in dem die Vorlesung gelesen wird.

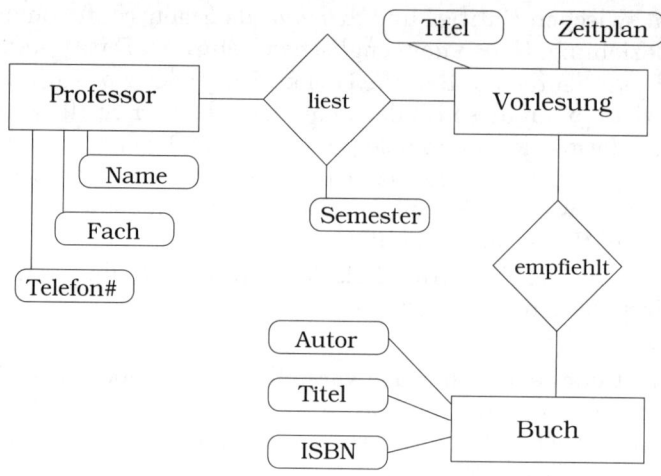

Abb. 3.3: Beispiel für ein ER-Schema

Bevor wir weitere Aspekte der Modellierung im ER-Modell betrachten, werden die einzelnen Grundkonzepte der ER-Modellierung im einzelnen diskutiert und deren Formalisierung kurz skizziert.

3.2.3   ER-Modellierungskonzepte und ihre Semantik

Wie im Abschnitt über allgemeine Semantikfestlegung für Datenbankmodelle motiviert, basiert auch das ER-Modell auf Datenwerten. Wir haben somit bei einer Semantikfestlegung vier Konzepte zu berücksichtigen: Datenwerte, Entities, Attribute und Beziehungen (Relationships).

1. *Werte* sind die primitiven Datenelemente, die direkt darstellbar sind. Wertemengen sind beschrieben durch *Datentypen*, die neben einer Wertemenge auch die Grundoperationen auf diesen Werten charakterisieren.

   Im ER-Modell gehen wir von einer Reihe vorgegebener Standard-Datentypen aus, etwa die ganzen Zahlen **int**eger, die Zeichenketten **string**, Datumswerte **date** etc. Jeder Datentyp stellt einen Wertebereich $\mu(D)$ mit Operationen und Prädikaten dar, z.B.:

   $\mu(\text{int})$: der Wertebereich $\mathbb{Z}$ (die ganzen Zahlen) mit $+, -, \times, \div, =, < \ldots$

   $\mu(\text{string})$: der Wertebereich C^* (Folgen von Zeichen aus der Menge C) mit $+, =, < \ldots$

   Der Wertebereich $\mu(D)$ wird Interpretation (Bedeutung, "*meaning*") von D genannt. Er beschreibt die *möglichen* Werte, die eine Entity-Eigenschaft annehmen kann.

2. *Entities* sind die in einer Datenbank zu repräsentierenden Informationseinheiten. Im Gegensatz zu Werten sind sie nicht direkt darstellbar, sondern nur über ihre Eigenschaften beobachtbar. Sie sind eingeteilt in *Entity-Typen*, etwa $E_1, E_2 \ldots$ Wie bereits bei der Diskussion des Beispiels erwähnt, werden Entity-Typen des ER-Modells wie in Abbildung 3.4 als Rechtecke notiert.

Abb. 3.4: Graphische Darstellung eines Entity-Typs

Die Semantik eines Entity-Typs wird, wie in Abschnitt 3.1 motiviert, durch die Deklaration der möglichen Exemplare einerseits und durch Zustände festgelegt, die jeweils eine aktuell existierende Menge von Exemplaren beschreiben. Die Semantik eines Entity-Typs E wird somit durch zwei Definitionen bestimmt:

$\mu(E)$ Die Menge der *möglichen* Entities vom Typ E. Die Werte der Menge $\mu(E)$ werden hier nicht festgelegt; wir gehen von einer hinreichenden Anzahl möglicher Werte aus, etwa einer Menge isomorph zu den natürlichen Zahlen.

$\sigma(E)$ Die Menge der *aktuellen* Entities vom Typ E in einem Zustand σ, d.h., die aktuelle Ausprägung des Entity-Typs (σ, der griechische Buchstabe *Sigma*, steht für englisch **s**tate (Zustand)).

Aktuelle Entities müssen mögliche Elemente sein, also $\sigma(E) \subseteq \mu(E)$. Ferner fordern wir, daß in jedem Zustand nur eine endliche Menge aktueller Entities existiert, also $\sigma(E)$ endlich ist.

3. Beziehungen zwischen Entities werden zu *Beziehungstypen* zusammengefaßt. Allgemein kann eine beliebige Anzahl $n \geq 2$ von Entity-Typen an einem Beziehungstyp teilhaben. Die Notation n-stelliger Beziehungstypen ist in Abbildung 3.5 dargestellt.

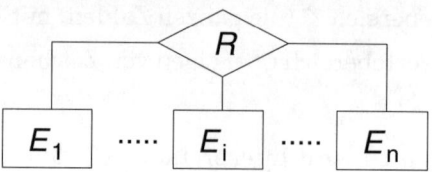

Abb. 3.5: Graphische Darstellung eines n-stelligen Beziehungstyps

Zu jedem n-stelligen Beziehungstyp R gehören n Entity-Typen $E_1, \ldots, E_n$. Auch hier wird die Semantik über die möglichen bzw. aktuellen Ausprägungen festgelegt. Für jeden Beziehungstyp R werden die möglichen Ausprägungen als die Elemente des kartesischen Produkts über den möglichen Entities festgelegt:

$$\mu(R) = \mu(E_1) \times \cdots \times \mu(E_n)$$

Die Menge der aktuellen Beziehungen $\sigma(R)$ in einem Zustand ist wieder eine Teilmenge der möglichen Beziehungen $\mu(R)$. Wir verschärfen diese Bedingung dahingehend, daß aktuelle Beziehungen nur zwischen aktuellen Entities bestehen, also:

$$\sigma(R) \subseteq \sigma(E_1) \times \cdots \times \sigma(E_n)$$

Die textuelle Notation für einen Beziehungstyp hat die Form $R(E_1, \ldots, E_n)$, z.B. `empfohlen(Buch, Vorlesung)`. Man beachte, daß in der textuellen Notation eine Reihenfolge der beteiligten Entity-Typen festgelegt wird — in der graphischen Notation wird dieses offen gelassen.

Ist ein Entity-Typ mehrfach an einem Beziehungstyp beteiligt (etwa in der Beziehung `verheiratet(Person, Person)`), können *Rollennamen* vergeben werden:

    verheiratet(Frau: Person, Mann: Person)

Während in der textuellen Notation dieser Rollenname durch die Parameterposition ersetzt werden könnte (etwa steht im `verheiratet`-Beziehungstyp die Ehefrau vorne), ist in der graphischen Notation in diesen

Fällen die Vergabe von Rollennamen zwingend. Die Rollennamen werden an die Verbindungslinie zwischen Beziehungstyp-Symbol und Entity-Typ-Symbol geschrieben.

4. *Attribute* modellieren Eigenschaften von Entities oder auch Beziehungen. Alle Entities eines Entity-Typs haben dieselben Arten von Eigenschaften; Attribute werden somit für Entity-Typen deklariert. Notiert wird ein Attribut A eines Entity-Typs E, das Werte eines Wertebereichs D annehmen kann, wie in Abbildung 3.6 dargestellt.

Abb. 3.6: Attributnotation für Entity-Typen

Im klassischen ER-Modell nehmen Attribute 'druckbare' Werte an, also ist D ein Standard-Datentyp, z.B. **int** oder **string**. Die tatsächliche Menge der angebotenen Standard-Datentypen schwankt je nach zugrundeliegender Literaturquelle und wird darum von uns offen gelassen.

Die Semantik einer Attributdeklaration wird wie folgt festgelegt: Ein Attribut A eines Entity-Typs E stellt im Zustand σ eine Abbildung

$$\sigma(A) : \sigma(E) \to \mu(D)$$

dar. Eine Attributdeklaration entspricht somit in einem Zustand σ einer Funktion, die jedem aktuellen Entity aus $\sigma(E)$ einen Wert des Datentyps D zuordnet.

Attribute von Beziehungen werden analog behandelt. Attributdeklarationen werden beim Beziehungstyp vorgenommen; eine Attributdeklaration gilt auch hier für alle Ausprägungen eines Beziehungstyps. Derartige Attribute werden auch als *Beziehungsattribute* bezeichnet und wie in Abbildung 3.7 gezeigt notiert.

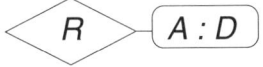

Abb. 3.7: Attributnotation für Beziehungstypen

Die Semantik von Beziehungsattributen wird analog zu Entity-Attributen festgelegt. Ein Attributtyp A eines Beziehungstyps R stellt im Zustand σ eine Abbildung

$$\sigma(A) : \sigma(R) \to \mu(D)$$

dar. Man beachte, daß die Attributfunktion nur für Beziehungsausprägungen definiert sind, die im aktuellen Zustand enthalten sind.

In der textuellen Notation werden Entity-Typen mit Attributen wie folgt notiert:

$$E(A_1 : D_1, \ldots, A_m : D_m)$$

Oft werden die Wertebereiche (wie auch in der graphischen Notation, vergleiche Abbildung 3.3) weggelassen, also:

$$E(A_1, \ldots, A_m)$$

Deklarationen von Beziehungen mit Attributen werden entsprechend notiert, indem sie an die Liste der Entity-Typen angefügt werden (hier sind die Wertebereiche weggelassen):

$$R(E_1, \ldots, E_n; A_1, \ldots, A_p)$$

Zur Verdeutlichung können die beteiligten Entity-Typen von den Attributen wie hier durch ein ';' anstelle eines ',' getrennt werden.

Die vier Konzepte Werte, Entities, Beziehungen und Attribute ermöglichen die Beschreibung beliebig strukturierter Weltausschnitte. Wir werden in den folgenden Abschnitten allerdings sehen, daß für eine ausdrucksstarke und realitätsnahe Modellierung diese Konzepte weiter verfeinert werden müssen.

3.2.4 Semantik eines ER-Schemas

Nachdem die einzelnen Konzepte erläutert wurden, können wir nun die Semantik eines kompletten Schemas im ER-Modell betrachten. Wie in Kapitel 3.1 motiviert, beschränken wir uns auf die Festlegung der Menge aller möglichen ER-Zustände σ für ein gegebenes ER-Schema.

Jeder Zustand σ eines ER-Schemas ist eine Zuordnung

$$
\begin{aligned}
E &\mapsto \sigma(E) \subseteq \mu(E) \\
R(E_1, \ldots, E_n; \ldots) &\mapsto \sigma(R) \subseteq \sigma(E_1) \times \ldots \times \sigma(E_n) \\
E(\ldots, A_i : D, \ldots) &\mapsto \sigma(A_i) : \sigma(E) \to \mu(D), \ldots \\
R(\ldots; \ldots, A_i : D, \ldots) &\mapsto \sigma(A_i) : \sigma(R) \to \mu(D), \ldots
\end{aligned}
$$

bei gegebener fester Interpretation μ der Datentypen durch Wertebereiche und der Entity-Typen durch vorgegebene Mengen möglicher Entities.

Nach diesen allgemeinen Festlegungen wenden wir uns speziellen Aspekten und verbreiteten zusätzlichen Notationen zu.

3.2.5 Zweistellige versus mehrstellige Beziehungen

Einige Vorschläge für spezielle ER-Modelle und zugehörige Werkzeugsysteme bieten nur zweistellige Beziehungstypen als Einschränkung der hier vorgestellten *n*-stelligen Beziehungen an. Insbesondere einige kommerziell erhältliche Entwurfswerkzeuge bieten nur dieses eingeschränkte Konstrukt, so daß diese Frage von praktischer Relevanz ist. Zweistellige Beziehungen stellen eine Einschränkung der Modellierung dar. Mehrstellige Beziehungen können nicht direkt durch mehrere zweistellige Beziehungen ersetzt werden, wie wir im folgenden Beispiel zeigen werden.

Die Abbildung 3.8 zeigt ein typisches Beispiel für eine dreistellige Beziehung im ER-Modell: Ein `Professor` empfiehlt für `Vorlesungen` zugehörige `Bücher`.

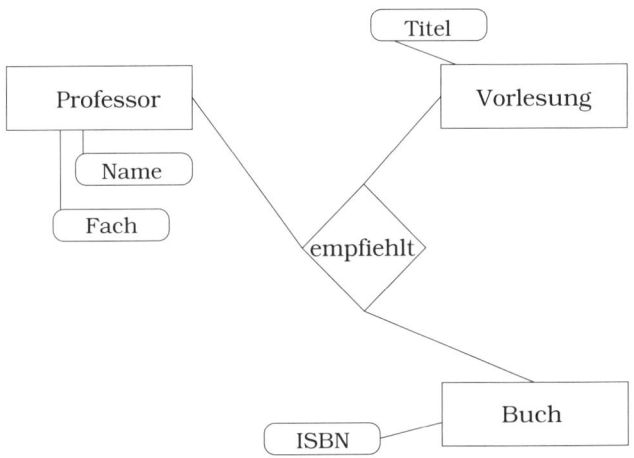

Abb. 3.8: Beispiel für eine dreistellige Beziehung im ER-Modell

In einem ER-Modell, in dem dreistellige Beziehungen nicht erlaubt sind, liegt es nahe, die Beziehung `empfiehlt` durch die drei zweistelligen Beziehungen `P-V`, `P-B` und `V-B` zu ersetzen, wie in Abbildung 3.9 dargestellt.

Diese Umsetzung modelliert nicht die gleichen möglichen Situationen, wie folgendes einfache Beispiel zeigt. Wir betrachten eine einfache Ausprägung der `empfiehlt`-Beziehung notiert als Tabelle (statt abstrakter Werte aus $\mu(E_i)$ nehmen wir für sich selbst sprechende Bezeichnungen).

empfiehlt	Professor	Vorlesung	Buch (ISBN)
	Heuer	DB 1	1-234
	Heuer	DB 2	9-876
	Saake	DB 1	9-876
	Saake	DB 2	9-876

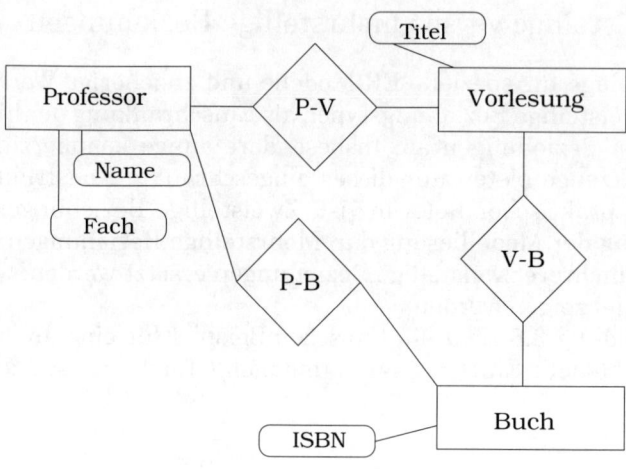

Abb. 3.9: Drei zweistellige Beziehungen anstelle der dreistelligen Beziehung

Wir geben nun für dieses Beispiel die entsprechenden Ausprägungen der drei zweistelligen Beziehungstypen aus Abbildung 3.9 an:

P-V	Prof.	Vorl.
	Heuer	DB 1
	Heuer	DB 2
	Saake	DB 1
	Saake	DB 2

P-B	Prof.	Buch
	Heuer	1-234
	Heuer	9-876
	Saake	9-876

V-B	Vorl.	Buch
	DB 1	1-234
	DB 2	9-876
	DB 1	9-876

Betrachten wir diese Tabellen genauer, stellen wir fest, daß ein wichtiger Aspekt der ursprünglichen Beziehungsausprägung nicht mehr rekonstruiert werden kann: Die Information, daß Prof. Heuer das Buch 9-876 zwar für die Vorlesung DB 2 empfohlen hat, aber *nicht* für die Vorlesung DB 1, ist nun verlorengegangen! Allgemein bedeutet dies, daß mehrere mögliche Ausprägungen für `empfiehlt` auf dieselben Tabellen abgebildet werden, etwa auch die folgende Ausprägung:

empfiehlt	Professor	Vorlesung	Buch (ISBN)
	Heuer	DB 1	1-234
	Heuer	DB 1	9-876
	Heuer	DB 2	9-876
	Saake	DB 1	9-876
	Saake	DB 2	9-876

Ein weiterer, nicht beabsichtigter Nebeneffekt ist, daß wir jetzt Informationen ausdrücken können, die in der ursprünglichen Beziehungsdeklaration nicht ausdrückbar waren, etwa daß ein Buch für die Vorlesung DB 3 empfohlen wird, ohne daß ein Professor angegeben ist:

P-V	Prof.	Vorl.
	Heuer	DB 1
	Heuer	DB 2
	Saake	DB 1
	Saake	DB 2

P-B	Prof.	Buch
	Heuer	1-234
	Heuer	9-876
	Saake	9-876

V-B	Vorl.	Buch
	DB 1	1-234
	DB 2	9-876
	DB 1	9-876
	DB 3	4-242

Dieses kurze Beispiel zeigt, daß die direkte Umsetzung n-stelliger Beziehungstypen in zweistellige zu unerwünschten Effekten führen kann. Dies heißt aber nicht, daß wir prinzipiell eine geringere Ausdrucksfähigkeit haben, falls wir nur zweistellige Beziehungen erlauben — in unserem Beispiel könnten wir die dreistellige Beziehung zum Beispiel durch einen künstlichen neuen Entity-Typ und drei zweistellige Beziehungen ersetzen! Das Prinzip dieser Umsetzung entspricht der Transformation vom ER-Modell in das Netzwerkmodell, in dem ebenfalls nur zweistellige Beziehungen erlaubt sind. Diese Transformation wird in Abschnitt 4.2 ausführlich erläutert.

Auch im Relationenmodell können solche Zusammenhänge dargestellt werden: Verbundabhängigkeiten und die Transformationseigenschaft *Verbundtreue* werden diese Aufgabe übernehmen (siehe Unterabschnitt 6.3.2).

3.3 Weitere Konzepte im Entity-Relationship-Modell

bereits in den ersten Vorschlägen für das ER-Modell wurden neben den vier Basiskonzepten Werte, Entities, Beziehungen und Attribute eine Reihe weiterer Modellierungskonzepte vorgeschlagen. Wir betrachten insbesondere *funktionale Beziehungen*, *Schlüsselattribute*, *abhängige Entities*, *Spezialisierungen* mittels der IST-Beziehung, *Kardinalitäten* und *Optionalität* von Attributen und Beziehungen.

3.3.1 Funktionale Beziehungen

In der Modellierung von Weltausschnitten tritt ein spezieller Beziehungstyp oft auf, der eine eindeutige Zuordnung eines Entities zu einem anderen Entity beschreibt. In diesem Fall handelt es sich um eine zweistellige Beziehung, die eine *Funktion* beschreibt: Jedem Entity eines Entity-Typs E_1 wird maximal ein Entity eines Entity-Typs E_2 zugeordnet. Einen derartigen *funktionalen Beziehungstyp* notieren wir textuell als Funktion:

$$R : E_1 \to E_2$$

In der graphischen Notation versehen wir die Verbindung zwischen der Beziehungsraute mit dem Entity-Typ-Rechteck, das den Bildbereich E_2 der Funktion darstellt, mit einer Pfeilspitze. Ein Beispiel für die graphische Notation ist in Abbildung 3.10 modelliert: Jedem Professor ist (maximal) ein Arbeitszimmer zugeordnet — aber mehrere Professoren können sich ein Zimmer teilen.

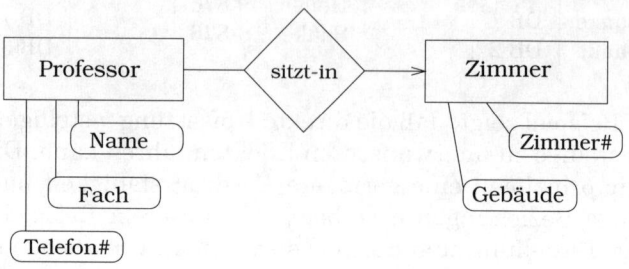

Abb. 3.10: Funktionale Beziehung im ER-Modell

Als Semantik $\sigma(R)$ einer funktionalen Beziehung R haben wir eine *Funktion* anstelle einer allgemeinen Relation:

$$\sigma(R) : \sigma(E_1) \to \sigma(E_2)$$

Funktionale Beziehungen spielen eine große Rolle in implementierungsnäheren Datenmodellen wie dem Netzwerkmodell, da sie direkt zum navigierenden Zugriff genutzt werden können. Funktionale Beziehungen werden oft alternativ durch die Angaben 1 und n an der Beziehungsdeklaration markiert. Auf diese Möglichkeit kommen wir später bei der Diskussion von Kardinalitätsangaben zurück.

3.3.2 Identifizierung durch Schlüssel

In der Regel haben wir bei einer Beschreibung im ER-Modell den Effekt, daß einige Attribute mit ihren Werten bereits eine eindeutige *Identifizierung* für Entities eines Entity-Typs bilden — so wird ein Student etwa eindeutig durch seine Matrikelnummer identifiziert, ein Buch durch die zugehörige ISBN, ein Angestellter durch Namen und Geburtsdatum[4]. Wir bezeichnen eine derartige Identifikation durch eine Attributmenge als *Schlüssel*[5] für den betreffenden Entity-Typ.

---

[4] Die Festlegung einer identifizierenden Schlüsselbedingung ist eine *Modellierungsentscheidung* für eine konkrete Datenbankanwendung — für jede der drei Beispielidentifizierungen lassen sich in der Realität Gegenbeispiele finden!

[5] Im Relationenmodell wird die Definition noch exakter getroffen. Dort wird auch noch die Minimalität der Attributmenge festgelegt.

Für einen Entity-Typ $E(A_1,\ldots,A_m)$ sei eine Teilmenge $\{S_1,\ldots,S_k\}$ der gesamten Attribute gegeben, die sogenannten *Schlüsselattribute*. Es gilt also:

$$\{S_1,\ldots,S_k\} \subseteq \{A_1,\ldots,A_m\}$$

In jedem Datenbankzustand identifizieren die aktuellen Werte der Schlüsselattribute eindeutig Instanzen des Entity-Typs E. Formal kann diese Bedingung wie folgt geschrieben werden:

$$\forall e_1, e_2 \in \sigma(E) : (\sigma(S_1)(e_1) = \sigma(S_1)(e_2) \wedge \ldots \wedge \sigma(S_k)(e_1) = \sigma(S_k)(e_2)) \Rightarrow (e_1 = e_2)$$

Sowohl in der textuellen als auch in der graphischen Notation markieren wir Schlüsselattribute durch Unterstreichungen, also textuell durch:

$$E(\ldots,\underline{S_1},\ldots,\underline{S_i},\ldots)$$

Die graphische Variante der Schlüsseldefinition kann etwa in Abbildung 3.11 gefunden werden.

In vielen Anwendungen haben wir verschiedene mögliche Schlüssel, etwa können Angestellte durch Namen und Geburtsdatum, aber auch durch die Personalausweisnummer oder durch eine intern vergebene Angestelltenkennziffer identifiziert werden. Wir sprechen in diesem Zusammenhang von mehreren *Schlüsselkandidaten* oder kurz *Schlüsseln*. Wir wählen einen der Schlüsselkandidaten aus und bezeichnen ihn als *Primärschlüssel*. Dieser hat die oben eingeführte einfache graphische Repräsentation. Falls mehrere Schlüssel graphisch dargestellt werden sollen, verbindet man die Kanten zu ihren Attributen jeweils mit einem Querbalken (siehe [Heu97]).

3.3.3 Abhängige Entity-Typen

Neben Attributen können auch *funktionale Beziehungen* als Schlüssel dienen — die Definitionen übertragen sich direkt von Attributen auf funktionale Beziehungstypen, da die Semantik beider Konzepte durch Funktionen festgelegt wird. Der Wertebereich einer funktionalen Beziehung ist allerdings die Menge der *aktuellen* Instanzen eines Entity-Typs — die Identifizierung durch eine funktionale Beziehung setzt also die tatsächliche aktuelle Existenz des identifizierenden Entities voraus!

Aus diesem Grunde bezeichnen wir einen Entity-Typ, an dessen Schlüssel eine funktionale Beziehung beteiligt ist, auch als *abhängigen Entity-Typ* (engl. *weak entity*). Instanzen eines derartig abhängigen Entity-Typs können somit nur existieren in Abhängigkeit von anderen Entities. Als Beispiel betrachten wir einen Entity-Typ `BuchExemplar`, dessen Instanzen durch eine laufende Nummer und den (abstrakten) Bucheintrag im Bibliothekskatalog, zu dem das

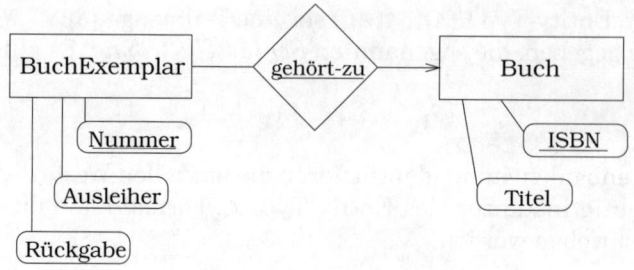

Abb. 3.11: Abhängige Entities im ER-Modell: Funktionale Beziehung als Schlüssel

Exemplar gehört, identifziert werden. Das Beispiel ist in Abbildung 3.11 darge-stellt. In der dortigen Notation werden abhängige Entity-Typen durch funktio-nale Beziehungen als Schlüssel markiert.

Abbildung 3.12 zeigt eine mögliche Ausprägung für das Beispielschema in Abbildung 3.11: Das Attribut Nummer und der Wert der funktionalen Beziehung gehört-zu sind zusammen Schlüssel für Buchexemplare. Bücher können ohne Buchexemplar existieren, aber nicht umgekehrt.

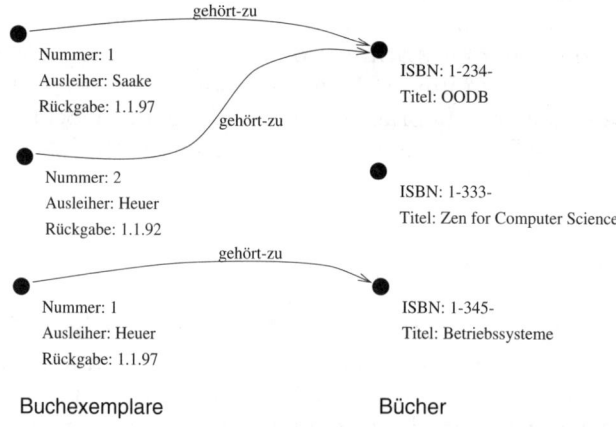

Abb. 3.12: Mögliche Ausprägung für abhängige Entities

Viele Vorschläge für eine graphische Darstellung von ER-Schemata se-hen eine explizite graphische Notation für abhängige Entity-Typen vor. Abbil-dung 3.13 zeigt das Beispiel aus Abbildung 3.11 in der von Elmasri und Na-vathe in [EN94] vorgeschlagenen Darstellung, in der das Entity-Symbol und das Relationship-Symbol durch doppelte Linien, und die funktionale Beziehung durch die Angaben 1 und N gekennzeichnet sind. Das zusätzlich identifizieren-

3 Datenbankmodelle für den Entwurf

de Attribut `Nummer` wird dort als *partieller Schlüssel* bezeichnet und gestrichelt markiert.

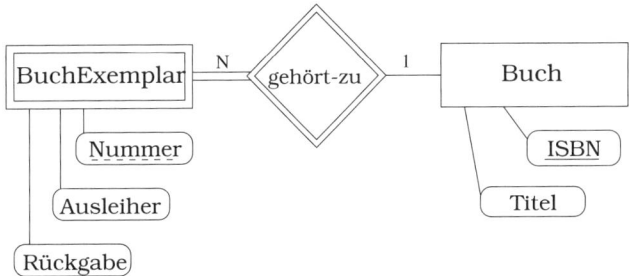

Abb. 3.13: Abhängige Entities im ER-Modell: Alternative graphische Notation

3.3.4 Die IST-Beziehung

Eine weitere, in vielen Anwendungen auftauchende Beziehung zwischen Entities ist die *Spezialisierungs- / Generalisierungsbeziehung*, auch als IST-Beziehung bekannt (engl. *is-a relationship*). Zur Erläuterung betrachten wir ein typisches Beispiel, das in Abbildung 3.14 graphisch notiert ist. In unserer Datenbank wollen wir Information über Prüfungen darstellen. An der Universität arbeiten `Mitarbeiter`, identifiziert durch eine Personalnummer. Einige der Mitarbeiter sind `Prüfer` für ein bestimmtes Fach.

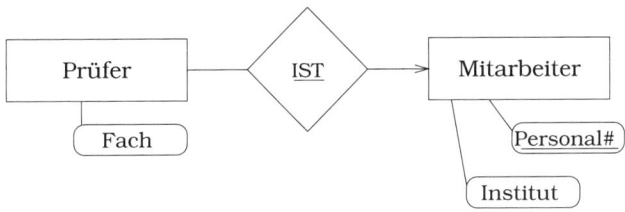

Abb. 3.14: Beispiel für eine IST-Beziehung im ER-Modell

An der Modellierung dieses Beispiels kann man gut einige Eigenschaften einer IST-Beziehung erkennen:

- Jeder Prüfer-Instanz ist genau eine Mitarbeiter-Instanz zugeordnet. Prüfer-Instanzen werden somit durch die funktionale IST-Beziehung identifiziert. Es handelt sich somit um einen Spezialfall eines abhängigen Entity-Typs!

- Nicht jeder Mitarbeiter ist zugleich Prüfer.

- Die Attribute des Entity-Typs `Mitarbeiter` treffen auch auf Prüfer zu, auch wenn sie nicht explizit notiert sind. Wir sprechen von "vererbten" Attributen und gehen etwa in Anfragen davon aus, daß der Entity-Typ `Prüfer` die folgenden Attribute besitzt:

$$\underbrace{\text{Prüfer(Institut,Personal\#,Fach)}}_{\text{von Mitarbeiter}}$$

Nicht nur die Attributdeklarationen vererben sich, sondern auch jeweils die aktuellen Werte für eine Instanz in einem Zustand.

In der textuellen Notation schreiben wir E_1 IST E_2 als Deklaration einer Spezialisierungsbeziehung. Semantisch entspricht eine IST-Beziehung einer *injektiven* funktionalen Beziehung. In diesem Spezialfall können wir die Funktion $\sigma(R)$ als Einbettung einer Menge in einer Obermenge auffassen und legen die Semantik wie folgt fest:

$$\sigma(E_1) \subseteq \sigma(E_2)$$

Die Funktion $\sigma(R)$ ist hier also die Identitätsfunktion. Um die spezielle Rolle der IST-Beziehung graphisch hervorzuheben, wird in der graphischen Notation oft anstelle der Beziehungstyp-Raute ein fetter Funktionspfeil benutzt (wie in Abbildung 3.15).

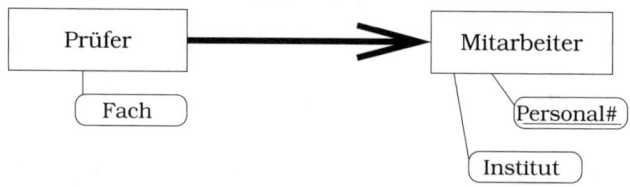

Abb. 3.15: Alternative Notation für IST-*Beziehung im ER-Modell*

3.3.5 Kardinalitäten

Im Fall der funktionalen Beziehung hatten wir die Situation, daß eine Instanz eines Entity-Typs entweder keinmal oder einmal an dieser Beziehung teilnehmen kann. Wir verallgemeinern derartige Einschränkungen auf beliebige Beziehungen, indem wir *Kardinalitäten* einführen. Die graphische Notation für Kardinalitäten ist in Abbildung 3.16 dargestellt.

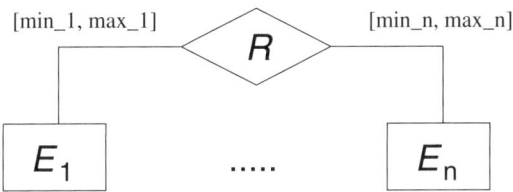

Abb. 3.16: Notation für Kardinalitätsangaben an einem Beziehungstyp

Textuell können wir Kardinalitätsangaben wie folgt notieren:

$$R(E_1, \ldots, E_i[min_i, max_i], \ldots, E_n)$$

Eine Kardinalitätsangabe schränkt die möglichen Teilnahmen von Instanzen der beteiligten Entity-Typen an der Beziehung ein, indem ein minimaler und ein maximaler Wert vorgegeben wird:

$$min_i \leq |\{r \mid r \in R \land r.E_i = e_i\}| \leq max_i$$

Eine spezielle Wertangabe für max_i ist die Angabe eines $*$-Symbols entsprechend einer unbegrenzten Anzahl. Die Definition der Kardinalitätsangaben umfaßt mehrere Spezialfälle:

- Die Angabe $[0, *]$ legt keine Einschränkung fest und ist die Standardannahme, wenn keine Kardinalitäten angegeben sind.

- Die Angabe $R(E_1[0, 1], E_2)$ entspricht einer (partiellen) funktionalen Beziehung $R : E_1 \to E_2$, da jede Instanz aus E_1 maximal einer Instanz aus E_2 zugeordnet ist. Eine totale funktionale Beziehung wird durch $R(E_1[1, 1], E_2)$ modelliert.

Als Beispiel haben wir die folgende Beziehung:

```
arbeitet_in(Mitarbeiter[0,1],Raum[0,3])
```

Jedem Mitarbeiter ist in der Regel ein Raum zugeordnet, aber einige (externe) Mitarbeiter haben kein Arbeitszimmer. Pro Raum arbeiten maximal drei Mitarbeiter. Als Beispiel für eine totale funktionale Beziehung haben wir die Verantwortlichkeit von Mitarbeitern für Rechneranlagen:

```
verantwortlich_für(Mitarbeiter[0,*],Rechner[1,1])
```

Jedem Rechner ist genau ein Mitarbeiter zugeordnet, der für die Betreuung verantwortlich ist.

- Für die Beziehung E_1 IST E_2 gilt: IST($E_1[1, 1], E_2[0, 1]$).

  Jede Instanz von E_1 nimmt genau einmal an der IST-Beziehung teil, während Instanzen des Obertyps E_2 nicht teilnehmen müssen. Aspekte wie Attributvererbung werden hiervon natürlich nicht erfaßt.

Für binäre Beziehungstypen wird oft eine vereinfachte Notation als Abkürzung vorgeschlagen, die insbesondere zur Darstellung funktionaler Beziehungen alternativ zur Darstellung mittels eines Pfeils benutzt wird. Hierbei wird jeweils der Maximalwert angegeben, wobei ein N die Rolle des '*'-Symbols für eine beliebige Anzahl übernimmt. Diese alternative Darstellung wird zusammen mit ihrem Äquivalent in der vorgestellten Notation in Abbildung 3.17 dargestellt.

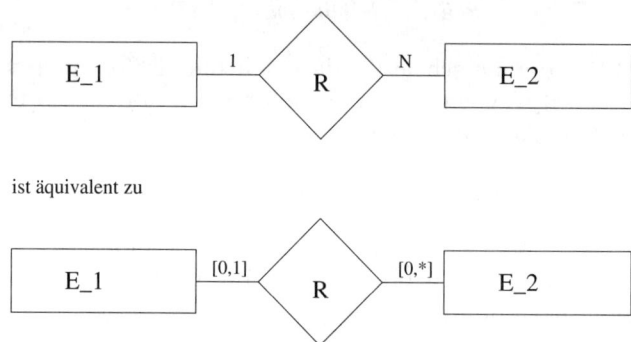

Abb. 3.17: Vereinfachte Kardinalitätsangaben für binären Beziehungstyp

Während sich bei den anderen graphischen Konzepten des ER-Modells nur geringe Abweichungen zwischen den Notationen verschiedener Autoren bzw. Entwurfswerkzeuge ergeben, gibt es für Kardinalitätsangaben eine Vielzahl von Varianten. Neben den bereits eben genannten Varianten "Intervall"-Notation und Nennung der Maximalkardinalität gibt es noch die bereits eingeführte Notation mit dem Pfeil zur Darstellung funktionaler Beziehungen und schließlich noch eine weitere numerische Darstellung, die fatalerweise die Angaben 1 und N der Maximalwert-Notation genau umdreht. Der besseren Übersichtlichkeit halber geben wir diese vier Darstellungsmöglichkeiten noch einmal zusammenfassend an:

- *Standard-Entity-Relationship-Modell:* Pfeile zeigen die funktionalen Zusammenhänge an.

  Beispiel: Einem Entity vom Typ A ist genau ein Entity vom Typ B zugeordnet, umgekehrt aber sind einem B-Entity beliebig viele A-Entities zugeordnet.

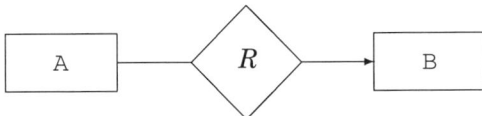

- *Standard-ER-Modell mit Kardinalitäten:* Numerische Werte ersetzen die Pfeile, dasselbe Beispiel sieht dann wie folgt aus:

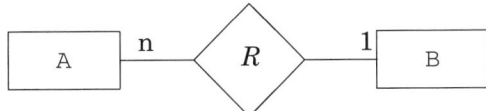

Die Sprechweise ist hier: Ein B-Entity kann mit n A-Entities in Beziehung stehen. Man spricht deshalb auch manchmal von A als der n-*Seite* der Beziehung. Statt n und 1 können auch graphische Symbole verwendet werden, etwa das Auffächern von Linien an der n-Seite.

- *Kardinalitäten als Teilnahmezahl:* Hier beschreiben die numerischen Werte, wie oft ein Entity in der Beziehung auftaucht; das ist genau umgekehrt zu den Werten beim Standard-ER-Modell mit Kardinalitäten, also:

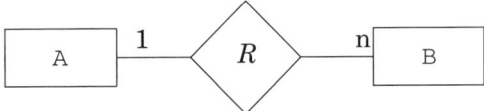

Die Sprechweise ist hier: Ein A-Entity darf maximal einmal, ein B-Entity darf n-Mal an der Beziehung teilnehmen. Diese Angabe der Teilnahmezahl hat den Vorteil einer einfachen Charakterisierung in der Relationenalgebra:

Die Kante zwischen einem Entity-Typ E und einer Beziehung R wird mit $\max_r(|\sigma_{E=const}(r)|)$ für alle zulässigen Zustände der Relation r und alle möglichen Konstanten *const* beschriftet.

Die Relation r entsteht dabei aus der Beziehung R, indem für jeden teilnehmenden Entity-Typ eine Spalte eingerichtet wird. Der Entity-Typ und sein Primärschlüssel werden dabei ausnahmsweise gleichgesetzt.

Bei dieser Variante handelt es sich um die bereits besprochene alternative Notation (dort mit großem N notiert).

- *Intervalle von Teilnahmezahlen:* Dabei werden statt fester Werte Intervalle für jede Kante einer Beziehung angegeben. Dies entspricht der vorhin eingeführten Notation.

Weitere Notationen wie sogenannte "Krähenfüße" zur Darstellung von *N*-Kardinalitäten und hierarchische Darstellungen wie im kommerziellen ER-Entwurfswerkzeug ERWin[6] sind ebenso gebräuchlich. In diesem Fall wirkt sich die fehlende Standardisierung der ER-Notationen sehr nachteilig aus.

3.3.6 Optionalität von Attributen und Beziehungen

Bei der Angabe von Kardinalitäten für Beziehungen kann man insbesondere angeben, ob Entities eines Entity-Typs an der Beziehung auf jeden Fall teilnehmen müssen (die Angabe $[1, i]$) oder auch nicht (die Angabe $[0, i]$). Bei funktionalen Beziehungen entspricht dies *totalen* bzw. *partiellen* Funktionen. Bei partiellen Funktionen sagen wir, daß die Teilnahme an der Beziehung für den betroffenen Entity-Typ *optional* ist.

In Analogie zu diesen Angaben bei Beziehungen sprechen wir auch von *optionalen* Attributen, falls das Attribut nicht für alle Entities einen definierten Wert annehmen muß. Nicht-optionale Attribute werden entsprechend als *total* bezeichnet. Auch für die Optionalität (bzw. Totalität) sind mehrere graphische Notationen verbreitet. Wir folgen der Notation von Hohenstein aus [Hoh93], in der Optionalität durch kleine Kreise an der Verbindungslinie zwischen Attribut-Symbol und Entity-Typ-Symbol markiert wird. Totalität wird nicht gesondert gekennzeichnet. Ein Beispiel zeigt Abbildung 3.18. Hier wird modelliert, daß nicht für jeden Professor eine Telefonnummer bekannt ist.

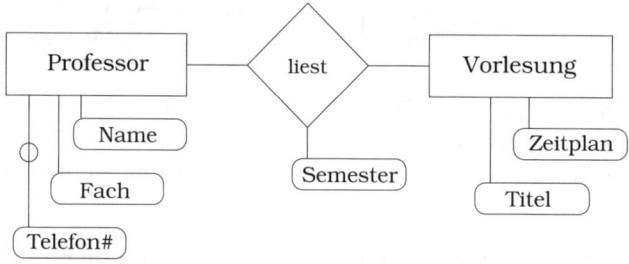

Abb. 3.18: Optionale Attribute im ER-Modell

Semantisch bedeutet die Optionalitätsangabe, daß die Funktion $\sigma(A)$ eine partielle Funktion ist, somit nicht für alle Entities aus $\sigma(E)$ einen definierten Wert annehmen muß.

Analog kann die vorgestellte graphische Notation auch für Optionalität bei Beziehungstypen eingesetzt werden. Um Totalität explizit graphisch zu markieren, könnte etwa ein ausgefüllter Kreis verwendet werden.

---

[6]ERWin wird derzeit von Computer Associates angeboten, siehe etwa http://www.cai.com/products/platinum/factsht/erwin_fs.htm.

3.4 Erweiterungen des ER-Modells um höhere Konzepte

Bisher haben wir das klassische ER-Modell nur um spezielle Konzepte angereichert, die in Modellierungen oft benötigt werden, etwa spezielle Einschränkungen für Beziehungstypen wie Kardinalitätsangaben. All diese Erweiterungen lassen aber die vier Kernkonzepte des ER-Modells im wesentlichen unverändert. Die Spezialisierung mittels einer IST-Beziehung zeigt aber, daß es Modellierungskonzepte gibt, die eine spezielle Bedeutung haben und nur unvollkommen auf die Basiskonzepte des klassischen ER-Modells abgebildet werden können.

Diese Erkenntnis führte zu den sogenannten *semantischen Datenmodellen*, in der anstelle eines allgemeinen Beziehungskonzepts mehrere 'semantik-tragende' Beziehungsarten eingeführt wurden, etwa Spezialisierung / Generalisierung, Aggregation zu komplexen Objekten etc. Diese neuen Konzepte wurden bald auch zusammen mit anderen Erweiterungen in das ER-Modell integriert, und die erhaltenen Datenbankmodelle werden *erweiterte Entity-Relationship-Modelle* (EER-Modelle) genannt. Wir werden zuerst einige verbreitete Erweiterungen kurz skizzieren, danach mit dem sogenannten EER-Modell einen typischen Vertreter ausführlich vorstellen und mit einer Diskussion weiterer Vorschläge, die von Interesse sind, schließen.

3.4.1 Erweiterungen bei Attributen

Im klassischen ER-Modell sind nur Attribute möglich, die Werte von Standarddatentypen wie **string** oder **integer** annehmen. Eine naheliegende Erweiterung ist die Unterstützung *strukturierter* bzw. zusammengesetzter *Attributwerte*. Verbreitet sind Konstruktoren für die Tupelbildung (entspricht dem **record**-Konstruktor aus Programmiersprachen), für die Mengenbildung sowie für geordnete Listen.

Die von Elmasri und Navathe [EN94] vorgeschlagenen graphischen Notationen werden in Abbildung 3.19 vorgestellt. In [EN94] werden Tupelbildung (dort *composite attribute*) und Mengenbildung (dort *multivalued attribute*) unterstützt. Elmasri und Navathe schlagen für die Tupelbildung eine hierarchische Aufspaltung des Attributs in Teilattribute vor. Ein Beispiel ist das Attribut Adresse in Abbildung 3.19, das in die drei Teilattribute Straße, Nummer und Ort aufgeteilt ist.

Mengenwertige Attribute (auch *mehrwertige* Attribute genannt) werden durch eine doppelte Begrenzungslinie gekennzeichnet. Im Beispiel können Personen mehrere Telefonnummern haben. Tupel- und Mengenbildung können geschachtelt eingesetzt werden.

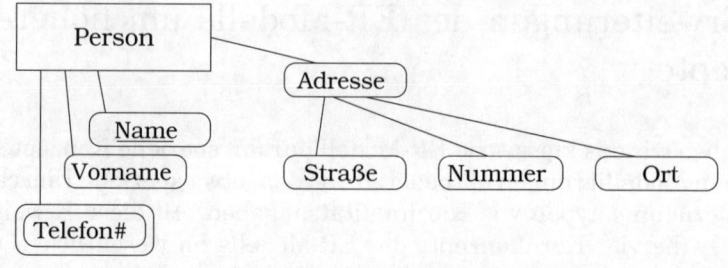

Abb. 3.19: Strukturierte Attributwerte im ER-Modell

Neben den Standarddatentypen und den üblichen Konstruktoren wird in einigen erweiterten ER-Modellen vorgeschlagen, beliebige abstrakte Datentypen als Wertebereiche für Attribute zuzulassen [EGH+92]. Etwa könnte ein Attribut Geometrie eines Entity-Typs Grundstück den Wertebereich **polygon** haben, dessen Werte Polygonzüge in der Ebene sind.

Eine weitere Art von Attributen, die graphisch speziell notiert wird, sind die *abgeleiteten Attribute* (engl. *derived attributes*). Abgeleitete oder auch *berechnete* Attribute sind Attribute, deren Werte nicht abgespeichert werden müssen, sondern durch eine Anfrage an die Datenbank bestimmt werden können. Bei der Deklaration eines abgeleiteten Attributs muß somit jeweils eine Anfrage mit angegeben werden, die den aktuellen Wert bestimmt. Abgeleitete Attribute werden durch gepunktete Begrenzungslinien dargestellt. Ein Beispiel zeigt Abbildung 3.20 mit dem Attribut Jahresgehalt.

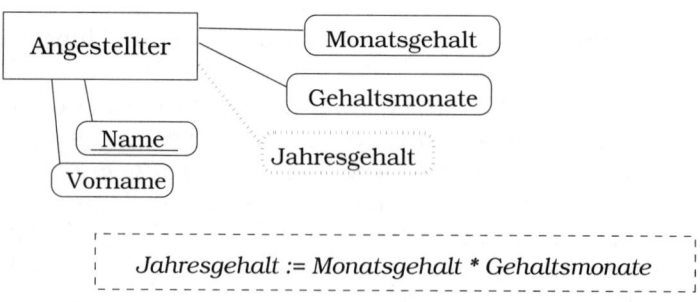

Abb. 3.20: Abgeleitete Attributwerte im ER-Modell

3.4.2 Spezialisierung und Generalisierung

Die bisher vorgestellte IST-Beziehung ist eine einfache Form, Spezialisierungs-
oder Generalisierungsbeziehungen zwischen Entity-Typen zu modellieren. Aus
der Wissensrepräsentation und Vorschlägen semantischer Datenmodelle können verschiedene, feiner differenzierte Beziehungen in ein erweitertes ER-
Modell übernommen werden:

- Hinter dem Begriff der *Spezialisierung* verbirgt sich die klassische IST-Beziehung, etwa der Entity-Typ `Professor` als Spezialisierung von `Mitar-
  beiter`. Eigenschaften der Spezialisierung sind die Teilmengenbeziehung
  auf den Ausprägungen und die Vererbung von Eigenschaften.

- Während die Spezialisierung einige Entities in einem spezielleren Kontext
  betrachtet, möchte man bei der *Generalisierung* Entities in einen *allgemeineren* Kontext setzen. Etwa kann eine `Person` ein `Ausleiher` eines
  Buchs in einer Bibliothek sein — aber auch ein `Institut` kann `Auslei-
  her` sein! Bei der Generalisierung verallgemeinern wir in dem Sinne, daß
  der Generalisierungs-Entity-Typ durch die Vereinigungsmenge der Instanzen mehrerer Entity-Typen gebildet wird. Dieser Entity-Typ erhält Attributdeklarationen, die dem allgemeinen Kontext zuzuordnen sind, etwa die
  Anzahl maximal auszuleihender Bücher. Auf die konzeptionellen Unterschiede zwischen Spezialisierung und Generalisierung werden wir später
  bei der Diskussion des EER-Modells tiefer eingehen.

  Warnung: Die Begriffe Spezialisierung und Generalisierung werden in einigen Datenmodellvorschlägen in der umgekehrten Bedeutung oder auch
  synonym gebraucht — hier muß man sich jeweils die genauen Definitionen
  und Beispiele anschauen.

- Die *Partitionierung* bezeichnet den oft auftretenden Sonderfall der Spezialisierung, daß ein Entity-Typ in mehrere *disjunkte* Entity-Typen spezialisiert wird. Beispiel ist eine Partitionierung von Büchern in Monographien
  und Sammelbänden, wobei ein konkretes Buch nur eines von beiden sein
  kann. Wir sprechen von *totaler* oder *vollständiger* Partitionierung, wenn alle Instanzen eindeutig einer Partition zugeteilt werden. Eine vollständige
  Partitionierung wird auch als disjunkte *Überdeckung* bezeichnet.

Wir verzichten an dieser Stelle auf die Diskussion geeigneter graphischer Notationen und der formalen Semantik, da wir dieses bei der Vorstellung des EER-
Modells im folgenden Abschnitt ausführlich tun werden.

3.4.3 Komplexe Objekte

Speziell bei der Diskussion der Datenbankunterstützung für Ingenieuranwendungen und anderer Nicht-Standard-Anwendungsgebiete ist der Begriff des so-

genannten *komplexen Objekts* populär geworden [Mit88]. Unter einem komplexen Objekt verstehen wir im Kontext des ER-Modells eine Entity-Klasse, deren Instanzen aus anderen Entities *zusammengesetzt* sind. Wir unterscheiden mehrere Fälle:

- Unter dem Begriff *Aggregierung* verstehen wir die Situation, daß ein Entity aus einzelnen Instanzen anderer Entity-Typen zusammengesetzt ist. Typisches Beispiel ist ein Fahrzeug, das aus Motor, Karosserie und anderen Teilen besteht. Aggregierung entspricht der Tupelbildung auf Werten.

- Das entsprechende Gegenstück zur Mengenbildung auf Werten wird als *Sammlung* oder auch als *Assoziation* (von engl. *association*) bezeichnet. Typisches Beispiel ist die Arbeitsgruppe als Sammlung einzelner Mitarbeiter.

- Sammlung und Aggregierung basieren auf der Zusammenfassung von Entities zu komplexen Entities. Einige Vorschläge für komplexe Objekte gehen insofern weiter, als daß auch Beziehungen in komplexe Objekte integriert werden. Ein komplexes Objekt entspricht dann einer Teildatenbank mit einem lokalen Schema, bestehend aus lokalen Entity-Typen und lokalen Beziehungstypen.

Zwischen komplexen Entities und ihren Teilen existieren in der Regel Existenzabhängigkeiten — je nach Anwendungsbereich ist das Ganze von der Existenz der Teile abhängig, oder die Teile können nur in Abhängigkeit vom komplexen Objekt existieren. Es besteht somit eine starke konzeptionelle Nähe zu abhängigen Objekttypen, wie sie bereits im klassischen ER-Modell eingeführt wurden.

3.4.4 Beziehungen höheren Typs

Auch das Konzept der Beziehung läßt sich erweitern. Im Gegensatz zu den diskutierten neuen Konzepten bei den Entity-Typen sind Erweiterungen bei den Beziehungstypen nicht verbreitet in erweiterten ER-Modellen. Der Grund liegt vermutlich darin, daß sich Beziehungen auch als Entities darstellen lassen und somit auf höhere Konzepte für Beziehungen zugunsten entsprechender Konzepte für Entity-Typen verzichtet werden kann.

- Die Konzepte der *Spezialisierung* und *Generalisierung* machen auch für Beziehungstypen einen Sinn. Etwa könnte die Beziehung Ausleihe in einer Bibliotheksanwendung zu Kurzausleihe spezialisiert werden.

  Eine derartige Erweiterung ist sehr naheliegend und semantisch leicht zu fundieren — trotzdem ist sie in vielen populären erweiterten ER-Modellen nicht verwirklicht worden.

- Eine Spezialisierung zwischen Beziehungstypen ist genaugenommen eine *Beziehung zwischen Beziehungsinstanzen*, also eine Beziehung zweiter Ordnung. Eine Erweiterung des klassischen ER-Modells um Beziehungen höherer Ordnung wurde etwa von Thalheim unter dem Namen HERM vorgeschlagen [Tha91b, Tha00]. Beziehungen höherer Ordnung können Aggregierung und Spezialisierung als Spezialfälle modellieren.

Naturgemäß verwirklichen existierende erweiterte ER-Modelle in der Regel nicht alle hier skizzierten Erweiterungen, sondern beschränken sich auf eine sinnvoll handhabbare Teilmenge hinreichender Ausdrucksfähigkeit. Des weiteren gibt es verschiedene erweiterte ER-Modelle, die auf bestimmte Anwendungsgebiete, etwa geographische Informationssysteme oder Ingenieuranwendungen, zugeschnitten sind und spezifische Erweiterungen für die Anwendungsgebiete anbieten. Ein Beispiel ist etwa eine explizite Modellierung von Versionen und Varianten für Entwurfsdatenbanken im Ingenieurbereich.

Nachdem wir einen Überblick über mögliche Erweiterungen des klassischen ER-Modells gegeben haben, werden wir nun ein spezielles erweitertes ER-Modell, das wir kurz EER-Modell nennen, genauer betrachten.

3.5 Das EER-Modell — ein erweitertes ER-Modell

Das vorgestellte erweiterte ER-Modell ist nur einer der Vorschläge für erweiterte ER-Modelle. Es wurde als konkrete Erweiterung ausgewählt, da mit den Büchern von Hohenstein [Hoh93] und Gogolla [Gog94] vollständige Beschreibungen in Buchform sowohl in deutscher als auch englischer Sprache vorliegen. Das EER-Modell wurde im Rahmen eines Projekts zur Entwicklung einer Datenbankentwurfsumgebung festgelegt [EGH+92]. Weitere erweiterte ER-Modelle werden im Anschluß an die Vorstellung des EER-Modells kurz diskutiert.

3.5.1 Übernommene Grundkonzepte des klassischen ER-Modells

Das EER-Modell erweitert das klassische ER-Modell um weitere Konstrukte, behält aber bis auf wenige Ausnahmen die Grundkonzepte des ER-Modells unverändert bei. Im einzelnen werden folgende Konzepte übernommen:

- *Werte*: Die Standard-Datentypen des ER-Modells werden auch im EER-Modell unterstützt.

- *Entities* bzw. *Entity-Typen*: Werden unverändert übernommen.

- *Beziehungen* bzw. *Beziehungstypen*: Werden unverändert übernommen.

- *Attribute*: Werden unverändert übernommen.

- *Funktionale Beziehungen*: Werden unverändert übernommen.

- *Schlüssel*: Auch im EER-Modell werden nur die Primärschlüssel graphisch angegeben. Schlüssel können über Attribute und funktionale Beziehungen definiert werden. Im EER-Modell werden Schlüssel durch einen schwarz ausgefüllten Kreis an der Verbindungslinie des Teilschlüssels graphisch notiert. Der Grund dafür ist, daß das Schlüsselkonzept im EER-Modell um zusätzliche Möglichkeiten erweitert wurde, die mittels der Notation durch Unterstreichung nicht adäquat notiert werden können.

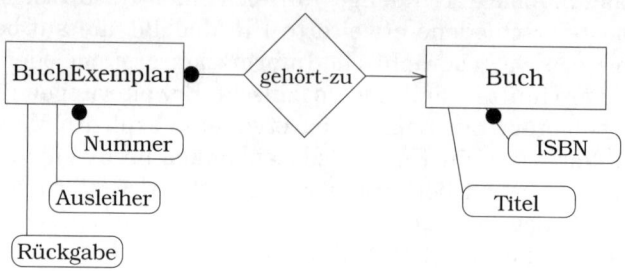

Abb. 3.21: Schlüsselnotation im EER-Modell

Ein Beispiel für die Schlüsselnotation zeigt Abbildung 3.21 (angelehnt an den Weltausschnitt aus Abbildung 3.11).

Nicht übernommen werden die folgende Konzepte:

- Die IST-Beziehung wird durch ein allgemeineres Konzept, den *Typkonstruktor*, ersetzt.

- Abhängige Entity-Typen werden im EER-Modell ausschließlich durch das erweiterte Schlüsselkonzept sowie objektwertige Attribute modelliert.

3.5.2   Erweiterung bei Wertebereichen

Das EER-Modell unterstützt *benutzerdefinierte* Datentypen, auch Nicht-Standard-Datentypen genannt. Neue benutzerdefinierte Datentypen sind frei definierbar mittels Datentyp-Konstruktoren wie Mengen-, Tupel- oder Listenkonstruktion. Das EER-Modell unterstützt die folgenden Konstruktoren:

prod: Tupelbildung, z.B. können Punkte in der Ebene durch den folgenden Datentyp beschrieben werden:

$$\textbf{point} = \textbf{prod}(\textbf{real},\textbf{real})$$

list: Listen / Folgen von Werten, z.B. können Polygonzüge als Folgen von Punkten beschrieben werden:

$$\mathbf{polygon} = \mathbf{list}(\mathbf{point})$$

set: Mengen von Werten ohne Duplikate, etwa die Menge von Urlaubstagen:

$$\mathbf{holidays} = \mathbf{set}(\mathbf{date})$$

Der Datentyp der Datumswerte kann, falls nicht bereits als Standard-Datentyp unterstützt, durch Tupelbildung definiert werden.

bag: Multimengen von Werten, also Mengen, in denen Werte mehrfach vorkommen können. Beispiel ist die Multimenge der Geburtstage einer Gruppe, bei der einzelne Datumswerte mehrfach auftreten können:

$$\mathbf{birthdays\_of\_a\_group} = \mathbf{bag}(\mathbf{date})$$

Jeder Nicht-Standard-Datentyp D stellt einen Wertebereich $\mu(D)$ mit Operationen dar, z.B.:

$$\mu(\mathbf{point}) = \mu(\mathbf{real}) \times \mu(\mathbf{real})$$

Für jeden Nicht-Standard-Datentyp können spezifische Operationen, etwa $+$, $-$, **distance** etc. für den Datentyp **point**, durch Gleichungen spezifiziert oder in einer imperativen, an Programmiersprachen angelehnten Notation definiert werden. In [EGH$^+$92] können Beispiele für die Spezifikation benutzerdefinierter Datentypen im EER-Modell gefunden werden. Eine Beispielspezifikation für den Datentyp **point** kann im Abschnitt 5.3 gefunden werden.

3.5.3 Mengenwertige und strukturierte Attribute

Mengen- und tupelwertige (oder strukturierte) Attribute werden im EER-Modell nicht mittels der im vorigen Abschnitt vorgestellten graphischen Notation dargestellt. Stattdessen werden die Konstruktoren **prod**, **set**, **list** und **bag** direkt in die Attributdeklaration geschrieben. Das Beispiel aus Abbildung 3.19 wird im EER-Modell somit wie in Abbildung 3.22 gezeigt notiert.

3.5.4 Der Typkonstruktor: Spezialisierung, Generalisierung, Partitionierung

Die vorgestellten Konzepte lassen sich als Spezialfälle eines allgemeinen Konstrukts auffassen: Ein sogenannter *Typkonstruktor*, der als Dreieck mit Eingabe- und Ausgabe-Entity-Typen notiert wird. Eingabetypen werden mit einer Seite des Dreiecks verbunden; die Ausgabe-Typen sind mit der dieser Seite

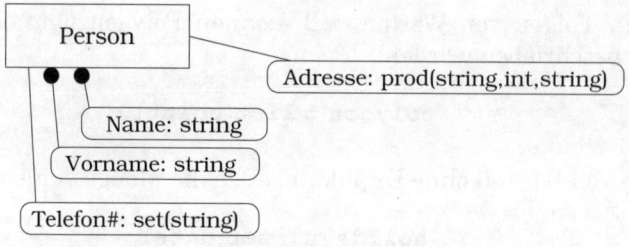

Abb. 3.22: Mengen- und tupelwertige Attribute im EER-Modell

gegenüberstehenden Spitze verbunden. In [Hoh93, Gog94] wird der Typkonstruktor mit einem Namen beschriftet (analog zum Namen eines Beziehungstyps). Wir verzichten darauf, da als Namen in der Regel nur ist und sind auftreten.

Die bereits diskutierte Spezialisierung bzw. IST-Beziehung wird als Spezialfall mit dem Typkonstruktor ausgedrückt. Abbildung 3.23 zeigt die Spezialisierung von Mitarbeitern zu Prüfern aus Abbildung 3.14 in der Notation im EER-Modell:

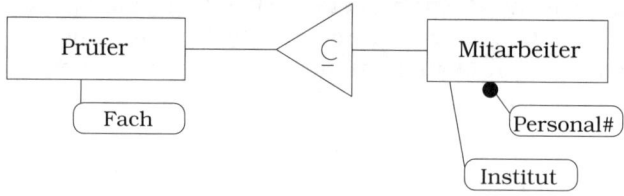

Abb. 3.23: Spezialisierung (IST-Beziehung) notiert mit dem Typkonstruktor des EER-Modells

In das Dreieck wird ein ⊇- bzw. ⊆-Symbol geschrieben, um die Teilmengensemantik der IST-Beziehung zu verdeutlichen: σ(Prüfer) ⊆ σ(Mitarbeiter). In diesem Spezialfall ist die Semantik des Typkonstruktors identisch zur vorgestellten Semantik der IST-Beziehung. Die offene Seite des Symbols zeigt im Diagramm in Richtung der Obermenge, sofern das in der graphischen Darstellung Sinn macht (die Untermenge ist jeweils mit der Spitze des Dreiecks verbunden!). Handelt es sich um eine totale Spezialisierung, wird das ⊆-Symbol durch das Gleichheitszeichen = ersetzt.

Generalisierung

Wird der Typkonstruktor mit mehreren Eingabetypen notiert, so modelliert er eine *Generalisierungsbeziehung*. Die allgemeine Notation für eine Generalisierung wird in Abbildung 3.24 gezeigt.

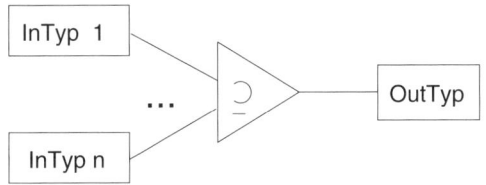

Abb. 3.24: Notation des Typkonstruktors für die Generalisierung

Die Semantik der Spezialisierungsbeziehung — die Ausprägung des spezialisierten Typs ist eine Untermenge der Ausprägung des Eingabetyps — kann direkt auf mehrere Eingabetypen erweitert werden. Der Typkonstruktor für die Generalisierung stellt somit im Zustand σ eine Inklusion

$$\bigcup_i \sigma(\texttt{InTyp}_i) \supseteq \sigma(\texttt{OutTyp})$$

dar.

Als Beispiel betrachten wir den Fall, daß `Ausleiher` der Bibliotheksanwendung sowohl `Mitarbeiter` als auch `Institute` sein können. Das Beispiel ist in Abbildung 3.25 modelliert. Die Generalisierungsklasse hat keine eigene Identifizierung durch Schlüssel. Attribute des Generalisierungstyps modellieren gemeinsame Attribute, die nur im Kontext der Generalisierung auftreten. Im Beispiel ist dies die Angabe des Attributs `berechtigt-bis`, das angibt, wie lange der Mitarbeiter oder das Institut ausleihberechtigt sind.

In dem Beispiel aus Abbildung 3.25 ist die Semantik der Generalisierung durch die folgende Inklusion gegeben:

$$\sigma(\texttt{Mitarbeiter}) \cup \sigma(\texttt{Institut}) \supseteq \sigma(\texttt{Ausleiher})$$

Wie erwähnt kann beim Typkonstruktor statt des $\subseteq$-Symbols auch ein $=$-Symbol in das Dreieck gezeichnet werden. In diesem Fall liegt eine totale Generalisierung vor — in unserem Beispiel wäre dann *jeder* Mitarbeiter und *jedes* Institut ausleihberechtigt; wir hätten also:

$$\sigma(\texttt{Mitarbeiter}) \cup \sigma(\texttt{Institut}) = \sigma(\texttt{Ausleiher})$$

Als letzte Bemerkung zum Beispiel in Abbildung 3.25 weisen wir darauf hin, daß Ausgabe-Typen keine eigenen Schlüssel haben können — die Identifikation von Entities der Ausgabe-Typen wird durch den Typkonstruktor definiert.

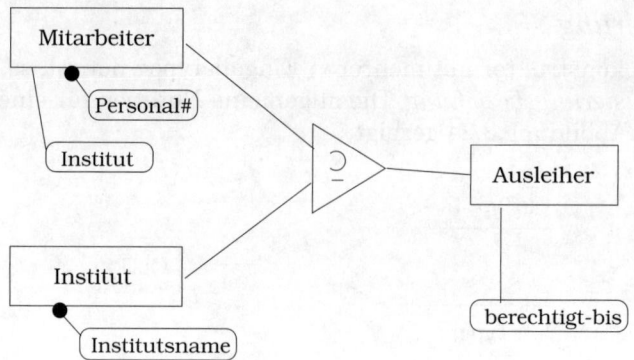

Abb. 3.25: Beispiel für Generalisierung im EER-Modell

Partitionierung

Werden beim Typkonstruktor mehrere Ausgabe-Typen angegeben, erhält man die *Partitionierung*. Die allgemeine Notation der Partitionierung ist in Abbildung 3.26 gezeigt.

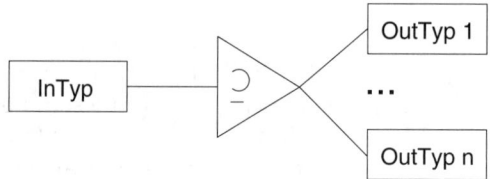

Abb. 3.26: Notation des Typkonstruktors für die Partitionierung

Die Ausgabe-Typen einer Partitionierung werden auch als *Partitionen* bezeichnet. Die Semantik einer Partitionierung wird durch zwei Bedingungen festgelegt:

- Die Partitionen (die Ausgabe-Typen des Typkonstruktors) bilden Spezialisierungen des Eingabe-Typs:

$$\sigma(\texttt{InTyp}) \supseteq \bigcup_i (\sigma(\texttt{OutTyp}_i))$$

- Die einzelnen Partitionen sind disjunkt:

$$\forall i,j: \; i \neq j \; \Rightarrow \; \sigma(\texttt{OutTyp}_i) \cap \sigma(\texttt{OutTyp}_j) = \emptyset$$

Die Spezialisierung bzw. IST-Beziehung kann als Spezialfall für $n = 1$ aufgefaßt werden, also als eine Partitionierung mit genau einer Partition.

Als Beispiel für eine Partitionierung betrachten wir die Aufteilung von Büchern in Monographien und Sammelbände in Abbildung 3.27. Beide Ausgabe-Typen erben Attribute und Identifikation durch Schlüssel vom Eingabe-Typ Buch. Das ⊇-Symbol bedeutet, daß es auch Bücher geben kann, die weder Monographien noch Sammelbände sind (etwa Lexika).

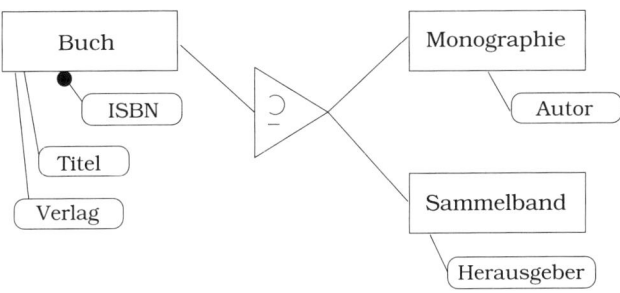

Abb. 3.27: Beispiel für Partitionierung im EER-Modell

Eine Partitionierung ist nicht identisch zu einer *mehrfachen Spezialisierung*, da zusätzlich die Disjunktheitsbedingung gilt. Als Beispiel betrachten wir die mehrfache Spezialisierung in Abbildung 3.28, in der wir Personen in die Entity-Typen Mitarbeiter und Studenten spezialisieren — es gibt Personen, etwa studentische Hilfskräfte, die in beiden Spezialisierungen enthalten sind!

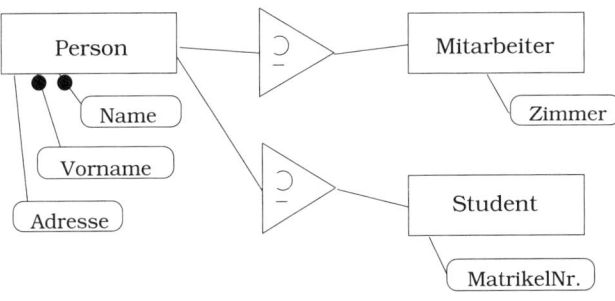

Abb. 3.28: Mehrfache Spezialisierung im EER-Modell

Totale Partitionierungen werden auch als disjunkte Überdeckung bezeichnet und mit dem =-Symbol im Dreieck notiert. Für die Semantikfestlegung gilt die analoge Festlegung wie für totale Generalisierungen. Ein typisches Beispiel ist die totale Partitionierung von Personen in die Entity-Typen Mann und Frau.

Partitionierung versus Generalisierung

In vielen Modellierungssituationen ist es fraglich, ob man eine Partitionierung oder eine Generalisierung zur Beschreibung des Zusammenhangs von Entity-Typen einsetzen sollte. Die konzeptionellen Unterschiede (und damit Kriterien zur Auswahl) werden wir an dem Beispiel in Abbildung 3.29 erläutern.

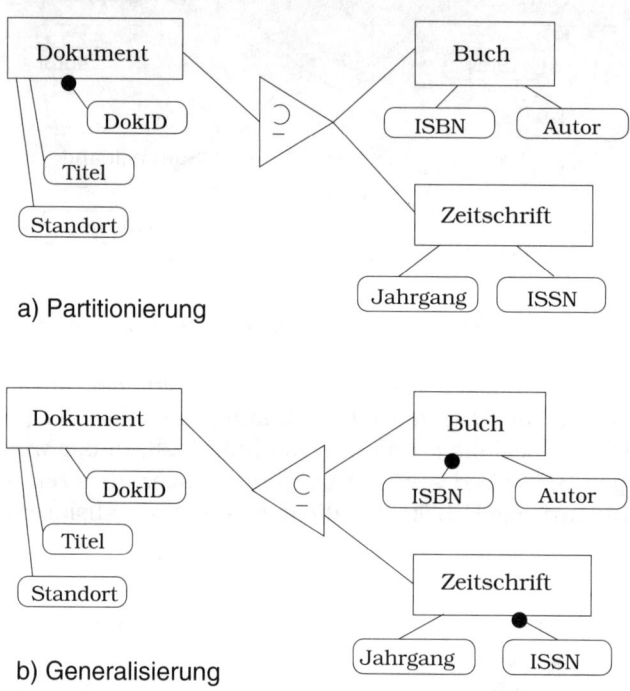

a) Partitionierung

b) Generalisierung

Abb. 3.29: Partitionierung und Generalisierung im Vergleich

Der wichtigste Unterschied ist die Teilmengenbeziehung zwischen den Instanzenmengen:

- Im Fall der *Partitionierung* haben wir die Beziehung:

$$\sigma(\text{Dokument}) \supseteq \sigma(\text{Buch}) \cup \sigma(\text{Zeitschrift})$$

Es kann somit Dokumente geben, die weder Bücher noch Zeitschriften sind — etwa Videos oder Tonträger.

- Im Fall der *Generalisierung* haben wir hingegen die Beziehung:

$$\sigma(\texttt{Dokument}) \subseteq \sigma(\texttt{Buch}) \cup \sigma(\texttt{Zeitschrift})$$

Dokumente sind nun ausschließlich Bücher und Zeitschriften. Aber im Gegensatz zur Partitionierung muß nicht jedes Buch auch ein Dokument sein — dies macht Sinn, wenn der Entity-Typ Dokument nicht beliebige Dokumente modellieren soll, sondern nur die in einer Bibliothek vorhandenen Dokumente (aber trotzdem Daten über nicht vorhandene Bücher gespeichert werden sollen).

Die Unterschiede in der Modellierung treten auch bei der Vergabe von Schlüsseln auf: Schlüssel können jeweils nur bei Eingabe-Typen vergeben werden; für Ausgabe-Typen dient die Typkonstruktion zur Identifizierung.

Semantik des allgemeinen Typkonstruktors

Die Semantikfestlegungen für Spezialisierung, Generalisierung und Partitionierung weisen große Ähnlichkeiten auf. Es liegt darum nahe, alle diese Konstrukte durch einen einheitliche Typkonstruktor auszudrücken, wie er in Abbildung 3.30 dargestellt ist. Das X im Dreieck steht hierbei für eines der beiden Symbole $\supseteq$ (bzw. $\subseteq$ je nach Orientierung des Dreiecks) oder $=$.

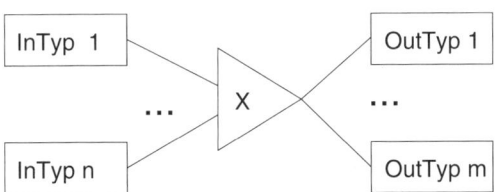

Abb. 3.30: Allgemeiner Typkonstruktor

Die Semantik des allgemeinen Typkonstruktors kann nun durch die folgenden beiden Bedingungen festgelegt werden:

- Die Ausgabe-Typen des Typkonstruktors bilden Spezialisierungen der Eingabe-Typen:

$$\bigcup_j (\sigma(\texttt{InTyp}_j)) \supseteq \bigcup_i (\sigma(\texttt{OutTyp}_i))$$

Steht im Dreieck an der Stelle X ein Gleichheitszeichen, so verschärft sich die Bedingung zu:

$$\bigcup_j (\sigma(\texttt{InTyp}_j)) = \bigcup_i (\sigma(\texttt{OutTyp}_i))$$

- Die einzelnen Ausgabe-Typen sind disjunkt:

$$\forall i, j: \quad i \neq j \Rightarrow \sigma(\text{OutTyp}_i) \cap \sigma(\text{OutTyp}_j) = \emptyset$$

Der allgemeine Typkonstruktor hat allerdings kein Gegenstück in den üblichen Abstraktionskonzepten beim Modellieren von Weltausschnitten im konzeptionellen Datenbankentwurf. Aus diesem Grund werden im EER-Modell nur die Spezialfälle unterstützt, obwohl der allgemeine Typkonstruktor als einheitliche semantische Grundlage benutzt werden kann.

Einschränkungen im Gebrauch des Typkonstruktors

Der Typkonstruktor kann nicht nur auf Basistypen angewendet werden, sondern auch auf Ergebnistypen von Typkonstruktionen. Etwa kann die Spezialisierung Student von Person weiter zu StudentMitVordiplom spezialisiert oder Teil einer Generalisierung zu Ausleihberechtigter der Bibliothek werden. Es gilt aber die folgende Einschränkung:

> Der aus den Typkonstruktionen gebildete gerichtete Graph darf keine Zyklen enthalten.

Die Einschränkung stellt die eindeutige Identifikation von Instanzen in den konstruierten Entity-Typen sicher. In den Originalquellen über das EER-Modell [EGH+92, Hoh93, Gog94] wird eine weitere Einschränkung getroffen:

> Jeder konstruierte Entity-Typ ist Resultat genau einer Anwendung des Typkonstruktors.

Diese Einschränkung verbietet sogenannte *Mehrfachspezialisierungen* mit Mehrfachvererbung von Eigenschaften. Andere erweiterte ER-Modelle (etwa das in [EN94] beschriebene) erlauben derartige Mehrfachspezialisierungen. Ein typisches Beispiel ist die Spezialisierung StudentischeHilfskraft, die als Spezialisierung sowohl von Student als auch von Mitarbeiter auftritt (Abbildung 3.31).

Die Bedeutung dieser Mehrfachspezialisierung ist durch die folgende Beziehung beschrieben:

$$\sigma(\text{StudentischeHilfskraft}) \subseteq \sigma(\text{Student}) \cap \sigma(\text{Mitarbeiter})$$

Eine Mehrfachspezialisierung impliziert aufgrund der Bedeutung der Spezialisierung als Teilmengenbildung eine Schnittmengenbildung der beteiligten Eingabe-Typen. Wir erlauben derartige Mehrfachspezialisierungen, da sie insbesondere beim Entwurf von Datenbanken für objektorientierte Datenbanksysteme ein Modellierungsmittel anbieten, das sich direkt in Beschreibungskonzepte dieser Systeme umsetzen läßt. Wir führen allerdings folgende Einschränkung ein:

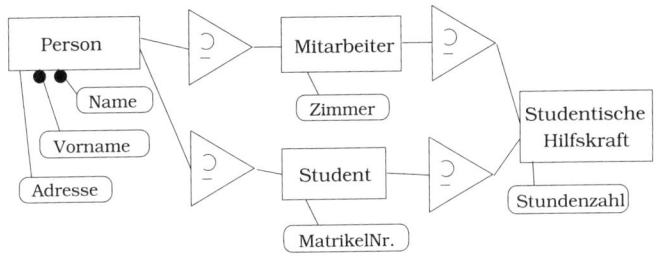

Abb. 3.31: Mehrfachspezialisierung zu StudentischeHilfskraft

Mehrfachspezialisierungen sind nur erlaubt, wenn die Eingabe-Typen direkt oder indirekt aus einer gemeinsamen Ausgangsklasse konstruiert wurden.

Diese Einschränkung basiert auf der Tatsache, daß die Instanzenmengen unabhängiger Basisklassen disjunkt sind. Eine Mehrfachspezialisierung macht aufgrund der Bildung der Schnittmenge nur dann einen Sinn, wenn die Eingabe-Typen gemeinsame Elemente enthalten.

3.5.5 Aggregierung und Sammlung mittels objektwertiger Attribute

Die Bildung komplexer Objekte, also von Objekten, die aus anderen Objekten 'zusammengesetzt' sind, wird im EER-Modell durch *objektwertige Attribute* ermöglicht. Abbildung 3.32 zeigt den Einsatz objektwertiger Attribute bei der Modellierung von Dokumenten in einer Bibliotheksdatenbank.

Notiert werden objektwertige Attribute analog zu datenwertigen Attributen, nur daß anstelle des Datentyps ein □-Symbol gezeichnet wird, das durch einen Pfeil mit dem Entity-Typ verbunden ist, dessen Instanzen mögliche Werte dieses Attributs sein können. In der textuellen Notation wird der Name des Entity-Typs anstelle der Datentypangabe geschrieben. Wie bei datenwertigen Attributen können die Angaben **set**, **list** und **bag** zur Deklaration mehrwertiger Attribute eingesetzt werden.

Ein objektwertiges Attribut A eines Entity-Typs $E(\ldots, A : E_A, \ldots)$, das Werte eines anderen Entity-Typs E_A annehmen kann, entspricht der Funktion:

$$\sigma(A) : \sigma(E) \rightarrow \sigma(E_A)$$

Bei mehrwertigen Attributen wird der Bildbereich jeweils durch Mengen-, Multimengen- bzw. Listenbildung über den Instanzen konstruiert. Objektwerti-

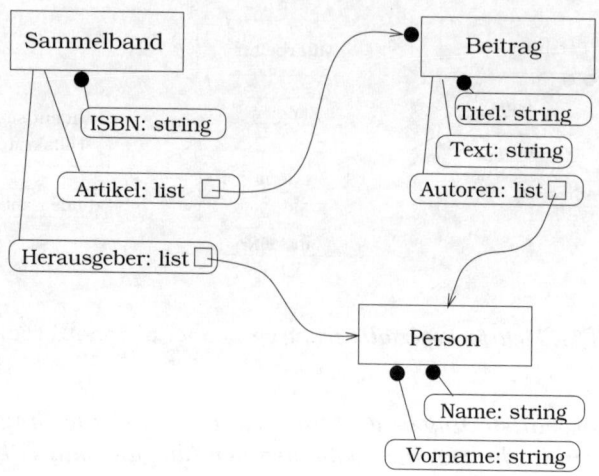

Abb. 3.32: Objektwertige Attribute im EER-Modell

ge Attribute können nur aktuelle Instanzen als Werte annehmen. Das Attribut Autoren in Abbildung 3.32 entspricht somit der folgenden Funktion:

$$\sigma(\text{Autoren}) : \sigma(\text{Beitrag}) \rightarrow (\sigma(\text{Person}))^*$$

Die Notation $(\sigma(E))^*$ bezeichnet die Menge aller endlichen Folgen von aktuellen Instanzen von E.

Einfache objektwertige Attribute können äquivalent durch eine Umsetzung in funktionale Beziehungen ausgedrückt werden. Die Angabe **set** führt zu einer nicht-funktionalen zweistelligen Beziehung, während die Umsetzung der Angaben **list** und **bag** zusätzliche Attribute bzw. Entity-Typen erfordern würde.

3.5.6 Erweitertes Schlüsselkonzept

Abbildung 3.32 zeigt eine weitere Besonderheit objektwertiger Attribute. Da einfache objektwertige Attribute funktionalen Beziehungen entsprechen, können sie auch als Schlüsselattribute auftreten. Bei dem Attribut Artikel zeigt sich eine andere Schlüsselbedingung: Ein Beitrag in einem Sammelband wird durch den Sammelband und den Titel des Beitrags identifiziert! Ein objektwertiges Attribut kann Schlüssel sowohl für den Entity-Typ, für den es deklariert ist, als auch für den Entity-Typ, der Bildbereich des Attributs ist, sein. Diese zweifache Möglichkeit erforderte die Abwandlung der graphischen Notation für Schlüssel.

Zusammen mit dem erweiterten Schlüsselkonzept können objektwertige Attribute somit abhängige Entity-Typen adäquat modellieren. Das Beispiel aus Abbildung 3.11 von Seite 66 kann im EER-Modell nun wie in Abbildung 3.33 modelliert werden.

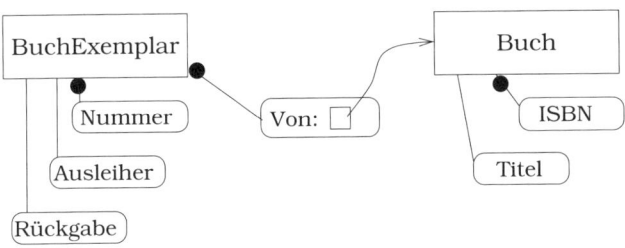

Abb. 3.33: *Einsatz objektwertiger Attribute zur Modellierung abhängiger Entity-Typen im EER-Modell*

Die Modellierung in Abbildung 3.34 beschreibt die gleiche Abhängigkeit mittels eines objektwertigen Attributs Exemplare, das für jedes Buch auf die Menge der vorhandenen BuchExemplare verweist. Auch hier dient die Beziehung zwischen Büchern und Buchexemplaren zusammen mit dem Attribut Nummer zur Identifizierung von Buchexemplaren.

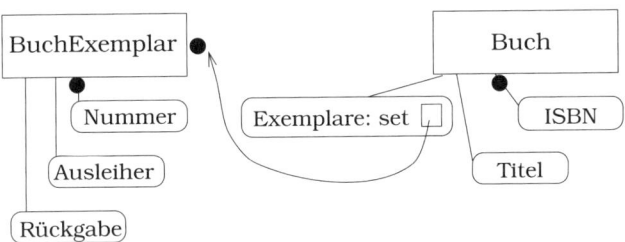

Abb. 3.34: *Alternativer Einsatz objektwertiger Attribute zur Modellierung abhängiger Entity-Typen im EER-Modell*

In [EGH+92, Hoh93] wird eine abgewandelte graphische Notation für die Modellierung abhängiger Entity-Typen vorgeschlagen, bei der ein fetter Pfeil anstelle eines Schlüssel-Symbols verwendet wird. Abbildung 3.35 zeigt diese abgewandelte Notation.

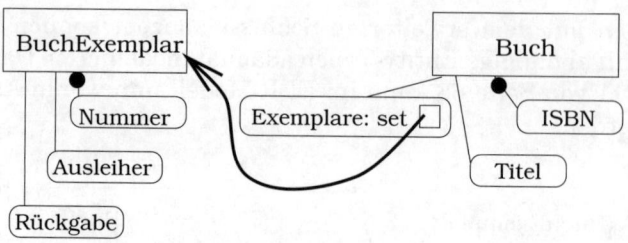

Abb. 3.35: Modellierung abhängiger Entity-Typen im EER-Modell (alternative Notation)

3.5.7 Abgeleitete Konzepte

Neben Attributen können im EER-Modell beliebige andere Konzepte abgeleitet werden, etwa Typkonstruktionen, Beziehungen, objektwertige Attribute oder Entity-Typen. Die Ableitung muß jeweils mit einer *Anfrage* spezifiziert werden — wir gehen hier allerdings nicht auf die konkrete Notation von Anfragen im EER-Modell ein und verweisen stattdessen auf [EGH⁺92, Hoh93, Gog94]. Abgeleitete Konzepte werden wie abgeleitete Attribute mit gepunkteten Umrandungen notiert.

Ein interessanter Spezialfall abgeleiteter Konzepte sind abgeleitete Spezialisierungen und Partitionierungen, etwa die Partitionierung von Person in Mann und Frau anhand der Werte eines Attributs Geschlecht.

3.5.8 Vergleich zu anderen erweiterten ER-Modellen

Im verbreiteten Lehrbuch von Elmasri und Navathe [EN94] wird ein erweitertes ER-Modell vorgestellt, das dort ebenfalls EER-Modell (nach *enhanced ER-Model*) genannt wird. Es basiert auf dem von Elmasri et al. in [EWH85] vorgestellten *Entity-Category-Relationship Model*, kurz *ECR-Modell*. Die Modellierungskonzepte sind ähnlich zu dem in diesem Buch vorgestellten EER-Modell. Zur besseren sprachlichen Abgrenzung bezeichnen wir auch das in [EN94] vorgestellte EER-Modell als ECR-Modell.

Das ECR-Modell unterscheidet sich vom EER-Modell hauptsächlich in den Notationen für Spezialisierungen und Generalisierungen. Einen Vergleich der Notationen für EER- und ECR-Modell gibt Abbildung 3.36 (die ⊆-Symbole im EER-Modell sind der Vereinfachung halber weggelassen).

Spezialisierungen werden im ECR-Modell durch ein ⊂-Symbol an einer verbindenden Kante dargestellt, das den Aspekt der Mengeninklusion hervorheben soll. Die 'offene' Seite des ⊂-Symbols zeigt dabei auf die 'Superklasse' der Spezialisierungshierarchie.

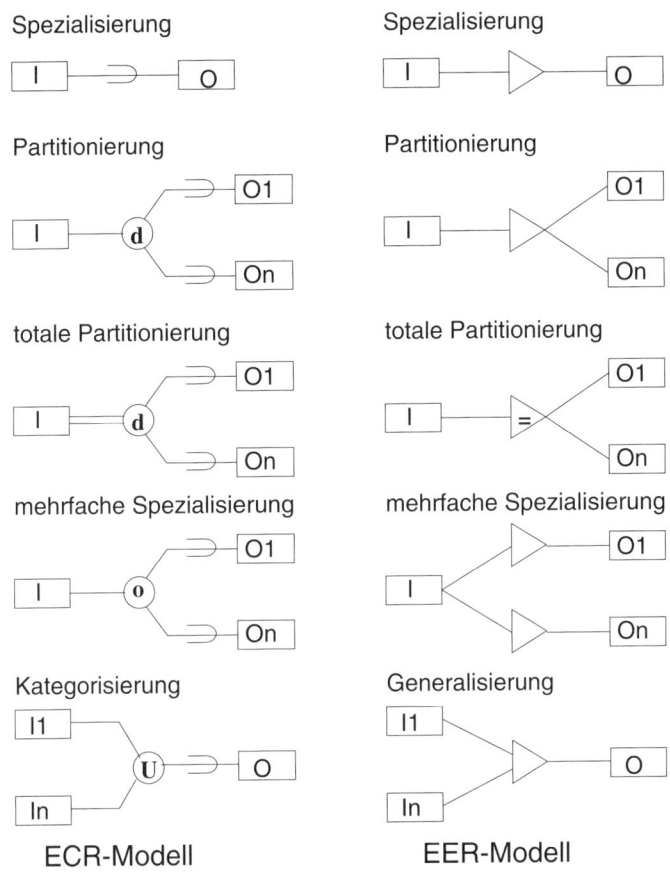

Abb. 3.36: *Gegenüberstellung der Notation für Spezialisierung, Partitionierung und Generalisierung im ECR- und EER-Modell*

Mehrfache Spezialisierungen und Partitionierungen werden durch Kreise in Zusammenhang mit dem Spezialisierungssymbol graphisch notiert, wobei ein **d** für Partitionierungen und ein **o** für Mehrfachspezialisierungen stehen (**d** für *disjoint* und **o** für *overlapping*). Der Begriff Generalisierung wird im ECR-Modell synonym für (Mehrfach-)Spezialisierungen benutzt, je nachdem, in welcher Richtung die Entstehung der Beziehung während des Entwurfsprozesses gesehen wird. Totalität bei Partitionierungen wird durch eine doppelte Linie graphisch notiert.

Dem in diesem Buch vorgestellten Konzept der Generalisierung entspricht im ECR-Modell die *Kategorisierung*, bei der die Ergebnisklasse als *Kategorie* bezeichnet wird (engl. *category*). Kategorisierung wird ebenfalls als ein Kreis mit einem **U** notiert (**U** für *Union*). Totale Kategorisierung wird ebenfalls mit einer doppelten Kante gekennzeichnet (in der Abbildung nicht dargestellt).

Eine von den bisher vorgestellten Ansätzen verschiedene Vorgehensweise bietet das *hierarchische Entity-Relationship-Modell* (HERM) von Thalheim [Tha91b, Tha00]. Die grundlegende Erweiterung von HERM sind Relationships *über Relationships*, also eine hierarchische Schachtelung von Beziehungen. Hiermit kann elegant eine mehrstufige Aggregation abgebildet werden: Aggregierte Objekte entsprechen Beziehungen höherer Ordnung.

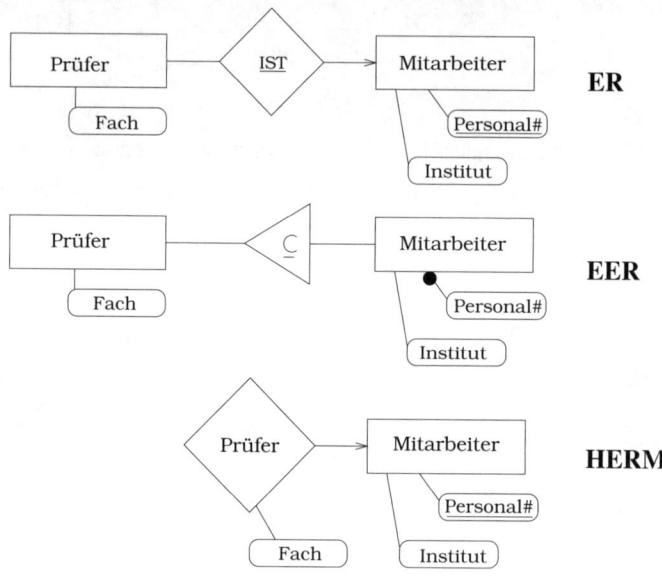

Abb. 3.37: Spezialisierung im ER-Modell, im EER-Modell und HERM im Vergleich

Im Sinne einer Minimierung von Modellierungskonzepten schlägt HERM vor, auch Spezialisierung durch Beziehungen (und nicht durch Entity-Typen!) zu modellieren. Dieser Ansatz basiert auf der Erkenntnis, daß eine einstellige Beziehung formal einer Untermengen-Bildung auf den Instanzenmengen entspricht. Abbildung 3.37 zeigt die Spezialisierung im ER-Modell, im EER-Modell und in HERM (in einer an die Konventionen dieses Buchs angepaßten graphischen Notation) im Vergleich.

Thalheim diskutiert in [Tha00] weitere Modellierungskonzepte, auf die wir hier nicht näher eingehen wollen, und gibt eine durchgängige formale Semantik für das HERM-Modell an.

       3 Datenbankmodelle für den Entwurf

3.6 OMT und UML: Objektorientierte Modelle für den Entwurf

Seit Anfang der 90er Jahre sind Ansätze zum objektorientierten Entwurf und zur objektorientierten Analyse populär geworden. Bekannte Ansätze der ersten Generation können in den Büchern von Booch [Boo91] und Rumbaugh et al. [RBP+91, RBP+94] gefunden werden. Die von Rumbaugh eingeführte Methode *Object Modelling Technique* OMT ist gezielt für den Entwurf datenintensiver Anwendungen entwickelt wurden, und wird daher im folgenden exemplarisch detailliert. Aus diesen Ansätzen entstand (insbesondere durch Hinzufügung der Use Cases von Jacobson [JCJÖ92]) unter der Federführung von Booch, Jacobson und Rumbaugh die *Unified Modeling Language* UML [BJR97, FS97, Bur95, Oes97, Rum98, BRJ99, RJB99]. Da UML für die syntaktische Notation sich zum Standard entwickelt hat, werden wir statt der spezifischen OMT-Notation die neuere UML-Notation verwenden.

Oft wird der objektorientierte Entwurf als prinzipieller Fortschritt gegenüber dem ER-Modell-gestützten Entwurf angesehen, da der ER-Entwurf ausschließlich auf die (vermeintlich nicht moderne) relationale Technologie abzielen würde. Derartige Meinungen übersehen dabei allerdings, daß die Strukturbeschreibung in Form eines *Objektmodells* (z.B. in OMT) oder *Klassendiagramms* (in UML) von den Basiskonzepten her eine Modellierung in einem erweiterten ER-Modell darstellt. Wir werden daher diese Strukturbeschreibung in diesem Kapitel als spezielles ER-Modell einführen, und andere Aspekte des objektorientierten Entwurfs nur kurz streifen sofern sie für Datenbanken relevant sind.

Exemplarisch werden im folgenden einige Prinzipien der Entwurfsmethode *OMT* (Object Modeling Technique) von Rumbaugh et al. [RBP+91] betrachtet, da diese besonders auf den Entwurf von datenbankgestützten Informationssystemen abzielt [BP98]. Die Strukturbeschreibung wird dabei ausführlicher behandelt und im Vergleich mit ER-Modellen betrachtet.

3.6.1 Überblick über Diagramme in OMT

Ein Systementwurf in der OMT-Methode wird graphisch durch mehrere Diagramme[7] dargestellt:

- Das *Objektmodell* basiert auf erweiterten ER-Modellen angereichert um objektorientierte Konzepte. Unterstützte Modellierungskonzepte sind Klassen, Beziehungen, Generalisierung, Aggregierung, statische Integritätsbedingungen und abgeleitete Informationen. Im Gegensatz zum

---

[7]In OMT werden Schemata in Diagrammform abweichend von unserem Sprachgebrauch als *Modell* bezeichnet. Ein Objektmodell in OMT entspricht also eher einem konkreten Objekt*schema*.

ER-Modell werden neben Attributen auch Methoden (hier Operationen genannt) bei den Klassen notiert. Objektinstanzen können explizit notiert werden. Mehrfachvererbung und Klassenereignisse/ -attribute werden unterstützt.

- Das *Dynamikmodell* basiert auf einem Übergangsautomaten zur Beschreibung des dynamischen Verhaltens eines Objektes, bei dem die Übergänge Systemereignissen entsprechen. Die Zustände des Automaten sind explizit benannt.

  Ereignisse können lokale Aktionen (konkrete Operationen) und andere Ereignisse bei anderen Objekten aufrufen. Zustände des Dynamikmodells können durch Übergangsautomaten verfeinert werden. Graphische Notationen für unabhängige und synchronisierte Dynamikmodelle werden angeboten. Notationen und Konzepte des Dynamikmodells folgen der Beschreibungsmethode der *Statecharts* von Harel [Har87b].

- Das *Funktionenmodell* besteht aus mehreren Datenflußdiagrammen, die die globalen Berechnungsabläufe darstellen. Die elementaren Konzepte sind Datentransformationen, agierende Objekte und Datenspeicher. Zwischen diesen Konzepten wird der Daten- und Kontrollfluß notiert, und Datenspeicher können gelesen und geändert werden.

UML übernimmt dieses Grundmuster, fügt aber eine Reihe weiterer Diagrammarten (Anwendungsfalldiagramm für Use Cases, Implementierungsdiagramme etc.) hinzu. Da für den Datenbankentwurf primär das Objektmodell bzw. Klassendiagramm relevant ist, verzichten wir auf eine vollständige Behandlung der anderen Diagrammarten.

In dem Überblicksartikel von Wieringa [Wie98] werden die einzelnen Diagrammtypen von objektorientierten Modellierungsmethoden allgemein und UML im besonderen ausführlich erläutert, so daß wir hier mit Ausnahme der Klassendiagramme auf eine eingehendere Behandlung verzichten. [Wie98] beinhaltet auch eine auf der Vielzahl von Diagrammtypen basierende kritische Bewertung von UML.

3.6.2 Das Objektmodell von UML

Das Objektmodell von UML kann als Erweiterung eines erweiterten ER-Modells um objektorientierte Konzepte aufgefaßt werden. Im Vergleich zu ER-Modellen bestehen folgende Besonderheiten:

- Unterschieden wird zwischen *Klassendiagrammen* und *Objektdiagrammen*. Klassendiagramme entsprechen den bekannten Datenbankschemanotationen, beschreiben also Typen von Kollektionen von Instanzen. Objektdiagramme hingegen beschreiben Einzelobjekte.

Wir werden uns auf Klassendiagramme beschränken.

- Neben den Strukturaspekten (Attribute, Beziehungen) werden auch Operationen im Klassendiagramm notiert.

  Diesen Aspekt werden wir nur oberflächlich betrachten; hier sei auf die Originalliteratur verwiesen.

- Die textuelle Sprache zur Formulierung von Integritätsbedingungen und Ableitungsregeln ist nicht vorgegeben, hier kann also natürlichsprachlicher Text oder ein geeigneter Logikformalismus genutzt werden.

  Es gibt zwar eine *Object Constraint Language* (OCL) [WK99], die aber den Anforderungen an eine Integritätsbedingungssprache für Datenbanken (formale Semantik, Ausdrucksfähigkeit, Kopplung mit Anfragesprachen) im aktuellen Standardisierungsstand noch nicht genügt.

- Üblich sind Darstellungen auf unterschiedlicher Detaillierungsebene. Einen Klasse kann z.B. nur mit ihrem Namen, mit Namen und Attributbezeichnern, oder vollständig mit allen Detailangaben wie Datentypen etc. angegeben werden.

Für unsere Zwecke können wir die semantische Modellbildung für ER-Modelle übernehmen, obwohl der funktionale und zeitliche Aspekt der Operationen dort nicht berücksichtigt ist.

3.6.3 Darstellung von Klassen in UML

Abbildung 3.38 zeigt den prinzipiellen Aufbau einer Klassendarstellung im UML-Klassendiagramm. Attribute und Operationen werden im Gegensatz zu ER-Modellen innerhalb des Klassen-'Kastens' notiert. Diese beiden Abschnitte können jeweils leer sein. Da aber die Reihenfolge beider Abschnitte relevant ist, muß die Trennungslinie auf jeden Fall angegeben werden, wenn der Attributabschnitt leer bleibt.

Abb. 3.38: Darstellung einer Klasse in UML

Klassennamen beginnen typischerweise als Konvention mit einem Großbuchstaben; Attribute hingegen mit einem kleinen. Für Attributangaben und Operationen gelten die folgenden Konventionen:

- Attribute werden nach folgendem Muster angegeben:

```
name: typ = initialer_Wert { Zusicherung }
```

Die Angabe eines initialen Wertes und einer Zusicherung sind optional. Ein Beispiel wäre die folgende Angabe:

```
Alter: integer = 0 { Alter > 0 and Alter < 125 }
```

- Das prinzipielle Muster für Operationen lautet:

```
name( Parameterliste )
```

Auch hier können Datentypen für Parameter und deren initiale Werte angegeben werden, auch Zusicherungen sind möglich.

Abbildung 3.39 zeigt den Entity-Typ `Professor` aus unserer Beispielmodellierung in UML-Notation. Auf eine Angabe von Operationen wurde verzichtet. Für die Telefonnummer wurde (unrealistischerweise) ein Typ `number` angenommen, um den Einsatz von Datentypen zu zeigen. Hier wurde die Nummer der Vermittlung als initialer Wert gesetzt.

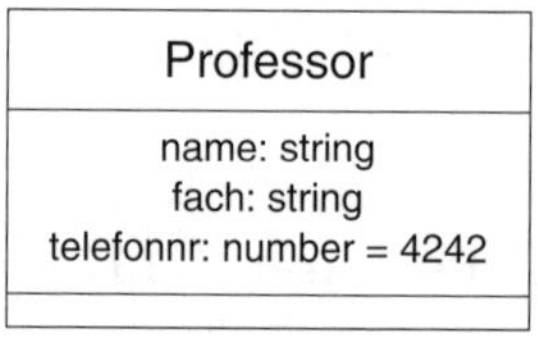

```
┌──────────────────────────────────┐
│            Professor             │
├──────────────────────────────────┤
│          name: string            │
│           fach: string           │
│    telefonnr: number = 4242      │
├──────────────────────────────────┤
│                                  │
└──────────────────────────────────┘
```

Abb. 3.39: Klasse `Professor` *in UML*

Im UML-Klassendiagramm können noch weitere Angaben stehen, die für den Datenbankentwurf zum Teil relevant sind:

- Verschiedene Arten von Klassen werden unterschieden. Für den Datenbankentwurf sind insbesondere die *abstrakten Klassen* relevant, die mit der Angabe {**abstract**} unter dem Klassennamen gekennzeichnet werden. Derartige Klassen haben keine eigenen Instanzen; nur ihre Unterklassen können Instanzen erzeugen.

  Weitere Klassenarten sind Metaklassen und parametrisierte Klassen, die für den Datenbankentwurf weniger relevant sind.

- Attribute können weitere Angaben haben. Für den Datenbankentwurf sind hier insbesondere die Definition von **readonly**-Attributen sowie die Angaben der Werte **public**, **protected** bzw. **private** für die Sichtbarkeit relevant.

- Abgeleitete Attribute können wie im EER-Modell definiert werden. Sie werden mit einem vorangestellten /-Symbol gekennzeichnet.

- Eine Besonderheit sind *Klassenattribute*, die durch Unterstreichen notiert werden. Diese Attribute haben für alle Instanzen der Klasse den selben Wert. Ein Beispiel wäre das Attribut `Maximalgehalt` für Mitarbeiter.

3.6.4 Beziehungen in UML

Der Standardfall in UML sind binäre Beziehungen. Beziehungen werden dabei folgend der objektorientierten Terminologie auch als *Assoziationen* bezeichnet.

Abb. 3.40: Binäre Beziehung in UML

Abbildung 3.40 zeigt ein einfaches Beispiel angelehnt an unsere Beispielmodellierung, an dem wir die Notation erläutern können.

- Beim Beziehungsbezeichner können unterschiedliche Leserichtungen (durch ausgefülltes schwarzes Dreieck notiert) angegeben werden. Ein Grund dafür ist, daß in der objektorientierten Sicht eine binäre Beziehung eigentlich ein Paar zueinander inverser Referenzattribute darstellt.

  Vorsicht: Eine binäre Beziehung mit an der Verbindungslinie angebrachter Pfeilspitze in UML ist keine funktionale Beziehung wie im ER-Modell, sondern eine nur in eine Richtung verfolgbare *Referenz*, wie sie in der objektorientierten Programmierung üblich ist.

- Weiterhin können *Rollennamen* angegeben werden. Diese können in einer späteren Implementierung Namen von Referenzattributen werden.

  Benötigt werden Rollennamen insbesondere bei rekursiven Beziehungen ('ist Vorgesetzter von').

- Analog zum ER-Modell können Kardinalitäten angegeben werden, Das Beispiel ist wie folgt zu lesen: *"1 Institut beschäftigt * Professoren."*

  Mögliche Kardinalitätsangaben sind z.B. `1` für genau 1, die Angabe `0,1` für 0 oder 1, `0..3` für 0 bis 3, `0..*` als Standardannahme, `1..*` für nicht-optionale Beziehungen oder auch zusammengesetzte Angaben wie `0..2,6,10..*`.

An Beziehungen können auch Zusicherungen geschrieben werden, um etwa referentielle Integrität zu erzwingen.

Beziehungen mit Attributen

Die aus dem ER-Modell bekannten Beziehungen mit eigenen Attributen sind in UML auch möglich. Abbildung 3.41 zeigt eine derartige Beziehung. Attributierte Beziehungen werden als degenerierte Klassen ohne eigenen Bezeichner aufgefaßt und auch derart notiert.

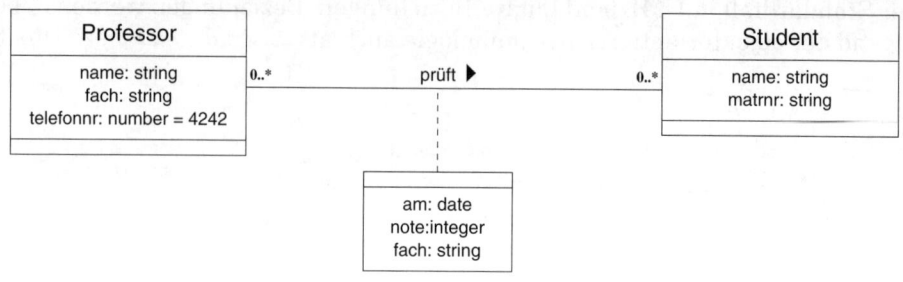

Abb. 3.41: Beziehung mit Attributen in UML

Qualifizierende Beziehungen

Statt der Mengensemantik von beteiligten Objekten kann man in UML eine sogenannte *qualifizierende Assoziation* spezifizieren, um einen Zugriffsschlüssel anzugeben, der eine spätere Implementierung als Abbildung von Zugriffswerten auf Objektreferenzen ermöglicht. Im Beispiel in Abbildung 3.42 erfolgt der Zugriff auf Mitarbeiter über den Login-Namen.

Abb. 3.42: Qualifizierte Beziehung in UML

Abgeleitete Beziehungen

Wie andere UML-Konzepte auch, können Beziehungen abgeleitet werden. Hierzu wird ihrem Bezeichner das Symbol '/' vorangestellt. Typisches Anwendungsbeispiel ist eine berechnete Referenz als Abkürzung eines mehrstufigen Referenzpfades.

n-stellige Beziehungen

UML erlaubt auch drei- oder mehrstellige Assoziationen. Diese werden identisch zum ER-Modell als Raute notiert, wobei die Raute aber üblicherweise eine feste Größe hat und der Beziehungsname außerhalb der Raute steht.

Methodisch wird oft vorgegeben, daß derartige Beziehungen durch zusätzliche Klassen ersetzt werden sollen, weil sie dem 'reinen' objektorientierten Ansatz widersprechen.

3.6.5 Aggregation in UML

Für die Aggregation wird in UML ein besondere Notation genutzt. Aggregation erfolgt über binäre Assoziationen, die mit einer Raute als Aggregationsbeziehung gekennzeichnet werden. Abbildung 3.43 zeigt diese Notation.

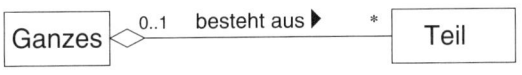

Abb. 3.43: Aggregation in UML

Mehrere aggregierte Teile werden üblicherweise als Baum dargestellt. Dies zeigt Abbildung 3.44.

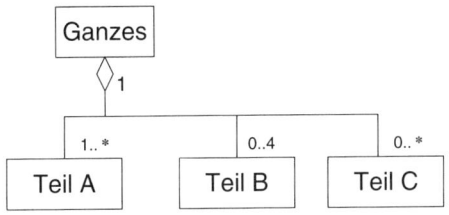

Abb. 3.44: Aggregation in UML

Eine Aggregationsbeziehung kann mittels der Angabe {**geordnet**}[8] zu einer listenwertige Aggregation werden. Analog zu den *weak entities* des ER-Modells können in UML *abhängige Objekte* als Spezialfall der Aggregation modelliert werden. Diese Art der Aggregation wird als *Komposition* bezeichnet. Graphisch wird hier die Aggregationsraute schwarz ausgefüllt (siehe Abbildung 3.45).

---

[8]Hier wurde eine deutsche Annotation nach [Oes97] verwendet.

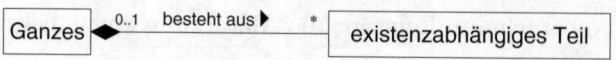

Abb. 3.45: Komposition in UML

3.6.6 Spezialisierung in UML

UML erlaubt die bekannte Spezialisierung mit Vererbung. Abbildung 3.46 zeigt die verwendete graphische Notation. Die die Spezialisierung ausdrückenden Kanten zeichnen sich durch große, nicht ausgefüllte Pfeilspitzen in Richtung der Oberklasse aus.

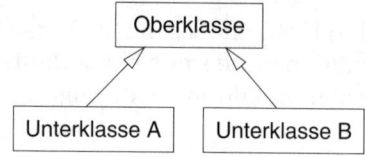

Abb. 3.46: Spezialisierung in UML

Eine besondere Rolle spielen Spezialisierungen mittels *Diskriminator*. Hier teilt ein Aufzählungsattribut, der Diskriminator, die Instanzen auf die Unterklassen auf. Das Aufzählungsattribut wird nicht explizit notiert; sein Wertebereich wird durch die beteiligten Klassennamen festgelegt. Spezialisierungen mit Diskriminator werden graphisch speziell notiert. Eine mögliche Notation zeigt Abbildung 3.47.

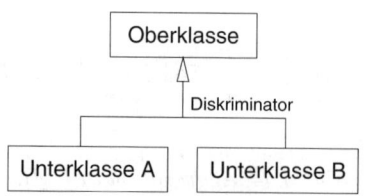

Abb. 3.47: Spezialisierung mit Diskriminator in UML

Spezialisierungen in mehrere Unterklassen können mit den Zusicherungen **overlapping**, **disjoint**, **complete** und **incomplete** versehen werden, die die im Zusammenhang mit dem EER-Modell ausführlich diskutierten Varianten (etwa Varianten der Partitionierung) ausdrücken können.

3.7 Zusammenfassung und laufendes Beispiel

Eine Übersicht über die in diesem Abschnitt definierten Begriffe geben wir in Tabelle 3.3. Dabei wird mit einem 'x' in den Spalten ER und EER angedeutet, daß ein Konzept im Standard-ER-Modell oder in einem EER-Modell enthalten ist.

Auch das laufende Universitätsbeispiel wird in zwei ER-Versionen modelliert. Im Anhang A.1 werden die zugehörigen ER-Schemata angegeben. Attribute sind der Übersichtlichkeit halber weggelassen worden, können aber exemplarisch der textuellen Notation eines Entity-Typs im Anhang oder der Beschreibung des laufenden Beispiels in Kapitel 1 entnommen werden. Auf der Basis dieses laufenden Beispiels werden wir in den folgenden Kapiteln den Datenbankentwurf durchführen.

3.8 Vertiefende Literatur

Das Entity-Relationship-Modell wurde in einem grundlegenden Artikel von P. P. Chen im Jahre 1976 [Che76] beschrieben. Seitdem wurde es sehr oft in Lehrbüchern und Übersichtsartikeln behandelt. Zu empfehlen ist insbesondere die Einführung im Buch von Elmasri und Navathe [EN94]. Dort wird auch auf eine Reihe von Erweiterungen und Varianten des ER-Modells verwiesen und weiterführende Literatur angegeben.

Das beschriebene EER-Modell geht auf die Arbeiten [HNS86, HNSE87, EGH+92] zurück. Die Arbeit [EGH+92] beschreibt die hier vorgestellte Notation. Ausführliche Beschreibungen enthalten die Bücher von Hohenstein [Hoh93] und Gogolla [Gog94].

Das ebenfalls kurz behandelte hierarchische Entity-Relationship-Modell (HERM) wird von Thalheim in [Tha91b, Tha00] beschrieben. Eine um andere Strukturierungskonzepte erweiterte ER-Version ist SERM (Structured Entity Relationship Model) von Sinz [Sin90]. Kommerzielle Werkzeuge zur ER-Modellierung sind etwa ERwin, Power-Builder und die Oracle-CASE-Produkte (Oracle Designer) [HM99].

Bekannte Ansätze der objektorientierten Modellierung können in den Büchern von Booch [Boo91] und Rumbaugh et al. [RBP+91, RBP+94] gefunden werden. Aus diesen Ansätzen entstand (unter Zunahme der Use Cases von Jacobson [JCJÖ92]) unter der Federführung von Booch, Jacobson und Rumbaugh die *Unified Modeling Language* UML [BJR97, FS97, Bur95, Oes97, Rum98, BRJ99, RJB99]. [WK99] präsentiert die Object Constraint Language OCL des UML-Ansatzes.

Begriff	Informale Bedeutung	ER	EER
Entity	zu repräsentierende Informationseinheit	x	x
Entity-Typ	Gruppierung von Entities mit gleichen Eigenschaften	x	x
Beziehungstyp	Gruppierung von Beziehungen zwischen Entities	x	x
Attribut	datenwertige Eigenschaft eines Entities oder einer Beziehung	x	x
funktionale Beziehung	Beziehungstyp mit Funktionseigenschaft	x	x
Schlüssel	identifizierende Eigenschaft von Entities	x	x
abhängige Entities	Entities, die nur abhängig von anderen Entities existieren können	x	
IST-Beziehung	Spezialisierung von Entity-Typen	x	
Kardinalitäten	Einschränkung von Beziehungstypen bezüglich der mehrfachen Teilnahme von Entities an der Beziehung	x	x
Optionalität	Attribute oder funktionale Beziehungen als partielle Funktionen	x	x
strukturierte Attribute	zusammengesetzte Attributwerte		x
abgeleitete Attribute	durch eine Berechnungsvorschrift berechnete Attributwerte		x
Spezialisierung	Verfeinerung eines Entity-Typen zu einem spezielleren Entity-Typ		x
Generalisierung	Zusammenfassung von Entity-Typen zu einem allgemeineren Entity-Typ		x
Partitionierung	mehrere disjunkte Spezialisierungen eines Entity-Typen		x
Aggregierung	Zusammensetzung von Entities aus anderen Entities		x
objektwertige Attribute	Attribute, die Entity-Typen als Wertebereich haben		x

Tab. 3.3: Begriffe des ER- und EER-Modells

3 Datenbankmodelle für den Entwurf

3.9 Übungsaufgaben

Übung 3.1 Die folgende kleine Anwendung soll in mehreren vorgestellten Datenmodellen modelliert werden.

> Es handelt sich um eine Datenbank über Bankkonten und zugehörige Banktransaktionen. Modelliert werden sollen verschiedene Arten von Konten (Sparkonto, Giro-Konto, ...), die Informationen über die Kunden und die Buchungen. Kunden können mehrere Konten besitzen, aber nur ein Giro-Konto, und bei Spar-Konten können mehrere Besitzer eingetragen sein. Scheckkarten werden nur für Giro-Konten ausgegeben, und nur bei diesen sind Abbuchungen über Geldautomaten möglich. Neben Auszahlungen und Einzahlungen sind insbesondere Buchungen von einem Konto auf ein anderes möglich. Auszahlungen, Einzahlungen, Buchungen sowie Kontoeröffnung werden mit Datum protokolliert.

Modellieren Sie die Daten der Anwendung zunächst im ER-Modell. Welche Beschreibungsaspekte können nicht umgesetzt werden? □

Übung 3.2 Geben Sie alternative Formulierungen der Modellierung in Aufgabe 3.1 im EER-Modell an. Welche Änderungen haben sich ergeben, welche neuen semantischen Aspekte konnten modelliert werden? □

Übung 3.3 Geben Sie ein weiteres Beispiel für eine Spezialisierung oder Generalisierung einer *Relationship* an (dieses Konzept ist in den vorgestellten Modellen — bis auf HERM — nicht vorgesehen!). Wie kann dieses Konzept im ER- bzw. EER-Modell simuliert werden? □

Übung 3.4 Diskutieren Sie eine Modellierung des im Anhang A.1 aufgeführten relationalen Schemas in geschachtelten Relationen.
Welcher Bezug besteht zwischen Fremdschlüsselbedingungen in flachen Relationen und möglichen Modellierungen in geschachtelten Relationen? □

Übung 3.5 Vergleichen Sie die Begriffe Spezialisierung, Generalisierung, Klassen- und Typhierarchie aus dem EER- und den objektorientierten Modellen. Wie unterscheiden sich die einzelnen Semantiken? Bei welchen Anwendungsbeispielen wirken sich diese Unterschiede aus? □

Übung 3.6 Erläutern Sie die grundlegenden Konzepte des objektorientierten Ansatzes! Worin besteht der Unterschied und der Zusammenhang zwischen einem Objekt und einer Klasse? Welche Möglichkeiten zur Abbildung von Beziehungen zwischen Klassen/Objekten gibt es? □

Übung 3.7 Gegeben ist der folgende reale Weltausschnitt:

- Person, Fahrzeughalter, Fußgänger,

- Fahrzeug, LKW, PKW, Schiff,

- Motor, Rad, Karosserie

Bezüglich dieses Weltausschnittes lassen sich folgende Einschränkungen bzw. Bedingungen angeben:

- jedes Fahrzeug hat *genau einen* Fahrzeughalter,

- jeder PKW besitzt *genau* 4 Räder und *genau ein* Reserverad,

- ein LKW besitzt *mehr als* 4 Räder und

- LKWs und PKWs haben *genau einen* Motor und Schiffe *genau 1, 2 oder 4* Motoren

Gesucht sind für diesen Weltausschnitt das UML-Klassendiagramm, *zu einer* Klasse mögliche Attribute und *zu einer* Klasse mögliche Operationen. Wie würden Sie eine Klasse "Student" in das Klassendiagramm mit aufnehmen? □

Übung 3.8 Erläutern Sie das Klassendiagramm der Abbildung 3.48 bezüglich der darin verwendeten UML-Konzepte! Gehen Sie besonders auf die Bedeutung der verwendeten Assoziationsbeziehungen ein! □

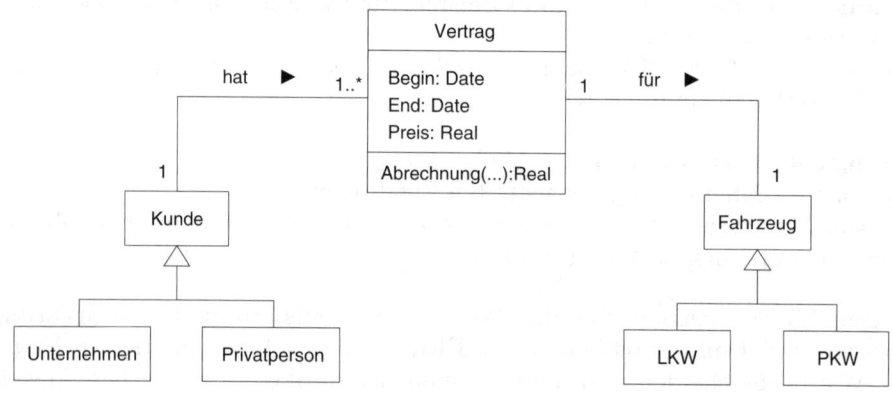

Abb. 3.48: Beispiel eines UML-Klassendiagramms

4

Datenbankmodelle für die Realisierung

Im Kapitel 3 haben wir einige Datenbankmodelle für die abstrakte Beschreibung von Datenbanken kennengelernt. Implementierte Datenbanksysteme verwenden in der Regel Datenbankmodelle, die weniger abstrakt sind. Weniger abstrakt kann einerseits bedeuten implementierungsnäher, andererseits bedeutet es aber insbesondere, daß die Definition dieser Modelle mit konkreten Anfrage- und Änderungsoperationen verbunden sind.

In diesem Kapitel werden wir nun Datenbankmodelle für die Realisierung von Anwendungen einführen. Die Datenbankmodelle verkörpern verschiedene Generationen von Modellen und zugehörigen Systemen:

- Wir beginnen mit dem zur Zeit am weitesten verbreiteten Datenbankmodell, dem Relationenmodell, in Abschnitt 4.1.

- Die eher historischen (obwohl immer noch verbreitet im Einsatz befindlichen) Modelle wie Netzwerkmodell und hierarchisches Modell werden in Abschnitt 4.2 vorgestellt.

- Erweiterungen des Relationenmodells und des Entity-Relationship-Modells werden als neuere Modelle im Abschnitt 4.3 in ihren Grundzügen beschrieben.

- Zwei objektorientierte Ansätze im Datenbankbereich stellen die aktuellen Trends dar: Objektorientierte Modelle mit dem Standard ODMG und das objektrelationale Modell mit dem Standard SQL3 / SQL-99 werden in den Abschnitten 4.4 und 4.5 vorgestellt.

- Für Data Warehouses haben sich multidimensionale Datenmodelle durchgesetzt, die *multidimensionales Online Analytical Processing* (MOLAP) unterstützen. diese multidimensionalen Modelle und ihre Darstellung im Relationenmodell (relationales OLAP, ROLAP) werden wir in Abschnitt 4.6 einführen.

- Gerade durch die Internet-Entwicklung und die Bereitstellung von Text- und Bilddokumenten in großer Anzahl ist es wichtig geworden, solche Dokumente auch in Datenbanken zu verwalten. Leider eignen sich die bisher erwähnten Modelle dafür nicht, da die einzelnen Dokumente sehr unterschiedlich strukturiert sind. Semistrukturierte Datenmodelle, teilweise auf Basis der Dokumentbeschreibungssprache XML, werden wir in Abschnitt 4.7 einführen.

- Weitere Datenmodelle werden in Abschnitt 4.8 zusammengefaßt.

4.1 Relationenmodell

Das Relationenmodell ist von Codd im Jahre 1970 eingeführt worden [Cod70]. Es hat sich mittlerweile als das am weitesten verbreitete Datenbankmodell auch in der Praxis etabliert. Innerhalb der Forschung ist es schon seit geraumer Zeit anerkannt, da die bestechende Einfachheit und Exaktheit des Relationenmodells weitreichende Ergebnisse in vielen Gebieten der Datenbankforschung ermöglicht.

4.1.1 Schemata und Instanzen

Im Relationenmodell werden Objekttypen der zu modellierenden Anwendungswelt durch *Relationenschemata* beschrieben. Diese bestehen aus einer Menge von *Attributen*, die die gemeinsamen Eigenschaften der Objekte repräsentieren, die zu einem darstellbaren Objekttyp gehören. Attributen werden *Wertebereiche* (auch *Domänen* von engl. *domains*) zugeordnet, die in der Praxis meist Standard-Datentypen wie **integer**, **string**, **real** oder **boolean** sind. Ein *Datenbankschema* besteht vorläufig nur aus einer Menge von *Relationenschemata* (diese Sichtweise wird später noch erweitert). Eine *Relation* ist nun in ihrer einfachsten Beschreibung eine Teilmenge des kartesischen Produkts über den Wertebereichen der Attribute des Relationenschemas. Sie stellt die zu einem Relationenschema passenden und aktuell vorhandenen Daten dar — die *Instanz* zu diesem Schema. Die in der Datenbank aktuell vorhandene Relation zu einem im Datenbankschema definierten Relationenschema heißt *Basisrelation*. Die Menge aller Basisrelationen heißt *Datenbank* (auch *Datenbankwert*

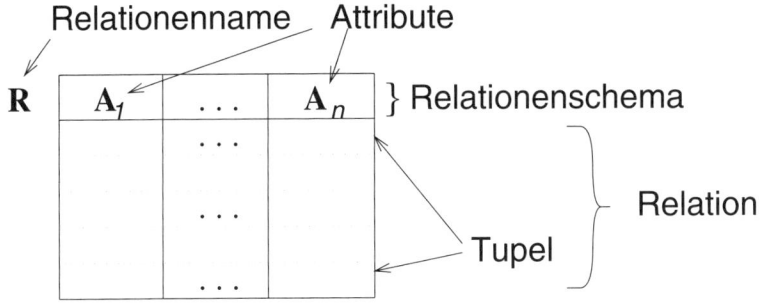

Abb. 4.1: Veranschaulichung eines Relationenschemas und einer Relation

oder *Datenbankzustand*). Ein Element einer Relation heißt *Tupel*. Um die Relation von ihrem Relationenschema zu unterscheiden, bezeichnen wir sie mit einem kleinen *r*. Eine Relation zum Relationenschema *R* wird dann mit *r*(*R*) gekennzeichnet. Die eben angesprochene Zweiteilung in Schema und Instanz (die Relation) findet sich auch bei den meisten neueren Datenbankmodellen, sie wird nur langsam durch die Einführung von "Metatypen" und "Metaklassen" überwunden.

Eine Relation kann anschaulich als Tabelle verstanden werden: Die Attribute des Relationenschemas bilden die Spaltenüberschriften der Tabelle, die Tupel sind die verschiedenen Zeilen, und die Einträge in den verschiedenen Tabellenpositionen gehören zu den jeweiligen Wertebereichen. Eine Veranschaulichung dieser Begriffe wird in Abbildung 4.1 gegeben.

An den verschiedenen Tabellenpositionen können somit nur "atomare" Attributwerte stehen und nicht wiederum Tabellen oder andere strukturierte Werte: Diese Einschränkung nennt man die *erste Normalform (1NF)* für Relationen. 1NF-Relationen werden oft auch als *flache Relationen* bezeichnet.

Die Definition einer Relation als Teilmenge des kartesischen Produkts ist problematisch, da die verschiedenen Spalten einer Tabelle damit in ihrer Reihenfolge fixiert sind. Um das zu vermeiden, wird eine Relation oft als eine Menge von Abbildungen definiert, wie etwa in [Vos87, Vos94] oder [Ull88, Ull89]. Der Unterschied wird unten noch genauer erläutert.

Wir wiederholen nun ein Beispiel aus der Einführung.

Beispiel 4.1 Der Objekttyp `Personen` wird hier — aus Gründen, die wir in den Kapiteln 5 und 6 noch näher erläutern werden — in zwei Tabellen dargestellt. Dabei werden die verschiedenen `Telefonnummern` einer Person in einer Extra-Tabelle `Pers_Telefon` aufgenommen. Um die Person zu identifizieren, nehmen wir die `Personalausweisnummer` auch in diese Tabelle auf. Die Tabellen sind in Abbildung 4.2 wiedergegeben.

Personen	PANr	Vorname	Nachname	PLZ	Ort	Straße	HNr	Geb.datum
	4711	Andreas	Heuer	18209	DBR	BHS	15	31.10.1958
	5588	Gunter	Saake	39106	MD	STS	55	05.10.1960
	6834	Michael	Korn	39104	MD	BS	41	24.09.1974
	7754	Andreas	Möller	18209	DBR	RS	31	25.02.1976
	8832	Tamara	Jagellovsk	38106	BS	GS	12	11.11.1973
	9912	Antje	Hellhof	18059	HRO	AES	21	04.04.1970
	9999	Christa	Loeser	69121	HD	TS	38	10.05.1969

Pers_Telefon	PANr	Telefon
	4711	038203-12230
	4711	0381-498-3401
	4711	0381-498-3427
	5588	0391-345677
	5588	0391-5592-3800
	9999	06221-400177

Abb. 4.2: Zwei Relationen zur Darstellung von Personen

Das Relationenschema Personen besteht dabei aus den Attributen PANr, Vorname, Nachname, PLZ, Ort, Straße, Hausnummer und Geburtsdatum. Jedem Attribut wird ein Wertebereich zugeordnet, dem Vornamen etwa der Wertebereich **string** und der Hausnummer **integer**. Eine gültige Relation besteht dann etwa aus den Tupeln, die in Abbildung 4.2 als Zeilen in der Tabelle auftauchen. Die Menge der Tupel ist eine mögliche Teilmenge des kartesischen Produktes über den jeweiligen Wertebereichen. □

Wir definieren nun die verschiedenen Konzepte zu Schemata und Instanzen im Relationenmodell noch etwas genauer.

Attribute und Wertebereiche

Sei $\mathcal{U}$ eine nicht-leere, endliche Menge, das *Universum* der Attribute. Ein Element $A \in \mathcal{U}$ heißt *Attribut*. Sei $\mathcal{D} = \{D_1, \ldots, D_m\}$ eine Menge endlicher, nichtleerer Mengen mit $m \in \mathbb{N}$. Jedes D_i wird *Wertebereich* oder *Domäne* genannt. Es existiert eine total definierte Funktion $\mathrm{dom} : \mathcal{U} \longrightarrow \mathcal{D}$. $\mathrm{dom}(A)$ heißt der *Wertebereich von A*. Ein $w \in \mathrm{dom}(A)$ wird *Attributwert* für A genannt.

Relationenschemata und Relationen

Eine Menge $R \subseteq \mathcal{U}$ heißt *Relationenschema*. Eine *Relation r über* $R = \{A_1, \ldots, A_n\}$ (kurz: $r(R)$) mit $n \in \mathbb{N}$ ist eine endliche Menge von Abbildungen

$$t : R \longrightarrow \bigcup_{i=1}^{m} D_i$$

die *Tupel* genannt werden, wobei $t(A) \in \mathrm{dom}(A)$ gilt. $t(A)$ ist dabei die Restriktion der Abbildung t auf $A \in R$. Für $X \subseteq R$ heißt die Einschränkung der Abbildung t

r_1	PANr	Vorname	Nachname
	4711	Andreas	Heuer
	5588	Gunter	Saake
	6834	Michael	Korn

r_2	PANr	Nachname	Vorname
	4711	Heuer	Andreas
	5588	Saake	Gunter
	6834	Korn	Michael

Abb. 4.3: Zwei verschiedene, aber äquivalente Relationen, falls diese als Teilmenge des kartesischen Produktes definiert werden

auf X (bezeichnet mit $t|_X$ oder ebenfalls vereinfachend mit $t(X)$) *X-Wert* von t. Die Menge aller Relationen über einem Relationenschema R wird mit

$$\mathbf{REL}(R) := \{r \mid r(R)\}$$

bezeichnet.

Der Unterschied zu der klassischen Definition einer Relation als Teilmenge des kartesischen Produktes der zugrundeliegenden Wertebereiche, also als $r \subseteq \mathrm{dom}(A_1) \times \cdots \times \mathrm{dom}(A_n)$, soll im folgenden Beispiel noch einmal deutlich gemacht werden.

Beispiel 4.2 Definieren wir die Relation als Teilmenge des kartesischen Produktes, so ist die Reihenfolge der Spalten fixiert. Die zwei Relationen

$$r_1 \subseteq \mathrm{dom}(\texttt{PANr}) \times \mathrm{dom}(\texttt{Vorname}) \times \mathrm{dom}(\texttt{Nachname})$$

und

$$r_2 \subseteq \mathrm{dom}(\texttt{PANr}) \times \mathrm{dom}(\texttt{Nachname}) \times \mathrm{dom}(\texttt{Vorname})$$

aus Abbildung 4.3 sind ungleich, obwohl sie doch das Gleiche bedeuten sollen. Würden wir diese beiden Relationen als Ergebnis einer Anfrage bekommen, so müßte umständlich eine Äquivalenz dieser Relationen definiert werden, um dem System klarzumachen, daß beide Relationen das Gleiche bedeuten.

Daher verwenden wir die Definition einer Relation über eine Menge von Abbildungen. Die Attributwerte werden den einzelnen Attributen nun reihenfolgeunabhängig zugewiesen. Sowohl die Relation r_1 als auch r_2 bestehen aus Tupeln t_1, t_2, t_3 mit

$t_1(\texttt{PANr}) = \texttt{4711}$, $t_1(\texttt{Vorname}) = \texttt{'Andreas'}$, $t_1(\texttt{Nachname}) = \texttt{'Heuer'}$
$t_2(\texttt{PANr}) = \texttt{5588}$, $t_2(\texttt{Vorname}) = \texttt{'Gunter'}$, $t_2(\texttt{Nachname}) = \texttt{'Saake'}$
$t_3(\texttt{PANr}) = \texttt{6834}$, $t_3(\texttt{Vorname}) = \texttt{'Michael'}$, $t_3(\texttt{Nachname}) = \texttt{'Korn'}$

und sind somit identisch. Ein Tupel kann man nun insgesamt wieder mit den Attributwerten in einer bestimmten Reihenfolge

$t_3 = \langle$ 6834, `'Michael'`, `'Korn'` $\rangle$

schreiben (sofern die Reihenfolge der Attribute festgelegt ist), einen *X*-Wert dann:

$t_3(\{$ PANr, Vorname $\}) = \langle$ 6834, 'Michael' $\rangle$

Wollen wir auch bei dieser Notation von Tupeln die Reihenfolgeunabhängigkeit bewahren, so nehmen wir in die Tupelkomponenten noch die Attributnamen auf:

$t_3(\{$ PANr, Vorname $\}) = \langle$ PANr: 6834, Vorname: 'Michael' $\rangle$

□

Datenbankschema und Datenbank

Eine Menge von Relationenschemata $S := \{R_1, \ldots, R_p\}$ mit $p \in$ IN heißt *Datenbankschema*. Ein *Datenbankwert* (kurz: *Datenbank*) über einem Datenbankschema S ist eine Menge von Relationen

$$d := \{r_1, \ldots, r_p\},$$

wobei $r_i(R_i)$ für alle $i \in \{1, \ldots, p\}$ gilt. Eine Datenbank d über S wird mit $d(S)$ bezeichnet, eine Relation $r \in d$ heißt *Basisrelation*. Eine Datenbank d entspricht somit einem Zustand σ_i folgend der Notation aus Abschnitt 3.1.

Beispiel 4.3 In unserem laufenden Beispiel besteht das Datenbankschema S unter anderem aus den Relationenschemata Personen und Pers_Telefon, also

$$S = \{ \text{Personen, Pers\_Telefon, } \ldots \}$$

und die Datenbank d unter anderem aus den beiden in Abbildung 4.2 enthaltenen Basisrelationen, die formal mit r(Personen) und r(Pers_Telefon) bezeichnet werden. □

4.1.2 Integritätsbedingungen

Da eine Relation eine Menge ist, können keine zwei Tupel mit identischen Werten für *alle* Attribute eines Relationenschemas in dieser Relation existieren. Sonst ist aber zunächst "alles erlaubt".

Wie in Abschnitt 1.2 schon angedeutet, müssen wir *identifizierende Attributmengen* für Relationenschemata angeben, um eine gewisse Konsistenz in den zugehörigen Relationen sicherzustellen. Die entsprechenden Attributwerte identifizieren dann jedes Tupel aus einer Relation eindeutig. Sind die Attributmengen bzgl. der Teilmengeninklusion $\subseteq$ minimal gewählt, so sprechen wir von *Schlüsseln* (engl. *key*) für das Relationenschema. Ein Schlüssel muß vom Datenbankadministrator speziell ausgezeichnet werden. Dieser heißt dann *Primärschlüssel* (engl.: *primary key*).

4 Datenbankmodelle für die Realisierung

Beispiel 4.4 Bei den beiden Relationen r(Personen) und r(Pers_Telefon) wollen wir die Teilmengen

$$\{\text{Vorname, Nachname, PLZ, Geburtsdatum}\}$$

und

$$\{\text{PANr}\}$$

des Relationenschemas Personen und die Teilmenge

$$\{\text{PANr, Telefon}\}$$

des Relationenschemas Pers_Telefon als Schlüssel ansehen.

Da im Relationenschema Pers_Telefon nur ein einziger Schlüssel vorhanden ist, ist er auch gleichzeitig der Primärschlüssel. Im Relationenschema Personen sind beide identifizierenden Attributmengen minimal und somit auch Schlüssel. Die Minimalität bedeutet dabei, daß jede Teilmenge dieser Menge, etwa

$$\{\text{Vorname, PLZ, Geburtsdatum}\}$$

oder

$$\{\text{Vorname, Nachname, Geburtsdatum}\},$$

kein Schlüssel ist, zwei Tupel also in diesen Attributen übereinstimmen dürfen. Der Datenbankadministrator kann nun einen der Schlüssel als Primärschlüssel auswählen. Dies wird im konkreten Beispiel normalerweise die PANr sein, die Gründe dafür werden wir im Kapitel 5 noch kennenlernen.

Jede Obermenge eines Schlüssels ist eine identifizierende Attributmenge, die auch *Oberschlüssel* oder *Superkey* genannt wird. Trivialerweise bilden immer alle Attribute eines Relationenschemas zusammen eine identifizierende Attributmenge. In der Tabelle Pers_Telefon ist nur die gesamte Attributmenge ein Schlüssel. □

Wir werden den Begriff Schlüssel nun genauer einführen.

Schlüssel

Eine *identifizierende Attributmenge* für ein Relationenschema R ist eine Menge $K := \{B_1, \ldots, B_k\} \subseteq R$, so daß für jede Relation $r(R)$ gilt:

$$\forall t_1, t_2 \in r \ [\ t_1 \neq t_2 \quad \Longrightarrow \quad \exists B \in K : t_1(B) \neq t_2(B) \ ].$$

Ein *Schlüssel* ist eine bezüglich $\subseteq$ minimale, identifizierende Attributmenge, *Primattribut* nennt man jedes Attribut eines Schlüssels. Ein *Primärschlüssel* ist ein ausgezeichneter Schlüssel.

Lokale Integritätsbedingungen

Lokale Integritätsbedingungen $\mathcal{B}$ bilden die Menge aller möglichen Relationen zu einem Relationenschema auf **true** oder **false** ab. Damit werden also die "guten" Relationen von den "schlechten" (nicht integeren) getrennt. Lokale Integritätsbedingungen für ein Relationenschema R sind also Abbildungen $b \in \mathcal{B}$

$$b: \{r \mid r(R)\} \to \{\textbf{true}, \textbf{false}\}$$

von der Menge aller Relationen über R auf die Wahrheitswerte.

Haben wir etwa ein Relationenschema $R = \{A, B\}$ vorliegen mit der Attributmenge $\{A\}$ als Schlüssel, so wird durch die der Schlüsselbedingung zugeordnete Funktion

r_1	A	B
	a_1	b_1
	a_2	b_1

auf **true** und

r_2	A	B
	a_1	b_1
	a_1	b_2

auf **false** abgebildet. Schlüssel sind also Spezialfälle von lokalen Integritätsbedingungen, die Relationen wie r_1 erlauben und Relationen wie r_2 ausschließen.

Erweiterte Relationenschemata

Bisher hatten wir ein Relationenschema nur als Menge von Attributen betrachtet, denen Wertebereiche zugeordnet wurden. Nun erweitern wir diese Relationenschemata um lokale Integritätsbedingungen.

$$\mathcal{R} := (R, \mathcal{B})$$

heißt dann *erweitertes Relationenschema*. Eine Relation r über $\mathcal{R}$ (kurz: $r(\mathcal{R})$) muß dann den lokalen Integritätsbedingungen über $\mathcal{B}$ genügen. r ist also eine Relation über R mit $b(r) = \textbf{true}$ für alle $b \in \mathcal{B}$ (kurz: $\mathcal{B}(r) = \textbf{true}$). Die Menge aller Relationen über einem erweiterten Relationenschema $\mathcal{R}$ wird mit

$$\textbf{SAT}_R(\mathcal{B}) := \{r \mid r(\mathcal{R})\}$$

bezeichnet. **SAT** ist abgeleitet vom englischen Wort *satisfy*. Falls keine lokalen Integritätsbedingungen vorliegen, also falls $\mathcal{B} = \{\}$ gilt, schreiben wir statt $\textbf{SAT}_R(\{\})$ auch kurz $\textbf{REL}(R)$.

Falls $\mathcal{K}$ eine Menge von Schlüsseln für $r(R)$ ist, wird mit Hilfe von

$$\mathcal{B}_{\mathcal{K}} := \{b_K \mid K \in \mathcal{K} \quad \wedge \quad [b_K(r) = \mathbf{true} \quad \Longleftrightarrow$$
$$\forall t_1, t_2 \in r[t_1 \neq t_2 \quad \Longrightarrow \quad \exists B \in K : t_1(B) \neq t_2(B)]]\}$$

ein erweitertes Relationenschema $\mathcal{R} = (R, \mathcal{B}_{\mathcal{K}})$ festgelegt, für das in Zukunft auch kurz $\mathcal{R} = (R, \mathcal{K})$ geschrieben wird.

Wir erweitern nun noch die Begriffe Datenbankschema und Datenbank um die lokalen Integritätsbedingungen.

Lokal erweitertes Datenbankschema und Datenbank

Eine Menge lokal erweiterter Relationenschemata

$$S := \{\mathcal{R}_1, \ldots, \mathcal{R}_p\}$$

mit $p \in \mathrm{IN}$ heißt *lokal erweitertes Datenbankschema*. Eine Datenbank über einem lokal erweiterten Datenbankschema $S := \{\mathcal{R}_1, \ldots, \mathcal{R}_p\}$ ist eine Menge von Relationen $d := \{r_1, \ldots, r_p\}$, wobei $r_i(\mathcal{R}_i)$ für alle $i \in \{1, \ldots, p\}$ gilt. Eine Datenbank d über S wird mit $d(S)$ bezeichnet, eine Relation $r \in d$ heißt *Basisrelation*.

Fremdschlüssel

Neben Schlüsseln hatten wir in der Einführung auch Fremdschlüssel schon als weitere Integritätsbedingung erwähnt. Ein *Fremdschlüssel* (engl. *foreign key*) ist eine Attributliste X in einem Relationenschema R_1, wenn in einem Relationenschema R_2 eine kompatible[1] Attributliste Y Primärschlüssel ist und die Attributwerte zu X in der Relation $r_1(R_1)$ auch in den entsprechenden Spalten Y der Relation $r_2(R_2)$ enthalten sind. Wir haben von Attributlisten anstelle von Attributmengen gesprochen, um deutlich zu machen, daß eine eindeutige Zuordnung zwischen den beteiligten Attributen existieren muß. Vereinfacht sprechen wir im folgenden jedoch oft von Mengen. Wir bezeichnen einen solchen Fremdschlüssel dann mit $X(R_1) \rightarrow Y(R_2)$. Der Begriff wird nun genauer definiert.

Eine *Fremdschlüsselbedingung* für eine Relation $r_1(R_1)$ oder auch $r_1(\mathcal{R}_1)$ ist ein Ausdruck

$$X(R_1) \rightarrow Y(R_2)$$

mit $X \subseteq R_1, Y \subseteq R_2$. X nennt man dann *Fremdschlüssel* für R_1 bezüglich Y in R_2. Eine Datenbank d *genügt* $X(R_1) \rightarrow Y(R_2)$ genau dann, wenn eine Relation $r_2(\mathcal{R}_2)$ mit Y Primärschlüssel für r_2 in der Datenbank existiert und folgendes erfüllt ist:

$$\{t(X)|t \in r_1\} \subseteq \{t(Y)|t \in r_2\}$$

---

[1]Kompatibel sollen Attributmengen heißen, wenn sie aus der gleichen Anzahl von Attributen bestehen und die Wertebereiche der Attribute auch jeweils zueinander passen.

Beispiel 4.5 Im obigen Beispiel ist die Attributmenge

$$X := Y := \{\texttt{PANr}\}$$

Fremdschlüssel im Relationenschema `Pers_Telefon` bezüglich des Schemas `Personen`. Mit der eingeführten Kurzschreibweise bedeutet dies:

$$\texttt{PANr(Pers\_Telefon)} \rightarrow \texttt{PANr(Personen)}$$

□

Man beachte, daß selbst in dem kleinen Ausschnitt des Anwendungsbeispiels, den wir bis jetzt behandelt haben, bereits verschiedene zusätzliche Integritätsbedingungen (Schlüssel, Fremdschlüssel) notwendig waren, um die Semantik der Anwendung im Datenbankschema so weit wie möglich zu erhalten.

Globale Integritätsbedingungen

Eine Menge von Abbildungen

$$\Gamma := \{\gamma \mid \gamma : \{d \mid d(S)\} \longrightarrow \{\textbf{true}, \textbf{false}\}\}$$

nennt man eine Menge *globaler Integritätsbedingungen* für das Datenbankschema S. Dann heißt

$$\mathcal{S} := (S, \Gamma)$$

global erweitertes Datenbankschema. $d(\mathcal{S})$ ist eine Datenbank $d(S)$ mit $\gamma(d) =$ **true** für alle $\gamma \in \Gamma$ (kurz: $\Gamma(d) =$ **true**). Die Menge aller gültigen Datenbanken (bezüglich der vorliegenden Integritätsbedingungen) wird mit

$$\textbf{DAT}(\mathcal{S}) := \{d \mid d(\mathcal{S})\}$$

definiert. Ein Fremdschlüssel ist eine spezielle globale Integritätsbedingung.

Eine Übersicht über die in diesem Abschnitt definierten Begriffe geben wir in den Tabellen 4.1.

4.1.3 Basisoperationen der Relationenalgebra

Das Relationenmodell bietet einen Satz von im Modell implizit enthaltenen Operationen, die wir *generische Operationen* nennen werden. Implizit definiert soll dabei heißen, daß die Semantik dieser Operationen nicht anwendungsspezifisch ist, sondern direkt zu den Konzepten des Relationenmodells gehört. Während es eine Menge von verschiedenen Datenbankanfrage-, -definitionsund -manipulationssprachen gibt (wie SQL, QUEL und QBE), wollen wir in den

Begriff	Informale Bedeutung
Attribut	Spalte einer Tabelle
Wertebereich	mögliche Werte eines Attributs (auch Domäne)
Attributwert	Element eines Wertebereichs
Relationenschema	Menge von Attributen
Relation	Menge von Zeilen einer Tabelle
Tupel	Zeile einer Tabelle
Datenbankschema	Menge von Relationenschemata
Datenbank	Menge von Relationen (Basisrelationen)
Schlüssel	minimale Menge von Attributen, deren Werte ein Tupel einer Tabelle eindeutig identifizieren
Primärschlüssel	ein beim Datenbankentwurf ausgezeichneter Schlüssel
Fremdschlüssel	Attributmenge, die in einer anderen Relation Schlüssel ist
Fremdschlüsselbedingung	alle Attributwerte des Fremdschlüssels tauchen in der anderen Relation als Werte des Schlüssels auf

Tab. 4.1: Begriffe des Relationenmodells

folgenden Unterabschnitten nur eine der möglichen Grundlagen, einige Operationen der *Relationenalgebra*, nennen. Standardmäßig umfaßt die Relationenalgebra etwa nach [Mai83] die Selektion σ, die Projektion π, den natürlichen Verbund ⋈, die Mengenoperationen ∪,∩, − sowie die Umbenennung β. Sie werden im Abschnitt 8.2 noch ausführlicher mit ihren Eigenschaften und diversen Beispielen erläutert.

Am Beispiel der `Personen`- und `Pers_Telefon`-Relationen werden wir die wichtigsten Operationen der Relationenalgebra nun kurz erklären.

Selektion

Die Selektion wählt Tupel aus einer Relation aus. Als Selektionsbedingungen sind zumindest die Atome "Attribut-Konstanten-Vergleich" und "Attribut-Attribut-Vergleich" erlaubt. Oft werden auch boolesche Ausdrücke über diesen Atomen als Selektionsbedingung zugelassen. Ein Attribut-Konstanten-Vergleich wäre etwa die Selektion nach allen Personen, die mit Nachnamen 'Meyer' heißen:

$$\sigma_{\text{Nachname}='\text{Meyer}'}(r(\text{Personen})).$$

Vorname	PLZ
Andreas	18209
Gunter	39106
Michael	39104
Tamara	38106
Antje	18059
Christa	69121

Abb. 4.4: Ergebnis der Projektion auf Personen

Das Ergebnis ist wieder eine Relation, die aus einer Teilmenge der Personen-Tupel besteht. Statt des Vergleichsprädikates = sind auch noch weitere, auf der jeweiligen Domäne definierte Prädikate wie $\leq, <, >, \geq, \neq$ vorgesehen. Der Attribut-Attribut-Vergleich setzt die Einträge in unterschiedlichen Spalten einer Tabelle miteinander in Beziehung. Im Personen-Beispiel praktisch ziemlich unsinnig, kann man mit einem solchen Vergleich die Leute finden, deren Nach- und Vorname übereinstimmen, die also beispielsweise "Otto Otto" heißen:

$$\sigma_{\text{Nachname=Vorname}}(r(\text{Personen})).$$

Projektion

Die Projektion wählt bestimmte Spalten einer Tabelle aus. Innerhalb einer Projektionsliste können wir die für das Anfrageergebnis relevanten Attribute der betroffenen Relation aufzählen. Wollen wir aus der Personen-Relation nur die Attribute Vorname und PLZ sehen, so liefert folgende Projektion

$$\pi_{\text{Vorname, PLZ}}(r(\text{Personen}))$$

das Ergebnis in Abbildung 4.4. Es fällt auf, daß im Ergebnis die sieben Originaltupel aus Personen auf sechs Ergebnistupel zusammengefallen sind, da doppelte Tupel in der Ergebnis*menge* eliminiert werden.

Natürlicher Verbund

Der natürliche Verbund oder auch *Join* verknüpft zwei Relationen über allen gemeinsamen Attributen. Es werden jeweils Tupel mit gemeinsamen Attributwerten zu einem neuen verbunden. Der natürliche Verbund von Personen und Pers_Telefon mit anschließender Projektion auf Vorname, Nachname, Ort, Straße und Telefon

$$\pi_{\text{Vorname, Nachname, Ort, Straße, Telefon}}(r(\text{Personen}) \bowtie r(\text{Pers\_Telefon}))$$

ergibt demnach die resultierende Relation aus Abbildung 4.5. Man sieht daran auch, daß man relationenalgebraische Operationen beliebig kombinieren kann, da jede Operation wieder eine Relation als Ergebnis liefert.

4 Datenbankmodelle für die Realisierung

Vorname	Nachname	Ort	Straße	Telefon
Andreas	Heuer	DBR	BHS	038203-12230
Andreas	Heuer	DBR	BHS	0381-498-3401
Andreas	Heuer	DBR	BHS	0381-498-3427
Gunter	Saake	MD	STS	0391-345677
Gunter	Saake	MD	STS	0391-5592-3800
Christa	Loeser	HD	TS	06221-400177

Abb. 4.5: Ergebnis des natürlichen Verbundes von `Personen` *und* `Pers_Telefon` *mit anschließender Projektion*

Mengenoperationen

Die üblichen Mengenoperationen *Vereinigung*, *Differenz* und *Durchschnitt* können in der Relationenalgebra auf Relationen angewendet werden, die das gleiche Relationenschema besitzen. Würden wir zwei Relationen über dem Relationenschema `Personen` in der Datenbank haben, so könnten wir die Tupelmengen unter Entfernung der Duplikate vereinigen.

Umbenennung

Diese Operation wird oft vergessen und auch unterschätzt. Dabei ist eine Relationenalgebra mit den bisherigen Operationen, aber ohne die Umbenennung, nicht "vollständig". Um zwei Relationenschemata etwa für eine Vereinigung kompatibel zu machen, oder um die zu verbindenden Attribute vor einem natürlichen Verbund zu verändern, ist die Umbenennung unbedingt erforderlich. Wollen wir zum Beispiel den `Ort` in `Personen` in `Wohnort` umbenennen, so können wir schreiben:

$$\beta_{\texttt{Wohnort} \leftarrow \texttt{Ort}}(r(\texttt{Personen}))$$

Die Relation r(`Personen`) bleibt unverändert, nur ihr Schema ändert sich.

Die Relationenalgebra ist nur ein Satz von Grundoperationen für das Relationenmodell. Einige zusätzliche Fähigkeiten bieten reale Anfragesprachen wie etwa die Standard-Datenbanksprache SQL, die in Kapitel 10 eingeführt werden.

Definition der Relationenalgebra

Möchte man den Begriff der *Relationenalgebra* nun genauer definieren, so müssen wir zunächst die algebraische Struktur, also die Trägermenge der Algebra und ihre Operationen, festlegen. Sieht man die Datenbank d zu einem bestimmten Zeitpunkt als fest an, so kann man durch die relationenalgebraischen Operationen Ω die Menge der Basisrelationen um virtuelle Relationen erweitern. Algebraisch gesehen ist d die Erzeugendenmenge, $[d]_{\Omega}$ das Erzeugnis unter den

Operationen aus Ω und damit die Trägermenge (die Menge aller virtuellen Relationen, die sich durch Ω aus d herleiten lassen) und $([d]_\Omega, \Omega)$ die Relationenalgebra mit den folgenden relationenalgebraischen Operationen.

- Die *Projektion* von $r(R)$ auf $X \subseteq R$ ist erklärt durch

$$\pi_X(r) := \{t(X) \mid t \in r\}.$$

- Die *Konstanten-Selektion* von $r(R)$ nach $X\theta x$ mit $X \subseteq R$, x X-Wert und $\theta \in \{<, \leq, =, \geq, >, \neq\}$ ist definiert als

$$\sigma_{X\theta x}(r) := \{t \mid t \in r \wedge t(X)\theta x\}.$$

- Die *Attribut-Selektion* von $r(R)$ nach $X\theta Y$ mit $X, Y \subseteq R$, und θ wie oben ist gegeben durch

$$\sigma_{X\theta Y}(r) := \{t \mid t \in r \wedge t(X)\theta t(Y)\}.$$

- Die *Selektion* ist eine Konstanten- oder Attribut-Selektion.

- Der *(natürliche) Verbund* von $r_1(R_1)$ und $r_2(R_2)$ ist erklärt durch

$$r_1 \bowtie r_2 := \{t \mid t(R_1 \cup R_2) \wedge [\forall i \in \{1,2\} \; \exists t_i \in r_i : t_i = t(R_i)]\}.$$

Speziell wird der Verbund im Fall $R_1 = R_2$ zum mengentheoretischen Durchschnitt, im Fall $R_1 \cap R_2 = \{\}$ zum sogenannten *kartesischen Produkt*[2].

- Die Mengenoperationen *Vereinigung*, *Differenz* und *Durchschnitt* sind für Relationen $r_1(R)$ und $r_2(R)$ wie üblich definiert als

$$
\begin{aligned}
r_1 \cup r_2 &:= \{t \mid t \in r_1 \vee t \in r_2\} \\
r_1 - r_2 &:= \{t \mid t \in r_1 \wedge t \notin r_2\} \\
r_1 \cap r_2 &:= \{t \mid t \in r_1 \wedge t \in r_2\},
\end{aligned}
$$

wobei die Operation Durchschnitt in einer minimalen (unabhängigen) Menge Ω überflüssig ist, da $r_1 \cap r_2 = (r_1 - (r_1 - r_2))$ gilt.

- Die *Umbenennung* β von $r(R)$, wobei A zu B umbenannt wurde, ist für $A \in R$, $B \notin R - \{A\}$, $R' := (R - \{A\}) \cup \{B\}$, $dom(A) = dom(B)$ erklärt durch

$$\beta_{B \leftarrow A}(r) := \{t' \mid \exists t \in r : t'(R - \{A\}) = t(R - \{A\}) \wedge t'(B) = t(A)\},$$

wobei B aus einer endlichen Obermenge $\mathcal{U}'$ des Universums $\mathcal{U}$ stammen kann.

Diese Operationen bilden die Menge Ω, wie sie in diesem Buch verwendet wird. Wir bezeichnen die Menge der relationenalgebraischen Ausdrücke, die Operationen aus Ω benutzen und auf die Datenbank d angewendet werden, mit $RA_\Omega(d)$.

---

[2]Das kartesische Produkt entspricht hier aufgrund der Reihenfolge-Unabhängigkeit der Attributwerte nicht dem kartesischen Produkt aus der klassischen Mengentheorie: $r \bowtie r'$ ist hier immer kommutativ.

4 Datenbankmodelle für die Realisierung

4.2 Netzwerkmodell und hierarchisches Modell

Das Netzwerkmodell und das hierarchische Datenmodell werden auch als Datenbankmodelle der ersten Generation bezeichnet. Sie sind echte Datenbankmodelle im Sinne unserer Begriffsbildung und sind weitgehend unabhängig vom Typsystem einer bestimmten Programmiersprache. Im Vergleich zu modernen Datenbankmodellen wie dem relationalen haben sie allerdings erhebliche Schwächen im Bereich der Datenunabhängigkeit und der Abstraktion von konkreten Speicherstrukturen.

4.2.1 Das Netzwerkmodell

Das *Netzwerkmodell* wurde 1971 von dem Normungsausschuß CODASYL-DBTG festgelegt und ist auch als CODASYL-Datenbankmodell bekannt. Vereinfacht ausgedrückt entspricht das Netzwerkmodell dem ER-Modell mit einigen Einschränkungen: Beziehungstypen sind ausschließlich zweistellig und funktional ("binär und 1:n"), und Beziehungstypen haben keine Attribute. Diese Einschränkungen waren unter anderem motiviert durch eine günstigere Implementierung. Genauer betrachtet weicht die Semantik insofern vom ER-Modell ab, daß im Netzwerkmodell durchgängig eine *Listensemantik* anstelle einer Mengensemantik verwendet wird.

Die Tabelle 4.2 stellt die Konzepte und Begriffe des ER-Modells den Entsprechungen im Netzwerkmodell gegenüber. Sofern zutreffend, werden auch die entsprechenden Konzepte des Relationenmodells den neuen Begriffen gegenübergestellt.

ER-Modell	Relationenmodell	Netzwerkmodell
Entity	Tupel	logical record
Entity-Typ	Relationenschema	Record-Typ
Attribut	Attribut	Feld
binärer 1:n-Beziehungstyp	Relation	Link oder auch *Set-Typ*

Tab. 4.2: Begriffe des Netzwerkmodells

Ein *Netzwerkschema* ist ein gerichteter Graph mit der Menge der Record-Typen als Knoten und den Set-Typen als Kanten. Die Kantenmenge wird dadurch bestimmt, daß (E_1, E_2) eine Kante im Netzwerkschema definiert, falls E_1 und E_2 in einer n:1-Beziehung stehen. Die gerichtete Kante geht in Richtung der Funktion der funktionalen Beziehung: Am Pfeilende steht der Record aus E_1, der mit mehreren anderen aus E_2 in Beziehung steht. *Vorsicht:* Die Pfeilrichtung wird von verschiedenen Autoren unterschiedlich gehandhabt!

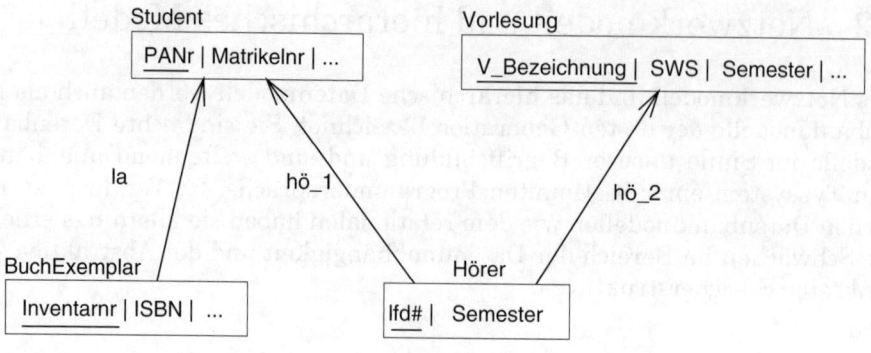

Abb. 4.6: Beispielschema im Netzwerkmodell

Abbildung 4.6 zeigt eine kleine Beispielmodellierung im Netzwerkmodell. Das Beispiel zeigt, daß eine n:m-Beziehung des ER-Modells, hier die Beziehung Hörer zwischen Vorlesung und Student, in einen neuen Record-Typ plus zwei Set-Typen hö_1 und hö_2 aufgelöst werden muß.

Abbildung 4.7 zeigt eine Datenausprägung zu dem Beispielschema in Abbildung 4.6. Die verschiedenen Set-Typen sind durch unterschiedliche Pfeiltypen (durchgezogen, gestrichelt, gepunktet) unterschieden.

Für eine konkrete Set-Ausprägung spricht man von dem *Besitzer*, engl. *Owner*, und den *Teilnehmern*, engl. *Members*. Da es sich um eine funktionale Beziehung handelt, gibt es jeweils genau einen Owner und beliebig viele (hier ist auch die Anzahl 0 enthalten!) Members für eine konkrete Set-Ausprägung.

Um über alle Datensätze eines Record-Typs iterieren zu können, wird für jeden Record-Typ eine spezielle Set-Ausprägung angelegt, bei der der Owner als System bezeichnet wird, und in der alle Datensätze als Members fungieren.

Dem Konzept der Set-Ausprägung liegt eine stark implementierungsnahe Betrachtungsweise zugrunde. Abbildung 4.8 zeigt einen Ausschnitt der in Abbildung 4.7 skizzierten Ausprägung mit detaillierter Realisierung der Verzeigerung. Diese Darstellung macht ein großes Manko des Netzwerkmodells deutlich: Dem Anwendungsprogrammierer ist diese Realisierung bewußt, ja, er muß sie sogar benutzen, um durch die Datenbank zu navigieren — die physische und logische Datenunabhängigkeit ist hier verletzt!

Abbildung 4.8 zeigt, daß für jeden Record ein Zeigerfeld für die Verkettung mit dem Owner System vorgesehen ist (im Bild jeweils das erste Feld) sowie ein weiteres Feld für jeden Set-Typ, an dem der Record-Typ beteiligt ist. Gezeigt werden in der Abbildung die Set-Ausprägungen, an denen der folgende Record des Record-Typs Student beteiligt ist:

'4242 | 123 | ...'

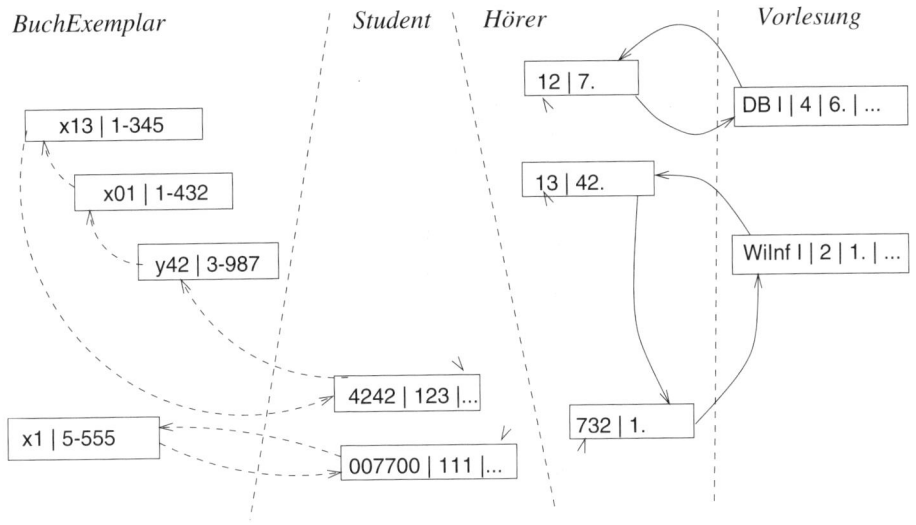

Abb. 4.7: Netzwerk von Datensätzen als Beispielausprägung im Netzwerkmodell

Simulation einer allgemeinen Beziehung

Das Netzwerkmodell kennt nur zweistellige funktionale Beziehungen. Wird eine Datenbank mittels des ER-Modells entworfen, stellt sich nun die Frage, wie beliebige k-stellige Beziehungen des ER-Modells auf derartige funktionale Beziehungen abgebildet werden können.

Eine k-stellige Beziehung kann wie folgt aufgelöst werden: Gegeben sei eine Relationship R zwischen den Entity-Typen $E_1, \ldots, E_k$. Zusätzlich zu den Record-Typen $T_1, \ldots, T_k$ wird ein neuer Record-Typ T mit nur einem Attribut erzeugt. Dieser neue Record-Typ wird auch als *Kett-Record-Typ* bezeichnet. Falls R selber Attribute hatte, werden diese ebenfalls T zugeschlagen. Danach erzeuge man Links $L_1, \ldots, L_k$ jeweils von T nach $T_1, \ldots, T_k$. Abbildung 4.9 verdeutlicht diese Vorgehensweise.

Die *Operationen* im Netzwerk werden wir im Zusammenhang mit der Anwendungsprogrammierung für Netzwerkdatenbanken in Abschnitt 11.1 intensiver diskutieren. Im wesentlichen existieren Selektionsoperationen für Record-Typen ('Suche alle Studenten, die in Rostock wohnen') sowie Befehle zum Verfolgen von Links in beiden Richtungen ('Suche alle Vorlesungen eines Professors'). Mit Hilfe letzterer Operation werden komplexere Anfragen durch "Navigieren" im Netzwerk bearbeitet.

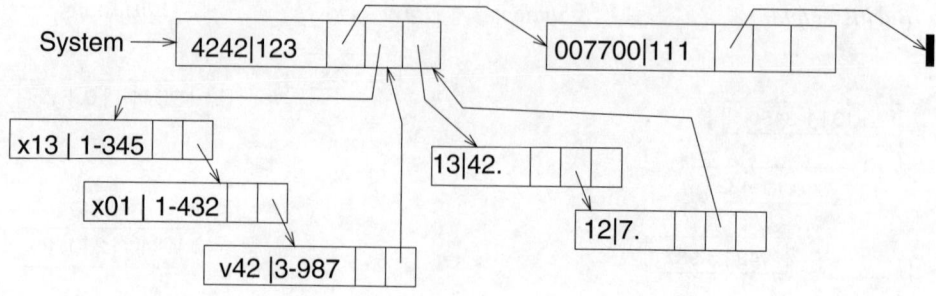

Abb. 4.8: Detaildarstellung eines Ausschnitts der Beispielausprägung aus Abbildung 4.7 im Netzwerkmodell

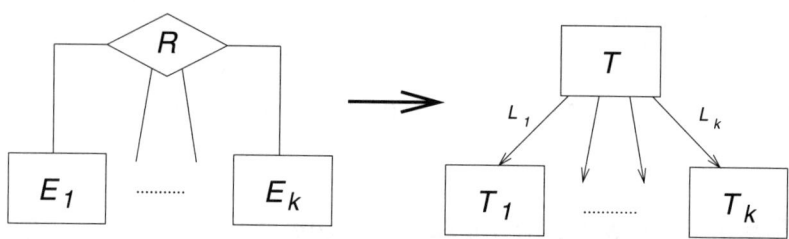

Abb. 4.9: Abbildung einer k-stelligen Beziehung des ER-Modells im Netzwerkmodell

4.2.2 Das hierarchische Modell

Das *hierarchische Datenbankmodell* wurde von IBM 1969 mit dem System IMS eingeführt und ist das kommerziell erfolgreichste Datenbankmodell der ersten Generation. Noch auf Jahrzehnte hinaus werden große Datenbestände, deren Fundamente in den 70er Jahren gelegt wurden, hierarchisch organisiert sein.

Eine *Hierarchie* ist ein Netzwerkschema, das ein Wald ist ('Menge von Bäumen'). Die Links zeigen jeweils vom Nachfolger zum Vorgänger. Eine Hierarchie kann natürlich keine allgemeinen Beziehungen darstellen, so daß sogenannte "virtual records" ('Zeiger') eingeführt werden müssen, um die Baumstruktur zu durchbrechen. Abbildung 4.10 zeigt die Umsetzung des Netzwerkschemas aus Abb. 4.6 in eine derartiges hierarchisches Schema.

Die Datenbankausprägungen im hierarchischen Datenmodell können als hierarchisch aufgebaute Dateien aufgefaßt werden oder alternativ als Bäume, in denen die Söhne jeweils sequentiell verzeigert sind. Abbildung 4.11 zeigt im Überblick eine derartige Speicherstruktur. Die oberste Ebene wird wie im

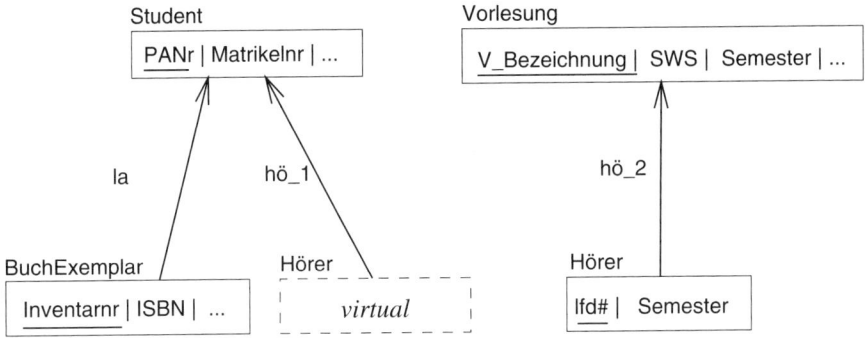

Abb. 4.10: Umsetzung des Beispielschemas in das Hierarchische Datenmodell

Netzwerkmodell sequentiell verkettet. Im Beispiel hat die oberste Ebene zwei Unterhierarchien, wobei die zweite wiederum unterstrukturiert ist.

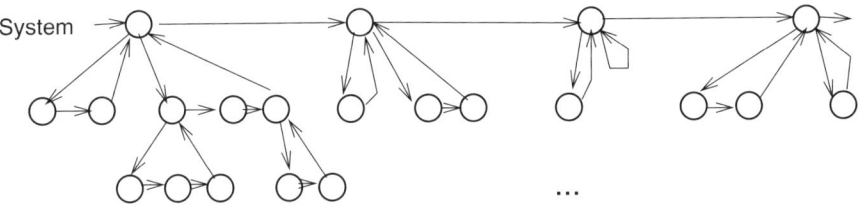

Abb. 4.11: Skizzierung der Speicherstrukturen im Hierarchischen Datenmodell

Für die Darstellung in Abbildung 4.11 wurde eine Verkettung analog zum Netzwerkmodell gewählt. Die interne Realisierung folgt nicht unbedingt dieser Darstellung, sondern kann auf sequentieller Abspeicherung beruhen, wie sie in Abbildung 11.2 im Kapitel 11.1 auf Seite 455 zur Erläuterung des Navigierens in hierarchischen Datenbanken dargestellt wird.

Die Operationen in Hierarchien sind noch einfacher als im Netzwerkmodell: Die wesentliche Operation ist der Durchlauf durch einen Baum *ausschließlich* von oben nach unten bzw. bei Söhnen oder Töchtern einer Ebene von links nach rechts. Diese Operationen lassen sich sehr effizient implementieren, was ein Grund für die immer noch große Beliebtheit dieses Modells in der Praxis ist.

4.3 Erweiterte relationale und semantische Modelle

Das relationale Datenmodell hat eine einfache, klare formale Grundlage, aber auch beschränkte Ausdrucksfähigkeiten in der Datenstrukturierung. Insbesondere hierarchisch zusammengesetzte Strukturen müssen "flach" realisiert werden. In diesem Abschnitt diskutieren wir Erweiterungen des Relationenmodells um strukturierte Attributwerte in sogenannten geschachtelten Relationen sowie semantische Datenmodelle, die weitere Konzepte zu diesen Ansätzen hinzufügen.

Geschachtelte Relationen: Das NF²-Modell

Im relationalen Datenmodell müssen alle Daten in Relationen mit unstrukturierten Attributwerten vorliegen. Wahrend der Diskussion des ER-Modells und seiner Erweiterungen hatten wir bereits Beispiele präsentiert, in denen komplexe Attributwerte modelliert wurden. Insbesondere tupel- und mengenwertige Attributwerte werden sogar für das einfache ER-Modell als naheliegende Erweiterung angesehen. Derartige strukturierte Attributwerte müssen im Relationenmodell simuliert werden: Alle Relationen liegen in der ersten Normalform (1NF) vor; Attributwerte sind atomar und von der Relationenalgebra "nicht weiter zerlegbar".

Eine Lösung dieser Einschränkung ist die Erweiterung auf das Modell der *geschachtelten Relationen*. Im Englischen werden geschachtelte Relationen als *nested relations* oder als NF² relations bezeichnet. NF² steht hierbei für *Non First Normal Form (NFNF)*, also nicht in der ersten Normalform vorliegende Relationen. Wir bezeichnen geschachtelte Relationen ebenfalls kurz als *NF²-Relationen*.

NF²-Relationen erlauben komplexe Attributwerte in dem Sinne, daß Attribute selbst wieder Relationen sein können. Ein Beispiel für eine NF²-Relation wird in Abbildung 4.12 gezeigt. Das Attribut `Belegschaft` enthält hier jeweils einige `Mitarbeiter`-Daten zum jeweiligen Fachbereich als Untertabelle. Die `Mitarbeiter`-Daten umfassen wiederum eine (einspaltige) Untertabelle mit Telefonnummern.

Ein geschachteltes Relationenschema kann als naheliegende Erweiterung des "flachen" Falls als Menge von Attributen

$$R = \{A_1, \ldots, A_n\}$$

definiert werden, die entweder dom(A_i) $\in \mathcal{D}$ ($\mathcal{D}$ Wertebereiche zu Standard-Datentypen) oder selbst wieder (rekursiv) durch eine Menge von Attributen bestimmt sind:

$$A_i = \{A_{i_1}, \ldots, A_{i_m}\}$$

Auch die restlichen Definitionen des Relationenmodells können auf den geschachtelten Fall übertragen werden.

Fachbereich	Belegschaft			
	PANr	Nachname	Telefone Telefon	Gehalt
Informatik	4711	Heuer	038203-12230 0381-498-3401 0381-498-3427	6000
	5588	Saake	0391-345677 0391-5592-3800	6000
	7754	Möller		550
	8832	Jagellovsk		2800
Mathematik	6834	Korn		750

Abb. 4.12: Beispiel für eine NF²-Relation

Auch die Relationenalgebra muß um neue Operationen erweitert werden. In Abschnitt 8.2.3 wird eine NF²-Algebra vorgestellt. Hier sei nur erwähnt, daß insbesondere zwei zusätzliche Operationen zum Schachteln ν (Nestung) und Entschachteln μ (Entnestung) von Relationen benötigt werden.

Ein Beispiel für einen Prototyp, der NF²-Relationen realisiert, ist das an der Universität Darmstadt (später ETH Zürich) in der Gruppe von Schek entwickelte DASDBS-System [SPSW90].

PNF-Relationen

Die beliebige Schachtelung von Relationen kann zu unübersichtlichen und fehlerträchtigen Relationen führen, in denen Mengen von Mengen simuliert werden, die keine direkte Entsprechung im flachen Relationenmodell finden. Eine wichtige Teilklasse sind deshalb die sogenannten *PNF-Relationen*. PNF-Relationen können immer entschachtelt durch eine äquivalente 1NF-Relation dargestellt werden.

PNF steht für *Partitioned Normal Form*. Relationen in PNF haben auf *jeder* Stufe der Schachtelung einen flachen Schlüssel. Abbildung 4.13 zeigt links eine geschachtelte Relation in PNF, bei der auf der obersten Ebene das Attribut A Schlüssel ist. Die rechte Relation ist nicht in PNF — auf der obersten Ebene gibt es gar keine atomaren Attribute, und damit erst recht keinen flachen Schlüssel.

Abbildung 4.14 zeigt die "flache" Realisierung der PNF-Relation aus Abbildung 4.13.

Verallgemeinerte geschachtelte Relationen

Das Modell der geschachtelten Relationen erlaubt mehrere mögliche Verallgemeinerungen. In NF²-Relationen ist der Basiskonstruktor die *Relation*, die in üblichen Typsystemen dem Konstrukt **set of tuple of ...** entspricht. Die möglichen Typkonstruktoren können neben den Konstruktoren **set of** und **tuple of** um Listen mittels **list of**, Multimengen mittels **bag of** oder Ar-

A	D	
	B	C
1	2	3
	4	2
2	1	1
	4	1
3	1	1

PNF-Relation:

Nicht PNF:

A	C
B	D
1	2
2	3
1	3
2	4

Abb. 4.13: Beispiel für geschachtelte Relation in PNF und Gegenbeispiel

Entnestete Fassung der PNF-Relation:

A	B	C
1	2	3
1	4	2
2	1	1
2	4	1
3	1	1

Abb. 4.14: Flache Darstellung der geschachtelten PNF-Relation aus Abbildung 4.13

rays mittels **array of** ergänzt werden. Diese Typkonstruktoren können beliebig kombiniert werden, so daß etwa **set of bag of integer** erlaubt ist.

Das resultierende Datenmodell wird als *erweitertes NF^2-Modell* bezeichnet, kurz eNF^2-Modell. Dieses Modell wird etwa von dem am Wissenschaftlichen Zentrum Heidelberg der IBM entwickelten Prototypen AIM-P realisiert [PT86, DL89, PD89].

Bei den bisherigen Erweiterungen müssen nicht-hierarchische Beziehungen über Wertevergleiche wie im flachen Relationenmodell realisiert werden. Eine weitere mögliche Erweiterung ist ein abstrakter Datentyp, der Referenzen auf Tupel aufnehmen kann. Mit dieser Erweiterung kann das formale Modell geschachtelter Relationen um Referenzen erweitert werden, die verzeigerte Strukturen möglich machen. Als Konsequenz entsprechen Attribute allgemeinen Funktionen, die auch "Objekte" als Werte annehmen können.

Semantische Datenmodelle

Geschachtelte Relationen und ihre Erweiterungen bieten bereits ausreichende Möglichkeiten, strukturierte Informationen durch geeignete Datentypkonstruktoren zu modellieren. Unter *semantischen Datenmodellen* versteht man Datenmodelle, die noch weitere Abstraktionskonzepte unterstützen. Hier sind insbesondere Generalisierung und Spezialisierung zu nennen, wie wir sie im EER-Modell kennengelernt haben. Semantische Datenmodelle sind näher an den Abstraktionskonzepten, die für die Modellierung von Anwendungsgebie-

4 Datenbankmodelle für die Realisierung

ten benötigt werden, da sie entsprechende Abstraktionskonzepte unterstützen. Teilweise ist der Übergang zu Wissensrepräsentationssprachen fließend.

Es gibt keine allgemein akzeptierten Kriterien, wann ein Datenmodell den semantischen Datenmodellen zuzurechnen ist. Die Datenmodelle der klassischen kommerziellen DBS gehören sicher nicht hierzu, aber das ER-Modell wird oft bereits zu den semantischen Datenmodellen gezählt — und erst recht seine Erweiterungen.

Funktionale Datenmodelle kommen mit sehr wenigen Grundkonzepten aus. Alle Anwendungsobjekte werden mit Entity-Typen und Funktionen modelliert. Eine Funktion bildet ein Entity auf eine Menge anderer Entities ab. Funktionen können

- abgeleitete Funktionen (zur Berechnung von Entities),

- zusammengesetzte Funktionen (die die Hintereinanderanwendung ermöglichen) und

- Sichten

darstellen. Funktionen ohne Argumente definieren die Entity-Typen selbst oder können IST-Beziehungen darstellen. Inverse können gebildet werden und Funktionen können auch überladen werden.

Das *IFO-Modell* von Abiteboul und Hull [AH87] ist die Weiterentwicklung funktionaler Modelle. IFO steht für IST-Beziehungen, Funktionen und Objekttypen. Neben den aus den funktionalen Modellen bekannten Funktionen und elementaren Typen werden in IFO auch noch Typkonstruktoren und explizite IST-Beziehungen angeboten. Die Definition der Schemata beinhaltet eine formale Semantik und Kriterien für die Korrektheit eines Schemas. Etwa sind Zyklen in IST-Beziehungen durch Zusatzbedingungen ausgeschlossen.

Ein bekanntes semantisches Datenmodell ist SDM von Hammer und McLeod [HM81]. Im Gegensatz zu funktionalen Modellen und IFO bietet SDM viele, teilweise auch redundante Konzepte zur Modellierung an.

Vergleichende Artikel über semantische Datenmodelle sind etwa [HK87, PM88]; einen Überblick gibt Heuer in [Heu97, Kapitel 3].

4.4   Objektorientierte Modelle inkl. ODMG

Objektorientierte Datenbankmodelle sind nun die konsequente Weiterentwicklung semantischer und geschachtelt relationaler Modelle. Von den geschachtelt relationalen Modellen werden wir insbesondere die Typkonstruktoren **set of**, **tuple of** und **list of**, von den semantischen Modellen die bereits aus dem EER-Modell bekannten Konzepte wie Spezialisierung, Generalisierung und objektwertige Attribute übernehmen.

In diesem Abschnitt werden wir zunächst die Konzepte objektorientierter Datenbanken vorstellen. Danach werden wir zur Verdeutlichung einen Teil des Universitätsbeispiels in zwei objektorientierten Modellen darstellen: das O$_2$-Modell als Vertreter der kommerziellen Systeme, das EXTREM-Modell als Modell aus dem Bereich der Forschung. Am Ende dieses Abschnitts werden wir auf die Unterschiede zum "Quasi-Standard" objektorientierter Datenbankmodelle, dem ODMG-Standard, eingehen.

4.4.1 Konzepte objektorientierter Datenbanken

Objektorientierte Datenbankmodelle erweitern die klassischen Datenbankmodelle einerseits

- um mehr Konzepte zur besseren Darstellung der Struktur von Anwendungsobjekten, etwa

    - *komplexe Werte*, die mit Typkonstruktoren wie **set of**, **tuple of** und **list of** beschrieben werden können,

    - *Objektidentität*, durch die die gespeicherten Objekte von Werten, die sie besitzen, unterschieden werden können,

    - *Vererbung* von Attributen (und den noch einzuführenden Methoden) zwischen Objekttypen, die in einer IST-Beziehung stehen, sowie

- andererseits um mehr Konzepte zur Darstellung objektspezifischer Operationen, etwa *Methoden*, bei denen neben der Strukturbeschreibung der Anwendungsdaten auch noch die Operationen festgelegt werden, mit denen die Anwendungsdaten (nur) manipuliert werden dürfen.

Ein Beispiel für solche objektspezifischen Operationen wollen wir anhand des Entity-Typs Student angeben.

Beispiel 4.6 Im Relationenmodell sind auf den Tabellen, die zum Entity-Typ Student gehören, die Operationen Einfügen, Ändern und Löschen von Tupeln erlaubt. Diese Operationen funktionieren auf der Tabelle Studenten genauso wie auf der Tabelle Bücher oder der Tabelle Ausleihe. Die Operationen sind auch mit jedem Tupel der beteiligten Tabellen erlaubt.

In objektorientierten Modellen können Operationen speziell für jeden Objekttyp definiert werden. Im Fall des Objekttyps Student sind dies Operationen wie die Immatrikulation, die Exmatrikulation und das Prüfung_ablegen. Von dem Objekttyp Person könnten Methoden wie Name_ändern und Adresse_ändern geerbt werden. Andere Änderungsoperationen werden durch die mögliche *Einkapselung* der Typstruktur vor den ausführbaren Operationen nicht erlaubt. Beispielsweise kann die Matrikelnummer eines Studenten ohne entsprechende Methode nicht verändert werden, was in diesem Fall auch nicht wünschenswert ist.   □

Modelle und Systeme

Ein theoretisch fundiertes objektorientiertes Datenbankmodell ist das von Beeri [Bee89, Bee90]. Es besteht aus einem Strukturteil, einem Operationenteil und zusätzlichen höheren Konzepten. Der Strukturteil umfaßt die Konzepte

- Typen und Typkonstruktoren,
- Objektidentität,
- Klassen und
- Strukturvererbung (oder Klassen- und Typhierarchie).

Der Operationenteil beinhaltet (wie bei jedem Datenbankmodell)

- Anfrageoperationen und
- Änderungsoperationen.

Höhere Konzepte sind

- Metaklassen,
- Methoden,
- Vererbung und Overriding von Methoden sowie die
- Einkapselung.

Objektorientierte Datenbanksysteme (OODBSs) sind kommerziell seit 1987 verfügbar. Das Modell von Beeri und eine Kriterienliste für OODBSs (das Manifesto [ABD+89]) sind jedoch erst 1989 veröffentlicht worden. OODBSs gibt es in unterschiedlichen Entwicklungsrichtungen als:

- Erweiterung objektorientierter Programmiersprachen (OOPLs) (etwa GemStone, ObjectStore, POET und andere),
- Erweiterung relationaler Datenbanksysteme (etwa POSTGRES, Illustra, Uni-SQL, OpenODB und andere),
- Neuentwicklungen (etwa O_2, Jasmine von Computer Associates, ITASCA und andere).

Die Erweiterungen objektorientierter Programmiersprachen bauen auf Programmiersprachen-Datenmodellen von C++, SMALLTALK und Java auf. Die relationalen Erweiterungen basieren auf dem Relationenmodell und fügen Objektidentität und Methoden (POSTGRES) oder eine komplette objektorientierte Benutzungsschicht (OpenODB) hinzu. Die Spitze dieser Entwicklungsrichtung, die *objektrelationalen Datenbanksysteme*, werden im nächsten Abschnitt noch getrennt behandelt. Die Neuentwicklungen benutzen ein von Grund auf neu entwickeltes objektorientiertes Datenbankmodell. Die Modelle von O_2 [BDK92] und dem Universitätsprototypen OSCAR [HFW90] werden im nächsten Unterabschnitt noch erläutert. Die folgenden Paragraphen fassen einige Eigenschaften des Strukturteils, des Operationenteils und der höheren Konzepte zusammen.

Strukturteil

Der Strukturteil sollte zunächst

- Standard-Datentypen wie *integer* und *string* sowie

- *Typkonstruktoren* wie **set of** und **tuple of**

bereitstellen. Weiterhin wird die *Objektidentität* gefordert. Objektidentifikatoren

- werden für jedes in der Datenbank befindliche Objekt vom System vergeben,

- sind eindeutig,

- im Laufe der Lebenszeit eines Objektes unveränderbar und

- für den Benutzer unsichtbar.

Das Relationenmodell gilt dagegen als *wertorientiertes Modell*. Anwendungsobjekte werden nur über ihre Werte dargestellt. Man kann im Relationenmodell ein Objekt durch einen Schlüsselwert eindeutig identifizieren. Da sich jedoch Schlüsselwerte ändern können (etwa das KFZ-Kennzeichen eines Autos), ist die Identifikation nur temporär gültig. Wenn sich der Schlüsselwert ändert, müssen alle Verweise auf dieses Objekt über Fremdschlüssel auch geändert werden. Die Objektidentität löst dieses Problem. Eine genauere Unterscheidung, was ein Objekt und was ein Wert ist, wird in Unterabschnitt 5.3.3 gegeben.

Der Strukturteil beinhaltet weiterhin Klassen. *Klassen* fassen Objekte mit ähnlichen Eigenschaften zusammen und beschreiben

- den mit Standard-Datentypen und Typkonstruktoren gebildeten *Zustandstyp* der Objekte, den *Objektvorrat* (Menge der vorgesehenen Objektidentitäten) und einen *Objektbehälter* (Menge der aktuell vorhandenen Objekte) sowie

- die *Methoden*, mit denen Objekte einer Klasse manipuliert werden können.

Der Objektvorrat wird auch als *abstrakte Domäne*, der Objektbehälter auch als *Instanz* (wie im Datenbankbereich üblich) oder *Extension* (wie im Programmiersprachenbereich üblich) bezeichnet. Objektidentitäten aus der Extension werden also Werte aus dem Zustandstyp der Klasse als Zustand zugeordnet: Durch diese Werte, die meist Tupelwerte sind, werden die Objekte näher beschrieben.

Klassen können in verschiedenen Beziehungen zueinander stehen. In objektorientierten Modellen sind die *Komponenten-Beziehung* und die *Is-a-Beziehung* üblich. Letztere ähnelt der IST-Beziehung des ER-Modells.

- Komponenten-Beziehungen beschreiben objektwertige Attribute. So ist Verlage Komponentenklasse der Klasse Bücher, da Bücherobjekte durch Verlage näher beschrieben werden und deshalb Verlag als objektwertiges Attribut besitzen sollen.

- Is-a-Beziehungen gibt es in objektorientierten Modellen in mehreren Ausprägungen:

  – Die *Klassenhierarchie* bedeutet, daß die Objektmenge (Extension) der Unterklasse eine Teilmenge der Objektmenge der Oberklasse ist. Es wird also eine Inklusionsbedingung zwischen den Extensionen definiert. Diese Interpretation deckt sich mit den klassischen Datenbankmodellen und findet sich in den theoretisch fundierten objektorientierten Datenbankmodellen wieder.
  Die Objektmenge der Klasse Studenten ist etwa eine Teilmenge der Personen-Objektmenge.

  – Die *Typhierarchie* oder *Subtyp-Beziehung* bedeutet, daß der Typ der Unterklasse mehr Eigenschaften hat als der Typ der Oberklasse. Bei Tupeltypen gibt es also beim Untertyp mehr Komponenten. Diese Interpretation deckt sich mit theoretisch fundierten objektorientierten Programmiersprachen-Modellen [CW85].
  Beispielsweise hat der Typ Student neben den Eigenschaften des Typs Person auch noch Matrikelnummer und Studienfach.

  – Die *Implementierungshierarchie* entstammt der objektorientierten Programmierpraxis und ist in Datenbankmodellen nicht zu gebrauchen. Hier erbt die Unterklasse Attribute, Methoden und insbesondere deren Implementierungen. Diese können in der Unterklasse genutzt, redefiniert oder auch ausgeblendet werden.

Während in theoretisch fundierten Modellen die Klassen- und Typhierarchie verwendet wird, gilt in den auf Programmiersprachen basierenden kommerziellen Systemen die Typ- und Implementierungshierarchie.

Operationen und höhere Konzepte

Als Basisoperationen, die zu den Konzepten des Datenbankmodells gehören, werden in objektorientierten Datenbanksystemen meist nur sehr wenige angeboten:

- Bei Anfrageoperationen sind Selektionen im Objektbehälter einer Klasse beziehungsweise *Pfadausdrücke* zu Komponenten dieser Klasse möglich (also spezielle Verbunde). Mit letzteren kann man etwa durch auf den Sitz des Verlages eines Buchs zugreifen, ohne wie im Relationen-modell einen Verbund formulieren zu müssen.

- Als Änderungsoperationen gibt es im wesentlichen das Erzeugen und Lö-schen von Objekten und das Ändern des Zustands eines Objektes. Weitere Änderungsoperationen wie die Objektmigration werden noch weiter unten behandelt.

In *objektorientierten Anfragesprachen*, die in Systemen wie O_2, OpenODB und OSCAR angeboten werden, hat man weitaus mehr Möglichkeiten, die noch ge-nauer in Unterabschnitt 10.2.4 erläutert werden.

Von den höheren Konzepten wollen wir hier insbesondere auf die Methoden und ihre Vererbung eingehen. Methoden sind klassenspezifische Operationen, die auf alle Objekte der Klasse anwendbar sind. Teilweise können Methoden auch objektspezifisch definiert sein (*Ausnahmen*).

Methoden werden wie Attribute von Ober- zu Unterklassen vererbt. Nor-malerweise wird dabei die Schnittstelle der Methode, also ihre Ein- und Aus-gabeparameter, und ihre Implementierung unverändert übernommen. Objekt-orientierte Systeme können jedoch die Implementierung einer Methode bei der Vererbung noch verändern. Diesen Prozeß nennt man *Overriding*. Das System wählt dann selbständig zur Laufzeit die passende Implementierung aus, je nachdem, welches Objekt aus welcher Klasse diese Methode nun aufruft. Dieser Vorgang wird als *dynamisches* oder *spätes Binden* bezeichnet.

"Definition" eines OODBS

Bevor wir die obigen Begriffe mit Beispielen unterlegen, geben wir noch kurz die "Definition" eines OODBS an. Ein objektorientiertes Datenbanksystem ist ein System, das

- auf einem objektorientierten Datenbankmodell mit Strukturteil, Operatio-nenteil und höheren Konzepten basiert,

- auf der konzeptuellen Ebene durch neue Datentypen und neue Funktionen erweiterbar ist,

- weitere Datenbank-Eigenschaften besitzt wie

  - Persistenz (Objekte sollen dauerhaft gespeichert werden können),
  - Speicherungsstrukturen und Zugriffspfade,
  - Transaktionen und Concurrency-Control-Komponenten sowie
  - Recovery-Mechanismen

- und neben den Operationen des Operationenteils (Anfrage- und Datenmanipulationssprache) auch eine komplette Programmierumgebung beinhaltet.

4.4.2 Ein objektorientiertes Datenbankmodell

Am Beispiel des O_2-Modells [BDK92] und des EXTREM-Modells [Heu89] werden wir nun die obigen Begriffe am Universitätsbeispiel verdeutlichen. Das O_2-Modell ist unter den kommerziell verwendeten Modellen eines der "orthogonalsten". Es hat eine ansprechende textuelle Notation und ist zwar programmiersprachlich geprägt, jedoch noch unabhängig von konkreten OOPLs wie C++ und SMALLTALK. Das EXTREM-Modell hat eine anschauliche graphische Notation und enthält alle oben erläuterten Konzepte, etwa auch die Klassen- und Typhierarchie. Es ist eine Weiterentwicklung semantischer Datenbankmodelle und fungiert als das Datenmodell des OSCAR-Systems.

Ein mit Typen und Typkonstruktoren gebildeter Objekttyp für eine Menge von Personen ist etwa:

```
set of(tuple of(PANr: integer,
                Name: tuple of(Vorname: string,
                               Nachname: string),
                Adresse: tuple of(PLZ: integer,
                                  Ort: string,
                                  Straße: string,
                                  Hausnummer: integer),
                Telefone: set of(Telefon: string),
                Geburtsdatum: date))
```

Im wesentlichen haben wir hiermit verallgemeinerte geschachtelte Relationen oder komplexe Werte erreicht. Man beachte, daß die Definition des Objekttyps Person nun im Gegensatz zum Relationenmodell und Standard-ER-Modell geschlossen möglich ist. Der gleiche Objekttyp wird in der graphischen EXTREM-Notation in Abbildung 4.16 angegeben. In Abbildung 4.15 findet sich die dazugehörige Legende für die graphischen Symbole des Modells.

Die graphische Notation für Klassen ist ein schwarz ausgefüllter Kreis, Komponentenklassen werden durch einen weiß ausgefüllten Kreis dargestellt. Eine EXTREM-Deklaration der Klasse Bücher findet sich in Abbildung 4.17. Hier wird der Klasse Bücher zunächst ein komplexer Zustandstyp zugeordnet, den wir Buch nennen könnten. Dieser Zustandstyp ist üblicherweise ein Tupeltyp, hier bestehend aus sechs Komponenten. Drei mengenwertige Attribute Autoren, Versionen und Stichworte können direkt dargestellt werden. Dem objektwertigen Attribut Verlag muß als Komponentenklasse noch die Klasse Verlage zugewiesen werden (siehe [Heu97] für eine genauere Darstellung).

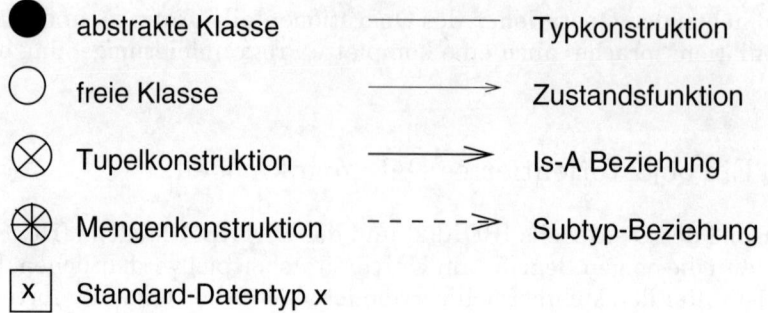

Abb. 4.15: *Legende zur graphischen Notation von Datenbankschemata im objektorientier-*
ten Datenbankmodell

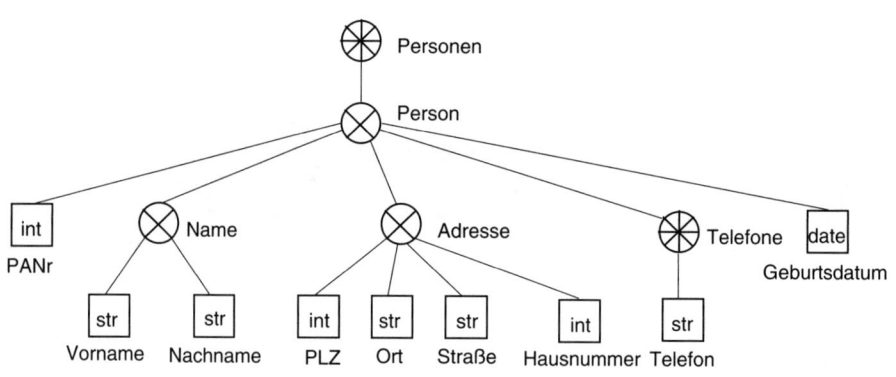

Abb. 4.16: Definition eines komplexen Objekttyps am Beispiel Personen

Die Instanz oder Extension der Klasse kann nun auch wieder tabellarisch als *Objektrelation* dargestellt werden. Eine Objektrelation besitzt eine ausgezeichnete erste Spalte, die die Objektidentitäten aufnimmt. Als weitere Spalten werden die Komponenten des Zustandstyps in die Objektrelation aufgenommen. Objektwertige Attribute enthalten auch hier die Objektidentitäten der Komponentenobjekte. Ein Ausschnitt aus der Bücher-Objektrelation ist die folgende Tabelle:

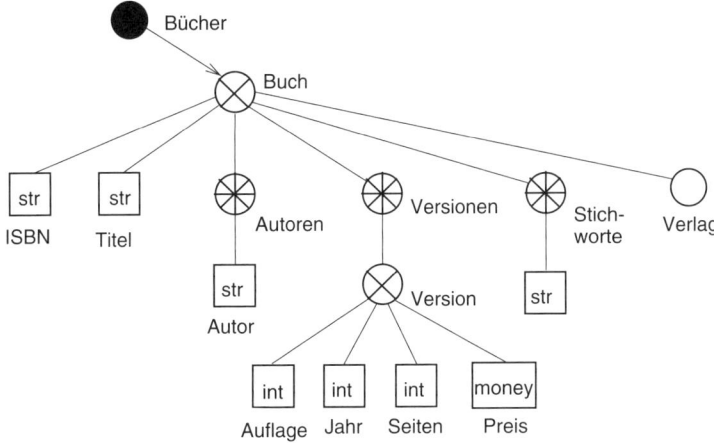

Abb. 4.17: Deklaration der Klasse Bücher *im objektorientierten Datenbankmodell*

Bücher	ISBN	Titel	Verlag	Autoren	Stichworte	...
				Autor	Stichwort	
α_1	3-89319-175-5	DB2	β_1	Vossen Witt	RDB	...
α_2	0-8053-1753-3	Princ. of DBS	β_2	Elmasri Navathe	RDB Lehrbuch ER	...
...	...	...	...	...	...	...

Die α_i stellen dabei Objektidentitäten für Bücher-Objekte und die β_i diejenigen ihrer Komponentenobjekte (Verlage) dar.

In der graphischen EXTREM-Notation wollen wir nun einen Unterschied zwischen den Programmiersprachen-Datenmodellen und den Datenbankmodellen aufzeigen. Es geht hier um den Unterschied zwischen der Typhierarchie und der Klassenhierarchie am Beispiel von Personen, Studenten und Mitarbeiter (siehe Abbildung 4.18).

Beispiel 4.7 Modelliert man die Beziehung zwischen den Klassen Personen, Studenten und Mitarbeiter mit der Klassenhierarchie oder der IST-Beziehung des ER-Modells, so werden Studenten und Mitarbeiter als parallele Unterklassen von Personen modelliert. Dies ist in Abbildung 4.18 a) geschehen, wobei wir den Zustandstyp jeder Klasse auf nur jeweils ein Attribut eingeschränkt haben.

Die Klasse Personen ist hierbei als *abstrakte Klasse* im Sinne von [Heu97] eingeführt worden. Das bedeutet, daß dieser Klasse ein Objektvorrat zugeordnet wird. Die *freien Klassen* Studenten und Mitarbeiter werden ohne expliziten Objektvorrat eingeführt, da sie diesen von der Personen-Klasse erben.

Gültige `Studenten` sind beispielsweise eine Teilmenge von `Personen`. Ein Objekt, etwa ein Student, kann also in mehreren Klassen auftauchen, vielleicht sogar in allen drei beteiligten Klassen. Jedes Objekt kann dann mehrere lokale Zustände besitzen, beispielsweise eine `Matrikelnummer` als Student und einen `Namen` als Person, die konkateniert den Gesamtzustand ergeben. Ein Objekt kann die Klasse wechseln (etwa vom Studenten zum Mitarbeiter werden).

Modelliert man die gleiche Beziehung mit der Typhierarchie der Programmiersprachenwelt (siehe Abbildung 4.18 b), so reichen die drei Klassen nicht aus. Jedes Objekt darf nur in einer Klasse auftauchen, eine Person also in der `Personen`-Klasse und eine Person, die gleichzeitig Student ist, in der `Studenten`-Klasse. Da ein Mitarbeiter gleichzeitig Student sein kann, müssen wir innerhalb der Typhierarchie einen vierten Typ `StudentenUndMitarbeiter` einführen. In vielen Systemen ist außerdem ein Wechsel eines Objektes zwischen den Klassen nicht möglich. Jedes Objekt hat genau einen Typ: den Zustandstyp der Klasse, der es angehört. Diese *Objektmigration* kann man jedoch mit der Typhierarchie vereinbaren, da das Objekt jeweils an einer anderen Position in der Typhierarchie eingeordnet werden kann. Objektmigratoren zählen dann zu weiteren Änderungsoperationen in objektorientierten Datenbankmodellen. □

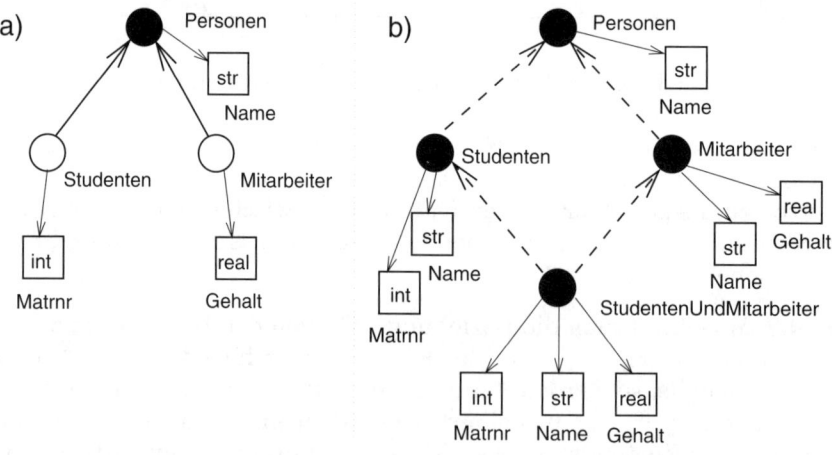

Abb. 4.18: Vergleich zwischen Klassenhierarchie a) und Typhierarchie b)

Ein Beispiel im O_2-Modell

Modellieren wir einen Ausschnitt des Universitätsbeispiels nun im O_2-Modell. Zunächst einmal führen wir die Klasse `Personen` mit dem zugehörigen Zustandstyp ein.

```
class Personen
     type tuple(PANr: integer,
               Name: tuple(Vorname: string,
                          Nachname: string),
               Adresse: tuple(PLZ: integer,
                             Ort: string,
                             Straße: string,
                             Hausnummer: integer),
               Telefone: set(Telefon: string),
               Geburtsdatum: date)
```

Die Klasse `Studenten` ergänzen wir um zwei objektwertige Attribute `Vater` und `Mutter` der Komponentenklasse `Personen`. Diese Klasse wird mit der **inherits**-Klausel als Unterklasse der `Personen`-Klasse definiert. O_2 folgt dabei der Semantik der Typhierarchie.

```
class Studenten inherits Personen
     type tuple(Matrikelnummer: integer,
               Studienfach: string,
               Vater: Personen,
               Mutter: Personen,
               Zeugnis: set(tuple(Fach: string,
                                  Note: real)))
```

Wir ergänzen nun die Definition der Klasse `Studenten` um eine Methode `Zur_Verfügung`, die das jedem Studenten zur Verfügung stehende Geld ermitteln soll. Innerhalb der Klassendefinition wird hierbei nur die Methodenschnittstelle, also die Ein- und Ausgabeparameter, spezifiziert.

```
class Studenten inherits Personen
     type tuple(Matrikelnummer: integer,
               Studienfach: string,
               Vater: Personen,
               Mutter: Personen,
               Zeugnis: set(tuple(Fach: string,
                                  Note: real)))
     method Zur_Verfügung: money
```

Die spezifizierte Methode hat in diesem Fall nur einen Ausgabeparameter, berechnet also Werte vom Datentyp *money*. Die Methoden-Implementierung wird getrennt von der Definition der Klasse angegeben. Da die Methode `Zur_Verfügung` auch in den Klassen `Personen` und `Mitarbeiter` spezifiziert sein soll, geben wir in der **method body**-Klausel an, zu welcher Klasse diese Implementierung gehört. Bei Mitarbeitern könnte etwa das Gehalt in die Berechnung des Methodenergebnisses mit eingehen.

> **method body** Zur_Verfügung: *real* **in class** Studenten
> { **return** (**self** → Vater → Zur_Verfügung
> + **self** → Mutter → Zur_Verfügung)
> * 0.1 }

self beschreibt das die Methode aufrufende Objekt. Ist dieses Objekt ein Student, so wird die obige Methode aufgerufen. Ist das Objekt ein Mitarbeiter, so wird die für die Klasse `Mitarbeiter` deklarierte Implementierung vom System ausgewählt. Wendet man die Methode auf eine Menge von Personen an, so wählt das System von Fall zu Fall dynamisch die richtige Methodenimplementierung aus, je nachdem, ob die Person speziell ein Mitarbeiter, ein Student oder keines von beiden ist.

In der obigen Berechnung des einem Studenten zur Verfügung stehenden Geldes zeigt dieses Overriding und dynamische Binden bereits Auswirkungen: In der Implementierung der Methode wird die Methode für den Vater und die Mutter des Studenten ebenfalls aufgerufen. Je nachdem, ob der Vater oder die Mutter "nur" eine Person, ein Mitarbeiter oder ein Student ist, wird die jeweilige Implementierung gewählt und die entsprechende Berechnung durchgeführt.

4.4.3 Der ODMG-97-Standard

Seit Anfang der 90er Jahre versuchen die kommerziellen Anbieter objektorientierter Datenbanksysteme, die verschiedenen Entwicklungslinien und insbesondere die bis dahin völlig unterschiedlichen Datenbankmodelle und -sprachen ihrer Systeme zu vereinheitlichen. Sie sind zusammengeschlossen in einer inoffiziellen Standardisierungskommission, der ODMG (Object Data Management Group). Die ODMG ist ein unabhängiger Teil der OMG (Object Management Group), die für die Standardisierung einer verteilten, objektorientierten Betriebssystem-Architektur zuständig ist. Das Ziel der OMG ist die Entwicklung von CORBA (Common Object Request Broker Architecture).

Die Mitglieder der ODMG decken einen großen Teil des OODBS-Marktes ab und sind insofern sicherlich schlagkräftig. Die ODMG besteht[3] aus

- stimmberechtigten Mitgliedern (wie Object Design, Objectivity, POET und Sun),

- sogenannten "Reviewern" (unter anderem CERN, Computer Associates, Versant und MDBS),

---

[3]Stand ist der Redaktionsschluß des Buchs.

- akademischen Beratern (unter anderem Zdonik, Maier, King und Dittrich) sowie

- dem unabhängigen Vorsitzenden (Doug Barry).

Die ODMG wollte langfristig den De-Facto-Standard ODMG-9X erreichen, der von den offiziellen Normungsgremien ANSI und ISO dann aufgrund des Marktdrucks akzeptiert werden "muß". Dieses Ziel ist Ende der neunziger Jahre jedoch nicht erreicht und aufgegeben worden. Wir stellen im folgenden den ODMG-97-Standard (ODMG 2.0) vor, der in [CB97] veröffentlicht wurde. Zum Redaktionsschluß dieses Buches neu erschienen ist der Nachfolge-Standard ODMG 3.0 [Bar00], der am Ende dieses Abschnitts noch kurz diskutiert wird.

Das ODMG-97-Datenmodell

Die Struktur des Standards ist viergeteilt [CB97]:

- Das *Objektmodell* beschreibt die Begriffe und semantischen Festlegungen des zugehörigen objektorientierten Datenmodells, das sich sehr stark der C++-Welt annähert.

- Die *Datenbanksprachen* ODL (Object Definition Language) und OQL (Object Query Language) sollen eine mögliche Schnittstelle zur Datendefinition und -manipulation darstellen.

- Die *Spracheinbettungen* (oder *Bindings*) für C++, SMALLTALK und Java werden definiert.

- Der Bezug zur OMG, zu CORBA und zur ANSI-C++-Version wird hergestellt.

In diesem Unterabschnitt soll das Objektmodell der ODMG vorgestellt werden. Auf die ODL werden wir in Unterabschnitt 7.4, auf die OQL in Unterabschnitt 10.2.4 eingehen. Die Spracheinbettungen oder "Bindings" sind Thema des Unterabschnittes 11.4.1.

Das Objektmodell

Das Objektmodell ist ein Kompromiß aus den Vorgaben in den verschiedenen kommerziellen Systemen, den Datenmodellen von C++, SMALLTALK und Java, und den in der Forschung vorgeschlagenen objektorientierten Datenbankmodellen.

Das ODMG-97-Objektmodell verzichtet zunächst auf den Begriff der Klasse, der hier implementierungsnah ausgelegt wird, und definiert nur *Objekttypen*. Typen können Objekte und Literale (Werte) beinhalten und definieren Attribute, Operationen (Methoden) und Beziehungen. Es gibt zwei Arten von Objekten:

- *Immutable objects* sind Literale oder Werte in ODMG-97. Sie können atomar oder mittels Typkonstruktoren strukturiert sein. Ein Wert ist "immutable", also unveränderbar. Eine '5' kann zwar durch eine '7' ersetzt werden, eine '5' kann jedoch nie zu einer '7' mutieren.

- *Mutable objects* sind Objekte mit Objektidentität und Zuständen, also Objekte in unserem Sinne. Die Zustände können wiederum atomar oder strukturiert sein.

Mögliche Strukturen sind `set`, `bag`, `list`, `array` und `structure`. Letzteres entspricht dem `tuple of`-Konstruktor. Es werden viele built-in-Operationen auf allen Typen angeboten, etwa Operationen zum Vergleichen, Zuweisen und Kopieren von Objekten und Werten.

Objekte können (zusätzlich zur Objektidentität) ein oder mehrere *Namen* bekommen, die eine externe Identifikation ermöglichen. Typen können mit Extension definiert werden, in diesem Fall werden alle erzeugten Objekte des Typs in der Extension aufgehoben und sind für (mengenorientierte) Anfragen unter dem Namen der Extension ansprechbar.

ODMG definiert die Is-a-Beziehung zwischen Klassen als Typhierarchie: Derzeit darf ein Objekt also nur in einem Typ auftauchen und diesen auch nicht wechseln.

Es gibt diverse Beziehungen zwischen Klassen, die spezifiziert werden können und die objektwertige Attribute verallgemeinern: Es werden binäre 1:1-, 1:n- und n:m-Beziehungen angeboten, die aus dem ER-Modell bekannt sind, hier aber über Komponenten-Beziehungen simuliert werden. Da Komponenten-Beziehungen gerichtet sind, wird die Symmetrie über automatisch verwaltete *inverse Beziehungen* erreicht. Dieses Konzept findet sich analog im System ObjectStore.

Weiterhin werden als höhere Konzepte Methoden und Metatypen angeboten.

Ein konkretes Modellierungsbeispiel liefern wir im Zusammenhang mit der ODL-Vorstellung in Unterabschnitt 7.4 nach.

Der Standard ODMG 3.0

Die aktuellste Version des Standards 3.0 ist im Januar 2000 erschienen. Insbesondere wurde das in der Version 2.0 (ODMG-97) hektisch zusammengebaute Java-Binding verbessert, Fehler im alten Standard korrigiert und die Darstellung des Standards an verschiedenen Stellen präziser gestaltet. Da relationale und objektrelationale Datenbanksysteme trotz der ODMG-Standardisierung weiterhin der Stand der Technik geblieben sind, integriert ODMG 3.0 nun auch Abbildungen auf relationale Datenbanksysteme: Das ODMG-Modell hat dann nur noch eine Schnittstellenfunktion für objektorientierte Programmierumgebungen.

4 Datenbankmodelle für die Realisierung

Abschließend ist zu sagen, daß die ODMG noch einen weiten Weg zurückzulegen hat, bevor der "Standard" in der endgültigen Version ausgereift ist, dem Stand der aktuellen Forschung entspricht und eine ernstzunehmende Konkurrenz für den SQL-Standard des relationalen oder objektrelationalen Datenbankmodells liefert.

4.5 Objektrelationale Datenbanken

In diesem Abschnitt führen wir objektrelationale Datenbankmodelle zunächst allgemein und dann am Beispiel des Normungsprojektes SQL3 ein. In späteren Kapiteln werden wir die konkrete DDL und Anfragesprache anhand von Beispielen des aktuellen SQL-99-Standards erläutern, der einen Teil der SQL3-Vorhaben realisiert.

Der SQL3-Standard war als ambitioniertes Vorhaben von den Standardisierungsorganisationen ANSI und ISO als Nachfolger für SQL-92 in die Wege geleitet worden. Ziel des Standards war unter anderem die Erweiterung um die sogenannten objektrelationalen Fähigkeiten — d.h. mit dem Relationenmodell verträglichen Konzepten der Objektorientierung unter Beibehaltung der bisherigen SQL-Welt. SQL3 wurde seit Mai 1999 unter dem Namen SQL-99 veröffentlicht; da einige Bereiche nicht abgedeckt wurden, startete das Nachfolgevorhaben SQL4 bereits mit konkreten Zielen.

In diesem Abschnitt werden wir eine Einordnung der Konzepte sogenannter *objektrelationaler Datenbank-Management-Systeme*, kurz ORDBMS, die inzwischen eng mit SQL3 verbunden sind, präsentieren. Die Prinzipien objektorientierter Modelle werden mit einer Übersicht über SQL3 verbunden. Behandelt werden ferner die Umsetzungen in dem ORDBMS Informix sowie Details des SQL-99-Standards.

4.5.1 Einordnung der objektrelationalen Datenbanksysteme

Um zu objektrelationalen Datenbanken zu kommen, werden relationale Datenbanksysteme um bestimmte objektorientierte Konzepte erweitert. Zu den am häufigsten realisierten Konzepten zählen Relationen als Klassen, Typkonstruktoren, Objektidentität, Beziehungen und Methoden. Die Methoden werden aber jedoch meist nicht an Klassen gebunden und nicht vererbt. Falls letzteres möglich ist, kommen wir zu einer bestimmten Untergruppe dieser Richtung, den verhaltensmäßig erweiterten RDBMS. Falls sowohl Strukturen als auch Verhalten von Objekten gemeinsam modelliert werden können, kommen wir mit den objektrelationalen Datenbanksystemen zur wichtigsten Gruppe dieser Richtung. Wir werden objektrelationale Datenbanksysteme deswegen im weiteren Verlauf des Buches als eigene Entwicklungsrichtung auffassen.

Daneben sind natürlich alle datenbankspezifischen Konzepte wie Persistenz und Concurrency Control sowie der Operationenteil vorhanden. Die Basis für diese Systeme ist jeweils das Relationenmodell. Unterscheiden kann man Systeme dieser Entwicklungsrichtung wieder nach

- relationalen Datenbanksystemen mit strukturellen Erweiterungen,

- relationalen Datenbanksystemen mit verhaltensmäßigen Erweiterungen,

- relationalen Datenbanksystemen mit einem ADT-Konzept, wobei die ADTs gleichermaßen Struktur und Verhalten definieren, sowie

- echt *objektrelationalen Datenbanksystemen*, die innerhalb des Relationenmodells relativ weitgehend ein objektorientiertes Datenbankmodell verwirklichen.

Wir stellen die beiden letzten Gruppen nun kurz vor.

Datenbanksysteme mit ADTs

Datenbanksysteme mit ADTs (abstrakten Datentypen) bieten Struktur- und Verhaltenserweiterungen mit zusätzlicher Wahrung der Einkapselung. Typkonstruktoren, Objektidentität, zusammengesetzte Objekte und Beziehungen bilden dabei übliche Strukturkonzepte. Funktionen, Methoden oder gespeicherte Prozeduren sind die angebotenen Verhaltenskonzepte. Dagegen können keine Klassen- oder Typhierarchien aufgebaut werden. Die definierten Funktionen werden auch nicht vererbt.

Das neue DB2 UDB von IBM ist ein System dieser Richtung. Oracle 8 bietet (mit anderer Architektur) von der Funktionalität ähnliches. Aus "werbungstechnischen" Gründen werden beide Systeme als objektrelationale Datenbanksysteme oder *Universal Server* bezeichnet. Unser K.O.-Kriterium für objektrelationale Systeme (siehe unten) ist jedoch das Vorhandensein einer Typhierarchie und Möglichkeiten zur Vererbung von Strukturen und Methoden.

Tabelle 4.3 zeigt die charakteristischen Merkmale dieser Gruppe im Überblick.

Objektrelationale Datenbanksysteme

Die bekannteste und weitreichendste Gruppe unter den erweitert relationalen Datenbanksystemen bilden die objektrelationalen Datenbanksysteme. Objektrelationale Datenbanksysteme bieten im Strukturteil

- Typen, Typkonstruktoren und oft auch ADTs,

- Objektidentitäten für komplexe Tupel in Relationen (die häufig auch Klassen genannt werden) und

Kriterien		RDBS + ADTs
Bestandteile	**Konzepte**	
Strukturteil	Typkonstruktoren	$\sqrt{}$
	Objektidentität	$(\sqrt{})$
	Klassen	$(\sqrt{})$
	Beziehungen	$(\sqrt{})$
	Strukturvererbung	
	Integritätsbeding.	$\sqrt{}$
Operationenteil	generische	$\sqrt{}$
	relationale	$\sqrt{}$
	objekterzeugende	
	objekterhaltende	
Höhere	Metaklassen	
Konzepte	Methoden	$\sqrt{}$
	Vererbung	
	Overriding	
	Einkapselung	$\sqrt{}$

$\sqrt{}$ K.O.-Kriterium
$(\sqrt{})$ optionales Kriterium

Tab. 4.3: Merkmale von relationalen Datenbanksystemen mit ADTs

- eine getrennte Klassen- und Typhierarchie (die Klassenhierarchie wird bei objektrelationalen Systemen häufig *Relationenhierarchie* oder Tabellenhierarchie genannt)

sowie bei den höheren Konzepten

- Methoden,

- Vererbung und eventuell auch Overriding.

Im Operationenteil fällt auf, daß wie in relationalen oder erweitert relationalen Systemen nur relationale Anfragen erlaubt sind. Trotz vieler objektorientierter Konzepte im Datenbankmodell ist das grundlegende Konstrukt eben immer noch die Relation oder Tabelle.

Eine drastisch vereinfachte und damit polarisierende Definition objektrelationaler Datenbanksysteme gibt Stonebraker in [SM96]. Er definiert vier Quadranten objektorientierter Datenbanktechnologie und klassifiziert die Systeme dann nach der Verwaltung von komplexen oder einfachen Daten und nach der Unterstützung von Anfragen oder nur navigierenden Operationen. Die Quadranten-Klassifikation ist in Tabelle 4.4 dargestellt. Die Unterscheidung zwischen Neuentwicklungen und objektorientierten Datenbank-Programmiersprachen einerseits (Stonebraker faßt diese unter dem Begriff "objektorientierte Datenbanken" zusammen) und objektrelationalen Systemen andererseits ist danach ganz einfach:

- Unterstützt ein System komplexe Daten und Anfragen, so ist es objektrelational.

- Unterstützt ein System komplexe Daten, aber keine Anfragen, so ist es objektorientiert.

Da sich noch herausstellen wird, daß auch Neuentwicklungen fast immer Anfragesprachen anbieten, ist diese Unterscheidung jedoch zwecklos: Sehr viele Systeme wären danach objektrelational, ohne relationale Anteile zu haben.

	einfache Daten	komplexe Daten
Anfragen	Relationale Datenbanken	Objektrelationale Datenbanken
keine Anfragen	Dateisysteme	Objektorientierte Datenbanken

Tab. 4.4: Quadranten-Klassifikation nach Stonebraker

Tabelle 4.5 gibt eine Übersicht über die Charakteristika von objektrelationalen Datenbanksystemen.

Kriterien		objektrelationale DBS
Bestandteile	**Konzepte**	
Strukturteil	Typkonstruktoren	√
	Objektidentität	√
	Klassen	(√)
	Beziehungen	(√)
	Strukturvererbung	√
	Integritätsbeding.	√
Operationenteil	generische	√
	relationale	√
	objekterzeugende	
	objekterhaltende	
Höhere	Metaklassen	
Konzepte	Methoden	√
	Vererbung	√
	Overriding	(√)
	Einkapselung	(√)

√   K.O.-Kriterium
(√)   optionales Kriterium

Tab. 4.5: Merkmale von objektrelationalen Datenbanksystemen

Beispiele für objektrelationale Datenbanksysteme sind

- das aus Postgres weiterentwickelte Illustra [SM96, Ill95], das jetzt in den Informix Dynamic Server / Universal Option [Pet98] integriert wurde und früher Miro und Montage hieß,

- und UniSQL [Kim95].

Auch wenn andere relationale Datenbanksysteme wie DB2, Oracle und Sybase bisher erst zu den relationalen Datenbanksystemen mit ADTs zählen, so ist
der Trend zur vollen Unterstützung der objektrelationalen Konzepte erkennbar. Unterstützt wird dieser Trend sicherlich durch die SQL-99-Normung, die
die oben erwähnten Merkmale festschreibt.

Zwei Untergruppen von erweitert relationalen oder objektrelationalen Datenbanksystemen sollen abschließend noch kurz erläutert werden.

Erweiterbare oder offene Datenbanksysteme

Erweiterbare oder offene Systeme erlauben es, nicht nur neue Datentypen mit
ihren Funktionen unter Bewahrung der Einkapselung zu definieren, sondern
diese auch im System auf der internen Ebene zu verankern oder in externen
Systemen zu verwalten. Diese ADTs, die neu in das System "eingesteckt" werden können, heißen bei Illustra *Data Blades* und bei DB2 *Database Extenders*.
Auch weitere DBMSs mit ADTs verfolgen dieses Prinzip wie Oracle 8 mit den
Data Cartridges.

Relationale Datenbanksysteme mit objektorientierter Schnittstelle

Von der Entwicklungsrichtung her zwar auf einem relationalen Datenbanksystem basierend, hat diese Art von Systemen normalerweise weniger mit dem
objektrelationalen Modell zu tun. Relationale Datenbanksysteme mit objektorientierter Schnittstelle lassen sich von der Programmier- oder Benutzerschnittstelle her nicht von einer Neuentwicklung unterscheiden. Im konzeptuellen Modell kommen Relationen auch nicht unbedingt als vorherrschendes Konzept vor.

Nur auf der "internen Ebene" des Systems werden die OODM-Konzepte mit
relationalen Strukturen "implementiert". Da die relationalen Daten und Operationen von der objektorientierten Schnittstelle "eingepackt" werden, nennt
man diese Gruppe von Systemen auch *Wrapper*. Beispiele für relationale Datenbanksysteme mit objektorientierter Schnittstelle sind die beiden Datenbanksysteme von HP, OpenODB und Odapter. Wir werden diese Systeme aufgrund der
vollen Objektorientierung auf der konzeptuellen Ebene als Neuentwicklungen
einstufen.

4.5.2   Das objektrelationale Datenbankmodell und SQL3

SQL3 war das letzte Normungsprojekt der ANSI und ISO als Weiterentwicklung von SQL-89 und SQL-92. Zwar sind Teile von SQL3 als SQL-99 veröffentlicht worden und somit nun aktueller SQL-Standard, wir geben hier jedoch noch einen Ausblick auf die bei der Standardisierung diskutierten Erweiterungen und Änderungen des bisherigen Standards. Wir stützen uns da-

bei auf [DD97, SST97] und Unterlagen aus den Standardisierungsgremien, etwa [ISO96, ISO99a, ISO99b]. Leider sind einige Konzepte aus SQL3 nicht in SQL-99 veröffentlicht, sondern in den Nachfolgestandard SQL4 weitergeschoben worden.

SQL3 fügt etliche neue Konstrukte dem bisherigen Standard hinzu. Sehr wichtig sind insbesondere die *objektorientierten Erweiterungen* wie

- abstrakte Datentypen (ADTs), die mit `create type` definiert werden,

- Objekt-Identifikatoren für einige ADTs (Objekt-ADTs) neben Tupel-Identifikatoren für Tupel in Tabellen,

- ADT-Hierarchien (ähnlich den Typhierarchien), die Substituierbarkeit von Objekten zusichern,

- Tabellen-Hierarchien (ähnlich der Inklusion von Extensionen zwischen Unter- und Oberklassen, hier bezogen auf Tabellen), wobei alle Attributnamen und Schlüssel geerbt, aber auch verändert werden dürfen,

- Möglichkeiten zur Definition von Funktionen für ADTs,

- Überladen des Funktionsnamens mit Möglichkeiten zur dynamischen Auswahl der Funktionsimplementierung (ähnlich Overriding), sowie

- komplexe Datentypen wie Mengen (`set`), Multimengen (`multiset`), Listen (`list`) und Tupel (`row`).

Vergleicht man diese Liste der Konzepte mit dem in Abschnitt 4.4 eingeführten objektorientierten Datenbankmodell, so erkennt man, daß sehr viele objektorientierte Konzepte in etwas veränderter Form in SQL3 auftauchen. Einige der Konzepte werden weiter unten noch genauer eingeführt.

Leider ist die Zusammenstellung der Konzepte in SQL3 nicht so orthogonal gelungen wie in theoretisch fundierten objektorientierten Modellen: So sind ADT-Hierarchie und Tabellen-Hierarchie zwei nebeneinander stehende Konzepte, die nicht voll integriert sind. ADTs können in Tabellen als Typen verwendet werden, aber einen speziellen ADT "Tabelle" gibt es nicht. Weiterhin sind die Objektidentifikatoren in einigen ADTs enthalten, neben denen es aber noch ADTs ohne Objektidentifikatoren gibt (wertebasierte ADTs).

Ein weiterer Schwachpunkt ist, daß der Tupelkonstruktor und damit das Tabellenkonzept eine Sonderrolle spielt. So ist das Persistenzkonzept wie in relationalen Datenbanken klassisch an das Einfügen von Tupeln in Tabellen gebunden. Andere Objekte oder Werte können nicht persistent werden. Außerdem sind Anfragen nur an Tabellen möglich und ergeben auch wieder Tabellen. Damit können in Datenbankoperationen transiente und persistente Objekte nicht gemischt werden: eine Forderung, die in Abschnitt 11.4 noch zum entscheidenden Kriterium für gute Persistenzkonzepte in objektorientierten Datenbanken werden wird.

Da Anfrageergebnisse auch wieder nur Tabellen sind, verwirklicht SQL3 keine objekterzeugenden oder objekterhaltenden Operationen.

An diesen Punkten merkt man, daß der SQL3-Standard keine objektorientierte Datenbanksprache im allgemeinen, sondern die objektrelationale Datenbanksprache werden wird.

Neben objektorientierten Erweiterungen bietet SQL3 aber noch weitere Verbesserungen, die unabhängig vom objektorientierten Datenmodell sind.

- *Aktive* und *temporale Konzepte* bilden zwei große Bereiche in SQL3.

- Rekursive Anfragen werden mit der **recursive union** ermöglicht.

Das Problem an SQL3 ist die Masse an Klauseln (über 1000 Seiten Beschreibung), die eingeführt und miteinander in Abstimmung gebracht werden müssen. Die Beherrschbarkeit der Sprache für Mensch (Programmierer oder Administratoren) und Maschine (Compiler und Optimierer) wird dadurch erschwert. Auf der anderen Seite wirkt der SQL3-Standard bereits jetzt seriöser als der ODMG-Standard. Die Konzepte sind akribisch erläutert und in den meisten Fällen die Konsequenzen durchdacht.

Wir beschreiben nun einige der SQL3-Konzepte an Beispielen.

Abstrakte Datentypen

Ein abstrakter Datentyp kann in SQL3 für Objekte (Objekt-ADT; mit Objektidentität) und für Werte (Wert-ADT; ohne Objektidentität) stehen. Allgemein werden in der ADT-Definition Attribute und Funktionen mit ihren Sichtbarkeitsstufen beschrieben.

Ein kleiner Ausschnitt aus dem ADT *Student* kann mit der folgenden **create type**-Anweisung deklariert werden:

```
create type Student
(
    public Matrnr INTEGER,
        Studienfach CHAR(30),
        ...
    public function
        Durchschnittsnote (s Student) returns REAL
        begin
        ...
        end
)
```

Für jedes Attribut eines ADTs werden dann zwei Funktionen automatisch generiert:

- Eine *Observer-Funktion* ermöglicht den lesenden Zugriff und entspricht einer Anfrage-Methode.

- Eine *Mutator-Prozedur* ermöglicht Änderungen des Attributwertes und entspricht einer Update-Methode. Der Mutator wird etwa mit

  Studienfach(x, 'Informatik')

  aufgerufen, wobei x das zu ändernde Objekt ist.

An Vergleichsoperationen steht jedem ADT **equals** zur Verfügung. Außerdem ist ein Konstruktor mit dem Namen des ADTs und ein Destruktor mit dem Namen **destroy** vordefiniert. Letzterer ist für Werte-ADTs nicht sinnvoll.

Einkapselung und Funktionen

Die Einkapselung von Attributen und Funktionen wird über eine C++-ähnliche Abstufung vorgenommen. Wie in C++ gibt es die Sichtbarkeitsstufen **public**, **protected** und **private**.

Definiert man einen Objekt-ADT, so wird zunächst ein eingekapseltes und nicht änderbares Surrogat-Attribut für den ADT erzeugt. Dieses Surrogat erfüllt die von der Objektidentität in Kapitel 4.4 geforderten Eigenschaften.

Die Einkapselung kann man jedoch mit **with oid visible** wieder aufheben. Das Surrogatattribut ist dann von außen zugreifbar. Mit **equals oid** kann man dann auch Tests auf Objektidentität durchführen, im Gegensatz zur normalen Zustandsgleichheit (**equals state**).

Im ADT werden *Funktionen* (mit Rückgabewert und normalerweise Anfrage-Methoden) und *Prozeduren* (ohne Rückgabewert und normalerweise Update-Methoden) unterschieden. Die Parameter von Prozeduren können mit **in**, **out** und **inout** wie im ODMG-Standard unterschieden werden (bei Funktionen ist nur **in** erlaubt). Die Deklarationen von Funktionen und Prozeduren werden mit SQL3-Anweisungen selbst beschrieben. Sie werden dann als *stored procedures* im System selbst abgelegt.

Typkonstruktoren

In SQL3 können mit den Typkonstruktoren **set**, **multiset**, **list** und **row** verallgemeinerte geschachtelte Relationen gebildet werden.

Die immer noch vorhandene **create table**-Anweisung von SQL-92 wirkt in SQL3 wie ein **multiset**(**row**(...)).

Neben der Anwendung von Typkonstruktoren zur Bildung neuer Typen aus vorhandenen gibt es noch das Prinzip der **distinct types**. Mit diesen wird eine unveränderte Kopie eines bestehenden Typs unter anderem Namen angelegt. Während die "Implementierung" des Typs also mit dem bestehenden Typ übereinstimmt, gelten beide Typen für die Anwendung (etwa bei Anfragen) als unvergleichbar.

Typ- und Tabellenhierarchie

SQL3 unterstützt die Typ- und Klassenhierarchie des OODM. Letztere wird in SQL3 Tabellenhierarchie genannt, da sie sich auf die Inklusion von Tabelleninhalten bezieht.

Ein Untertyp oder speziellerer ADT wird mit der **under**-Klausel definiert.

```
create type Student under Person
(
    public Matrnr INTEGER,
        Studienfach CHAR(30),
        ...
    public function
        Durchschnittsnote (s Student) returns REAL
        begin
        ...
        end,
    public function
        Zur_Verfügung (s Student) returns REAL
        begin
        ...
        end
)
```

Die Funktion *Zur_Verfügung* soll das dem Studenten zur Verfügung stehende Geld ermitteln und kann eine gleichnamige Methode des ADT *Person* redefinieren. Die Vorgehensweise zur dynamischen Auswahl einer Implementierung entspricht dabei dem Overriding und dynamischen Binden objektorientierter Programmiersprachen, auch wenn die Auswahl hier von allen Parametern der Funktion oder Prozedur bestimmt wird ("multiple dispatch").

Möchte man bei einem Studenten s die allgemeinere Implementierung für eine redefinierte Funktion anwenden, so kann man mit der **as**-Klausel eine Typanpassung ("type cast") vornehmen. Mit

Zur_Verfügung(s **as** *Person*)

Umgekehrt kann auch für eine *Person* p eine Typanpassung auf *Student* mit

Zur_Verfügung(**treat** p **as** *Student*)

erfolgen. Da erst zur Laufzeit geprüft werden kann, ob p auch gleichzeitig Student ist, ist dieses Konzept in SQL3 nicht typsicher.

Neben der Typhierarchie gibt es in SQL3 auf Tabellen noch die Tabellenhierarchie, die folgendermaßen definiert wird:

```
create table Studenten of Student
under          Personen of Person
```

Dabei bezeichnen *Studenten* und *Personen* die Extensionen, in diesem Fall also Relationen, der beiden Typen *Student* und *Person*. Jede `insert`-Anweisung auf der Untertabelle wird an die Obertabelle propagiert, jede `delete`-Anweisung auf der Obertabelle an die Untertabelle.

Die Untertabelle enthält alle Attribute der Obertabelle. Bezogen auf diese Attribute muß sich eine Teilmengenbeziehung zwischen den betreffenden Attributwerten ergeben. In SQL3 wird eine tiefe Extension verwirklicht.

SQL-99 nun verwirklicht einen Teil der im SQL3-Vorhaben diskutierten Konzepte. SQL-99 ist in mehrere sogenannte *Parts* unterteilt, wobei allein die *Foundation* über tausend Seiten Beschreibung umfaßt. Wir werden die einzelnen Teile der Sprachdefinition in den späteren Kapiteln vorstellen. Die folgende Tabelle listet die *Parts* und deren (teilweise erst geplanten) Veröffentlichungsdaten auf:

- SQL-99: Framework (85 Seiten; September 99)

- SQL-99: Foundation (1147 Seiten; September 99)

- SQL-99: Call Level Interface (CLI) (421 Seiten; September 99)

- SQL-99: Persistent Stored Modules (PSM) (170 Seiten; September 99)

- SQL-99: Host Language Bindings (261 Seiten; September 99)

- SQL-99: Management of External Data (112 Seiten; Juli 00)

- SQL-99: Object Language Bindings (238 Seiten; Februar 00)

- SQL-99/MM: Framework, Full Text (208 Seiten; Mai 99), Spatial (343 Seiten; Mai 99), Still Image (Oktober 00); Erweiterungen Full Text und Spatial (September 01)

Für das objektrelationale Modell interessant sind insbesondere die *Parts Foundation* und *Object Language Bindings*.

4.5.3   Objektrelationale Konzepte und Objektorientierung

In diesem Abschnitt soll das objektrelationale Modell betreffend objektorientierter Modelle eingeordnet werden. Hierbei entsprechen Objektklassen den SQL3-Tabellen. Wir werden nun einige Probleme diskutieren, und den ORDBMS mit dem OODBMS- Lösungsansatz in Beziehung setzen.

Auch in ORDBMS müssen *Rollen*, *Rollenwechsel* und die *Mehrfachzugehörigkeit* von Objekten zu Klassen unterstützt werden. Typisches Beispiel sind `Mitarbeiter`, die in verschiedenen Tabellen in unterschiedlicher Funktion (etwa `Prüfer`) auftauchen. In bisherigen relationalen SQL-Systemen wird dies eher schlecht als recht mittels Fremdschlüsseln realisiert.

Dieses Konzept benötigt keine Erweiterungen in der Typ- und Tabellen-hierarchie, aber spezielle Operatoren bzw. eine formal geeignete Semantik der Tabellenhierarchien. Insbesondere C++-basierte OODBMS sind hier deutlich weniger geeignet, diese Konzepte angemessen zu modellieren, da dafür Typ- und Klassenhierarchie benötigt werden.

ORDBMS sind eine Erweiterung des SQL-Modells und unterstützen dadurch, im Gegensatz zu den meisten kommerziellen OODBMS, *Sichten*. Klassen entsprechen Tabellen und lassen sich durch Anfragen und zusätzliche Strukturdefinitionen dynamisch ableiten. Diese Sichtklassen sind prinzipiell wie Basisklassen nutzbar (mehr dazu später in Kapitel 13). Dies ist ein echter Fortschritt gegenüber bisherigen kommerziellen OODBMS.

Sichten sind ein Aspekt der *Datenunabhängigkeit*. Das diskutierte Drei-Ebenen-Konzept gilt für *alle* Datenbanksysteme, nicht nur für relationale Datenbanksysteme! ORDBMS unterstützen als evolutionäre Weiterentwicklung von SQL-Systemen natürlich ein Sichtkonzept. Die physische Datenunabhängigkeit fordert weiter, daß je nach Anwendungssituation auch flexibel unterschiedliche Speicherstrukturen intern eingesetzt werden können. Bei C++-basierten OODBMS wird die physische Organisation im Anwendungsprogramm sichtbar - eine klare Verletzung der physischen Datenunabhängigkeit.

Einen der genannten Aspekte, die Mehrfachzugehörigkeit von Objekten zu Klassen, werden wir im folgenden kurz genauer betrachten.

Mehrfachzugehörigkeit von Objekten zu Klassen

In C++-basierten OODBMS besteht nur die Möglichkeit, die Rollenobjekte als Komponente jedem Objekt mitzugeben. Objekte und ihre Rollen bilden dann keine Klassen- und Typhierarchie; als Resultat erweitern Rollen damit nicht den Typ, und Vererbung und Overriding sind nicht nutzbar. Dieser Ansatz simuliert das Konzept auf dem selben Niveau wie die erwähnte Simulation mittels Fremdschlüsseln in RDBMS und ist keine Lösung auf der Modellierungsebene.

In einigen OODBMS und ORDBMS (insbesondere auch in SQL-99) wird eine andere Lösung genutzt. Hier wird die *tiefe Extension* einer Klasse abgespeichert. Diese redundante Speicherung simuliert dann eine Mehrfachzugehörigkeit. Abbildung 4.19 verdeutlicht den Unterschied zwischen flachen und tiefen Extensionen in einer Klassen- bzw. Tabellenhierarchie.

Beim Prinzip der flachen Extensionen werden Objekte in derjenigen Klasse abgespeichert, in der sie erzeugt wurden, bzw. beim Vorhandensein von Objektmigrationen in ihrer aktuell speziellsten Klasse. Bei tiefen Extensionen werden sie zusätzlich in allen Oberklassen bezüglich der Klassenhierarchie abgespeichert.

Beide Varianten erlauben nicht beliebige Mehrfachzugehörigkeit, da die Existenz einer speziellsten Klasse gefordert ist.

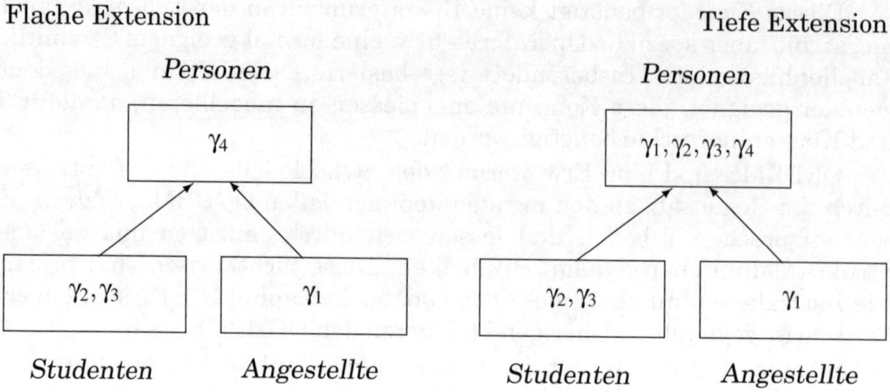

Abb. 4.19: Flache versus tiefe Extension

4.6 Multidimensionale Datenmodelle

Unter einem *Data Warehouse*[4] versteht man ein System, das unternehmens-übergreifend die Daten aus den operativen Einzelsystemen zusammenführt, integriert und für Analysezwecke aufbereitet. Eng verbunden mit diesem Begriff ist der Begriff *OLAP* für *on-line analytical processing*, der Systeme kennzeichnet, die entscheidungsunterstützend im interaktiven Betrieb eingesetzt werden.

Neben der engen Verbindung mit OLAP wird der Begriff Data Warehouse oft auch allgemeiner für die Speicherung replizierter operativer Daten genutzt, die aus mehreren anderen Systemen extrahiert und integriert werden. In diesem Sinne ist ein Data Warehouse eine spezielle Implementierung einer *Datenbank-Föderation* mit *replizierter Datenhaltung*, zwei Architekturprinzipien, die in [SH99a] ausführlicher behandelt werden.

4.6.1 Konzepte und Modelle für OLAP und Data Warehouse

Mit dem Begriff OLAP ist ein besonderes Datenmodell verbunden, das als Weiterentwicklung von Tabellenkalkulationsprogrammen aufgefaßt werden kann. Wir werden dieses sogenannte *multidimensionale Datenmodell* im folgenden kurz skizzieren und dessen Besonderheiten aufzeigen.

---

[4]Leider hat sich hier kein deutscher passender Begriff etabliert. Datenwarenhaus ist eine falsche und damit sinnentstellende Übersetzung. 'Warehouse' heißt Lager oder Speicher, und entspricht daher nicht dem deutschen Warenhaus.

4 Datenbankmodelle für die Realisierung

Multidimensionale Daten: Der Datenwürfel

Das multidimensionale Datenmodell wird oft kurz mit dem Begriff *Datenwürfel*, engl. *data cube*, charakterisiert. Die einzelnen Daten, oft Kennzahlen wie Geldbeträge, werden nach verschiedenen *Dimensionen* organisiert.

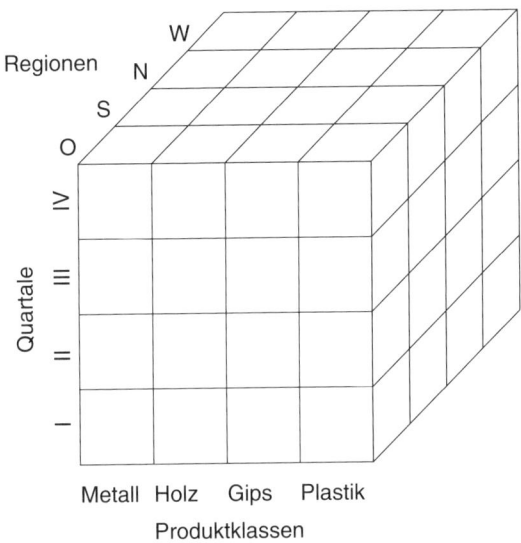

Abb. 4.20: Datenwürfel

Bei drei Dimensionen könnten Umsatzdaten etwa nach den Regionen, der Zeit und nach Produktgruppen organisiert werden. Die graphische Darstellung kann als *Datenwürfel* wie in Abbildung 4.20 erfolgen. Im allgemeinen handelt es sich dann um Hyperwürfel mit Dimensionszahlen größer als drei[5].

Hierarchische Dimensionen

Die Dimensionen eines Datenwürfels sind in der Regel hierarchisch gegliedert. So werden Produkte in Produktklassen, diese wiederum in Produktgruppen zusammengefaßt. Ähnliches gilt für die geographische Aufteilung in Stadtbezirke, Städte, Bundesländer und Staaten.

Leider handelt es sich bei der Dimensionsgliederung nicht immer um reine Hierarchien, da kein Baum sondern ein gerichteter, azyklischer Graph entsteht. Typisches Beispiel ist die Zeit-Dimension, in der die Aufteilung nach Wochen

---

[5]Genaugenommen handelt es sich natürlich nicht um Würfel, da die Dimensionen eine unterschiedliche Aufteilung haben können. Der Begriff ist allerdings offenbar derartig schlagkräftig, daß sich ein anderer Name sicherlich nicht mehr durchsetzen dürfte.

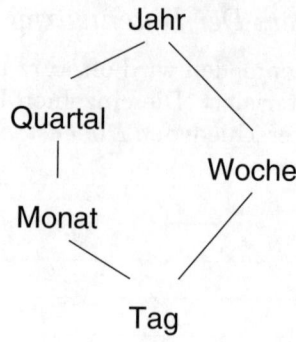

Abb. 4.21: Multiple Hierarchie der Zeit-Dimension

unabhängig zur Zusammenfassung nach Monaten ist, wie in Abbildung 4.21 dargestellt. Derartige Strukturen werden als *multiple Hierarchien* bezeichnet.

Für hierarchische Dimensionen in einem Datenwürfel werden die untersten ('feinsten') Daten als Grundwerte gespeichert, während für die anderen Werte die Zahlen durch Aggregation abgeleitet werden können.

4.6.2 Prinzipien von Data Warehouse und OLAP-Systemen

In diesem Abschnitt sollen nun einige Architekturfragen bezüglich des Einsatzes von Data Warehouse und OLAP kurz diskutiert werden.

Grobe Architektur

Eine Grobarchitektur zur Einordnung von Data Warehouse und OLAP wird in Abbildung 4.22 skizziert. Die Abbildung ist angelehnt an die Diskussion im Überblicksartikel von Chaudhuri und Dayal [CD97].

Abbildung 4.22 zeigt, daß ein Data Warehouse aus verschiedenen operationalen Datenbanken, also Datenbanken, die im laufenden Betrieb Transaktionen durchführen, gefüllt wird. Die Daten müssen extrahiert, transformiert und bereinigt werden. Dabei werden neben Datenbanken auch externe Datenquellen, etwa Informationen aus dem WWW, genutzt. Der Prozeß des 'Bereinigens' ist notwendig, da die Daten aus verschiedenen Quellen kommen und zu einer konsistenten Sicht vereinigt werden müssen. Er wird auch als *Data Cleaning* bezeichnet. Da das vollständige Füllen des Data Warehouse ein aufwendiger Prozeß ist, der nicht im normalen Transaktionbetrieb synchron erfolgen und daher nur selten stattfinden kann, müssen die dortigen Daten geeignet aktualisiert werden (engl. *refresh*).

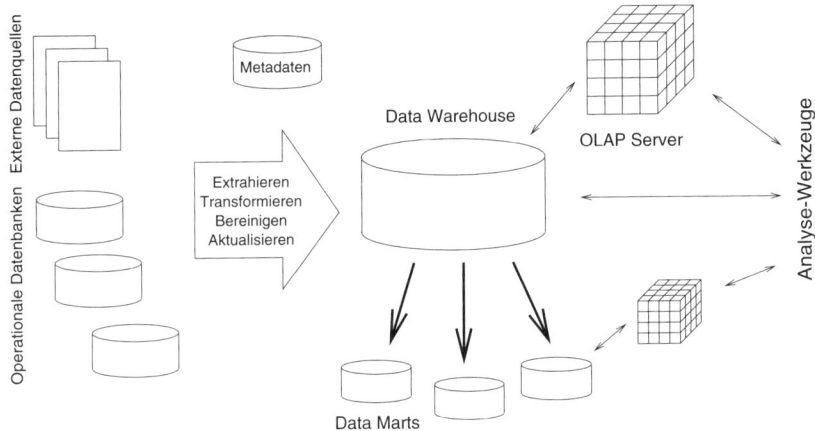

Abb. 4.22: Grobarchitektur für Data Warehouse und OLAP

OLAP-Systeme bauen (in der Regel in einer Client-Server-Architektur) auf dem Gesamtbestand des Data Warehouse auf. Die OLAP-Server werden in der Abbildung durch die Würfel symbolisiert.

Ein weiterer Begriff der mit diesem Ansatz verbunden ist, ist das Konzept der *Data Marts* (engl. *mart* heißt 'Markt' oder 'Auktionsraum'). In der Datenbank-Terminologie handelt es sich dabei um (materialisierte) Sichten auf ein Data Warehouse, die aus Effizienzgründen oft auf einem separaten System verwaltet werden.

Anforderungen an OLAP

Es existieren eine ganze Reihe von Anforderungslisten an OLAP-Produkte. Eine knappe, nicht sehr detaillierte, Liste gibt Pendse in [Pen95, Pen97]. Er faßt die Anforderungen unter dem Akronym *FASMI* für *Fast Analysis of Shared Multidimensional Information* zusammen:

- *Fast:* Die Zugriffszeit muß im Sekundenbereich liegen, um interaktives Arbeiten zu ermöglichen.

- *Analysis:* Das System muß analytische und statistische Funktionalität anbieten. Die Benutzerschnittstelle muß Ad-hoc-Anfragen ohne Programmieraufwand erlauben.

- *Shared:* Das System erlaubt Mehrbenutzerbetrieb. Allgemein sollten die DBMS-Funktionalitäten der Transaktionssynchronisation, das ACID-Prinzip, Recovery und Zugriffskontrolle realisiert sein. Auch wenn die Anwendungen in der Regel nur lesend zugreifen, ist eine Transaktionssynchronisation in den Phasen der Aktualisierung notwendig.

- *Multidimensional:* Das multidimensionale Datenmodell wird in der Darstellung und in den zugehörigen Funktionen (werden später eingeführt) unterstützt.

- *Information:* Ziel der OLAP-Analyse ist die Gewinnung von Informationen aus Rohdaten.

Eine alternative Liste von Anforderungen, die allerdings zum Teil produkt- bzw. technologiebezogen sind und sich daher nicht allgemein durchgesetzt haben, wurde von Codd et al in [CCS93] vorgestellt.

MOLAP, ROLAP, HOLAP

Für OLAP sind einige Architekturvarianten entwickelt wurden, die in der Regel mit einem vorangestellten Buchstaben identifiziert werden:

- *MOLAP*: Das Kürzel MOLAP steht für *multidimensionales OLAP*. Charakteristisch ist eine eigene Datenhaltung in Form eines Datenwürfels, oft realisiert als direkte Speicherung von Matrizen. Ein spezielles Problem ist dabei die Speicherung dünn besetzter Datenwürfel.

  Zusätzlich zum Datenwürfel muß eine Speicherung der Dimensionshierarchien erfolgen.

- *ROLAP*: Das Kürzel steht für *relationales OLAP*. Die Speicherung erfolgt in Relationen, bei denen die Dimensionswerte zusammen den Primärschlüssel bilden, so daß dünn besetzte Datenwürfel unproblematisch sind. Auch die Speicherung der Dimensionsinformation erfolgt relational in Form eines sogenannten Stern- oder Schneeflocken-Schemas.

- *HOLAP*: HOLAP steht für *hybrides OLAP*, also für Systeme, die eine Speicherung sowohl gemäß ROLAP als auch gemäß MOLAP unterstützen.

Die einzelnen Operationen, die in OLAP-Anwendungen benötigt werden, werden in Abschnitt 8.2 noch detaillierter beschrieben.

4.6.3   Data Warehouse und klassische Datenbanken

Bisher haben wir das multidimensionale Datenmodell vorgestellt, das auch direkt implementiert werden kann (der MOLAP-Ansatz). Alternativ kann die multidimensionale Sichtweise auch als spezielle Sichtweise auf eine, in einem klassischen Datenbankmodell modellierte, Datenbank gesehen werden, etwa einer relationalen Datenbank.

Diese Sichtweise entspricht dem ROLAP-Ansatz und wird natürlich insbesondere durch Produkte der kommerziellen Hersteller relationaler Datenbanken unterstützt.

Dieser Ansatz hat allerdings einige Anforderungen an die Datenmodellierung, die physische Untersetzung und die Anfrageoptimierung, die wir nun kurz diskutieren werden.

Eng verknüpft mit der relationalen Darstellung von OLAP-Daten sind die Begriffe des *Stern-Schemas* und des *Schneeflocken-Schemas*, die wir kurz vorstellen werden.

Ein *Stern-Schema*, engl. *star schema*, modelliert multidimensionale Daten mit einer *Fakten-Tabelle* und separaten Tabellen für die Dimensionsskalen. Der Schlüssel der Faktentabellen ist aus den Schlüsseln der Dimensionstabellen zusammengesetzt. Fremdschlüsselbedingungen stellen sicher, daß Fakten tatsächlichen Dimensionswerten zugeordnet sind. Abbildung 4.23 zeigt ein Bei-

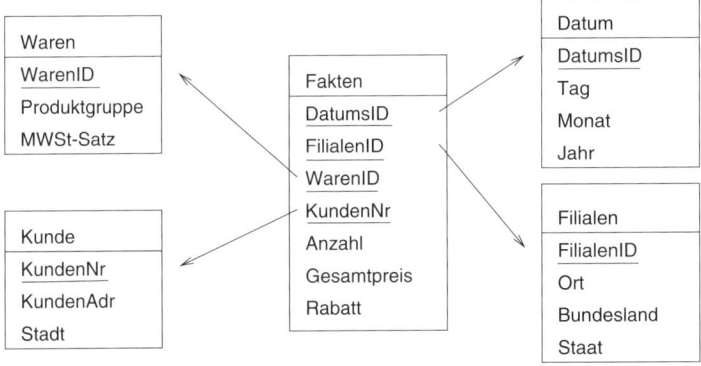

Abb. 4.23: Stern-Schema

spiel für ein Stern-Schema. Die Fakten sind vier Dimensionsskalen zugeordnet.

Ein Stern-Schema modelliert allerdings nicht die Hierarchien der Dimensionsskalen. Dies führt unter anderem dazu, daß die Dimensionstabellen nicht normalisiert sind, da die Hierarchien in den Dimensionswerten zu transitiven Abhängigkeiten führen. Dieses Problem wird durch die Erweiterung zu *Schneeflocken-Schemata*, engl. *snowflake schema*, gelöst.

Ein Schneeflocken-Schema modelliert die Hierarchie der Dimensionen durch eine Hierarchie von Einzelrelationen, die mit Fremdschlüsselbedingungen verbunden sind.

Die Abbildung 4.23 zeigt ein Beispiel für ein Schneeflocken-Schema. In diesem Beispiel wurden nur zwei Dimensionen verfeinert, natürlich sind auch die anderen Dimensionen verfeinerbar. Auch wurde auf eine 'Verzweigung' der Dimensionsverfeinerungen verzichtet, die ja erst den Vergleich mit Schneeflocken motiviert.

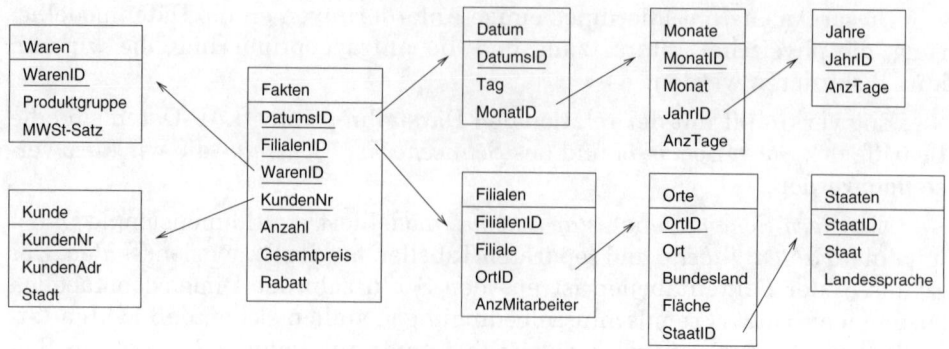

Abb. 4.24: Schneeflocken-Schema

Die Modellierung eines Schneeflocken-Schemas entspricht somit der Normalisierung bezüglich transitiver Abhängigkeiten, also der Konstruktion der dritten Normalform für Dimensionstabellen.

Ein wichtiger Nebeneffekt der Normalisierung ist die Tatsache, daß dadurch direkt eine Effizienzerhöhung durch Abspeicherung aggregierter Daten möglich ist. Die aggregierten Ergebnisse einer Operation auf Datenwürfeln (**cube**-Operation) können in den Dimensionstabellen redundanzfrei abgespeichert werden, in dem die Dimensionstupel um ein Datenfeld erweitert werden, also etwa Umsatz pro Monat und Umsatz pro Jahr.

Weitere Aspekte: OLAP-Operationen und Data Mining

Die verschiedenen OLAP-Operationen wie **cube**, **drill down** und **roll up** werden in Abschnitt 8.2 noch genauer beschrieben. Die SQL-99-Fassung der **cube**-Operation ist Gegenstand von Abschnitt 10.2.

Der Begriff *Data Mining* beschreibt den Prozeß der Extraktion von (potentiell nützlichen) Regeln und Mustern aus großen Datenbeständen. Ein typisches Beispiel ist eine Warenkorbanalyse. Da große Datenbestände oft in einem Data Warehouse zusammengebracht werden, ist Data Mining ein relevanter Aspekt für Data-Warehouse-Anwendungen. Wir werden Data-Mining-Verfahren noch in Abschnitt 15.5 detaillierter vorstellen.

4.7 Semistrukturierte Datenbanken

Gerade durch die in Textdokumenten oder im World Wide Web in Form von HTML-Dokumenten verfügbaren Informationen kann die Menge der in Informationssystemen verwalteten Daten noch einmal drastisch erhöht werden. Leider sind Textdokumente oder HTML-Dokumente nicht so stark strukturiert wie Datenbankdaten, obwohl sie eine interne, oft wechselnde und nicht streng typisierte Struktur tragen. Man nennt diese Daten, die eine interne oder wechselnde Strukturierung haben, *semistrukturierte Daten* oder, da ein Datenwert meist ein komplexes Dokument ist, auch *semistrukturierte Dokumente*.

4.7.1 Merkmale semistrukturierter Datenmodelle

Genauer sind semistrukturierte Daten nach [Abi97, Dit98, HP99] Daten, die eines oder mehrere der folgenden Merkmale aufweisen:

- Das Schema ist *nicht zentral* im Data Dictionary für alle Daten des gleichen Typs (etwa des gleichen Relationenschemas) gespeichert, sondern ist *implizit in jedem Dokument* enthalten. Die in den Dokumenten enthaltenen Strukturen und Beziehungen gehen normalerweise über die Fähigkeiten von Standard-Datenbankmodellen weit hinaus. Es sind Werkzeuge zur Strukturerkennung und -interpretation notwendig, um die interne Struktur nach außen sichtbar und wirksam zu machen.

- Die Daten haben eine *wechselnde Struktur*. Selbst Daten desselben "Typs" (wie etwa Artikel einer Fachzeitschrift) können differierende Attribute, fehlende oder zusätzliche Attribute beziehungsweise eine unterschiedliche Strukturierung innerhalb des gleichen Attributs besitzen. So können Artikel einer Fachzeitschrift ein Abstract haben, müssen dies aber nicht. Der Autor eines Artikels kann als *String*, als Struktur bestehend aus Vor- und Nachname oder als Verweis (Objektidentifikator) auf eine andere Menge von Dokumenten oder Daten dargestellt sein.

- Die Daten haben zu großen Teilen *keine weitere Struktur*, die durch Attribute (oder "Tags" in der Sprechweise der Markup-Sprachen wie HTML) gegeben ist. Der Volltext eines Zeitschriftenartikels beispielsweise ist höchstens noch nach Worten und Sätzen implizit strukturiert. Sätze sind aber nicht durch eigene Attribute hervorgehoben, sondern nur implizit an bestimmten Satzendezeichen ableitbar.

- Sind für Attribute *Datentypen* angegeben, so ist diese Typisierung nicht als Integritätsbedingung an die aufzunehmenden Daten zu verstehen. Ein konkretes Dokument kann von dieser Typisierung abweichen, so daß Änderungen nicht durch eine nicht dem Schema entsprechende Typisierung abgelehnt werden müssen.

- Die *Anzahl der (möglichen) Attribute* und die Vielfalt ihrer internen Strukturierung ist *sehr groß*. Im Gegensatz dazu ist die Menge der Attribute für ein Relationenschema unabhängig von der Anzahl der Tupel in der Relation und im allgemeinen relativ klein.

- Die Attribute und Strukturierung von Dokumenten unterliegen *häufigen Änderungen*. Im Gegensatz dazu wird bei relationalen Datenbanksystemen ein über lange Zeit festes Schema angenommen. Diese Annahme ist auch durch die eingeschränkte Leistungsfähigkeit des **alter table**-Kommandos im SQL-Standard nachvollziehbar (siehe Abschnitt 7.1).

- Der *Unterschied zwischen Daten und Schema* ist unscharf. Durch die häufigen Änderungen an Strukturen können Schemainformationen einfach als Daten verstanden werden. Im Gegensatz dazu werden in relationalen Datenbanksystemen Schemata und ihre Instanzen (Daten) streng getrennt.

- Anfrageoperationen wie *Vergleichsprädikate* beziehen sich in semistrukturierten Dokumenten häufig nicht nur auf ein Attribut (wie in relationalen Datenbanksystemen) sondern *auf eine Menge von Attributen oder das gesamte Dokument* (inhaltsbasierte Anfragen). So wird beispielsweise der Begriff "semistrukturiert" bei der Suche von bestimmten Artikeln zu diesem Thema in Zeitschriften nicht nur im Titel, sondern auch in den Stichworten, der Klassifikation, dem Abstract und den verschiedenen Kapiteln gesucht.

4.7.2 Datenmodelle für semistrukturierte Dokumente

Es gibt verschiedene Datenmodelle für semistrukturierte Daten oder Markup-Sprachen, die derartige Strukturen beschreiben können:

- Die schemalosen Datenmodelle wie *OEM* (Object Exchange Model) [AQM+97] oder das Baummodell von [BDS95] sind Graphendarstellungen für Instanzen und Attribute.

- Eine Flexibilisierung streng getypter, objektorientierter Datenbankmodelle bietet das *Union-Datenmodell* von [Clu97]. In diesem müssen jedoch die Strukturen der einzelnen Dokumente durch Vereinigung gewisser Basisstrukturen erreicht werden. Die Auswahl der Basisstrukturen ist also für die Darstellbarkeit von Dokumentstrukturen entscheidend. Fehlen vordefinierte Basisstrukturen, geraten wir in ähnliche Probleme wie mit den bisherigen Datenbankmodellen.

- Die *Markup-Sprache* HTML (Hypertext Markup Language) bietet die Möglichkeit, in Texten bestimmte Teile mit sogenannten *Tags* zu markieren. Die *Tags* kann man als nicht-typisierte Attribute eines Datenmodells verstehen. Da diese Attribute nicht verwendet werden müssen und die Art und Weise der Markierung nicht feststeht, können wir HTML als Beschreibungssprache für semistrukturierte Textdokumente verstehen. Leider ist in HTML der Satz von Attributen vordefiniert und nicht veränderbar.

- Die Sprachen SGML (Standard Generalized Markup Language) und XML (Extensible Markup Language) [BM98, Bra98] sind im Gegensatz zu HTML *Metasprachen*, die eine Beschreibung einer sogenannten DTD (Document Type Definition) ermöglichen. Diese legt die Menge der Attribute fest, die für einen bestimmten Dokumenttyp verwendet werden darf. XML ist eine Teilmenge von SGML, die aufgrund der zu hohen Komplexität von SGML vom W3C (World Wide Web Consortium) neu abgeleitet wurde.

Im folgenden wollen wir als Beispiel für die Darstellung semistrukturierter Daten XML näher vorstellen und ein kleines Beispiel angeben.

4.7.3 Semistrukturierte Daten am Beispiel XML

Ein XML-basiertes Dokument hat eine logische und eine physische Struktur. Im Gegensatz zu HTML-Dokumenten wird jedoch keine Layout-Struktur für die Darstellung in einem WWW-Browser spezifiziert. Mit XML kann jedoch eine DTD definiert werden, die die Namen der Attribute (Elemente in XML, Tags) und ihre Strukturierung (Schachtelung) festlegt. Die Strukturierung erfolgt durch Ausdrücke, die folgende Konstruktoren beinhalten:

- *Sequenz*: (A_1, A_2)

  Die Sequenz gibt die Reihenfolge zweier Elemente vor, hier muß also A_1 vor A_2 angegeben werden.

- *Alternative*: $(A_1 \mid A_2)$

  Die Alternative gibt eine Wahlmöglichkeit an, also muß entweder A_1 oder A_2 angegeben werden.

- Für die *Wiederholung* oder auch *Iteration* gibt es mehrere Varianten, die in der Notation an reguläre Ausdrücke angelehnt sind und sich in den Kardinalitätsanforderungen unterscheiden:

  - A^* (beliebige Iteration):

    Der Stern gibt an, daß A beliebig oft angegeben werden kann, also auch keinmal.

  - $A+$ (nichtleere Iteration):

    A muß mindestens einmal angegeben werden.

  - $A?$ (optionales Element):

    Das Element A muß entweder keinmal oder einmal angegeben werden.

Als Beispiel für die Anwendung von XML werden wir für den Objekttyp *Bücher*, von dem wir bisher nur die bibliographischen Angaben im Datenbankschema aufgenommen haben, vollständiger beschreiben. Ein Buch soll aus den bisher verwendeten Attributen *ISBN, Titel, Verlagsname, Autoren, Stichworte* und *Versionen* bestehen, wobei *Autoren, Stichworte* und *Versionen* mehrwertige Attribute sind und jede Version noch aus den Bestandteilen *Auflage, Jahr, Seiten* und *Preis* zusammengesetzt ist. Neben diesen Angaben sollen nun aber noch der optionale *Untertitel*, die *Zusammenfassung* und optional auch der *Buchtext* aufgenommen werden. Der Buchtext ist in kein oder mehrere *Kapitel* gegliedert, diese wiederum in *Abschnitte*. Die XML-Definition dieser DTD ist nun wie folgt:

```
<!- Buch-DTD ->
<!element Buch (ISBN, Titel, Verlagsname,
           Autor+, Stichwort*, Version*,
           Zusammenfassung, Buchtext?)>
<!element ISBN (#pcdata)>
<!element Titel (Haupttitel, Untertitel?)>
<!element Haupttitel (#pcdata)>
<!element Untertitel (#pcdata)>
<!element Verlagsname (#pcdata)>
<!element Autor (#pcdata)>
<!element Stichwort (#pcdata)>
<!element Version (Auflage, Jahr, Seiten, Preis)>
<!element Auflage (#pcdata)>
<!element Jahr (#pcdata)>
<!element Seiten (#pcdata)>
<!element Preis (#pcdata)>
<!element Zusammenfassung (#pcdata)>
<!element Buchtext (Kapitel*)>
<!element Kapitel (Überschrift, Textblock?, Abschnitt*)>
<!element Abschnitt ...>
```

Dabei besagt **#pcdata**, daß diese Attribute atomar sind, also nur *Parsed Character Data* (Text) enthalten dürfen. Datentypen wie im relationalen Datenbankmodell gibt es ansonsten leider nicht. Der Vorteil der XML-DTD ist jedoch, daß die intern wechselnde Struktur eines Buches mit Hilfe der optionalen Elemente besser dargestellt werden kann als mit der starren Struktur der herkömmlichen Datenbankschemata.

Neben den Elementen können auch *Attribute* vergeben werden. Das folgende Beispiel zeigt an einem einfacheren Beispiel den Einsatz eines Attributs und einen Ausschnitt aus einem Dokument. Das Beispiel demonstriert eine weitere

Möglichkeit in XML: Das Schema in Form einer DTD kann Teil eines Dokuments sein, das Dokument bildet also einen *selbstbeschreibenden Datensatz*.

```
<?xml version="1.0" standalone ="yes"?>
<!doctype bib [
    <!element book (author+, title, year, publisher)>
    <!attlist book isbn cdata #required>
    <!element author (firstname?, lastname)>
    <!element publisher (name, address)>
    <!element name (#pcdata)>
    ...
]>

<bib>
    <book isbn="3-929821-31-1">
        <author>
            <firstname>Andreas</firstname>
            <lastname>Heuer</lastname>
        </author>
        <author>
            <firstname>Gunter</firstname>
            <lastname>Saake</lastname>
        </author>
        <title>Datenbanken: Konzepte und Sprachen</title>
        <year>2000</year>
        <publisher>
            <name>International Thomson Publishing</name>
            <address>Bonn</address>
        </publisher>
    </book>
</bib>
```

Einige Erläuterungen zu diesem Beispiel sind hier angebracht:

- Die Definition eines Attributs erfolgt nach dem folgenden Muster:

  ```
  <!attlist book isbn cdata #required>
  ```

  Der erste Parameter gibt die Dokumenteinheit an, die attributiert werden soll. Die Dokumenteinheit wird durch ein Tag identifiziert. Es folgt der Name und Datentyp des Attributs, sowie gegebenenfalls eine Bedingungsangabe **#required**, die der Angabe **not null** in SQL entspricht.

- Die Angabe eines Attribut*wertes* im Dokument erfolgt nach folgendem Muster:

```
<book isbn="3-929821-31-1">
```

Der Tag des attributierten Dokumentelements wird also um die Angabe des Attributwertes erweitert.

- Die einzelnen Tags definieren eine Klammerstruktur mit öffnender und schließender (durch das / Zeichen gekennzeichnet) Klammer etwa nach folgendem Muster:

```
<author> Daten </author>
```

Diese Klammerstruktur baut das hierarchisch strukturierte Dokument auf.

- Die Standardangabe **#pcdata** kann weggelassen werden.

Gerade für den Einsatz mit Datenbanken und die Verwendung im elektronischen Datenaustausch ist die Typbeschreibung mittels DTD wichtig. Allgemein kann man folgende Klassen unterscheiden, die die Nutzbarkeit von XML-Dokumenten im Datenbankbereich unterschiedlich beeinflussen.

- In einigen Bereichen wird an *Standard-DTDs* gearbeitet, die etwa den Austausch von Adressen oder bibliographischen Einträgen normieren. Auch XML-Varianten von existierenden Standards wie STEP/EXPRESS sind in der Entwicklung.

  Für Standard-DTDs können die Datenbank-Schemata fest installiert werden, und ein *Import* in beliebige Datenbanken ist nach dieser Festlegung problemlos möglich.

- Für den Austausch von Dokumenten innerhalb einer Firmenvereinbarung oder eines Anwendungsbereich können *separate DTDs* definiert werden, die die Struktur vieler einzelner Dokumente beschreiben.

  Auch hier lassen sich Import-Filter leicht programmieren. Da eine große Anzahl von Dokumenten dieselbe DTD benutzt, ist auch der Aufwand der Programmierung von Import-Filtern oder Wrappern gerechtfertigt.

- *Selbstbeschreibende Dokumente* beinhalten eine lokale DTD als Teil des Dokuments.

  In diesen Fällen müssen die beschriebenen Techniken für semistrukturierter Datenbanken eingesetzt werden, da selbst Dokumente, die gleichartige Daten enthalten, leicht unterschiedliche DTDs enthalten können.

Der Standard XML ist zur Erstellungszeit des Buches in der Version 1.0 verabschiedet. Als Literatur stehen bereits einige Bücher zur Verfügung, aber da die Standardentwicklung von weiteren Komponenten noch andauert, sollten aktuelle Informationen zum Beispiel aus dem WWW gewonnen werden:

```
http://www.w3.org/XML/
```

4 Datenbankmodelle für die Realisierung

4.7.4   Semistrukturierte Daten in Datenbanken

In neueren relationalen oder objektrelationalen Datenbanksystemen können semistrukturierte Daten in Form von neuen Datentypen für Dokumente abgelegt werden. Dies kann beispielsweise für XML-Dokumente dadurch geschehen, daß entweder für alle XML-Dokumente oder für jede DTD ein Erweiterungsmodul definiert wird (dieses Erweiterungsprinzip wird im zweiten Band [SH99a] dieses Buches noch näher eingeführt).

Definiert man nun passende Anfragefunktionen für diesen neuen Datentyp, so können auch inhaltsbasierte Anfragen an das semistrukturierte Dokument in der Datenbank gestellt werden. Berücksichtigen wir dabei die interne Struktur (wie die Elemente und Attribute in XML), so ist die Retrieval-Qualität deutlich höher als die Suche in einem reinen ASCII-Text.

Eine wichtige Rolle wird XML voraussichtlich als *Austauschformat* spielen. Ein Import und Export von relationalen Tabellen ist zum Beispiel leicht möglich, wenn die Tabellenstruktur als DTD dem Austauschformat vorangestellt wird.

Die Entwicklung von *XML-Anfragesprachen* ist derzeit Gegenstand der Forschung. Zur Erstellungszeit des Buches werden mehrere Varianten diskutiert (etwa XQL, XML-QL und Lorel), die zum Teil reine Neuentwicklungen sind, zum Beispiel die Weiterentwicklung von Information-Retrieval-Sprachen. Aber auch SQL-Erweiterungen in der Tradition der SQL-Erweiterungen für Objektdatenbanken sind in der Diskussion.

In diesem Zusammenhang ist auch das *Document Object Model* (DOM) des WWW-Konsortiums von Bedeutung. Das DOM definiert eine plattform- und programmiersprachenneutrale Schnittstelle, die Programmen den Zugriff auf sowie Änderungen von Inhalt, Struktur und Stil von Dokumenten ermöglichen soll. Neben dem Zugriff auf HTML-Elemente aus Skripten heraus ist diese Schnittstelle insbesondere als API im Rahmen von XML-Parsern verbreitet.

4.8   Einordnung sonstiger Datenbankmodelle

Ein sehr elementares Datenmodell auf der Basis von Graphen ist *GOOD* (Graph-Oriented Object Database Model). In GOOD werden Ecken eines Graphen als Werte, Objekte und Typen verstanden. Die Kanten des Graphen ordnen diese Ecken einander zu. Die Ebenentrennung Instanz—Schema ist damit aufgehoben. Ein GOOD-Graph besteht aus Datenbank und Datenbankschema in einer homogenen Darstellung. Anfragen und Änderungen werden mit Graphmanipulationen vorgenommen.

Klassenlose Datenmodelle sind eine Variante der objektorientierten Datenmodelle. Objekte und Beziehungen zwischen Objekten werden dargestellt. Jedes Objekt kann Attribute und Eigenschaften haben und kann diese auch zu anderen Objekten vererben. In den meisten Fällen gilt hier ein Objekt als *Prototyp*, der seine Eigenschaften anderen Objekten zur Verfügung stellen kann. Die Bereitstellung von Eigenschaften nennt man in diesen Modellen *Delegation*. Der Verzicht auf die strenge Klassifizierung und Typisierung bietet mehr Flexibilität in der Modellierung dynamischer und komplexer Anwendungen, erschwert aber andere Datenbankaspekte wie Anfragen und Speicherstrukturen.

In der Wissensrepräsentation werden oft sogenannte *Feature-Terme* zur Darstellung von Wissen eingesetzt. Ein Feature-Term besteht aus einem eindeutigen Namen und verschiedenen Features, die Attributen aus konventionellen Datenmodellen entsprechen, aber auch wieder einen Feature-Term als Wert annehmen können und somit komplexe Objektstrukturen ermöglichen. Feature-Terme werden in einer Subsumptionshierarchie klassifiziert, die ähnlich einer Vererbungshierarchie eines Objektmodells aufgebaut ist, aber neben Typinformationen auch Werte einzelner Attribute berücksichtigt (der Übergang Typinformation zu Werten eines Attributs ist hier fließend gehalten). Die Klassen einer Subsumptionshierarchie können auch als Typinformation aufgefaßt werden und entsprechen dann Typen von offenen Tupeln, d.h. die jeweiligen untergeordneten Instanzen können mehr Attribute als vom Typ vorgeschrieben enthalten.

Mehrere Sprachvorschläge und Systeme schlagen vor, derartige Strukturen direkt oder abgewandelt als Datenbankmodell zu verwenden. Bekannt geworden ist hierbei etwa das *Lilog-Datenmodell*, das im Rahmen des Lilog-Projekts zur Verarbeitung natürlicher Sprache entwickelt wurde [LWL+89, LW91, Wal91]. Eine bekannte logikbasierte Datenbanksprache, die auf den Konzepten von Feature-Termen basiert, ist die *F-Logic* von Kifer und Lausen [KL89, LM91, KLW95].

Im Ingenieurbereich sind insbesondere in den 80er Jahren sogenannte *Komplex-Objekt-Datenmodelle* entstanden, die die im technischen Bereich weit verbreiteten hierarchischen *Ist-Teil-Von-Beziehungen* besonders unterstützen. Ein bekanntes Forschungsprojekt im deutschen Raum ist das PRIMA-Projekt in Kaiserslautern, in dem das *MAD-Modell* (Molekül-Atom-Datenmodell) entwickelt wurde [HMMS87, Mit88]. Wie der Name des Datenmodells andeutet, können in diesem Modell Basisobjekte (die Atome) zu komplexen Objektstrukturen (den Molekülen) zusammengesetzt werden.

Im Ingenieurbereich wird zur Standardisierung insbesondere im Datenaustausch zwischen CAx-Modellen das *STEP-Modell* mit der Datenbeschreibungssprache *EXPRESS* eingesetzt. Eine Einführung in dieses Gebiet kann etwa in [AC90] gefunden werden. Dieses Modell basiert auf einem erweiterten ER-Modell mit Vererbungshierarchien und komplexen Objekten, und kann auf existierende objektorientierte Datenmodelle abgebildet werden. Eine Besonderheit sind die Möglichkeiten zur Definition komplexer Datenstrukturen und zugehöriger Funktionen sowie reichhaltige Möglichkeiten, Integritätsbedingungen zu Objekten anzugeben.

4.9 Vertiefende Literatur

Das Relationenmodell und seine Operationen wurde von Codd in [Cod70, Cod72b, Cod82, Cod90] eingeführt. Der Klassiker der theoretischen Grundlagen des Relationenmodells ist das Buch von Maier [Mai83]. Ein aktuelles deutsches Buch für Einsteiger ist [Sau92].

Geschachtelte Relationen wurden u.a. von Schek und Scholl eingeführt [SS86]. Das eNF^2-Datenmodell, die zugehörige Datenbanksprache HDBL und der Prototyp AIM-P werden in [PA86, PT86, DL89, PD89] beschrieben. Ein Lehrbuch über das Relationenmodell inklusive geschachtelter Erweiterungen ist [PBGG89].

Literatur zu funktionalen Datenmodellen findet sich in [KA86] (EFDM) und [Shi81, Shi88] (DAPLEX). Erweiterungen in Richtung objektorientierter Modelle sind etwa in [MD91] beschrieben. Die Formalisierung des semantischen Datenmodells IFO wird von Abiteboul and Hull in [AH87] beschrieben. Das SDM-Modell wird in [HM81] vorgestellt. Ein Vergleich mehrerer semantischer Datenmodelle kann in [UD86] gefunden werden. Weitere Überblicke über semantische Datenmodelle sind [HK87, PM88] und [Heu97, Kapitel 3].

Lehrbücher zu objektorientierten Datenbankmodellen, -sprachen und -systemen sind [Heu97, SST97, LV95]. Die ODMG-Norm stellt Cattell in [Cat94] vor. Relationale und objektorientierte Datenbanken werden in [DLR95] eingeführt, das Schwergewicht der OODBS-Darstellung liegt dabei auf O$_2$. Ein weiteres Buch zu O$_2$ ist [Gep96]. Weitere Aspekte objektorientierter Informationssysteme werden in [KS96] behandelt. Objektrelationale Datenbanksysteme werden in [SM96, Sar98] eingeführt. Ein Buch zu SQL3 ist [For99].

Datenbankmodelle für Data Warehouses werden insbesondere in [ACPT99] vorgestellt. Eine praktische Einführung in Data Warehouses gibt [Kur99].

Die Diskussion der Eigenschaften semistrukturierter Daten folgt [Abi97, Dit98, HP99]. Das schemalose Datenmodell *OEM* (Object Exchange Model) und das Baummodell werden in [AQM$^+$97, BDS95] vorgestellt. SGML (Standard Generalized Markup Language) und XML (Extensible Markup Language) werden in [BM98, Bra98] beschrieben. Anforderungen an XML-Anfragesprachen werden in [Mai98] beschrieben. Zu den bekanntesten Sprachvorschlägen für XML-Anfragesprachen gehören XQL [RLS98], XML-QL [DFF$^+$98] und Lorel [MW99, GMW99].

Das GOOD-Modell der Paredaens-Gruppe wird in [GPvG90] beschrieben. Ein klassenloses Modell wird in [Kut91] definiert.

4.10 Übungsaufgaben

Übung 4.1 Geben Sie jeweils eine Realisierung der Modellierung aus Aufgabe 3.1 in den folgenden Datenmodellen an:

- Relationenmodell
- Netzwerkmodell
- hierarchisches Datenmodell
- geschachtelte Relationen
- objektorientiertes Modell

Welche Modellierungsaspekte gehen in diesen Realisierungen verloren, und müssen somit durch Integritätsbedingungen bzw. Anwendungsprogramme aufgefangen werden? □

Übung 4.2 Modellieren Sie die Personen-Spezialisierungen in der Beispielanwendung (Personen, Professoren, Mitarbeiter, Studenten) in einer SQL3-Tabellenhierarchie. □

Übung 4.3 Definieren Sie eine XML-DTD-Beschreibung einer Buchbestellung bzw. einer Anforderung einer Fernleihe bei einer Bibliothek. □

Datenbankentwurf

Bereits in den vorigen Kapiteln wurde beschrieben, welche zentrale Rolle die integrierte Datenhaltung in einer Datenbank in größeren Software-Systemen einnimmt. Demzufolge ist der *Entwurf* der Datenbank von zentraler Bedeutung bei der Entwicklung etwa betrieblicher Informationssysteme oder anderer kommerzieller Anwendungen.

Inhalt dieses Kapitels ist ein Überblick über Anforderungen an den Datenbankentwurf und den allgemeinen Entwurfsprozeß sowie eine detaillierte Beschreibung zweier wichtiger Entwurfsschritte, nämlich der konzeptionellen Modellierung von Datenbanken und der Abbildung der konzeptionellen Modellierung auf kommerzielle Datenbankmodelle. Eine weitere wichtige Phase des Datenbankentwurfs, der *Relationale Datenbankentwurf*, wird gesondert in Kapitel 6 behandelt. Die Phase der Datendefinition und die zugehörigen Sprachen in den kommerziellen Datenbankmodellen wird in Kapitel 7 aufgegriffen.

5.1 Entwurfsaufgabe

Da die zentrale Datenhaltung für mehrere Anwendungssysteme über einen Zeitraum mehrerer Jahre ein und kritischer Aspekt des Informationsmanagements etwa eines Unternehmens ist, kommt dem *Entwurf der Datenbank* eine besondere Bedeutung zu. Die Entwurfsaufgabe kann dabei von der Anwendungsseite her wie folgt charakterisiert werden:

1. Die Anwendungsdaten jeder Anwendung sollen aus den in der Datenbank gespeicherten Dateien abgeleitet werden können. Anwendungsdaten stellen den Teil der Gesamtinformationen dar, die für eine bestimmte Anwen-

dung benötigt werden. Von Anwenderseite her ist es natürlich wünschenswert, wenn diese Wiedergewinnung der Daten aus der Datenbank möglichst effizient erfolgen kann.

2. Nur vernünftige Anwendungsdaten sollen gespeichert werden — es macht etwa keinen Sinn, alle im Lauf des täglichen Geschäfts anfallenden Daten einer Firma zentral in einer Datenbank zu speichern. Stattdessen muß der (jetzige und zukünftige) Informationsbedarf der Anwendungen ermittelt und von der Datenbank befriedigt werden.

3. Anwendungsdaten sollen möglichst nicht-redundant dargestellt werden — dies spart nicht nur Speicherplatz, sondern verhindert auch Anomalien, die beim unkontrollierten Umgang mit redundanten Daten leicht entstehen können. Derartige Anomalien werden wir beim relationalen Entwurf in Kapitel 6 ausführlicher diskutieren.

Folgend dem klassischen Entwurfsvorgehen, wird der Entwurfsprozeß als eine Abfolge von Entwurfsdokumenten (auch *Modellierungen* genannt) beschrieben, die von einer abstrakten, anwendungsnahen Beschreibungsebene hin zur tatsächlichen Realisierung der Datenbank führen. Konkrete Entwurfsschritte bilden ein Entwurfsdokument auf ein anderes ab, wobei der Beschreibungsformalismus beibehalten wird oder auch wechseln kann (etwa vom ER-Modell hin zum Relationenmodell). Entwurfsschritte können manuell oder automatisiert sein. Ein Phasenmodell für eine derartige Vorgehensweise wird in Abschnitt 5.2 vorgestellt werden.

Von der formalen Seite des Entwurfsprozesses her sind wir primär an zwei Eigenschaften von Entwurfsschritten interessiert:

- Unter der Eigenschaft des *Informationserhalts* verstehen wir, daß folgend der transformierten neuen Datenbankbeschreibung alle Informationen gespeichert werden können, die bei der ursprünglichen Modellierung möglich waren.

  Bei Transformationen im Relationenmodell korrespondiert dies etwa zu dem Begriff der sogenannten Verbundtreue, siehe Abschnitt 6.3.2.

- Die *Konsistenzerhaltung* fordert, daß Regeln und Einschränkungen, die im Eingabedokument gewährleistet wurden, auch in der neuen Modellierung respektiert werden.

  Im Relationenmodell entspricht das der sogenannten Abhängigkeitstreue, siehe Kapitel 6.3.1.

Neben diesen eher formalen Korrektheitseigenschaften kann man eine ganze Reihe von, zum Teil auch informellen, Gütekriterien an Entwurfsdokumente und Transformationsschritte aufstellen:

- *Redundanzfreiheit* haben wir bereits diskutiert. Eine Informationseinheit sollte nur genau einmal dargestellt werden (Minimalität).

- *Vollständigkeit bezüglich der Anforderungsanalyse.* Diese Eigenschaft ist nur eingeschränkt formalisierbar.

- *Konsistenz des Beschreibungsdokuments.* Dies entspricht einer syntaktischen und semantischen Analyse, wie wir sie von Programmiersprachenübersetzern kennen.

- *Ausdrucksstärke, Verständlichkeit des benutzten Formalismus.* Dies ist eine nicht vollständig formal handhabbare Eigenschaft, die zudem für unterschiedliche Personenkreise differieren kann. Eine Datenbankbeschreibung soll allein anhand der Modellkonzepte (ohne weitere Erläuterung) verständlich sein.

- *Formale Semantik der Beschreibungskonstrukte.* Diese Eigenschaft einer Modellierungssprache ist notwendig, wenn formale Methoden zur Konsistenzsicherung oder automatischen Transformation angewendet werden sollen.

- *Lesbarkeit der Dokumente.* Insbesondere bei graphischen Beschreibungssprachen sollte Wert auf das Layout der Graphik gelegt werden, etwa durch Bildung von zusammengehörigen Konzeptgruppen, Vermeidung von sich schneidenden Kanten, Hierarchien in einheitlicher Ausrichtung etc. Hierzu gehört auch bei textuellen Dokumenten eine geeignete Wahl der Bezeichnungen der modellierten Konzepte.

- Weitere Qualitätseigenschaften aus der Software-Technik, etwa Unterstützung von Erweiterbarkeit, Modularisierung, Wiederverwendbarkeit sowie Werkzeugunterstützung etc.

Diese Eigenschaften sind zum Teil gegenläufig und können nicht alle zugleich optimal erreicht werden. Auch unterstützen die auf den unterschiedlichen Entwurfsebenen benutzten Beschreibungsmittel nicht alle Eigenschaften adäquat, so daß hier Abstriche gemacht werden müssen.

5.2 Phasenmodell

Der Realisierung einer Datenbank-Anwendung geht zuallererst eine Kosten/ Nutzen-Analyse voraus, in der geklärt werden muß, ob die Realisierung des Systems tatsächlich einen betriebswirtschaftlichen oder sonstigen Nutzen hat, der den Aufwand der Implementierung rechtfertigen kann. Auf diese Aspekte gehen wir in diesem Buch nicht ein, da sie Gegenstand der Wirtschaftsinformatik und nicht primär der Datenbanktechnik sind.

Analog zu den Phasenmodellen des allgemeinen Software-Entwurfs können wir den nun folgenden Datenbankentwurf in mehrere Phasen unterteilen:

- *Anforderungsanalyse*

  Die Anforderungen (engl. *requirements*) an die zu realisierende Datenbank werden gesammelt und analysiert.

- *Konzeptioneller Entwurf*

  In der Phase des konzeptionellen Entwurfs soll die Datenbank zusammen mit den Anwendungsfunktionen *unabhängig* von dem später zur Implementierung verwendeten System entworfen werden.

- *Verteilungsentwurf*

  Soll die Datenbank-Anwendung verteilt realisiert werden, kann die Verteilung der Daten entworfen werden, *bevor* konkrete Systeme ausgewählt werden, um etwa auf verschiedenen Knoten eines verteilten Systems unterschiedliche Datenbankmodelle einsetzen zu können.

- *Logischer Entwurf*

  Der logische Entwurf entspricht dem Detail-Entwurf von Prozeduren bzw. Modulen im Software Engineering. Hier wird ein Datenbankmodell ausgewählt (analog zur Auswahl eines Programmierparadigmas im Software-Entwurf) und das Ergebnis des konzeptionellen Entwurfs auf dieses Datenmodell abgebildet. Anschließend wird das resultierende Schema anhand unterschiedlicher Qualitätskriterien optimiert.

- *Datendefinition*

  Das Ergebnis des logischen Entwurfs muß nun in eine konkrete Deklaration in einer Datendefinitionssprache umgesetzt werden. Dies entspricht der Codierungsphase in der Programmierung.

  Der logische Entwurf erfolgt noch systemunabhängig — in der Datendefinitionsphase hingegen wird die Schemadefinition für ein konkretes DBMS vorgenommen.

  Die *Definition der Benutzersichten* als Umsetzung der in der Phase des konzeptionellen Entwurfs gewonnenen Anwendungssichten ist ebenfalls Teil der Datendefinition.

- *Physischer Entwurf*

  Folgend der Drei-Ebenen-Schema-Architektur wird in den bisherigen Entwurfsphasen das konzeptuelle Schema entworfen und realisiert, also die logische Gesamtsicht auf den Datenbestand definiert. Im *physischen Entwurf* erfolgt die Definition der Zugriffsstrukturen auf der internen Ebene in einer SSL (Storage Structure Language).

  Der physische Entwurf umfaßt somit das "Tuning" der Datenbank-Anwendung etwa durch geeignete Auswahl von Zugriffsstrukturen.

- *Implementierung und Wartung*

  Es folgt die Phase der tatsächlichen Installation der Datenbank-Anwendung und der fortlaufenden Anpassung an neue Anforderungen bzw. Wechsel der Systemplattformen etc. Obwohl diese Phase oft den größten Teil der Betriebskosten im Gesamtlebenslauf eines Software-Systems hervorrufen kann, gehen wir nicht vertieft auf diese Phase ein, da die entstehenden Probleme ähnlich zu den entsprechenden Aspekten im allgemeinen Software-Entwurf sind.

Die Abbildung 5.1 auf Seite 174 zeigt ein mögliches Phasenmodell des Datenbankentwurfs in der Einordnung in den gesamten Systementwurf. Das Modell ist ausführlicher gegliedert als bisher diskutiert; auf diese Gliederung wird in den folgenden Abschnitten konkreter eingegangen. Wie üblich im Software-Entwurf ist dieses Phasenmodell nicht als streng sequentielles Vorgehen zu verstehen, sondern Rückkopplungen und Entwurfsrevisionen ("zurück gerichtete Pfeile") sind sinnvoll und oft notwendig.

Abbildung 5.1 macht deutlich, daß der Entwurf der eigentlichen Datenbank begleitet sein muß vom Entwurf der *Anwendungsfunktionen*, die auf den Datenbeständen basieren. Diese beiden Entwurfsstränge müssen natürlich regelmäßig abgeglichen werden, um einen sinnvollen Gesamtentwurf zu erhalten. Der Funktionsentwurf kann mit klassischen Methoden des Software Engineerings erfolgen (etwa Funktionsdekomposition), auf die wir hier nicht näher eingehen wollen und stattdessen auf die einschlägigen Lehrbücher verweisen (etwa [Som92]). Aktuelle Tendenzen schlagen vor, diese beiden Entwurfsstränge enger zu integrieren, indem *objektorientierte* Entwurfsmethoden eingesetzt werden. Hierauf gehen wir später in diesem Abschnitt noch ein.

5.2.1 Anforderungsanalyse

In der Anforderungsanalyse wird der Informationsbedarf beispielsweise in den Fachabteilungen einer Firma gesammelt und analysiert. Die Anforderungen kommen somit von den späteren Anwendern und sind naturgemäß oft nicht formalisiert, unvollständig und widersprüchlich.

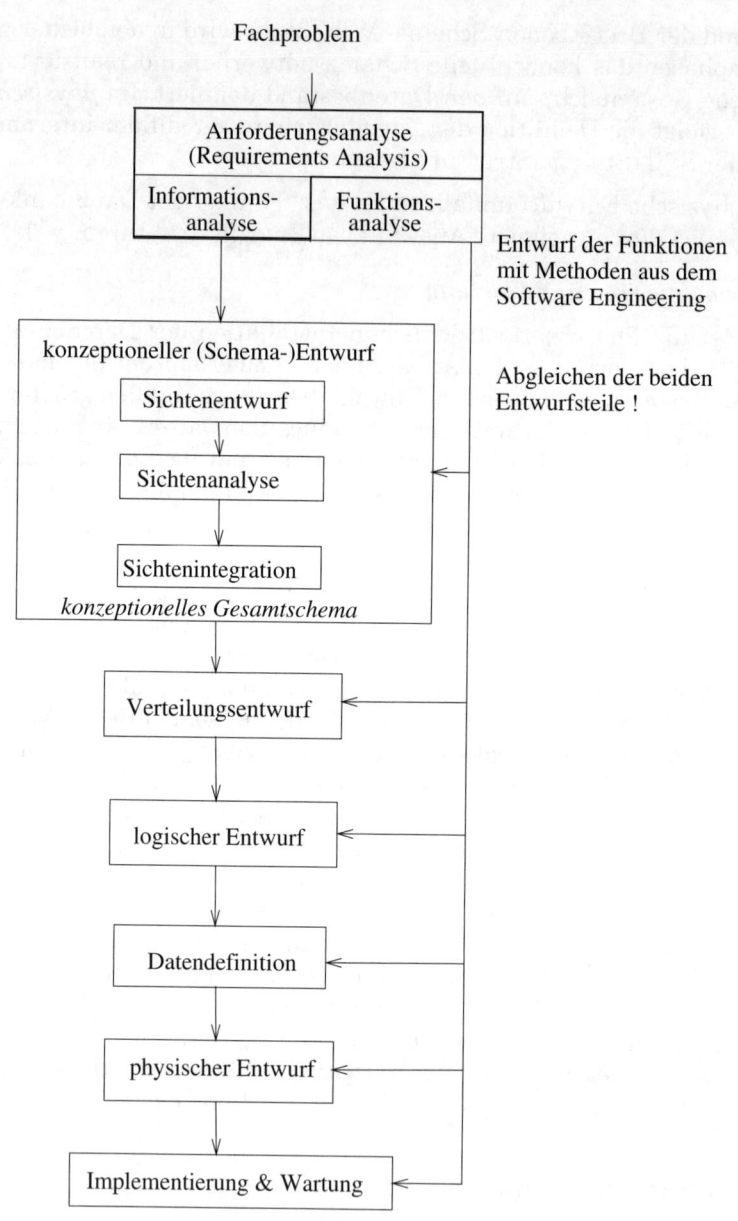

Fachproblem

Anforderungsanalyse
(Requirements Analysis)

| Informations-analyse | Funktions-analyse |

Entwurf der Funktionen
mit Methoden aus dem
Software Engineering

Abgleichen der beiden
Entwurfsteile !

konzeptioneller (Schema-)Entwurf

Sichtenentwurf

Sichtenanalyse

Sichtenintegration

konzeptionelles Gesamtschema

Verteilungsentwurf

logischer Entwurf

Datendefinition

physischer Entwurf

Implementierung & Wartung

Abb. 5.1: Phasenmodell des Datenbankentwurfs

Ergebnisse der Analysephase sind somit *informale Beschreibungen* (Texte, tabellarische Aufstellungen, Formblätter usw.) des Fachproblems. Typische Methoden sind Interview-Techniken, Analyse existierender Arbeitsabläufe, Dokumentation und Analyse genutzter Formulare bzw. Standarddokumente.

Teil der klassischen Anforderungsanalyse ist das Trennen der Information über Daten (Datenanalyse) von der Information über Funktionen (Funktionsanalyse). Wie bereits erwähnt, wird diese Trennung in neueren Ansätzen der objektorientierten Analyse nicht mehr gefordert, da dort Funktionen und Daten in Objekte gekapselt werden.

Der "klassische" Datenbankentwurf behandelt nur die Datenanalyse und Folgeschritte und ignoriert die Funktionsanalyse weitestgehend. Wir werden uns ebenfalls primär auf diese Aspekte konzentrieren und darauffolgend Möglichkeiten einer integrierten Analyse kurz skizzieren. Die Methoden des reinen *Funktionsentwurfs* sind Methoden der allgemeinen Softwaretechnik und werden in diesem Buch nicht behandelt.

5.2.2 Konzeptioneller Entwurf

Basierend auf den Ergebnissen der Anforderungsanalyse ist das Ziel des *konzeptionellen Entwurfs* die erste *formale* Beschreibung des Fachproblems und der im Anwendungsbereich benötigten Informationsstrukturen. In diesem Zusammenhang spricht man von einer Modellierung des *Universe of Discourse*, kurz UoD. Das UoD bestimmt den zu modellierenden Gegenstandsbereich und umfaßt den für die Realisierung relevanten Teil der Anwendung. Die Informationsstrukturen werden in einem abstrakten und formalen Datenbankmodell beschrieben, etwa einem semantischen Datenmodell wie dem bereits vorgestellten erweiterten ER-Modell (siehe Abschnitt 3.5).

Im konzeptionelle Entwurf der Datenbankstrukturen werden insbesondere die folgenden Teilschritte unterschieden:

1. Die *Modellierung von verschiedenen Sichten* auf die Gesamtinformation, etwa spezielle Sichten für verschiedene Fachabteilungen einer Firma.

2. Es folgt eine *Analyse der modellierten Sichten* in bezug auf die folgenden Aspekte:

   (a) *Namenskonflikte* treten auf, wenn verschiedene Begriffe für dasselbe Konzept der modellierten Anwendung auftreten (sogenannte *Synonyme*) bzw. derselbe Begriff für mehrere Konzepte benutzt wird (*Homonyme*). Die Existenz von Homonymen und Synonymen ist eine zwangsläufige Folge der Mehrdeutigkeit der natürlichen Sprache.

   Klassische Beispiele für Homonyme der natürlichen Sprache sind etwa Schloß (als Gebäude und als Schließvorrichtung). Kandidaten für diese Homonyme können anhand von Wörterbüchern erkannt werden. Weitere Homonyme entstehen durch Fachsprachen (etwa der Begriff 'Schlüssel' im Datenbankbereich) und lassen sich nur fachspezifisch erkennen.

Der anwendungsspezifische Gebrauch von Homonymen ist ebenfalls schwer erkennbar: Ein 'Buch' in der Bestellabteilung der Bibliothek kann ein abstraktes Buch, repräsentiert durch die Bestellinformation, bedeuten, während die Ausleihstelle hingegen ein Buch*exemplar* darunter verstehen kann.

Ähnliches gilt für Synonyme, etwa im Fall der Begriffe Hochschullehrer, Professor, Lehrberechtigter etc. Das Auffinden von Synonymen ist ein wichtiger Schritt, um Verbindungen zwischen den Sichten zu identifizieren und um die Redundanzfreiheit der Daten zu gewährleisten.

(b) Auch nach Analyse der Namenskonflikte können *Typkonflikte* auftreten, wenn verschiedene Strukturen für das gleiche Element modelliert werden. Auch Typkonflikte treten zwangsläufig auf, da unterschiedliche Anwendungssichten einen unterschiedlichen Informationsbedarf bedeuten.

Für die Bibliothek sind für einen Studenten andere Attribute von Interesse als für das Prüfungsamt: Die Bibliothek ist nicht am Status der Diplomprüfungen interessiert.

(c) Oft haben gleiche Attribute in verschiedenen Sichten unterschiedliche Wertebereiche. In diesen Fällen spricht man von *Wertebereichskonflikten*. Etwa können Telefonnummern innerhalb einer Fernsprechanlage der Universität als vierstellige Zahlen abgespeichert werden, oder aber als Zeichenketten.

(d) *Bedingungskonflikte* treten ein, wenn in verschiedenen Sichten unterschiedliche Integritätsbedingungen angegeben werden, z.B. verschiedene Schlüssel für ein Element (Studenten werden über Matrikelnummer oder Name und Geburtsdatum identifiziert).

(e) *Strukturkonflikte* entstehen, wenn der gleiche Sachverhalt durch unterschiedliche Datenmodellkonstrukte ausgedrückt wird. Eine Partitionierung kann im EER-Modell explizit durch den Typ-Konstruktor ausgedrückt werden, aber auch durch ein sogenanntes *Diskriminator-Attribut*, das die Zugehörigkeit zu einer bestimmten Partition festlegt. Zum Beispiel kann eine Partitionierung von `Person` in `Mann` und `Frau` durch das Attribut `Geschlecht` vom Aufzählungsdatentyp {w,m} erfolgen.

Insbesondere werden im Analyseschritt Beziehungen zwischen den verschiedenen Sichten gefunden (verschiedene Namen für ein und dasselbe

Element) und Konflikte zwischen Sichten beseitigt (unterschiedliche Datentypen für dasselbe Attributfeld).

3. Als dritter Schritt erfolgt die *Integration der Sichten* in ein Gesamtschema. Hier müssen die im vorherigen Schritt erkannten Konflikte aufgelöst werden, um ein konsistentes Gesamtschema zu erhalten.

Das Ergebnis dieser Schritte ist ein konzeptionelles Gesamtschema, z.B. ein komplexes EER-Diagramm.

Neben dem Strukturanteil, der primär auf die Datenmodellierung zielt, müssen in dieser Phase auch andere Aspekte der Datenbank-Anwendung formalisiert werden, etwa Basistransaktionen oder komplexe Integritätsbedingungen. Ein Schichtenansatz für diesen Zweck wird ebenfalls in Abschnitt 5.3 vorgestellt.

5.2.3 Verteilungsentwurf

Sollen die Daten auf mehreren Rechnern verteilt vorliegen, muß Art und Weise der *verteilten Speicherung* festgelegt werden. Eine naheliegende Methode ist, verschiedene Objekttypen des konzeptionellen Schemas auf unterschiedliche Knoten zu verteilen. Es bleibt dabei das Problem, wie mit Beziehungen zwischen Objekten auf verschiedenen Knoten zu verfahren ist. Alternativ können auch einzelne Objekttypen verteilt gespeichert werden, wobei entweder die zugehörigen Objekte eines Objekttyps verteilt werden oder die einzelnen Objekte selber verteilt realisiert werden können.

Im Relationenmodell bezeichnet man die beiden letztgenannten Aufteilungen als *horizontale* bzw. *vertikale* Fragmentierung (wobei Fragmentierung die Bedeutung hat 'Aufteilung auf Fragmente, also Teilen einer Relation'):

- Eine *horizontale* Verteilung liegt vor, wenn verschiedene Tupel einer Relation auf unterschiedlichen Knoten gespeichert werden. Der Begriff 'horizontal' deutet einen waagerechten Schnitt durch eine Tabelle an, der graphisch die Verteilung verdeutlichen kann.

  Ein typisches Beispiel wäre die Kundenrelation einer bundesweit arbeitenden Firma, die die Daten der nord- und ostdeutschen Kunden auf einem Rechner ihrer Filiale in Rostock speichern würde, während die restlichen Kunden in Magdeburg verwaltet werden.

- Eine *vertikale* Verteilung ordnet einzelne Attribute von Tupeln (Tupel entsprechen Objekten der modellierten Anwendung) auf verschiedenen Knoten an. Eine typische vertikale Verteilung wäre die Aufteilung der Kundendaten auf zwei Rechner, wobei einer die Adress-Daten (wichtig für die Poststelle) und ein weiterer die Konto-Daten (wichtig für die Finanzabteilung) verwalten würde.

Wichtig ist hierbei, daß vertikal 'fragmentierte' Objekte auch wieder korrekt zusammengesetzt werden können, ein Problem, dem wir im Abschnitt über relationale Normalisierung unter dem Stichwort 'verlustlose Zerlegung' wieder begegnen werden. An dieser Stelle sei nur erwähnt, daß es im Relationenmodell ausreicht, in allen vertikalen Fragmenten jeweils den Primärschlüssel mit aufzunehmen, so daß die Teil-Tupel wieder zusammengesetzt werden können.

Natürlich sind auch Mischformen zwischen vertikaler und horizontaler Verteilung sinnvoll. Die Zuordnung zu den einzelnen Knoten wird oft von der Aufteilung in Fragmente getrennt und dann als *Allokation* bezeichnet. Für Datenbankmodelle mit weiteren Modellierungskonstrukten sind weitere Fragmentierungsarten denkbar, etwa Fragmentierung betreffend der Einordnung in einer Spezialisierungshierarchie.

5.2.4 Logischer Entwurf

Der logische Entwurf entspricht dem Detail-Entwurf von Algorithmen im allgemeinen Software-Entwurf. Das verwendete Datenmodell ist eine 'idealisierte' Form des Datenbankmodells des ausgewählten "Realisierungs"-Datenbank-Management-Systems, etwa das relationale Modell. Idealisiert heißt hier, daß man auf gewisse systemspezifische Feinheiten verzichtet, aber trotzdem sich auf die Modellierungs*konzepte* des Zielsystems beschränkt. Die Vorgehensweise basiert in der Regel auf zwei Schritten:

1. Im ersten Schritt erfolgt eine Transformation des konzeptionellen Schemas in das Zieldatenbankmodell, etwa vom ER-Modell ins relationale Modell. Diese Umsetzung ist weitestgehend automatisierbar.

2. Der zweite Schritt beinhaltet eine Verbesserung des relationalen Schemas anhand von Gütekriterien, etwa Minimierung redundanter Speicherung. Dieser Schritt ist im Relationenmodell als *Normalisierung* bekannt (siehe Kapitel 6). Allgemein beinhaltet dieser Schritt eine Optimierungsaufgabe, wobei verschiedene Optimierungsziele konkurrieren können (etwa redundanzfreie Speicherung durch Aufteilung auf mehrere Relationen versus schnellerer Zugriff bei redundanter Speicherung).

   Trotz existierender Algorithmen etwa zur Normalisierung relationaler Schemata ist die genannte Verbesserung nicht vollständig automatisierbar, da diese Algorithmen nicht alle Informationen über das Anwendungsprofil berücksichtigen können.

Das Ergebnis des logischen Entwurfs ist das logische Schema, z.B. eine Sammlung von Relationen. Der logische Entwurf für das relationale Datenmodell wird als *relationaler Entwurf* bezeichnet und in Kapitel 6 ausführlich behandelt.

5.2.5 Datendefinition

Das logische Schema ist eine Datenbankbeschreibung in einem Datenbankmodell, für das implementierte Systeme zur Verfügung stehen, aber in einer noch 'idealisierten' Form.

In der Phase der *Datendefinition* (oder auch genauer Daten*bank*-Definition) wird das logische Schema umgesetzt in ein konkretes Schema unter der Verwendung der Datendefinitions- und Datenmanipulationssprache (DDL und DML) eines implementierten Datenbank-Management-Systems. Selbst bei standardisierten Datenbankmodellen und -sprachen, wie dem relationalen Modell mit SQL, unterscheiden sich die einzelnen Systeme doch oft in den konkret unterstützten Sprachmitteln, da diese Standards nur eine gemeinsame Teilsprache definieren und offen gegenüber Erweiterungen sind.

Im relationalen Modell erfolgt etwa die Definition von Wertebereichen, Relationen und Sichten in der angebotenen DDL (vgl. Abschnitt 7). Die Realisierung der Integritätssicherung erfolgt soweit möglich mit den Mitteln der Datenbanksprache, etwa durch Angabe von Fremdschlüsselbeziehungen für die referentielle Integrität oder durch die Definition von Triggern (vgl. Abschnitt 12).

Das Ergebnis der Datendefinitionsphase ist ein konkretes Datenbankschema für ein implementiertes Datenbank-Management-System. Die Datendefinition beschreibt das *konzeptuelle* Gesamtschema sowie die externen Sichten gemäß der Drei-Schichten-Schema-Architektur, aber *nicht* die interne Ebene.

Ein weiterer Schritt der Datendefinition ist die Definition der *Sichten*, die im konzeptionellen Entwurf bestimmt werden, in der Sichtdefinitionssprache des verwendeten Datenbank-Management-Systems. Im Kapitel 13 wird die Sichtdefinition in der relationalen Sprache SQL ausführlich vorgestellt.

5.2.6 Physischer Entwurf

Die Definition der *internen* Ebene erfolgt in der Phase des *physischen Entwurfs*. Hierfür wird eine *Speicherstruktursprache* SSL eingesetzt, die die Angabe konkreter Speicherungsstrukturen ermöglicht. Hier wird etwa angegeben, ob eine Relation in einer Baumstruktur oder mittels einer Hash-Tabelle gespeichert wird, und welche Attribute typische Selektionskriterien in Anfragen sind, für die darum ein zusätzlicher Suchindex angelegt wird. Allgemein erfolgt hier eine Ergänzung der Datenbankdefinition um Zugriffsunterstützung bzgl. Effizienzverbesserung, z.B. Definition von Indexen.

Das Ergebnis des physischen Entwurfs ist das sogenannte physische (oder auch interne) Schema. In diesem Buch gehen wir nicht näher auf Methoden und Sprachen des physischen Entwurfs ein.

5.2.7   Implementierung und Wartung

Wie überall im Bereich des Software Engineerings ist das resultierende Anwendungssystem alles andere als ein unveränderliches System. Im tatsächlichen Betrieb erfolgen Phasen der Wartung, der weiteren Optimierung der physischen Ebene, der Anpassung an neue Anforderungen und Systemplattformen, der Portierung auf neue Datenbank-Management-Systeme etc. Da die in dieser Phase anfallenden Kosten die ursprünglichen Entwurfskosten in der Regel übersteigen, muß in der Entwurfsphase die leichte Modifikation der Anwendung vorbereitet werden, etwa durch saubere Dokumentation aller Entwurfsentscheidungen, Modularisierungstechniken etc. Auf die hierfür sinnvollen Techniken des Software Engineerings gehen wir ebenfalls an dieser Stelle nicht ein und verweisen stattdessen auf die einschlägigen Lehrbücher (etwa [Som92]).

5.2.8   Objektorientierte Entwurfsmethoden

Wir haben hier bisher die klassischen Phasen des Entwurfs von Datenbank-*strukturen* vorgestellt und bereits erwähnt, daß parallel die entsprechenden Phasen des Funktionsentwurfs durchgeführt werden. Die Abstimmung zweier derart getrennter Entwurfsstränge ist natürlich wichtig und wird vom klassischen Datenbankentwurf nicht hinreichend unterstützt — so werden konzeptionelle Entwurfsentscheidungen, die die Wahl der Datenbankstrukturen betreffen, oft erst dann als falsch erkannt, wenn die Änderungstransaktionen tatsächlich ausprogrammiert werden.

Der objektorientierte Entwurf stützt sich auf die bereits im Zusammenhang mit objektorientierten Datenbanken ausführlich diskutierten Konzepte der Objektorientierung. Wichtig ist hier insbesondere die Integration von Funktions- und Strukturbeschreibung in Objektbeschreibungen — Objekte werden durch Attribute (die Struktur) und Methoden (die Funktionen) charakterisiert.

Die objektorientierte Integration von Struktur und Verhalten kann gut am Beispiel des Exemplars eines Buchs in der Bibliothek erläutert werden. Der Datenbankeintrag entspricht einer Karteikarte für das Buchexemplar, auf der Informationen über das Buch, den Entleihstatus, den aktuellen Entleiher, das Rückgabedatum etc. eingetragen werden. Diese Informationen werden nicht beliebig durch Funktionen geändert, sondern nur durch vorgegebene Operationen Entleihe, Rückgabe, Mahnung, Reservierung etc. Im objektorientierten

Entwurf werden diese Operationen als *Methoden* bzw. *Ereignisse* einer Objekt-klasse `BuchExemplar` modelliert und zusammen mit den Informationsstruktu-ren verfeinert und schlußendlich realisiert — die Trennung in Datenbank- und Funktionsentwurf existiert hier nicht.

Der Einsatz der objektorientierten Modellierungssprache UML wurde be-reits in Abschnitt 3.6 beschrieben. Die formale, objektorientierte Sprache TROLL zur konzeptionellen Modellierung wird von Saake in [Saa93] ausführ-lich diskutiert.

5.2.9 Phasenbegleitende Methoden

Begleitend in allen Entwurfsphasen sollten *Validationsmethoden* eingesetzt werden, um den aktuellen Entwurfsschritt überprüfen zu können. Hier können die bewährten Methoden des Software Engineerings zur Qualitätssicherung im Entwurfsprozeß eingesetzt werden:

Verifikation: Der formale Beweis von Schemaeigenschaften kann in vielen Entwurfsschritten eingesetzt werden, da die verwendeten Datenbankmo-delle auf einer eindeutigen mathematischen Semantik aufbauen.

Prototyping: Prototyping in frühen Entwurfsphasen ermöglicht beispielhaf-tes Arbeiten mit der Datenbank vor der endgültigen Implementierung, gegebenenfalls auch mit unvollständigen Schemata (Teilschemata oder Schema-Inkrementen).

Validation mit Testdaten: Im Rahmen des Prototyping kann eine Überprü-fung der Richtigkeit des Entwurfs anhand von realen oder künstlichen Testdaten erfolgen. In frühen Phasen können Testdaten per Hand erstellt werden; mit fortschreitendem Entwurf kann dieses durch Werkzeuge un-terstützt erfolgen.

Die Qualität der Entwurfsschritte kann durch den Einsatz von Transforma-tionswerkzeugen, die gewisse Qualitätseigenschaften garantieren, erhöht wer-den. Dies gilt insbesondere für die Übergänge vom konzeptionellen Entwurf bis hin zur Datendefinition (vergl. das Kapitel 6 über den relationalen Datenbank-entwurf). Qualitätseigenschaften können ebenfalls durch Analysewerkzeuge basierend auf (heuristischen) Software-Metriken oder algorithmisch verifizier-baren Qualitätseigenschaften beruhen.

5.3 Konzeptioneller Entwurf

Der Begriff des konzeptionellen Schemas und dessen Rolle im Entwurfsprozeß wurde bereits im vorigen Abschnitt diskutiert. In diesem Abschnitt wird nun ein Beschreibungsrahmen für konzeptionelle Schemata vorgestellt, der weitgehend unabhängig von den verwendeten Beschreibungssprachen für die einzelnen betrachteten Konzepte ist.

5.3.1 Konzeptionelles Schema

Bereits im Zusammenhang mit Datenbankmodellen haben wir die Aufgaben des konzeptionellen Schemas als implementierungsunabhängige Modellierung der Informationsstrukturen genauer beschrieben. Beim Entwurf von Datenbank*anwendungen* müssen wir neben den Informations*strukturen* weitere Aspekte mit modellieren, so etwa Anwendungsfunktionen oder zeitliche Bedingungen, die die Evolution des Datenbestands betreffen. Zu diesem Zweck teilen wir ein konzeptionelles Schema S wie folgt in vier Komponenten auf:

$$S = (O,D,E,A)$$

Ein konzeptionelles Schema S besteht somit aus den folgenden vier Komponenten, die *Schichten* genannt werden: O Objektschicht, D Datenschicht, E Entwicklungsschicht und A Aktionsschicht.

O In der *Objektschicht* werden Objekte, Objekttypen und ihre Beziehungen modelliert, etwa die Objekttypen `Ausleiher` und `Buch` sowie die Beziehung `Ausleihe`. Zusätzlich werden Integritätsbedingungen angegeben.

D Die *Datenschicht* enthält die Definitionen der Wertebereiche von Attributen. Neben den Standard-Datentypen können hier auch anwendungsspezifische Datentypen modelliert werden, etwa **point** für geometrische Daten oder **address** als zusammengesetzter Wert.

Die Schichten O und D beschreiben die *statische Struktur* der Datenbank, d.h. die möglichen Zustände σ der Anwendung.

> Datenschicht und Objektschicht legen ein konzeptionelles *Datenbankschema* fest (bzw. den *statischen* Anteil davon).

E Die *Entwicklungsschicht* beinhaltet die Angabe von Bedingungen über die zeitliche Entwicklung des Datenbestands. Dynamische Integritätsbedingungen beschreiben das Verhalten der Datenbank, indem die erlaubten zeitlichen Entwicklungen des Datenbestands festgelegt werden. Die zeitlichen Entwicklungen werden formalisiert durch Zustandsfolgen:

$$\hat{\sigma} = <\sigma_0,\ldots,\sigma_i,\ldots>$$

Eine wichtige Teilklasse der dynamischen Integritätsbedingungen sind die transitionalen Bedingungen, die Einschränkungen für Zustandsübergänge beschreiben. Die Entwicklungsschicht wird auch *Integritätsschicht* genannt.

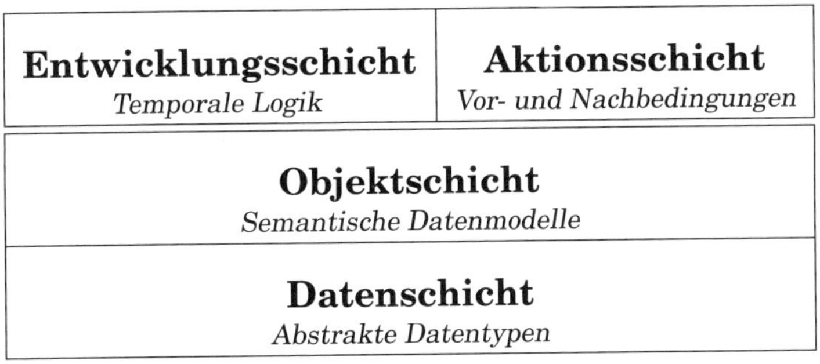

Entwicklungsschicht	Aktionsschicht
Temporale Logik	*Vor- und Nachbedingungen*

Objektschicht
Semantische Datenmodelle

Datenschicht
Abstrakte Datentypen

Abb. 5.2: Schichtenaufteilung eines konzeptionellen Schemas

A Die *Aktionsschicht* enthält implementierungsunabhängige Beschreibungen von Aktionen, die die Datenbank ändern. Derartige Aktionen werden in den folgenden Entwurfsschritten durch Anwendungsprozeduren realisiert. Transaktionen und Anwendungsprogramme beschreiben (anwendungs-) relevante Änderungen, d.h. Zustandsübergänge $\sigma_i \mapsto \sigma_{i+1}$, die durch die angebotenen Aktionen realisierbar sind.

Die Schichten *E* und *A* beschreiben das *dynamische Verhalten* der Anwendung, d.h. die zulässigen (erlaubten und realisierbaren) Zustandsfolgen, mit

$$< \sigma_0, \ldots, \sigma_i, \ldots, \sigma_n > \text{ ist erlaubt}$$

und

$$\sigma_i \mapsto \sigma_{i+1}, \quad i = 0, \ldots, n-1 \text{ ist realisierbar.}$$

Insbesondere in Nicht-Standard-Anwendungen wird das konzeptionelle Schema noch um eine *Prozeßschicht P* erweitert, in der langfristige Abläufe, Workflows, Interaktivität und Bearbeitungsprozesse beschrieben werden können [Saa93].

Die einzelnen Schichten werden in den folgenden Abschnitten genauer vorgestellt. Graphisch kann die Aufteilung in Schichten wie in Abbildung 5.2 verdeutlicht werden.

5.3.2 Objektschicht

Die Objektschicht beinhaltet die Beschreibung der in der Datenbank gespeicherten Informationsobjekte auf einer implementierungsunabhängigen Stufe, etwa im erweiterten ER-Modell (siehe Abschnitt 3.5). Wir verzichten an dieser Stelle auf weitere Beispiele, da Datenbankmodelle bereits ausführlich diskutiert wurden. Stattdessen gehen wir kurz auf datenbankmodellunabhängige Entwurfsprinzipien ein.

Abstraktionskonzepte in semantischen Datenmodellen

Ziel des konzeptionellen Entwurfs der Objektschicht ist die Spezifikation eines konzeptionellen Schemas auf hohem, abstraktem, implementierungsunabhängigem Niveau. Auf der Objektschicht werden zu diesem Zweck — unabhängig von konkreten Datenbankmodellen — allgemeine *Abstraktionskonzepte* verwendet.

1. Objekte mit gleichen Eigenschaften werden in Objekttypen zusammengefaßt. Dieser Schritt wird als *Typisierung* oder auch *Klassifizierung* bezeichnet.

2. *Generalisierung* bzw. *Spezialisierung* ordnet Objekttypen in einer Vererbungshierarchie an.

3. Die *Sammlung* ist die Charakterisierung von Objekten als Menge von anderen Objekten, etwa `Team` als Sammlung von `Mitarbeitern`. Die einzelnen Objekte müssen demselben Objekttyp zugeordnet sein.

4. Die *Aggregierung* definiert komplexe Objekte als zusammengesetzt aus anderen Teilobjekten. Die Teilobjekte können verschiedenen Objekttypen angehören.

5.3.3 Datenschicht

In der Datenschicht werden die Datentypen (Wertebereiche) für Eigenschaften (Attribute) von Objekten festgelegt. In der Regel sind eine Reihe von Datentypen bereits vorgegeben, so daß diese nicht mehr explizit definiert werden müssen. Ähnlich wie in Programmiersprachen können desweiteren neue Datentypen aus diesen abgeleitet werden, etwa Bereichstypen auf Zahlen, Aufzählungsdatentypen oder strukturierte Werte (Tupel-, Mengenbildung). Die Operationen für derartige Datentypen sind durch die Konstruktion festgelegt. Mit diesen Datentypen kommt man insbesondere in Standard-Anwendungen aus dem kommerziellen Bereich in der Regel aus, so daß in diesen Fällen die Definition der Datenschicht nur einen kleinen Teil des konzeptionellen Schemas einnimmt.

Die explizite Spezifikation einer Datenschicht ist aus diesen Gründen im klassischen Datenbankentwurf eher unüblich. Allerdings reichen die von den bekannten Datenbankmodellen vordefinierten Datentypen selbst für einfache Anwendungen oft nicht aus. Dies gilt erst recht für die sogenannten Nicht-Standard-Anwendungen zum Beispiel im Ingenieurbereich oder Kartographie-Anwendungen. Neben den vorgegebenen Datentypen wie **integer** und **string** müssen hier zusätzlich anwendungsspezifische Datentypen spezifiziert werden können. Typische Beispiele für zu spezifizierende Datentypen sind:

- geometrische und graphische Datentypen wie Punkt, Linienzug und Polygon,

- ingenieurwissenschaftlich relevante Datentypen wie Matrix und Vektor und

- insbesondere für Multimediaanwendungen und verwandte Gebiete wichtige Datentypen wie digitalisierte Bilder, Bildsequenz und Text, die im klassischen Datenbankentwurf nur als uninterpretierte 'Byte-Container' modelliert werden können.

Zur Beschreibung von Datentypen kann etwa die algebraische Spezifikation von abstrakten Datentypen eingesetzt werden [EM85, EGL89]. Einfache Datentypen kann man hierbei direkt durch Angabe eines Gleichungssystems beschreiben, während zur Konstruktion komplexerer Strukturen *Datentypkonstruktoren* wie **list** oder **set** eingesetzt werden. Die Modellbildung für die algebraische Spezifikation sind Algebren im mathematischen Sinne, d.h. abstrakte Wertebereiche zusammen mit Funktionen auf diesen Wertebereichen.

Als Beispiel betrachten wir die Definition eines Datentyps für eine Datenbank-Anwendung mit graphischen Daten. Der geometrische Datentyp point modelliert Punkte in der Zahlenebene. Zusammen mit den zugehörigen Operationen könnte er wie folgt spezifiziert werden:

```
datatype point based on real;
sorts point;
operations distance :      (point × point): real;
           xcoord, ycoord : (point): real;
           createpoint :   (real × real): point;
           add :           (point × point): point;
           ...
variables p,q : point;
          x,y,x1,y1 : real;
equations
   x = xcoord(createpoint(x,y));
   y = ycoord(createpoint(x,y));
   distance(createpoint(x,y),createpoint(x1,y1))
     = sqrt((x-x1)*(x-x1) + (y-y1)*(y-y1));
   add(p,q)
     = createpoint(xcoord(p)+xcoord(q),
                   ycoord(p)+ycoord(q));
   ...
```

Ein Modell für den Typ point in dieser Beispielspezifikation ist die Menge abstrakter Punkte auf der Zahlenebene (isomorph zu **real**×**real**) zusammen mit den angegebenen Operationen. In der Regel gibt es mehrere mathematische Modelle für eine Spezifikation, aus der ein (bis auf Isomorphie eindeutiges) Modell als Semantik gewählt werden muß [EM85, EGL89].

Da der Einsatz algebraischer Spezifikation ein gutes Verständnis der zugrundeliegenden theoretischen Konzepte voraussetzt, werden Datentypdefinitionen stattdessen oft in einer an Programmiersprachen angelehnten Sprache angegeben.

Werte versus Objekte

Die Entscheidung Wert oder Objekt ist oft Teil des Modellierungsspielraums. Hinweise auf Werte anstelle von Objekten sind folgende Kriterien:

- Eigenschaften von Werten sind nicht änderbar.

- Werte identifizieren sich selber.

- Werte sind nur als Eigenschaften von Objekten in einer Datenbank gespeichert.

- Werte können nicht isoliert (d.h. ohne Eigenschaft eines Objekts zu sein) eingefügt oder gelöscht werden.

- Eine Operation auf Werten ändert nicht den Zustand eines Wertes (wie es bei Objekten der Fall sein kann), sondern liefert einen neuen Wert.

Man kann sich diese Eigenschaften gut verdeutlichen, wenn man die Kriterien einmal auf die Zahl '42' als Wert und dann auf ein Person-Objekt anwendet. Nicht immer ist die Unterscheidung so naheliegend, etwa können Adressen oder Polygonzüge abhängig von der Anwendung sowohl als Werte als auch als Objekte modelliert werden.

5.3.4 Entwicklungsschicht

Mit den Definitionen der Entwicklungsschicht sollen die erlaubten zeitlichen Entwicklungen der Datenbank unabhängig von konkreten Änderungsaktionen eingeschränkt werden. Hierzu dient die Angabe von *transitionalen* und *temporalen* Integritätsbedingungen, also Bedingungen, die sich auf einzelne Zustandsübergänge (transitionale Bedingungen) oder auf längerfristige Abläufe (temporale Bedingungen) beziehen. Transitionale und temporale Bedingungen werden zusammen als *dynamische* Integritätsbedingungen bezeichnet. Desweiteren werden hier auch *statische* Integritätsbedingungen angegeben, die in der Modellierung der Objektschicht nicht bereits berücksichtigt wurden (etwa weil das dort verwendete Datenbankmodell keine hinreichend mächtige Sprache zur Formulierung von Integritätsbedingungen anbietet oder da statische und dynamische Bedingungen gemeinsam entworfen werden sollen).

Statische Bedingungen werden in einem Dialekt der Prädikatenlogik angegeben, der je nach verwendetem Datenbankmodell unterschiedlich sein kann. Ein Beispiel für eine statische Bedingung ist die folgende Formel, die angibt, daß Angestellte einen Monatsverdienst von mehr als 2.000,- DM haben:

$$\forall(a:\texttt{Angestellte})\ a.\texttt{Gehalt} > 2000$$

Zur Formulierung von transitionalen Bedingungen müssen wir die Prädikatenlogik erweitern, um den Zugriff auf den alten und neuen Zustand in einer Formel zu ermöglichen. Eine Möglichkeit ist, einen expliziten Operator **next** einzuführen, der einen Teil der Formel im neuen ('nächsten') Zustand auswertet. Der alte Wert muß dabei in einer 'Variable gerettet' werden, wenn er in dieser Teilformel benötigt wird. Diese Erweiterung basiert auf den Operatoren der temporalen Logik. Ein Beispiel für eine transitionale Bedingung gibt die folgende Formel, die bedeutet, daß von einem Sparbuch maximal 2.000,- DM abgehoben werden darf:

$$\forall(s:\texttt{Sparbuch})\forall(x:\textbf{integer})\ (s.\texttt{Betrag}=x) \Rightarrow \textbf{next}(s.\texttt{Betrag}\geq x-2000)$$

Da die Verwendung des **next**-Operators zu umständlichen Formeln mit Hilfsvariablen führt, wird in anderen Sprachvorschlägen explizit zwischen altem und neuem Datenbankobjekt unterschieden:

$$\forall(s:\texttt{Sparbuch})\ \textbf{new}(s).\texttt{Betrag} \geq \textbf{old}(s).\texttt{Betrag}-2000$$

Für echte temporale Bedingungen muß die Logik um weitere Operatoren der temporalen Logik erweitert werden, etwa **always** ('ab jetzt gilt immer') oder **sometime** ('irgendwann muß gelten'). Wir geben hier keine vollständige Sprache zur Formulierung temporaler Integritätsbedingungen an, sondern formulieren nur ein Beispiel:

$$\forall(A:\texttt{Ang})\forall(s:\textbf{int})\ \textbf{always}((A.\texttt{Gehalt}=s) \Rightarrow \textbf{always}\neg(A.\texttt{Gehalt}<s))$$

Laut dieser Bedingung dürfen Gehälter von Angestellten niemals fallen. Diese einfache temporale Bedingung kann auch als transitionale Bedingung formuliert werden, aber zur Verdeutlichung des Einsatzes temporaler Operatoren reicht das einfache Beispiel aus. Für echt temporale Bedingungen verweisen wir auf die in Abschnitt 5.6 aufgeführte einschlägige Literatur.

Beispiel 5.1 Als etwas komplexeres Beispiel für temporale Bedingungen betrachten wir Aspekte der sogenannten 'Freischußregelung' für Diplomprüfungen. Gegeben seien Diplomprüfungseinträge in einer Relation:

```
DP(MatrNr, Fach, Semester, Note, Versuch)
```

Wir können folgende Bedingungen formulieren:

- Es gibt maximal zwei Versuche pro Student und Fach:

$$\textbf{always}(DP(m,f,s,n,v) \Rightarrow (v \in \{1,2\}))$$

- Prüfungsergebnisse sind endgültig:

$$\textbf{always}((DP(m,f,s,n,v)) \Rightarrow \textbf{always}(DP(m,f,s,n,v)))$$

- Ein zweiter Versuch kann nur durchgeführt werden, wenn ein erster Versuch erfolglos vor dem achten Semester durchgeführt wurde (Freischuß):

$$\textbf{always}(DP(m,f,s,n,2) \Rightarrow \textbf{sometime after}(DP(m,f,s',5,1) \wedge s' < 8))$$

Diese Bedingung benutzt einen Operator einer vergangenheitsgerichteten temporalen Logik, wie sie etwa in [Ser80, SHS94] vorgeschlagen werden.□

Die Angabe von zeitlichen Bedingungen in temporaler Logik erfordert eine gewisse Vertrautheit mit logischen Formalismen. Alternativ können derartige Bedingungen mit eher operationalen Methoden wie Zustandsautomaten ausgedrückt werden, wie sie in populären Entwurfsmethoden wie der objektorientierten Analyse eingesetzt werden.

5.3.5 Aktionsschicht

In der Aktionsschicht erfolgt die abstrakte Beschreibung von anwendungsspezifischen Änderungsaktionen, beispielsweise durch Vor- und Nachbedingungen oder in Pseudo-Code-Notation (Beispiel und konkrete Syntax siehe etwa [EGH+92]).

Als Beispiel für eine konkrete Änderung spezifizieren wir eine Aktion, die die Exmatrikulation eines Studierenden durchführt:

```
action Exmatrikulation (StudentName: string,
                        MatrikelNr: integer):
    pre
        (exists s: Student)
            s.Name=StudentName and s.MatrNr=MatrikelNr and
            not (exists b: Buch) Ausleihe(s,b);
    post
        not (exists s: Student)
            s.Name=StudentName and s.MatrNr=MatrikelNr;
end action Exmatrikulation.
```

Auch bei Aktionsspezifikationen sind neben der hier vorgestellten deskriptiven Variante operationale Sprachvorschläge verbreitet, etwa durch Angabe von Pseudo-Code-Programmen oder Struktogrammen. Diese operationalen Sprachvorschläge werden in Entwurfssitzungen eher von den Anwendern akzeptiert, da sie näher an den existierenden Arbeitsabläufen der Anwendung sind. Deskriptive Aktionsspezifikationen hingegen haben Vorteile für den Entwickler, da sie mehr Freiheit der Realisierung lassen, sich auf das 'Was' (und nicht das 'Wie') konzentrieren und gegen logikbasierte Integritätsbedingungen abgeglichen werden können.

5.3.6   Modellierung von Anwendungsprozessen

Der bisher beschriebene Vier-Schichten-Ansatz beschreibt eine Datenbank, die durch festgelegte Aktionen eingekapselt ist. Um die Dynamik von Anwendungssystemen beschreiben zu können, wird etwa in [Saa93] als fünfte Schicht die *Prozeßschicht* eingeführt, die langfristige Anwendungsprozesse und Arbeitsabläufe in einem Informationssystem beschreibt. Die aktuell diskutierten *Workflows* in Informationssystemen [Jab95a, Jab95b] sind hier einzuordnen und korrespondieren bezüglich der Beschreibung von Arbeitsabläufen zu den bereits bekannten Datenbank-Ansätzen für erweiterte Transaktionsmodelle [Elm92]. Wir verzichten an dieser Stelle auf eine tiefergehende Diskussion der Beschreibung einer Prozeßschicht, da es in diesem Buch primär um die Datenbankkomponente von Informationssystemen geht, und führen stattdessen nur ein Beispiel an, wie derartige Prozeßbeschreibungen aussehen könnten.

Ein Beispiel für einen Sprachvorschlag zur Beschreibung von Anwendungsprozessen im Datenbankbereich ist das ConTract-Modell von Reuter und Wächter [WR92]. Das ConTract-Modell ermöglicht die Komposition komplexer Prozesse aus elementaren Aktionen (bzw. deren Realisierungen durch *Transaktionen*, vgl. Abschnitt 12.1).

Als Beispiel für eine Beschreibung im ConTract-Modell wird eine Ablaufspezifikation in Abbildung 5.3 dargestellt.

Das Beispiel wurde einer Reisebuchungsanwendung entnommen, in der verschiedene Datenbankzugriffe miteinander koordiniert werden. Das Beispiel beschreibt einen Anwendungsprozeß, der aus mehreren elementaren Aktionen S_1 bis S_{11} zusammengesetzt ist. Elementare Aktionen können dabei die Eingabe von Parametern, Anfragen an Datenbanken oder Änderungen von Datenbanken sein. Teilprozesse können logisch zu Transaktionen (T_1 und T_2) zusammengefaßt werden, d.h. diese Teilprozesse werden entweder ganz oder gar nicht ausgeführt und hinterlassen die Datenbank in einem konsistenten Zustand.

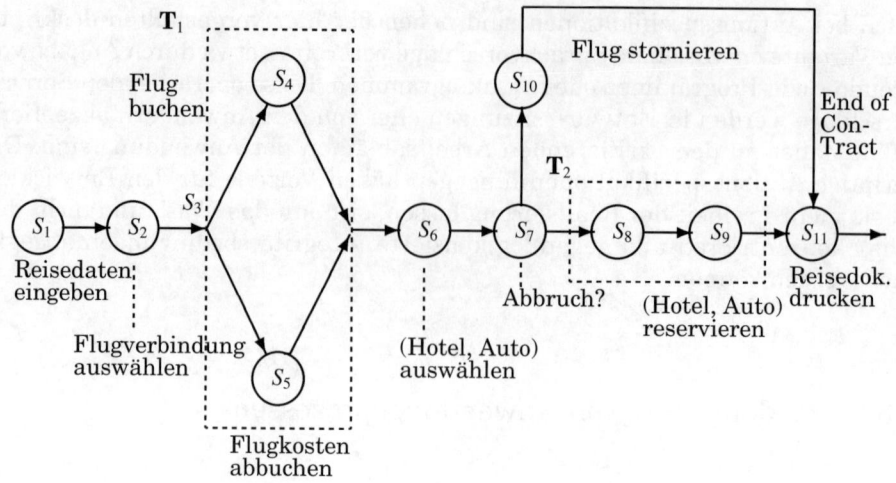

Abb. 5.3: Beispiel einer Ablaufspezifikation im ConTract-Modell

5.4   ER-Abbildung auf andere Datenbankmodelle

Der erste Teilschritt des logischen Datenbankentwurfs bestand aus der Abbildung des konzeptionellen Schemas im Entwurfsmodell (hier also im ER-Modell) in ein Schema des Zielmodells. Diese Abbildung werden wir in diesem Abschnitt für die Zielmodelle

- Relationenmodell,

- Netzwerkmodell und

- hierarchisches Modell

durchführen. Man kann grob zwei Vorgehensweisen unterscheiden:

- Die Transformation der ER-Konzepte in Konzepte des Zielmodells wird nach Faustregeln manuell vorgenommen. Die Faustregeln fixieren nicht exakt das resultierende Schema, sondern lassen dem Entwerfer noch Gestaltungsspielraum.

- Man führt eine automatische Transformation der ER-Konzepte durch.

Die Ziele der Transformation sind allgemein die Darstellung aller Informationen des ER-Diagramms im resultierenden Datenbankschema, etwa im Relationenmodell durch Relationenschemata, Schlüssel und Fremdschlüssel. Eine exakte Darstellung bedeutet dabei, daß im resultierenden Datenbankschema genauso viele Instanzen darstellbar sind wie im ER-Diagramm (nicht weniger, aber auch nicht mehr). Dieses Ziel nennt man *Erhaltung der Informationskapazität* nach [Hul86]. Ein Beispiel soll diesen Begriff verdeutlichen.

Beispiel 5.2 Bilden wir die 1:1-Beziehung R des ER-Diagramms aus Abbildung 5.4 auf das dort angegebene Relationenschema mit einem Schlüssel $\{A\}$ ab, so können wir *mehr* Relationen darstellen (links), als es korrekte Beziehungen zwischen den Entities gibt. Die Abbildung ist *kapazitätserhöhend*. Sie wäre kapazitätserhaltend gewesen, wenn wir die Schlüssel beider Entity-Typen im Relationenschema jeweils zu einem Schlüssel gemacht hätten. Unter der Schlüsselmenge $\{\{A\}, \{B\}\}$ ist die inkorrekte Relation nicht mehr erlaubt.

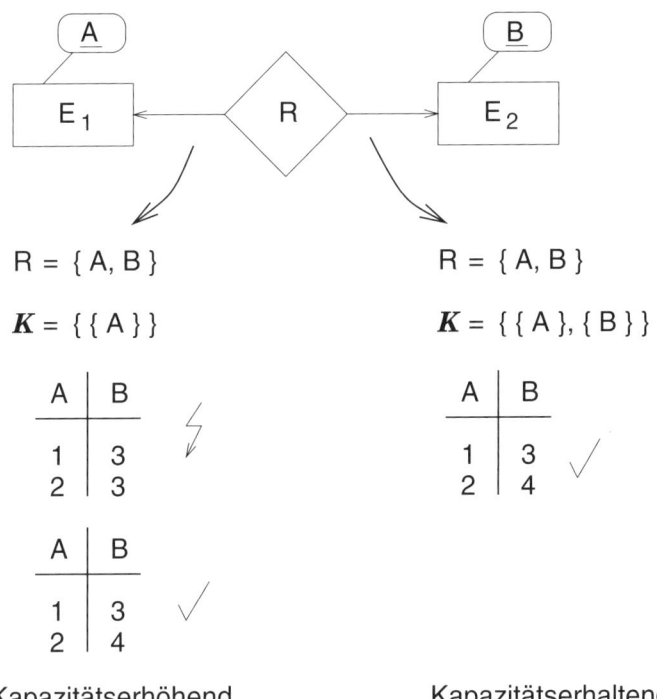

Abb. 5.4: *Eine kapazitätserhöhende Abbildung von ER-Diagrammen auf relationale Schemata*

Bilden wir die m:n-Beziehung R des ER-Diagramms aus Abbildung 5.5 auf das dort angegebene Relationenschema mit einem Schlüssel $\{A\}$ ab, so können wir *weniger* Relationen darstellen, als es korrekte Beziehungen zwischen den Entities gibt. Die Abbildung ist *kapazitätsvermindernd*. Sie wäre kapazitätserhaltend gewesen, wenn wir die Schlüssel beider Entity-Typen im Relationenschema zusammen zu einem neuen Schlüssel gemacht hätten. Mit dem Schlüssel $\{A,B\}$ ist die zweite Relation auf der rechten Seite der Graphik erst darstellbar. □

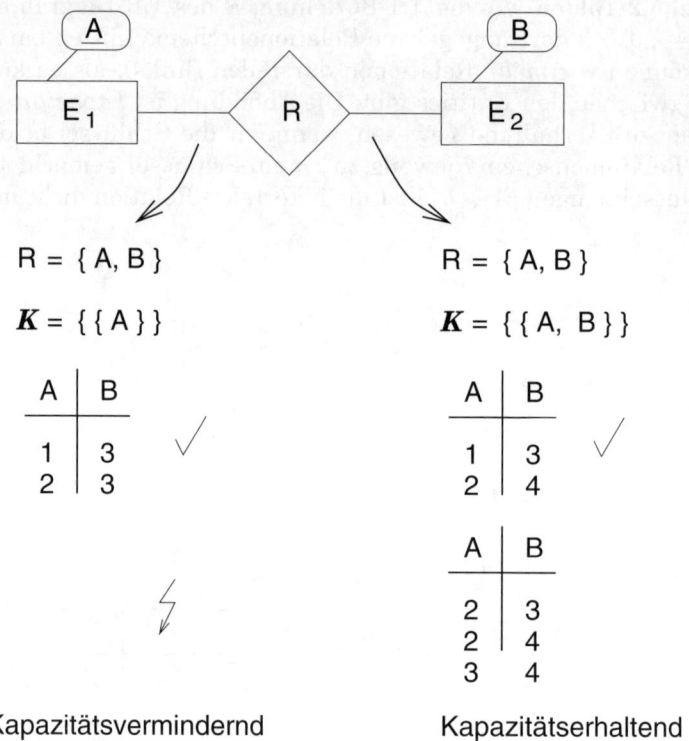

R = { A, B }

K = { { A } }

A	B
1	3
2	3

✓

R = { A, B }

K = { { A, B } }

A	B
1	3
2	4

✓

A	B
2	3
2	4
3	4

Kapazitätsvermindernd   Kapazitätserhaltend

Abb. 5.5: *Eine kapazitätsvermindernde Abbildung von ER-Diagrammen auf relationale Schemata*

Bei den Abbildungen auf die Zielmodelle in den folgenden Unterabschnitten werden wir auf Kapazitätserhaltung achten — wenn uns das Zielmodell dazu genügend Konzepte anbietet, was im hierarchischen Modell und im Netzwerkmodell nicht immer der Fall sein wird.

5.4.1 Beispiel für eine Abbildung auf das Relationenmodell

Als motivierendes Beispiel wollen wir uns nun anschauen, wie das einführende ER-Beispiel aus Abschnitt 3.2.2 auf Relationen abgebildet wird. Das ER-Diagramm in Abbildung 5.6 wird auf insgesamt fünf Relationenschemata abgebildet: je ein Relationenschema für jeden Entity-Typ und jeden Beziehungstyp. Die Attribute werden bei Entity-Typen den jeweiligen Relationenschemata unverändert zugeordnet. Bei Beziehungstypen werden die zugehörigen Relationenschemata nicht nur die Attribute des Beziehungstyps (in diesem Fall nur bei `liest` das Attribut `Semester`) sondern auch die Primärschlüssel der beteiligten Entity-Typen zugeordnet. Hiermit wird sichergestellt, daß die Beziehung zwischen den Entities in der relationalen Darstellung über ihre identifizierenden Attributwerte realisiert werden kann.

Die Wahl der Schlüssel hängt nun von der Kardinalität der Beziehung ab. Im Beispiel haben wir es mit n:m-Beziehungen zu tun. Kapazitätserhaltend sind dabei nun Abbildungen, die im zum Beziehungstyp gehörenden Relationenschema einen aus beiden Entity-Primärschlüsseln kombinierten neuen Schlüssel bilden.

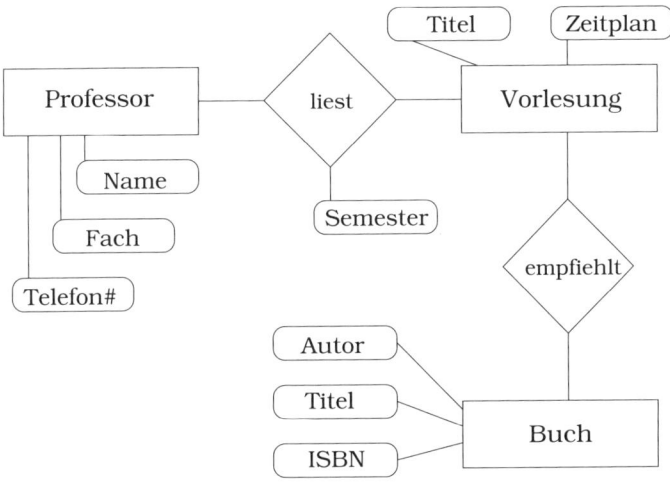

Abb. 5.6: Beispiel für ein ER-Schema

In den folgenden Unterabschnitten werden wir diese Regeln nun für die konkreten Datenbankmodelle jeweils detailliert angeben und erläutern.

5.4.2 Abbildung auf das relationale Modell

Die Abbildungen von ER-Konzepten auf relationale Konzepte werden nach folgenden Grundprinzipien vorgenommen:

- Entity-Typen und Beziehungstypen werden jeweils auf Relationenschemata abgebildet. Die Attribute werden zu Attributen des Relationenschemas, die Schlüssel werden übernommen.

ER-Konzept	wird abgebildet auf relationales Konzept
Entity-Typ E_i	Relationenschema R_i
Attribute von E_i	Attribute von R_i
Primärschlüssel P_i	Primärschlüssel P_i
Beziehungstyp	Relationenschema
	Attribute: P_1, P_2
dessen Attribute	weitere Attribute
1:n	P_2 wird Primärschlüssel der Beziehung
1:1	P_1 und P_2 werden Schlüssel der Beziehung
m:n	$P_1 \cup P_2$ wird Primärschlüssel der Beziehung
IST-Beziehung	R_1 erhält zusätzlichen Schlüssel P_2

Bezeichnungen:

E_1, E_2: an Beziehung beteiligte Entity-Typen

P_1, P_2: deren Primärschlüssel

bei 1:n-Beziehung: E_2 ist die n-Seite

bei IST-Beziehung: E_1 ist speziellerer Entity-Typ

Tab. 5.1: Abbildung eines ER-Schemas auf ein relationales Schema

- Die verschiedenen Kardinalitäten der Beziehungen werden durch Wahl der Schlüssel bei dem zugehörigen Relationenschema ausgedrückt.

- In einigen Fällen können Relationenschemata von Entity- und Beziehungstypen miteinander verschmolzen werden.

- Zwischen den verbleibenden Relationenschemata werden diverse Fremdschlüsselbedingungen eingeführt.

Wir erläutern die Umsetzungsregeln anhand binärer Beziehungen. Für mehrstellige Beziehungstypen müssen die Regeln entsprechend angepaßt werden.

Eine Übersicht über die Transformationen entnehme man Tabelle 5.1. Wir führen nun die einzelnen Abbildungen genauer ein.

Entity-Typen

Für jeden Entity-Typ bilden wir ein Relationenschema mit allen Attributen des Entity-Typs im Diagramm, die Schlüssel werden übernommen. Falls mehrere Schlüssel vorhanden sind, wird ein Primärschlüssel gewählt. Der Primärschlüssel sollte möglichst einfach sein (also besser aus einem statt aus mehreren Attributen bestehen, besser ein **integer**-Attribut statt ein **string**-Attribut sein).

Beispiel 5.3 Der Entity-Typ Personen hat zwei Schlüssel: Die Personalausweisnummer (PANr) und die Attributmenge Vorname, Nachname, PLZ, Ge-

`burtsdatum`, die unserer Annahme nach auch für alle Personen unserer Universitätsdatenbank eindeutig sei.

Das zugehörige Relationenschema enthält alle Attribute des Entity-Typs. Beide Schlüssel werden übernommen. Als Primärschlüssel wählen wir den einfacheren, die `PANr`. □

Beziehungstypen

Für jeden Beziehungstyp bilden wir ein Relationenschema mit allen Attributen des Beziehungstyps im Diagramm, zusätzlich übernehmen wir alle Primärschlüssel der beteiligten Entity-Typen. Die Schlüssel werden jetzt folgendermaßen gewählt:

- m:n-Beziehung: Beide Primärschlüssel zusammen werden Schlüssel im neuen Relationenschema.

- 1:n-Beziehung: Der Primärschlüssel der n-Seite (bei der funktionalen Notation die Seite ohne Pfeilspitze) wird Schlüssel im neuen Relationenschema.

- 1:1-Beziehung: Beide Primärschlüssel werden je ein Schlüssel im neuen Relationenschema, der Primärschlüssel wird dann aus diesen Schlüsseln gewählt.

Sind die obigen Beziehungen optionale Beziehungen, in der Intervall-Notation also näher mit [0,1] oder [0,n] beschrieben, so ist diese Abbildung auch schon die endgültige. Dagegen können im Fall der Kardinalitäten [1,1] oder [1,n], also bei zwingenden Beziehungen, Relationenschemata verschmolzen werden:

- 1:n-Beziehung: das Entity-Relationenschema der n-Seite kann in das Relationenschema der Beziehung integriert werden.

- 1:1-Beziehung: beide Entity-Relationenschemata können in das Relationenschema der Beziehung integriert werden.

Beispiel 5.4 Ein Beispiel für eine 1:1-Beziehung ist die Zuordnung von `Professoren` und `Lehrstühlen` (siehe Abbildung 5.7). Nach der ursprünglichen Abbildungsvorschrift werden drei Relationenschemata angelegt:

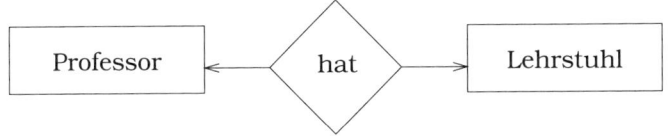

Abb. 5.7: Eine 1:1-Beziehung im Universitätsbeispiel

- `Professoren` mit den Attributen `PANr` und `Stufe`,

- `Lehrstühle` mit den beiden Attributen `Lehrstuhlbezeichnung` und `Anzahl_Planstellen` und

- `Hat_Lehrstuhl` mit den Primärschlüsseln der beiden beteiligten Entity-Typen jeweils als Schlüssel dieses Schemas, also `PANr` und `Lehrstuhlbezeichnung`.

Ist nun jeder Lehrstuhl immer durch einen Professor besetzt und hat jeder Professor auch einen Lehrstuhl, so können wir die drei Relationenschemata auch zusammenfassen. Eine Beispiel-Relation wäre:

Professoren	PANr	Lehrstuhlbezeichnung	Stufe	Anzahl_Planstellen
	4711	Datenbank- und Informationssysteme	C4	4
	5588	Datenbanken und Informationssysteme	C4	5

Können nun aber Lehrstühle unbesetzt sein, so müßte man bei der `PANr` — einem möglichen Kandidaten für den Primärschlüssel — Nullwerte einführen, um zumindest die Zuordnung von `Lehrstuhlbezeichnung` zu `Anzahl_Planstellen` durchführen zu können:

Professoren	PANr	Lehrstuhlbezeichnung	Stufe	Anzahl_Planstellen
	4711	Datenbank- und Informationssysteme	C4	4
	5588	Datenbanken und Informationssysteme	C4	5
	⊥	Rechnernetze	⊥	2

In diesem Fall ist also das Auftrennen in zumindest zwei Relationenschemata sinnvoll. Falls nicht jeder Professor einen Lehrstuhl innehaben muß, so sind sogar drei Relationenschemata zu wählen, da sonst der Schlüssel `Lehrstuhl-bezeichnung` mit Nullwerten belegt werden müßte. □

Bisher haben wir Fremdschlüssel bei der Abbildung nicht betrachtet. Man muß jedoch bei der Abbildung von Beziehungstypen die Primärschlüssel der beteiligten Entity-Typen im Relationenschema der Beziehung als Fremdschlüssel ausweisen.

Beispiel 5.5 Ein Beispiel für eine n:m-Beziehung ist die Menge der Prüfungen, die `Studenten` und `Professoren` einander zuordnet (siehe Abbildung 5.8). Nach der Abbildungsvorschrift werden drei Relationenschemata angelegt:

- `Professoren` mit den Attributen `PANr` und `Stufe`,

- `Studenten` unter anderem mit den Attributen `Matrikelnummer` und `Studienfach` und

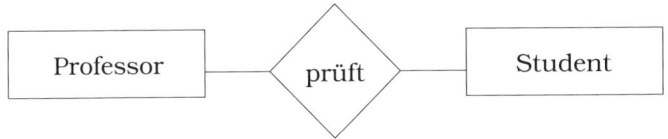

Abb. 5.8: Eine n:m-Beziehung im Universitätsbeispiel

- Prüft mit den Primärschlüsseln der beteiligten Entity-Typen zusammen als Primärschlüssel dieses Schemas, also {PANr, Matrikelnummer}.

Beide Attribute sind Fremdschlüssel: Die PANr bezüglich des Relationenschemas Professoren und die Matrikelnummer bezüglich des Relationenschemas Studenten. □

IST-*Beziehung*

Die IST-Beziehung wird auf kein eigenes Relationenschema abgebildet. In das Relationenschema des spezielleren Entity-Typs wird aber zusätzlich der Primärschlüssel des allgemeineren Entity-Typs aufgenommen.

Beispiel 5.6 Ein Beispiel für eine IST-Beziehung ist die Spezialisierung von Personen zu Studenten und Mitarbeitern und die Spezialisierung letzterer zu Professoren (siehe Abbildung 5.9). Für das Relationenschema Personen wurde bereits der Primärschlüssel PANr festgelegt. Nach der Abbildungsvorschrift werden Primärschlüssel vererbt:

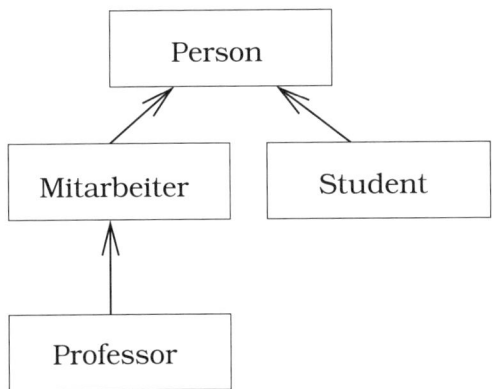

Abb. 5.9: Eine IST-Beziehung im Universitätsbeispiel

- `Mitarbeiter` haben unter anderem eine `AngNr` als Schlüssel. Zusätzlich wird der Primärschlüssel `PANr` vom allgemeineren Entity-Typ `Personen` geerbt. Wir entscheiden uns für die `PANr` als Primärschlüssel für `Mitarbeiter`.

- `Professoren` haben das Attribut `Stufe`: die `PANr` wird von `Mitarbeiter` weiter vererbt.

- `Studenten` haben unter anderem das Attribut `Matrikelnummer`, das auch Schlüssel ist. Damit haben wir wieder die Auswahl zwischen dem "lokalen" Schlüssel und dem geerbten Schlüssel `PANr`. □

Der "vererbte" Schlüssel ist in der spezielleren Relation Fremdschlüssel bezüglich der allgemeineren: In der spezielleren Relation dürfen höchstens die Schlüsselwerte auftauchen, die in der allgemeineren Relation auch vorhanden sind.

Komplexere Beispiele

Wir erläutern in diesem Paragraphen nun noch weitere Teile des Universitätsbeispiels zur Veranschaulichung der obigen Abbildungen und gleichzeitig auch zum Aufzeigen weiterer Problemfälle.

Beispiel 5.7 Ein Beispiel für eine 1:n-Beziehung ist der Zusammenhang zwischen `Buch_Exemplare` und `Bücher` (siehe Abbildung 5.10). Ein Buch wird durch die `ISBN` identifiziert. Da ein Buch jedoch mehrfach angeschafft werden kann, führt man eine `Inventarnummer` zur Identifikation von einzelnen Buch-Exemplaren ein. Nach der Abbildungsvorschrift werden drei Relationenschemata angelegt:

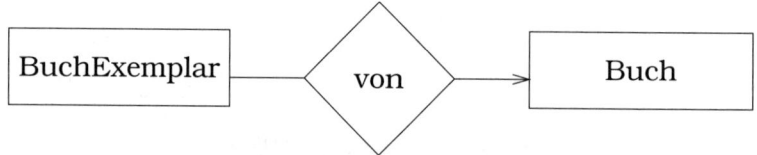

Abb. 5.10: Eine 1:n-Beziehung im Universitätsbeispiel

- `Buch_Exemplare` mit dem Attribut `Inventarnr`,

- `Bücher` unter anderem mit den Attributen `ISBN` und `Titel` und

- `von` mit dem Primärschlüssel der *n*-Seite `Buch_Exemplare` als Primärschlüssel dieses Schemas.

Da ein Buch-Exemplar jedoch zu einem Buch gehören muß (zwingende Beziehung), kann das Relationenschema `Buch_Exemplare` mit dem Relationenschema `von` verschmolzen werden.

Das Beispiel muß später sogar noch weiter verfeinert werden: Bücher werden noch ein Attribut `Auflage` beinhalten, das mit der `ISBN` zusammen zusätzlich zur Identifikation eines Buchs benutzt werden muß. Dadurch werden Redundanzen auftreten, die wir mit Hilfe der Normalformen in Kapitel 6 eliminieren werden. □

Beispiel 5.8 Um die `Ausleihe`-Beziehung im normalen ER-Modell darzustellen, haben wir mindestens drei Möglichkeiten, die allerdings jeweils mit Nachteilen verbunden sind (siehe Abbildung 5.11). Die Schwierigkeit besteht darin, daß sowohl Mitarbeiter als auch Studenten Bücher (genauer: Buch-Exemplare) ausleihen können.

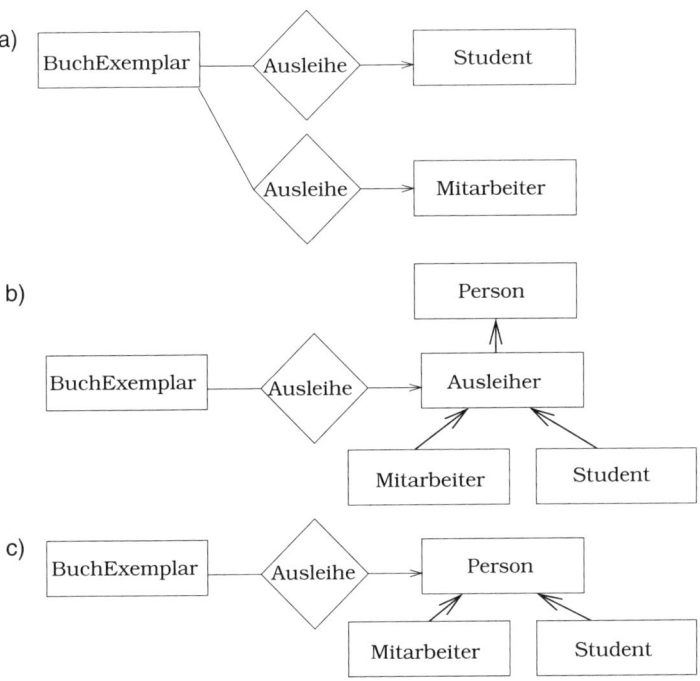

Abb. 5.11: Auswirkungen der fehlenden Generalisierung im klassischen ER-Modell

- In Version a) werden zwei `Ausleihe`-Beziehungstypen definiert. Beide sind 1:n-Beziehungen, da ein Buch-Exemplar zu einem bestimmten Zeitpunkt maximal bei einem Ausleiher sein kann. Allerdings könnten in dieser Modellierung (die wir auch für das vollständige ER-Schema im Anhang gewählt haben) Buch-Exemplare gleichzeitig bei einem Studenten und einem Mitarbeiter sein. Die funktionale Beziehung wird nur jeweils lokal geprüft. Diese Definition erfüllt also nicht die Anforderungen der Anwendungsbeschreibung.

- In Version b) wird ein zusätzlicher Entity-Typ `Ausleiher` zwischen Personen und Mitarbeitern bzw. Studenten geschaltet. Die funktionale Beziehung ist somit gewährleistet. Aufgrund der Inklusionssemantik der IST-Beziehung muß nun aber wirklich jeder Student und jeder Mitarbeiter als Ausleiher auftreten. Eine andere Möglichkeit läßt diese Modellierung nicht zu.

- In Version c) wird die Ausleihe direkt auf `Person` definiert. Leider können hier nun auch Personen ausleihen, die laut Anwendungsbeschreibung nicht ausleihen dürfen, etwa Gäste der Universität, die nicht Mitarbeiter und nicht Student sind.

Erst im EER-Modell mit dem speziellen Generalisierungskonzept kann dieses Problem adäquat modelliert werden. Wir werden allerdings am Ende dieses Unterabschnitts noch feststellen, daß die relationale Modellierung dieses Problem auch nicht adäquat lösen kann. ☐

Beispiel 5.9 Die rekursive Beziehung zwischen Vorlesungen, die eine Vorlesung als Voraussetzung für eine andere definiert (siehe Abbildung 5.12), beinhaltet ebenfalls ein technisches Problem. Das entstehende Relationenschema enthält die Primärschlüssel der beiden beteiligten Entity-Typen, in diesem Fall also zweimal das Attribut `V_Bezeichnung`. Da dies im Relationenmodell weder erlaubt noch in der Anwendung praktikabel ist, müssen wir beide oder zumindest eines der Attribute umbenennen. Dies kann beispielsweise aufgrund der Rollennamen geschehen, die im ER-Schema den beiden Kanten mitgegeben werden können. ☐

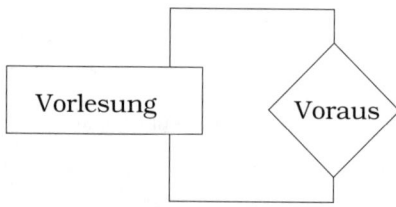

Abb. 5.12: Eine rekursive Beziehung im Universitätsbeispiel

Beispiel 5.10 Mehrstellige Beziehungen wie die `Empfiehlt`-Beziehung (siehe Abbildung 5.13) zwischen Professoren, Büchern und Vorlesungen werden nach ähnlichen Regeln abgebildet wie die exemplarisch betrachteten zweistelligen Beziehungen oben. Jeder beteiligte Entity-Typ wird dabei nach den obigen Regeln behandelt. Bei `Empfiehlt` werden in das resultierende Relationenschema die Primärschlüssel der drei beteiligten Entity-Typen aufgenommen. Da die Beziehung allgemeiner Art ist (also eine k:m:n-Beziehung im dreistelligen Fall), bilden alle Primärschlüssel zusammen den Schlüssel für das neue Relationenschema. □

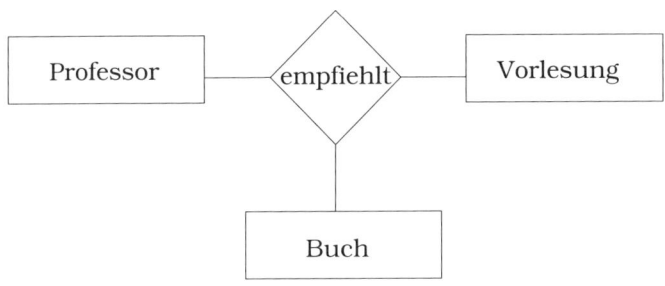

Abb. 5.13: Eine mehrstellige Beziehung im Universitätsbeispiel

Für einen guten Datenbankentwurf reichen diese Abbildungen leider noch nicht aus. Beispielsweise haben wir nach den obigen Regeln Probleme in den folgenden Fällen:

- Bei komplexeren Attributen wie beim Entity-Typ `Bücher` mit den mehrwertigen Attributen `Stichwort`, `Autor` und `Versionen` handeln wir uns mit den obigen Abbildungen Redundanzen innerhalb des `Bücher`-Schemas ein. Diese werden im Kapitel 6 mit den dort eingeführten Normalformen eliminiert.

- Manche Konzepte des EER-Modells können mit Schlüsseln und Fremdschlüsseln nicht kapazitätserhaltend dargestellt werden: so ist etwa die Generalisierung von `Mitarbeiter` und `Studenten` zu `Ausleiher` nicht darstellbar. Wir wollten hier eine Überdeckungsbedingung fordern. Zwar kann man durch Fremdschlüssel erreichen, daß Mitarbeiter und Studenten Teilmengen von Ausleihern sind, man kann jedoch nicht verhindern, daß auch andere Personen ausleihen. Ebenso ist eine Disjunktheitsbedingung mit Schlüsseln und Fremdschlüsseln nicht ausdrückbar.

5.4.3 Abbildung auf das Netzwerkmodell

Ein Entity-Typ wird auf einen Record-Typ mit allen Attributen als Feldern abgebildet. Ein Beziehungstyp kann auf einen Link oder Set-Typ des Netzwerkmodells nur in folgendem Spezialfall abgebildet werden:

- die Beziehung ist eine 1:n-Beziehung,

- die Beziehung ist binär,

- die Beziehung hat keine eigenen Attribute.

Ist die Beziehung eine m:n-Beziehung oder ist sie nicht binär, so ist ein Ausweg über die in Abschnitt 4.2 eingeführten "Kett-Record-Typen" möglich.

1:1-Beziehungen kann man wie 1:n-Beziehungen auf einen Set-Typ abbilden, muß jedoch die Zusatzbedingung im Datenbank-Anwendungsprogramm überwachen.

IST-Beziehungen werden ebenfalls wie 1:n-Beziehungen behandelt, die zwei Zusatzbedingungen (es sind eigentlich gleiche Entities gemeint, die Beziehung ist eigentlich 1:1) müssen ebenfalls im Programm überwacht werden.

Hat eine Beziehung Attribute, so gibt es zu ihrer Darstellung folgende Möglichkeiten:

- Im Fall einer m:n-Beziehung können die Attribute dem neu eingeführten Kett-Record-Typ zugeordnet werden.

- Bei einer 1:n-Beziehung (also einer Owner-Member-Beziehung) kann das Attribut der Beziehung beim Record-Typ der Member-Seite zusätzlich aufgenommen werden. Bei optionalen Beziehungen hat dies den Nachteil, daß das Attribut nicht sinnvoll belegt werden kann.

  Nehmen wir beispielsweise das zusätzliche Attribut Ausleihdatum in die Ausleihe-Beziehung mit auf, so kann dieses im Netzwerkmodell im Record-Typ des zugehörigen Member-Typs, den Buch-Exemplaren, aufgenommen werden. Bücher, die gerade nicht ausgeliehen sind, haben dann in diesem Feld keinen sinnvollen Eintrag.

Eine Übersicht über die Abbildungen gibt Tabelle 5.2. Wir erläutern die verschiedenen Regeln nun an einem Beispiel.

Beispiel 5.11 Die 1:1-Beziehung zwischen Professoren und Lehrstühlen kann entweder in einem Record-Typ zusammengefaßt werden (mit dem Nachteil auftauchender Nullwerte) oder als Set-Typ mit dem Owner-Typ Professor und dem Member-Typ Lehrstuhl dargestellt werden. Hierbei muß die Bedingung, daß pro Owner nur ein Member erlaubt ist, manuell überwacht werden.

ER-Konzept	wird abgebildet auf Netzwerk-Konzept
Entity-Typ E_i Attribute von E_i	Record-Typ R_i Felder von R_i
Beziehungstyp dessen Attribute 1:n 1:1 m:n	Set-Typ —; evtl. Kett-Record-Typ oder bei Original-Record-Typ Standard-Set-Typ Standard-Set-Typ; Zusatzbedingung nicht darstellbar Kett-Record-Typ
IST-Beziehung	Standard-Set-Typ; Zusatzbedingung nicht darstellbar

Bezeichnungen:
E_1, E_2: an Beziehung beteiligte Entity-Typen

Tab. 5.2: Abbildung eines ER-Schemas auf ein Netzwerkschema

Die IST-Beziehung zwischen Mitarbeiter und Person kann ebenfalls durch einen Set-Typ definiert werden. Hierbei wird eine spezielle 1:1-Beziehung dargestellt, die Mitarbeiter- und Personen-Objekte einander zuordnet, die für die Anwendung identisch sind.

Schließlich kann die 1:n-Beziehung zwischen Student und Buch_Exemplar und die m:n-Beziehung zwischen Student und Vorlesung wie in Abbildung 4.6 aus Unterabschnitt 4.2.1 mit vier Record-Typen Student, Buch_Exemplar, Vorlesung und dem Kett-Record-Typ Hörer sowie drei Set-Typen adäquat dargestellt werden.

Ebenfalls mit einem Kett-Record-Typ wird die mehrstellige Beziehung Empfiehlt umgesetzt. Das Netzwerkschema dazu entnehme man Abbildung 5.14. □

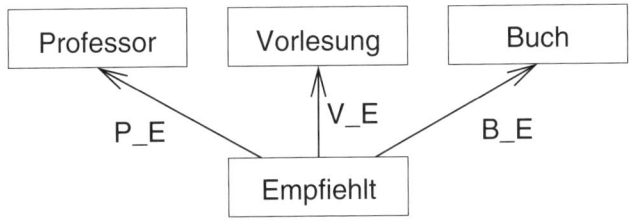

Abb. 5.14: Die Empfiehlt-Beziehung als Netzwerkschema

5.4.4 Abbildung auf das hierarchische Modell

Da das hierarchische Modell eine Einschränkung des Netzwerkmodells ist, können wir hierarchische Schemata am besten aus einem Netzwerkschema heraus entwickeln. Aus dem Netzwerk müssen wir also eine Menge von Bäumen ableiten.

Die Links im Netzwerkmodell zeigen von den Nachfolgern (den Member-Typen) zu den Vorgängern (den Owner-Typen). Als Wurzel eines Schemabaumes im hierarchischen Modell eignen sich nun die Knoten im Netzwerk, die nicht mehr Member eines anderen Owner-Typs sind, also die Knoten, die keine auslaufenden Kanten mehr haben. Diese Knoten werden jeweils Wurzeln der Schemabäume, die Nachfolger bleiben die Nachfolger im Netzwerkschema.

Beispiel 5.12 Wir starten beim Netzwerkschema für die 1:n-Beziehung zwischen `Studenten` und `Buch_Exemplare` und die m:n-Beziehung zwischen `Studenten` und `Vorlesungen` wie in Abbildung 4.6 aus Unterabschnitt 4.2.1. Wurzeln der Schemabäume werden die Knoten ohne auslaufende Kanten, also `Studenten` und `Vorlesungen`. Das vorläufige Schema ist in Abbildung 5.15 aufgeführt. ☐

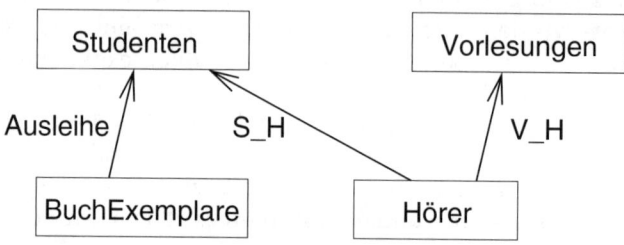

Abb. 5.15: Vorläufiges Schema für die Transformation in das hierarchische Modell

Dieser vorläufige Entwurf muß nun in zwei Punkten noch verbessert werden:

- Knoten mit mehr als einer auslaufenden Kante müssen derzeit mehreren Bäumen zugeordnet werden und zerstören deshalb die Baumstruktur. Sie werden durch virtuelle Record-Typen aufgetrennt, um die Baumstruktur zu erreichen.

- Gerade m:n-Beziehungen können nun nachträglich noch nachgebessert und optimiert werden, indem zwei wechselseitige virtuelle Record-Typen eingeführt werden.

Beispiel 5.13 Beim vorläufigen Schema aus Abbildung 5.15 muß nun ein virtueller `Hörer`-Knoten eingeführt werden. Hinter diesem virtuellen Record-Typen verbergen sich Zeiger auf den `Hörer`-Record-Typ. Das resultierende Schema aus Abbildung 5.16 ist nun ein "echtes" hierarchisches Schema.

Der Zugriff ist nun aber nicht symmetrisch. Daher wird bei einer m:n-Beziehung besser beiden Seiten als Nachfolger ein virtueller Record-Typ zugeordnet,

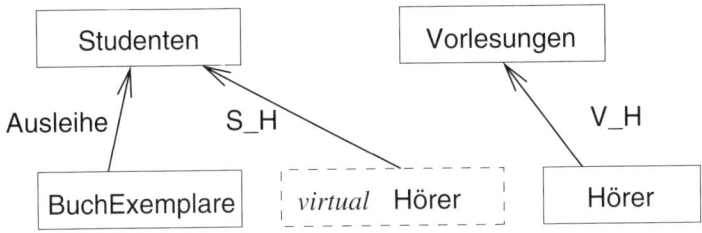

Abb. 5.16: Hierarchisches Schema durch Einführung virtueller Record-Typen

der jeweils auf die Wurzel der anderen Seite dieser m:n-Beziehung zeigt. Die optimierte hierarchische Darstellung ist in Abbildung 5.17 enthalten. □

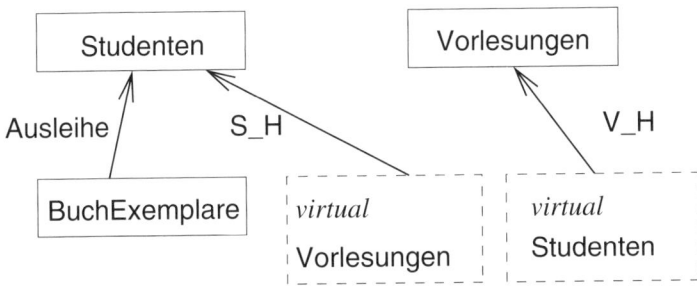

Abb. 5.17: Für m:n-Beziehungen optimiertes hierarchisches Schema

5.4.5 Abbildung auf neuere Datenmodelle

Bei der Abbildung von ER- oder EER-Schemata auf objektorientierte Datenbankmodelle gibt es zwei grundsätzliche Probleme:

- Zunächst einmal ist das objektorientierte Modell mächtiger als das EER-Modell, so daß bestimmte Konzepte von einer semantisch niedrigeren Ebene auf eine semantisch reichhaltigere abgebildet werden müssen.

- Auf der anderen Seite sind bestimmte EER-Konzepte wie die Spezialisierung und Generalisierung semantisch anders definiert als ähnlich wirkende Konzepte des objektorientierten Modells: Eine Klassenhierarchie, die isomorph zur Spezialisierungshierarchie aufgebaut wird, ist keine korrekte Abbildung des EER-Konzepts.

Günstiger ist in diesem Fall sicherlich die Wahl eines neuen Entwurfsmodells: Statt des ER-Ansatzes eignet sich ein originär objektorientierter Ansatz besser, da die Konzepte der OOA/OOD-Methoden genau mit den Konzepten objektorientierter Programmiersprachen abgestimmt sind. Und sowohl viele kommerzielle OODBSs als auch der ODMG-Standard basieren auf diesen Programmiersprachen-Lösungen.

5.5 Integration heterogener Datenbanken

Die *Integration existierender Datenbanken* ist eine in der Praxis sehr oft auftretende Entwurfsaufgabe. Oft existieren separat entwickelte Datenbanken für bestimmte Anwendungen, die aufgrund neuer übergreifender Anwendungen in einen (logischen oder physischen) Gesamtdatenbestand überführt werden müssen. Andere Gründe für eine Integration sind Fusionen von Organisationen und Unternehmen, oder die Einbindung externer Datenbanken etwa aus dem Internet oder von Zulieferern und Fremdanbietern. Das Ergebnis der Integration kann tatsächlich *eine neue*, nun gemeinsam genutzte Datenbank sein, die eine Obermenge der bisher gespeicherten Daten umfaßt. Oft bleiben die ursprünglich zu integrierenden Datenbanken aber bestehen (bei Fremdanbietern ist dies sogar die einzige Möglichkeit!) — in diesem Fall erfolgt nur eine *logische Integration* in Form einer virtuellen Gesamtdatenbank.

Ein Spezialfall der Integration von Datenbanken ist somit die Integration in Form einer *Datenbankföderation*. Ein Föderierungsdienst kapselt dabei die lokalen Datenbanken weitgehend unverändert ein und ermöglicht dadurch globale Anwendungen auf einer virtuellen Schnittstelle, die eine integrierte Sicht auf die lokalen Datenbestände bietet. Lokale Anwendungen arbeiten weiterhin auf den lokalen Datenbeständen. Dies vermeidet den Aufwand der Re-Implementierung dieser Anwendungen auf der globalen Ebene und kann auch Effizienzvorteile bringen, da die Fähigkeiten der lokalen Systeme direkt ausgenutzt werden können.

Das Hauptproblem beim Entwurf von Datenbankföderationen auf der konzeptionellen Ebene ist somit die *korrekte Integration heterogener Datenbestände*. Die wichtige Rolle der Integrationsmethoden beim Entwurf von Informationssystemen wird z. B. in [SCS99] ausführlicher beschrieben.

5.5.1 Integration heterogener Datenbestände

Das Problem der Integration heterogener Datenbestände stellt sich bei FDBS in besonderem Maße, da die lokalen Datenbanksysteme ihre Autonomie (und damit ihre Heterogenität) bewahren [Sch98]. Die zur Integration notwendigen Transformationen müssen daher durch das FDBS selbst vorgenommen werden.

Ziel der Integration ist ein widerspruchsfreies und homogenes *globales Schema*, das die Basis für anwendungsspezifische Sichten bilden kann. Die Heterogenität der lokalen Datenbanken manifestiert sich auf verschiedenen Ebenen: Die Komponentendatenbanksysteme können heterogene Datenbankmodelle haben, selbst homogene Datenbankmodelle können zu heterogenen Datenbank-Schemata führen, und selbst bei identischem Schema kann Heterogenität auf der Datenebene auftreten. Wir werden diese drei Ebenen im folgenden kurz diskutieren.

Ein weiteres Problem ist die Wahl des Datenmodells für das globale Schema. Wird für dieses Modell eine große Ausdrucksfähigkeit erreicht, so spricht man von einem *semantisch reichen* Datenbankmodell. Typische semantisch reiche Datenbankmodelle sind Objektmodelle und erweiterte ER-Modelle. Für die Handhabbarkeit bezüglich der Schemaintegration hingegen ist eine minimale Anzahl orthogonaler Konzepte vorzuziehen, die zu *semantisch armen* Datenbankmodellen führen. Das in [Sch98] verwendete Datenbankmodell GIM ist ein semantisch armes Datenbankmodell, das nur wenige Konzepte unterstützt, aber dadurch leichter algorithmisch unterstützte Integrationsschritte ermöglicht.

Heterogenität der Datenmodelle

Die Heterogenität der Datenmodelle wird bei der Transformation in die Komponenten-Schemata beseitigt. Abbildung 5.18 zeigt zwei Datenbankschemata in heterogenen Datenmodellen, die denselben Weltausschnitt beschreiben. Die erste Datenbankbeschreibung zeigt ein Schema einer objektorientierten Datenbank in der in [Heu97] eingeführten (und auch in diesem Buch verwendeten) graphischen Notation. Die rechte Abbildung zeigt zwei Relationen im relationalen Datenmodell, die dieselbe Information speichern können. Die Aggregierung der objektorientierten Darstellung wird hier durch Fremdschlüsselbedingungen modelliert.

Die Auflösung der Heterogenität auf der Datenmodellebene erfolgt durch eine Transformation in ein gemeinsames "Föderierungsdatenmodell". Verbreitet sind zur Zeit Objektmodelle (folgend dem ODMG-Standard) oder semantisch arme Datenbankmodelle, die formale Integrationsschritte ermöglichen [CHS⁺97].

Heterogene Datenbank-Schemata

Auch wenn die Datenmodelle zweier Komponenten-DBMS übereinstimmen, kann die Modellierung unterschiedlich sein. Abbildung 5.19 zeigt zwei Schemaausschnitte im EER-Modell. In einem Schema wird das Geschlecht von Personen durch ein Attribut `Geschlecht` modelliert. Im Schema B wird dieselbe Information dadurch modelliert, daß die Klasse `Person` in die beiden Klassen `Frau` und `Mann` partitioniert wird. Ein weiteres Problem in dem abgebildeten

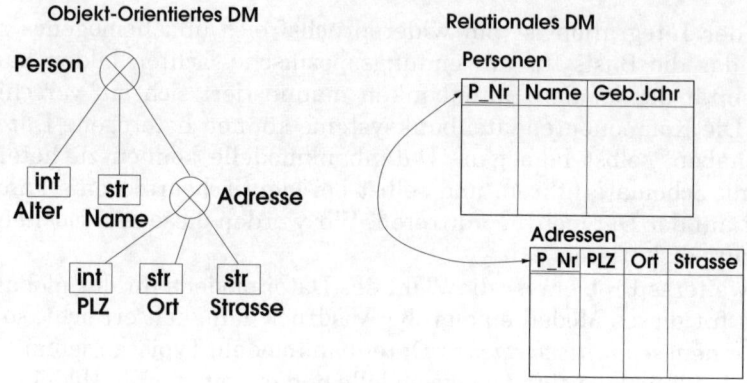

Abb. 5.18: Heterogenität von Datenbankmodellen

Beispiel ist die unterschiedliche Repräsentation des Alters — einmal direkt durch das Attribut `Alter`, einmal durch das Geburtsjahr `Geb.Jahr`.

Der Prozeß der Auflösung der Heterogenität auf Schema-Ebene wird als *Schema-Integration* bezeichnet. Schema-Integration in erweiterten ER-Modellen wird z.B. von Spaccapietra und Co-Autoren in [SPD92, SP94] ausführlich diskutiert. In der Magdeburger Gruppe werden speziell die Möglichkeiten der Integration im Föderierungsdatenmodell GIM untersucht [SS96a, SS96b, SS98, Sch98].

Heterogenität auf der Datenebene

Auch auf der Datenebene selber tritt Heterogenität auf, wie Abbildung 5.20 verdeutlicht. In diesem Beispiel weisen zwei relationale Komponenten-DBMS dasselbe relationale Schema auf, verwenden aber zum Beispiel unterschiedliche Konventionen für die tatsächliche Speicherung von Namen und Geburtsjahren. Während dieses auf Probleme des Datenbankentwurfs zurückgeführt werden kann (allerdings sind Komponenten-DBMS auch diesbezüglich autonom), zeigt das Beispiel weitere Problem auf: Für einige Informationen, etwa für Berufsbezeichnungen, gelten keine allgemeingültigen Konventionen, und Tippfehler (hier im Vornamen) können ebenfalls auftreten.

Die Auflösung der Heterogenität auf der Datenebene muß auf vielfältige Methoden der Datenanalyse und Ähnlichkeitssuche zugreifen. *Explizit gespeichertes semantisches Föderierungswissen* kann unterschiedliche Konventionen bei Einträgen explizit darstellen, so daß eine Datenintegration weitgehend automatisch erfolgen kann.

Schema A

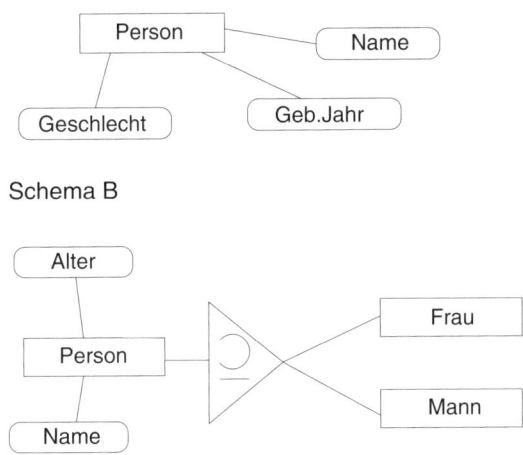

Schema B

Abb. 5.19: Heterogenität von Datenbankschemata

Schemakonflikte bei der Integration

Abbildung 5.21[1] klassifiziert die wichtigsten der bei der Integration heterogener Datenquellen auftretenden Konflikte. *Namenskonflikte* können teilweise mittels linguistischem Wissen und Begriffswörterbüchern aufgelöst werden.

Semantische Konflikte betreffen die Extensionen von Klassen — etwa können die Personen einer Klasse `Person` eines DBMS eine Obermenge der Klasse `Mitarbeiter` eines anderen DBMS sein. Derartige Beziehungen müssen erkannt und explizit gemacht werden, um eine korrekte Integration zu erreichen.

Der Bereich der *Beschreibungskonflikte* faßt eine Reihe von Varianten der Beschreibung von Eigenschaftscharakteristiken und deren Modellierung zusammen, die bei der Integration aufeinander abgestimmt werden müssen. So können in verschiedenen Datenbanksystemen unterschiedliche Kardinalitäten für Beziehungen oder Schlüsselbedingungen gewählt worden sein.

Als *Strukturkonflikte* bezeichnet man schließlich unterschiedliche Modellierungen desselben Sachverhalts, wie sie z.B. in Abbildung 5.19 aufgetreten sind.

Zusätzlich zu den in der Abbildung aufgeführten Konfliktklassen müssen auch noch *Integritätskonflikte* betrachtet werden, die den Fall betreffen, daß in unterschiedlichen Komponenten verschiedene, sich eventuell sogar widersprechende, Integritätsbedingungen formuliert sind [CST97, CHS+97].

---

[1]Die Abbildung wurde aus der Diplomarbeit von Hildebrandt entnommen [Hil95].

Personen

Name	Geb.Jahr	Beruf
Peter Meier	1962	Dipl.-Inform.
Johannes Conrad	1928	Dichter
...	...	...

Personen

Name	Geb.Jahr	Beruf
Meier, Peter	62	Informatiker
Johanes Conrad	28	Dichter
...	...	...

Abb. 5.20: Heterogenität von Datenbankinstanzen

5.5.2 Integrationsmethoden und ihre Eignung

Die bisherigen Ausführungen haben die Relevanz der Integration von Datenbeständen in Föderationen verdeutlicht. In diesem Abschnitt soll nun diskutiert werden, welche besonderen methodischen Vorgehensweisen hier gefragt sind und wo Forschungs- und Entwicklungsbedarf besteht.

Aufgrund des Übersichtscharakters dieses Abschnitts und der Platzrestriktionen kann dieser Abschnitt nur kurze Charakterisierungen der Problemfelder enthalten, so daß für ausführlichere Betrachtungen auf die angegebene Literatur verwiesen werden muß.

Integrationsmethoden

Für die Integration von Datenbeständen wird seit längerem eine große Zahl von Methoden vorgeschlagen. Für einen Überblick verweisen wir auf [BLN86, Con97, Sch98, SCS99]. Auf Grund der Vielzahl kann hier nur kurz auf einige grundlegende Eigenschaften eingegangen werden.

Die Behandlung der meisten angesprochenen Konfliktarten (beispielsweise Namenskonflikte) entspricht dem klassischen Datenbankentwurf (Sichtintegration), so daß hier nicht darauf eingegangen werden soll.

Eine besondere Rolle bei der Integration spielen *extensionale Konflikte*, die Mengenbeziehungen zwischen den Instanzen zweier Klassen unabhängig

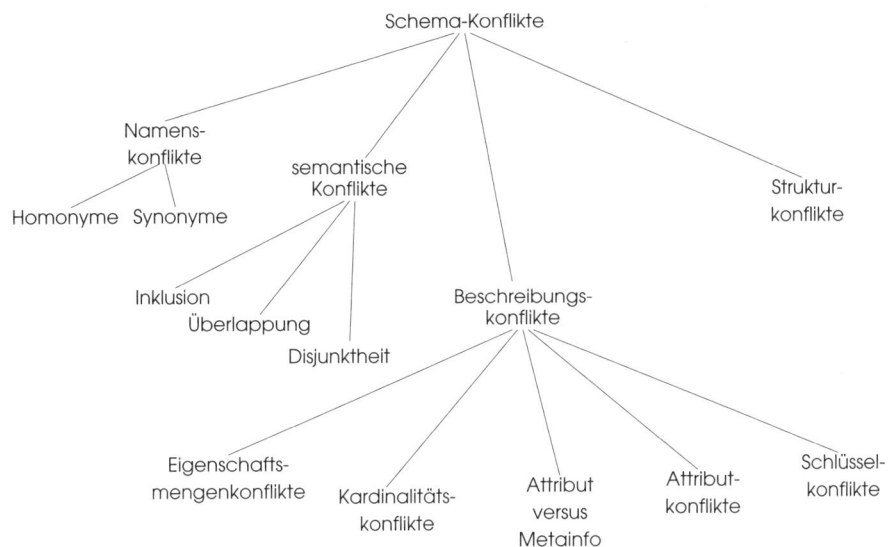

Abb. 5.21: Klassifikation von Konflikten

von konkreten Datenbankzuständen beschreiben. So müssen beispielsweise die Studenten in der Bibliotheksdatenbank immer eine Untermenge der Datensätze des Immatrikulationsamts sein. Diese extensionalen Konflikte spielen bei Datenbankföderationen deshalb eine besondere Rolle, weil sie die Redundanz in der Datenhaltung beschreiben und aufgrund der lokalen Anwendungen weiter erhalten werden müssen.

Die *extensionale Analyse* zur Erkennung derartiger Abhängigkeiten ist damit ein wichtiger Aspekt des Entwurfsprozesses für föderierte Datenbanken. Diese Analyse läßt sich nur partiell automatisieren, da die extensionalen Abhängigkeiten in allen potentiellen Szenarien, und nicht nur in der aktuellen Datenbankausprägung, erfüllt sein müssen [Tür99].

Konkrete Methoden unterscheiden sich in der Art der untersuchten extensionalen Beziehungen. Insbesondere ältere Methoden verwenden nur binäre extensionale Beziehungen, obwohl damit einige relevante Abhängigkeiten nicht erfaßt werden können [Sch98]. Die Behandlung n-ärer extensionaler Beziehungen wird in [ST98] behandelt. Der Zusammenhang zwischen extensionalen Beziehungen und zu integrierenden Integritätsbedingungen ist Inhalt der Betrachtungen in [TS98, TS99].

Automatisierbarkeit der Integration

In dem aktuellen Umfeld der 'Informationsflut' ist die weitgehende *Automatisierbarkeit* der Integrationsschritte kritisch für den erfolgreichen Einsatz. Aktuelle Extrapolationen sagen sogar Szenarien voraus, in denen Tausende oder gar Millionen von Datenquellen föderiert werden [BBC+98].

Verschiedene Ansätze für Integrationsmethoden unterscheiden sich in dem Grad, in denen Entwurfsschritte automatisierbar sind:

- Methoden mit *semantisch reichen Integrationsmodellen* vollziehen die Integration in einem Datenmodell mit reichhaltigen Abstraktions- und Modellierungskonzepten, etwa einem objektorientierten Modell oder einem erweiterten ER-Modell [LNE89a, SPD92]. Reichhaltige Modellierungskonzepte beschränken allerdings den Einsatz automatischer Integrationsalgorithmen aufgrund der Vielfalt der Beschreibungsmittel und der Möglichkeiten, denselben Sachbestand unterschiedlich zu modellieren.

- *Semantisch arme Integrationsmodelle* wie das speziell für die Datenbankintegration entwickelte GIM versuchen hingegen, mit wenigen, orthogonalen Modellierungskonzepten auszukommen [Sch98].

  Aufgrund der fehlenden semantischen Reichhaltigkeit müssen verstärkt Abhängigkeiten als Integritätsbedingungen explizit gemacht werden [Tür99]. Außerdem ist es notwendig, aus der semantischen armen Darstellung des integrierten Datenbestandes semantisch reichhaltige Sichten, etwa in einem Objektmodell, zu generieren. Dafür lassen sich z. B. Algorithmen der formalen Begriffsanalyse [GW96] für den Integrationsprozeß nutzen.

Die Integration mittels formaler Begriffsanalyse wird im folgenden noch genauer vorgestellt werden.

Vorgehensweisen: Top-Down versus Bottom-Up

Neben den eingesetzten Integrationsmodellen ist auch die Vorgehensweise beim Entwurf von Föderationen relevant. Klassische Entwurfsmethoden schlagen einen *Bottom-Up-Entwurf* vor, in dem existierende Datenbankschemata als Ausgangspunkt genommen werden, um daraus eine integrierte Datenbankbeschreibung zu konstruieren, die möglichst den vollständigen Informationsgehalt aller beteiligten Datenbestände erhält.

Allerdings gibt es in vielen Szenarien Probleme mit einem derartigen Vorgehen:

- Bei sehr vielen Datenbanken erhöht sich die Komplexität der Integrationsaufgabe ungemein.

- Die Hinzunahme von neuen Datenbanken in eine existierende Föderation beeinflußt das integrierte Gesamtschema.

- Auf der Integrationsebene ist oft eine Darstellung folgend einem Standard (beispielsweise Dublin Core für Bibliotheksdaten oder der STEP-Modellierung im Automobilbau) gefordert, die bei der Integration als Zieldarstellung dient.

Hasselbring [Has99] diskutiert daher den Einsatz von Top-Down-Entwurfsmethoden, die mit einem vorgegebenen Zielschema starten, im Gegensatz zum klassischen Bottom-Up-Entwurf. Als Resultat der Betrachtungen in [Has99] ergibt sich, daß eine gemischte Vorgehensweise (dort 'YoYo-Ansatz' genannt) in vielen Anwendungen adäquat zu sein scheint — Erfahrungen mit konkreten Föderationen müssen erst zeigen, inwieweit die angesprochenen Probleme durch veränderte Entwurfsvorgehensweisen tatsächlich behoben werden.

Evolution von Föderationen

Die Evolution von Föderationen und deren automatisierte Unterstützung ist ein noch wenig bearbeitetes Forschungsgebiet (eine Ausnahme ist die Dissertation von Kolmschlag [Kol99]). In einem Szenario von hunderten Datenquellen im Internet, die föderiert werden, ist das Hinzunehmen einer Datenquelle ein regelmäßig eintretendes Ereignis und kein vernachlässigbarer Sonderfall.

Eine derartige Evolutionsunterstützung erfordert eine Reihe von Maßnahmen auf der FDBS-Ebenen:

- Um Datenquellen werkzeugunterstützt weitgehend automatisch integrieren zu können, muß eine explizite Datenquellenbeschreibungssprache entwickelt werden, die auch die Integration semistrukturierte Datenbestände zuläßt [HE99, EHH99].

- Das 'Einklinken' von neuen Datenquellen muß werkzeugunterstützt mit geringem Aufwand erfolgen können:

  - Datenquellen müssen automatisch untersucht werden können, ob existierende Adapter an die neuen Datenquelle angepaßt werden können. Diese Anpassung sollte weitgehend deklarativ (durch eine Adaptergenerierungssprache) erfolgen.

  - Die Integration eines neuen lokalen Datenbankschemas sollte in Form eines Top-Down-Vorgehens automatisch erfolgen können. Eine Anpassung des globalen Schemas als Sonderfall sollte interaktiv mit Werkzeugunterstützung erfolgen.

  - Die Verwaltungsinformationen des FDBS für Datenzugriff und Anfrageoptimierung müssen automatisch generiert werden. Dabei sind auch die Fähigkeiten der Datenquelle bzgl. Anfrageunterstützung zu berücksichtigen [SH99b].

- Eine extensionale Voranalyse, etwa mit Vergleich von Schlüsselmengen, muß automatisch unterstützt werden.

- Die Datenbankföderation muß Schemaevolution auf der globalen Ebene erlauben.

5.5.3 Integration mittels Aufwärtsvererbung

Als erste Integrationsmethode skizzieren wir die Integration objektorientierter Schemata mittels *Aufwärtsvererbung* (engl. *upward inheritance*). Diese Art der Integration basiert auf dem Verbund existierender Schemata, wobei die einzelnen Integrationsschritte aufgrund der extensionalen Zusammenhänge mittels Vererbungsbeziehungen realisiert werden.
Zur Integration werden folgende Aspekte genutzt:

- Bei der Integration von Datenbankschemata können explizite *Korrespondenzbedingungen* angegeben werden, die etwa besagen, daß die Klasse Student in einer Datenbank bezüglich der gespeicherten Instanzen immer eine Untermenge der Klasse Personen der zweiten Datenbank sind.

  Bereits aufgrund dieser Informationen kann man mittels expliziter Integrationsregeln Klassen verschmelzen und verbinden, wie es zum Beispiel von Spaccapietra et al. für das ER-Modell gezeigt wurde [SPD92, SP94].

- Die Integration mittels Upward Inheritance variiert diese Vorgehensweise, in dem primär IS-A-Beziehungen ausgenutzt werden. Eine ausführlichere Beschreibung kann z.B. in den Arbeiten von Schrefl und Neuhold gefunden werden [SN90]. Conrad vergleicht diese Methoden mit mehreren anderen Integrationsansätzen [Con97].

Wir werden nun die Vorgehensweise bei dem Einsatz des *Upward Inheritance* kurz skizzieren. Für zwei Klassen A und B, die in den extensionalen Beziehungen Äquivalenz =, Enthaltensein $\supseteq$, Disjunktheit $\neq$ oder Überschneidung $\cap$ stehen, werden die in Abbildung 5.22 gezeigten Regeln eingesetzt, um ein integriertes Schema zu erzeugen.
Der Einsatz des Upward Inheritance wird nun an einem kleinen Beispiel erläutert. Abbildung 5.23 zeigt zwei zu integrierende Klassenhierarchien.
Die erste Datenbank speichert Daten über Personen einer Universität. Mitarbeiter werden mit Mitarb abgekürzt; der Zusatz U unterscheidet Relationen dieser Datenbank von ansonsten gleichlautenden der anderen Datenbank. Die zweite Datenbank betrifft die Personenverwaltung der Bibliothek. Unterschieden werden Mitarbeiter der Bibliothek (MitarbB) von ausleihenden Mitarbeitern der Gesamtuniversität (MitarbA).
Als erster Schritt wird eine *extensionale Analyse* durchgeführt. Es ergeben sich die folgenden Korrespondenzen nach der extensionalen Analyse:

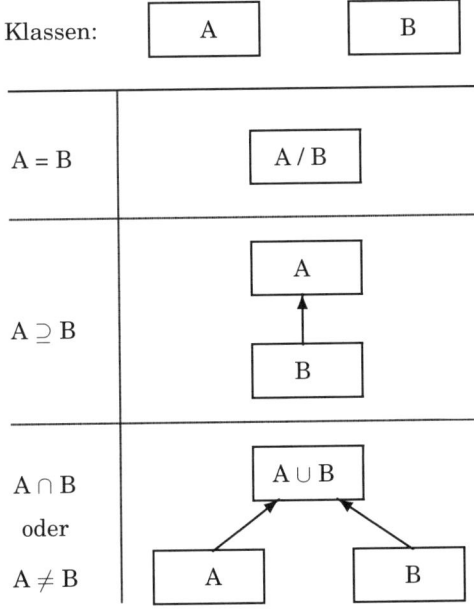

Abb. 5.22: Integrationsschritte bei der Aufwärtsvererbung

- PersonU ∩ PersonB

  Die Mengen der in beiden Datenbanken gespeicherten Personen überschneiden sich.

- MitarbU ⊇ MitarbA

  Nur Angestellte der Universität sind in der Bibliothek als ausleihende Angestellte gespeichert (aber nicht notwendigerweise alle).

- Student ⊇ StudentA

  Ausleihende Studenten sind Studenten der Universität.

Bei der Integration mittels Upward Inheritance müssen nun die folgenden Schritte vorgenommen werden:

- Es wird eine neue Superklasse Person für PersonU und PersonB eingeführt.

- Die Klasse MitarbA wird Unterklasse von MitarbU.

- StudentA wird Subklasse von Student.

Das Ergebnis dieser Schritte wird in Abbildung 5.24 gezeigt.

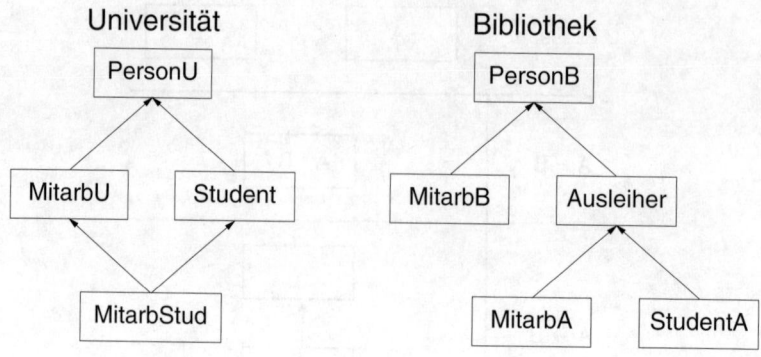

Abb. 5.23: Ausgangsschemata für Aufwärtsvererbung

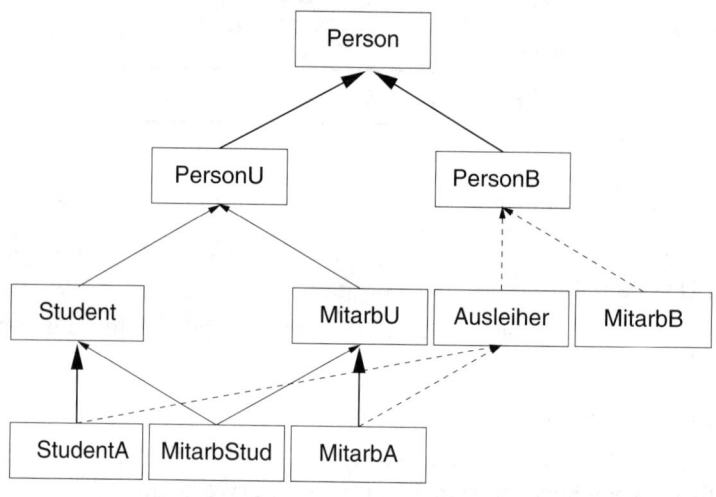

Abb. 5.24: Integration mittels Aufwärtsvererbung

Die existierenden Vererbungshierarchien werden in der Abbildung durch unterschiedliche Stricharten voneinander unterschieden. Die fett hervorgehobenen Beziehungen sind durch die Integration neu dazugekommen.

Um die Effekte dieser Integrationsmethode zu verdeutlichen, modifizieren wir das Beispiel derart, daß folgende extensionale Bedingung zusätzlich gelte:

$$\text{MitarbU} \cap \text{MitarbB}$$

5 Datenbankentwurf

Die Mengen der Mitarbeiter der Universität und die Mitarbeiter der Bibliothek überschneiden sich nun (es gilt aber keine strenge Inklusion in einer Richtung!).

Bei der Integration ergibt sich damit ein modifiziertes Ergebnis, da eine neue Superklasse für MitarbU und MitarbB eingeführt werden muß. Das Ergebnis wird in Abbildung 5.25 gezeigt.

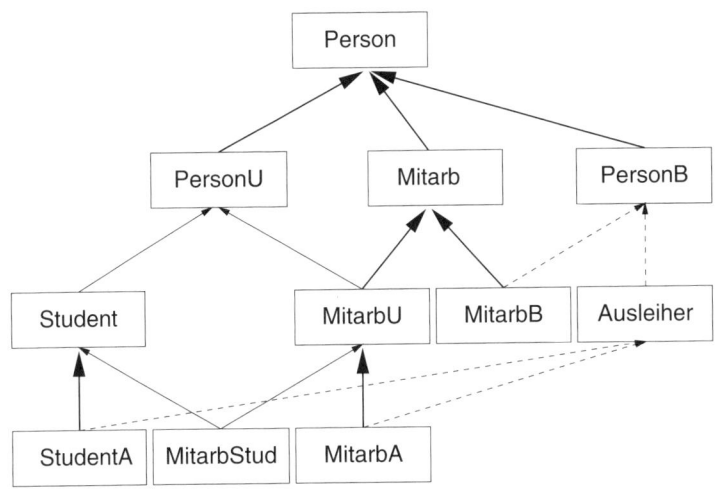

Abb. 5.25: Integration mittels Aufwärtsvererbung, modifiziertes Beispiel

5.5.4 Integration mittels GIM und formaler Begriffsanalyse

Die bereits vorgestellte Methode der Aufwärtsvererbung bewahrt die ursprünglichen Klassenhierarchien unverändert als Teil des Integrationsschemas. Dies hat natürlich Vorteile zum Beispiel in der Übernahme existierender Anwendungen, kann aber zu unnötig komplexen Hierarchien führen, die auch Entwurfseigenschaften wie Minimalität und Redundanzarmut verletzen.

Die im folgenden vorgestellte GIM-Methode geht daher einen anderen Weg. Hier werden die vorgegebenen Spezialisierungshierarchien in Basisextensionen zerlegt und *ein komplett neues Schema konstruiert*, das gewissen Qualitätsforderungen (Minimalität) entspricht.

Das GIM-Datenmodell

Das generische Integrationsmodell *GIM* wurde in der Dissertation von Schmitt [Sch98] genutzt, um eine Integrationsmethode zu entwickeln, die eine weitgehende automatische Integrationsunterstützung ermöglicht. GIM beschränkt sich daher auf wenige, orthogonal einsetzbare Konstrukte:

- Attribute nehmen nur atomare Werte von einfachen Datentypen an.

- Klassen haben disjunkte Klassenextensionen; es gibt keine Untermengenbeziehungen zwischen Extensionen!

- Objekte werden durch Objektidentifikatoren identifiziert.

- Binäre bidirektionale Beziehungen / Referenzen modellieren Beziehungen zwischen Objekten.

- Ein Reihe von Integritätsbedingungen (angelehnt an den SQL-Standard) ermöglichen Einschränkungen, die durch das einfache Datenbankmodell sonst nicht ausgedrückt werden können (etwa extensionsübergreifende Schlüsselbedingungen).

GIM ist damit wesentlich ausdrucksschwächer als andere Objektmodelle, und wird daher als *semantisch arm* bezeichnet. Schemata in GIM können durch *GIM-Diagramme* dargestellt werden. GIM-Diagramme stellen im wesentlichen eine zweidimensionale Matrix dar. Die eine Dimension bilden die Attribute (bzw. Attributgruppen), die andere die disjunkten Extensionen.

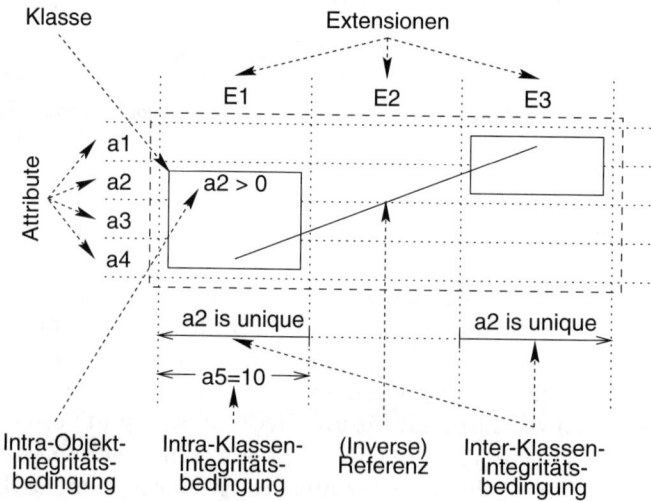

Abb. 5.26: Notation für GIM-Schemata

Abbildung 5.26 verdeutlicht die graphische Notation für GIM-Schemata. Eine GIM-Klasse entspricht einer Basisextension, der mehrere Attribute zugeordnet sind. Diese Zuordnung kann auch durch Kreuze markiert werden.

GIM wird nun wie folgt im Integrationsprozeß eingesetzt:

- Die einzelnen, zu integrierenden Schemata werden in die GIM-Notation überführt.

- Die erwähnten Schemakonflikte werden in GIM aufgelöst. Dieser Prozeß wird ausführlich in der Dissertation von Schmitt beschrieben [Sch98].

- Als letzter Schritt werden aus den vereinigten GIM-Schemata mittels formaler Begriffsanalyse minimale und korrekte objektorientierte Schemata konstruiert.

  Da dieser Schritt besonders die Vorteile dieses Dekompositions-Kompositions-Verfahren zeigt, wird er im folgenden kurz vorgestellt.

Für das folgende Beispiel sind insbesondere die folgenden zwei Eigenschaften von GIM-Schemata relevant:

- GIM-Klassen haben eine *Extension* (die Menge der *potentiellen* Objekte) und eine Intension (einen Typ).

- GIM-Klassenextensionen sind entweder *disjunkt* oder *identisch*.

Wir werden uns im folgenden daher auf diese Aspekte beschränken und weitergehende Modellierungskonzepte (Referenzattribute, Integritätsbedingungen) nicht behandeln.

Für das Verständnis der Generierung von Klassen und Vererbungshierarchien betrachten wir die vereinfachte graphische Notation in Abbildung 5.27. Die GIM-Klassen selber sind ja auf einzelnen Spalten, den Basisextensionen, beschränkt. Abbildung 5.27 zeigt aber, daß wir auch allgemeine Klassen eines Objektschemas in einer GIM-Matrix wiederfinden können: Jedes vollständig ausgefüllte Rechteck kann einer derartigen Klasse entsprechen. Insbesondere werden wir auch die Originalklassen, die vor einer extensionalen Zerlegung in den Datenbanken vorhanden waren, auf diese Weise wiederfinden. Diese Eigenschaft werden wir uns bei der Generierung von Objektschemata nutzbar machen, wobei wir dann natürlich (aus Minimalitätsgründen) insbesondere an maximal ausgefüllten Rechtecken interessiert sein werden.

Bei der Suche nach derartigen Rechtecken muß man allerdings beachten, daß die Reihenfolge der Spalten und Zeilen in einer GIM-Matrix ohne Bedeutung ist, so daß man nicht einfach geometrisch diese Rechtecke bestimmen kann!

Integration am Beispiel

Der Einsatz von GIM soll nun an einem einfachen Beispiel, ebenfalls unserer Beispielmodellierungswelt der Universitätsbibliotheken entnommen, gezeigt werden.

Abbildung 5.28 zeigt zwei zu integrierende Klassenhierarchien in der in Abschnitt 3.6 eingeführten UML-Notation. Das Schema der Universität

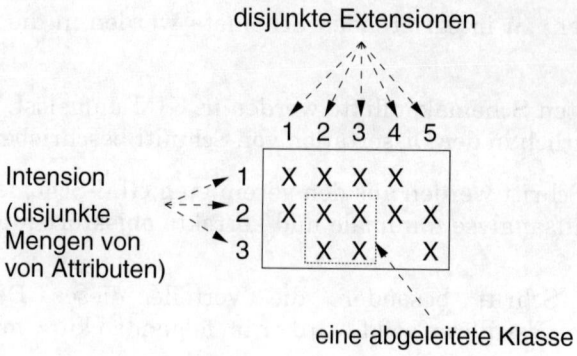

Abb. 5.27: GIM-Notation und abgeleitete Klassen

unterscheidet Personen `Person` mit den Attributen `name` und `pid` (Personenidentifikation), Studenten `Student` mit den Attributen `fach` (Studienfach) und `credits` (erreichte Kreditpunkte), sowie Mitarbeiter `Mitarbeiter` mit den Attributen `institut` (Institut) und `salary` (Gehalt). Der Angabe **overlapping** bedeutet, daß `Student` und `Staff` nicht disjunkt sein müssen.

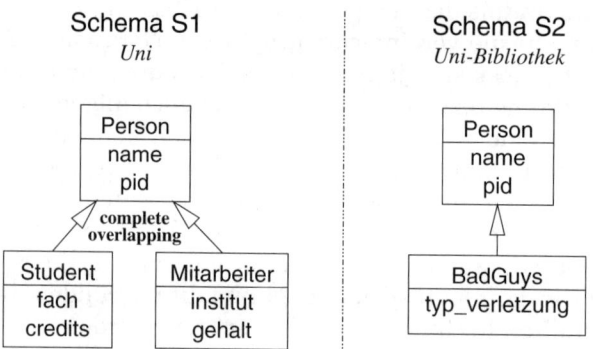

Abb. 5.28: Ursprüngliche Klassenhierarchien in zwei Datenbanken

Das Schema der Universitätsbibliothek kennt im Vergleich zum anderen Schema nur Personen mit den beiden bekannten Attributen. Allerdings sind einige dieser Personen durch Regelverletzungen (jeweils eines bestimmten Typs `typ_verletzung`) aufgefallen und in der Klasse `BadGuy` zusammengefaßt.

Diese beiden Schemata müssen nun in ein GIM-Schema überführt werden. Diesen Prozeß bezeichnet man auch als *Homogenisierung*. Hierzu werden aus den vorgegebenen Schemata die Basisextensionen abgeleitet und zu den bisherigen Klassen in Bezug gesetzt. Diesen Prozeß bezeichnet man als *extensionale Analyse*. Abbildung 5.29 zeigt die erhaltenen Basisextensionen in Bezug zu den Ursprungsklassen.

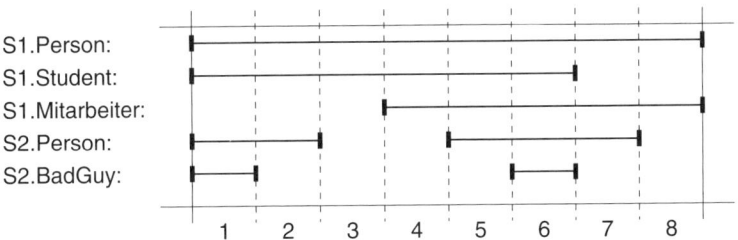

Abb. 5.29: Ergebnis der extensionalen Analyse

Die extensionale Analyse muß neben der reinen Klassenhierarchie auch weitere extensionale Zusammenhänge berücksichtigen. So gibt es im Schema `S1` keine Person, die weder Student noch Mitarbeiter ist. Auch die ermittelten extensionalen Beziehungen zwischen den beiden Datenbanken werden berücksichtigt: Alle Personen der Bibliotheksdatenbank sind auch in der Universitätsdatenbank gespeichert. Als Ergebnis erhält man acht Basisextensionen.

Neben der extensionalen Analyse ist auch eine *intensionale Analyse* notwendig. In ihr werden Synonyme und Homonyme gefunden und aufgelöst, und zusammengesetzte Attribute zerlegt (etwa ein Attribut `Adresse`). In unserem Beispielszenario ist hieran kein Bedarf, so daß das Ergebnis der intensionalen Analyse die in Abbildung 5.30 gezeigte Zuordnung von Attributen zu Klassen ist.

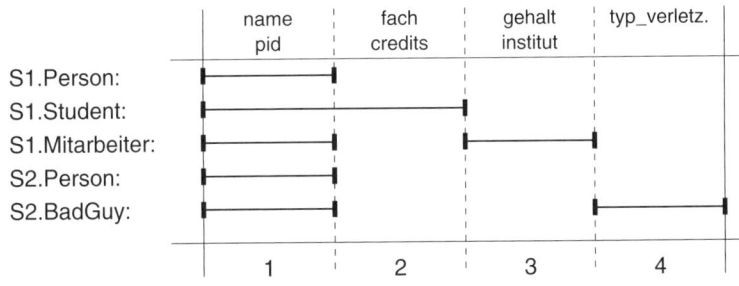

Abb. 5.30: Ergebnis der intensionalen Analyse

Die Attribute kann man nun zu Gruppen zusammenfassen, deren Mitglieder dieselbe Klassenzuordnung haben. Das Ergebnis ist in unserem Beispiel eine *Attributpartitionierung* in vier Partitionen, die in Abbildung 5.30 unter den Spalten gezeigt ist.

Als Resultat der extensionalen und intensionalen Analyse kann man nun ein normalisiertes GIM-Schema aufstellen, das in Abbildung 5.31 abgebildet ist.

	1	2	3	4	5	6	7	8
1	X	X	X	X	X	X	X	X
2	X	X	X	X	X	X		
3				X	X	X	X	X
4	X					X		

Abb. 5.31: Normalisiertes GIM-Schema

Wir haben ja bereits bemerkt, daß gefüllte Rechtecke Klassen entsprechen. Zur Ableitung einer Spezialisierungshierarchie müssen wir uns nun noch überlegen, wie eine Spezialisierungsbeziehung in GIM repräsentiert werden kann. Es muß sich dabei um eine Beziehung zwischen zwei Rechtecken handeln.

Eine spezialisierte Subklasse hat üblicherweise mehr Attribute und weniger Instanzen als die Superklasse. Geometrisch entspricht dies der in Abbildung 5.32 dargestellten Beziehungen zwischen zwei Rechtecken.

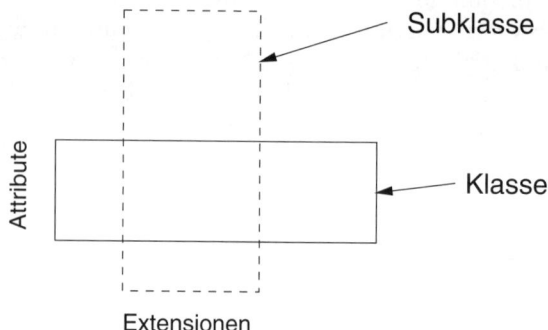

Abb. 5.32: Spezialisierungsbeziehung als überlappende Rechtecke

Diese Rechtecke und ihre Überlappungsbeziehungen müssen nun wieder *unabhängig von Zeilen- und Spaltenreihenfolge* bestimmt werden — eine nichttriviale Aufgabe. Bevor wir dieses Problem angehen, wird in Tabelle 5.3 noch einmal gezeigt, daß sich die ursprünglichen Klassen der Ausgangsdatenbanken tatsächlich als Rechtecke im integrierten GIM-Schema wiederfinden.

Die reine Aufgabe der Integration ist nun erfüllt. Allerdings ist das Ergebnis in einem Formalismus notiert, der keinem akzeptierten Datenbankmodell

Schema	Klassenname	Extension	Intension
S1	Person	1,2,3,4,5,6,7,8	1
S1	Student	1,2,3,4,5,6	1,2
S1	Staff	4,5,6,7,8	1,3
S2	Person	1,2,5,6,7	1
S2	BadGuy	1,6	1,4

Tab. 5.3: Ursprungsklassen im integrierten GIM-Schema

entspricht. Notwendig ist daher die Transformation in ein geeignetes Datenbankmodell, etwa ein Objektmodell. Das Finden von Klassen, also Rechtecken, und Spezialisierungsbeziehungen kann dabei nun prinzipiell auch von Hand (etwa durch Sortieren von Zeilen / Spalten) erfolgen. Eine automatische Methode zur Konstruktion einer minimalen Klassenhierarchie bietet die formale Begriffsanalyse, die im folgenden skizziert wird.

Formale Begriffsanalyse

Um aus dem integrierten GIM-Schema eine normalisierte Klassenhierarchie zu erhalten, verwenden wir die Theorie der *formalen Begriffsanalyse* [Wil92, GW96]. Wir werden die Vorgehensweise nur skizzieren, eine detaillierte Beschreibung kann etwa in [Sch98, SC99, SS99b] gefunden werden.

Die Theorie der Begriffsanalyse basiert auf folgender Formalisierung [Duq87]: Ein *Kontext* (G, M, I) besteht aus einer Menge G von Objekten, einer Menge M von Eigenschaften und einer binären Relation $I \subseteq G \times M$ zwischen diesen beiden (endlichen) Mengen. Die binäre Relation I beschreibt, welches Objekt aus G welche Eigenschaft aus M besitzt. Für ein Objekt $g \in G$ und eine Eigenschaft $m \in M$ schreiben wir $(g, m) \in I$, wenn g die Eigenschaft m hat.

Der *intent* einer Objektmenge $A \subseteq G$ ist definiert als:

$$intent(A) := \{m \in M \mid \forall g \in A : (g, m) \in I\}$$

Analog ist der *extent* einer Attributmenge $B \subseteq M$ definiert als:

$$extent(B) := \{g \in G \mid \forall m \in B : (g, m) \in I\}$$

Ein *Begriff* (oder auch *Konzept*) in (G, M, I) ist ein Paar $(A, B) \in \mathcal{P}(G) \times \mathcal{P}(M)$, für das $A = extent(B)$ und $B = intent(A)$ gilt. Folglich repräsentiert ein Begriff ein „maximales Rechteck" in der binären Relation I. Ein solches „maximales Rechteck" läßt sich dabei anschaulich durch die zwei folgenden Forderungen charakterisieren: (i) jedes Objekt in A besitzt jede Eigenschaft in B, und (ii) es kann kein Objekt zu A und keine Eigenschaft zu B hinzugenommen werden, ohne daß die Forderung (i) verletzt wird.

Sei nun

$$L := \{(A,B) \in \mathcal{P}(G) \times \mathcal{P}(M) \mid A = extent(B) \land B = intent(A)\}$$

die Menge aller Begriffe (maximaler Rechtecke) in (G, M, I), und sei $\leq$ eine partielle Ordnung auf L, die wie folgt definiert ist:

$$(A_1, B_1) \leq (A_2, B_2) \iff A_1 \subseteq A_2$$

Der in dieser Weise über Begriffen aufgebaute Verband wird auch als *Begriffsverband* bezeichnet [Duq87].

Formale Begriffsanalyse und GIM

Die Theorie der Begriffsanalyse kann nun genutzt werden, um ein Schema in eine objektorientierte „Normalform" zu transformieren. Die binäre Relation zwischen Basisextensionen und Attributen eines GIM-Schemas (zum Beispiel in Abbildung 5.31 auf Seite 222) wird dazu als binäre Relation I eines Kontextes aufgefaßt, wobei G die Menge der Basisextensionen und M die Menge der Attribute (bzw. Attributpartitionen) aus dem Schema ist. Dadurch, daß die Extensionen in disjunkte Basisextensionen überführt wurden, können Basisextensionen als disjunkte Mengen frei zu größeren Extensionen zusammengefaßt werden.

Ein Begriffsverband, der von einer Relation zwischen Basisextensionen und Attributen abgeleitet wurde, kann dann in der folgenden Weise als Klassenhierarchie interpretiert werden:

- Ein Begriff $(A, B) \in L$ ist eine Klasse mit der Extension A (genauer, die Vereinigung aller in A enthaltenen Basisextensionen). B repräsentiert die Menge der Attribute dieser Klasse.

- $\leq$ ist die Spezialisierungsbeziehung zwischen Klassen. Für die Repräsentation als Datenbankschema muß diese Beziehung um alle transitiv und reflexiv ableitbaren Paare von Begriffen bzw. Klassen reduziert werden.

Abbildung 5.33 zeigt den Begriffsverband, der sich aus dem Beispiel-GIM-Schema ergibt. Die Zahlen beziehen sich auf die Basisextensionen und die Attributpartitionen.

Für den Zweck der Generierung von Klassenhierarchien können im allgemeinen Fall die Begriffsverbände noch vereinfacht werden. So haben das Infimum des Verbandes $((extent(M), M)$, die Klasse, die alle Attribute besitzt (und deren Extension leer sein kann); diese Klasse ist Subklasse aller anderen Klassen) und das Supremum des Verbandes $((G, intent(G))$, die Klasse, die alle Basisextensionen umfaßt (und deren Attributmenge leer sein kann); diese Klasse ist direkte oder indirekte Superklasse aller anderen Klassen) oft — im Gegensatz zu unserem Beispiel — keine Bedeutung in einem Datenbankschema. Auch

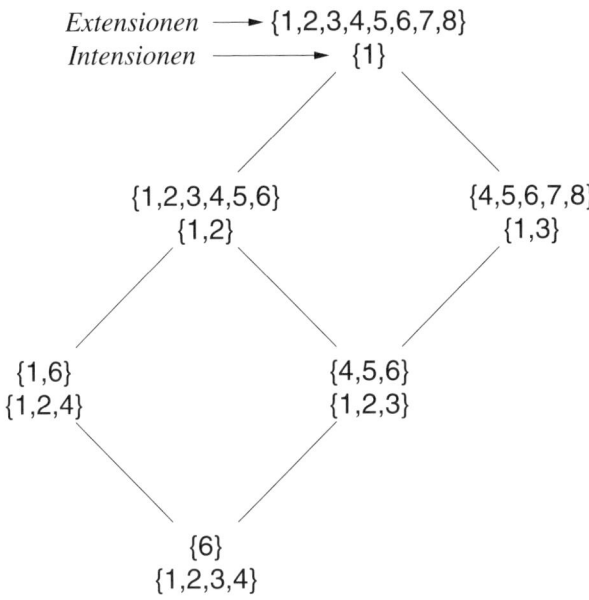

Abb. 5.33: Begriffsverband für Beispielintegration

sogenannte *abstrakte Klassen* (Klassen ohne eigene Instanzen) können weggelassen werden, um ein minimales Schema zu erhalten.

Diese Optimierungen für den Einsatz in der Datenbankschemagenerierung
führen des weiteren dazu, daß der Aufwand zur Berechnung von Klassenhierarchien im Gegensatz zu allgemeinen Begriffsverbänden nur $O(n^3)$ statt expo-
nentiell beträgt [Sch98].

Abschließend zeigen wir in Abbildung 5.34 das aus dem Beispiel resultierende Objektschema. Das Schema wird direkt aus dem Begriffsverband abgeleitet, allerdings müssen gegebenenfalls passende Namen gewählt werden
(hier zum Beispiel `BadHilfskraft` — wie man sieht, ist dies nicht immer einfach!). Für jede Klasse dieses Schemas kann eine Anfrage angegeben werden,
die die Extension und die jeweiligen Attributwerte der Objekte aus den beiden
ursprünglichen Datenbankinhalten berechnet.

Da das resultierende Schema minimal betreffend der Inklusionshierarchi-
en auf Attributnamen ist, kann aus dem reinem konstruierten Schema nicht
mehr abgeleitet werden, ob eine Person in beiden Datenbanken oder nur in
der Unversitätsbibliothek gespeichert ist (Extension 7 oder 8, bzw. 4 oder 5).
Um diese Information zu bewahren und im integrierten Schema verfügbar zu
machen, wird ein zusätzliches Attribut *diskriminator* in die Klasse `Person` aufgenommen.

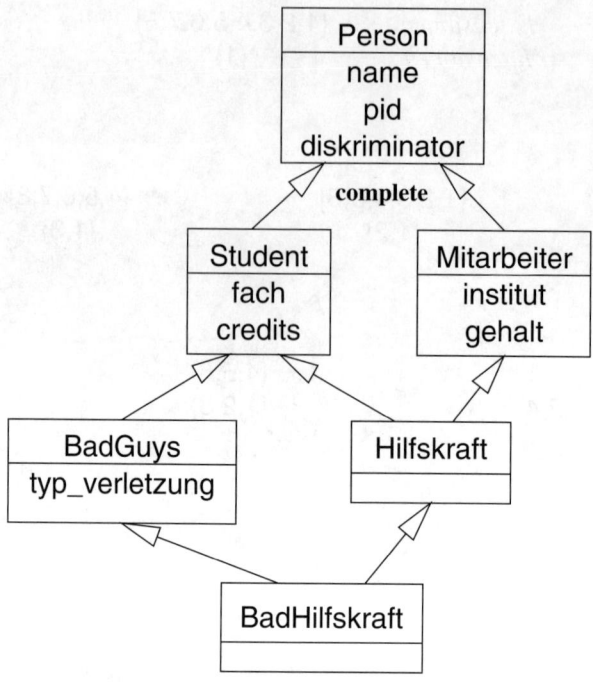

Abb. 5.34: Resultierende Klassenhierarchie

5.6 Vertiefende Literatur

Die Phasen des Datenbank-Entwurfs werden in mehreren Datenbank-Lehrbüchern behandelt (auch hier sei wieder auf das Buch von Elmasri und Navathe [EN94] verwiesen). Die Konsequenzen eines objektorientierten Entwurfs für die konzeptionellen Modellierung von Datenbanken wird von Saake in [Saa93] diskutiert.

Die Aufteilung des konzeptionellen Schemas in Schichten wird in [Saa91a, EGH+92] motiviert. Vergleichbare Ansätze sind in [SFNC84, CS88] beschrieben. In [EGH+92] wird basierend auf dem erweiterten ER-Modell ein Sprachvorschlag für alle vier Komponenten vorgestellt. In [Saa91b] steht der dynamische Anteil des konzeptionellen Entwurfs im Vordergrund. Der Bezug zu objektorientierten Entwurfsansätzen wird in [Saa93] diskutiert. Die erwähnte Sprache TROLL wird unter anderem in [Saa93, Jun93, JSHS96] vorgestellt; eine kurze Einführung kann in [LL95, Kapitel 16] gefunden werden.

Die Erweiterung um eine fünfte Komponente zur Prozeßbeschreibung wird ebenfalls in [Saa91a, Saa93] diskutiert. Das als Beispielformalismus herangezogene ConTract-Modell von Reuter und Wächter wird u.a. in [WR92] beschrieben. Der Artikel [WR92] ist in einem Sammelband erschienen, der mehrere erweiterte Transaktionsmodelle vorstellt, die zur Prozeßmodellierung geeignet sind [Elm92].

Eine Vorstellung des HERM-Modells und eine theoretische Fundierung des ER-Entwurfs ist im Buch von Thalheim [Tha00] enthalten. Den ER-Datenbankentwurf und Abbildungen auf das Relationenmodell erläutern [BCN92], [TYF86] und [Ull88]. Die Abbildung von objektorientierten Entwurfsmodellen wie OMT und UML basiert zum Teil auf diesen Ansätzen, muß aber aufgrund der Reichhaltigkeit der Modelle weitere Aspekte betrachten [CSST99]. Dieses Gebiet ist zur Zeit wissenschaftlich noch in der Konsolidierung und daher von uns noch nicht ausführlich behandelt worden. Die praktische Abbildung von UML auf die verschiedenen kommerziellen Datenbankmodelle wird von Muller sehr gut in [Mul99] beschrieben.

Eine kurze Einführung in das Integrationsproblem gibt Saake in [Saa99]. Die Habilitationsschrift von Conrad sowie die Dissertation von Schmitt [Con97, Sch98] beinhalten sehr gute Behandlungen der Integrationsproblematik.

Das Datenbankmodell GIM und verschiedene Integrationsalgorithmen basierend auf ihm werden von Schmitt und Koautoren unter anderem in [SS96a, SS96b, SC97, Sch98, SS98, SS99b] vorgestellt. Schmitt und Conrad diskutieren in [SC99] den Einsatz der vorgestellten Methoden der formalen Begriffsanalyse auch für die Restrukturierung objektorientierter Datenbankschemata.

Die Berücksichtigung von Integritätsbedingungen während der Transformationsschritte und der Integration ist ein bisher wenig untersuchter Aspekt beim Entwurf von FDBS [CST97, CST98]. Hierbei ist das Wissen über die Beziehungen zwischen Integritätsbedingungen nützlich [TS98, Tür99]. In einer Prädikatenlogik formulierte Bedingungen müssen während der Schematransformation ebenfalls umgeformt und in der Integrationsphase verschmolzen bzw. aufgeteilt werden.

5.7 Übungsaufgaben

Übung 5.1 Betrachten Sie das im Anhang und im Abschnitt 1.3 beschriebenen Beispiel aus dem Universitätsbereich. Geben Sie Beispiele für die Konfliktklassen der Sichtintegration an, die durch verschiedene Sichten von Anwenderklassen entstehen können. □

Übung 5.2 Geben Sie für das Universitätsbeispiel jeweils eine Anwendung für die Konzepte der verschiedenen Schichten des konzeptionellen Entwurfs an. □

Übung 5.3 Setzen Sie das von Ihnen in Aufgabe 3.1 entwickelte ER-Modell nach 'Rezept' in das Relationenmodell um. □

Übung 5.4 Erstellen Sie die Umsetzung des ER-Modells aus dem Anhang A.1 in das Netzwerkmodell und das hierarchische Datenmodell (optimiert). □

Übung 5.5 Geben Sie für das Anwendungsszenario aus Aufgabe 3.1 jeweils eine typische Beschreibung für jede Schicht des konzeptionellen Entwurfs sowie für einen Anwendungsprozeß an. □

Übung 5.6 *(Nur für Übungsorganisation in mehreren Gruppen.)*
  Betrachten Sie zwei unterschiedliche Lösungen zu den Modellierungsübungen aus den Kapiteln 3 und 4. Untersuchen Sie diese Lösungen auf Konflikte und klassifizieren Sie diese. □

6

Relationaler
Datenbankentwurf

Der im letzten Kapitel eingeführte *logische Datenbankentwurf* hat das Ziel, ein Schema des Entwurfsmodells in ein Schema des Zielmodells zu überführen und dieses dann zu verfeinern. In diesem Kapitel beschäftigen wir uns speziell mit dem Zielmodell "Relationenmodell" und den Verfeinerungsschritten auf der relationalen Ebene. Aus dem logischen Datenbankentwurf des letzten Kapitels soll mit Hilfe einer genaueren Spezifikation von lokalen und globalen Integritätsbedingungen ein guter logischer Datenbankentwurf entstehen.

Verzichtet man auf die Nutzung eines höheren Datenbankmodells für den konzeptionellen und logischen Entwurf[1], so kann man dieses Kapitel auch zum logischen Entwurf innerhalb des Relationenmodells selbst betrachten. Das Datenbankentwurfsproblem reduziert sich dann auf folgendes Problem:

Aus gegebenen Attributen (dem Universum $\mathcal{U}$) und Abhängigkeiten zwischen diesen Attributen (zunächst den im nächsten Abschnitt einzuführenden funktionalen Abhängigkeiten F) soll ein lokal erweitertes Datenbankschema

$$S = \{\mathcal{R}_1, \ldots, \mathcal{R}_p\} \text{ mit } \mathcal{R}_i = (R_i, \mathcal{K}_i)$$

erzeugt werden, wobei $\mathcal{K}_i$ eine Menge von Schlüsseln ist, denen die Basisrelationen $r_i(R_i)$ genügen müssen.

Es wird sich nur herausstellen, daß in diesem Fall nicht alle Feinheiten eines ER-Diagramms auf relationaler Ebene erfaßt werden können.

---

[1]Man beachte, daß der konzeptionelle Entwurf eine frühe Phase im Datenbankentwurf ist, die das *konzeptionelle Schema*, nicht jedoch das *konzeptuelle* Datenbankschema des jeweiligen Datenbanksystems liefert.

In Abschnitt 6.1 werden wir die für den Entwurf wichtigsten lokalen Integritätsbedingungen, die funktionalen Abhängigkeiten, einführen. Danach werden Datenbankentwurfseigenschaften erläutert, die mit Hilfe dieser Abhängigkeiten formuliert werden können: In Abschnitt 6.2 zunächst wünschenswerte Eigenschaften des Zielschemas, in Abschnitt 6.3 dann wünschenswerte Eigenschaften jedes Transformationsschrittes beim logischen Datenbankentwurf. Abschnitt 6.4 führt in einige Entwurfsverfahren ein, die diese Eigenschaften erreichen können. Neben den funktionalen sind die mehrwertigen Abhängigkeiten wichtige lokale Integritätsbedingungen für den Datenbankentwurf. Diese werden mit ihren wünschenswerten Schema- und Transformationseigenschaften sowie den Entwurfsverfahren in Abschnitt 6.5 eingeführt. Weitere Abhängigkeiten (insbesondere globale Integritätsbedingungen) werden in Abschnitt 6.6 besprochen.

6.1 Funktionale Abhängigkeiten

Die in Abschnitt 4.1 eingeführten lokalen Integritätsbedingungen werden nun konkretisiert. Abhängigkeiten zwischen Attributen und damit zwischen Attributwerten sind dabei besonders wichtige Integritätsbedingungen.

Definition funktionaler Abhängigkeiten

Die bekanntesten und im Datenbankentwurf am häufigsten eingesetzten Abhängigkeiten zwischen Attributen sind funktionale Abhängigkeiten. Eine *funktionale Abhängigkeit* gilt dann innerhalb einer Relation zwischen Attributmengen X und Y, wenn in jedem Tupel der Relation der Attributwert unter den X-Komponenten den Attributwert unter den Y-Komponenten festlegt[2]. Unterscheiden sich also zwei Tupel in den X-Attributen nicht, so haben sie auch gleiche Werte für alle Y-Attribute. Die funktionale Abhängigkeit (kurz: FD, von functional dependency) wird dann mit $X \rightarrow Y$ bezeichnet.

Beispiel 6.1 In Abbildung 6.1 gilt die funktionale Abhängigkeit

```
ISBN → Titel, Verlag,
```

da zwei in der ISBN übereinstimmende Bücher-Tupel auch unter den Attributen Titel und Verlag übereinstimmen müssen. Eine funktionale Abhängigkeit

```
ISBN → Autor, Stichwort
```

---

[2]Wie in der Datenbanktheorie üblich, bezeichnen $A, B, C, \ldots$ Attribute und $X, Y, Z, \ldots$ Attributmengen. Statt $X \cup Y$ wird kurz XY, statt $\{A\} \cup \{B\}$ auch AB geschrieben.

Bücher	ISBN	Titel	Autor	Version	Stichwort	Verlagsname
	0-8053-1753-8	Princ.of DBS	Elmasri	1,1989	RDB	Benj./Cumm.
	0-8053-1753-8	Princ.of DBS	Navathe	1,1989	RDB	Benj./Cumm.
	0-8053-1753-8	Princ.of DBS	Elmasri	2,1994	RDB	Benj./Cumm.
	0-8053-1753-8	Princ.of DBS	Navathe	2,1994	RDB	Benj./Cumm.
	0-8053-1753-8	Princ.of DBS	Elmasri	1,1989	Lehrbuch	Benj./Cumm.
	0-8053-1753-8	Princ.of DBS	Navathe	1,1989	Lehrbuch	Benj./Cumm.
	0-8053-1753-8	Princ.of DBS	Elmasri	2,1994	Lehrbuch	Benj./Cumm.
	0-8053-1753-8	Princ.of DBS	Navathe	2,1994	Lehrbuch	Benj./Cumm.
	0-8053-1753-8	Princ.of DBS	Elmasri	1,1989	ER	Benj./Cumm.
	0-8053-1753-8	Princ.of DBS	Navathe	1,1989	ER	Benj./Cumm.
	0-8053-1753-8	Princ.of DBS	Elmasri	2,1994	ER	Benj./Cumm.
	0-8053-1753-8	Princ.of DBS	Navathe	2,1994	ER	Benj./Cumm.

Abb. 6.1: Bücher-Relation mit Redundanzen

gilt dagegen nicht, da ein Buch unterschiedliche `Autoren` und `Stichworte` haben kann. Trivialerweise gilt jedoch eine funktionale Abhängigkeit wie

`ISBN → ISBN`

immer. Weiter unten wird noch erklärt, wie man weitere funktionale Abhängigkeiten aus einer gegebenen Menge ableiten kann. □

Definieren wir funktionale Abhängigkeiten genauer, so können wir zwischen der Syntax und der Semantik der FDs trennen.

Eine funktionale Abhängigkeit ist für eine Relation $r(R)$ und Attributmengen $X, Y \subseteq R$ ein Ausdruck der Form $X \to Y$. r *genügt* der FD $X \to Y$ genau dann, wenn

$$|\pi_Y(\sigma_{X=x}(r))| \leq 1 \text{ für alle } X\text{-Werte } x$$

gilt. Diese Definition ist gleichwertig mit der oben informal eingeführten Bedingung:

$$\forall t_1, t_2 \in r : t_1(X) = t_2(X) \implies t_1(Y) = t_2(Y)$$

Wir führen jetzt für die linken und rechten Seiten von FDs noch spezielle Bezeichnungen ein. Für eine FD-Menge $F := \{X_1 \to Y_1, \dots, X_k \to Y_k\}$ mit $k \in \mathbb{N}$ wird $\mathrm{VB}(F) := \{X_1, \dots, X_k\}$ der *Vorbereich* von F, $\mathrm{NB}(F) := \{Y_1, \dots, Y_k\}$ der *Nachbereich* von F genannt; $\mathrm{ATTR}(F)$ mit

$$\mathrm{ATTR}(F) := \bigcup_{Z \in VB(F) \cup NB(F)} Z$$

ist die *Attributmenge* von F^3. Gilt für eine Attributmenge $X \subseteq \mathcal{U}$ auch $\mathrm{ATTR}(F) \subseteq X$, so heißt F FD-Menge *über* X. Die Abhängigkeiten von F bestehen also nur aus Attributen von X.

---

[3]Wie in der Datenbanktheorie üblich, wird für eine FD f statt VB($\{f\}$), NB($\{f\}$) und ATTR($\{f\}$) vereinfachend VB(f), NB(f) und ATTR(f) geschrieben.

Da FDs mit Hilfe von

$$\mathcal{B}_F := \{b_f \mid f \in F \land [b_f(r) = \textbf{true} \iff r \text{ genügt } f]\}$$

als spezielle lokale Integritätsbedingungen aufgefaßt werden können, wird für das erweiterte Relationenschema $\mathcal{R} = (R, \mathcal{B}_F)$ in Zukunft auch kurz $\mathcal{R} = (R, F)$ geschrieben, falls F FD-Menge über R ist.

Schlüssel als Spezialfall

Funktionale Abhängigkeiten schränken die erlaubte Menge von Relationen zu einem Relationenschema ein. Schlüssel sind nun Spezialfälle funktionaler Abhängigkeiten.

Beispiel 6.2 In der Relation zu `Personen` (Abbildung 4.2 auf Seite 108) gilt die funktionale Abhängigkeit

```
PANr  →  Vorname, Nachname, PLZ, Ort, Straße,
         Hausnummer, Geburtsdatum.
```

Wie oben erklärt, können wir auf der rechten Seite sogar die `PANr` ergänzen, da die Abhängigkeit `PANr → PANr` immer gilt. Auf der rechten Seite der funktionalen Abhängigkeit steht dann das gesamte Relationenschema. Jedes Tupel aus der Relation wird von der `PANr` also eindeutig bestimmt. Das ist auch genau die Charakterisierung einer identifizierenden Attributmenge für eine Relation. Da die Attributmenge nur aus einem einzigen Element besteht, ist sie auch Schlüssel, da es keine kleiner identifizierende Attributmenge geben kann. $\square$

Ein Schlüssel X liegt also vor, wenn für ein Relationenschema R eine FD $X \to R$ gilt und X minimal ist. Ziel des auf diesen Abhängigkeiten basierenden Datenbankentwurfs wird es sein, alle gegebenen funktionalen Abhängigkeiten in diese "Schlüsselabhängigkeiten" umzuformen, ohne dabei semantische Information zu verlieren.

Man beachte dabei, daß im Fall der speziellen FD-Menge $F := \{K \to R \mid K \in \mathcal{K}\}$ für eine Schlüsselmenge $\mathcal{K}$ eines erweiterten Relationenschemas $\mathcal{R} = (R, \mathcal{K})$ die Gleichung $\textbf{SAT}_R(F) = \textbf{SAT}_R(\mathcal{K})$ gilt. Eine solche Menge F ist die Menge der *Schlüsselabhängigkeiten* für R.

Ableitung von FDs

Betrachten wir eine Relation r folgender Ausprägung:

r	A	B	C
	a_1	b_1	c_1
	a_2	b_1	c_1
	a_3	b_2	c_1
	a_4	b_1	c_1

Diese Relation genügt den FDs $A \to B$ und $B \to C$. Man sieht sofort, daß dann auch die FD $A \to C$ gelten muß. Dagegen lassen sich die FDs $C \to A$ oder $C \to B$ nicht ableiten. Die Frage ist nun, welche weiteren FDs aus einer gegebenen FD-Menge abgeleitet werden können.

Gilt für eine funktionale Abhängigkeit f über R $\mathbf{SAT}_R(F) \subseteq \mathbf{SAT}_R(f)$, dann *impliziert* F die FD f (kurz: $F \models f$).

Im obigen Beispiel gilt also

$$F = \{A \to B, B \to C\} \models A \to C \quad ,$$

da die Menge der möglichen Relationen zu F schon eine Teilmenge der Relationen ist, die unter $A \to C$ möglich wäre.

Hüllenbildung

Interessant ist für uns nun insbesondere die Ermittlung *aller* funktionalen Abhängigkeiten, die aus einer gegebenen FD-Menge abgeleitet werden können.

Die *Hülle* von F *über* einem Relationenschema R ist definiert durch $F_R^+ := \{f \mid (f \text{ FD über } R) \wedge F \models f\}$. Meistens legt man das Relationenschema R nicht explizit fest, sondern läßt alle Attribute zu, über denen F definiert ist ($\mathrm{ATTR}(F)$). Dann ist die *Hülle* von F durch $F^+ := F_{\mathrm{ATTR}(F)}^+$ definiert. Zwei FD-Mengen F und G heißen *äquivalent* (kurz: $F \equiv G$) genau dann, wenn $F^+ = G^+$ gilt. F heißt dann auch *Überdeckung* von G und umgekehrt.

Beispiel 6.3 In obiger Relation r gelten neben den gegebenen FDs $A \to B$ und $B \to C$ und der bereits abgeleiteten FD $A \to C$ auch noch weitere, wie zum Beispiel $AB \to C$, $A \to BC$ und selbst triviale FDs wie $AB \to AB$. Alle diese FDs zusammen ergeben die Hülle $\{A \to B, B \to C\}^+$. □

Ableitungsregeln

Die logische Implikation $\models$ von FDs ist bisher formal festgelegt worden. Um systematisch die Hülle von FDs erzeugen zu können, werden nun Ableitungsregeln formuliert, die die Implikation simulieren. Die unten eingeführte Menge von Ableitungsregeln ist

- *gültig* (sound),

- *vollständig* (complete) und

- *unabhängig* (independent) oder auch bzgl. $\subseteq$ minimal.

Dabei bedeutet

- gültig, daß die Ableitungsregeln keine FD ableiten, die logisch nicht impliziert wird (etwa ist eine Ableitungsregel $A \to B \implies B \to A$ ungültig),

Name	Regel		
R Reflexivität	$\{\}$	$\Longrightarrow$	$X \to X$
A Akkumulation	$\{X \to YZ, Z \to VW\}$	$\Longrightarrow$	$X \to YZV$
P Projektivität	$\{X \to YZ\}$	$\Longrightarrow$	$X \to Y$

Abb. 6.2: Ableitungsregeln für FDs

- vollständig, daß durch die Ableitungsregeln auch alle implizierten FDs abgeleitet werden können, und

- unabhängig, daß keine der Ableitungsregeln weggelassen werden kann, ohne daß die Vollständigkeit der Ableitungsregeln verletzt wird.

Wir entscheiden uns für eine Menge von Ableitungsregeln, die zwar diese Kriterien erfüllt, aber nicht für die "klassischen", sonst zu findenden *Armstrong-Axiome* [Mai83]. Die hier eingeführten Ableitungsregeln haben den Vorteil, daß sie direkt auf einen Algorithmus zum Ableiten von Abhängigkeiten führen.

Die Ableitungsregeln werden mit $\boxed{R}$, $\boxed{A}$ und $\boxed{P}$ markiert und sind in Abbildung 6.2 angegeben. Dabei bedeutet die $\boxed{R}$ -Regel beispielsweise, daß bereits aus der leeren FD-Menge (also ohne Voraussetzungen) triviale FDs wie $AB \to AB$ abgeleitet werden können.

Beispiel 6.4 Die implizierte Abhängigkeit $A \to C$ soll nun mit Ableitungregeln ermittelt werden. Aus der FD-Menge $\{A \to B, B \to C\}$ kann zunächst $A \to BC$ mit Hilfe der $\boxed{A}$ -Regel abgeleitet werden. In der allgemeinen Regel ersetze man Y und W durch die leere FD-Menge, X durch A, Z durch B und V durch C. Danach kann mit der $\boxed{P}$ -Regel die gewünschte FD $A \to C$ abgeleitet werden. $\qquad\square$

Membership-Problem

Eine der häufigsten Fragestellungen im relationalen Datenbankentwurf wird sein:

> *Kann eine bestimmte FD $X \to Y$ aus der vorgegebenen Menge F abgeleitet werden, d.h. wird sie von F impliziert?*

Dies ist das sogenannte *Membership-Problem*, da es formal auf das Enthaltensein (Membership) von $X \to Y$ in der Hülle von F zurückgeführt wird:

$$\text{Membership-Problem: } ``X \to Y \in F^+ \text{ ?''}$$

Leider kann dieses Problem so nicht in linearer Zeit gelöst werden. Die Hülle einer FD-Menge kann nämlich eine exponentielle Größe erreichen, so daß allein das Berechnen von F^+ zu lange dauert. Daher verzichtet man auf die Berechnung von F^+ und löst das Membership-Problem durch die Bestimmung des maximalen Nachbereichs zum vorgegebenen Vorbereich X. Jedes Y, das von X funktional bestimmt wird, muß dann in diesem maximalen Nachbereich enthalten sein. Zunächst definieren wir diesen maximalen Nachbereich formal als Hülle einer Attributmenge.

Die *Hülle einer Attributmenge* X bzgl. F ist $X_F^* := \{A \mid X \to A \in F^+\}$. Wenn F eindeutig ist, wird auch kurz X^* geschrieben.

Das Membership-Problem kann nun durch Lösen des modifizierten Problems

$$\text{Membership-Problem (2): "} Y \subseteq X_F^* \text{ ?"}$$

in linearer Zeit gelöst werden. Mit Hilfe der $\boxed{R}\,\boxed{A}\,\boxed{P}$-Regeln gibt es einen einfachen Algorithmus:

1. Bestimme X, setze $X^* := X$ (dies entspricht der $\boxed{R}$-Regel für X).

2. Gibt es eine FD $f_1 := X_1 \to Y_1 \in F$ mit $X_1 \subseteq X^*$?

3. Wenn ja, dann wird X^* gemäß $X^* := X^* \cup Y_1$ vergrößert (dies entspricht der $\boxed{A}$-Regel).

4. Führe Schritt 2 und 3 so lange aus, bis X^* stabil. Dies ist die gesuchte Hülle von X.

5. Ist $Y \subseteq X^*$, dann ist $X \to Y \in F^+$ ($\boxed{P}$-Regel).

Beispiel 6.5 Mit dem Algorithmus wollen wir nun das Membership-Problem für $A \to C$ lösen, d.h.

$$A \to C \in \{f_1 := A \to B, f_2 := B \to C\}^+ \ ?$$

oder das gleichwertige Problem

$$C \subseteq A^* \ ?$$

Wir gehen nach den obigen Schritten vor:

- In Schritt 1 wird $A^* := A$ vorbesetzt.

- Schritt 2 und 3 können zunächst auf f_1 angewendet werden, da $A \subseteq A$ ist, also $A^* := A \cup B = AB$.

- Schritt 2 und 3 können mit dem neuen A^* nun auch auf f_2 angewendet werden, da $B \subseteq AB$ ist, also $A^* := AB \cup C = ABC$.

- ABC kann nicht weiter aufgebläht werden, bleibt also bei folgenden Schritten stabil.

- Schritt 5 liefert $C \subseteq ABC$, also ist $C \subseteq A^*$ und somit $A \to C$ in der Hülle der gegebenen FD-Menge. □

Zwei FD-Mengen sind nun äquivalent, wenn sie die gleichen Hüllen besitzen. Man nennt sie dann auch jeweils Überdeckungen voneinander. Wir definieren diese Begriffe nun genauer.

Seien F, G FD-Mengen über $\mathcal{U}$. F heißt *äquivalent* zu G (oder: F heißt *Überdeckung* von G; kurz: $F \equiv G$), falls $F^+ = G^+$ ist. Gleichwertig mit dieser Bedingung sind

$$F \models \{g \mid g \in G\} \quad \wedge \quad G \models \{f \mid f \in F\}$$

oder auch

$$\forall g \in G : g \in F^+ \quad \wedge \quad \forall f \in F : f \in G^+$$

Äquivalente FD-Mengen werden im folgenden Datenbankentwurf noch wichtig werden: Ein Ziel des Datenbankentwurfs wird sein, funktionale Abhängigkeiten durch äquivalente Schlüsselabhängigkeiten zu ersetzen, da diese in der DDL eines konkreten Datenbanksystems spezifiziert und effizient überwacht werden können.

6.2 Schema-Eigenschaften

Wir stellen nun einige "übliche" Datenbankschema-Eigenschaften vor, die wir beim relationalen Datenbankentwurf möglichst erreichen wollen. Allgemein sollen Relationenschemata, Schlüssel und Fremdschlüssel so gewählt werden, daß

1. alle Anwendungsdaten aus den Basisrelationen hergeleitet werden können,

2. nur semantisch sinnvolle und konsistente Anwendungsdaten dargestellt werden können und

3. die Anwendungsdaten möglichst nicht-redundant dargestellt werden.

Diese allgemeinen Forderungen können jetzt bei einer Anwendungsspezifikation durch Abhängigkeiten konkretisiert werden. Dabei werden wir uns mit den Forderungen 1 und 2 erst im nächsten Abschnitt beschäftigen, da diese bei der Transformation von Datenbankschemata erhalten bleiben müssen. Die Forderung 3 nach nicht-redundanter Darstellung wird im nächsten Unterabschnitt zunächst motiviert. In den darauffolgenden Unterabschnitten werden wir versuchen, lokal innerhalb einer Relation Redundanz zu entfernen (Normalformen) und globale Redundanzen in der Datenbank zu verhindern (Minimalität).

6.2.1 Update-Anomalien

Redundanzen in Basisrelationen sind aus mehreren Gründen unerwünscht:

- Zunächst einmal belegen redundante Informationen zuviel unnötigen Speicherplatz. Im Zuge der immer preiswerter werdenden Speicherkapazität ist dieser Grund der Redundanzvermeidung auch der unwichtigste.

- Daneben lassen sich Änderungsoperationen auf Basisrelationen mit Redundanzen nur schwer umsetzen: wenn eine Information redundant vorkommt, muß eine Änderung diese Information in allen ihren Vorkommen verändern. Dies ist mit normalen relationalen Änderungsoperationen und den in relationalen Systemen vorkommenden lokalen Integritätsbedingungen (Schlüsseln) jedoch nur schwer zu realisieren.

Beispiel 6.6 Fügen wir in die mit Redundanzen behaftete Bücher-Relation aus Abbildung 6.1 auf Seite 231 ein neues Tupel

Bücher	ISBN	Titel	Autor	Version	Stichwort	Verlagsname
	0-8053-1753-8	Princ.of DBS	Elmasri	3,1996	RDB	Springer

ein, so sind gleich mehrere Integritätsbedingungen verletzt, die in dieser Relation durch Schlüsselbedingungen allein nicht spezifiziert werden können:

- So ist dem Buch mit der ISBN 0-8053-1753-8 eigentlich der Verlag Benj./Cummings und nicht der Springer-Verlag zugeordnet gewesen.

- Zu dem Buch mit der ISBN 0-8053-1753-8 gehört noch Navathe als Autor und neben RDB auch noch Lehrbuch und ER als Stichwort.

Die erste Integritätsbedingung ist eine funktionale Abhängigkeit zwischen ISBN und Verlag. Die zweite wird später noch als mehrwertige Abhängigkeit eingeführt werden. Beide Integritätsbedingungen müssen beim Datenbankentwurf auf Schlüsselbedingungen zurückgeführt werden, um für das System kontrollierbar zu bleiben.

Dieses Problem ist ein einfaches Beispiel für eine **insert**-Anomalie. Beim Ändern eines Tupels und beim Löschen eines Tupels können ähnliche Anomalien entstehen (**modify**- und **delete**-Anomalien). □

Die obige Anomalie entstand durch das unglückliche Auftreten einer mehrwertigen Abhängigkeit. Wir zeigen nun, daß eine bestimmte Kombination von funktionalen Abhängigkeiten auch zu Update-Anomalien führen kann.

Beispiel 6.7 Nehmen wir an, wir hätten eine Bücher-Relation mit ISBN, Titel, Verlagsname und Verlagsort wie folgt gebildet:

Bücher	ISBN	Titel	Verlagsname	Verlagsort
	3-8273-1345-7	SQL-Standard	Addison-Wesley	Bonn
	3-8273-1245-0	Informix	Addison-Wesley	Bonn

Der Schlüssel dieser Relation ist die ISBN. Leider muß in dieser Relation aber noch eine zweite Bedingung geprüft werden: Der Verlagsort hängt funktional vom Verlagsnamen ab. Da diese Bedingung nicht durch die Schlüsselinformation abgedeckt wird, können wir ohne Probleme bei einem **modify** einen inkonsistenten Zustand erzeugen, indem wir im zweiten Tupel den Wert des Attributs Verlagsort auf "Magdeburg" setzen.

Dieses Problem ist ein einfaches Beispiel für eine **modify**-Anomalie, die wir durch das Erreichen von Normalformen in Relationen verhindern wollen. □

6.2.2 Normalformen

Wir versuchen zunächst durch das Einführen von Normalformen, Update-Anomalien innerhalb einer Relation zu vermeiden. Die Normalformen dieses Abschnitts werden Redundanzen entfernen, die aufgrund von funktionalen Abhängigkeiten innerhalb einer Relation entstehen.

Erste Normalform

Die *erste Normalform* war bereits im Abschnitt 4.1 eingeführt worden. Sie erlaubte nur atomare Attribute in den Relationenschemata, d.h. als Attributwerte sind Elemente von Standard-Datentypen wie `integer` oder `string` erlaubt, aber keine Konstruktoren wie `array` oder `set`.

Beispiel 6.8 Wir verwenden zunächst die vereinfachte `Bücher`-Tabelle aus Kapitel 1. Der Versuch, den Objekttyp `Buch` in einem Relationenschema darzustellen, etwa mit einem Attribut `Autoren`, widerspricht der ersten Normalform. Da ein Buch mehrere Autoren haben kann, und wir bei Anfragen auf einzelne Autoren Bezug nehmen wollen, ist das Attribut in sich strukturiert und stellt eine Menge oder Liste von `strings` dar.

Invnr	Titel	ISBN	Autoren
0007	Dr. No	3-125	James Bond
1201	Objektbanken	3-111	Heuer, Scholl
4711	Datenbanken	3-765	Vossen, Witt
4712	Datenbanken	3-891	Ullman
4717	Pascal	3-999	Wirth, Dijkstra

Das gleiche Beispiel wäre in erster Normalform folgendermaßen aufzuschreiben:

Invnr	Titel	ISBN	Autor
0007	Dr. No	3-125	James
1201	Objektbanken	3-111	Heuer
1201	Objektbanken	3-111	Scholl
4711	Datenbanken	3-765	Vossen
4711	Datenbanken	3-765	Witt
4712	Datenbanken	3-891	Ullman
4717	Pascal	3-999	Wirth
4717	Pascal	3-999	Dijkstra

Leider haben wir mit dieser Struktur mehrfache Redundanzen in die Relation eingeführt, die wir im folgenden durch die weiteren Normalformen eliminieren wollen. □

Zweite Normalform

Die weiteren Normalformen versuchen, aufgrund der Struktur von funktionalen Abhängigkeiten Redundanzen zu entdecken. Die zweite Normalform erlaubt keine partiellen Abhängigkeiten zwischen Schlüsseln des Relationenschemas und weiteren Attributen.

Beispiel 6.9 In der letzten 1NF-Relation gelten beispielsweise die funktionalen Abhängigkeiten

    Invnr → Titel

und

    Invnr, Autor → Invnr, Titel, ISBN, Autor.

Steht auf der rechten Seite einer funktionalen Abhängigkeit das ganze Relationenschema und ist die linke Seite minimal, dann ist die linke Seite automatisch Schlüssel für das Relationenschema. Eine *partielle Abhängigkeit* liegt nun vor, wenn ein Attribut funktional schon von einem *Teil* des Schlüssels abhängt. Im Beispiel ist durch die zweite FD Invnr und Autor zusammen ein Schlüssel. Der Titel hängt aber allein von Invnr, also einem Teil des Schlüssels, ab. □

Die *zweite Normalform* kann nun durch Elimination der rechten Seite der partiellen Abhängigkeit und eine Kopie der linken Seite erreicht werden (siehe Abbildung 6.3).

Zu beachten ist, daß das partiell abhängige Attribut nur "stört", wenn es kein Primattribut ist. *Primattribute* sind Attribute aus Schlüsseln des Relationenschemas. Attribute, die in Schlüsseln des Relationenschema vorkommen, werden also nicht auf partielle Abhängigkeiten überprüft.

Wir führen nach einigen vorbereitenden Definitionen die zweite Normalform nun genauer ein. Sei $\mathcal{R} = (R, \mathcal{K})$ ein erweitertes Relationenschema und F über R. A ist ein Attribut aus R und $X \rightarrow Y$ eine FD aus F. A heißt *unwesentlich* in $X \rightarrow Y$ bzgl. F, wenn

$$[X = AZ, Z \neq X \implies (F - \{X \rightarrow Y\}) \cup \{Z \rightarrow Y\} \equiv F] \quad \vee$$

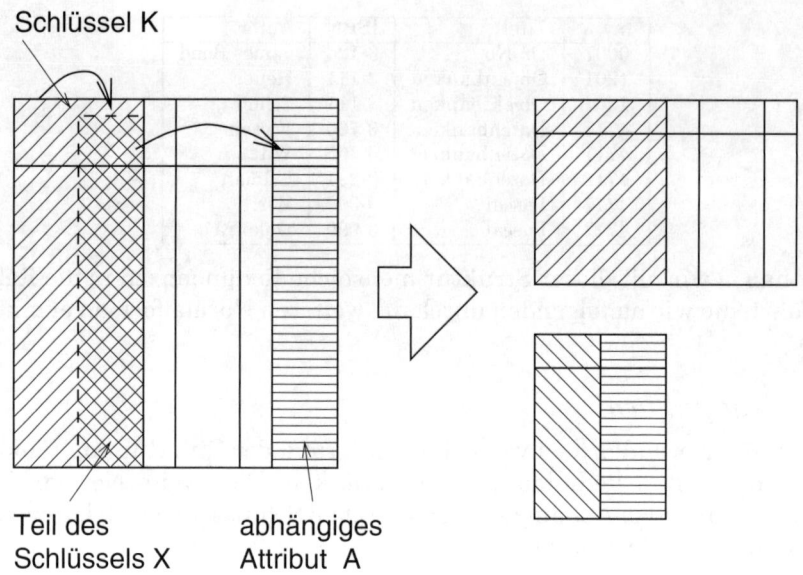

Schlüssel K

Teil des
Schlüssels X

abhängiges
Attribut A

Abb. 6.3: Partielle Abhängigkeit und ihre Elimination

$$[Y = AW, W \neq Y \implies (F - \{X \to Y\}) \cup \{X \to W\} \equiv F] \quad .$$

A kann also aus der FD $X \to Y$ entfernt werden, ohne daß sich die Hülle von F ändert.

Eine FD $X \to Y$ heißt *linksreduziert*, wenn kein Attribut in X unwesentlich ist. Y *hängt partiell* von X bzgl. F ab, wenn die FD $X \to Y$ nicht linksreduziert ist. Y *hängt voll* von X ab, wenn die FD $X \to Y$ linksreduziert ist.

$\mathcal{R}$ ist dann in *zweiter Normalform* (2NF), wenn $\mathcal{R}$ in 1NF ist und jedes Nicht-Primattribut von R voll von jedem Schlüssel von $\mathcal{R}$ abhängt. Ein Datenbankschema S ist in 2NF bezüglich F genau dann, wenn alle $\mathcal{R} \in S$ in 2NF bezüglich F sind.

Dritte Normalform

Die zweite "bösartige" Struktur, die auf Redundanzen innerhalb einer Relation hinweist, ist die *transitive Abhängigkeit*. Geht man von einem Schlüssel K aus und bestimmt dieser eine Attributmenge X funktional, die Attributmenge X aber auch eine Attributmenge Y des gleichen Schemas, so liegt eine transitive Abhängigkeit $K \to X \to Y$ vor. Auch hier werden nur transitiv abhängige Attribute Y untersucht, die Nicht-Primattribute sind.

Beispiel 6.10 Bei der Erfassung der Abhängigkeiten für Personen haben wir eine weitere unterschlagen. Wir müssen eigentlich noch berücksichtigen, daß

Personen	PANr	Vorname	Nachname	PLZ	Ort	Straße	HNr	Geb.datum
	4711	Andreas	Heuer	18209	DBR	BHS	15	31.10.1958
	5588	Gunter	Saake	39106	MD	STS	55	05.10.1960
	6834	Michael	Korn	39104	MD	BS	41	24.09.1974
	7754	Andreas	Möller	18209	DBR	RS	31	25.02.1976
	8832	Tamara	Jagellovsk	38106	BS	GS	12	11.11.1973
	9912	Antje	Hellhof	18059	HRO	AES	21	04.04.1970
	9999	Christa	Loeser	69121	HD	TS	38	10.05.1969

Abb. 6.4: Relation nicht in dritter Normalform

die `PLZ` den `Ort` funktional bestimmt. Unter anderem gelten nun also die FDs
`PANr` $\to$ `PLZ` und `PLZ` $\to$ `Ort`. Dies ist genau die Situation, die wir bei transitiven Abhängigkeiten eben skizziert haben: `Ort` hängt vom Schlüssel `PANr`
transitiv ab, da man `PLZ` noch "dazwischenschalten" kann. In der Relation in
Abbildung 6.4 sieht man auch die negativen Konsequenzen. Die Information,
daß zur `PLZ` '18209' der `Ort` 'DBR' gehört, ist mehrfach — redundant — abgelegt. Eliminiert man die transitive Abhängigkeit, indem man `Ort` zusammen
mit der `PLZ` in eine andere Relation auslagert, so eliminiert man auch die Quelle der Redundanz. Dies ist bereits der grundlegende Schritt des später noch
einzuführenden Dekompositionsverfahrens. □

Allgemein eliminiert man bei einer transitiven Abhängigkeit das transitiv abhängige Attribut A in ein neues Relationenschema und kopiert die zwischengeschaltete Attributmenge X zu A. Dieser Schritt wird in Abbildung 6.5 verdeutlicht. Gelten dann in einem Relationenschema keine transitiven Abhängigkeiten mehr, so ist das Schema in *dritter Normalform* (kurz: 3NF).

Transitive Abhängigkeiten und die dritte Normalform werden abschließend noch genauer eingeführt.

Sei R ein Relationenschema, $X \subseteq R$ und F eine FD-Menge über R. Ein $A \in R$
heißt *transitiv abhängig* von X bezüglich F genau dann, wenn es ein $Y \subseteq R$ gibt
mit $X \to Y, Y \not\to X, Y \to A, A \notin XY$.

Ein erweitertes Relationenschema $\mathcal{R} = (R, \mathcal{K})$ ist in *dritter Normalform*
(3NF) bezüglich F genau dann, wenn

$$\not\exists A \in R: \quad A \text{ ist Nicht-Primattribut in } R$$
$$\wedge\ A \text{ transitiv abhängig von einem } K \in \mathcal{K} \text{ bezüglich } F.$$

Ein Datenbankschema S ist in 3NF bezüglich F genau dann, wenn alle $\mathcal{R} \in S$ in
3NF bezüglich F sind.

Wählt man speziell $Y \subseteq K$, so erkennt man, daß die partiellen Abhängigkeiten ein Spezialfall der transitiven sind. Die zweite Normalform wird von der
dritten somit impliziert und ist daher für weitere Betrachtungen überflüssig.
Die dritte Normalform ist die einzige, die im weiteren Verlauf des Kapitels als
Kriterium untersucht werden muß.

Schlüssel K

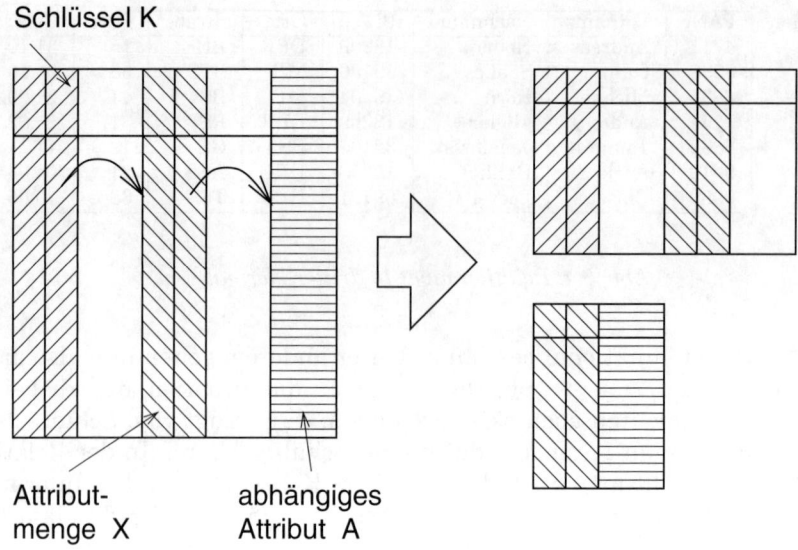

Attribut-
menge X

abhängiges
Attribut A

Abb. 6.5: Transitive Abhängigkeit und ihre Elimination

Boyce-Codd-Normalform (BCNF)

In der Definition der dritten Normalform wurden nur Nicht-Primattribute auf transitive Abhängigkeit von einem Schlüssel getestet. Manchmal lassen sich jedoch auch Redundanzen innerhalb der Schlüsselattribute feststellen.

Beispiel 6.11 Wenn wir die Adreßinformationen noch genauer untersuchen, so stellen wir im aktuellen Postleitzahlsystem der Deutschen Post innerhalb der Attribute

            PLZ, Ort, Straße, Hausnummer

folgende funktionalen Abhängigkeiten fest:

        Ort, Straße, Hausnummer → PLZ,
                PLZ → Ort.

Schlüssel für diese vier Attribute ist neben der Attributmenge Ort, Straße, Hausnummer auch noch PLZ, Straße, Hausnummer. Da alle Attribute nun Primattribute sind, müssen keine transitiven Abhängigkeiten gesucht werden.

Dabei wäre bei Ausdehnen der Definition von transitiven Abhängigkeiten auf alle Attribute eine Redundanz zu erkennen:

        PLZ, Straße, Hausnummer → PLZ → Ort

wäre sogar bereits eine partielle Abhängigkeit. Die Zuordnung von Orten zu Postleitzahlen enthält also Redundanzen. □

Dehnen wir die Untersuchung von transitiven Abhängigkeiten auf Primattribute aus, so sind wir bei der Definition der Boyce-Codd-Normalform.

Ein erweitertes Relationenschema $\mathcal{R} = (R, \mathcal{K})$ ist bezüglich F in *Boyce-Codd-Normalform* (BCNF) genau dann, wenn

$$\nexists A \in R : A \text{ transitiv abhängig von einem } K \in \mathcal{K} \text{ bezüglich } F.$$

S ist in BCNF bezüglich F genau dann, wenn alle $\mathcal{R} \in S$ in BCNF bezüglich F sind. Es ist leicht zu zeigen, daß

$$S \text{ ist in BCNF} \implies S \text{ ist in 3NF}$$

gilt, aber nicht umgekehrt.

Leider werden wir in Abschnitt 6.3 noch sehen, welche Nachteile wir uns bei der BCNF einhandeln: Für viele Entwurfsverfahren wird deshalb die 3NF das Non-Plus-Ultra bleiben.

6.2.3 Minimalität

Durch die Normalformen haben wir lokal innerhalb einer Relation Redundanzen vermieden. Die Forderung nach Minimalität eines Datenbankschemas soll nun helfen, global Redundanz zu vermeiden.

Beispiel 6.12 Für eine Attributmenge ABC und eine FD-Menge $\{A \rightarrow B, B \rightarrow C\}$ wollen wir ein Datenbankschema in dritter Normalform angeben. Möglich wären beispielsweise

$$S = \{(AB, \{A\}), (BC, \{B\})\}$$

und

$$S' = \{(AB, \{A\}), (BC, \{B\}), (AC, \{A\})\}$$

als Datenbankschemata. Während in S die Informationen über die Beziehung zwischen A- und C-Werten ohne Redundanzen abgelegt werden, sind sie in S' redundant sowohl in den ersten beiden Relationen als auch in der dritten Relation AC vorhanden. Diese Redundanz kann natürlich wieder zu Inkonsistenzen durch Update-Anomalien führen. Während alle Relationenschemata jeweils in dritter Normalform sind, ist S' nicht minimal: Die dritte Normalform (und die Transformationseigenschaften des nächsten Abschnitts 6.3) können wir bereits mit zwei Relationenschemata erfüllen. □

Die *Minimalität* des Datenbankschemas bedeutet, daß wir zwar Normalformen und andere Eigenschaften durch Aufspalten in mehrere Relationenschemata erreichen wollen, daß wir aber möglichst wenig Relationenschemata erzeugen wollen, die den anderen Forderungen genügen. Können wir also die dritte Normalform mit vier Schemata erreichen, so ist das besser als das Erreichen desselben Kriteriums mit sechs Relationenschemata.

In Tabelle 6.1 geben wir noch einmal einen Überblick über die hier eingeführten Schema-Eigenschaften. Die wichtigsten (dritte Normalform und Minimalität) werden wir in Zukunft mit $\boxed{\text{S}\,\boxed{1}}$ und $\boxed{\text{S}\,\boxed{2}}$ bezeichnen.

Kennung	Schemaeigenschaft	Kurzcharakteristik
	1NF	nur atomare Attribute
	2NF	keine partielle Abhängigkeit eines Nicht-Primattributes von einem Schlüssel
$\boxed{\text{S}\,\boxed{1}}$	3NF	keine transitive Abhängigkeit eines Nicht-Primattributes von einem Schlüssel
	BCNF	keine transitive Abhängigkeit eines Attributes von einem Schlüssel
$\boxed{\text{S}\,\boxed{2}}$	Minimalität	minimale Anzahl von Relationenschemata, die die anderen Eigenschaften erfüllt

Tab. 6.1: Relationale Schema-Eigenschaften im Überblick

6.3 Transformationseigenschaften

In diesem Abschnitt werden nun Eigenschaften der schrittweisen Transformation von Datenbankschemata untersucht. Wie im letzten Abschnitt bei der Elimination von partiellen und transitiven Abhängigkeiten angedeutet, werden Datenbankschemata durch Zerlegung von Relationenschemata verfeinert. Bei dieser Zerlegung ist darauf zu achten, daß

1. nur semantisch sinnvolle und konsistente Anwendungsdaten dargestellt und

2. alle Anwendungsdaten aus den Basisrelationen hergeleitet werden können.

Das erste Kriterium wird zur Transformationseigenschaft *Abhängigkeitstreue*, das zweite zur *Verbundtreue* führen.

6 Relationaler Datenbankentwurf

6.3.1 Abhängigkeitstreue

Haben wir eine Menge von Attributen und zugehörige Abhängigkeiten gesammelt, so sollen die gesamten Abhängigkeiten auf irgendeine Art im Datenbankschema repräsentiert werden. Da wir in relationalen Datenbanken an Integritätsbedingungen hauptsächlich Schlüssel und Fremdschlüssel zur Verfügung haben, sollen alle funktionalen Abhängigkeiten beim Datenbankentwurf in diese Konzepte umgewandelt werden.

Der Begriff *Abhängigkeitstreue* meint zunächst, daß eine Menge von Abhängigkeiten äquivalent in eine zweite Menge von Abhängigkeiten transformiert werden kann. In unserem Fall ist diese zweite Menge von Abhängigkeiten die Menge der Schlüsselabhängigkeiten, da diese vom Datenbanksystem effizient überprüft werden kann. Abhängigkeitstreue meint also spezieller, daß die Menge der Abhängigkeiten äquivalent ist zu der Menge der Schlüsselbedingungen im resultierenden Datenbankschema. Die Äquivalenz sichert zu, daß wir mit den Schlüsselabhängigkeiten semantisch genau die gleichen Integritätsbedingungen ausdrücken wie mit den funktionalen oder mehrwertigen Abhängigkeiten vorher. Man sagt dann auch, daß das Datenbankschema die gegebenen funktionalen Abhängigkeiten vollständig charakterisiert.

Beispiel 6.13 Definieren wir für die Attribute

$$\text{PLZ (P), Ort (O), Straße(S), Hausnummer(H)}$$

und funktionalen Abhängigkeiten F

$$\text{OSH} \to \text{P},$$
$$\text{P} \to \text{O}$$

ein Datenbankschema S bestehend aus dem einzigen Relationenschema

$$(\text{OSHP}, \{\text{OSH}\}),$$

so ist die Menge der zugehörigen Schlüsselabhängigkeiten

$$\{ \text{OSH} \to \text{OSHP} \}$$

nicht äquivalent zu F und somit S nicht abhängigkeitstreu. □

Abschließend definieren wir die Transformationseigenschaft "Abhängigkeitstreue" noch formal.

Sei $S = \{(R_1, \mathcal{K}_1), \ldots, (R_p, \mathcal{K}_p)\}$ ein lokal erweitertes Datenbankschema, sowie F eine Menge lokaler Abhängigkeiten. S *charakterisiert vollständig* F (oder: ist *abhängigkeitstreu* bezüglich F) genau dann, wenn

$$F \equiv \{K \to R \mid (R, \mathcal{K}) \in S, K \in \mathcal{K}\}.$$

F soll also durch Schlüsselabhängigkeiten äquivalent dargestellt werden.

Bücher	ISBN	Titel	Verlagsname
	3-89319-175-5	Das DB2-Handbuch	Addison-Wesley
	0-8053-1753-8	Princ. of DBS	Benj./Cummings

Buch_Autor	Autor
	Vossen
	Witt
	Elmasri
	Navathe

Buch_Stichwort	Stichwort
	RDB
	Lehrbuch
	ER

Buch_Versionen	Auflage	Jahr
	1	1990
	1	1989
	2	1994

Abb. 6.6: Diese Zerlegung der Bücher-*Relation ist nicht verbundtreu*

6.3.2 Verbundtreue

Will man das Kriterium der Normalformen erfüllen, so müssen Relationenschemata teilweise in kleinere Relationenschemata zerlegt werden. Um aber nur "sinnvolle" Zerlegungen zuzulassen, fordert man, daß die Originalrelation wieder aus den zerlegten Relationen mit dem natürlichen Verbund zurückgewonnen werden kann. Dieses Kriterium heißt *Verbundtreue*.

Beispiel 6.14 Die im Beispiel 6.6 entdeckten Redundanzen bezüglich der Attribute Stichwort, Autor und Version hätten sich "elegant" lösen lassen, indem wir jedes dieser Attribute einzeln in ein neues Relationenschema stecken. Das kuriose Ergebnis sieht man in Abbildung 6.6. Es dürfte klar sein, daß man aus dieser Zerlegung die Originalrelation aus Abbildung 6.1 (hier erweitert um die Informationen eines anderen Buchs) nicht wiederherstellen kann, da alle Zusammenhänge zwischen den verschiedenen Relationen verlorengegangen sind. Das Ergebnis eines Verbundes zwischen diesen Relationen entartet zum kartesischen Produkt mit 72 Tupeln. □

Bei allen Dekompositionen müssen wir also auf Verbundtreue achten. Dies kann einfach syntaktisch geschehen, indem wir die Struktur von funktionalen Abhängigkeiten beachten. Das folgende Beispiel wird ein Kriterium für Verbundtreue motivieren.

Beispiel 6.15 Zerlegen wir ein Relationenschema

$$R = ABC$$

in

$$R_1 = AB \text{ und } R_2 = BC,$$

so ist diese Dekomposition bei Vorliegen der Abhängigkeiten

$$F = \{A \rightarrow B, C \rightarrow B\}$$

nicht verbundtreu, dagegen bei Vorliegen der Abhängigkeiten

$$F' = \{A \rightarrow B, B \rightarrow C\}$$

verbundtreu. Im letzteren Fall liegt es daran, daß die Attributmenge im Schnitt der beiden entstandenen Relationenschemata (hier: B) eines der beiden Relationenschemata (hier: BC) funktional bestimmt, also Schlüssel für eines der beiden Relationenschemata ist. In Abbildung 6.7 und 6.8 sind Relationen über dem Schema ABC dargestellt, die den Abhängigkeiten F bzw. F' genügen. Nach Dekomposition kann der Verbund die erste Relation nicht wiederherstellen, die zweite dagegen originalgetreu. □

Originalrelation:

A	B	C
1	2	3
4	2	5

Dekomposition:

A	B
1	2
4	2

B	C
2	3
2	5

Verbund:

A	B	C
1	2	3
4	2	5
1	2	5
4	2	3

Abb. 6.7: Nicht verbundtreue Dekomposition

Die Verbundtreue wird nun noch genauer eingeführt.

Die Dekomposition einer Attributmenge X in $X_1, \ldots, X_p$ mit $X = \bigcup_{i=1}^{p} X_i$ heißt *verbundtreu* ($\pi \bowtie$-treu, lossless) bezüglich einer Menge von Abhängigkeiten F über X genau dann, wenn

$$\forall r \in \mathbf{SAT}_X(F) : \pi_{X_1}(r) \bowtie \cdots \bowtie \pi_{X_p}(r) = r$$

gilt.

Originalrelation:

A	B	C
1	2	3
4	2	3

Dekomposition:

A	B
1	2
4	2

B	C
2	3

Verbund:

A	B	C
1	2	3
4	2	3

Abb. 6.8: Verbundtreue Dekomposition

Ein einfaches Kriterium für Verbundtreue bei Dekomposition in zwei Relationenschemata ist folgendes: Die Dekomposition von X in X_1 und X_2 ist verbundtreu bzgl. F, wenn $X_1 \cap X_2 \to X_1 \in F^+$ oder $X_1 \cap X_2 \to X_2 \in F^+$ gilt.

Das folgende, allgemeinere Kriterium für Verbundtreue wird etwa in [Mai83] oder [BDB79] hergeleitet: Sei G eine Menge von Schlüsselabhängigkeiten. Dann gilt für eine abhängigkeitstreue Zerlegung

$$\exists i \in \{1,\dots,p\} : X_i \to X \in G^+ \quad \Longrightarrow \quad \begin{array}{l} \text{Die Dekomposition von } X \text{ in } X_1,\dots,X_p \\ \text{ist verbundtreu bezüglich } G. \quad (6.1) \end{array}$$

Man nennt eine minimale Teilmenge von X_i auch Universalschlüssel, da es die gesamte Attributmenge X funktional bestimmt. Ein Universalschlüssel muß also in einer Menge der Partition X_i vollständig enthalten sein.

Beispiel 6.16 Bei obigen Beispielrelationen aus den Abbildungen 6.7 und 6.8 ist im ersten Fall (Abbildung 6.7) AC der einzige Universalschlüssel. Er ist in keinem Relationenschema der Dekomposition enthalten. Im zweiten Fall (Abbildung 6.8) ist der Universalschlüssel A trivialerweise im ersten Schema enthalten. □

Man beachte, daß dieses Kriterium nur sinnvoll angewendet werden kann, wenn eine abhängigkeitstreue Zerlegung bereits gewährleistet werden kann. In diesem Fall sind nämlich die Schlüsselabhängigkeiten G im obigen Kriterium äquivalent zur Ausgangs-FD-Menge F.

Kennung	Transformationseigenschaft	Kurzcharakteristik
T 1	Abhängigkeitstreue	alle gegebenen Abhängigkeiten sind durch Schlüssel repräsentiert
T 2	Verbundtreue	die Originalrelationen können duch den Verbund der Basisrelationen wiedergewonnen werden

Tab. 6.2: Relationale Transformationseigenschaften im Überblick

In Tabelle 6.2 geben wir noch einmal einen Überblick über die hier eingeführten Transformationseigenschaften. Wir werden sie in Zukunft mit T 1 und T 2 bezeichnen.

6.4 Entwurfsverfahren

Wir wenden uns nun konkreten Verfahren zur Erreichung der vorgestellten Schema- und Transformationseigenschaften zu.

6.4.1 Ziele

Aus dem Vorrat der obigen Kriterien werden nun diejenigen konkretisiert, die ein Maß für die Güte von FD-basierten Datenbankentwurfsalgorithmen sind. Diese Datenbankentwurfsalgorithmen sollen ein lokal erweitertes Datenbankschema

$$S = \{(R_1, \mathcal{K}_1), \ldots, (R_p, \mathcal{K}_p)\}$$

liefern. Sei dazu ein Universum $\mathcal{U}$ und eine FD-Menge F gegeben.

T 1 S charakterisiert vollständig F.

S 1 S ist in 3NF bezüglich F.

T 2 Die Dekomposition von $\mathcal{U}$ in $R_1, \ldots, R_p$ ist verbundtreu bezüglich F.

S 2 Minimalität, d.h. $\nexists S' : S'$ erfüllt T 1, S 1, T 2 und $|S'| < |S|$.

Für andere Abhängigkeiten können ähnliche Kriterien aufgestellt werden (wird später formalisiert).

Man kann Beispiele für schlecht entworfene Datenbankschemata aufführen, die nur je drei dieser vier Kriterien erfüllen. Falls ein Kriterium also nicht abgedeckt wird, muß es in einem Datenbankentwurfsalgorithmus durch ein adäquates ersetzt werden. Als Beispiel für den Verzicht auf ein Kriterium sei die Minimalitätsbedingung gewählt.

Beispiel 6.17 Sei $S = \{(AB,\{A\}),(BC,\{B\}),(AC,\{A\})\}$, so erfüllt S $\boxed{T\,\vert\,1}$, $\boxed{S\,\vert\,1}$ und $\boxed{T\,\vert\,2}$ bezüglich $F = \{A \to B, B \to C, A \to C\}$. Wie man leicht sieht, können in der dritten Relation AC-Tupel gespeichert werden,

- die entweder redundant bezüglich der aus den ersten beiden Relationen ableitbaren Tupel sind,

- oder sogar widersprüchliche Informationen liefern.

Man beachte, daß S $\boxed{S\,\vert\,2}$ nicht erfüllt. Das korrekte Datenbankschema wäre $S' = \{(AB,\{A\}),(BC,\{B\})\}$ gewesen. $\qquad\qquad\qquad\qquad\qquad\qquad\Box$

Einige dieser Kriterien für gute Datenbankschema-Eigenschaften sind umstritten. Beispielsweise ist die Frage zu stellen, ob bei der Verbundtreue

- wirklich eine Relation über dem gesamten Universum rekonstruierbar sein muß (gibt es in jedem Fall eine "Universalrelation" mit einer echten Bedeutung?),

- der Rekonstruktionsoperator immer der natürliche Verbund sein muß.

Ein weiteres Problem: Im allgemeinen sind die BCNF und die Abhängigkeitstreue nicht gleichzeitig erfüllbar (darum wird als konkretes Kriterium für die folgenden Datenbankentwurfsalgorithmen auch nur 3NF gefordert). Allein die Erkennung von BCNF ist im allgemeinen Fall NP-vollständig (vergleiche [Mai83]).

Beispiel 6.18 Als Beispiel für die Unverträglichkeit von BCNF und Abhängigkeitstreue wählen wir wieder die Attribute

        PLZ (P), Ort (O), Straße(S), Hausnummer(H)

und funktionalen Abhängigkeiten F

$$\text{OSH} \to \text{P},$$
$$\text{P} \to \text{O}$$

Das Datenbankschema S besteht zunächst aus dem einzigen Relationenschema

        (OSHP, {OSH, PSH})

Man beachte, daß auch PSH ein Schlüssel für das Relationenschema ist, da PSH → OSHP gilt mit PSH minimal. Das Schema ist in 3NF, da alle vier Attribute Primattribute sind und somit nicht auf transitive Abhängigkeit untersucht werden. Das Schema ist jedoch nicht in BCNF, da

$$\{ \text{PSH} \rightarrow \text{P} \rightarrow \text{O} \}$$

eine transitive Abhängigkeit des Primattributs O ist. Das Schema OSHP muß also zerlegt werden. Leider zerstört aber jede Zerlegung die Abhängigkeit

$$\text{OSH} \rightarrow \text{P}$$

Die Abhängigkeitstreue ist also bei einem (zerlegten) Schema in BCNF nicht gewährleistet.

□

Um nicht mit einem Negativbeispiel zu enden, geben wir im folgenden noch ein positives Beispiel für die BCNF an: Auch diese Normalform kann helfen, Redundanzen zu vermeiden, wenn das transitiv abhängige Attribut gefahrlos entfernt werden kann.

Beispiel 6.19 Sei eine Attributmenge *ABCD* gegeben mit den FDs

$$F = \{AC \rightarrow B, BD \rightarrow C, A \rightarrow D, D \rightarrow A\}$$

Im Relationenschema *ABCD* sind aufgrund der FDs die Attributmengen *AC* und *BD* Schlüssel, so daß alle Attribute Primattribute sind. Das Relationenschema ist also in 3NF. Leider ist es nicht in BCNF, weil eine partielle Abhängigkeit etwa des Attributs *D* vom Schlüssel *AC* vorliegt: $AC \rightarrow A \rightarrow D$. Formen wir die Schlüsselmenge nun in die wegen $A \rightarrow D$ und $D \rightarrow A$ äquivalente Form *AC* und *AB* um, so können wir das Attribut *D* ohne Verlust der Abhängigkeitstreue (zusammen mit dem verbindenden Attribut *A*) aus dem Relationenschema eliminieren.
□

Wir starten zunächst mit dem klassischen Dekompositionsverfahren, das allerdings nur die Kriterien $\boxed{\text{S}\,1}$ und $\boxed{\text{T}\,2}$ erreichen wird. Danach werden wir einen Vertreter der Syntheseverfahren einführen, der alle Eigenschaften erreicht.

6.4.2 Dekompositionsverfahren

Die Dekomposition ist die älteste, theoretisch untermauerte Entwurfstechnik für relationale Datenbanken. Sie startet bei einem initialen Relationenschema *R*, das aus allen Attributen der Anwendung und einer von den erfaßten Abhängigkeiten implizierten Schlüsselmenge besteht.

Für eine Attributmenge $\mathcal{U}$ und eine FD-Menge *F* sucht man also alle $K \rightarrow \mathcal{U}$ mit *K* minimal, für die $K \rightarrow \mathcal{U} \in F^{+}$ gilt. Diese Menge nennen wir dann $\mathcal{K}(F)$. $(\mathcal{U}, \mathcal{K}(F))$ wird dann das erste initiale Relationenschema.

Danach sucht man transitive Abhängigkeiten in diesem Relationenschema, die von einem der gefundenen Schlüssel starten. Findet man eine transitive Abhängigkeit $K \rightarrow X \rightarrow Y$, so eliminiert man aus *R* die Attributmenge *Y* und steckt sie zusammen mit X in ein neues Relationenschema, in dem X auch Schlüssel wird. Dieser Schritt wird auch auf die resultierenden Relationenschemata wieder angewendet. Dabei muß man in jedem Fall die für die resultierenden Relationenschemata noch anwendbaren FDs bestimmen. Das sind diejenigen, die noch über Attributen des Relationenschemas definiert sind.

Diesen Normalisierungsschritt definieren wir nun noch genauer: Sei $\mathcal{R} = (R, \mathcal{K})$ und F über R gegeben. Falls $\mathcal{R}$ in 3NF ist, ist nichts zu tun. Sonst existiert eine transitive Abhängigkeit von einem Schlüssel K, d.h.

$$K \rightarrow Y, Y \nrightarrow K, Y \rightarrow A, A \notin KY \quad .$$

Wähle dann

$$R_1 := R - A \qquad R_2 := YA$$
$$\mathcal{R}_1 := (R_1, \mathcal{K}) \qquad \mathcal{R}_2 := (R_2, \mathcal{K}_2 = \{Y\})$$

und führe diesen Schritt auf allen resultierenden Relationenschemata so lange durch, bis keine transitiven Abhängigkeiten mehr vorhanden sind. Da bei zweielementigen Relationenschemata keine transitiven Abhängigkeiten mehr existieren können, muß dieser Vorgang zwangsläufig stoppen.

Beispiel 6.20 Wir sammeln zunächst alle Attribute unserer Anwendung zu einem initialen Relationenschema zusammen, etwa $R = ABC$. Weiterhin bestimmen wir die funktionalen Abhängigkeiten $F = \{A \rightarrow B, B \rightarrow C\}$ für diese Anwendung. Aus diesen FDs können wir den einzigen Schlüssel $K = A$ ermitteln.

Es gibt nun eine transitive Abhängigkeit in diesem Schema.

$$K = A \rightarrow B \rightarrow C$$

erfüllt die obigen Anforderungen, da $B \nrightarrow A$ und $C \notin AB$ gelten. Das Attribut C wird daher aus dem Relationenschema eliminiert. Es entsteht ein neues Relationenschema mit den Attributen BC und dem Schlüssel B. Das resultierende Datenbankschema ist also

$$R_1 := AB \qquad R_2 := BC$$
$$\mathcal{R}_1 := (R_1, \{A\}) \qquad \mathcal{R}_2 := (R_2, \{B\})$$

Für die weiteren Schritte, die in diesem Fall unnötig sind, müssen wir noch die FD-Mengen über R_1 (nur $\{A \rightarrow B\}$) und R_2 (nur $\{B \rightarrow C\}$) festlegen. $\quad\square$

Von den oben angesprochenen Datenbankschema-Eigenschaften haben wir dann aber nur zwei erreicht:

- Da wir alle transitiven Abhängigkeiten eliminieren, ist das Ergebnis in dritter Normalform.

- Die Art der Eliminierung sichert auch die Verbundtreue zu, da die Attribute im Durchschnitt der entstehenden Relationenschemata das zweite Schema immer funktional bestimmen (Y ist ja Schlüssel für R_2).

Leider ist die Minimalität nicht gewährleistet, da wir je nach vorliegenden FDs mehr Relationenschemata als nötig erzeugen können. Die Abhängigkeitstreue ist auch nicht gewährleistet. Außerdem ist das Endergebnis stark von der Reihenfolge der FD-Anwendung abhängig. Beispiele für diese fehlenden Eigenschaften finden sich in den Übungsaufgaben.

Ein weiterer Nachteil: Die Dekomposition ist in dieser Form ein NP-vollständiges Problem, da das Suchen der Schlüssel im Originalschema schon exponentielle Zeit benötigt.

Nach den etwas enttäuschenden Ergebnissen der Dekomposition skizzieren wir nun ein leistungsfähigeres formales Verfahren.

6.4.3 Syntheseverfahren

Zunächst einmal wollen wir an einer Graphik deutlich machen, wo die prinzipiellen Unterschiede zwischen Dekomposition und Synthese liegen (Abbildung 6.9). Während die Dekomposition bereits im ersten Schritt ein initiales Relationenschema R mit Schlüsselmenge $\mathcal{K}$ aus den gegebenen Attributen $\mathcal{U}$ und den gegebenen FDs F formt, manipuliert die Synthese zunächst in mehreren Schritten nur die gegebenen FDs. Bei der Dekomposition entstehen die endgültigen Relationenschemata und ihre Schlüssel aus bereits während des Verfahrens erzeugten Schemata. Die Synthese setzt erst im letzten Schritt direkt aus der umgeformten FD-Menge ein Schema zusammen. Die FD-Menge wird dabei immer so verändert, daß sie äquivalent zur Ausgangsmenge bleibt. Die letzte in der Synthese erzeugte FD-Menge ist dann schließlich eine Menge von Schlüsselabhängigkeiten.

Die Synthese formt also die Original-FD-Menge F in eine resultierende Menge von Schlüsselabhängigkeiten G so um, daß $F \equiv G$ gilt. Das Erfüllen der Transformationseigenschaft "Abhängigkeitstreue" ist also bereits im Syntheseverfahren verankert.

Die allgemeinen Probleme von Dekompositionsalgorithmen werden beim Syntheseansatz vermieden: Die Reihenfolgeunabhängigkeit wird durch Manipulation der FD-Menge weitgehend erreicht und die Abhängigkeitstreue kann erfüllt werden. Allerdings können beim Syntheseansatz nur FDs sinnvoll verwendet werden. Mehrwertige Abhängigkeiten sind "kontextabhängig" (siehe Abschnitt 6.5 über MVDs) und können deshalb nicht so einfach umgeformt werden wie FDs.

Als weiterer Vorteil der Synthese ist die Zeitkomplexität anzusehen. Obwohl auch die Synthese abschließend Relationenschemata und deren Schlüssel bestimmt, ist die Zeitkomplexität des Verfahrens polynomial.

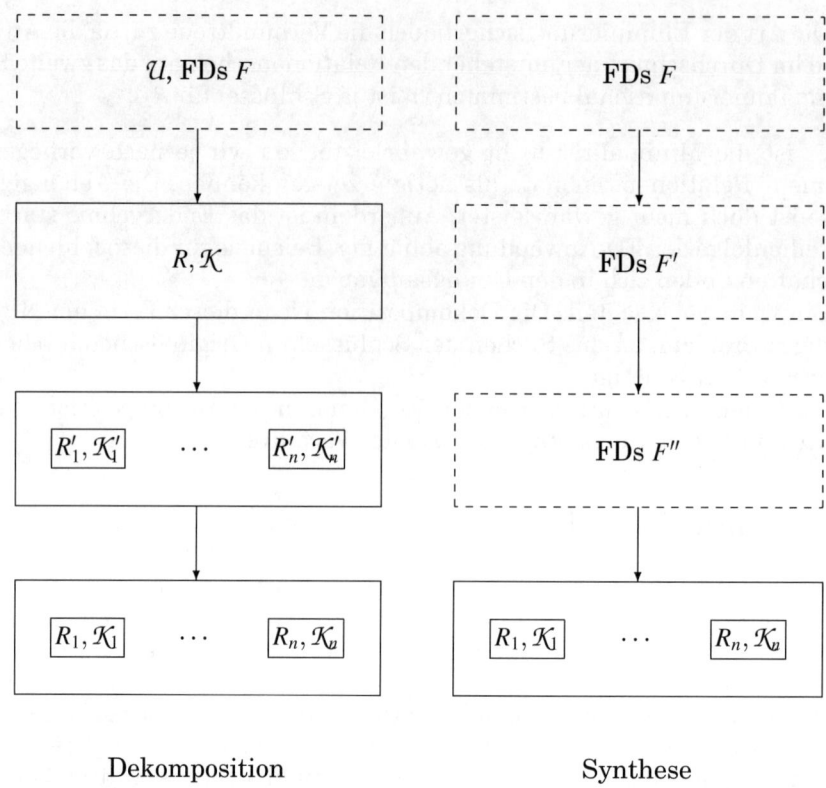

Dekomposition　　　　　　　　Synthese

Abb. 6.9: Dekomposition und Synthese im Vergleich

Die entscheidenden Tricks bei der Manipulation der FD-Menge im Synthesealgorithmus sind folgende:

- Eliminiere Redundanzen durch Entfernen überflüssiger FDs und Attribute.

  FDs aus F sind überflüssig, wenn sie *redundant* sind, d.h. sich aus anderen FDs in F herleiten lassen. Formal bedeutet das, daß bei $F - \{f\} \equiv F$ die FD f redundant ist. Eine FD-Menge F ist nichtredundant, genau dann wenn alle f in F nichtredundant sind.

  Attribute aus F sind überflüssig, wenn sie unwesentlich sind.

- Fasse FDs zu "Äquivalenzklassen" zusammen. Dabei kommen FDs in eine Klasse, die gleiche oder äquivalente linke Seiten haben. Pro Äquivalenzklasse wird schließlich ein Relationenschema angelegt.

Beispiel 6.21 Gehen wir jetzt von der FD-Menge

$$A \to B, AB \to C, A \to C, B \to A, C \to E$$

aus, so können wir zunächst $A \to C$ als redundante FD eliminieren und aus $AB \to C$ das überflüssige Attribut A entfernen. Die resultierende FD-Menge ist:

$$A \to B, B \to C, B \to A, C \to E$$

Die FDs mit den linken Seiten A und B können nun zu einer Äquivalenzklasse zusammengefaßt werden: Diese drei FDs bilden nun ein Relationenschema, indem die Attributmengen der FDs vereinigt werden. Die linken Seiten der FDs sind jeweils ein Schlüssel. Die vierte FD bildet ein Schema für sich allein.

Das Syntheseergebnis ist also:

$$(ABC, \{\{A\}, \{B\}\}), (CE, \{C\})$$

Dieses Schema erfüllt alle vier wünschenswerten Eigenschaften.   □

Man beachte, daß nach der Zusammenfassung in Äquivalenzklassen noch einige kleinere Reduktionsschritte innerhalb dieser Klasse erfolgen müssen, um beispielsweise die Schlüssel aus den linken Seiten der FDs übernehmen zu können. Für diese Deatils müssen wir aber auf die entsprechende Literatur [Mai83, Heu86] verweisen.

Leider kann der Synthesealgorithmus in seiner bisherigen Form die Verbundtreue im allgemeinen nicht erfüllen. Maier [Mai83] erreicht die Verbundtreue durch einen einfachen Trick: Die Original-FD-Menge F wird um eine FD $\mathcal{U} \to \delta$ erweitert, wobei δ ein Dummy-Attribut ist, das nach der Synthese wieder entfernt wird. Die Reduktionstechniken der Synthese werden dann ausgenutzt, um aus $\mathcal{U}$ den zur Verbundtreue nötigen Universalschlüssel nach Gleichung 6.1 zu berechnen.

Beispiel 6.22 Für die FD-Menge

$$A \to B, C \to E$$

ist das Syntheseergebnis

$$(AB, \{A\}), (CE, \{C\})$$

nicht verbundtreu. Der Universalschlüssel AC ist in keinem Relationenschema enthalten. Die Dummy-FD $ABCE \to \delta$ wird durch das Entfernen überflüssiger Attribute auf die FD $AC \to \delta$ gestutzt. Nach Entfernen des Dummy-Attributs bleibt ein drittes Relationenschema

$$(AC, \{AC\})$$

im Syntheseergebnis.   □

6.4.4 Verfeinerung des ER-Datenbankentwurfs

Auch das Syntheseverfahren ist nicht perfekt, wenn es als alleiniger Daten-bankentwurfsalgorithmus eingesetzt wird. Mit FDs lassen sich leider nur we-nige semantische Beziehungen darstellen.

Als Verfeinerung des im letzten Kapitel vorgestellten ER-Entwurfs ist je-doch sowohl die Dekomposition als auch die Synthese ein geeignetes Verfahren.

Beispiel 6.23 Bei der Abbildung des ER-Schemas für das Universitätsbeispiel auf ein relationales Schema wurden unter anderem zwei Relationenschemata für Buch-Informationen angelegt:

- `Buch_Exemplare` mit `Inventarnr`, `ISBN` und `Auflage` und

- `Bücher` mit `ISBN`, `Titel`, `Verlagsname`, `Auflage`, `Jahr`, `Seiten`, `Preis` und eventuell noch anderen.

Das Relationenschema `Bücher` ist hier noch nicht in zweiter Normalform, da die FDs

$$\texttt{ISBN} \rightarrow \texttt{Titel, Verlagsname}$$
$$\texttt{ISBN, Auflage} \rightarrow \texttt{Jahr, Seiten, Preis}$$

gelten. Die partiell abhängigen Attribute `Titel` und `Verlagsname` werden nun eliminiert und zusammen mit der `ISBN` in ein weiteres Relationensche-ma aufgenommen. Im Anhang des Buchs findet man die endgültige Modellie-rung: Das eben entstandene Relationenschema wird dort `Bücher`, das reduzier-te `Buch_Versionen` genannt. □

6.5 Mehrwertige Abhängigkeiten

Im Beispiel 6.1 haben wir bereits gesehen, daß funktionale Abhängigkeiten zur Modellierung aller Zusammenhänge zwischen Attributen nicht ausreichen. Da zu einer `ISBN` mehrere `Autoren`, `Stichworte` und `Versionen` gehören, benö-tigen wir eine Abhängigkeit, die die Zuordnung einer Menge von Attributwer-ten zu einem anderen Attributwert beschreibt. Eine solche Abhängigkeit ist die *mehrwertige Abhängigkeit*, die mit $X \twoheadrightarrow Y$ bezeichnet wird.

6.5.1 Grundlagen

Etwas vereinfachend dargestellt, besagt die mehrwertige Abhängigkeit (kurz: MVD, von engl. *multivalued dependency*) $X \twoheadrightarrow Y$, daß innerhalb einer Relation r einem Attributwert von X eine Menge von Y-Werten zugeordnet wird, unab-hängig von den Werten der restlichen Attribute von r.

Beispiel 6.24 In der Relation Bücher aus Abbildung 6.1 gelten die mehrwertigen Abhängigkeiten

> ISBN $\twoheadrightarrow$ Autor
> ISBN $\twoheadrightarrow$ Version
> ISBN $\twoheadrightarrow$ Stichwort,

da beispielsweise jeder einer ISBN zugeordnete Autor einmal in einem Tupel mit jeder Version und jedem Stichwort zu dieser ISBN auftauchen muß, damit er wirklich "unabhängig" von ihnen ist. $\qquad\square$

Bezeichnen wir bei einer mehrwertigen Abhängigkeit $X \twoheadrightarrow Y$ die restlichen Attribute des Schemas mit Z, so wird in der Relation r, die dieser MVD genügt, jedem X-Wert jede Kombination von möglichen Y- und Z-Werten als Attributwert zugeordnet.

Wir führen dieses Konzept nun genauer ein. Eine *mehrwertige Abhängigkeit* ist für $r(R)$, $X,Y \subseteq R$, $Z := R - (X \cup Y)$ ein Ausdruck der Form $X \twoheadrightarrow Y$. r *genügt* der MVD $X \twoheadrightarrow Y$ genau dann, wenn

$$\forall t_1,t_2 \in r: \qquad [(t_1 \neq t_2 \wedge t_1(X) = t_2(X))$$
$$\implies \quad \exists t_3 \in r: t_3(X) = t_1(X) \wedge t_3(Y) = t_1(Y) \wedge t_3(Z) = t_2(Z)]$$

gilt.

Beispiel 6.25 Für eine Relation r zum Schema R mit den Attributen XYZ bedeutet diese formale Definition der MVD $X \twoheadrightarrow Y$ folgendes: Gilt für r

$$(x_1, y_1, z_1) \in r$$

und

$$(x_1, y_2, z_2) \in r,$$

dann muß auch

$$(x_1, y_1, z_2) \in r$$

und

$$(x_1, y_2, z_1) \in r$$

gelten. $\qquad\square$

Das folgende Beispiel verdeutlicht die Bedeutung dieser Formel.

Beispiel 6.26 In einer Relation Buch mit den Attributen ISBN, Autor und Version gelte die folgende MVD:

> ISBN $\twoheadrightarrow$ Autor

Seien die beiden folgenden Tupel in der Relation Buch:

$$t_1 = \text{Buch}('3\text{-}110','\text{Heuer}','1')$$

und

$$t_2 = \text{Buch}('3\text{-}110','\text{Saake}','2').$$

Aufgrund der Formel muß nun auch das folgende Tupel

$$t_3 = \text{Buch}('3\text{-}110','\text{Heuer}','2')$$

in der Relation enthalten sein, sowie aus Symmetriegründen ebenfalls:

$$t_3' = \text{Buch}('3\text{-}110','\text{Saake}','1').$$

Dies ist verständlich, da die Menge der Versionen für ein Buch unabhängig von der Menge der Autoren ist. $\square$

Analog zu den entsprechenden Definitionen bei FDs werden auch für eine MVD-Menge M der Vorbereich VB(M), der Nachbereich NB(M), die Attributmenge ATTR(M), sowie $\mathcal{B}_M$ und die Implikation $\models$ definiert. Im allgemeinen wird der "Kontext" R der MVD mit $R := \mathcal{U}$ festgelegt; falls $R \subset \mathcal{U}$ gilt, wird die MVD *eingebettete mehrwertige Abhängigkeit* (kurz: EMVD) genannt und $X \twoheadrightarrow Y(R)$ geschrieben.

Bevor wir zu den nächsten Klassen von Abhängigkeiten kommen, werden wir schon die ersten Nachteile dieser formalen Datenbankentwurfstechnik aufzeigen: FDs und MVDs sind im allgemeinen nur sehr schwer korrekt zu bestimmen. Insbesondere ist die Vollständigkeit der Anwendungsbeschreibung durch diese Abhängigkeiten meistens nicht gegeben. Die Definition der MVDs ist sogar so undurchsichtig, daß eine falsche Spezifikation der Anwendung leicht erreicht werden kann.

Beispiel 6.27 Das Beispiel stammt aus [VRT82] und paßt relativ gut zu unserer Universitätsanwendung. Wir betrachten das Relationenschema

$$R = \{\text{Student, Fach, Vorlesung}\}$$

mit der FD Student $\rightarrow$ Fach und der MVD Fach $\twoheadrightarrow$ Vorlesung; das heißt, jeder Student bestimmt funktional sein Studienfach, jedes Fach bestimmt eine Menge von Pflichtvorlesungen, die jeder Student dieses Fachs besuchen muß. Wird nun die Anzahl der Semesterwochenstunden jeder Vorlesung als zusätzliches Attribut aufgenommen (SWS) und die FD Vorlesung $\rightarrow$ SWS hinzugefügt, so kann man die (unsinnige) FD Fach $\rightarrow$ SWS ableiten (etwa direkt aus den formalen Definitionen).

Der Fehler liegt in der falschen Spezifikation der MVD. Mit der MVD Fach $\twoheadrightarrow$ Vorlesung haben wir nicht allein die Tatsache modelliert, daß das Studienfach eines Studenten eine Menge von Pflichtvorlesungen bestimmt. Gleichzeitig haben wir mit dieser MVD behauptet, daß die Werte zum Attribut Vorlesung unabhängig von den Werten aller restlichen Attribute sind, also auch

unabhängig von den Semesterwochenstunden. Mit der FD `Vorlesung → SWS`
drücken wir dagegen gerade eine Abhängigkeit zwischen diesen, eben noch als
unabhängig deklarierten, Attributen aus.

Sinnvoll wäre dagegen die FD-Menge

$$\text{Student} \rightarrow \text{Fach}, \quad \text{Vorlesung} \rightarrow \text{SWS}$$

und die MVD

$$\text{Fach} \rightarrow\!\!\!\rightarrow \text{Vorlesung}, \text{SWS}$$

gewesen. Hier bestimmt das `Fach` nun die `Vorlesung` und die `SWS` mehrwertig,
innerhalb der rechten Seite der MVD gilt dann noch eine funktionale Abhängigkeit.   □

Dieses Beispiel zeigt, daß das Zusammenspiel von FD und MVD während des
Entwurfs mit besonderer Sorgfalt beachtet werden muß.

6.5.2 Schema-Eigenschaften

Als Schema-Eigenschaft bei Vorliegen von MVDs führen wir nun wieder eine
Normalform ein. Die vierte Normalform bedeutet grob gesagt, daß keine zwei
mehrwertigen Abhängigkeiten zwischen Attributen einer Relation bestehen.
Dies demonstrieren wir nun an einem sehr einfachen Beispiel.

In der Relation

Name	Kind	Hobby
James Bond	Hugo	Autos
James Bond	Egon	Autos
James Bond	Hugo	Action
James Bond	Egon	Action
James Bond	Hugo	Klettern
James Bond	Egon	Klettern

die für Personen (wie James Bond) die Menge seiner Kinder und die Menge
seiner Hobbies aufnehmen soll, gelten die mehrwertigen Abhängigkeiten `Name`
$\rightarrow\!\!\!\rightarrow$ `Kind` und `Name` $\rightarrow\!\!\!\rightarrow$ `Hobby`.

Die vierte Normalform erreicht man durch Elimination der rechten Seite
einer der beiden mehrwertigen Abhängigkeiten in der Relation. Der eliminierte
Teil wird in eine neue Relation aufgenommen. Die linke Seite der MVD wird in
diese neue Relation kopiert (also erzeugt man im Beispiel zwei Relationen mit
den Attributmengen `Name`, `Kind` und `Name`, `Hobby`).

Name	Kind
James Bond	Hugo
James Bond	Egon

Name	Hobby
James Bond	Autos
James Bond	Action
James Bond	Klettern

Auch in der Bücher-Relation aus Abbildung 6.1 sind viele Redundanzen durch mehrwertige Abhängigkeiten entstanden. Grundprinzip ist hier, keine "nicht-triviale" mehrwertige Abhängigkeit zuzulassen. Eine MVD $X \twoheadrightarrow Y$ ist *nicht-trivial*, wenn außer X und Y noch weitere Attribute im zugehörigen Relationenschema enthalten sind. Enthält ein Schema dagegen nur noch triviale MVDs, so ist es in *vierter Normalform* (kurz: 4NF).

Beispiel 6.28 Da in der Bücher-Relation von Abbildung 6.1 die MVDs

    ISBN ↠ Autor
    ISBN ↠ Version
    ISBN ↠ Stichwort

gelten, aber jeweils noch weitere Attribute im Relationenschema vorhanden sind, ist keine dieser MVDs trivial. Um Redundanzen zu vermeiden, eliminieren wir die rechten Seiten der MVDs aus der Original-Relation und nehmen die Attribute jeder MVD jeweils in ein neues Relationenschema auf. Bei der Dekomposition hatten wir bereits mit einer solchen Technik die Redundanzen der Bücher-Relation eliminiert. Dies ist auch der grundlegende Schritt des Dekompositionsverfahrens mit mehrwertigen Abhängigkeiten. □

Wir definieren die 4NF nun genauer. Sei R ein Relationenschema, $X, Y \subseteq R$, M MVD-Menge über R. Eine MVD $X \twoheadrightarrow Y$ heißt trivial genau dann, wenn $Y \subseteq X$ oder $X \cup Y = R$ ist. Ein erweitertes Relationenschema $\mathcal{R} = (R, \mathcal{K})$ ist in *vierter Normalform* (4NF) bezüglich M genau dann, wenn für alle $X \twoheadrightarrow Y \in M^+$ gilt:

$$X \twoheadrightarrow Y \text{ ist trivial oder } X \supseteq K \text{ für ein } K \in \mathcal{K}.$$

6.5.3 Transformationseigenschaften

Semantisch drückt eine mehrwertige Abhängigkeit die "Unabhängigkeit" der Attributmengen Y und Z voneinander aus, pro X-Wert bildet das kartesische Produkt der Y- und Z-Werte den YZ-Wert:

$$X \twoheadrightarrow Y \iff \forall X - \text{Werte } x : \pi_{YZ}(\sigma_{X=x}(r)) = \pi_Y(\sigma_{X=x}(r)) \bowtie \pi_Z(\sigma_{X=x}(r)).$$

Die folgende Charakterisierung einer MVD ist für den Datenbankentwurf sehr wichtig: genau für alle $r \in \textbf{SAT}_R(\{X \twoheadrightarrow Y\})$ gilt

$$r = \pi_{XY}(r) \bowtie \pi_{XZ}(r), \tag{6.2}$$

also die "verbundtreue Dekomposition" von R in XY und XZ.

Die Transformationseigenschaften bleiben ansonsten gegenüber den in den FD-Teilen erwähnten unverändert.

6.6 Weitere Abhängigkeiten und Verfahren

Neben den bereits erläuterten klassischen Abhängigkeiten, Schema- und Transformationseigenschaften und Entwurfsverfahren gibt es noch weitere interessante Klassen von Abhängigkeiten und Ansätze zum Datenbankentwurf, die wir nun abschließend skizzieren wollen.

6.6.1 Verbund- und Inklusionsabhängigkeiten

Unter den Transformationseigenschaften mehrwertiger Abhängigkeiten haben wir bereits gesehen, daß MVDs Informationen über das mögliche Auftrennen eines Relationenschemas in mehrere Relationenschemata liefern können. Solche Schemata sollen nur dann aufgetrennt werden, wenn die resultierende "Dekomposition" auch wieder ohne Informationsverlust rekonstruiert werden kann. Im relationalen Modell ist die für diese Rekonstruktion zuständige Operation der Verbund. Stellt man solche rekonstruierbaren Dekompositionen von Relationenschemata als Abhängigkeit dar, so kommt man zum Begriff der *Verbundabhängigkeit*. Kann man etwa ein Relationenschema R ohne Informationsverlust in Schemata $R_1, \ldots, R_p$ auftrennen, so wird mit $\bowtie [R_1, \ldots, R_p]$ die zugehörige Verbundabhängigkeit (kurz: JD, von *join dependency*) bezeichnet. Die Vereinigung aller R_i soll dabei R ergeben.

Beispiel 6.29 Für das Relationenschema Bücher aus Abbildung 6.1 gilt die Verbundabhängigkeit

$$\bowtie [\quad \{\texttt{ISBN, Titel, Verlag}\},$$
$$\{\texttt{ISBN, Autor}\},$$
$$\{\texttt{ISBN, Stichwort}\},$$
$$\{\texttt{ISBN, Version}\} \quad].$$

In der Bücher-Relation korrekt eingetragene Informationen können also auch immer in der so angegebenen Dekomposition in vier Bestandteile zerlegt werden. Außerdem kann der Verbund die ursprüngliche *Bücher*-Relation aus den Bestandteilen rekonstruieren. □

Im Datenbankentwurf wird häufig eine Verbundabhängigkeit über allen Attributen, die im Datenbankschema überhaupt vorkommen, benötigt (alle Attribute des Datenbankschemas wurden als *Universum* bezeichnet). Sie soll ausdrücken, daß wir eine über allen Attributen in nur einer einzigen "Universalrelation" darstellbare Information gleichwertig auf die in der Verbundabhängigkeit angegebenen Attributmengen verteilen können.

Wir definieren diese Abhängigkeit nun genauer. Eine *Verbundabhängigkeit* (join dependency, kurz: JD) ist für ein Datenbankschema $S = \{R_1, \ldots, R_p\}$ über

$\mathcal{U}$ ein Ausdruck der Form $\bowtie [R_1,\ldots,R_p]$. $r(\mathcal{U})$ *genügt* der JD $\bowtie [R_1,\ldots,R_p]$ genau dann, wenn $r = \pi_{R_1}(r) \bowtie \cdots \bowtie \pi_{R_p}(r)$ gilt.

Verbundabhängigkeiten können auch als spezielle lokale Integritätsbedingungen aufgefaßt werden und sind dann eine direkte Verallgemeinerung von MVDs (siehe auch Gleichung 6.2 auf Seite 260), da für $\mathcal{U} = XYZ$ und $r(\mathcal{U})$

$$r \text{ genügt } X \twoheadrightarrow Y \iff r \text{ genügt } \bowtie [XY, XZ]$$

beziehungsweise für $S = \{R_1, R_2\}$ über $\mathcal{U}$

$$r \text{ genügt } \bowtie [R_1, R_2] \iff r \text{ genügt } R_1 \cap R_2 \twoheadrightarrow R_1$$

gilt.

Auch die bereits bekannten Fremdschlüssel lassen sich verallgemeinern. Fordern wir auf der rechten Seite einer Fremdschlüsselabhängigkeit nicht unbedingt den Primärschlüssel einer Relation, so kommen wir zum Begriff der *Inklusionsabhängigkeit*. Sollen die X-Werte in einer Relation $r_1(R_1)$ auch als Y-Werte in einer Relation $r_2(R_2)$ vorkommen, so definieren wir die Inklusionsabhängigkeit (kurz: IND, von inclusion dependency) $R_1[X] \subseteq R_2[Y]$.

Formal: Eine *Inklusionsabhängigkeit* ist für die Relationen $r_1(R_1), r_2(R_2) \in d(S)$, $X \subseteq R_1$, $Y \subseteq R_2$ ein Ausdruck der Form $R_1[X] \subseteq R_2[Y]$. d *genügt* der IND $R_1[X] \subseteq R_2[Y]$ genau dann, wenn $\pi_X(r_1) \subseteq \pi_Y(r_2)$ gilt.

Man beachte, daß man die Generalisierung im EER-Modell oder in semantischen Datenbankmodellen nicht mit Hilfe der bisher besprochenen Abhängigkeiten darstellen kann: Der Inklusionsabhängigkeit fehlt dazu die Möglichkeit zur Verwendung eines Vereinigungsoperators auf der linken und rechten Seite der Inklusion.

6.6.2 Weitere relationale Entwurfsverfahren

Die vorgestellten formalen Methoden zum relationalen Datenbankentwurf basieren auf FDs und MVDs. Keine der obigen Methoden berücksichtigt dagegen INDs. Die Schwierigkeiten bei der Berücksichtigung von Inklusionsabhängigkeiten sind praktischer und theoretischer Natur: Ein praktisches Problem ist die Formulierung von INDs, wenn noch keine Relationenschemata vorhanden sind, wie etwa im Synthesealgorithmus. Theoretische Probleme sind die Unentscheidbarkeit der Frage, ob sich eine gewisse Inklusionsabhängigkeit aus einer Menge anderer FDs und INDs herleiten läßt, und die Definition der Abhängigkeitstreue beim Vorliegen von INDs. Ein interaktiver Algorithmus, der beim Datenbankentwurf FDs und INDs berücksichtigt, wird in [MR86] beschrieben.

Weitere Ansätze im relationalen Datenbankentwurf sind:

- Gemischte Verfahren mit FDs und MVDs, die im Gegensatz zu den vorher behandelten Verfahren

- entweder die FDs und MVDs getrennt behandeln und ihre unterschiedliche Semantik berücksichtigen

- oder FDs und MVDs in nicht-trivialer Weise in eine für den Entwurf brauchbare Menge von MVDs umformen.

Beispiele dazu sind die Verfahren von Beeri und Kifer [BK86a, BK86b], Zaniolo und Melkanoff [ZM81], sowie Ozsoyoglu und Yuan [OY86].

• Verfahren zur *Sichtintegration*, die von mehreren, zunächst voneinander unabhängigen Attributmengen mit ihren lokalen Abhängigkeiten ausgehen und diese mit Hilfe zusätzlicher "Integrationsbedingungen", zu denen dann auch INDs zählen, zu einem Datenbankschema integrieren (eine Übersicht über Sichtintegrationsmethoden gibt [BLN86]).

Ein gemeinsames Problem der gemischten Verfahren mit FDs und MVDs bleibt jedoch die mangelhafte Spezifikation der Anwendung (FDs und MVDs reichen nicht aus, um komplexe Anwendungen zu modellieren).

Die Sichtintegrationsverfahren bieten zwar mehr Modellierungsmöglichkeiten (in den meisten Fällen noch INDs) und sind durch ihre Vorgehensweise, aus kleinen vorstrukturierten Attributmengen ein komplettes Datenbankschema zu erzeugen, für den Datenbankadministrator auch wesentlich besser handhabbar, allerdings treten bei der Integration unentscheidbare Probleme auf, die ihre Ursache in der uneingeschränkten Form der zugehörigen Abhängigkeiten haben (siehe dazu [Con86]).

6.7 Vertiefende Literatur

Ein allgemeines Lehrbuch zu den theoretischen Grundlagen des Relationenmodells, insbesondere des relationalen Datenbankentwurfs, ist [Mai83]. Ein moderneres Buch zu weiteren Aspekten der Datenbanktheorie ist [AHV95]. Deutsche Theorie-Bücher sind [KK93] und [Tha91a].

Abhängigkeiten

Die funktionalen Abhängigkeiten wurden von Codd [Cod72a] eingeführt. Ihre erste Axiomatisierung nahm Armstrong [Arm74] vor. Ein linearer Algorithmus zur Lösung des Membership-Probems wird in [BB79] eingeführt. Mehrwertige Abhängigkeiten wurden von Fagin [Fag77] eingeführt. Verbundabhängigkeiten wurden zum ersten Mal von Aho, Beeri und Ullman eingehender untersucht [ABU79]. Inklusionsabhängigkeiten und ihre Implikation werden in [CFP84] von Casanova, Fagin und Papadimitriou detailliert vorgestellt.

Schema- und Transformationseigenschaften

Die erste bis dritte Normalform stammen von Codd [Cod72a]. Die BCNF wurde von Boyce und Codd eingeführt und in [Cod74] beschrieben. Die vierte Normalform stammt von Fagin [Fag77]. Die Abhängigkeitstreue wird in [Ber76] beschrieben, die Verbundtreue in [BDB79] in Entwurfsalgorithmen berücksichtigt.

Dekompositionsalgorithmen

Das *3NF-Dekompositionsverfahren* von Codd [Cod72a] erreicht $\boxed{S\,1}$ und $\boxed{T\,2}$. Verbesserungen können statt 3NF auch BCNF, unter einschränkenden Bedingungen an die FD-Menge auch $\boxed{T\,1}$, erzielen (siehe etwa [Ull88]). Das *4NF-Dekompositionsverfahren* von Lien [Lie85] erreicht ebenfalls $\boxed{S\,1}$ (mit 4NF) und $\boxed{T\,2}$. $\boxed{T\,1}$ und Reihenfolgeunabhängigkeit des Dekompositionsergebnisses kann nur bei sehr speziellen, sogenannten *konfliktfreien MVDs*, erreicht werden.

Synthesealgorithmen

Der *klassische Synthesealgorithmus* von Bernstein [Ber76] erzielt $\boxed{T\,1}$, $\boxed{S\,1}$ und $\boxed{S\,2}$. Der Algorithmus von Biskup, Dayal und Bernstein [BDB79] erzeugt — falls nötig — nachträglich noch ein Relationenschema, das der Bedingung 6.1 von Seite 248 genügt, und erreicht so $\boxed{T\,2}$. Maier [Mai83] erzielt ebenfalls alle vier Kriterien, die Anzahl der Attribute pro Schema — und damit die Neigung zu globalen Redundanzen — kann bei seinem Algorithmus jedoch geringer sein. Ling, Tompa und Kameda [LTK81] eliminieren weitere globale Redundanzen, die durch die vier bisherigen Kriterien noch nicht erkannt werden.

Weitere Entwurfsverfahren

Ein interaktiver Algorithmus, der beim Datenbankentwurf FDs und INDs berücksichtigt, wird in [MR86] beschrieben. FDs und MVDs berücksichtigen die Verfahren von Beeri und Kifer [BK86a, BK86b], Zaniolo und Melkanoff [ZM81], sowie Ozsoyoglu und Yuan [OY86]. Sichtintegrationsverfahren werden in [BLN86] vorgestellt, ihre Probleme in [Con86] behandelt.

6.8 Übungsaufgaben

Übung 6.1 Geben Sie analog zu der **insert**-Anomalie aus Beispiel 6.6 auch **modify**- und **delete**-Anomalien für die Relation aus Abbildung 6.1 an. □

Übung 6.2 Man gebe für die Objekttypen *Personen*, *Angestellte*, *Geräte* und *Haushaltspositionen* einen eigenen, relationalen Datenbankentwurf an. Dabei orientiere man sich zunächst an den fehlerhaften Ergebnissen der beiden besprochenen Verfahren und verbessere diese dann schrittweise. Das resultierende Datenbankschema sollte Relationenschemata, zugehörige Schlüsselmengen und auch Fremdschlüssel enthalten.

Abschließend vergleiche man das erzielte Ergebnis mit dem im Anhang angegebenen Datenbankentwurf für das Universitätsbeispiel. □

Übung 6.3 Geben Sie für das Anwendungsszenario aus Aufgabe 3.1 die Ihnen sinnvoll erscheinenden Abhängigkeiten an.

Bewerten Sie Ihren Entwurf aus Aufgabe 4.1 bezüglich dieser Abhängigkeiten. □

Übung 6.4 Führen Sie mit der Attributmenge *ABCDE* und den FDs

$$F = \{A \to B, A \to CD, A \to E, CD \to E, EC \to B\}$$

eine Dekomposition durch. Eliminieren Sie transitive Abhängigkeiten dabei — wenn möglich — in einer solchen Reihenfolge, daß im Dekompositionsergebnis die Abhängigkeitstreue verletzt ist. □

Übung 6.5 Führen Sie mit der Attributmenge *ABCD* und den FDs

$$F = \{A \to B, B \to C, B \to D\}$$

eine Dekomposition durch. Eliminieren Sie transitive Abhängigkeiten dabei — wenn möglich — in einer solchen Reihenfolge, daß im Dekompositionsergebnis die Minimalität verletzt ist. Geben Sie das zugehörige minimale Schema zum Vergleich an. □

Übung 6.6 Finden Sie für die FD-Menge

$$A \to B, AB \to C, A \to C, B \to A, C \to E$$

redundante FDs und unwesentliche Attribute. Wenden Sie dazu jeweils mehrfach den Algorithmus zum Membership-Problem an. Beachten Sie jeweils die Definitionen von redundant und unwesentlich, die die Art der Anwendung des Algorithmus' bereits festlegt. □

Übung 6.7 Gegeben sei die FD-Menge $F = \{A \to D, AB \to DE, CE \to G, E \to H, H \to D\}$.

1. Gilt $AB \to BH \in F^+$?

2. Ist *ABC* Schlüssel für das Schema *ABCDEGH*? □

Übung 6.8 Gegeben sei die FD-Menge $F = \{AB \to C, A \to B, C \to DE\}$ über dem Universum $U = \{A,B,C,D,E\}$. Welche Transformations- und Schema-Eigenschaften erfüllen

1. $S_1 = \{(ABC, \{A\}), (CDE, \{C\})\}$

2. $S_2 = \{(ABC, \{AB\}), (CDE, \{C\})\}$

3. $S_3 = \{(AB, \{A\}), (BC, \{B\}), (CDE, \{C\}), (AC, \{A\})\}$

4. Geben Sie ein S an, das alle Transformations- und Schema-Eigenschaften erfüllt. □

Übung 6.9 Sei $F = \{A \to B, BC \to D\}$ gegeben mit dem Universum $U = \{A,B,C,D,E\}$. Welche Transformations- und Schema-Eigenschaften erfüllen

1. $S_1 = \{(ABC, \{AC\}), (BCD, \{BC\})\}$

2. $S_2 = \{(AB, \{A\}), (BCD, \{BC\})\}$

3. Geben Sie ein S an, das alle Eigenschaften erfüllt. □

Übung 6.10 Seien $F_1 = \{AB \to C, B \to A, AD \to E, BD \to I\}$ und $F_2 = \{AB \to C, B \to A, AD \to EI\}$.

1. Sind F_1 und F_2 äquivalent?

2. Sind F_1 und F_2 nicht-redundant? □

7

Datenbankdefinition

Datendefinitionssprachen (Data Definition Languages, DDLs) sind Werkzeuge zum Umsetzen eines logischen Entwurfs, also eines Datenbankschemas in einem bestimmten Datenbankmodell, in ein konkretes Datenbanksystem. Dieser Prozeß wird auch *Datenbankdefinition* oder *Datendefinition* genannt.

In diesem Kapitel werden wir DDLs für verschiedene Datenbankmodelle untersuchen:

- Die **SQL-DDL** ist ein Teil der Standardsprache für relationale Datenbanksysteme, SQL. Sie wird in Abschnitt 7.1 ausführlich erläutert.

- Die **CODASYL-DDL** bietet Datendefinitionsoperationen für das Netzwerkmodell. Sie ist Gegenstand von Abschnitt 7.2.

- Die **IMS-DDL** ist ein Werkzeug zur Definition hierarchischer Strukturen. Abschnitt 7.3 skizziert ihre Verwendung.

- Die Objektdefinitionssprache **ODL** (Object Definition Language) bietet Schemadefinitionsmöglichkeiten für objektorientierte Datenbanksysteme nach dem ODMG-Standard. Die in Abschnitt 7.4 behandelte Version des Standards ist ODMG-97 (ODMG 2.0).

- Die **SQL-99-DDL** nach dem neuen SQL-99-Standard ist die Schemadefinitionssprache für objektrelationale Datenbanksysteme. Sie wird in Abschnitt 7.5 kurz im Vergleich zum relationalen SQL und zur ODL eingeführt.

Schwerpunktmäßig werden wir in diesem Abschnitt jedoch die DDL des SQL-Standards für relationale Datenbanksysteme behandeln. Die weiteren Sprachen werden daher eher überblicksartig dargestellt.

7.1 Relationales Modell: SQL-DDL

Die SQL-DDL umfaßt alle Klauseln von SQL, die mit der Definition von Typen, Wertebereichen, Relationenschemata und Integritätsbedingungen zu tun haben. Im Vordergrund steht dabei die Definition von Relationenschemata.

Anforderungen an eine relationale DDL

Eine relationale DDL sollte (laut E. F. Codd [Cod82, Cod90]) mindestens folgende Bestandteile definieren können:

1. Attribute,

2. Wertebereiche,

3. Relationenschemata,

4. Primärschlüssel und

5. Fremdschlüssel,

und zwar in dieser Reihenfolge. Es werden also zunächst Attribute mit ihren Wertebereichen definiert, diese dann in Relationenschemata gruppiert und für die jeweiligen Schemata Integritätsbedingungen definiert.

In der Praxis (etwa im SQL-Standard nach SQL-89) werden dagegen Relationenschemata mit

- Attributen und

- Wertebereichen

festgelegt. Schlüssel konnten bis zum SQL-89-Standard nur simuliert, Fremdschlüssel überhaupt nicht definiert werden. Während die Schlüssel- und Fremdschlüsseldefinition seit dem IEF (Integrity Enhancement Feature) des SQL-Standards und insbesondere seit der neuen Version des Standards (SQL-92) möglich ist, werden Attribute und Wertebereiche immer noch lokal für Relationenschemata definiert, was Auswirkungen bei einigen Anfrageoperationen haben wird.

7.1.1 Übersicht über SQL

SQL (Structured Query Language, früher SEQUEL und SEQUEL2) ist die Norm-Datenbanksprache für relationale Datenbanksysteme. SQL ist DDL, aber auch Anfragesprache, Sichtdefinitionssprache, eine Sprache zur Definition von Dateiorganisationsformen und Zugriffspfaden und eine Sprache zur

Beschreibung von Datenmanipulationen. Wir beschreiben in diesem Unterabschnitt hauptsächlich den DDL-Teil. Die weiteren Teilsprachen von SQL werden ab Kapitel 9 folgen.

SQL ist genormt von der amerikanischen Normungsorganisation ANSI (American National Standards Institute) und der internationalen Normungsorganisation ISO (International Standardization Organization). Die zur Zeit noch in kommerziellen Datenbanksystemen voll implementierte Fassung ist SQL-89. Die seit einiger Zeit gebräuchliche, aber noch nicht voll implementierte Norm ist SQL-92. Der aktuelle Standard SQL-99 enthält Möglichkeiten zur Definition objektrelationaler Datenbankstrukturen und wird daher erst am Ende dieses Kapitels eingeführt.

Genaueres über die Geschichte von SQL, den Normungsprozeß und die Unterschiede in den verschiedenen Normen folgt in Unterabschnitt 9.4.

7.1.2   SQL als Definitionssprache

Benutzt man SQL zur Definition der Datenbank-Anwendung auf der externen, konzeptuellen oder internen Ebene, so stehen einem folgende Konzepte zur Verfügung:

Auf der *externen Ebene*

- **create view** und

- **drop view**,

auf der *konzeptuellen Ebene*

- **create table**,

- **alter table** und

- **drop table**,

in SQL-92 auch

- **create domain**,

- **alter domain** und

- **drop domain**,

sowie auf der *internen Ebene*

- **create index**,

- **alter index** und

- **drop index**.

Die Kommandos für die externe Ebene beschreiben wir näher in Kapitel 13, die Kommandos für die interne Ebene werden zur Simulation von Schlüsseln bereits in diesem Abschnitt benötigt, sind aber ansonsten erst Bestandteil eines "Datenbanken II"-Buchs. Zu bemerken ist noch, daß die Kommandos für die interne Ebene nicht mehr zur SQL-92-Norm gehören.

7.1.3 Die Anweisung `create table`

Mit dem **create table**-Kommando werden Relationenschemata für Basisrelationen definiert. Die Syntax ist in ihrer einfachsten Form:

```
create table basisrelationenname
            (spaltenname_1 wertebereich_1 [not null],
             ...
             spaltenname_k wertebereich_k [not null])
```

Die Wirkung dieses Kommandos ist sowohl

- die Ablage des Relationenschemas im Data Dictionary, als auch

- die Vorbereitung einer "leeren Basisrelation" in der Datenbank.

Die möglichen Wertebereiche sind die Datentypen

- *integer* (oder auch *integer4*, *int*),

- *smallint* (oder auch *integer2*),

- *float(p)* (oder auch kurz *float*),

- *decimal(p,q)* und *numeric(p,q)* mit jeweils *q* Nachkommastellen,

- *character(n)* (oder kurz *char(n)*, bei *n* = 1 auch *char*) für Strings fester Länge *n*,

- *character varying(n)* (oder kurz *varchar(n)*) für Strings variabler Länge bis zur Maximallänge *n*,

- *bit(n)* oder *bit varying(n)* analog für Bitfolgen, und

- *date*, *time* bzw. *timestamp* für Datums-, Zeit- und kombinierte Datums-Zeit-Angaben.

In SQL-92 können statt dieser vordefinierten Datentypen auch benutzerdefinierte Wertebereiche eingesetzt werden (siehe unten).

Mit der Klausel **not null** können in bestimmten Spalten *Nullwerte* als Attributwerte ausgeschlossen werden. Nullwerte werden in SQL syntaktisch durch das Wortsymbol **null**, in den Beispielrelationen innerhalb diese Buchs immer mit ⊥ gekennzeichnet. **null** repräsentiert die Bedeutung "Wert unbekannt", "Wert nicht anwendbar" oder "Wert existiert nicht", gehört aber zu keinem Wertebereich. **null** kann in allen Spalten auftauchen, außer den mit **not null** gekennzeichneten. Die Auswirkungen des Nullwertes auf weitere SQL-Klauseln werden wir noch in Unterabschnitt 9.3.7 behandeln.

Als Beispiel für die Anwendung eines **create table**-Kommandos können wir das Relationenschema für Bücher-Daten mit

```
create table Bücher
          ( ISBN char(10) not null,
          Titel varchar(200),
          Verlagsname varchar(30) )
```

definieren. Eine Grundregel zur Datendefinition besagt, daß jeder Primärschlüssel nullwertfrei sein sollte. Deshalb wird die ISBN in der Bücher-Relation als **not null** deklariert.

7.1.4 SQL-89 Level 2 mit IEF

Die zweite Stufe der SQL-89-Norm sieht den Zusatz IEF (Integrity Enhancement Feature) vor. IEF erlaubt unter anderem auch die Definition von Schlüsseln und Fremdschlüsseln. Leider ist IEF in einigen RDBS (immer) noch nicht verwirklicht. SQL-89-konforme Datenbanksysteme erfüllen manchmal nur Level 1 oder Level 2 ohne IEF. Genaueres über diese Stufen der SQL-89-Norm entnehme man Abschnitt 9.4.

Ein Beispiel für die Angabe von Schlüsseln und Fremdschlüsseln mit Hilfe der IEF ist die folgende Definition eines Relationenschemas für die Bücher-Daten:

```
create table Bücher
          ( ISBN char(10) not null,
          Titel varchar(200),
          Verlagsname varchar(30),
          primary key (ISBN),
          foreign key (Verlagsname)
                references Verlage (Verlagsname) )
```

primary key definiert den Primär- und **foreign key** einen oder mehrere Fremdschlüssel. In beiden Klauseln können natürlich Attributmengen als Primär- oder Fremdschlüssel angegeben werden. In der Fremdschlüssel-Klausel wird hinter **references** zunächst die Relation und dahinter die Attributmenge angegeben, auf die sich der Fremdschlüssel bezieht, in der er also als Schlüssel vorkommt.

7.1.5 `create table` in SQL-92

Leider war in SQL-89 mit IEF noch die Angabe **not null** hinter dem Primär-schlüssel nötig. SQL-92 erweitert jetzt die IEF dadurch, daß **not null** implizit durch die **primary key**-Klausel festgelegt wird. Somit ist das obige Relatio-nenschema nun mit

```
create table Bücher
             ( ISBN  char(10),
             Titel  varchar(200),
             Verlagsname  varchar(30),
             primary key (ISBN),
             foreign key (Verlagsname)
                   references Verlage (Verlagsname) )
```

zu definieren.

Neben Primär- und Fremdschlüssel können in SQL-92

- mit der **default**-Klausel Defaultwerte für Attribute,

- mit der **create domain**-Anweisung benutzerdefinierte Wertebereiche und

- mit der **check**-Klausel auch noch weitere lokale Integritätsbedingungen innerhalb der zu definierenden Wertebereiche, Attribute und Relationen-schemata

angegeben werden. Weitere globale Integritätsbedingungen werden noch in Ab-schnitt 12 eingeführt.

Die **create domain**-Anweisung legt für einen Wertebereich einen Daten-typ und optional einen Defaultwert und eine Wertebereichseinschränkung als spezielle Integritätsbedingung fest. Mit

```
create domain Gebiete varchar(20) default 'Informatik'
```

wird ein wiederverwendbarer Wertebereich 'Gebiete' erzeugt. Wird bei einer Änderungsoperation der Wert für ein Attribut mit diesem Wertebereich nicht explizit definiert, so wird statt eines Nullwertes der Default-Wert eingetragen. Dieser Wertebereich kann dann in jeder **create table**-Anweisung verwandt werden. Etwa wird in folgenden **create table**-Anweisungen für die Attribute Studiengang und Fachbereich der gleiche Wertebereich Gebiete festgelegt:

```
create table Vorlesungen
             (V_Bezeichnung varchar(80) not null,
             SWS smallint,
             Semester smallint,
             Studiengang Gebiete )
```

```
create table Mitarbeiter
            (PANr integer not null,
            AngNr char(10) not null,
            Fachbereich Gebiete,
            Gehalt decimal(10,2),
            Raum integer,
            Einstellung date )
```

Für diese Wertebereiche können nun Integritätsbedingungen definiert werden, die den Wertebereich weiter einschränken. Mit der **check**-Klausel können Prädikate angegeben werden, die sich auf die gültigen Werte innerhalb eines Wertebereiches beziehen, beispielsweise eine gewisse Auswahl von möglichen Fachgebieten innerhalb unserer Universitätsanwendung:

```
create domain Gebiete varchar(20) default 'Informatik'
check ( value in ( 'Informatik', 'Mathematik',
                   'Elektrotechnik', 'Linguistik') )
```

Hinter **check** sind beliebige Prädikate erlaubt, die auch das spezielle Wortsymbol **value** als Platzhalter für einen beliebigen Wert aus dem Wertebereich enthalten dürfen.

Eine **check**-Klausel kann auch in der Definition eines Attributs auftauchen. Bestehen Primär- und Fremdschlüssel nur aus jeweils einem Attribut, so können auch **primary key** und **foreign key** bei der Deklaration von Attributen angegeben werden. Im folgenden Beispiel wird das Attribut V_Bezeichnung als Primärschlüssel definiert und außerdem der Wertebereich der Attribute SWS und Semester auf übliche Werte eingeschränkt:

```
create table Vorlesungen
    (V_Bezeichnung varchar(80) not null primary key,
    SWS smallint check(SWS ≥ 0),
    Semester smallint check(Semester between 1 and 9),
    Studiengang Gebiete )
```

Schließlich können **check**-Klauseln auch für eine gesamte Tabelle angegeben werden und sich dabei auf Daten aus anderen Tabellen beziehen. Beispielsweise können wir für die Relation Buch_Versionen die Summe der Preise aller Bücher oder den maximalen Einzelpreis einschränken. Für die erste Bedingung nehmen wir an, daß in der Relation Lehrstühle auch das Budget der einzelnen Lehrstühle als Attribut definiert ist.

```
create table Buch_Versionen
    ( ISBN char(10),
```

```
Auflage smallint check(Auflage > 0),
Jahr integer check(Jahr between 1800 and 2020),
Seiten integer check(Seiten > 0),
Preis decimal(8,2) check(Preis ≤ 250),
primary key (ISBN, Auflage),
foreign key (ISBN) references Bücher (ISBN),
check((select sum(Preis) from Buch_Versionen)<
      (select sum(Budget) from Lehrstühle)))
```

Allgemeine Integritätsbedingungen können mit der **assert**-Klausel spezifiziert werden. Eine Erläuterung dieser Klauseln und eine systematische Übersicht über alle Arten von Integritätsbedingungen in SQL findet man in Abschnitt 12.

7.1.6 Die Anweisungen **alter table** und **drop table**

Mit dem **alter table**-Kommando können mit **create table** angelegte Relationenschemata geändert, mit **drop table** sogar ganz aus dem Data Dictionary entfernt werden.

Die Syntax des **alter table**-Kommandos ist in SQL-89:

```
alter table basisrelationenname
        add spaltenname wertebereich
```

Die Änderungsmöglichkeiten sind also auf das Hinzufügen von Spalten eingeschränkt. Beispielsweise könnten wir die oben benötigte Relation Lehrstühle mit dem Attribut Budget durch folgende **alter table**-Operation erzeugen:

```
alter table Lehrstühle
        add Budget decimal(8,2)
```

Die Wirkung dieser Anweisung ist

- eine Änderung des Relationenschemas im Data Dictionary (ein neues Attribut wird dem Relationenschema Lehrstühle zugeordnet) und

- die Erweiterung der existierenden Basisrelation um ein Attribut, das bei jedem existierenden Tupel mit **null** besetzt wird.

In SQL-92 ist das **alter table**-Kommando etwas flexibler geworden. Statt der Klausel

```
add spaltenname wertebereich
```

ist zunächst einmal auch die Angabe von Default-Werten und **check**-Klauseln erlaubt. So könnte man das Attribut Budget nun mit

add Budget *decimal(8,2)* **default** 10000
    check (Budget > Anzahl_Planstellen × 1000)

einführen. Außerdem ist statt der **add**- auch eine **alter**- und **drop**-Klausel für Attribute erlaubt:

- Die Klausel

    alter spaltenname default_änderung

erlaubt leider nur die Änderung der Defaultwerte, nicht jedoch die Änderung von Datentypen.

- Die Klausel

    drop spaltenname { **restrict** | **cascade** }

erlaubt das Löschen von Attributen (und ihren Attributwerten) in einer Relation, falls keine Sichten und Integritätsbedingungen mit Hilfe dieses Attributs definiert wurden (im Fall **restrict**), oder mit gleichzeitiger Löschung dieser Sichten und Integritätsbedingungen (im Fall **cascade**).

Daneben können mit **add** und **drop** auch Integritätsbedingungen für ein Relationenschema hinzugefügt bzw. entfernt werden.

Mit der Anweisung

    drop table basisrelationenname { **restrict** | **cascade** }

wird das Relationenschema aus dem Data Dictionary (und damit auch im Prinzip die Basisrelation) gelöscht. Alle Sichten und Integritätsbedingungen, die zu dieser Basisrelation gehören, werden auch gelöscht, falls **cascade** angegeben wird. Bei **restrict** wird das **drop**-Kommando zurückgewiesen, falls noch solche Sichten und Integritätsbedingungen existieren.

7.1.7 Die Anweisung **create index**

Anweisungen zum Anlegen und Löschen von Zugriffspfaden waren noch in SQL-89 Bestandteil der Norm. In SQL-92 wurde diese Ebene aus dem Sprachumfang gestrichen. Da es in älteren relationalen Datenbanksystemen die **create index**- und **drop index**-Kommandos zur Manipulation der internen Ebene aber noch gibt, diese dort sogar zur Spezifikation von Schlüsseln unbedingt nötig sind, gehen wir innerhalb dieses DDL-Abschnittes noch auf diese Kommandos ein.

Ein Index wird als Zugriffspfad und (leider) auch als Mittel zur Definition von Schlüsseln benötigt. Falls ein Index definiert wurde, wird er in Anfragen und Änderungsoperationen implizit berücksichtigt[1].

Mit Hilfe von

```
create [unique] index indexname
                  on basisrelationenname
                  (spaltenname_1 ordnung_1,
                  ...,
                  spaltenname_k ordnung_k)
```

wird ein Index über k Attributen einer Basisrelation angelegt. Ist das Schlüsselwort **unique** zusätzlich spezifiziert, so dient dieser Index nicht nur als Zugriffshilfe, sondern überwacht auch eine Schlüsselbedingung. Hat man nur eine SQL-89-Variante ohne IEF zur Verfügung, so kann man etwa für die mit

```
create table Bücher
             ( ISBN char(10) not null,
             Titel varchar(200),
             Verlagsname varchar(30) )
```

angelegte Bücher-Relation einen Index anlegen, der die Eindeutigkeit der ISBN-Werte überwacht:

```
create unique index Buchindex
                  on Bücher
                  (ISBN asc)
```

Dabei wird der Index nach aufsteigenden ISBNs geordnet (**asc**). Bei der Angabe **desc** würde der Index nach dem betroffenen Attribut absteigend sortiert gespeichert. Indexe können auch nachträglich angelegt werden. Falls dann **unique** gewählt wird, müssen die vorhandenen Attributwerte jedoch dieser Einschränkung genügen. Ansonsten wird die Anweisung zurückgewiesen.

7.1.8 Beurteilung von SQL als DDL

SQL hat als Datendefinitionssprache des relationalen Modells folgende Pluspunkte aufzuweisen:

- Der Datenbankadministrator kann einen Vorentwurf erstellen und ihn schrittweise verbessern.

---

[1]Im Gegensatz dazu ist die Indexdatei in einigen Pseudo-RDBS wie dBASE bis in die Anwendungsprogramme hinein explizit zugreifbar — ein klarer Verstoß gegen Datenunabhängigkeit und Drei-Ebenen-Architektur.

- Das RDBS muß bei Schemaänderungen nicht gestoppt, revidiert, neu kompiliert und neu geladen werden (wie dies bei älteren Datenbanksystemen noch erforderlich war).

- In SQL-92 werden die Konzepte des Relationenmodells wie Schlüssel und Fremdschlüssel sowie allgemeinere lokale und globale Integritätsbedingungen vollständig umgesetzt.

Nachteilig an SQL ist

- die mangelnde Unterstützung des Datenbankadministrators beim Entwurf, die in Extra-Entwurfswerkzeugen aufgefangen werden muß,

- die sehr eingeschränkten `alter`-Operationen (man kann die Wertebereiche von Attributen nicht ändern, auch wenn es möglich wäre, wie im Fall *varchar(20)* auf *varchar(30))*,

- in SQL-89 das Fehlen der Konzepte Schlüssel und Fremdschlüssel, sowie

- in SQL-92 die inkonsequente Umsetzung des Wertebereichskonzepts: neue Wertebereiche können zwar benannt, aber keine typspezifischen Operationen definiert werden. Das Konzept der abstrakten Datentypen ist somit nicht verwirklicht.

7.2   Netzwerkmodell: CODASYL-DDL

Für das Netzwerkmodell wurde im Jahre 1971 von der Data Base Task Group (DBTG) der COnference on DAta SYstems and Languages (CODASYL, die COBOL-Normungsgruppe) eine DDL, Subschema-DDL (oder Sichtdefinitionssprache), eine DML und eine SSL (Speicherstruktursprache) vorgeschlagen.

Innerhalb der DDL können Record-Typen mit ihren Feldern und Set-Typen mit ihren Owner- und Member-Typen definiert werden (siehe Abschnitt 4.2 für eine Erläuterung dieser Begriffe). In Abbildung 7.1 ist die COBOL-artige Syntax der DDL zu sehen (die wir hier etwas vereinfacht haben). Links werden Record-Typen mit einem Namen und ihren Feldern definiert. Die Felder können (wie in COBOL-Datenstrukturen üblich) aus mehreren Komponenten bestehen, die durch höhere Level-Nummern (1, 2, ...) gekennzeichnet sind. Die CODASYL-DDL erlaubt somit die (rekursive) Anwendung des Tupelkonstruktors. Jedem Feld oder jeder Komponente wird dann ein Standard-Datentyp zugeordnet. Rechts wird ein Set-Typ *S* mit Owner-Typ *O* und Member-Typ *M* definiert. Als Beispiel können wir Record-Typen für `Personen` und einen Set-Typ für die `Ausleihe`-Beziehung zwischen `Personen` und `Bücher` einführen. Das Beispiel ist in Abbildung 7.2 gezeigt. Dabei nutzen wir die strukturierten Felder bei der Adresse der Personen aus.

```
record      R                    set      S
   1  feld1  typ1                owner   is  O
   1  feld2                      member  is  M
         2  feld21  typ21
         2  feld22  typ22
   . . .
```

Abb. 7.1: Record- und Set-Typen in der CODASYL-DDL

```
record   Personen
   1       PANr    pic 9999
   1       Name
              2  Vorname    pic x(20)
              2  Nachname   pic x(40)
   1     Adresse
              2  PLZ        pic 9999
              2  Ort        pic x(30)
              2  Straße     pic x(60)
           . . .

   . . .
set      Ausleihe
owner         is   Personen
member        is   Bücher
```

Abb. 7.2: Beispieldefinition in der CODASYL-DDL

Die Definition der Dateistrukturen auf der internen Ebene (also die SSL)
ist in die DDL integriert. Die Erläuterungen der zugehörigen Klauseln sind
jedoch nicht Gegenstand dieses Buchs.

7.3 Hierarchisches Modell: IMS-DDL

Das hierarchische Modell wurde 1969 von IBM im Rahmen des IMS-Systems
eingeführt. Die IMS-DDL richtete sich nach den damaligen Host-Sprachen, etwa auch Assembler. Die Syntax der IMS-DDL ist daher sehr gewöhnungsbedürftig und beladen mit internen Speicher-Layouts (Byte-Offsets von einzelnen
Feldern). Wir führen deshalb die DDL in einer "geschönten" Version frei nach
[Ull88] ein.

In der IMS-DDL werden Record-Typen in Baumstrukturen definiert. Dabei gibt es drei Arten von Klauseln: **tree** zum Definieren von Bäumen, **record** zum Definieren von Record-Typen und die Feld-Deklaration.

Syntaktisch werden Bäume durch

```
tree B: liste_von_Record-Typen
```

und Record-Typen durch

```
record R: liste_von_Record_Informationen
```

definiert. Record-Informationen sind dabei

- Felder (analog der CODASYL-DDL; wir verwenden hier in Beispielen jedoch die SQL-Datentypen),

- die Position des Record-Typs im Baum, und zwar

    - **root** (der Record-Typ ist die Wurzel des Baumes) oder

    - **parent** = name_des_Vorfahren_im_Baum,

  oder

- virtuelle Felder, die mit

```
virtual record_Typ in name_des_Baumes
```

  definiert werden.

Ein Beispiel soll diese Konzepte verdeutlichen.

Beispiel 7.1 Wir wollen einen Ausschnitt des Universitätsbeispiels, das wir in Abschnitt 4.2 bereits in der graphischen Notation des hierarchischen Modells dargestellt haben, nun in IMS-DDL umsetzen. Der Ausschnitt betrifft Studenten und die Buch_Exemplare, die sie ausgeliehen haben, sowie die Vorlesungen, die sie besuchen. Die n:m-Beziehung muß in zwei Bäume mit virtuellen Records aufgespalten werden:

```
tree Studenten_Baum:
    record Studenten: root
            PANr integer
            Matrikelnummer varchar(10)
            Studienfach varchar(20)
            Immatrikulationsdatum date
    record Buch_Exemplare: parent = Studenten
            Inventarnr integer
            ISBN char(10)
            Auflage smallint
```

```
    record Hörer: parent = Studenten
           virtual Vorlesungen in Vorlesungen_Baum

tree Vorlesungen_Baum
    record Vorlesungen: root
           V_Bezeichnung varchar(80)
           SWS smallint
           Semester smallint
           Studiengang varchar(20)
    record Hörer: parent = Vorlesungen
           virtual Studenten in Studenten_Baum
           Semester smallint
```

Dabei zeigen virtuelle Records jeweils in den anderen Baum, um die n:m-Beziehung adäquat darzustellen. □

Die assembler-artige Originaldarstellung der IMS-DDL (etwa nach [Dat90, Dat95]) wollen wir zum Abschluß kurz skizzieren. Bäume, Record-Typen und Felder findet man als *DBDs* (Data Base Descriptions), *segments* und *fields* wieder. Statt Datentypen wird die Anzahl der Bytes für den freizuhaltenden Speicherbereich angegeben:

```
dbd     name = STUDENTENBAUM
segm    name = STUDENTEN, BYTES = 40
field   name = PANR, BYTES = 4, START = 1
field   name = MATRIKELNUMMER, BYTES = 10, START= 5
field   name = STUDIENFACH, BYTES = 20, START = 15
field   name = IMMATRIKULATIONSDATUM, BYTES = 6, START = 35
segm    name = BUCHEXEMPLARE, parent = STUDENTEN, BYTES = 16
field   name = INVENTARNR, ...
...
```

7.4 Objektorientiertes Modell: ODL

Wie in Abschnitt 4.4 erläutert, soll sich das ODMG-Objektmodell zum Quasi-Standard für objektorientierte Datenbanksysteme entwickeln. Das Schwergewicht liegt bei der ODMG zwar auf der Anbindung objektorientierter Programmiersprachen wie C++ und Java, allerdings gibt es auch eine *Object Definition Language* (ODL) zur Definition von objektorientierten Schemata.

7.4.1 Übersicht über die ODL

In ODMG wird eine Schnittstelle (**interface**) zu jedem Objekttyp definiert. In der Schnittstelle werden die Obertypen, Extensionen, Schlüssel, Attribute, Beziehungen und Methoden des Objekttyps spezifiziert. Implementierungsdetails wie die Implementierung des gesamten Objekttyps durch interne Datenstrukturen oder die Implementierungen der Methoden werden in die Klassendefinition **class** verschoben. Die Schnittstelle und die Implementierung beschreiben inter anderem

- die *Typhierarchie* durch Angabe der Obertypen hinter dem Typnamen,

- die *Implementierungshierarchie*, die sich im Gegensatz zur Typhierarchie auf die Implementierungen (Klassen) bezieht,

- die *Extension*, in der die aktuell erzeugten Objekte des Typs gesammelt werden sollen,

- die *Schlüssel* des Objekttyps, eine Auswahl der Attribute, die zur eindeutigen Identifizierung der Objekte unabhängig von der Objektidentität verwendet werden können,

- die *Attribute* mit Datentypen und Namen,

- die *Beziehungen* zu anderen Klassen mit dem Wortsymbol **relationship** — es können auch die inversen Beziehungen gleich spezifiziert werden: die Datentypen bei Beziehung und inverser Beziehung ermöglichen die Wahl zwischen 1:1-, 1:n-, und n:m-Kardinalitäten, sowie

- die *Methoden* mit ihrer Schnittstelle und einer spezifizierten Ausnahmebehandlung, die im Fehlerfall ausgelöst wird, etwa bei Verletzung von Integritätsbedingungen.

Die ODL-Spezifikation wird in eine C++-, Smalltalk- oder Java-Anbindung des zugrundeliegenden Datenbanksystems umgesetzt. Diese persistenten Versionen objektorientierter Programmiersprachen werden in Unterabschnitt 11.4.1 erläutert. Leider können die derzeitigen Versionen noch nicht alle Konzepte der ODL umsetzen: Es fehlen etwa Schlüssel und fatalerweise auch das zentrale Konzept der Extension.

7.4.2 Schnittstellen und Klassen

Die ODMG-ODL beschreibt die Typen des Datenbankschemas. Für diese Typen werden *Schnittstellen* und *Klassen* (ihre Implementierungen) definiert. Während die Schnittstellendefinition nur die Stellung in der Typhierarchie, Attribute, Beziehungen und Operationen umfaßt, enthält die Klassendefinition zusätzlich die Festlegung der Extension und der Schlüssel sowie die Stellung in der Implementierungshierarchie.

ODL ist kompatibel zur IDL (Interface Definition Language) des CORBA-Standards und bildet eine Obermenge der IDL. Die ODL ist programmiersprachenunabhängig und wird im Rahmen der Sprachanbindung in programmiersprachenabhängige PL-ODL umgesetzt. Diese PL-ODL weisen dann jedoch Einschränkungen in den zu verwendenden Konzepten auf, die durch die Spezifika der zugrundeliegenden Programmiersprache bestimmt werden.

Das folgende Beispiel zeigt die Syntax der **interface**- und **class**-Klausel[2].

```
interface <Name>
        :<Obertypen>
        {<Schnittstellenspezifikation>}
class <Name>
        extends <Oberklassen>
        :<Obertypen>
        (extent <Extension>
        keys <Schlüsselmenge> )
        {<Schnittstellenspezifikation>}
```

Die dort erwähnte Schnittstellenspezifikation gibt die Attribute, Beziehungen und Methoden von Schnittstellen und Klassen an. Die Syntax der **attribute**- und **relationship**-Klausel sowie der Klausel zur Festlegung der Signatur der Operationen findet sich in der folgenden Auflistung. Die Angabe von **readonly** vor der **attribute**-Klausel ist optional, die mit | getrennten Bereiche sind Alternativen.

```
[ readonly ] attribute
        <Typ>
        <Attributname>
relationship
        <Typ>| <Collection-Typ>< <Typ_1> >
        <Attribut_1>
        inverse <Typ_2>::<Attribut2>
/* für Operationen:
<Typ>| void
        <Operationenname>
        ( <Parameter_1>, ... , <Parameter_n> )
        raises ( <Ausnahmen> )
```

Jeder Parameter Parameter_i wird definiert durch

---

[2]Der Übersichtlichkeit halber haben wir optionale Elemente in der Syntax — mit Ausnahme der Option **readonly** — nicht näher gekennzeichnet. Die meisten Teilklauseln wie die Obertypen-Definition oder die Angabe der Schlüssel können natürlich weggelassen werden.

```
in | out | inout
<Typ><Parametername>
```

Die einzelnen Konzepte werden nun an Ausschnitten des Universitätsbeispiels erläutert.

Wir definieren zunächst den Typ *Person* als Klasse und als Wurzel der folgenden Klassenhierarchie.

```
class       Person (
extent      Personen
keys        PANr, ( Name, Geburtsdatum, Adresse )
            ) {
attribute long PANr;
attribute
    struct { string Vorname, string Nachname } Name;
attribute struct { short PLZ, string Ort, ... } Adresse;
attribute date Geburtsdatum;
attribute set<string> Hobbies
...}
```

In dieser Klasse wurde die Extension *Personen* und zwei Schlüssel definiert. Der zweite Schlüssel setzt sich dabei aus drei Attributen zusammen, zwei davon sind tupelwertig. Die Attribute von *Person* sind atomar, strukturiert und im Fall von *Hobbies* auch mengenwertig.

7.4.3 Implementierungs- und Typhierarchie

Als Unterklasse von *Person* im Sinne der Implementierungshierarchie wird nun die Klasse *Student* definiert.

```
class       Student extends Person (
extent      Studenten
keys        Matrnr
            ) {
attribute long Matrnr;
attribute string Studienfach;
attribute Person Mutter;
attribute Person Vater;
relationship Angestellter Betreuer inverse Angestellter::Betreut;
attribute set<struct { float Note, string Fach }>Zeugnis;
float Durchschnittsnote () raises (Keine_Note);
void Exmatrikulation (in Art: string)
    raises (Bücher_ausgeliehen);
}
```

In dieser Klasse wurden mit *Vater* und *Mutter* zwei (unidirektionale) objektwertige Attribute und zusätzlich eine (bidirektionale) Beziehung zur Klasse *Angestellter* deklariert. Neben dem relationenwertigen Attribut *Zeugnis* wurden auch noch zwei Operationen aufgenommen:

- Die Anfrage-Operation *Durchschnittsnote*, die bei Nichtexistenz von Noten eine Ausnahmebehandlung aufruft.

- Die Update-Operation *Exmatrikulation*, die einen Eingabeparameter *Art* verlangt und eine Ausnahmebehandlung aufruft, falls der Student noch Bücher ausgeliehen hat.

Definieren wir eine weitere Klasse *Angestellter* unterhalb von *Person* in der Implementierungshierarchie, so haben wir danach nicht die Möglichkeit, die Klasse *Hilfsassistent* als Unterklasse von *Student* und *Angestellter* einzuführen, da Mehrfachvererbung in der Implementierungshierarchie nicht erlaubt ist. Eine Lösung für dieses Problem geben wir im nächsten Beispiel an.

Neben der Anordnung von Schnittstellen in einer Typ- und Klassen in einer Implementierungshierarchie gibt es noch die Möglichkeit der gemischten Verwendung von Typ- und Implementierungshierarchie. Wie Tabelle 7.1 zeigt, kann eine Klasse Untertyp einer Schnittstelle sein. Hiermit wird für eine abstrakte Schnittstelle die Klasse festgelegt, die diese darstellt. Im folgenden Beispiel nutzen wir dieses Prinzip, um die Klasse *Hilfsassistent* als Untertyp der Schnittstelle *Angestellter* und Unterklasse der Klasse *Student* einzuführen. Eine mögliche Schnittstelle für den Typ *Angestellter* wäre:

	Typhierarchie	**Implementierungshierarchie**
Obertyp	Schnittstelle	Klasse
Untertyp	Schnittstelle oder Klasse	Klasse
Art der Vererbung	Mehrfachvererbung	Einfachvererbung

Tab. 7.1: Erlaubte Strukturen in der ODMG-Vererbungshierarchie

```
interface        Angestellter_S
                 {
attribute long Angnr;
relationship set<Angestellter_S> Untergebene
                 inverse Angestellter_S::Vorgesetzter;
relationship Angestellter_S Vorgesetzter
     inverse Angestellter_S::Untergebene;
attribute set<struct { string Institut, string Adresse } >
     Arbeitsstelle;
attribute short Gehalt;
```

```
   ...
   void Versetzung (in Wohin: string)
      raises (Gehaltssumme_zu_hoch);
}
```

Zu dieser Schnittstelle können wir mit Hilfe der Typhierarchie als Untertyp die Klasse *Angestellter* angeben, die unter anderem die Extension und etwaige Schlüssel definiert. Als Untertyp von *Angestellter_S* können wir nun zusätzlich die Klasse *Hilfsassistent* folgendermaßen einführen:

```
class       Hilfsassistent extends Student
                      : Angestellter_S (
extent      Hilfsassistenten
            ) {
Attribute   string Betreuter_Kurs
   ...
}
```

Ausführlichere Informationen zur ODMG-DDL entnehme man etwa [Heu97].

7.5   Objektrelationales Modell: SQL-99

Die DDL von SQL-99 ist sowohl die Weiterentwicklung der relationalen DDL von SQL92 als auch die Datendefinitionssprache des objektrelationalen Datenbankmodells. Wir beginnen deshalb unsere Darstellung mit einigen Detailverbesserungen der relationalen DDL und wenden uns dann den objektrelationalen Konzepten zu.

7.5.1   Relationale Details

Die relationalen Konstrukte wie *Tabelle* und *Sicht* sind nun in einem *Schema* enthalten, das *Schema* wiederum gehört zu einem *Katalog*. Referenzen auf eine Tabelle können dann in folgenden Formen angegeben werden:

```
Tabelle, Schema.Tabelle, Katalog.Schema.Tabelle
```

Typen

Zu den vordefinierten Typen in SQL gehört nun auch **Boolean**, **CLOB** (Character Large Object zur Aufnahme von langen Texten) und **BLOB** (Binary Large Object zur aufnahme von großen Binärdaten wie Bildern).

Bereits auf objektrelationale Eigenschaften weisen die folgenden *Typen* und *Typkonstruktoren* hin:

- Konstruierte, atomare Typen: Der *Referenz*-Typ ermöglicht Verweise auf andere Objekte.

- Konstruierte, komplexe Typen: Der *Collection*-Typ sollte nach SQL3 die üblichen objektorientierten Typkonstruktoren wie Menge, Liste und Multimenge umfassen, bietet in SQL-99 aber nur **array** (Feld mit Indexzugriff) und **row** (Tupel).

- *Benutzerdefinierte Typen* (*User Defined Types*, *UDT*s): Diese werden in anderen objektrelationalen oder objektorientierten Modellen abstrakte Datentypen (ADTs) genannt. Die UDTs können in *Distinct Types* und *Structured Types* unterschieden werden. Ein Distinct Type basiert direkt auf einem anderen Datentyp, wird nur zu diesem nicht kompatibel gehalten. Leitet man etwa die zwei Distinct Types Alter und Gewicht von integer ab, so kann man Alters- und Gewichtsangaben in Anfragen (sinnvollerweise) nicht direkt vergleichen. Ein Structured Type besteht aus verschiedenen Komponenten, die mit Hilfe der Typkonstruktoren gebildet werden können.

Integritätsbedingungen

Die Spezifikation von Fremdschlüsseln wurde nun erweitert, um das Verhalten beim Auftreten von Nullwerten genauer spezifizieren zu können. Die Syntax der Klausel ist nun:

```
foreign key (Fremdschlüsselattribute)
references Tabelle [ (Attribute) ]
   [ match partial | match full | match simple ]
```

Dabei bedeuten

- keine Angabe oder **match simple**: Tritt ein **null** in einem der Fremdschlüsselattribute auf, so wird die Zeile nicht geprüft.

- **match partial**: Entweder alle Attributwerte sind **null** oder jeder Nicht-Nullwert des Fremdschlüsels entspricht einem Wert im referenzierten Tupel.

- **match full**: Es sind entweder ausschließlich Nullwerte oder keine Nullwerte in den Fremdschlüsselattributen erlaubt.

Als mögliche Reaktionen auf Verletzungen der Integritätsbedingungen können angegeben werden: **no action**, **restrict** (zurückweisen), **cascade** (propagieren), **set null** (auf den Nullwert setzen) und **set default** (auf den Default-Wert setzen).

7.5.2 Objektrelationale Erweiterungen

Die objektrelationalen Konzepte sind nun im Unterschied zu SQL3 etwas vereinfacht (im Falle der ADTs mit oder ohne Objektidentität) oder etwas ausgedünnt worden (im Falle der schon erwähnten Typkonstruktoren). Die aktuelle Übersicht der objektrelationalen DDL-Konzepte sieht folgendermaßen aus:

- User Defined Types (UDTs).

- User Defined Functions (UDFs).

- Neben diesen benutzerdefinierten Funktionen auch Methoden und Prozeduren mit jeweils unterschiedlichem Verhalten beim Überladen und Overriding.

- LOBs (Large Objects) und *Locators* für die effiziente Pufferverwaltung bei Laden von großen Daten.

- Typkonstruktoren (**row**, **reference**, **array**), die anderen **collection**-Typen wurden in SQL4 verschoben.

- Die aus SQL3 schon bekannten Typ- und Tabellenhierarchien sowie neu die *Sichthierarchien* (Object Views).

Wir führen die einzelnen Konzepte nun kurz ein.

UDTs und UDFs

Ein UDT besteht aus einem Namen, einer Repräsentation und einer Angabe der Beziehung zu anderen Typen (etwa: Untertyp von). Eine benutzerdefinierte Methode, Funktion oder Prozedur besteht aus einem Namen, einer Signatur (die Liste der Parameter mit ihren Typen), einem Resultattyp und einer Implementierung. Dabei unterscheiden sich die drei Arten von UDFs folgendermaßen:

- *Prozedur*: Sie läßt kein Überladen zu und erlaubt nur statisches Binden.

- *Funktion*: Diese kann man überladen, allerdings auch nur statisch binden.

- *Methoden*: Hier stehen die Konzepte des Überladens und des Overriding zur Verfügung, wobei das letztere das dynamische Binden erfordert.

Distinct Types als UDTs können nun folgendermaßen definiert werden: Mit

```
create type T1 as integer final;
create type T2 as integer final;
```

ergeben sich zwei unvergleichbare Typen (etwa die oben erwähnten Alter und Gewicht). Dabei besagt die Angabe **final**, daß keine Untertypen aus diesen Typen gebildet werden dürfen. Für jeden Distinct Type sind Vergleichsoperatoren, Typanpassungen (Type Casts), Methoden und Funktionen definierbar.

Row Types als UDTs werden folgendermaßen definiert: Mit

```
create type Adresse as (PLZ integer, ...) not final;
create type Person as (PANr integer,
    Partner ref(Person), Wohnung Adresse, ...) not final;
```

werden zwei strukturierte Typen erzeugt, die die angegebenen Komponenten haben. Die Angabe **not final** bedeutet, daß Untertypen von diesen Typen gebildet werden können. Strukturierte Typen können überall verwendet werden, auch als Parametertypen in Prozeduren, Funktionen oder Methoden. Ein strukturierter Wert wird *persistent* in der Datenbank, wenn er entweder über die *Konstruktorfunktion* Adresse() angelegt wird (diese liefert eine Instanz des Typs, die mit Default-Werten besetzt wird) oder über die übliche **insert**-Klausel in eine Tabelle vom pasenden Typ aufgenommen wird.

In SQL-99 können wie in einigen objektorientierten Modellen *virtuelle Typen* definiert werden. Diese können keine Instanzen besitzen und heißen *nicht-instantiierbare Typen* in SQL-99. Sie werden mit

```
create type T1 as (...) not instantiable not final;
```

deklariert. Wie bereits für SQL3 in Abschnitt 4.5 erläutert, können Observer- (Anfrage-) und Mutator- (Update-)Funktionen für jeden Typ angegeben werden. Methoden werden mit der "Dot"-Notation der objektorientierten Modelle aufgerufen, Methoden ohne Parameter schließlich erfordern keine Angabe der leeren Parameterliste (). Das bedeutet, daß der Zugriff auf ein Attribut nicht von einem Zugriff auf eine parameterlose Funktion zu unterscheiden ist — eine angenehme Transparenz für den Nutzer. Diese Festlegungen haben zur Konsequenz, daß im Anfrageteil von SQL-99 wie in objektorientierten Datenbanken *Pfadausdrücke* zum Zugriff auf Methoden oder Komponenten oder Komponenten von Komponenten verwendet werden können.

Untertypen

Die Typhierarchie kann in SQL-99 nur als Einfachvererbung ausgeführt werden. Eine Mehrfachvererbung ist erst in SQL4 vorgesehen. Wir betrachten nun die Vererbung von Methoden in einer Typhierarchie. Die Typen in der Hierarchie sind die oben eingeführten UDTs.

Methoden sind Funktionen, die an einen UDT gebunden sind. Es gibt einen impliziten **self**-Parameter, der in der Implementierung das aufrufende Objekt darstellt (ähnlich zu Smalltalk oder anderen objektorientierten Programmiersprachen). Signatur und Implementierung werden wie in objektorientierten Systemen üblich getrennt. Mit

```
create type Angestellter as
(Basisgehalt decimal(9,2),
...)
instantiable not final
method Endgehalt() returns decimal(9,2);

create method Endgehalt() for Angestellter
<Methodenrumpf>;
```

wird ein UDT `Angestellter` mit einer Methode `Endgehalt` eingeführt. Bei einem Untertypen

```
create type Hiwi under Angestellter as
( ...)
instantiable not final
overriding method Endgehalt() returns decimal(9,2);
```

kann zwar die Implementierung der Methode durch Overriding neu definiert werden, die Signatur muß jedoch identisch sein (es gibt also kein *multiple dynamic dispatch*[3], das das dynamische Binden vom mehreren Parametern der Signatur abhängig machen kann).

Mit **create type** erzeugte Typen können nun als

- Attributtypen (Methoden sind dann auf Attribute anzuwenden) oder

- Tabellentypen (Relationenschemata; Methoden sind dann auf Objekte oder Tupel anzuwenden)

verwendet werden. Wir konzentrieren uns nun auf den Einsatz der Typen als Tabellentyp.

Tabellen

Werden die oben eingeführten Typen ergänzt um eine OID (eine Objektidentität), so ergibt sich die in 4.4 beschriebene Objektrelation oder *objektrelationale Tabelle*. Zu dem oben definierten Typ `Angestellter` kann eine Tabelle folgendermaßen definiert werden:

```
create table Angestellte of Angestellter
    (ref is oid user generated)
```

Dabei sind die Objektidentitäten den Referenztypen zugeordnet. Es gibt drei Optionen, wie Objektidentitäten gebildet werden können

---

[3]Interessanterweise war ein multiple dynamic dispatch in SQL3 noch vorgesehen, wurde dann aber in SQL-99 gestrichen.

- **ref using** Typ (etwa integer): Hier wird ein bestehender Typ verwendet, um die OID-Werte speichern zu können.

- **ref is system generated**: Hier wird die Entscheidung dem System überlassen.

- **ref from** (Attributliste) (etwa PANr): Schließlich kann eine Objektidentität aus vorhandenen Attributwerten eines Schlüssels funktional bestimmt werden.

Untertabellen

Parallel zur Typhierarchie mit können mit der **under**-Klausel auch Tabellenhierarchien angelegt werden. So werden im folgenden Beispiel Hiwi als Untertyp von Angestellter und Hiwis als Untertabelle von Angestellte deklariert:

```
create type Angestellter as
( ... )
create type Hiwi under Angestellter as
( ... )
...
create table Angestellte of Angestellter
( ... )
create table Hiwis of Hiwi under Angestellte
( ... )
```

Schließlich können mit *Object Views* sogar objekterhaltende Sichten gebildet werden. Die dazu notwendigen Anfrageoperatoren werden wir in kommenden Kapiteln noch genauer durchsprechen. Hier sollen nur die Grundmechanismen kurz vorgestellt werden. Mit

```
create view Keine_Hiwis under Angestellte
as select ...from only (Angestellte)
```

können abgeleitete Sichten auf referenzierten (Komponenten-)Tabellen erstellt werden. Im obigen Fall wäre die Sicht Keine_Hiwis als Untertabelle von Angestellte definiert und würde somit die Komponenten von Angestellte übernehmen, die wiederum als Sicht definiert sein können.

Typkonstruktoren

Wie oben schon erwähnt, sind die Typkonstruktoren der große Schwachpunkt in SQL-99, weshalb der SQL3-Vorschlag auch eher als Vorschlag für ein objektrelationales Datenmodell zu sehen ist. Der einzige **Collection**-Typkonstruktor in SQL-99 ist der **array**-Konstruktor. Es ist für das Feld eine maximale Länge wie bei **varchar** erforderlich. Alle Typen sind als Elementtypen erlaubt (außer Arrays). Die anwendbaren Operationen sind:

- Der Zugriff über die Positionsnummer.

- Bestimmung der Kardinalität, Vergleich zwischen Feldern, Konstruktoren und weitere.

Jeder Mengen- und Listenkonstruktor muß in SQL-99 also mit dem **array** simuliert werden.

7.5.3 SQL-99-Pakete

In SQL-99 werden im Gegensatz zu den vorangehenden Standards jetzt unabhängige Packages gebildet.

- Der SQL-99-Kern besteht aus:

  - SQL-92 Entry Level,

  - dazu kommen einige Konzepte aus dem Intermediate und Full Level,

  - sowie Kernkonzepte des *Parts* SQL-99-Foundation.

- Die SQL-99-Packages sind dann folgendermaßen strukturiert:

  - PKG001: Enhanced Datetime Facilities

  - PKG002: Enhanced Integrity Management

  - PKG003: OLAP Features

  - PKG004: PSM

  - PKG005: CLI

  - PKG006: Basic Object Support (eingeschränkte strukturierte und Referenz-Typen, Typkonzept, Typ-Test-Prädikate, LOB-Unterstützung mit Locators)

  - PKG007: Enhanced Object Support (alle Typkonstruktoren, Methoden, Tabellenhierarchie, Cast-Operatoren, Locators für komplexe Attributwerte

  - PKG008: Active Database (Trigger)

  - PKG009: SQL/MM

Das letzte Package SQL/MM definiert Definition und Verwendung von Multimedia-daten in SQL-99. Wie später noch in Kapitel 15 im Abschnitt über Multimedia-Datenbanken erläutert wird, benötigen wir bei komplexeren Multimedia-Datentypen wie Text, Bild oder Video auch neue Funktionalitäten zum Zugriff auf diese Daten. Die Behandlung von Texten wird in Abschnitt 10.3 besprochen.

Die Anwendungsprogrammierung mit objektorientierten Programmiersprachen (etwa Java) ist ebenfalls noch ein ungelöstes Problem, weil das relationale Curor-Konzept sich nicht für ein durchgängige objektorientierte Programmentwicklung eignet. Im Abschnitt 11.3 wird die erste Version der neuen
Java-Anbindung an SQL, SQLJ, noch näher vorgestellt.

7.6 Vertiefende Literatur

Die DDL von SQL-92 entnehme man [DD97] und [MS93]. Die deutschsprachige
Version des Klassikers [DD97] ist [DD98]. Die Standards SQL-89 und SQL-92
sind in [Int89] bzw. [Int92] definiert.

Netzwerksprachen und IMS sind in [Dat90, Dat95] ausführlicher beschrieben. Die ODMG-DDL ist in [Cat94, CB97] enthalten. Lehrbücher über objektorientierte Datenbanken, die den ODMG-Standard ausführlich erläutern, sind
[Heu97, SST97].

Die aktuelle Norm SQL-99 ist in [ISO99a] und [ISO99b] dokumentiert. Ein
Tutorium zum SQL-99-Standard ist als Manuskript [MPD99] verfügbar. Ein
nicht ganz aktuelles Buch zum SQL3-Standardisierungsprojekt ist [For99].

7.7 Übungsaufgaben

Übung 7.1 Setzen Sie jeweils einen Teil der Ergebnisse der Aufgabe 5.4 aus
dem letzten Kapitel in die jeweiligen DDLs der Datenmodelle um.   □

Übung 7.2 Geben Sie die Datendefinition der Tabellen aus Anhang A.2 in
SQL-92 an.

Beachten Sie insbesondere die referentielle Integrität sowie in der Anwendung sinnvolle Datentypdeklarationen und **check**-Klauseln.   □

Übung 7.3 Setzen Sie den objektorientierten Entwurf aus Übung 4.1 in die
ODMG-ODL um.   □

8

Grundlagen von Anfragen und Änderungen

In diesem Kapitel werden nun die Grundlagen für die Anfrage- und Änderungs-operationen des Relationenmodells gelegt.

Bisher haben wir nur Relationenschemata mit Basisrelationen betrachtet, die in der Datenbank gespeichert sind. Jetzt wollen wir auch neue Relationen-schemata ableiten, deren Instanzen virtuelle Relationen sind, die aus den Basisrelationen berechnet werden können. Diese Ableitung einer virtuellen Relation nennt man *Anfrage*, Sicht oder Snapshot. Die Basisrelationen bleiben bei Anfragen jeweils unverändert. *Update-* oder *Änderungsoperationen* ändern dagegen den Inhalt der Basisrelationen, aber nicht die zugehörigen Relationen-schemata.

Die Ableitung von Relationen kann mit drei unterschiedlichen Mechanismen erfolgen, die jeweils auf Anfrageoperationen beruhen, aber unterschiedliche Konsequenzen haben:

- Eine *Anfrage* ist eine Folge von Operationen, die aus den Basisrelationen eine Ergebnisrelation berechnet. Die Ergebnisrelation kann entweder

  - interaktiv auf dem Bildschirm angezeigt oder
  - per Programm weiterverarbeitet werden ("Einbettung" der Anfrage-sprache in eine Programmiersprache, siehe Kapitel 11).

Im interaktiven Fall ist die Anfrage und die berechnete Relation nach Ende der "Sitzung" des Benutzers nicht mehr vorhanden.

- Eine *Sicht* ist eine Folge von Anfrageoperationen, die unter einem Sichtnamen langfristig abgespeichert wird und unter diesem Namen wieder aufgerufen werden kann. Sie ergibt eine Sichtrelation, die bei jedem Aufruf der Sicht aus den dann aktuellen Basisrelationen neu berechnet wird.

- Ein *Snapshot* ist dagegen die Ergebnisrelation einer Anfrage, die unter einem Snapshot-Namen abgelegt, aber nie ein zweites Mal (mit geänderten Basisrelationen) berechnet wird. Snapshots werden etwa für Jahresbilanzen verwendet, die am 31.12. eines Jahres berechnet, danach natürlich unverändert bleiben und nicht bei jedem Aufruf der Bilanz aus den aktuellen Daten neu berechnet werden sollen.

Eine Menge von Anfrageoperationen wird in diesem Kapitel in algebraischen oder kalkülartigen Notationen eingeführt. Im nächsten Kapitel werden diese Anfrageoperationen syntaktisch "gezuckert" und damit zu nutzbaren Anfragesprachen. Das Ziel beim Entwurf einer adäquaten Menge von Anfrageoperationen ist ein entscheidbarer Formalismus, der insbesondere sicher ist (keine Fehler zur Laufzeit, insbesondere keine Endlosschleifen, damit die Terminierung einer Anfrage immer gegeben ist). Die Konsequenz dieser Ziele ist, daß Programmiersprachen keine guten Anfragesprachen ergeben: Sie sind zu mächtig und erlauben unter anderem die Formulierung von Endlosschleifen. Gute Anfragesprachen werden also ihre Grenzen haben und nicht alles das können, was in Programmiersprachen möglich ist.

Dieses Kapitel ist folgendermaßen aufgebaut:

- Kriterien für Anfragesprachen werden im nächsten Abschnitt 8.1 eingeführt.

- Im Abschnitt 8.2 werden algebraische Anfrageoperationen, insbesondere die Relationenalgebra, vorgestellt. Erweiterungen der Relationenalgebra werden kurz skizziert, wie etwa Erweiterungen für komplexere Typkonstruktoren (geschachtelte Relationen) und Data Warehouses.

- Abschnitt 8.3 behandelt Anfragekalküle, speziell den Bereichs- und Tupel-Relationenkalkül.

- Änderungsoperationen sind Gegenstand von Abschnitt 8.4.

Definition und Anwendung von Sichten werden dagegen erst in Kapitel 13 behandelt.

8.1 Kriterien für Anfragesprachen

Wie in der Einführung zu diesem Kapitel angedeutet, sollen Anfragesprachen gewissen Kriterien genügen. Die folgende Kriteriensammlung wurde in [HS91] eingeführt:

- **Ad-hoc-Formulierung**: Der Benutzer soll eine Anfrage formulieren können, ohne ein vollständiges Programm schreiben zu müssen.

- **Deskriptivität**: Der Benutzer soll formulieren "Was will ich haben?" und nicht "Wie komme ich an das, was ich haben will?".

- **Mengenorientiertheit**: Jede Operation soll auf Mengen von Daten gleichzeitig arbeiten, nicht navigierend nur auf einzelnen Elementen (one-tuple-at-a-time).

- **Abgeschlossenheit**: Das Ergebnis ist wieder eine Relation und kann wieder als Eingabe für die nächste Anfrage verwendet werden.

- **Adäquatheit**: Alle Konstrukte des zugrundeliegenden Datenmodells werden unterstützt.

- **Orthogonalität**: Sprachkonstrukte sind in ähnlichen Situationen auch ähnlich anwendbar.

- **Optimierbarkeit**: Die Sprache besteht aus wenigen Operationen, für die es Optimierungsregeln (die nicht Gegenstand dieses Buches sind) gibt.

- **Effizienz**: Jede Operation ist effizient ausführbar (im Relationenmodell hat jede Operation eine Komplexität $\leq O(n^2)$, n Anzahl der Tupel einer Relation).

- **Sicherheit**: Keine Anfrage, die syntaktisch korrekt ist, darf in eine Endlosschleife geraten oder ein unendliches Ergebnis liefern.

- **Eingeschränktheit**: Die Anfragesprache darf keine komplette Programmiersprache sein. Diese Eigenschaft folgt aus Sicherheit, Optimierbarkeit und Effizienz.

- **Vollständigkeit**: Die Sprache muß mindestens die Anfragen einer Standardsprache (wie etwa die in diesem Kapitel einzuführende Relationenalgebra oder den sicheren Relationenkalkül) ausdrücken können.

Die folgenden Grundlagen für relationale Anfragesprachen werden obige Kriterien weitestgehend erfüllen. Bei den konkreten Anfragesprachen, die in Kapitel 10 behandelt werden, müssen die Kriterien nochmals sorgfältig angewandt werden, um Unterschiede zwischen den konkreten Sprachen feststellen zu können.

8.2 Anfragealgebren

Als ersten Ansatz, die Grundlagen von Anfragesprachen mathematisch exakt zu fassen, betrachten wir das Konzept der *Anfragealgebren*. In der Mathematik ist eine Algebra definiert durch einen Wertebereich und auf diesem definierte Operatoren; für Datenbankanfragen entsprechen Inhalte der Datenbank den Werten, und die Operatoren definieren Funktionen zum Berechnen von Anfrageergebnissen.

8.2.1 Konzepte von Anfragealgebren

Im mathematischen Sprachgebrauch ist eine Algebra eine Menge von Werten mit Funktionen auf diesem Wertebereich, etwa die Menge der natürlichen Zahlen mit den Operationen Addition, Multiplikation, etc. Diese Idee wird auf Datenbankanfragen erweitert, indem Datenbankzustände als Ansammlung von *Werten* eines Wertebereichs aufgefaßt werden und Datenbankanfragen als *Operationen* auf diesem Wertebereich. Formal definiert man etwa im Relationenmodell einen *abstrakten Datentyp* "Relation", und definiert auf diesem Datentyp dann Operationen wie die Vereinigung zweier Relationen, das Streichen von Spalten einer Relation, etc. Hierbei muß auf die Vollständigkeit der Operationenmenge bezüglich des Datenmodells geachtet werden.

Man unterscheidet in der Regel *mehrsortige* und *einsortige* Algebren abhängig davon, ob der Wertebereich in Sorten aufgeteilt wird. Ein Beispiel für eine mehrsortige Algebra wäre etwa eine Algebra mit den zwei Wertebereichen der kartesischen Punkte in der Ebene und den reellen Zahlen, wobei etwa die Operation **Abstand** zwei Punkte nimmt und als Ergebnis eine reelle Zahl liefert.

Anfragealgebren für Datenbanken sind oft als einsortige Algebra konzipiert — etwa behandelt die *relationale Algebra* nur Tabellen als "Werte". Jede Operation der relationalen Algebra hat als Eingabe eine oder mehrere Tabellen und als Ergebnis wieder eine Tabelle. Eine Operation **zähle**, die eine Tabelle nimmt und die Anzahl der Einträge als natürliche Zahl zurückgibt, kann im einsortigen Ansatz nicht direkt integriert werden. Einige neuere Ansätze für Anfragealgebren basieren darum auf einem mehrsortigen Ansatz ähnlich zu Programmiersprachen, in dem ein reiches Typsystem mit parametrisierten Datentypkonstruktoren als Grundlage genommen wird.

Der Ansatz der Anfragealgebren ist insofern operational, als daß Anfragen durch Schachtelung ("Hintereinanderausführung") von Operationen ausgedrückt werden. Im Gegensatz zu Programmiersprachen werden aber komplexe Datenbankelemente wie Relationen als Einheit der Verarbeitung angesehen.

8.2.2 Relationenalgebra

Die Relationenalgebra wurde bereits von Codd eingeführt und ist — in verschiedenen Versionen — die beliebteste Grundlage relationaler Datenbanksprachen. Wir geben zunächst einen Überblick über die von uns gewählte Standardversion, die mit den folgenden sechs Operationen auskommen wird. Von jeder der Operationen führen wir die Bedeutung, den Namen, das übliche (meist griechische) Symbol und die üblichen Parameter ein.

- **Spalten ausblenden**: Diese Operation heißt *Projektion*, in Zeichen π. Als Parameter werden in eckigen Klammern [. . .] (oder als tiefgestellter Index) die Spalten definiert, die erhalten bleiben sollen, in runden Klammern (. . .) die Relation, auf die die Operation angewendet werden soll.

- **Zeilen heraussuchen**: Diese Operation heißt *Selektion*, in Zeichen σ. Als Parameter werden in [. . .] die Bedingungen definiert, unter denen die Zeilen im Ergebnis erhalten bleiben sollen, in (. . .) die Relation, auf die die Operation angewendet werden soll.

- **Tabellen verknüpfen**: Hierfür ist der *Verbund* (oder: Join) zuständig, in Zeichen ⋈. Dabei werden Tupel zweier Relationen über gleichbenannten Spalten und Werten aneinandergehängt.

- **Tabellen vereinigen**: Diese Operation ist die *Vereinigung*, in Zeichen ∪. Tupel aus den beiden beteiligten Relationen werden zusammengesammelt, doppelte Tupel entfernt.

- **Tabellen voneinander abziehen**: Dies ist die *Differenz*, in Zeichen −. Tupel aus der ersten Relation werden herausgenommen, falls sie auch in der zweiten Relation vorkommen.

- **Spalten umbenennen**: Diese Operation heißt *Umbenennung*, in Zeichen β. Hierbei werden Attributnamen in andere umbenannt, was für Operationen wie ⋈, ∪, − wichtig werden wird, da diese von den Namen der Attribute abhängen.

Als Beispiel betrachten wir im folgenden eine Abwandlung des laufenden Beispiels mit den im ersten Kapitel eingeführten Tabellen

Ausleih

Invnr	Name
4711	Meyer
1201	Schulz
0007	Müller
4712	Meyer

und

Buch	Invnr	Titel	ISBN	Autor
	0007	Dr. No	3-125	James Bond
	1201	Objektbanken	3-111	Heuer
	4711	Datenbanken	3-765	Vossen
	4712	Datenbanken	3-891	Ullman
	4717	Pascal	3-999	Wirth

Wir führen die Operationen der Relationenalgebra nun genauer ein. Dabei geben wir zunächst eine "lineare" Syntax an, danach führen wir die formale Schreibweise und die Semantik der Operation ein. Außerdem geben wir Äquivalenzregeln für relationenalgebraische Ausdrücke an, die als Optimierungsregeln eingesetzt werden können.

Wir verwenden für Parameter, die keine Relation sind, eine Notation, in der diese Parameter in eckigen Klammern hinter dem Operationssymbol aufgeführt sind, also etwa π[Name](Person). Verbreitet ist ebenfalls eine mathematische, nicht-lineare Notation, bei der die Parameter wie folgt notiert werden: π_{Name}(Person). Diese wird in der Semantikdefinition der Operationen eingesetzt.

Projektion

Die Syntax der *Projektion* ist

$$\pi \, [\text{attributmenge}] \; (\text{relation})$$

Die Semantik wird erklärt durch

$$\pi_X(r) := \{t(X) \mid t \in r\}$$

für eine Relation $r(R)$ und $X \subseteq R$ Attributmenge in R.

Beispiel 8.1 Ein erstes Beispiel ist die Projektion auf ein Attribut der Relation Ausleih:

$$\pi \, [\text{Name}] \; (\text{Ausleih})$$

ergibt dann als Ergebnisrelation

Name
Meyer
Schulz
Müller

Doppelte Ergebnistupel werden dabei eliminiert, da das Ergebnis nach Definition einer Relation eine Tupelmenge und keine Multimenge sein soll.

Die Projektion

$$\pi \, [\text{Invnr, ISBN}] \; (\text{Buch})$$

schränkt die `Buch`-Relation auf zwei Attribute ein und ergibt

Invnr	ISBN
0007	3-125
1201	3-111
4711	3-765
4712	3-891
4717	3-999

□

Eine einfache Optimierungsregel läßt sich leicht aus der Definition der Projektionsoperation ableiten: Bei vielen Projektionen hintereinander reicht die zuletzt ausgeführte auch allein aus. So ergibt etwa

$$\pi \ [\texttt{Invnr}] \ (\pi \ [\texttt{Invnr, ISBN}] \ (\texttt{Buch}))$$

das gleiche wie die kürzere Fassung:

$$\pi \ [\texttt{Invnr}] \ (\texttt{Buch})$$

Selektion

Die Syntax der Selektion ist

$$\sigma \ [\texttt{bedingung}] \ (\texttt{relation})$$

Die Semantik wird erklärt durch

$$\sigma_F(r) := \{t \mid t \in r \wedge F(t) = \texttt{true}\}$$

wobei die Formel F eine `bedingung` darstellt und nun noch genauer erläutert werden muß:

1. F ist eine *Konstanten-Selektion* der Form

$$\texttt{Attribut} \ \theta \ \texttt{Konstante}$$

Hier werden also für jedes Tupel der Wert eines Attributwertes mit einer vorgegebenen Konstante verglichen. Das Vergleichssymbol (oder boolesche Prädikat) θ ist $=$ oder $\neq$, bei linear geordneten Wertebereichen auch $\leq$, $<$, $\geq$ oder $>$.

Beispiel 8.2 Die Konstanten-Selektion

$$\sigma \ [\texttt{Name} \leq \text{`N'}] \ (\texttt{Ausleih})$$

ergibt etwa die Ergebnisrelation

Invnr	Name
4711	Meyer
0007	Müller
4712	Meyer

$\square$

2. F kann eine *Attribut-Selektion* der Form

```
Attribut1 θ Attribut2
```

sein. Hierbei werden für jedes Tupel zwei Attributwerte verglichen. Die beteiligten Attribute müssen gleiche oder kompatible Wertebereiche besitzen.

3. F kann eine logische Verknüpfung mehrerer Konstanten- oder Attribut-Selektionen mit $\wedge, \vee$ oder $\neg$ sein. Insgesamt sind also boolesche Ausdrücke über Konstanten und Attribut-Selektionen darstellbar. Durch die später noch einzuführenden Mengenoperationen werden die booleschen Ausdrücke jedoch noch überflüssig werden: Eine Relationenalgebra ist auch bereits mit atomaren Konstanten- und Attribut-Selektionen vollständig.

Als einfache Optimierungsregeln kann man bereits jetzt einführen:

- Selektionen lassen sich in der Reihenfolge beliebig vertauschen.

- Manchmal lassen sich Projektion und Selektion vertauschen: die einzige Voraussetzung ist, daß die Selektionsattribute in der Projektionsliste vorkommen müssen.

Verbund

Die Syntax des (natürlichen) Verbundes (engl.: natural join) ist

```
Relation1 ⋈ Relation2
```

Die Semantik wird erklärt durch

$$r_1 \bowtie r_2 \quad := \quad \{t \mid t(R_1 \cup R_2) \wedge$$
$$[\forall i \in \{1,2\} \exists t_i \in r_i : t_i = t(R_i)]\}$$

Die Formel bedeutet, daß genau diejenigen Tupel t ins Ergebnis aufgenommen werden, für die es passende Gegenstücke t_1 und t_2 in r_1 und r_2 gibt. Der Verbund verknüpft somit Tabellen über gleichbenannten Spalten bei gleichen Attributwerten.

Beispiel 8.3 Die Anfrage

```
Ausleih ⋈ Buch
```

8 Grundlagen von Anfragen und Änderungen

ergibt die Ergebnisrelation

Name	Invnr	Titel	ISBN	Autor
Müller	0007	Dr. No	3-125	James Bond
Schulz	1201	Objektbanken	3-111	Heuer
Meyer	4711	Datenbanken	3-765	Vossen
Meyer	4712	Datenbanken	3-891	Ullman

Man beachte, daß das nicht ausgeliehene Pascal-Buch beim Verbund verschwindet. Tupel, die keinen Partner finden, werden also eliminiert. Diese Tupel heißen *dangling tuples*. Der *outer join*, der bei den relationalen Anfragesprachen noch eingeführt wird, übernimmt "dangling tuples" in das Ergebnis und löst damit dieses Problem.

Die Anfrage

$$\pi \ [\text{Autor}] \ (\text{Buch}) \bowtie \pi \ [\text{Invnr}] \ (\text{Ausleih})$$

ergibt

Autor	Invnr
James Bond	4711
James Bond	1201
James Bond	0007
James Bond	4712
Heuer	4711
Heuer	1201
Heuer	0007
Heuer	4712
Vossen	4711
...	...

und entartet also zum *kartesischen Produkt*. Die beiden zu verbindenden Relationen haben durch die Projektionen disjunkte Schemata bekommen (`Autor` und `InvNr`) und verknüpfen somit jedes Tupel der einen mit jedem Tupel der anderen Relation. □

Einige der im Beispiel angesprochenen Eigenschaften des Verbundes sollen jetzt noch einmal zusammengefaßt werden:

Zunächst einmal folgt aus $R_1 \cap R_2 = \{\}$, daß $r_1 \bowtie r_2 = r_1 \times r_2$ gilt, der Verbund also zum kartesischen Produkt entartet.

Dann ist die Projektion nicht die inverse Operation zu einem Verbund. Im allgemeinen gilt

$$\pi_{R_1}(r_1 \bowtie r_2) \subseteq r_1$$

und nicht die Gleichheit dieser beiden Ausdrücke.

Auch im umgekehrten Fall ist der Verbund nicht immer die inverse Operation zu zwei Projektionen, die auf einer gemeinsamen Relation ausgeführt wurden: Der Verbund ist nur die inverse Operation, falls die Projektionen eine verbundtreue Dekomposition (siehe Abschnitt 6.3) der Originalrelation ergeben.

Einige Optimierungsregeln kann man für den Verbund angeben:

- Der Verbund ist kommutativ: $r_1 \bowtie r_2 = r_2 \bowtie r_1$.

- Der Verbund ist assoziativ: $(r_1 \bowtie r_2) \bowtie r_3 = r_1 \bowtie (r_2 \bowtie r_3)$.

- Weil der Verbund kommutativ und assoziativ ist, ist auch folgende abkürzende Schreibweise für den Verbund von p Relationen erlaubt:

$$\bowtie_{i=1}^{p} r_i$$

Mengenoperationen und Umbenennung

Die klassischen Operationen auf Mengen sind die Vereinigung, der Durchschnitt und die Differenz. Diese Mengenoperationen sind auch in der Relationenalgebra enthalten, allerdings mit der Einschränkung, daß die Relationenschemata der beiden beteiligten Relationen gleich sein müssen. Diese Gleichheit ist zwar eine starke Einschränkung, sie kann jedoch oft durch die Umbenennungsoperation erreicht werden. Wir motivieren die Operation mit einem Beispiel.

Beispiel 8.4 Die folgenden Relationen bestehen jeweils nur aus einem Attribut, das `strings` als Attributwerte enthält:

Buch1	Autor1
	James Bond
	Heuer
	Vossen
	Ullman
	Wirth

Buch2	Autor2
	Witt
	Vossen
	Silberschatz
	Meier
	Wirth

Auf diesen beiden Relationen führen wir nun die neuen Relationenalgebra-Operationen ein:

- Die *Umbenennung*

    β [neu ← alt] (relation)

  ändert den Attributnamen der Ausgangsrelation von `alt` in `neu`. Im Beispiel paßt die Operation

    β [Autor1 ← Autor2] (Buch2)

etwa das Relationenschema von `Buch2` an das von `Buch1` an. Beide Relationen haben nun übereinstimmende Relationenschemata mit dem einzigen Attribut `Autor1`. Durch diese Umbenennungsoperation sind jetzt auf diesen Relationen die Mengenoperationen Vereinigung, Differenz und Durchschnitt möglich geworden.

- Die *Vereinigung*

$$\text{relation1} \cup \text{relation2}$$

ist bei gleichen Schemata möglich. Im Beispiel ergibt etwa die Anfrage

$$\texttt{Buch1} \cup \beta \ [\texttt{Autor1} \leftarrow \texttt{Autor2}] \ (\texttt{Buch2})$$

die Ergebnisrelation

Autor1
James Bond
Heuer
Vossen
Ullman
Wirth
Witt
Silberschatz
Meier

Man beachte, daß durch die Umbenennung das Ergebnis der Vereinigungsoperation ein eindeutig bestimmtes Schema hat. Ohne die Umbenennung hätte für das einzige Attribut der Name `Autor1` oder `Autor2` zur Auswahl gestanden.

- Die *Differenz*

$$\texttt{relation1} - \texttt{relation2}$$

ist analog anwendbar. Sie ergibt bei der Anfrage

$$\texttt{Buch1} - \beta \ [\texttt{Autor1} \leftarrow \texttt{Autor2}] \ (\texttt{Buch2})$$

die Ergebnisrelation

Autor1
James Bond
Heuer
Ullman

- Der *Durchschnitt*

$$\text{relation1} \cap \text{relation2}$$

wird im Beispiel etwa mit

$$\text{Buch1} \cap \beta \; [\text{Autor1} \leftarrow \text{Autor2}] \; (\text{Buch2})$$

angewendet und ergibt die Ergebnisrelation

Autor1
Vossen
Wirth

$\square$

Allgemein kann man sagen, daß die Umbenennung

- Verbunde ermöglicht, wo bisher kartesische Produkte ausgeführt wurden (unterschiedliche Attribute werden gleich benannt),

- kartesische Produkte ermöglicht, wo bisher Verbunde ausgeführt wurden (gleiche Attribute werden unterschiedlich genannt),

- die Mengenoperationen auch bei nicht übereinstimmenden Attributnamen ermöglicht, wie in den Beispielen oben gesehen.

Formal kann die Semantik dieser Operationen folgendermaßen definiert werden (bei den Mengenoperationen werden nach den obigen Vorbemerkungen gleiche Schemata, also $r_1(R)$ und $r_2(R)$, vorausgesetzt):

- Umbenennung $\beta_{B \leftarrow A}(r) := \{t' \mid \exists t \in r : t'(R - A) = t(R - A) \wedge t'(B) = t(A)\}$

- Vereinigung $r_1 \cup r_2 := \{t \mid t \in r_1 \vee t \in r_2\}$

- Durchschnitt $r_1 \cap r_2 := \{t \mid t \in r_1 \wedge t \in r_2\}$

- Differenz $r_1 - r_2 := \{t \mid t \in r_1 \wedge t \notin r_2\}$

Unter diesen Operationen ist der Durchschnitt $\cap$ eigentlich überflüssig, da $r_1 \cap r_2 = r_1 - (r_1 - r_2)$ gilt und somit der Durchschnitt durch die Differenz ausgedrückt werden kann. Eine weitere mengentheoretische Operation, das Komplement, ist nicht Bestandteil der Relationenalgebra, da eine Anfrage mit dem Komplementoperator ein unendliches Ergebnis liefern könnte.

Minimale Menge relationenalgebraischer Operatoren

Für theoretische Untersuchungen ist es wichtig, mit einer minimalen Menge von Operationen auszukommen. Eine *minimale* Relationenalgebra besteht etwa aus den Operationen

$$\pi, \sigma, \bowtie, \beta, \cup \text{ und } -,$$

wobei bei der Selektion nur einfache Konstanten- und Attribut-Selektionen, aber keine vollständigen booleschen Ausdrücke notwendig sind. Wir bezeichnen diese Menge von Operationen mit Ω.

Die Operationen aus Ω sind *unabhängig*, d.h. es kann keine weggelassen werden, ohne die Vollständigkeit zu verlieren.

Es gibt auch andere, unabhängige Mengen von Relationenalgebra-Operationen (etwa [Ull88, Ull89]): So kann $\bowtie$ und β durch das kartesische Produkt $\times$ ersetzt werden. Dadurch wird jedoch die Semantik des kartesischen Produkts komplizierter, da diese Operation nun auch auf Schemata mit gemeinsamen Attributen angewendet werden kann und diese dann "doppelt" im Relationenschema vorkommen würden. In diesem Fall würde man eine implizite Umbenennung vornehmen müssen, wie wir sie in der Sprache SQL noch sehen werden, oder man arbeitet mit Spaltennummern statt Spaltennamen. Die letzte Möglichkeit ist in der Theorie oft üblich, leider in der Praxis nur schwer zu nutzen.

In älteren Lehrbüchern fehlt manchmal die Umbenennung β (siehe etwa [Vos87]), diese Algebra ist dann nicht "relational vollständig". Relational vollständig bedeutet, daß jede andere Menge von Operationen genauso mächtig ist wie die obige Menge Ω. Die Originaldefinition der Vollständigkeit von Codd [Cod72b] wird im nächsten Kapitel noch eingeführt.

Problem: Quantoren

In einem Kalkül basierend auf der Prädikatenlogik 1. Ordnung kann neben dem Existenzquantor auch der Allquantor formuliert werden. In konkreten relationalen Anfragesprachen wie etwa auch SQL wird deswegen der Allquantor auch explizit zu formulieren sein. Wie kann nun aber der Allquantor in der Relationenalgebra ausgedrückt werden, wenn er innerhalb der Selektionsbedingungen nicht erlaubt ist?

Während der Existenzquantor in jeder Selektionsbedingung implizit enthalten ist, kann der Allquantor in der Relationenalgebra simuliert werden. Wir führen dazu die neue Operation *Division* ein, die aus Ω hergeleitet werden kann.

Seien $r_1(R_1)$ und $r_2(R_2)$ gegeben mit $R_2 \subseteq R_1$. Sei $R' = R_1 - R_2$. Dann ist

$$r'(R') = \{t \mid \forall t_2 \in r_2 \exists t_1 \in r_1 : t_1(R') = t \land t_1(R_2) = t_2\} =: r_1 \div r_2$$

die Division von r_1 durch r_2.

Ein Beispiel wird zeigen, wie der in der Definition der Division auftauchende Allquantor wirkt:

Beispiel 8.5 Wir führen eine Relation r_1 ein, die eine Menge von Piloten den Flugzeugen zuordnet, die diese Piloten fliegen können. Daneben geben die Relationen r_2 und r_3 an, welches die Anforderungen unserer Fluggesellschaft an einen gewünschten Piloten sind: In r_2 wird festgelegt, daß die gewünschten Piloten mindestens die Flugzeuge 707, 727 und 747 fliegen können sollen. r_3 legt dagegen fest, daß nur das Flugzeug 707 geflogen werden soll.

r_1

PILOT	FLUGZ.
Snoopy	707
Snoopy	727
Snoopy	747
Meyer	707
Meyer	727
Müller	707
Müller	727
Müller	747
Müller	777
Lüdenscheid	727

r_2

FLUGZ.
707
727
747

r_3

FLUGZ.
707

Mit Hilfe der Division können wir nun folgende Piloten ermitteln:

- Piloten, die alle Flugzeuge aus r_2 fliegen können: $r_1 \div r_2$ ergibt

r'

PILOT
Snoopy
Müller

- Piloten, die alle Flugzeuge aus r_3 fliegen können: $r_1 \div r_3$ ergibt

r'

PILOT
Snoopy
Meyer
Müller

$\square$

Wichtig an der Division ist noch, daß sie durch die herkömmlichen Relationenalgebra-Operationen ausdrückbar ist:

$$r_1 \div r_2 = \pi_{R'}(r_1) - \pi_{R'}((\pi_{R'}(r_1) \bowtie r_2) - r_1)$$

Im wesentlichen werden also der Verbund (der zum kartesischen Produkt entartet), die Projektion und die Differenz benötigt, um die Division zu simulieren.

Der Name der Division wurde in Analogie zur arithmetischen Operation "ganzzahlige Division" gewählt: Die ganzzahlige Division ist in dem Sinne die Inverse zur Multiplikation, indem sie als Ergebnis die größte Zahl liefert, für die die Multiplikation mit dem Divisor kleiner ist als der Dividend. Analog gilt: $r = r_1 \div r_2$ ist die größte Relation, für die $r \bowtie r_2 \subseteq r_1$ ist.

8.2.3 NF²-Algebra

Als Erweiterung des Relationenmodells haben wir bereits in Abschnitt 4.3 das NF²-Modell kennengelernt. Passend zu diesem Modell gibt es nun mehrere Vorschläge für Algebren, deren Operationen direkt aus der Relationenalgebra übernommen oder Erweiterungen der Relationenalgebra-Operationen sind:

- $\cup, -, \pi, \bowtie$ werden zunächst wie in der Relationenalgebra eingeführt.

- Die σ-Bedingungen werden erweitert um:

    - Relationen als Operanden (statt nur Konstanten von Standard-Datentypen)

    - Mengenvergleiche, wie etwa θ: $=, \subseteq, \subset, \supset, \supseteq$

- Es gibt jetzt rekursiv aufgebaute Operationsparameter. So können etwa π und σ auch innerhalb von Projektionslisten und Selektionsbedingungen dort angewendet werden, wo relationenwertige Attribute auftauchen.

- Zwei zusätzliche Operationen ν (Nestung, engl. *nest*) und μ (Entnestung, engl *unnest*) werden eingeführt.

Beispiel 8.6 Ein kleines Beispiel soll die neuen Operationen veranschaulichen. Wenden wir auf die unten links stehende Relation die dort angegebene Nestung an, so kommt die NF²-Relation rechts heraus.

A	B	C
1	2	7
1	3	6
1	4	5
2	1	1

$\xrightarrow{\quad}$ $\nu_{B,C;D}(r)$

$\xleftarrow{\quad}$ $\mu_D(r')$

A	D	
	B	C
	2	7
1	3	6
	4	5
2	1	1

In diesem speziellen Fall kann die Nestung durch die Entnestung wieder rückgängig gemacht werden. Leider ist die Nestung nicht allgemein die Inverse der Entnestung. Dies kann man an einer Abwandlung des Beispiel sehen:

A	B	C
1	2	7
1	3	6
1	4	5
2	1	1

$\xrightarrow{\;\nu_{B,C;D}(r)\;}$

$\xleftarrow{\;\mu_D(r')\;}$

A	D	
	B	C
1	2	7
	3	6
1	4	5
2	1	1

Wie man sieht, ist die Inversität insbesondere nicht gegeben, wenn die geschachtelte Relation nicht in PNF ist. □

Minimale geschachtelte Algebra

Für eine minimale geschachtelte Algebra werden die Operationen Projektion, Selektion (auch mit Bedingungen auf Mengen), Verbund, Mengenoperationen und Umbenennung aus der Relationenalgebra benötigt. Zusätzlich werden Nestung und Entnestung definiert:

- Die *Nestung* $\nu[(A_1,\dots,A_n);A](r(R))$ faßt Attribute $A_1,\dots,A_n$ des Relationenschemas R zu einem neuen Attribut A zusammen, d.h. A ist definiert als:

  set of(tuple of$(A_1,\dots,A_n)$**)**

  Mehrere $(A_1,\dots,A_n)$-Tupel werden zu einer Menge zusammengefaßt, wenn die Werte der Tupel in der Relation r auf den restlichen Attributen des Relationenschemas (also auf $R-\{A_1,\dots,A_n\}$) übereinstimmen.

- Die *Entnestung* $\mu[A](r(R))$ löst ein geschachteltes Attribut A auf, d.h. falls A als

  set of(tuple of$(A_1,\dots,A_n)$**)**

  definiert ist, sind im Ergebnis die Attribute $A_1,\dots,A_n$ im Relationenschema enthalten. Die einzelnen Tupel der Attributwerte von A werden zusammen mit den zugehörigen Attributwerten der restlichen Attribute von R zu neuen Tupeln verbunden.

Die Entnestung macht eine Nestung rückgängig; die Umkehrung gilt allerdings nicht immer, wie in Beispiel 8.6 zu sehen war.

Die vorgestellte minimale Algebra erfordert ein umständliches Arbeiten: Oft muß erst eine Entnestung vorgenommen werden, bevor andere Operationen ausgeführt werden können, und abschließend wieder eine Nestung die ursprüngliche Struktur der Tabelle wiederherstellt. Dieses Manko wird mit der im folgenden beschriebenen Erweiterung beseitigt.

Orthogonale geschachtelte Algebra

Ein Beispiel für eine erweiterte Algebra ist die Algebra von Schek und Scholl, die in [SS86, SS89] vorgestellt wurde. Die Operationen Projektion und Selektion können nun rekursiv geschachtelt eingesetzt werden. Wir diskutieren diese Möglichkeiten anhand der geschachtelten Relation r in Abbildung 4.12 auf Seite 125.

Beispiel 8.7 Im ersten Beispiel werden gleichzeitig auf mehreren Ebenen Projektionen durchgeführt:

$$\pi[\texttt{Fachbereich}, \pi[\texttt{Gehalt}](\texttt{Belegschaft})](r)$$

Das zweite Beispiel zeigt eine Selektion auf einer Unterrelation, die in die Projektion integriert wird:

$$\pi[\texttt{Fachbereich}, \sigma[\texttt{Gehalt} > 3000](\texttt{Belegschaft})](r)$$

□

In dieser erweiterten Algebra sind Projektion und Selektion *orthogonal* einsetzbar, sofern die Tabellenstruktur es zuläßt: Jede beliebige Kombination (Projektion in Projektion, Selektion in Projektion, Projektion in Selektion, Selektion in Selektion) ist erlaubt.

Algebren für spezielle geschachtelte Relationen

Wir hatten als relevanten Spezialfall in Abschnitt 4.3 die PNF-Relationen diskutiert. PNF-Relationen haben in jeder (Teil-)Relation einen flachen Schlüssel (also atomare Attribute als Schlüssel). Die Beispielrelation aus Abbildung 4.12 ist eine PNF-Relation. Eine Algebra für PNF-Relationen muß bei allen Operationen diese PNF-Eigenschaft erhalten.

Insbesondere haben wir die folgenden Forderungen:

- Die Projektion muß die flachen Schlüssel bewahren. Alternativ muß ein neuer flacher Schlüssel aus den verbleibenden atomaren Attributen gebildet werden; in diesem Fall müssen Tupel verschmolzen werden, wie wir es bei der Vereinigung ausführlich diskutieren werden. In jedem Fall muß auf jeder Ebene mindestens ein atomares Attribut übrigbleiben.

- Verbund und Vereinigung werden rekursiv, da die Schlüsseleigenschaft Verschmelzen von Tupeln erzwingt, die den gleichen Schlüssel, aber unterschiedliche Unterrelationen haben.

Wir zeigen das rekursive Verschmelzen von Tupeln anhand der bereits bekannten Beispielrelation aus Abbildung 4.12 von Seite 125.

| Fachbereich | Belegschaft | | | |
	PANr	Nachname	Telefone Telefon	Gehalt
Mathematik	6834	Korn	0391-777999	750
Mathematik	9182	Weick		2500

Abb. 8.1: Zweite geschachtelte Relation mit demselbem Schema wie die Relation in Abbildung 4.12

Beispiel 8.8 Abbildung 8.1 zeigt eine zweite Relation, die wir mit der bereits vorhandenen vereinigen wollen.

Die Vereinigung dieser beiden geschachtelten Relationen ergibt mit PNF-Vereinigung die in Abbildung 8.2 angegebene Relation. Die Tupel der zweiten Relation werden mit dem letzten Tupel der ursprünglichen Relation verschmolzen, indem auf allen Ebenen von oben nach unten eine Vereinigung durchgeführt wird. □

| Fachbereich | Belegschaft | | | |
	PANr	Nachname	Telefone Telefon	Gehalt
Informatik	4711	Heuer	038203-12230 0381-498-3401 0381-498-3427	6000
	5588	Saake	0391-345677 0391-5592-3800	6000
	7754	Möller		550
	8832	Jagellovsk		2800
Mathematik	6834	Korn	0391-777999	750
	9182	Weick		2500

Abb. 8.2: Ergebnis der Vereinigung der Relationen in Abbildung 4.12 und 8.1 als PNF-Relationen

8.2.4 MOLAP-Operationen

Wir betrachten nun als weitere mögliche Ergänzung der klassischen Algebraoperationen einige typische Operationen auf Datenwürfeln. In Data Warehouses sind neben den folgenden speziellen Operationen natürlich auch die bekannten relationalen Operationen, etwa Selektion eines Datumszeitraums, relevant.

Als erste Klasse von Operationen betrachten wir diejenigen Operationen, die es erlauben, die Hierarchieebenen der Dimensionen zu wechseln und somit verschiedene Abstraktionsebenen in der Datenwürfel-Darstellung auszuwählen.

- Die Operation **drill down** ermöglicht ein 'Hineinnavigieren' in eine abstrakte Darstellung hinein, indem aggregierte Darstellungen auf ein feineres Granulat einer Dimension heruntergebrochen werden. Typisches Beispiel ist der Übergang von Quartals-Darstellung auf Monats-Darstellung der Zeitachse.

- Die Operation **roll up** (auch **drill up** genannt) ermöglicht die inverse Operation durch Aggregieren von Daten. Die Operation entspricht daher einem **group by** mit Wertaggregierung von SQL, wenn ein einzelnes Attribut vorgegeben wird.

Die Abbildung 8.3 verdeutlicht den Zusammenhang zwischen den beiden Operationen **drill down** und **roll up**.

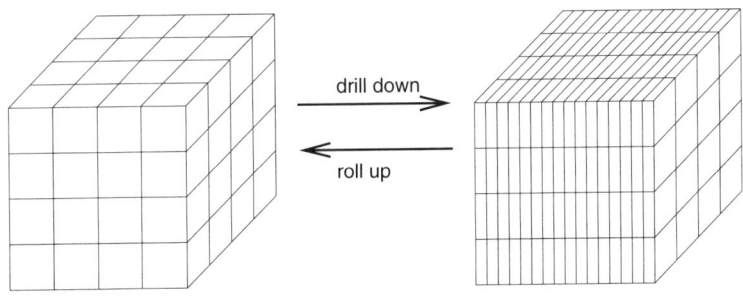

Abb. 8.3: Die Operationen **drill down** und **roll up**

Der **cube**-Operator von Gray und Koautoren [GBLP96, GCB⁺97] entspricht einem verallgemeinerten **roll up**, bei dem für gegebene n Attribute die aggregierten Werte für alle 2^n Attributkombinationen berechnet werden. Während die ersten beiden vorgestellten Operatoren **drill down** und **roll up** Operationen der Benutzerschnittstelle sind, wird **cube** insbesondere intern zur Optimierung und Vorberechnung aggregierter Werte eingesetzt.

Bei der Angabe von drei Attributen a_1, a_2, und a_3 werden die folgenden Gruppierungen und Aggregationen durchgeführt, wobei die erste Zeile einer Gruppierung über *alle* Werte entspricht:

```
group by −;
group by a₁;
group by a₂;
group by a₃;
group by a₁, a₂;
```

```
group by a₁, a₃;
group by a₂, a₃;
group by a₁, a₂, a₃;
```

Der **cube**-Operator entspricht einem verallgemeinerten **cross-tab**-Operator, einer Operation, die aus der Tabellenkalkulation bekannt ist. Dabei wird zum Beispiel für ein zweidimensionales Array sowohl die Summe über die Zeilen als auch über die Spalten und zusätzlich die Gesamtsumme angezeigt. **cross-tab** steht dabei für *cross tabulation*.

	klein	mittel	groß	**Total**
hell	108	35	10	153
dunkel	20	10	5	35
Total	128	45	15	188

Abb. 8.4: Beispiel für **cross-tab**

Abbildung 8.4 zeigt eine derartige *Überkreuzrechnung* mittel **cross-tab**. Die Lagerzahlen für fiktive Produkte werden in einer Matrix notiert, wobei die zwei Dimensionen durch die Helligkeit und die Größe gegeben werden. In den 'Total'-Einträgen wird aufsummiert.

Eine derartige **cross-tab**-Rechnung kann auch relational gespeichert werden (vergl. [SKS97, Abschnitt 21.2]). Dazu wird ein spezieller Eintrag **all** eingeführt, der die Zeilen mit aggregierten Werten und das aggregierte Attribut kennzeichnet. Abbildung 8.5 zeigt die relationale Darstellung der Matrix aus Abbildung 8.4.

Farbe	Größe	Anzahl
hell	klein	108
hell	mittel	35
hell	groß	10
hell	**all**	153
dunkel	klein	20
dunkel	mittel	10
dunkel	groß	5
dunkel	**all**	35
all	klein	128
all	mittel	45
all	groß	15
all	**all**	188

Abb. 8.5: Relationale Darstellung des **cross-tab**

8   Grundlagen von Anfragen und Änderungen

Die relationale Darstellung analog zu Abbildung 8.5 wird auch genutzt, eine relationale Variante des **cube**-Operators zu definieren, der in eine relationale Algebra eingebettet werden kann. In dieser Darstellung berechnet **cube** eine Relation als Ergebnis, die damit als Eingabe für den nächsten Operator dienen kann.

Neben den bisher genannten Operationen, die sich insbesondere mit der Manipulation der hierarchischen Dimensionsskalen und der Aggregierung von Werten beschäftigen, gibt es weitere Operationen zur Manipulation des Datenwürfels, die die Skalierung der Dimensionshierarchie und Aggregierungen nicht betreffen:

- Die Operation **slice** realisiert das 'Herausschneiden einer Scheibe' aus einem Würfel. Im mehrdimensionalen Fall mit d Dimensionen ist die Scheibe natürlich ein $d - 1$-dimensionaler Würfel. Die Operation **slice** verkleinert also die Dimensionszahl. Im Datenbankbereich würde man diese Operation als Konstantenselektion über einen Dimensionswert bezeichnen.

Die Abbildung 8.6 verdeutlicht den Effekt der **slice**-Operation.

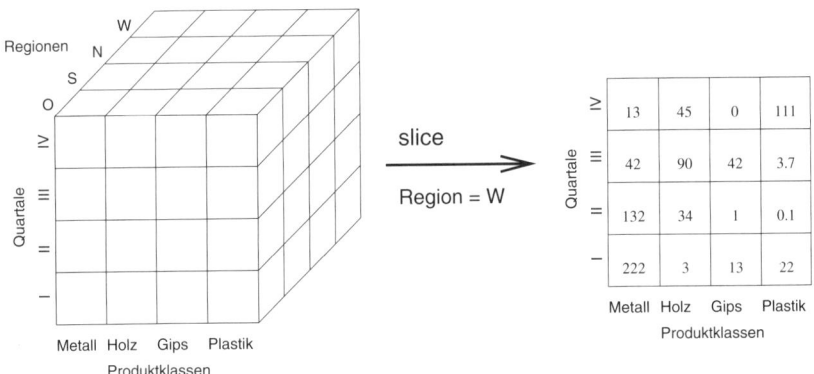

Abb. 8.6: Die Operation **slice**

- Die Operation **dice**[1], auch als **rotate** bezeichnet, realisiert ein Vertauschen von Achsen des Würfels (die x-Achse wird zur y-Achse etc). Diese Operation ist wichtig für die Visualisierung, aber irrelevant für den Informationsgehalt.

  Oft wird ein Operator **slice_and_dice** als Kombination von **slice** und **dice** eingesetzt.

- Neben der **slice**-Operation sind weitere Selektionen analog der relationalen Selektion sinnvoll. Ein Spezialfall ist die Festlegung eines *Fensters* in

---

[1]Das englische Wort *dice* bedeutet 'würfeln'.

einer Dimensionen, etwa der Monate Februar bis Mai. Diese Art der Selektion ist die aus relationalen Datenbanken bekannte Bereichsanfrage.

- *Sortier-Operationen* werden ebenfalls unterstützt. Wird nach Fakt-Werten sortiert, so spricht man hier auch von *Ranking*.

- Für analytische Untersuchungen ist oft die *Definition abgeleiteter Attribute* notwendig.

8.2.5 Andere Algebra-Erweiterungen

Die Darstellung und Behandlung komplexer Attributwerte ist nur ein Problem, das Erweiterungen der Relationenalgebra in den Griff bekommen wollen. Weitere Probleme wie die Behandlung rekursiver Anfragen, die Erweiterung um Funktionen auf Wertebereichen (mehrsortige Algebra) und die genauere Behandlung von Nullwerten müssen ebenso gelöst werden. Wir behandeln hier zunächst das Problem der Behandlung von Nullwerten in Anfragesprachen.

Problem: Nullwerte

Nullwerte können ad-hoc wie in der Anfragesprache SQL behandelt werden (siehe Abschnitt 9.3): Selektionsbedingungen oder Verbunde, die auf Nullwerte angewendet werden, ergeben **false**, es sei denn, sie werden mit dem speziellen Prädikat **is null** getestet[2].

Das Problem dabei soll an folgendem Beispiel verdeutlicht werden.

Beispiel 8.9 Gegeben seien die beiden folgenden Relationen r_1 und r_2 mit dem gemeinsamen Attribut B:

r_1

A	B
a	b
a	∃

r_2

B	C
b	c
∃	c

Das ∃-Zeichen soll einen Nullwert darstellen, der "Wert existiert, aber zur Zeit nicht bekannt" bedeutet. Der Verbund würde folgendes Ergebnis ermitteln:

A	B	C
a	b	c

Ersetzt man dagegen in beiden Relationen den Nullwert durch den gleichen Wert b_1, so würde auch noch das Tupel (a,b_1,c) im Ergebnis erscheinen. Das *mögliche* Vorhandensein eines zweiten Tupels war dem Ergebnis des ersten Verbundes jedoch nicht anzusehen. □

---

[2]Eine dreiwertige Logik ist in den neueren SQL-Versionen verwirklicht. Auch diese wird in Abschnitt 9.3 erläutert.

8 Grundlagen von Anfragen und Änderungen

Eine Idee zur Erfassung nicht nur sicherer, sondern auch eventuell möglicher Tupel ist die Erweiterung der Relationen um eine STATUS-Spalte. Diese nimmt **d**efinit- und **m**aybe-Markierungen auf. Jedes mit **d** markierte Tupel ist sicher, jedes mit **m** markierte Tupel ist möglich, falls die Ersetzung der Nullwerte in entsprechender Weise geschieht. In dem verbandstheoretischen Ansatz wird jeder Wertebereich um die Nullwerte $\exists$ und $\forall$ erweitert, wobei $\forall$ bedeutet, daß alle Werte des Bereichs als Attributwerte auftauchen, also der Wert beliebig wählbar ist.

Beispiel 8.10 Im Beispiel würden die Basisrelationen jetzt folgendermaßen aussehen:

r_1

A	B	STATUS
a	b	**d**
a	$\exists$	**d**

r_2

B	C	STATUS
b	c	**d**
$\exists$	c	**d**

Alle Tupel in den Basisrelationen sind definit. Der Verbund mit spezieller Behandlung der $\exists$- und $\forall$-Nullwerte, den wir mit $r_1 \bowtie r_2$ bezeichnen, liefert folgendes Ergebnis:

A	B	C	STATUS
a	b	c	**d**
a	b	c	**m**
a	b	c	**m**
a	$\exists$	c	**m**

Das erste Tupel entsteht aus dem ersten Tupel von r_1 und dem ersten Tupel von r_2 und ist somit definit, da kein Nullwert beteiligt ist. Das erste Tupel von r_i mit dem zweiten Tupel von r_j (für $j \neq i$) ergibt das zweite und dritte Tupel der Ergebnisrelation. Da diese mit dem STATUS-Wert zusammen gleich aussehen, kann eines gestrichen werden. Das verbleibende Tupel $(a,b,c,\mathbf{m})$ kann durch das definite Tupel $(a,b,c,\mathbf{d})$ überdeckt werden und wird deshalb ebenfalls gestrichen: Die Information, daß (a,b,c) im Ergebnis vorkommt, ist ja nicht nur möglich, sondern steht durch das erste Tupel bereits fest.

Das vierte Tupel der Ergebnisrelation enthält aber nun wichtige, neue Informationen: Bei richtiger Ersetzung des Nullwertes ist ein Tupel (a,b_1,c) möglich, wie bereits oben angedeutet wurde.

Das reduzierte Ergebnis dieses modifizierten Verbundes ist also

A	B	C	STATUS
a	b	c	**d**
a	$\exists$	c	**m**

Natürlich muß die Behandlung der Nullwerte auch in anderen Operationen der Relationenalgebra fortgesetzt werden. □

Operationen auf Wertebereichen

Für Operationen auf Wertebereichen benötigt man eine weitere Algebra-Operation, die *Spaltenerweiterung*, die abgeleitete Attribute berechnet. Diese Art der Operation gibt es etwa in den Algebren ISBL [Tod76] und RELAX [MHH93]. ISBL wurde auch kommerziell als Anfragesprache angeboten. Deshalb wird IS-BL im übernächsten Kapitel in die Klassifikation kommerzieller relationaler Anfragesprachen aufgenommen.

Wir führen nun den Gruppierungsoperator ein, der sowohl die eben angesprochenen Operationen auf Wertebereichen als auch eine Gruppierung vornehmen kann, die etwa der Nestungsoperation ν in der NF^2-Algebra entspricht und später in SQL für die Realisierung der **group by**-Klausel mit Algebraoperationen noch benötigt wird.

Der Gruppierungsoperator γ

Um eine relevante Untermenge von SQL in eine relationale Algebra zu übersetzen benötigen wir zumindest eine Erweiterung der Algebra um Operationen zur Berechnung allgemein und speziell von Aggregatfunktionen kombiniert mit einer Möglichkeit zur Gruppenbildung.

Der Gruppierungsoperator γ wird auf eine einzelne Relation angewandt und wie folgt notiert:

$$\gamma_{f_1(x_1), f_2(x_2), \ldots, f_n(x_n); A}(r(R))$$

Informal beschrieben, erweitert die Operation γ das Attributschema von $r(R)$ um neue Attribute, die zu den Funktionsanwendungen $f_1(x_1), f_2(x_2), \ldots, f_n(x_n)$ korrespondieren. Dabei werden die Funktionen $f_i(x_i)$ auf die Teilmenge derjenigen Tupel auf $r(R)$ angewandt, die gleiche Attributwerte für die Attribute A haben.

Semantik des Gruppierungsoperators

Formal läßt sich der Operator γ wie folgt definieren:

- Die Anwendung auf eine leere Attributmenge $A = \emptyset$, also $\gamma_{F(X); \emptyset}(r(R))$, ist definiert als

$$\gamma_{F(X); \emptyset}(r(R)) = r(R) \times r(R)^{F(X)}$$

 mit $r(R)^{F(X)}$ als eine Relation, die nur ein Attribut, dessen Name "$F(X)$" ist, und genau ein Tupel hat, dessen Wert durch die Anwendung der Funktion $F(X)$ über $r(R)$ berechnet wird.

- Wird keine Funktion oder Berechnung spezifiziert, dann hat der Operator γ keinen Effekt: $\gamma_{\emptyset; \emptyset}(r(R)) = r(R)$. Weiterhin gilt: $\gamma_{\emptyset; A}(r(R)) = r(R)$.

- Nun können wir den allgemeinen Fall $\gamma[F(X); A](r(R))$ definieren als

$$\gamma_{F(X); A}(r(R)) = \bigcup_{t \in R} \gamma_{F(X); \emptyset}(\sigma_{A = t.A}(r(R)))$$

wobei t ein Tupel aus $r(R)$ und $t.A$ dessen Werte der Attribute A in $r(R)$ bezeichnet.

Vereinfachend definieren wir $\gamma_{f_1(x_1),f_2(x_2),\ldots,f_n(x_n);A}\,r(R)$ als abkürzende Schreibweise für

$$\gamma_{f_1(x_1);A}\big(\gamma_{f_2(x_2);A}\cdots\gamma_{f_n(x_n);A}\big(r(R)\big)\ldots\big)$$

Typische Funktionen $F(X)$ sind die Aggregatfunktion in SQL, also **count**, **sum**, **avg**, **min** und **max**. Es können aber auch Berechnungen allgemeiner Art, z. B. $R.a_1 \div 1.783$ für ein Gruppierungsattribut a_1, sein.

Die folgende Anfrage zeigt die Anwendung des γ-Operators. Es wird das Durchschnittsgehalt pro Fachbereich aus der Relation `Mitarbeiter` der Beispieldatenbank ermittelt, nachdem zuvor auf die Mitarbeiternummer, den Fachbereich und das Gehalt projiziert wurde:

$$\gamma_{\mathbf{avg}(\text{Gehalt});\text{Fachbereich}}\big(\pi_{\text{PANr},\text{Fachbereich},\text{Gehalt}}\,r(\texttt{Mitarbeiter})\big)$$

Das Ergebnis dieser Anfrage ist die folgende Relation:

Fachbereich_AVG_Gehalt

PANr	Fachbereich	Gehalt	AVG(Gehalt)
4711	Informatik	6000	3837
5588	Informatik	6000	3837
6834	Mathematik	750	750
7754	Informatik	550	3837
8832	Informatik	2800	3837
9912	Linguistik	2600	2600

8.3 Anfrage-Kalküle

Der bisher präsentierte Ansatz der Anfrage*algebren* verwirklicht die Idee, daß Datenbankkollektionen Ausprägungen eines abstrakten Datentyps (etwa des Datentyps "Relation") und Anfragen Operationen dieses Datentyps sind. Ein alternativer Zugang ist der logikbasierte Ansatz, in dem Datenbankinhalte Belegungen von Prädikaten einer Logik entsprechen, und Anfragen abgeleiteten Prädikaten. Derartige Anfrageformalismen werden als *Kalküle* bezeichnet. Da bei der Definition abgeleiteter Prädikate angegeben wird, *was* zum Ergebnis gehören soll, und nicht *wie* es berechnet wird, spricht man auch von *deskriptiven* Anfragen.

8.3.1 Ein allgemeiner Kalkül

Ein Kalkül ist eine formale logische Sprache zur Formulierung von Aussagen. Formeln eines Kalkül sind uns bereits in vorherigen Kapiteln etwa zur Formulierung von Integritätsbedingungen begegnet. Wir wollen hier einen derartigen Kalkül zur Formulierung von Anfragen einsetzen.

Aus der Mathematikausbildung an der Schule und im Grundstudium wird den meisten Lesern der Prädikatenkalkül vertraut sein. Im Prädikatenkalkül werden Aussagen über mathematische Strukturen formuliert — etwa sind zum Beispiel die Axiome der natürlichen Zahlen durch Aussagen im Prädikatenkalkül formalisierbar. Aussagen können als spezielle Anfragen aufgefaßt werden: Anfragen, die als Antwort entweder Ja oder Nein liefern.

In der Mathematik werden derartige Aussagen bekannterweise auch zur *expliziten Konstruktion von Mengen* eingesetzt. Etwa wird die Menge aller Quadrate von Zahlen, deren Kubikzahlen zwischen 0 und 1000 liegen, wie folgt notiert:

$$\{x^2 \mid x \in IN \wedge x^3 > 0 \wedge x^3 < 1000\}$$

Eine derartige explizite Mengenkonstruktion besteht im wesentlichen aus drei Bestandteilen: der Angabe von Bereichen für Variablen (hier $x \in IN$), einer Selektionsbedingung und einer Ergebnisberechnung (hier x^2).

Es liegt nahe, diesen Ansatz auf Datenbankanfragen auszuweiten, indem im Bedingungsteil Bezug auf Datenbankobjekte genommen wird. Folgend dieser verbreiteten mathematischen Konvention, können wir somit Anfragen in einem allgemeinen Anfragekalkül wie folgt formalisieren. Eine allgemeine *Anfrage* hat die Form

$$\{f(\bar{x}) \mid p(\bar{x})\}$$

wobei die einzelnen Bestandteile wie folgt festgelegt werden:

- Die Notation $\bar{x}$ bezeichnet eine Menge von freien Variablen, über die die Bedingung ausgewertet wird, also

$$\bar{x} = \{x_1 : D_1, \ldots, x_n : D_n\}$$

  D_i bezeichnet den Bereich, an den eine Variable x_i gebunden ist. Eine Variable kann an einen Wertebereich eines Datentyps gebunden sein (übliche Typisierung aus Programmiersprachen) oder an eine Kollektion von Datenbank-Objekten, über die quasi iteriert werden soll. Einzelne Varianten von Anfragekalkülen unterscheiden sich darin, ob und wie die Angabe der Zuordnung von Variablen an Wertebereiche oder an Datenbank-Kollektionen notiert wird. In den folgenden Abschnitten werden einige mögliche Varianten anhand konkreter Kalküle vorgestellt.

- Die Funktion f bezeichnet eine *Ergebnisfunktion* über den freien Variablen $\bar{x}$. Bei Datenbankanfragen sind wichtige Spezialfälle die Angabe einer Variable selber (f ist hier die Identitätsfunktion) und die Tupelkonstruktion (Ergebnis vom Typ **tuple of**). Der letztere Fall ist etwa im Relationenmodell der Standardfall, und wird in Relationenkalkülen darum syntaktisch abgekürzt.

- p ist ein *Selektionsprädikat* über den freien Variablen $\bar{x}$. Ein Selektionsprädikat kann wie folgt aufgebaut werden:

- Terme zu den Wertebereichen werden wie üblich aus Variablen, Konstanten und Funktionsanwendungen gebildet.

- Mittels der Prädikate der Datentypen, etwa $\leq$, $<$, $>$, $\geq$, können atomare Formeln über Termen gebildet werden. Insbesondere kann das Gleichheitsprädikat $=$ für alle (auch komplex strukturierte) Wertebereiche verwendet werden.

- Der Bezug zur aktuellen Datenbank erfolgt in der Regel über *Datenbankprädikate*. So wird im Relationenmodell der Relationenname als Prädikatensymbol aufgefaßt.

  Allgemein kann je nach Datenmodell der Bezug zum aktuellen Datenbankinhalt auch unterschiedlich hergestellt werden, etwa können in funktionalen Datenbankmodellen Datenbankfunktionen anstelle von Prädikaten verwendet werden, Konstantensymbole können Datenbankobjekte bezeichnen, Bereichsdeklarationen können Variablen direkt an Datenbank-Kollektionen binden etc. Wir präsentieren den Zugang über Datenbankprädikate, da er am weitesten verbreitet ist und die anderen Möglichkeiten darauf zurückgeführt werden können.

- Die gebildeten atomaren Formeln können mit den bekannten prädikatenlogischen Operatoren $\wedge$, $\vee$, $\neg$, $\forall$, $\exists$ zu Formeln zusammengesetzt werden.

Wir werden hier keine Beispiele für allgemeine Anfragen sondern stattdessen mehrere spezielle Kalküle vorstellen. Vor diesen konkreten Kalkülen wird kurz skizziert, wie man sich eine — nicht optimierte — Auswertung von Kalkülanfragen vorstellen kann und welche Probleme hierbei auftreten.

Ergebnisbestimmung einer Anfrage

Folgend der bekannten mathematischen Konstruktion von Mengen, kann die nicht-optimierte Auswertung einer Kalkülanfrage wir folgt skizziert werden. Sie besteht aus zwei Schritten:

1. Bestimme alle Belegungen der freien Variablen in $\bar{x}$, für die das Prädikat p wahr wird.

2. Wende Funktion f auf die durch diese Belegungen gegebenen Werte an.

Das Ergebnis einer Anfrage ist somit eine Menge von Werten, die mittels der Funktion f aus denjenigen Belegungen der freien Variablen berechnet werden, die das Selektionsprädikat erfüllen. Der Bezug zum aktuellen Datenbankinhalt wird hierbei über die Datenbankprädikate hergestellt.

Für den praktischen Einsatz von Kalkülanfragen für Datenbankanfragen tritt nun ein wichtiges Problem auf:

Etwa läßt sich leicht eine Kalkülanfrage formulieren (mittels der logischen Negation), die das Inverse zu einer Datenbank-Relation bestimmt, also eine unendliche Relation. Ob eine Kalkülanfrage ein endliches oder ein unendliches Ergebnis hat, kann zudem vom aktuellen Inhalt der Datenbank abhängen. Für Datenbankanfragen sind wir an den sogenannten *sicheren Anfragen* interessiert, die unabhängig vom aktuellen Inhalt der Datenbank garantiert ein endliches Ergebnis liefern. Der Aspekt der Sicherheit wird im Zusammenhang mit konkreten Anfragekalkülen detaillierter diskutiert werden.

Im Bereich des Relationenmodells sind zwei Kalküle verbreitet, die sich in den erlaubten Wertebereichen der Variablen unterscheiden:

- Der *Bereichskalkül* ist dadurch gekennzeichnet, daß Variablen Werte elementarer Datentypen (*Bereiche*) annehmen. Eine weitere verbreitete deutsche Bezeichnung dieses Kalküls lautet Domänen-Kalkül bzw. Domänen-Relationenkalkül (von engl. *domain calculus*).

- Im *Tupelkalkül* hingegen variieren Variablen über Tupelwerte (entsprechend den Zeilen einer Relation).

Wir werden diese beiden Kalküle ausführlicher diskutieren, wobei wir die Basisdefinitionen für den Bereichskalkül ausführlich diskutieren und uns dann beim Tupelkalkül etwas kürzer fassen. Beide Kalküle bilden die Grundlage kommerzieller Datenbanksprachen für das relationale Datenbankmodell, so daß hier eine intensivere Diskussion wichtig ist. Danach werden wir kurz Kalküle für andere Datenbankmodelle vorstellen.

8.3.2 Bereichskalkül

Der Bereichskalkül läßt als Variablen nur Variablen zu den Basis-Datentypen des Relationenmodells zu, die sogenannten *Bereichsvariablen*. Die Bausteine für Anfragen des Bereichskalküls sind somit Terme, atomare Formeln und Formeln:

- *Terme* werden aus Konstanten, Variablen und Funktionsanwendungen zusammengesetzt. Terme sind somit:

    - Konstanten, etwa die Zahl 42 oder die Zeichenkette `'MZ-4'`.
    - Variablen zu Datentypen, etwa x.
      Die Datentypangabe erfolgt in der Regel implizit und wird nicht explizit deklariert!
    - Funktionsanwendung $f(t_1, \ldots, t_n)$ einer Funktion f auf Terme t_i, etwa $plus(12, x)$ bzw. in Infixnotation $12 + x$.

- *Atomare Formeln* werden durch die folgenden Konstruktionen gebildet:

  - Prädikatanwendung $\Theta(t_1, \ldots, t_n)$ wobei $\Theta \in \{<, >, \leq, \geq, \neq, =, \ldots\}$ ein Datentypprädikat ist und t_i ein Term. Zweistellige Prädikate werden wie üblich in Infix-Notation geschrieben.

    Beispiele für Prädikatanwendungen sind $x = y$, $42 > x$ oder $3 + 7 = 11$.

  - Prädikatanwendungen für Datenbankprädikate, notiert als $R(t_1, \ldots, t_n)$ für einen Relationennamen R.

    Als Voraussetzung muß n die Stelligkeit der Relation R sein und alle t_i müssen vom passenden Typ sein.

    Ein typisches Beispiel ist der folgende Ausdruck:

    $$\texttt{bestellt}('\texttt{Maier}', x, 100)$$

- *Formeln* werden wie üblich mit den prädikatenlogischen Operatoren $\wedge$, $\vee$, $\neg$, $\forall$ und $\exists$ gebildet.

- *Anfragen* haben nun die folgende Form:

  $$\{x_1, \ldots, x_n \mid \phi(x_1, \ldots, x_n)\}$$

ϕ ist hierbei eine Formel über den in der sogenannten Ergebnisliste aufgeführten Variablen x_1 bis x_n. Das Ergebnis ist eine Menge von Tupeln. Die Tupelkonstruktion erfolgt implizit aus den Werten der Variablen in der Ergebnisliste.

Ein Basiskalkül für theoretische Untersuchungen

Für theoretische Fragestellungen, etwa betreffend den Vergleich mit anderen Anfrageformalismen wie der Relationenalgebra oder betreffend Aspekten der Sicherheit von Anfragen, wird der vorgestellte Bereichskalkül weiter wie folgt eingeschränkt.

- Als einziger Wertebereich sind die ganzen Zahlen erlaubt.

- Datentypprädikate werden wie bei der Relationenalgebra auf die Gleichheit und die elementaren Vergleichsoperatoren eingeschränkt.

- Funktionsanwendungen sind nicht erlaubt; nur Konstanten dürfen neben Bereichsvariablen als Terme verwendet werden.

Sichere Anfragen

Das Problem der Sicherheit von Anfragen in einem allgemeinem Kalkül wurde ja bereits angerissen. Nun stellt sich konkret die Frage: Wann liefern Bereichskalkülanfragen ein endliches Ergebnis? Um einer Antwort näher zu kommen, unterscheiden wir zuerst zwischen *sicheren* Anfragen allgemein und weiteren Einschränkungen syntaktischer Natur.

- *Sichere Anfragen* (auch *semantisch sichere Anfragen*) sind *Anfragen, die für jeden Datenbankzustand* $\sigma(\mathcal{R})$ *ein endliches Ergebnis liefern.* Semantische Sicherheit ist eine Eigenschaft von Kalkülausdrücken, die im Einzelfall leicht zu zeigen ist, aber nicht automatisch nachprüfbar ist.

  Ein Beispiel für eine nicht sichere Anfrage ist

$$\{x, y \mid \neg R(x, y)\}$$

  Diese Anfrage berechnet das Komplement einer endlichen Relation. Entsprechend ist die folgende Anfrage, die die Relation unverändert ausgibt, sicher:

$$\{x, y \mid R(x, y)\}$$

  Ein nicht ganz so naheliegendes Beispiel für eine sichere Anfrage ist der folgende Ausdruck:

$$\{x, y \mid y = 10 \wedge x > 0 \wedge x < 10\}$$

  Die Sicherheit der letzten Anfrage folgt direkt aus den Regeln der Arithmetik. Das letzte Beispiel zeigt gleichzeitig, daß semantische Sicherheit im allgemeinen *nicht entscheidbar* ist. Dies folgt aus der Nicht-Entscheidbarkeit des Prädikatenkalküls erster Stufe mit Arithmetik.

- Unter *syntaktisch sicheren Anfragen* verstehen wir Anfragen, die syntaktischen Einschränkungen unterliegen, um die semantische Sicherheit zu erzwingen. Syntaktisch sichere Anfragen definieren somit eine Teilmenge der semantisch sicheren Anfragen, für die die Sicherheitseigenschaft entscheidbar ist.

  Wir verzichten auf eine vollständige Definition syntaktischer Einschränkungen, die Sicherheit garantieren, und geben stattdessen kurz die Grundidee wieder:

  Jede freie Variable x_i *muß überall in* $\phi(x_1, \ldots)$ *durch* positives *Auftreten* $x_i = t$ *oder* $R(\ldots, x_i, \ldots)$ *an endliche Bereiche gebunden werden.*

  Die Bindung an endliche Bereiche muß für die ganze Bedingung, also insbesondere für alle Zweige einer Disjunktion, gelten. Der Begriff 'positives' Auftreten bezieht sich darauf, daß das Auftreten innerhalb einer Negation — wie das obige Beispiel zeigte — natürlich nicht an einen Bereich bindet. Ein Test auf diese Regel kann zum Beispiel durch die Konstruktion und Analyse einer disjunktiven Normalform für ϕ erfolgen. Näheres dazu kann in einschlägigen Lehrbüchern gefunden werden, etwa [Mai83].

Auf Kalkülen basierende kommerzielle Sprachen wie SQL oder QUEL führen oft noch weitere syntaktische Regeln ein, die direkt semantische Sicherheit erzwingen. Näheres zu diesen Einschränkungen wird bei der Diskussion dieser Sprachen diskutiert.

Beispiele Bereichskalkül

Der Einsatz des Bereichskalküls zur Formulierung von Anfragen wird nun anhand einiger einfacher Beispiele vorgestellt. Wir nehmen hierzu drei Relationen einer einfachen Bestellungsverwaltung als Beispieldatenbank:

$$\text{Kunde(KName,Adresse,Konto),}$$

$$\text{bestellt(KName,WareBez,Anzahl)}$$

und

$$\text{Ware(WareBez,Preis,Vorrat)}$$

Die folgenden Anfragen im Bereichskalkül zeigen die Konzepte dieses Ansatzes sowie einige abkürzende Konventionen.

1. *"Alle (Namen von) Kunden in Magdeburg"*.

$$\{x \mid \text{Kunde}(x,y,z) \wedge y =' \text{MD}'\}$$

Als vereinfachte Notation sind ansonsten ungebundene Variablen (hier y und z) im Bedingungsteil existentiell mit $\exists$ gebunden. Die vollständige Version dieser Anfrage würde also wie folgt lauten:

$$\{x \mid \exists y \exists z \text{Kunde}(x,y,z) \wedge y =' \text{MD}'\}$$

In der folgenden dazu äquivalenten Anfrage kann die Bereichsvariable eingespart werden, indem die Konstante als Parameter des Prädikats eingesetzt wird.

$$\{x \mid \text{Kunde}(x,' \text{MD}',z)\}$$

Als Abkürzung für beliebige, unterschiedliche existentiell gebundene Variablen erlauben wir das '_'-Symbol. Viele Anfragen müßten sonst mit irrelevanten Variablen versehen werden, die nur als Platzhalter benötigt werden.

$$\{x \mid \text{Kunde}(x,y,\_) \wedge y =' \text{MD}'\}$$

Verschiedene Auftreten des Symbols '_' stehen hierbei für paarweise verschiedene Variablen.

2. *"Städte mit mehr als zwei Kunden"*.

$$\{y \mid \text{Kunde}(x,y,z) \wedge \text{Kunde}(x',y,z') \wedge x \neq x'\}$$

Diese Anfrage zeigt eine Verbundbildung über das zweite Attribut der Kunde-Relation. Verbundbildung kann im Bereichskalkül einfach durch die Verwendung derselben Bereichsvariablen als Parameter in verschiedenen Relationsprädikaten erfolgen.

3. *"Wer hat Waren unter 1.- DM bestellt?"*

$$\{x, w \mid \texttt{Kunde}(x,y,z) \land \texttt{bestellt}(x,w,a) \land \texttt{Ware}(w,p,v) \land a > 0 \land p < 1.00\}$$

Diese Anfrage zeigt einen Verbund über drei Relationen. Die Angabe $\texttt{Kunde}(x,y,z)$ bewirkt, daß nur tatsächlich gespeicherte Kunden berücksichtigt werden (notwendig, falls referentielle Integrität verletzt sein könnte).

4. *"Wer hat überhaupt etwas bestellt?"*

$$\{x \mid \texttt{Kunde}(x,y,z) \land \exists w \exists a (\texttt{bestellt}(x,w,a) \land a > 0)\}$$

Hier wird eine existentiell gebundene Unteranfrage eingesetzt. Derartige Unteranfragen können aufgrund der Regeln der Prädikatenlogik und die implizite Quantifizierung wie folgt aufgelöst werden:

$$\{x \mid \texttt{Kunde}(x,y,z) \land (\texttt{bestellt}(x,w,a) \land a > 0)\}$$

5. *"Wer hat nur Waren in großer Anzahl bestellt?"*

$$\{x \mid \texttt{Kunde}(x,y,z) \land \forall w \forall a (\texttt{bestellt}(x,w,a) \Rightarrow a > 100)\}$$

Im Gegensatz zu existentiell gebundenen Unteranfragen wie im vorigen Beispiel können universell gebundene Teilformeln nicht aufgelöst werden.

Satz 8.1 Der Bereichskalkül ist *streng relational vollständig*, d.h. zu jedem Term τ der Relationenalgebra gibt es einen äquivalenten (sicheren) Ausdruck η des Bereichskalküls. □

Zwei Anfragen τ und η sind dabei äquivalent genau dann, wenn sie in jedem Zustand der Datenbank die gleiche Relation bestimmen. Als Folge des obigen Satzes gibt es zu jedem syntaktisch sicheren Ausdruck des Bereichskalküls einen äquivalenten Term der Relationenalgebra.

Der Beweis erfolgt über Induktion über den Termaufbau. Wir verzichten auch hier auf einen vollständigen Beweis und verweisen auf die einschlägige Literatur [Mai83]. Stattdessen geben wir kurz eine Umsetzung der Grundoperationen der Relationenalgebra in den Bereichskalkül an.

Umsetzung von Relationenoperationen im Bereichskalkül

Seien zwei Relationenschemata $R(A_1, \ldots, A_n)$ und $S(B_1, \ldots, B_m)$ gegeben. Die folgenden Äquivalenzen zwischen Anwendungen von Operatoren der Relationenalgebra und Kalkülausdrücken sind gültig.

- Vereinigung (für $n = m$).

$$R \cup S \hat{=} \{x_1 \ldots x_n \mid R(x_1, \ldots, x_n) \lor S(x_1, \ldots, x_n)\}$$

8 Grundlagen von Anfragen und Änderungen

- Differenz (für $n = m$).

$$R - S \,\hat{=}\, \{x_1 \ldots x_n \mid R(x_1, \ldots, x_n) \wedge \neg S(x_1, \ldots, x_n)\}$$

- Kreuzprodukt.

$$R \times S \,\hat{=}\, \{x_1 \ldots x_n x_{n+1} \ldots x_{n+m} \mid R(x_1, \ldots, x_n) \wedge S(x_{n+1}, \ldots, x_{n+m})\}$$

- Natürlicher Verbund.

$$R \bowtie S \,\hat{=}\, \{x_1 \ldots x_n x_{n+1} \ldots x_{n+m-i} \mid R(x_1, \ldots, x_n) \wedge S(x_1, \ldots, x_i, x_{n+1}, \ldots, x_{n+m-i})\}$$

Hierbei seien die ersten i Attribute von R und S die Verbundattribute, also $A_j = B_j$ für $j = 1 \ldots i$.

- Projektion.

$$\pi_{\overline{A}}(R) \,\hat{=}\, \{y_1 \ldots y_k \mid \exists x_1 \ldots \exists x_n (R(x_1, \ldots, x_n) \wedge y_1 = x_{i_1} \wedge \ldots \wedge y_k = x_{i_k})\}$$

Hierbei ist die Attributliste der Projektion wie folgt gegeben: $\overline{A} = (A_{i_1}, \ldots, A_{i_k})$

- Selektion.

$$\sigma_\phi(R) \,\hat{=}\, \{x_1 \ldots x_n \mid R(x_1, \ldots, x_n) \wedge \phi'\}$$

Die Formel ϕ' wird hierbei aus ϕ gewonnen, indem Variable x_i anstelle der Attributnamen A_i eingesetzt werden.

Die obige Umsetzung der relationalen Operatoren zeigt, wie Algebraterme durch rekursive Anwendung dieser Regeln in Kalkülausdrücke umgeformt werden können. Der umgekehrte Weg ist komplizierter: Hierfür müssen Kalkülausdrücke wieder in eine Normalform umgeformt werden, um dann analog zu obigen Regeln in Relationenalgebraterme umgeformt zu werden. Diese Umsetzung ist ein wichtiger Schritt in der Operationalisierung von Kalkülausdrücken, wie er etwa in der relationalen Anfrageoptimierung eingesetzt wird.

8.3.3 Tupelkalkül

Anfragen im Tupelkalkül werden analog zu denen des Bereichskalküls aufgebaut, aber mit folgenden Unterschieden:

- Die Variablen t sind tupelwertig.

- $R(t)$ bedeutet "t ist in Relation R". Eine alternative Notation ist $t \in R$.

- $t.A_i$ bzw. $t[i]$ ermöglichen den Zugriff auf die i-te Tupelkomponente. Eine alternative verbreitete Notation ist $t(i)$.

- Anfragen haben die Form

$$\{u \mid \phi(u)\}$$

wobei u eine Tupelvariable ist.

Das Konzept der Sicherheit von Anfragen wird analog zum Bereichskalkül definiert. Wie dort können einige theoretische Aussagen am besten anhand eines Basis-Kalküls untersucht werden, der auf kritische Konzepte wie etwa Funktionsanwendung verzichtet. Wir stellen erst diesen Basis-Kalkül vor, und diskutieren dann Erweiterungen, die diesen Kalkül näher an kommerziell verwendete Sprachen wie SQL bringen.

Der Basis-Tupelkalkül

Die Originaldefinition der relationalen Vollständigkeit nimmt den sicheren Tupelkalkül als Maßstab. Ein Ausdruck des *Basis-Tupelkalküls* hat die Form

$$\{t \mid \phi(t)\}$$

wobei t eine *Tupelvariable* und $\phi(t)$ eine spezielle Formel der Prädikatenlogik 1. Ordnung ist. Wir geben im folgenden die Originaldefinition des Basis-Tupelkalküls als Einschränkung unserer allgemeinen Definition wieder. *Atome* des Basis-Tupelkalküls sind:

- $s \in r$ mit s Tupelvariable und r Relation.

- $s_1.A\theta s_2.B$ mit s_1, s_2 Tupelvariablen und A, B Attribute. s_1 muß über A und s_2 über B definiert sein, d.h., A und B sind für diese Tupel erlaubte Attributnamen.

  θ ist wie in der Relationenalgebra ein Vergleichsoperator auf den Basisdatentypen, also ein Operator aus der Auflistung $=, \neq, <, >, \geq$ und $\leq$.

- $s.A\theta c$ mit s Tupelvariable, s ist über A definiert, und $c \in \mathrm{dom}(A)$ (c hat also einen passenden Typ).

Atome entsprechen den atomaren Formeln bisheriger Definitionen. *Formeln* des Basis-Tupelkalküls werden dann folgendermaßen definiert:

- Ein Atom ist eine Formel.

- Sind ϕ und ψ Formeln, dann sind auch $\neg\phi$, (ϕ), $\phi \wedge \psi$ und $\phi \vee \psi$ Formeln.

- Ist $\phi(s)$ eine Formel und s eine freie (d.h. noch nicht durch einen Quantor gebundene) Tupelvariable in $\phi(s)$, so sind auch $\forall s : \phi(s)$ und $\exists s : \phi(s)$ Formeln.

Wesentliche Unterschiede zur Prädikatenlogik 1. Ordnung (und zum Teil zum allgemeinen Tupelkalkül wie er oben eingeführt wurde) sind die fehlenden Funktionssymbole, die eingeschränkte Form der Variablen (nur Tupelvariablen) und die eingeschränkte Auswahl an Prädikaten (nur $\in r$ und θ erlaubt). Mit welchen syntaktischen Einschränkungen der Basis-Tupelkalkül sicher gemacht werden kann, ist im Detail etwa in [Mai83] oder [Ull88] nachzulesen.

Erweiterungen in der Notation

Der vorgestellte Basis-Tupelkalkül kann erweitert werden, um ihn näher an Konzepte existierender relationaler Anfragesprachen wie SQL heranzuführen.

- Im Tupelkalkül müssen jeweils neue Tupelvariablen eingeführt werden, wenn die Struktur der Ergebnistupel nicht bereits als Typ einer der Relationen auftritt. Eine erste Erweiterung führt eine implizite Tupelbildung analog zum Bereichskalkül ein, etwa

$$\{u.A_1, v.B_2 \mid R(u) \wedge S(v)\}$$

Im Gegensatz zum Bereichskalkül haben Tupel der Ergebnisrelation benannte Attribute.

Die obige Anfrage ist ansonsten äquivalent zu der folgenden Anfrage:

$$\{w \mid \exists u \exists v R(u) \wedge S(v) \wedge u.A_1 = w[1] \wedge v.B_2 = w[2]\}$$

- Weitere naheliegende Erweiterungen erlauben die Definition von Attributnamen in der Zielliste und die Verwendung von Termen in der Zielliste, etwa in der folgenden Form:

$$\{u.\texttt{Name}, \texttt{Jahresgehalt} : u.\texttt{Gehalt} * 13 \mid \texttt{Angestellte}(u)\}$$

Beispiele für Anfragen im erweiterten Tupelkalkül

Die folgenden kurzen Beispiele zeigen den Einsatz des Tupelkalküls zur Formulierung von Datenbankanfragen. Wir nehmen dasselbe Anwendungsbeispiel wie für die Beispiele des Bereichskalküls.

- *Alle Kunden mit Namen* 'Müller'.

$$\{t \mid \texttt{Kunde}(t) \wedge t.\texttt{KName} = \texttt{'Mueller'}\}$$

Hier werden alle Attribute von Kunden mit im Ergebnis ausgegeben.

- *Die Adressen von Kunden mit Namen* 'Müller'.

$$\{t.\texttt{Adresse} \mid \texttt{Kunde}(t) \wedge t.\texttt{KName} = \texttt{'Mueller'}\}$$

- *Namen und Adressen von Kunden, die Papier bestellt haben.*
  $\{t.\mathsf{KName}, t.\mathsf{Adresse} \mid \mathsf{Kunde}(t) \wedge$
    $\exists b(\mathsf{bestellt}(b) \wedge b.\mathsf{WName} = \text{'}\mathsf{Papier'} \wedge b.\mathsf{KName} = t.\mathsf{KName})\}$

Tupelkalkül und Bereichskalkül sind gleich mächtig in der Ausdruckskraft. Diese Gleichwertigkeit kann etwa durch automatische Umsetzung zwischen Bereichs- und Tupelvariablen gezeigt werden. Als Resultat ist auch der (sichere) Tupelkalkül streng relational vollständig.

8.3.4 Kalküle für andere Datenmodelle und Erweiterungen

In einigen Lehrbüchern werden Anfragekalküle fest mit dem Relationenmodell verbunden vorgestellt. Diese Verbindung ist naheliegend, entsprechen doch Tupel einer Relation direkt Fakten zu einem Prädikat in einem Logikansatz. Jedoch können Kalkül-Anfragen auch auf andere Datenmodelle übertragen werden, deren Datenobjekte nicht direkt Fakten und Prädikaten einer Logik entsprechen.

In diesem Abschnitt werden Kalküle für andere Datenbankmodelle als dem Relationenmodell sowie Erweiterungen des Kalkülansatzes diskutiert. Als konkreten Kalkül betrachten wir einen Kalkül für das im Abschnitt 3.5 vorgestellte erweiterte ER-Modell.

Kalküle für ER-Datenmodelle

In diesem Abschnitt stellen wir einen Kalkül für das in Kapitel 3.5 ausführlich diskutierte EER-Modell vor. Der *EER-Kalkül* nach Hohenstein und Gogolla [HG88, GH91, Hoh93, Gog94] basiert auf den vorgestellten Konzepten für relationale Anfragekalküle, bietet aber zusätzlich weitere Konzepte an:

- Anfragen im EER-Kalkül liefern *Multimengen* als Ergebnis, also Anfrageergebnisse können Duplikate enthalten. Multimengenanfragen werden mit speziellen Klammersymbolen notiert:

$$\{\{\cdots \mid \cdots\}\}$$

  Die Multimengensemantik entspricht eher den realisierten Datenbanksprachen wie SQL und ermöglicht eine einfache Integration von Aggregatfunktionen in den Kalkül.

- Ein Problem mit relationalen Kalkülen ist die Frage der Sicherheit. Im EER-Kalkül wird das Problem der Sicherheit dadurch gelöst, daß Variablen ausschließlich positiv an *endliche Bereiche* gebunden werden. Die Bindung an Bereiche erfolgt in *Deklarationen* δ_i zu Beginn der qualifizierenden Formel, so daß eine EER-Anfrage die folgende Form erhält:

$$\{\{t_1, \ldots, t_n \mid \delta_1 \wedge \ldots \wedge \delta_k \wedge \phi\}\}$$

wobei die Terme t_i wie im Bereichskalkül die Felder der Ergebnistupel bestimmen und ϕ eine qualifizierende Formel ist.

Ein Beispiel für eine typische Deklaration in einer Datenbankanfrage wäre die folgende Bindung der Variable a an den (endlichen) Bereich aller in der Datenbank gespeicherten Angestellten:

$$(a\!:\!\text{ANGESTELLTE})$$

- Bereiche des EER-Kalküls sind endliche (Multi-)Mengen von Datenobjekten, an die eine Variablenbindung erfolgen kann. Neben Datenbankbereichen können auch Anfragen als Bereiche in Deklarationen verwendet werden — der EER-Kalkül hat einen *rekursiven Anfrageaufbau* wie in Abbildung 8.7 gezeigt wird.

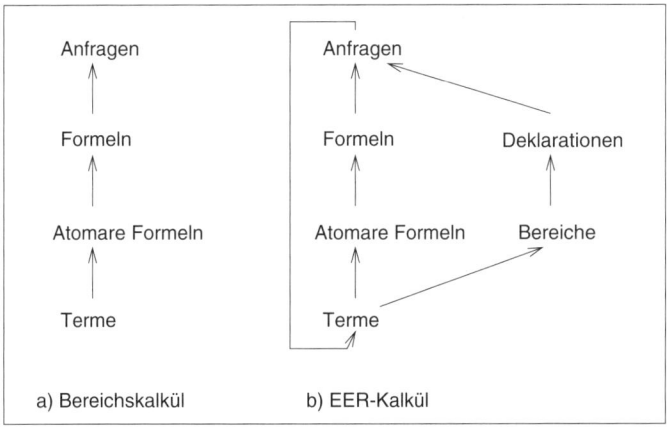

Abb. 8.7: *Vergleich des Formelaufbaus zwischen Bereichskalkül und EER-Kalkül*

- Da Anfragen als spezielle Terme vom Typ **multiset** aufgefaßt werden, können *Aggregatfunktionen* wie Summenbildung, Durchschnittswerte und Zählen einfach als Funktionen notiert werden, etwa in der folgenden Anfrage:
$$\text{AVG}(\{\{Preis(b) \mid (b\!:\!\text{BUCH}) \wedge \text{Verlag}(b) =' \text{Thomson}'\}\})$$

AVG (für engl. *average*) ist eine Funktion, die den Durchschnittswert einer Multimenge von Zahlen bestimmt (vergleiche hierzu Aggregierung in SQL, Abschnitt 9.3).

- Da Anfrageergebnisse nur spezielle Werte mit dem Datentypkonstruktor **multiset** sind, können die Operationen auf Multimengen wie Vereinigung, Schnittmenge etc. auf Anfrageterme angewendet werden. Hier verbindet der EER-Kalkül den algebraischen Ansatz zur Anfrageformulierung mit den Kalkülansätzen.

- Eine spezielle Funktion **bts** (für *bag-to-set*) entfernt Duplikate aus Multimengen und schlägt damit die Brücke zu den klassischen mengenbasierten Kalkülen.

- So wie in relationalen Kalkülen Relationen als Prädikate behandelt werden, müssen die Konzepte des EER-Modells auf logische Konstrukte des EER-Kalküls abgebildet werden:

  - Die Entity-Typen definieren die Bereiche, an die Variablen gebunden werden können.

  - Beziehungstypen definieren Prädikatsymbole. Alternativ können sie auch Bereiche definieren.

  - Attribute von Entity-Typen werden als Funktionen modelliert.

Der EER-Kalkül kann auch auf Datenbanken angewendet werden, die im ER-Modell oder im relationalen Datenbankmodell beschrieben wurden, da beide als Spezialfälle des EER-Modells aufgefaßt werden können. Auch für das Netzwerk- und hierarchische Datenbankmodell könnte er benutzt werden, obwohl diesen Modellen dann eine neue multimengenbasierte Semantik gegeben würde. Die Nähe der Modellierungskonzepte des EER-Modells zu objektorientierten Konzepten läßt auch hier einen Einsatz zu.

Die Struktur von Anfragen im EER-Kalkül ist nahe an Anfragen in der Sprache SQL angelehnt, so daß er zur Semantikfestlegung von SQL-ähnlichen Sprachen dienen kann. Gogolla gibt in [Gog94] eine formale Semantik für eine Teilmenge des SQL-Standards an, während Hohenstein und Engels [HE92, Hoh93] eine SQL-basierte Sprache SQL/EER für das EER-Modell vorstellen, die auf dem EER-Kalkül basiert.

8.4 Änderungsoperationen

Bisher haben wir ausschließlich Anfrageoperationen betrachtet, also Operationen, die den Zustand der gespeicherten Datenbank nicht ändern. Änderungs-Operationen sollen nun in diesem Abschnitt betrachtet werden. Wir werden zuerst allgemeine Grundprinzipien diskutieren, und uns dann der Formalisierung von Änderungen im Relationenmodell zuwenden.

8.4.1 Allgemeine Grundprinzipien

Betrachten wir die Formalisierung von Datenbankzuständen in Kapitel 4, dann wird jeder Datenbankzustand durch eine Kollektion von *Mengen* dargestellt (Funktionen können ebenfalls als Mengen dargestellt werden). Ein gegebenes Datenbankkonzept K, etwa ein Entity-Typ im ER-Modell, wurde in einem Zustand σ durch eine Menge $\sigma(K)$ interpretiert. Wie kommt man von einem DB-Zustand zu einem neuen, also wie kann eine Datenbank-Änderung erfolgen?

Formal kann man natürlich alle Mengen von Datenobjekten komplett durch andere Mengen ersetzen. Dieser Ansatz wird bei theoretischen Überlegungen auch durchaus eingesetzt, wo ein neuer DB-Zustand das Ergebnis einer Anfrage an den alten Zustand ist und somit kein neuer formaler Apparat für Änderungen benötigt wird. Im praktischen Einsatz und für den Sprachentwurf ist es hingegen sinnvoll, lokale Änderungen anstelle einer kompletten Ersetzung als Änderungsmodell zu verwenden.

Ein Zustand ist eine Kollektion von Mengen, lokale Änderungen wären hier sicher das Einfügen von Elementen in eine dieser Mengen (**insert**-Operation) und entsprechend das Entfernen aus einer Menge (**delete**-Operation)[3]. Die Semantik einzelner derartiger Operationen ist durch die Semantik des abstrakten Datentyps 'Menge' vorgegeben, braucht hier also nicht diskutiert zu werden.

In der Tradition der mengenweisen Verarbeitung von Anfragen betrachten wir im Datenbankbereich semantisch ebenfalls *Mengen gleichzeitig ausgeführter Einfügungen und Löschungen*. Auf der Sprachebene wird etwa das Löschen mehrerer Tupel aus einer Relation als ein Konstrukt angeboten. Diese Vorgehensweise erlaubt es, bei Änderungen die Einhaltung modell-inhärenter Integritätsbedingungen zu fordern, die bei Folgen von Einzeländerungen zwischenzeitig verletzt würden.

Aktuelle Sprachen erlauben nicht beliebiges gleichzeitiges Ausführen von Einfügungen und Löschungen. Etwa kann in relationalen Datenbanken in einem Schritt jeweils nur auf einer Relation gearbeitet werden, und es darf nur eine Art von Operationen ausgeführt werden. Das Problem der inkonsistenten Zwischenzustände wird dabei wie folgt gelöst:

- Eine typische Operation ist das Ersetzen eines Elements durch ein anderes. Da simultanes Löschen und Einfügen nicht möglich sind, wird zusätzlich zu **insert** und **delete** eine explizite Operation **replace** angeboten.

- Das Konzept der *Transaktion* faßt eine Folge von **insert**-, **delete**- und **replace**-Operationen zu einem atomaren Zustandsübergang zusammen. Relationenübergreifende Integritätsbedingungen müssen von Transaktionen respektiert, dürfen aber von Einzel-Operationen verletzt werden.

---

[3]Würde der semantische Bereich anders aussehen, etwa Listen als grundlegende Struktur benutzen, wären hier natürlich andere Operationen zu benutzen.

8.4.2 Relationale Änderungsoperationen

Nach den Vorbemerkungen können wir die Änderungsoperationen des relationalen Datenbankmodells nun einfach formalisieren. Manipuliert werden ganze Tupelmengen auf einmal. Wir verwenden die speziellen Notationen für das Relationenmodell, also etwa **DAT** anstelle von σ.

Um eine Datenbank d zu verändern, insbesondere um nach der Definition des Datenbankschemas aus der ursprünglich gegebenen "leeren" Datenbank (bestehend nur aus leeren Relationen) einen nicht-leeren Datenbankwert zu erzeugen, werden drei grundlegende *Änderungsoperationen* oder auch *Update-Operationen* formalisiert. Dabei sei ein Datenbankschema S gegeben mit $S := (S, \Gamma)$, also Relationen $S := \{\mathcal{R}_1, \ldots, \mathcal{R}_p\}$ und Integritätsbedingungen Γ.

Ferner sei eine gültige Datenbank $d(S) := \{r_1(\mathcal{R}_1), \ldots, r_i(\mathcal{R}_i), \ldots, r_p(\mathcal{R}_p)\}$ gegeben und zwei Tupel t und t' über $\mathcal{R}_i$. Eine Update-Operation u ist nun eine Abbildung $u : \mathbf{DAT}(S) \longrightarrow \mathbf{DAT}(S)$. Wir definieren die drei Operationen `insert`, `delete` und `replace` wie folgt:

- Die Operation $u(d) :=$ `insert` t `into` $r_i(\mathcal{R}_i)$ ist definiert durch

$$d \longmapsto \begin{cases} d' := \{r_1, \ldots, r_i \cup \{t\}, \ldots, r_p\} & \text{falls } d' \in \mathbf{DAT}(S) \\ d & \text{sonst} \end{cases}$$

- Die Operation $u(d) :=$ `delete` t `from` $r_i(\mathcal{R}_i)$ ist definiert durch

$$d \longmapsto \begin{cases} d' := \{r_1, \ldots, r_i - \{t\}, \ldots, r_p\} & \text{falls } d' \in \mathbf{DAT}(S) \\ d & \text{sonst} \end{cases}$$

- Die Operation $u(d) :=$ `replace` $t \to t'$ `in` $r_i(\mathcal{R}_i)$ ist definiert durch

$$d \longmapsto \begin{cases} d' := \{r_1, \ldots, (r_i - \{t\}) \cup \{t'\}, \ldots, r_p\} & \text{falls } d' \in \mathbf{DAT}(S) \\ d & \text{sonst} \end{cases}$$

Man beachte, daß `replace` nicht äquivalent zu einer Hintereinanderanwendung von `delete` und `insert` ist, da nach der implizit in `replace` enthaltenen Lösch-Operation ein ungültiger Datenbankwert auftreten darf (also ein $d'' \notin \mathbf{DAT}(S)$). Wie oben schon erwähnt, werden in der Praxis häufig die Integritätsbedingungen bei den elementaren Update-Kommandos nicht berücksichtigt. Eine Folge von Update-Aktionen, die *Transaktion*, ist dann eine Abbildung von $\mathbf{DAT}(S)$ in $\mathbf{DAT}(S)$.

8   Grundlagen von Anfragen und Änderungen

8.5 Vertiefende Literatur

Die Relationenalgebra wurde in [Cod72b] eingeführt. Eine Version der Relationenalgebra mit dem kartesischen Produkt als Grundoperation enthält etwa [Ull88]. Eine orthogonale Algebra für geschachtelte Relationen wird in [SS86] eingeführt. Die Relationenalgebra mit Nullwerten behandelt [Bis81]. Algebren mit Erweiterungen in Richtung arithmetische Ausdrücke, Aggregatfunktionen und Gruppierungen (die im nächsten Kapitel für relationale Anfragesprachen eingeführt werden) sind ISBL [Tod76] und RELAX [MHH93].

Der Bereichskalkül und der Tupelkalkül werden in [Ull88] und [Mai83] erläutert. Eingeführt wurden sie durch Codd in [Cod72b]. Einen um Aggregatfunktionen erweiterten Kalkül und angepaßte Äquivalenzuntersuchungen zwischen Algebra und Kalkül wurden in [Klu82] eingeführt. Der EER-Kalkül stammt von Hohenstein und Gogolla [HG88, GH91, Hoh93, Gog94].

8.6 Übungsaufgaben

Übung 8.1 Geben Sie die Voraussetzungen an, unter denen die folgenden Optimierungsregeln für die Relationenalgebra gelten:

- $\sigma_F(r_1 \bowtie r_2) = \sigma_{F_1}(r_1) \bowtie \sigma_{F_2}(r_2)$

- $\pi_X(r_1 \bowtie r_2) = \pi_{X_1}(r_1) \bowtie \pi_{X_2}(r_2)$ $\qquad\qquad\qquad\qquad$ □

Übung 8.2 Erzeugen Sie aus den im Anhang aufgeführten Basisrelationen der Universitätsdatenbank mittels einer Anfrage in einer NF^2-Algebra die geschachtelte Relation in Abbildung 4.12 auf Seite 125. Welche Schwierigkeiten gibt es bei der Erzeugung der dort angegebenen Tupelmenge? Wie müßten Verbund und Nestung umdefiniert werden, um die gewünschten Ergebnistupel zu erreichen? $\qquad\qquad\qquad\qquad$ □

Übung 8.3 Geben Sie eine Anfrage in einem der vorgestellten relationalen Kalküle an, die abhängig vom Inhalt der Datenbank ein endliches oder ein unendliches Ergebnis liefern kann. $\qquad\qquad\qquad\qquad$ □

Übung 8.4 Formulieren Sie die folgenden Anfragen an die in Anhang A.2 aufgeführten Beispielrelationen sowohl in der Relationenalgebra als auch im Bereichs- und im Tupelkalkül.

1. Man finde die Nachnamen derjenigen Studenten, die genau die gleichen Vorlesungen hören wie der Student mit dem Nachnamen 'Korn'.

2. Gib die Vorlesungen aus, die zwei oder mehr andere Vorlesungen voraussetzen (auch indirekt).

3. Gib die Nachnamen der Studenten aus, die alle Vorlesungen, über die sie geprüft wurden, auch gehört haben.

4. Man finde die Nachnamen der Studenten, die alle Vorlesungen in einem Semester hören, das für diese Vorlesung vorgesehen ist, oder sogar in einem früheren Semester als das vorgesehene. □

Übung 8.5 Formulieren Sie die Beispiel-Anfragen aus der Aufgabe 8.4 auch im EER-Kalkül. Behandeln Sie dafür Relationen wie Entity-Typen. □

Übung 8.6 Mit welchen Modifikationen kann der EER-Kalkül auch für Datenbanken im Netzwerkmodell genutzt werden? □

Übung 8.7 Formulieren Sie folgende Änderungen der Beispielrelationen aus dem Anhang A.2:

1. Fügen Sie sich selber als neuen Studenten ein.

2. Löschen Sie die Mitarbeiterin `Jagellovsk`.

3. Ändern Sie das Studienfach von Herrn `Korn` auf `Wirtschaftsinformatik`. □

Übung 8.8 Gegeben sind folgende Relationenschemata mit den daneben stehenden Bedeutungen:

BESUCHER={GAST,KNEIPE}   Welcher Gast besucht welche Kneipe?
ANGEBOT={KNEIPE,BIER}   Welche Kneipe bietet welches Bier?
GESCHMACK={GAST,BIER}   Welcher Gast mag welches Bier?

Man gebe in der Relationenalgebra und in einem Kalkül folgende Anfragen an:

1. Gib die Kneipen aus, die ein Bier anbieten, das `Holger Riedel` mag!

2. Gib die Gäste aus, die mindestens eine Kneipe besuchen, die auch ein Bier anbietet, das sie mögen!

3. Gibt die Gäste aus, die *nur* Kneipen besuchen, die auch ein Bier anbieten, das sie mögen!

4. Gib die Gäste aus, die *keine* Kneipen besuchen, die auch ein Bier anbieten, das sie mögen! □

Übung 8.9 Gegeben seien folgende Relationenschemata:

ARTIKEL   = {ARTIKELNR,TEIL_ARTIKELNR,NAME}
GEBRAUCH = {ARTIKELNR,AUTO,ANZAHL}
LAGER   = {ARTIKELNR,LAGERORT,MENGE}

mit der Bedeutung

ARTIKEL	Welche Bauteile hat ein Auto und welche direkten Teile hat dieses Bauteil?
GEBRAUCH	Welches Bauteil wird in welchem Auto in welcher Anzahl gebraucht?
LAGER	Welches Bauteil ist in welchem Lager wie oft vorhanden?

Man gebe, falls möglich, in Relationenalgebra und in einem Relationenkalkül folgende Anfragen an:

1. Welche Artikel (NAME!) lagern in Magdeburg oder Bad Doberan?

2. Welcher Lagerort lagert am wenigsten Artikel mit der Nummer 4711?

3. Welcher Lagerort lagert alle Teile, die auch Bad Doberan lagert?

4. Welche Artikel (ARTIKELNR) gibt es an mehr als einem Lagerort?

5. Welche Artikel gibt es an keinem Lagerort?

6. Welcher Lagerort hat wenigstens 40% der Artikel, die in einem VW Polo gebraucht werden?

7. Wieviele Lenkräder sind auf Lager?

8. Wieviele von jedem Teil sind auf Lager?

9. Gib *alle* Unterteile des Bauteils Motor aus!

Falls eine Anfrage in Algebra oder Kalkül Ihrer Meinung nach nicht ausdrückbar ist, begründen Sie dieses. □

9

Die relationale Datenbanksprache SQL

Relationale Datenbanksprachen setzen in ihrem Anfrageteil Ausdrücke des Tupelkalküls, Bereichskalküls oder der Relationenalgebra um und erweitern die Mächtigkeit dieser Sprachen um Operationen und Funktionen auf den Wertebereichen. Wir werden in diesem Kapitel nun mit SQL die wichtigste relationale Datenbanksprache einführen. Diese Sprache ist die ANSI-ISO-Norm für relationale Datenbanksprachen. Sie wurde zunächst in einem IBM-Forschungslabor für den Prototypen System/R entwickelt.

Im hierarchischen und Netzwerkmodell gibt es im Normalfall keine Anfragesprachen, sondern nur navigierende Operationen (siehe Kapitel 11). Die Sprache SQL besitzt einen Kern, der auf dem Kalkül basiert, jedoch mit algebraischen Erweiterungen. Im folgenden Kapitel werden wir noch Sprachen kennenlernen, die ausschließlich auf einer der möglichen Grundlagen (Tupelkalkül, Bereichskalkül, Relationenalgebra) basieren.

Dieses Kapitel ist folgendermaßen aufgebaut:

- Das Kapitel beginnt mit einer Kurzeinführung in SQL in Abschnitt 9.1, das insbesondere einen ersten Eindruck für den Beginn praktischer Anfrageübungen am Rechner ermöglichen soll.

- Danach wird in Abschnitt 9.2 der Kern der Anfragesprache SQL dargestellt, der nötig ist, um relationenalgebraische Anfragen stellen zu können.

- Über die Mächtigkeit der Relationenalgebra hinausgehende Konstrukte werden in Abschnitt 9.3 vorgestellt.

- Einen Überblick über verschiedene SQL-Versionen, insbesondere die verschiedenen Stufen der Normung, gibt Abschnitt 9.4.

- Die neueste Version des Standards (SQL-99), gleichzeitig der Standard für eine objektrelationale Datenbanksprache, wird in Abschnitt 9.5 skizziert.

9.1 Kurzeinführung in SQL

Bevor wir detailliert die Sprache SQL einführen, stellen wir eine Kurzeinführung in SQL voran. Diese Kurzeinführung soll einen ersten Überblick über den Gesamtumfang von SQL geben, bevor die syntaktischen Konstrukte in all ihren Varianten vorgeführt werden.[1]

Eine erste SQL-Anfrage an eine einzelne Tabelle unserer Beispielmodellierung könnte wie folgt lauten:

```
select Vorname, Nachname
from Personen
where PLZ = '39106'
```

Diese Anfrage gibt die Relation an, aus der Daten gewonnen werden sollen (hinter **from**), sowie eine Selektionsbedingung und die Attribute einer Projektion. Die Angaben der Selektionbedingung können wie gewohnt durch Boolesche Operatoren verbunden werden, die als englische Worte notiert werden (**and**, **or** und **not**). Als Basisprädikate sind insbesondere die aus der Relationenalgebra bekannten erlaubt.

SQL hat eine *Multimengensemantik*; die bei der Relationenalgebra übliche Duplikatunterdrückung muß also explizit erzwungen werden, wenn sie erwünscht ist:

```
select distinct Vorname
from Personen
where PLZ > '10000'
```

Als wesentliche Möglichkeit, Daten aus zwei Relationen zu verknüpfen, nutzt SQL das Kreuzprodukt, und nicht den natürlichen Verbund.[2] Die folgende Anfrage berechnet also das Kreuzprodukt zweier Relationen, wobei die Angabe * die Ausgabe aller Attribute erwirkt:

```
select *
from Personen, Pers_Telefon
```

Der (eigentlich erwünschte) Verbund muß durch die Angabe einer *Verbundbedingung* erzwungen werden. Hierzu müssen gleichlautende Attribute des

---

[1]Wir gehen hierbei davon aus, daß dem Leser die Basiskonzepte des Relationenmodells und insbesondere die der relationalen Algebra vertraut sind.

[2]Wir werden später in SQL92 auch ein syntaktisches Konstrukt für den natürlichen Verbund kennenlernen, das aber eher als Abkürzung zu verstehen ist.

Kreuzproduktes unterschieden werden — ein expliziter Umbenennungsoperator für Zwischenergebnisse wie in der Relationenalgebra existiert in SQL nicht. Die Umbenennung erfolgt über sogenannte *Tupelvariablen*, die im Standardfall aus den Namen der Relationen abgeleitet werden:

```
select *
from Personen, Pers_Telefon
where Personen.PANr = Pers_Telefon.PANr
```

Natürlich können auch neue Variablennamen generiert werden — bei Selbstverbunden ist dies sogar notwendig, wie folgende Anfrage zeigt, die Paare von Personen (als PANr) berechnet, die die gleiche Telefonnummer haben:

```
select t_eins.PANr, t_zwei.PANr
from Pers_Telefon t_eins, Pers_Telefon t_zwei
where t_eins.Telefon = t_zwei.Telefon
```

Der Algebraoperator Vereinigung wird in SQL explizit mit **union** notiert. Die Differenzbildung hingegen wird in der Regel durch geschachtelte Anfragen realisiert, wie folgendes Beispiel zeigt:

```
select *
from Personen
where Personen.PANr not in (
        select PANr
        from Pers_Telefon )
```

Da geschachtelte Unteranfragen etwas komplexer in der Semantik und den syntaktischen Varianten sind, belassen wir es an dieser Stelle mit diesem einfachen Beispiel.

9.2 SQL-Kern

In diesem Abschnitt werden wir den Kern des Anfrageteils der relationalen Datenbanksprache SQL vorstellen. Dazu gehört (nach einem Überblick über alle zum Anfrageteil gehörenden Klauseln) insbesondere die Funktionsweise der **from**-, **select**- und **where**-Klausel, sowie die Möglichkeiten zur Darstellung der Mengenoperationen. Mit den hier beschriebenen Klauseln werden die Möglichkeiten der Relationenkalküle und der Relationenalgebra im großen und ganzen abgedeckt.

Der Standard SQL-92 für die Sprache SQL ist in einigen kommerziellen Systemen zur Zeit nicht voll realisiert. Wir stellen diesen Standard als Referenz vor, verweisen aber an vielen Stellen auf den für kommerzielle Systeme noch lange relevant bleibenden Standard SQL-89 und erläutern ausführlich die

Unterschiede. Auf den aktuellen Standard SQL-99 gehen wir in einem eigenen Abschnitt ein.

9.2.1 Überblick über SQL-Klauseln

Der SQL-Anfrageteil hat folgende Charakteristika:

- Er ist (fast) vollständig: In der alten Version SQL-89 können bestimmte Anfragen durch mangelnde Orthogonalität der Anfrageklauseln allerdings noch nicht ausgedrückt werden. In SQL-92 ist dieses Manko behoben.

- Er liefert einige Zusatzfunktionen wie Arithmetik und Aggregatfunktionen, die etwa in die **select**- und **where**-Klausel mit eingebaut werden können. Diese waren auch in den Erweiterungen der Kalküle im letzten Kapitel bereits erwähnt worden.

- Er ist nicht ganz abgeschlossen. Bestimmte Ergebnisse von Anfrageoperationen können für weitere Anfragen nicht verwendet werden (etwa die mit **union** entstehenden). Auch dieses Manko von SQL-89 ist in SQL-92 behoben worden.

Der SFW-Block

Wir führen nun den SFW-Block ein, der die Standardform einer SQL-Anfrage beschreibt. Er ist nach den ersten drei Klauseln einer solchen Anfrage (**select**, **from**, **where**) benannt.

Die **select**-Klausel

- gibt die *Projektionsliste* an, die das Ergebnisschema bestimmt, und

- integriert auch *arithmetische Operationen und Aggregatfunktionen*.

Die **from**-Klausel

- spezifiziert zu verwendende *Relationen* (Basisrelationen oder Sichten) und

- führt eventuelle *Umbenennungen* durch (durch Tupelvariablen oder 'alias'-Namen).

- Die verwendeten Relationen werden mittels eines kartesischen Produkts verknüpft.

Die **where**-Klausel

- spezifiziert *Selektionsbedingungen* der Relationenalgebra und

- *Verbundbedingungen*, um aus dem obigen kartesischen Produkt einen Gleichverbund (Equi-Join) zu machen.

- Geschachtelte Anfragen sind in der **where**-Klausel erlaubt, d.h. man kann wieder einen SFW-Block innerhalb einer **where**-Klausel spezifizieren.

Die **group by**-Klausel

- ermöglicht *Gruppierungen* innerhalb der Relationen. Es werden jeweils bestimmte Tupel zu einer Gruppe zusammengefaßt. Die Aggregatfunktionen werden dann pro Gruppe und nicht global für die gesamte Relation angewendet.

Die **having**-Klausel

- spezifiziert *Selektionsbedingungen an Gruppen*. Diese können auf Attribute, nach denen gruppiert wurde, und auf angewendete Aggregatfunktionen Bezug nehmen.

Wir beschreiben in diesem Abschnitt nun die **select**-, **from**- und **where**-Klausel sowie die Anwendbarkeit beziehungsweise Simulation von Mengenoperationen. Erst im nächsten Abschnitt werden wir unter anderem auf die **group by**- und **having**-Klausel eingehen. Die Reihenfolge der Vorstellung entspricht dabei nicht ganz der Abarbeitungsreihenfolge: In SQL wird zunächst die **from**-, dann die **where**-, **group by**- und **having**- und schließlich die **select**-Klausel ausgewertet.

Wie bereits in Abschnitt 8.3.3 erwähnt, sind einige Sprachkonstrukte von SQL, etwa der Gebrauch von Tupelvariablen, eng an den Tupelkalkül angelehnt. Tatsächlich korrespondieren die ersten drei Klauseln des SFW-Blocks in ihrer ursprünglichen Form direkt zu typischen Anfragebestandteilen des Tupelkalküls. Wir werden jeweils am Schluß der folgenden Abschnitte auf diese Korrespondenz hinweisen.

9.2.2 Die **from**-Klausel

Die **from**-Klausel bildet die Basis der Anfragebearbeitung in SQL. Hier werden Basisrelationen (später auch Sichtrelationen) aufgelistet, deren Attribute in den anderen Klauseln verwendet werden sollen. Die Syntax der **from**-Klausel muß in Zusammenhang mit der zwingenden **select**-Klausel beschrieben werden und ist in der einfachsten Form

```
select *
from relationenliste
```

wobei hinter jedem Relationennamen optional eine Tupelvariable auftauchen kann.

Zum Beispiel ist das Ergebnis der Anfrage

```
select *
from Buch
```

an die Relationen aus Kapitel 1 die gesamte Relation Buch.

Bei mehr als einer Relation wird das kartesische Produkt gebildet. So berechnet

```
select *
from Buch, Ausleih
```

das kartesische Produkt (also 20 Tupel) statt des eventuell erwarteten natürlichen Verbundes (nur 4 Tupel).

Durch Einführung von Tupelvariablen kann auf eine Relation mehrfach zugegriffen werden. Beispielsweise wird in der Anfrage

```
select *
from Buch eins, Buch zwei
```

das kartesische Produkt von Buch mit sich selbst berechnet, was 25 Tupel und 8 Spalten in der entstehenden Relation ergibt. Die aus den Relationen *eins* und *zwei* stammenden Spalten werden durch Voranstellung des Tupelvariablen-Namens unterschieden. Die acht Spalten lauten somit:

```
eins.Inventarnr, eins.Titel, eins.ISBN, eins.Autor,
zwei.Inventarnr, zwei.Titel, zwei.ISBN, zwei.Autor
```

Dieser Selbst-Verbund (Self-Join) ist wichtig für Anfragen, die zwei Werte eines Attributs miteinander vergleichen sollen. Die **where**-Klausel wird wie die Selektionsbedingung der Relationenalgebra oder die Formel der Relationenkalküle auf jeweils ein Tupel angewendet. Tupelübergreifende Selektionen können nur mit Hilfe des Selbst-Verbundes simuliert werden. Zu diesem Fall wird es im Unterabschnitt 9.3.5 noch konkrete Beispiele geben.

Bezug zum Tupelkalkül

Die **from**-Liste entspricht im Tupelkalkül einer speziellen Definition von Tupelvariablen und deren direktem Binden an Datenbankrelationen. Die Definition ist insofern speziell, da sie garantiert, daß korrespondierende Kalkülausdrücke automatisch sicher sind. Für den bereits diskutierten Ausschnitt aus einer SQL-Anfrage

```
select ...
from Buch eins, Buch zwei
where ...
```

lautet der korrespondierende Tupelkalkülausdruck wie folgt:

$$\{\dots \mid \text{Buch}(\textit{eins}) \wedge \text{Buch}(\textit{zwei}) \wedge (\dots)\}$$

Die **from**-Klausel bindet alle eventuell in den anderen Klauseln vorkommenden Tupelvariablen in Form einer Konjunktion an Datenbankrelationen — dies gewährleistet die Sicherheit. In SQL müssen im Gegensatz zum Tupelkalkül nicht alle Tupelvariablen explizit benannt werden; hier genügen etwa die Relationennamen als implizit definierte Tupelvariablen, sofern Eindeutigkeit gewährleistet ist.

SQL-92-Spezialitäten

Während in SQL-89 mit der **from**-Klausel nur kartesische Produkte von Relationen beschrieben werden können und der natürliche Verbund nur mit Hilfe der **where**-Klausel formulierbar ist, wird in SQL-92 die **from**-Klausel um interessante Konzepte erweitert. Insbesondere können jetzt durch Operatoren Zwischenrelationen gebildet werden.

Verbunde

Zunächst einmal kann das kartesische Produkt neben der bisher bekannten Formulierung

```
select *
from Buch, Ausleih
```

auch mit einem expliziten Operator umgesetzt werden:

```
select *
from Buch cross join Ausleih
```

Der Ausdruck hinter **from** erzeugt das kartesische Produkt als neue Zwischenrelation, auf die die Restanfrage zugreift.

Für den natürlichen Verbund gibt es nun verschiedene Formulierungsmöglichkeiten: Neben der herkömmlichen Simulation über Verbundbedingungen (die im folgenden Unterabschnitt noch näher erklärt werden)

```
select *
from Buch, Ausleih
where Buch.Inventarnr = Ausleih.Inventarnr
```

kann jetzt auch explizit ein **join**-Operator angegeben werden. Die Verbundbedingung ist dabei beim θ-Verbund wieder in herkömmlicher Weise anzugeben:

```
select *
from Buch join Ausleih
     on Buch.Inventarnr = Ausleih.Inventarnr
```

Soll ein Gleichverbund ausgedrückt werden, so können in der neuen **using**-Klausel die Attribute angegeben werden, über die der Verbund ausgeführt werden soll:

```
select *
from Buch join Ausleih
    using (Inventarnr)
```

Schließlich kann auch der natürliche Verbund direkt als Operator angegeben werden:

```
select *
from Buch natural join Ausleih
```

All diese Verbundoperationen können als abkürzende Schreibweisen für komplexe Anfragen zum Verbinden zweier Relationen aufgefaßt werden, deren korrekte Formulierung eine der Fehlerquellen beim Arbeiten mit SQL-89 war — etwa wird beim Ausformulieren eines natürlichen Verbundes über mehrere Relationen leicht einer der nötigen Gleichheitsvergleiche vergessen.

Zu beachten ist, daß jeder SFW-Block (etwa jede weitere Anfrage in diesem Abschnitt) nun auch hinter der **from**-Klausel eingesetzt werden kann. SQL-92 ist somit bezüglich der **from**-Klausel orthogonal — im Gegensatz zu SQL-89.

Äußere Verbunde

Statt des klassischen Verbundes, der auch **inner join** genannt wird, gibt es in SQL-92 auch einen äußeren Verbund. Hierbei werden "dangling tuples" in das Ergebnis übernommen und mit Nullwerten aufgefüllt. Der **outer join** übernimmt alle Tupel beider Operanden (in Langfassung auch als **full outer join** notiert). Der **left outer join** bzw. **right outer join** übernimmt alle Tupel des linken beziehungsweise des rechten Operanden. Beim äußeren natürlichen Verbund muß jeweils noch das Schlüsselwort **natural** eingeführt werden, also etwa **natural left outer join**.

Ein Beispiel für jeden dieser äußeren Verbunde ist in Abbildung 9.1 angegeben. Es wird jeweils der natürliche Verbund gebildet. Angewendet werden die Verbunde auf die beiden Tabellen LINKS und RECHTS. Die Ergebnisse sind jeweils OUTER, LEFT und RIGHT benannt. Der eingeführte Nullwert wird mit ⊥ gekennzeichnet.

Auch die äußeren Verbunde sind Abkürzungen für SQL-Anfragen, die ansonsten komplexer formuliert werden müßten. Auf diesen Aspekt werden wir wieder zurückkommen, sobald wir mehr Sprachkonstrukte von SQL kennengelernt haben.

Tupelvariablen für Zwischenergebnisse

Tupelvariablen können in SQL-92 nun mit dem expliziten Benennungsoperator **as** eingeführt werden. Dabei können jegliche Relationen hinter **from** benannt

LINKS

A	B
1	2
2	3

RECHTS

B	C
3	4
4	5

NATURAL JOIN

A	B	C
2	3	4

OUTER

A	B	C
1	2	⊥
2	3	4
⊥	4	5

LEFT

A	B	C
1	2	⊥
2	3	4

RIGHT

A	B	C
2	3	4
⊥	4	5

Abb. 9.1: Die verschiedenen Arten des äußeren Verbundes

werden, also auch Zwischenrelationen, die mit den obigen Operatoren erst gebildet werden. Ein Beispiel wäre:

```
select Ergebnis.Inventarnr
from (Buch natural join Ausleih) as Ergebnis
```

9.2.3 Die **select**-Klausel

Mit der **select**-Klausel werden die Attribute festgelegt, die im Anfrageergebnis erwartet werden. In der Relationenalgebra entspricht dies einer abschließenden Projektion. Im Relationenkalkül ist diese Klausel in der Zielliste wiederzufinden.

Die Syntax der **select**-Klausel ist (neben dem bereits eingeführten Spezialfall der Angabe *)

```
select [distinct] {attribut |
                   arithmetischer-ausdruck |
                   aggregat-funktion }
from ...
```

wobei folgende Konzepte spezifiziert werden können:

- Attribute der hinter **from** stehenden Relationen, optional mit einem Präfix, der den Relationennamen oder den Namen der Tupelvariablen angibt.

- Arithmetische Ausdrücke über Attributen dieser Relationen und passenden Konstanten (diese werden in Abschnitt 9.3 noch genauer beschrieben).

- Aggregatfunktionen über Attributen dieser Relationen (auch diese werden wir in Abschnitt 9.3 noch erläutern).

Die optionale **distinct**-Klausel gibt an, ob eine Ergebnismenge erzeugt werden soll (also wie bei der Projektion Duplikate entfernt werden sollen) oder ob eine Multimenge als Ausgabe genügt (mit Duplikaten, dies ist die Voreinstellung).

Projektionsergebnis Menge oder Multimenge

So würde die Anfrage

select Name **from** Ausleih

die Ergebnisrelation

Name
Meyer
Schulz
Müller
Meyer

ergeben. Das Ergebnis enthält also wie die Ausgangsrelation vier Tupel. Damit entspricht das Ergebnis nicht der relationenalgebraischen Projektion (doppelte Tupel werden nicht eliminiert). Als Resultat erhalten wir also eine Multimenge von Tupeln. Es gibt zwei Gründe, diese vereinfachte Fassung der Projektion zum Standardfall in SQL zu machen:

- Die Version ohne Duplikateliminierung ist einfacher zu implementieren. In den meisten Fällen wird zur Entfernung von Duplikaten eine Sortierung der Daten nach den Projektionsattributen benötigt, die teurer ist als ein sequentieller Durchlauf der Daten.

- Die Erhaltung aller Werte einer Spalte wird manchmal bei Aggregatfunktionen benötigt, die die Werte dieser Spalte etwa summieren sollen. In diesem Fall können keine Duplikate entfernt werden, ohne das Ergebnis der Summation zu verfälschen.

   Ein Beispiel dafür ist die Gesamtsumme der Gehälter in unserer Mitarbeitertabelle: Da zwei Mitarbeiter dasselbe verdienen, würde eine Summierung nach einer Projektion mit Duplikateliminierung nicht die korrekte Gesamtsumme über allen Angestellten berechnen.

Möchte man in SQL die Projektion der Relationenalgebra darstellen, so benutzt man das optionale **distinct** innerhalb der **select**-Klausel:

select distinct Name **from** Ausleih

Diese Anfrage ergibt genau die Projektion aus der Relationenalgebra, also die Ergebnisrelation:

Name
Meyer
Schulz
Müller

Tupelvariablen und Relationennamen

Die Angabe der Attributnamen kann hinter **select** bei Mehrdeutigkeiten auch durch die Angabe eines Präfix ergänzt werden: So sind die Anfragen[3]

> **select** ISBN **from** Bücher

und

> **select** Bücher.ISBN **from** Bücher

äquivalent, da im ersten Fall nur ein einziges Attribut ISBN im Gültigkeits-bereich, der durch die **from**-Klausel angegeben wird, auftaucht. Dagegen wä-re folgende Anfrage mit dem natürlichen Verbund zwischen Bücher und Buch_Stichwort nicht erlaubt:

> **select** ISBN, Titel, Stichwort *(falsch!)*
> **from** Bücher, Buch_Stichwort
> **where** Bücher.ISBN = Buch_Stichwort.ISBN

Die ISBN taucht sowohl in Bücher als auch in Buch_Stichwort auf. Deshalb muß in der **select**-Klausel die Anfrage mit einem Präfix vor ISBN genauer spezifiziert werden:

> **select** Bücher.ISBN, Titel, Stichwort
> **from** Bücher, Buch_Stichwort
> **where** Bücher.ISBN = Buch_Stichwort.ISBN

Die anderen Attribute Titel und Stichwort sind dagegen eindeutig den Re-lationen hinter **from** zugeordnet.

Wenn wir Tupelvariablen einführen, so kann der Name einer Tupelvaria-blen zur Qualifizierung eines Attributs benutzt werden:

> **select** *eins*.ISBN, *zwei*.Titel
> **from** Bücher *eins*, Bücher *zwei*

Bezug zum Tupelkalkül

Die **select**-Klausel entspricht natürlich direkt der Zielliste im erweiterten Tu-pelkalkül. So korrespondiert die zuletzt angegebene SQL-Anfrage zu dem fol-genden Kalkülausdruck:

$$\{eins.\texttt{ISBN}, zwei.\texttt{Titel} \mid \text{Bücher}(eins) \land \text{Bücher}(zwei)\}$$

Genauer gesagt, sie entspricht dem entsprechenden Ausdruck in einem *Multi-mengenkalkül* wie dem EER-Kalkül — SQL-Anfragen ohne **distinct** entspre-chen Multimengen-Anfragen, mit **distinct** hingegen erhalten wir die klassi-schen, mengenbasierten Tupelkalkülausdrücke.

---

[3]Für die weiteren Beispiele dieses Kapitels verwenden wir jetzt die Beispielrelationen aus dem Anhang A.2.

9.2.4 Die **where**-Klausel

Mit der **where**-Klausel werden aus den hinter **from** angegebenen Relationen die Tupel selektiert, die der hinter **where** stehenden Bedingung genügen. Die **where**-Klausel entspricht somit sowohl der Selektionsbedingung der Relationenalgebra als auch einer Verbundbedingung, die aus dem kartesischen Produkt der hinter **from** aufgeführten Relationen einen Gleichverbund oder natürlichen Verbund macht.

Die Syntax einer SQL-Anfrage mit **where**-Klausel ist

```
select ...from ...
where bedingung
```

wobei die Bedingung folgende Formen annehmen kann:

- Eine *Konstanten-Selektion* ist ein Vergleich eines Attributs mit einer Konstanten:

  ```
  attribut θ konstante
  ```

  Dabei sind die möglichen Vergleichssymbole θ abhängig vom Wertebereich, der dem Attribut zugrunde liegt und zu dem die Konstante passen muß (siehe auch Abschnitt 8.2.2).

- Eine *Attribut-Selektion* ist ein Vergleich zwischen zwei Attributen mit kompatiblen Wertebereichen:

  ```
  attribut1 θ attribut2
  ```

  Auch hier sind die verfügbaren Vergleichssymbole vom Wertebereich abhängig.

- Eine *Verbundbedingung*

  ```
  relation1.attribut = relation2.attribut
  ```

  hat keine Entsprechung in der Relationenalgebra, da dort die Verbundbedingung in der Verknüpfungsvorschrift des natürlichen Verbundes implizit enthalten ist. Statt der Namen der Relationen (`relation1` und `relation2`) können natürlich auch die Namen der in der **from**-Klausel optional eingeführten Tupelvariablen als Präfix auftauchen.

Ein Beispiel für die Anwendung einer Verbundbedingung ist der natürliche Verbund von `Bücher` und `Buch_Stichwort` mit anschließender Projektion auf `Titel` und `Stichwort`:

```
select Bücher.Titel, Buch_Stichwort.Stichwort
from Bücher, Buch_Stichwort
where Bücher.ISBN = Buch_Stichwort.ISBN
```

- Neben diesem natürlichen Verbund ist, wie in Unterabschnitt 9.2.2 erläutert, auch der Gleichverbund (zwischen beliebigen kompatiblen Attributen) und der θ-Verbund (mit beliebigen Vergleichsoperatoren) erlaubt.

- Eine *Bereichsselektion*

```
attribut between konstante1 and konstante2
```

ist eine Abkürzung für die Anfrage

```
attribut ≥ konstante1 and attribut ≤ konstante2
```

und schränkt damit die Attributwerte auf das abgeschlossene Intervall

```
[konstante1, konstante2]
```

ein.

Eine Anwendung wäre etwa die Anfrage nach den Studenten, die eine Note zwischen 1.0 und 2.0 in einer ihrer Prüfungen erzielt haben:

```
select Matrikelnummer from Prüft
where Note between 1.0 and 2.0
```

- Die *Ungewißheitsselektion* ist theoretisch ebenfalls nur eine Abkürzung für eine disjunktiv (mit **or**) verknüpfte Bedingung, praktisch jedoch überhaupt nicht wegzudenken. Mit der Bedingung

```
attribut like spezialkonstante
```

wird eine einfache Art der Mustererkennung in Strings (Suche nach mehreren Teilzeichenketten) unterstützt. Die Spezialkonstante steht dabei für eine ganze Menge konkreter Konstanten, falls es ungewiß ist, wie die gesuchte Konstante genau aussieht. Die Spezialkonstante kann die Sondersymbole '%' und '_' beinhalten. Das '%' steht für kein oder beliebig viele Zeichen, das '_' für genau ein Zeichen.

Eine Anwendung der Ungewißheitsselektion wäre etwa die Selektion nach allen Büchern, die von Benjamin/Cummings herausgegeben werden. Falls man nicht genau weiß, wie der Wert 'Benjamin/Cummings' in die Datenbank eingetragen wurde (etwa 'Benjamin Cummings', 'Benjamin/Cummings', 'Benjamin-Cummings', 'Benjamin and Cummings', 'BenjaminCummings', 'Benj./Cummings', 'Benjamin/Cummings Publishing', ...), kann die Anfrage mit der Spezialkonstanten 'Benj%Cummings%' formuliert werden, die alle obigen Konstanten umfaßt. Die Anfrage lautet dann

```
select * from Bücher
where Verlagsname like 'Benj%Cummings%'
```

und ist eine Abkürzung für die Anfrage

```
select * from Bücher
where Verlagsname = 'Benjamin Cummings'
      or Verlagsname = 'Benjamin/Cummings'
      or Verlagsname = 'Benjamin-Cummings'
      or Verlagsname = 'Benjamin and Cummings'
      or Verlagsname = 'BenjXFDGYWCummingsSCHlumpf'
      or ...
```

die ohne **like** also in eine Aufzählung aller Möglichkeiten ausarten würde. Fehlt die Längenbegrenzung für Strings, so wäre die Liste der möglichen Konstanten sogar unendlich lang.

- Eine *Null-Selektion* wählt Tupel aus, die bei einem bestimmten Attribut Nullwerte enthalten. Diese Selektion wird durch das spezielle Prädikat

```
attribut is null
```

beschrieben. Durch die bisherigen Prädikate konnte nur auf Attributwerte aus den Wertebereichen der Attribute zugegriffen werden. Ein Vergleich mit einem Nullwert hätte immer **false** ergeben.

Auch alle noch folgenden Prädikate werden eine Spezialbehandlung benötigen, wenn Nullwerte vorliegen. Darauf werden wir dann in Unterabschnitt 9.3.7 zurückkommen.

- *Quantifizierte Bedingungen* sind möglich, wenn eines der beiden Argumente in einem Vergleich eine Menge von Attributwerten zurückliefert. In Unterabschnitt 9.3.4 werden die Quantoren **all**, **any**, **some** und **exists** noch näher besprochen.

- Sämtliche Bedingungen können natürlich zu komplexen booleschen Ausdrücken verknüpft werden. Dazu werden die logischen *Konnektoren* **or**, **and** und **not** wie im Relationenkalkül auf die Einzelbedingungen angewendet.

Im Unterabschnitt 9.2.5 werden wir noch darauf eingehen, wie SFW-Blöcke innerhalb der **where**-Klausel geschachtelt werden können. Dies geht in SQL-89 nur in einer sehr rudimentären Form, in SQL-92 in einer wesentlich orthogonaleren. Die Diskussion der SQL-92-Spezialitäten innerhalb der **where**-Klausel verschieben wir deshalb an das Ende des folgenden Unterabschnitts.

Bezug zum Tupelkalkül

Die **where**-Klausel des SFW-Blocks entspricht der qualifizierenden Formel in Tupelkalkülanfragen. Das Binden von Tupelvariablen auf der oberen Ebene erfolgt ausschließlich im **from**-Teil; im **where** können allerdings Unteranfragen mit Quantoren auftauchen, in denen neue Variablen gebunden werden können.

Die erlaubten atomaren Formeln entsprechen (bis auf die erwähnten Besonderheiten von SQL) denen des Tupelkalküls, also insbesondere etwa Gleichheitsanfragen mit = sowie Vergleiche mittels < und >. Die logischen Konnektive $\wedge$, $\vee$ und $\neg$ sind mit **and**, **or** und **not** bezeichnet.

Als Beispiel betrachten wir die Umsetzung der folgenden Anfrage in den Tupelkalkül:

```
select Bücher.Titel, Buch_Stichwort.Stichwort
from Bücher, Buch_Stichwort
where Bücher.ISBN = Buch_Stichwort.ISBN and
      ( Verlagsname = 'Thomson' or Verlagsname = 'MITP' )
```

Der entsprechende Kalkülausdruck lautet nun wie folgt:

$$\{ \; b.\text{Titel}, s.\text{Stichwort} \mid \text{Bücher}(b) \wedge \text{Buch\_Stichwort}(s) \wedge$$
$$b.\texttt{ISBN} = s.\texttt{ISBN} \wedge$$
$$(b.\text{Verlagsname} = \texttt{'Thomson'} \vee b.\text{Verlagsname} = \texttt{'MITP'})\}$$

9.2.5 Schachtelung von Anfragen

Die **where**-Klausel ist in SQL-89 die einzige Klausel, in der Anfragen (oder zumindest SFW-Blöcke) geschachtelt werden können. Da SFW-Blöcke nun aber im allgemeinen mehrere Werte liefern, können wir die Standardvergleiche des letzten Unterabschnitts nicht gebrauchen. Für Vergleiche mit Wertemengen gibt es nun in SQL zwei Möglichkeiten:

- Man benutzt die Standardvergleiche in Verbindung mit den Quantoren **all** ($\forall$) oder **any** ($\exists$). Diese Möglichkeit werden wir in Unterabschnitt 9.3.4 besprechen.

- Man benutzt spezielle Prädikate für den Zugriff auf Mengen, nämlich **in** und **exists**.

Das **in**-Prädikat und geschachtelte Anfragen

Eine geschachtelte Bedingung wird mit dem **in**-Prädikat folgendermaßen formuliert:

```
attribut in ( SFW-block )
```

Beispielsweise realisiert die Anfrage

```
select Titel from Bücher
where ISBN in ( select ISBN from Empfiehlt )
```

den natürlichen Verbund der Relationen `Bücher` und `Empfiehlt` mit nachfolgender Projektion auf den Titel der Bücher. Die Anfrage ermittelt also die Titel der in Vorlesungen empfohlenen Bücher. Die Anfrage wird vom System in zwei Schritten abgearbeitet:

- Zunächst bestimmt das System das Ergebnis der inneren **select**-Anweisung, also die ISBN der empfohlenen Bücher. Das Ergebnis wird dann hinter **in** als Liste von Konstanten eingesetzt.

- Dann wird die modifizierte Anfrage

```
select Titel from Bücher
where ISBN in
( '3-929821-31-1', '0-201-53771-0',
  '3-89319-175-5' , '0-8053-1753-8' )
```

abgearbeitet und liefert das gewünschte Ergebnis. Dabei wird die ISBN jedes Bücher-Tupels mit den Werten der Konstantenliste verglichen. Taucht die ISBN in dieser Liste auf, so wird **true** zurückgeliefert und der zugehörige Titel in das Ergebnis übernommen.

Anfragen können auch in mehreren Stufen geschachtelt werden.

Verzahnt geschachtelte Anfragen

Die innere Anfrage wurde im obigen Beispiel völlig unabhängig von der äußeren Anfrage abgearbeitet. Man kann jedoch auch die innere Anfrage von der äußeren abhängig machen: In diesem Fall sprechen wir von *verzahnt geschachtelten Anfragen*. Dabei wird in der inneren Anfrage ein Relationen- oder Tupelvariablen-Name aus dem **from**-Teil der äußeren Anfrage verwendet.

Beispielsweise können wir mit

```
select Nachname
from Personen
where 1.0 in ( select Note
               from Prüft
               where PANr = Personen.PANr)
```

die Nachnamen der Professoren herausfinden, die schon einmal eine 1.0 in einer Prüfung gegeben haben.

Konzeptionell wird die Anfrage folgendermaßen abgearbeitet[4]:

- In der äußeren Anfrage wird das erste Personen-Tupel untersucht. Die Personalausweisnummer ist 4711. Diese wird in der inneren Anfrage eingesetzt.

---

[4]Eine reale Implementierung dieser verzahnten Anfragen im System wird natürlich weitaus effizienter sein und ohne diese Verzahnung ablaufen.

• Die innere Anfrage

```
select Note
from Prüft
where PANr = 4711
```

wird ausgewertet. Sie liefert in diesem Fall die Werteliste (2.0, 2.3).

• Das Ergebnis der inneren Anfrage wird in die äußere eingesetzt. Da das Prädikat 1.0 **in** (2.0, 2.3) den Wert **false** annimmt, wird der Prüfer mit der PANr 4711 im Ergebnis nicht berücksichtigt.

• In der äußeren Anfrage wird das zweite Personen-Tupel untersucht. Der obige Vorgang wiederholt sich, bis alle Personen-Tupel berücksichtigt worden sind.

Keine (!) Verzahnung liegt in der folgenden Anfrage vor: In

```
select Matrikelnummer
from Prüft
where PANr in ( select PANr
                from Prüft
                where Matrikelnummer = 'HRO-912291')
```

werden die Matrikelnummern der Studenten ermittelt, die zumindest einen Prüfer mit dem Studenten gemeinsam haben, der die vorgegebene Matrikelnummer besitzt. Obwohl hier in der inneren Anfrage auf Attribute von Relationen zugegriffen wird, die auch in der äußeren Anfrage in der **from**-Klausel auftauchen, bindet der Gültigkeitsbereich der zweiten (identischen) **from**-Klausel stärker. Dies entspricht der Variablendeklaration in blockstrukturierten Sprachen: Eine lokal (also innen) deklarierte Variable bindet stärker als eine identische Variable, die im umgebenden Block (also außen) anders deklariert ist.

Möchte man bei gleicher **from**-Klausel innen auf die Attribute der äußeren Anfrage zugreifen, so müssen Tupelvariablen eingeführt werden. Die folgende Anfrage gibt die Personalausweisnummern aller Prüfer aus, die mehr als einen Studenten geprüft haben:

```
select X.PANr
from Prüft X
where X.PANr in
      ( select Y.PANr
        from Prüft Y
        where Y.Matrikelnummer <> X.Matrikelnummer)
```

Das **exists**-*Prädikat*

Das **exists**-Prädikat ist eine sehr einfache Form der Schachtelung, die nur testet, ob das Ergebnis der inneren Anfrage nicht leer ist.

Als Anwendungsbeispiel wollen wir die ISBNs der derzeit ausgeliehenen Bücher bestimmen. Eine mögliche SQL-Anfrage ist:

```
select ISBN
from Buch_Exemplare
where exists
      ( select *
        from Ausleihe
        where Inventarnr = Buch_Exemplare.Inventarnr)
```

Selbst ein Allquantor kann mit einer **exists**-Klausel simuliert werden, wenn ihr die Negation **not** vorangestellt wird. In der folgenden Anfrage ermitteln wir die Lehrstuhlbezeichnungen von Professoren, die bereits alle Vorlesungen geprüft haben, die sie auch lesen. Die Anfrage lautet

```
select Lehrstuhlbezeichnung
from Professoren
where not exists
      ( select *
        from Liest
        where Liest.PANr = Professoren.PANr
        and not exists ( select *
                         from Prüft
                         where Prüft.PANr =
                               Professoren.PANr
                         and Prüft.V_Bezeichnung =
                             Liest.V_Bezeichnung))
```

und bedeutet umgangssprachlich: "Gib alle Lehrstuhlbezeichnungen von Professoren aus, so daß keine von diesem gelesene Vorlesung existiert, die von ihm noch nicht geprüft wurde".

Bezug zum Tupelkalkül

Das **exists**-Prädikat entspricht dem $\exists$-Quantor des Tupelkalküls. Die anderen Schachtelungsoperatoren von SQL können ebenfalls auf Quantoren zurückgeführt werden; ein expliziter $\forall$-Quantor existiert nicht, kann aber aufgrund der Beziehung $\forall\varphi \equiv \neg\exists\neg\varphi$ mittels **exists** simuliert werden.

SQL-92-Spezialitäten

In SQL-92 sind viel allgemeinere Operanden von Vergleichen innerhalb der **where**-Klausel möglich. So sind neben Attributen und Konstanten in allen Vergleichen mit den üblichen Vergleichssymbolen auch sogenannte *Tupelbildungen* (row constructors) möglich, die ein Tupel aus Konstanten oder Attributen bilden.

Tupelbildungen

Mit Hilfe dieser Konstruktoren werden Tupel bestehend aus Attributen und Konstanten (sowie arithmetischen Ausdrücken über diesen) gebildet. Dies geschieht über die Auflistung dieser Elemente innerhalb von runden Klammern:

```
(Element_1, ..., Element_n)
```

Dabei können die runden Klammern weggelassen werden, wenn nur ein Element innerhalb der Tupelbildung steht. Dies führt uns auf den oben bereits behandelten Normalfall zurück. Außerdem sind Anfragen, die genau einen Wert zurückliefern und ebenfalls in runden Klammern stehen, ebenso Tupelbildungen.

Vergleiche von Tupeln

So konstruierte Tupel können nun innerhalb der **where**-Klausel verwendet werden. Ein Beispiel dafür ist folgender Teil einer Anfrage, bei dem die Bedingung wahr ist, falls das Studienfach und das Immatrikulationsdatum für den Studenten mit der Matrikelnummer 'HRO-912291' den beiden vorgegebenen Konstanten entspricht:

```
where ( select Studienfach, Immatrikulationsdatum
        from Studenten
        where Matrikelnummer = 'HRO-912291')
    =
      ('Informatik', '1.10.91')
```

Bei den Tupelbildungen, die in einem Vergleich vorkommen, müssen die Anzahl der Attribute übereinstimmen. Außerdem müssen die Attribute *kompatibel* sein. Für eine Erläuterung dieser Kompatibilität verweisen wir auf den folgenden Unterabschnitt.

Während die Vergleiche = und <> auf Tupeln leicht zu definieren sind (alle Komponenten müssen gleich sein, bzw. mindestens eine Komponente muß ungleich sein), muß man sich bei den anderen Vergleichen auf eine Semantik einigen: In SQL ist der Vergleich

$$(a_1, \ldots, a_n) < (b_1, \ldots, b_n)$$

wahr, wenn ein j existiert, für das $a_j < b_j$ und $a_i = b_i$ für alle $i < j$ gilt. Dies entspricht also der lexikographischen Ordnung.

9.2.6 Mengenoperationen

Die Mengenoperationen wurden in der Relationenalgebra sehr restriktiv nur über Relationen mit demselben Relationenschema erlaubt. In SQL wird der Benennung von Attributen keine so entscheidende Bedeutung beigemessen. Statt dessen sind die Mengenoperationen auf Mengen *kompatibler Attribute* erlaubt.

Kompatible Attribute

Attribute sind kompatibel zueinander, wenn sie kompatible Wertebereiche haben. Zwei Wertebereiche sind kompatibel, wenn sie

- gleich sind oder

- beides auf `character` basierende Wertebereiche sind (unabhängig von der Länge der Strings) oder

- beides numerische Wertebereiche sind (unabhängig von dem genauen Typ) wie `integer` oder `float`).

Kompatible Attribute können in Vergleichen und Mengenoperationen benutzt werden.

Die Vereinigung in SQL-89

An Mengenoperationen gibt es in SQL-89 nur die Vereinigung **union**. Eine Vereinigung von SFW-Blöcken ist erlaubt, wenn sie jeweils die gleiche Anzahl von Attributen aufweist und positionsweise korrespondierende Attribute kompatibel sind. Die Syntax der Vereinigung ist:

```
SFW_block1 union SFW_block2
```

Bei einer Anfrage

```
select A, B, C
from R1
union
select A, C, D
from R2
```

müssen die Attribute A von R1 und A von R2, B von R1 und C von R2 sowie C von R1 und D von R2 jeweils kompatibel sein. Im Ergebnis setzen sich die Attributnamen des linken Operanden durch. In Abbildung 9.2 ist beispielhaft die Wirkung einer Vereinigung angegeben.

Leider ist die Vereinigung in SQL-89 nur als "äußerste" Operation erlaubt. Eine mit **union** abgeleitete Relation kann nicht in eine andere Anfrage eingesetzt werden. Selbst wenn man diese Anfrage dann als Sicht definiert, kann

	R1	A	B	C		R2	A	C	D
		1	2	3			2	2	3
		2	3	4			5	3	2

R1 **union** R2	A	B	C
	1	2	3
	2	3	4
	2	2	3
	5	3	2

R1 **union corresponding** R2	A	C
	1	3
	2	4
	2	2
	5	3

Abb. 9.2: Vereinigung zweier Relationen in SQL-89 (links) und SQL-92 (rechts)

diese Sichtrelation nicht in einer weiteren Anfrage verwendet werden. SQL-89 ist somit als Anfragesprache nicht abgeschlossen.

Außerdem bietet SQL-89 weder Differenz noch Durchschnitt als Operationen an. Dies ist jedoch weniger eine Einschränkung, da die Differenz (und damit dann auch der Durchschnitt) über eine Schachtelung innerhalb der **where**-Klausel simulierbar ist.

Beispielsweise wird die Relationenalgebra-Anfrage

$$\pi[\texttt{PANr}] \ (\texttt{Mitarbeiter}) \ - \ \pi[\texttt{PANr}] \ (\texttt{Studenten})$$

die die Personalausweisnummern der nicht-studentischen Mitarbeiter berechnet, in SQL durch

```
select PANr from Mitarbeiter
where PANr not in ( select PANr
                         from Studenten )
```

dargestellt.

Vereinigung und äußere Verbunde

Nach der Einführung der Vereinigungsoperation können wir auf die Bemerkung zurückkommen, daß der äußere Verbund eine abgeleitete Operation in SQL ist, also auch durch andere Sprachmittel ausgedrückt werden kann.

Hierzu betrachten wir den folgenden typischen äußeren Verbund, in dem für jede Person die Telefonnummer angegeben werden soll, falls eine vorhanden ist. Ansonsten soll der Nullwert eingetragen werden. Als äußerer Verbund lautet die Anfrage wie folgt:

```
select *
from Personen left outer natural join Pers_Telefon
```

Umgesetzt in die Basiskonstrukte des SFW-Blocks sowie den **union**-Operator lautet die Anfrage nun:

```
select P.PANr, P. Vorname, P.Nachname, P.PLZ,
        P.Ort, P.Straße, P.HNr, P.Geburtsdatum, T. Telefon
from Personen P, Pers_Telefon T
where P.PANr = T. PANr

union

select P.PANr, P. Vorname, P.Nachname, P.PLZ,
        P.Ort, P.Straße, P.HNr, P.Geburtsdatum, null
from Personen P
where not exists ( select *
                    from Pers_Telefon T
                    where P.PANr = T.PANr )
```

Leider ist im SQL-92-Standard der Nullwert nicht in der Position von Konstanten innerhalb der **select**-Klausel erlaubt, so daß die obige Anfrage etwas umständlicher ausgedrückt werden muß: Man benötigt eine Hilfstabelle, aus der man die Nullwerte selektieren kann.

Vereinigung, Durchschnitt und Differenz in SQL-92

In SQL-92 sind die drei klassischen Mengenoperationen *Vereinigung, Durchschnitt* und *Differenz* als **union**, **intersect** und **except** enthalten. Die Mengenoperationen können nun auch relativ orthogonal in andere Anfragen eingebaut werden. Etwa können wir im Gegensatz zu SQL-89 relativ einfach die Anzahl aller Professoren und Studenten in der Datenbank bestimmen:

```
select count(*)
from ( (select PANr from Professoren)
                    union
        (select PANr from Studenten) )
```

Die Anfrage kann sogar noch weiter vereinfacht werden: Mit Hilfe der **corresponding**-Klausel werden zwei Relationen nur über ihren gemeinsamen Bestandteilen vereinigt. Da Professoren und Studenten nur die Personalausweisnummer gemeinsam haben, hätte die Anfrage

```
select count(*)
from ( Professoren union corresponding Studenten )
```

das gleiche Ergebnis geliefert.

Mit Hilfe der **corresponding-by**-Klausel kann noch zusätzlich die Attributliste angegeben werden, über der die Vereinigung vorgenommen werden soll. Ohne Angabe der **corresponding**-Klausel wird die Vereinigung wieder positionsweise (wie in SQL-89) vorgenommen. Den Vergleich zur positionsweisen Vereinigung entnehme man Abbildung 9.2.

Bei den drei Mengenoperationen werden als Ergebnis tatsächlich auch Mengen von Tupeln berechnet, also Duplikate eliminiert. Verwendet man aber etwa statt **union** das Wortsymbol **union all**, so wird auf die Duplikateliminierung verzichtet und eine Multimenge erzeugt. Falls die beiden beteiligten Relationen also n bzw. m Tupel beinhalten, hat das Ergebnis von **union all** immer $n + m$ Tupel, auch wenn einige Ergebnistupel im Durchschnitt beider Relationen liegen.

9.2.7 Mächtigkeit des SQL-Kerns

Vergleicht man die Klauseln des SQL-Kerns mit der Relationenalgebra, so erkennt man, daß jede Operation der Relationenalgebra durch eine oder mehrere Klauseln des SQL-Anfrageteils abgedeckt wird. Während der SFW-Block bereits alle Operationen (außer der Vereinigung) darstellen kann, ist die Vereinigung eine Extra-Operation. Diese ist in SQL-89 leider nicht orthogonal in die Sprache integriert worden. In SQL-92 gibt es dagegen neben den Mengenoperationen auch die Verbundoperationen als explizite algebraische Operationen. Durch die mögliche Schachtelung hinter der **from**-Klausel wird die Ähnlichkeit mit der Relationenalgebra noch verstärkt.

In Tabelle 9.1 sind die korrespondierenden Algebra-Operationen und SQL-Klauseln noch einmal tabellarisch gegenübergestellt.

Relationenalgebra	SQL-89	SQL-92
Projektion	**select distinct**	**select distinct**
Selektion	**where** ohne Schachtelung	**where** ohne Schachtelung
Verbund	**from, where**	**from, where** **from** mit **join** oder **natural join**
Umbenennung	**from** mit Tupelvariable	**from** mit Tupelvariable **as** (siehe Abschnitt 9.3.1)
Differenz	**where** mit Schachtelung	**where** mit Schachtelung **except corresponding**
Durchschnitt	**where** mit Schachtelung	**where** mit Schachtelung **intersect corresponding**
Vereinigung	**union** (nicht orthogonal)	**union corresponding**

Tab. 9.1: Vergleich der Relationenalgebra mit SQL-Versionen

9.3 Weitere Sprachkonstrukte von SQL

SQL bietet im Anfrageteil viele über die Relationenalgebra und den Relationenkalkül hinausgehende Möglichkeiten. Dazu gehören Operationen auf Wertebereichen, Aggregatfunktionen, Gruppenbildung innerhalb einer Relation, explizite Quantoren und Sortierung. Diese Konzepte werden im folgenden behandelt.

9.3.1 Operationen auf Wertebereichen

In SQL können an allen Stellen innerhalb der **select**- und **where**-Klauseln, an denen wir bislang Attribute verwendet haben, auch *skalare Ausdrücke* vorkommen. Skalare Ausdrücke sind Folgen von Operationen über Attributen und Konstanten mit kompatiblen Wertebereichen. Die verfügbaren skalaren Operationen sind

- auf numerischen Wertebereichen etwa $+$, $-$, $\times$ und $/$,

- auf Strings Operationen wie **char_length**, die die aktuelle Länge eines Strings berechnet, die Konkatenation $\|$ und die Operation **substring**, die eine Teilzeichenkette an bestimmten Positionen des Strings sucht,

- auf Datumstypen und Zeitintervallen Operationen wie **current_date** (aktuelles Datum), **current_time** (aktuelle Zeit), $+$, $-$ und $\times$.

Ausdrücke können wie üblich geklammert werden.

Zu beachten ist, daß skalare Ausdrücke mehrere Attribute der gleichen (eventuell abgeleiteten) Relation umfassen können. Die Ausdrücke werden dann auf der aus der **from**-Klausel resultierenden Relation tupelweise ausgewertet. Eine Relation mit n Tupeln ergibt also nach Anwendung der skalaren Ausdrücke wiederum eine Ergebnisrelation mit n Tupeln.

Ein Beispiel für einen arithmetischen Ausdruck innerhalb der **select**-Klausel präsentieren wir nun anhand der Tabelle Buch_Versionen. Die Ergebnistabelle soll die Umwandlung des DM-Preises in den aktuellen Dollar-Preis beinhalten: Mit

```
select ISBN, Preis / 1.44
from Buch_Versionen
```

wird folgende Ergebnistabelle erzeugt:

Ergebnis	ISBN	
	3-89319-175-5	54,86
	0-8053-1753-8	50,24
	0-8053-1753-8	61,70
	0-201-53771-0	60,73
	3-929821-31-1	40.97

Man beachte, daß die zweite Spalte nicht benannt ist. Auf eine solche Spalte kann in SQL-89 über die Spaltennummer zugegriffen werden:

```
select 2 from Ergebnis
```

SQL-92-Spezialitäten

Erst in SQL-92 ist es möglich, die durch arithmetische Ausdrücke (oder die im nächsten Unterabschnitt folgenden) Aggregatfunktionen entstandenen Spalten wieder "vollwertig" zu gebrauchen, indem ihnen ein Attributname zugeordnet werden kann. Mit der Anfrage

```
select ISBN, Preis / 1.44 as Dollar_Preis
from Buch_Versionen
```

wird eine Ergebnistabelle mit den zwei Spalten ISBN und Dollar_Preis erzeugt. Der Zugriff über Spaltennummern wie in SQL-89 sollte in SQL-92 und folgenden SQL-Versionen vermieden werden.

9.3.2 Aggregatfunktionen

Im Gegensatz zu den skalaren Operationen auf Wertebereichen arbeiten *Aggregatfunktionen*[5] tupelübergreifend. Sie berechnen Eigenschaften von ganzen Tupelmengen, sogenannte Aggregate (Zusammenfassungen). In diesem Unterabschnitt werden wir als Tupelmengen noch gesamte Relationen verstehen. Im Unterabschnitt 9.3.3 werden wir dann auch Gruppen von Tupeln einer Relation bilden können.

In SQL gibt es folgende Aggregatfunktionen:

- **count** berechnet die Anzahl der Werte einer Spalte oder alternativ (im Spezialfall **count**(∗)) die Anzahl der Tupel einer Relation.

- **sum** berechnet die Summe der Werte einer Spalte (nur bei numerischen Wertebereichen).

- **avg** berechnet den arithmetischen Mittelwert der Werte einer Spalte (nur bei numerischen Wertebereichen).

- **max** bzw. **min** berechnen den größten bzw. kleinsten Wert einer Spalte.

Als Argumente einer Aggregatfunktion können wir

- ein Attribut der durch die **from**-Klausel spezifizierten Relation,

- einen gültigen skalaren Ausdruck oder

- im Falle der **count**-Funktion auch das Symbol ∗ angeben.

---

[5]Aggregatfunktionen werden auch *built-in-Funktionen* genannt, da es anwendungsunabhängige, in SQL "fest verdrahtete" Funktionen sind.

Die Aggregatfunktion wird dann auf die Menge der Attributwerte, die Menge der Ergebniswerte des skalaren Ausdrucks oder die Menge der Tupel der Relation angewendet.

Vor dem Argument können (außer im Fall von **count**(*)) die Wortsymbole **distinct** oder **all** auftauchen. **distinct** bedeutet, daß vor Anwendung der Aggregatfunktion doppelte Werte aus der Menge von Werten, auf die die Funktion angewendet wird, eliminiert werden. Bei **all** gehen Duplikate mit in die Berechnung ein. **all** ist die Voreinstellung, falls vor dem Argument nichts spezifiziert wurde. Nullwerte werden in jedem Fall vor Anwendung der Funktion aus der Wertemenge eliminiert (außer im Fall von **count**(*)).

Leider können zwei Aggregatfunktionen f_1 und f_2 nicht hintereinander angewendet werden, was im Zusammenhang mit der folgenden '**group by**'-Klausel sinnvolle Anwendungen bietet. Statt

> **select** $f_1(f_2(A))$ **as** Ergebnis
> **from** R ...   *(falsch!)*

kann man aber in SQL-92 auch

> **select** f_1 (Zwischenergebnis) **as** Ergebnis
> **from** (**select** $f_2(A)$ **as** Zwischenergebnis **from** R ...)

schreiben.

Das Ergebnis einer Aggregatfunktion (ohne **group by**) ist immer ein einziges Element, darum kann eine solche Anfrage auch in Vergleichen innerhalb der **where**-Klausel an Stellen eingesetzt werden, in denen einelementige Anfrageergebnisse erwartet werden.

Beispiel 9.1 Als Anwendung einer Aggregatfunktion können wir die Summe aller Bücherpreise ermitteln:

> **select sum**(Preis) **from** Buch_Versionen

Diese Anfrage ergibt in diesem Fall:

386,65

Die Anzahl der Professoren ermittelt man wie folgt:

> **select count**(*)
> **from**   Professoren

Die Anzahl der prüfenden Professoren kann man mit

> **select count**(**distinct** PANr)
> **from**   Prüft

bestimmen. Die Durchschnittsnote der Studenten in Fach 'Datenbanken I' wird berechnet durch diese Anfrage:

```
select avg(all Note)
from    Prüft
where   V_Bezeichnung = 'Datenbanken I'
```

Hier wurde das Wortsymbol **all** verwendet, da bei Verwendung von **distinct** doppelte Noten eliminiert würden, was die Durchschnittsnote natürlich verfälscht. Die Angabe **all** ist jedoch auch der Defaultwert in SQL, so daß **avg**(Note) das gleiche Ergebnis liefern würde.

Da Aggregatfunktionen nur einen Wert zurückliefern, kann man sie in Konstanten-Selektionen der **where**-Klausel einsetzen. Die folgende Anfrage gibt die Studenten aus, die zumindest eine Prüfung mit einer Note besser als der Notendurchschnitt abgelegt haben:

```
select Matrikelnummer
from    Prüft
where   Note < ( select avg (all Note) from Prüft )
```

Weitere Anwendungen werden im folgenden Unterabschnitt folgen. □

Mit Aggregatfunktionen haben wir bisher nur einen Wert pro Relation zurückgeliefert. Diese Technik werden wir jetzt durch die Gruppierung innerhalb einer Relation verallgemeinern.

9.3.3 Die **group by**- und **having**-Klauseln

Mit der **group by**-Klausel verlassen wir im Prinzip den Boden des normalen Relationenmodells. Eine Gruppierung erzeugt zumindest virtuell eine geschachtelte Relation (siehe auch Abschnitt 4.3). Hat die Ausgangsrelation das Relationenschema R und ist die Attributmenge hinter der Gruppierung G, so schachteln wir die Relation nach den übrigen Attributen $R - G$. Für gleiche G-Werte werden somit die Resttupel in einer Relation gesammelt.

Die Syntax der Gruppierung ist:

```
select ...from ...[ where ...]
group by attributliste
```

Ist die **where**-Klausel spezifiziert, so wird diese zunächst ausgewertet. Die der **where**-Klausel genügenden Tupel werden gemäß

$$\nu[(R - G; N)](r(R))$$

geschachtelt, wobei N das neu entstehende (geschachtelte) Attribut ist, das in SQL jedoch keine Rolle spielt und deswegen dort nicht benannt wird, und $r(R)$

die durch die **from**- (und **where**-)Klausel definierte Relation. Die Attribute G nennen wir auch *Gruppierungsattribute*, die Attribute $R - G$ Nicht-Gruppierungsattribute.

Diese gruppierte (geschachtelte) Relation existiert wie gesagt nur virtuell. Im Relationenmodell wird dagegen eine Relation aus *Gruppeneigenschaften* gebildet: Das sind neben den Gruppierungsattributen die durch Aggregatfunktionen abgeleiteten Attribute. Die Aggregatfunktionen werden dabei auf die Nicht-Gruppierungsattribute für jedes Tupel der geschachtelten Relation einzeln angewendet.

Die optionale **having**-Klausel folgt der Gruppierung in der Syntax

```
select ...
from ...
[where ...]
[group by attributliste ]
[having bedingung ]
```

und in der Auswertungsreihenfolge: Die dort angegebene Bedingung ist über der Relation von Gruppeneigenschaften definiert. Sie darf neben den Gruppierungsattributen auch auf beliebige Aggregatfunktionen über den Nicht-Gruppierungsattributen Bezug nehmen.

In Abbildung 9.3 ist dieses Vorgehen noch einmal schematisch angedeutet.

Beispiel 9.2 Als Beispiel berechnen wir pro Person die Anzahl der von ihr ausgeliehenen Bücher. Das geschieht mit der SQL-Anfrage:

```
select count(*) as Anzahl, PANr
from Ausleihe
group by PANr
```

Die Ergebnisrelation ist:

Anzahl	PANr
2	7754
1	4711
1	5588
2	9912

Dabei stammt die **as**-Klausel aus SQL-92. In SQL-89 hätte die entstehende Spalte keinen Attributnamen. Mit der um eine **having**-Klausel erweiterten Anfrage

```
select count(*), PANr
from Ausleihe
group by PANr
having count(*) > 1
```

A	B	C	D
1	2	3	4
1	2	4	5
2	3	3	4
3	3	4	5
3	3	6	7

Schritt 1:   aus **from** und **where** resultierende Relation

A	B	N	
		C	D
1	2	3	4
		4	5
2	3	3	4
3	3	4	5
		6	7

Schritt 2:   **group by** A, B

A	**sum**(D)	N	
		C	D
1	9	3	4
		4	5
2	4	3	4
3	12	4	5
		6	7

Schritt 3:   **select** A, **sum**(D)

Das geschachtelte Attribut N wird nur noch für die folgende **having**-Klausel benötigt, nicht aber ausgegeben:

A	**sum**(D)
1	9

Schritt 4:   **having** A< 4 **and** **sum**(D) < 10 **and** **max**(C) $= 4$

Abb. 9.3: Wirkung der **group by**-*und* **having**-*Klauseln*

ergibt sich:

	PANr
2	7754
2	9912

In der Anfrage

```
select Matrikelnummer
from Prüft
group by Matrikelnummer
having avg(Note) < (select avg(Note) from Prüft)
```

verzichten wir sogar auf die Angabe von Gruppeneigenschaften in der **select**-Klausel und nutzen die Gruppierung nur in der **having**-Klausel. Die Anfrage berechnet die Studenten, deren Durchschnittsnote besser ist als die Gesamt-durchschnittsnote aller Prüfungen. □

9.3.4 Quantoren und Mengenvergleiche

Im Gegensatz zur Relationenalgebra boten sowohl der Tupel- als auch der Bereichskalkül die Quantoren $\forall$ und $\exists$ zur Bildung von Selektionsbedingungen. Auch in SQL kommen die Quantoren vor, allerdings in einer syntaktisch etwas eingeschränkten Fassung. Quantoren erlauben bei geschachtelten **where**-Klauseln einen Vergleich mit den Standard-Vergleichsoperatoren θ selbst dann, wenn eine Wertemenge das Resultat des inneren SFW-Blocks ist.

Die Syntax der Bedingung ist in ihrer einfachsten Form:

```
attribut θ{ all | any | some } ( select attribut
                                  from ...where ...)
```

Dabei sind **all** der All- und sowohl **any** als auch **some** die Existenzquantoren[6].

Beispielsweise ermittelt die folgende Anfrage die Studenten, die sich bereits haben prüfen lassen, zusammen mit ihrem Immatrikulationsdatum:

```
select   PANr, Immatrikulationsdatum
from     Studenten
where    Matrikelnummer = any ( select Matrikelnummer
                                from Prüft )
```

Eine Anwendung des Allquantors ist die folgende Anfrage, die ohne Aggregatfunktion ein Maximum bestimmt:

```
select   Note
from     Prüft
where    Matrikelnummer = 'HRO-912291'
and      Note ≥ all ( select Note
                      from Prüft
                      where Matrikelnummer = 'HRO-912291' )
```

Sie gibt die schlechteste Note des Studenten mit der Matrikelnummer 'HRO-912291' aus.

Trotz des Vorhandenseins von Quantoren ist die Anwendbarkeit in SQL aber sehr eingeschränkt: Ein Test auf Gleichheit zweier Mengen, der logisch mit

$$\forall x \in M_1 : x \in M_2 \wedge \forall x \in M_2 : x \in M_1$$

ausgedrückt werden könnte, läßt sich in SQL so nicht umsetzen. Die äußere Anfrage in SQL wird immer noch tupelweise abgearbeitet. Eine Anfrage wie:

---

[6]Aus Gründen der englischen Grammatik wurden als Wortsymbole für den Existenzquantor sowohl **any** als auch **some** eingeführt: Je nach Anfrage "spricht" sich die Anfrage mit einem der beiden Wortsymbole besser.

Gib alle Bücher aus, an denen 'Vossen' und 'Witt' gemeinsam als Autoren beteiligt waren

läßt sich erst mit dem Selbst-Verbund des folgenden Unterabschnitts formulieren.

9.3.5 Einsatz des Selbst-Verbunds

In diesem Unterabschnitt werden wir einige Anwendungen für die in den Erläuterungen über die **from**-Klausel noch etwas kurios aussehenden Verbunde mit derselben Relation (Selbst-Verbunde; engl.: Self-Join) angeben. Dazu gehören Mengenvergleiche und das (begrenzte) Zählen von Werten in einer Menge ohne Aggregatfunktionen.

Vergleich von Wertemengen

Wollen wir die bereits erwähnte Anfrage nach Büchern, die die Autoren 'Vossen' und 'Witt' gemeinsam geschrieben haben, in eine SQL-Anfrage umsetzen, so müssen wir berücksichtigen, daß eine simple Anfrage wie

```
select ISBN from Buch_Autor
where Autor = 'Vossen' and Autor = 'Witt'
```

natürlich scheitert (d.h., immer die leere Ergebnisrelation liefert). SQL wertet die Bedingung wie in der Relationenalgebra und dem Relationenkalkül tupelweise aus, und der Attributwert eines Tupels kann in der Autor-Spalte nicht gleichzeitig 'Vossen' und 'Witt' sein.

Der Trick ist nun, einen Selbst-Verbund der Buch_Autor-Relation durchzuführen, um zwei Autor-Spalten zur Verfügung zu haben. Die Kombination von beiden gewünschten Attributwerten taucht nun innerhalb einer Zeile der durch die **from**-Klausel entstehenden Relation auf. Die gewünschte Anfrage lautet dann etwa:

```
select B_A_1.ISBN
from Buch_Autor B_A_1, Buch_Autor B_A_2
where B_A_1.ISBN = B_A_2.ISBN
      and B_A_1.Autor = 'Vossen' and B_A_2.Autor = 'Witt'
```

Ein Ausschnitt aus der hinter **from** gebildeten Tabelle sieht folgendermaßen aus:

B_A_1.ISBN	B_A_1.Autor	B_A_2.ISBN	B_A_2.Autor
3-89319-175-5	Vossen	3-89319-175-5	Vossen
3-89319-175-5	Vossen	3-89319-175-5	Witt
3-89319-175-5	Vossen	0-8053-1753-8	Elmasri
		...	
3-89319-175-5	Witt	3-89319-175-5	Vossen
		...	

Das zweite Tupel qualifiziert sich innerhalb der **where**-Klausel. Die zugehörige ISBN ist das Ergebnis der Anfrage.

Zählen von Wertemengen

Mit der gleichen Technik können wir in begrenztem Maße die Mächtigkeit einer Wertemenge mit einem vorgegebenen Wert vergleichen, ohne die Aggregatfunktion **count** zu nutzen. Die Anfrage

```
select distinct X.PANr
from    Prüft X
where   X.PANr in
        ( select Y.PANr
          from Prüft Y
          where Y.Matrikelnummer <> X.Matrikelnummer )
```

liefert alle Prüfer, die zwei oder mehr Studenten geprüft haben. Eine ähnliche Anfrage mit n Tupelvariablen würde einen Test auf n Studenten erlauben. Die gleiche Anfrage wäre natürlich auch ohne Schachtelung möglich:

```
select distinct X.PANr
from    Prüft X, Prüft Y
where   X.PANr = Y.PANr
and     X.Matrikelnummer <> Y.Matrikelnummer
```

9.3.6 Die **order by**-Klausel

Mit den bisherigen Klauseln haben wir auf Mengen oder Multimengen von Tupeln gearbeitet: Beide Konzepte zeichnen sich dadurch aus, daß die Reihenfolge der Tupel unerheblich ist. Mit der 'order by'-Klausel wird aus der ungeordneten Menge von Tupeln nun eine Liste, die nach bestimmten Kriterien sortiert ist. Die 'order by'-Klausel wird erst nach den anderen Anfrageklauseln angewendet und ist insbesondere dazu geeignet, die Reihenfolge der Tupel zu bestimmen, die in einer SQL-Einbettung dem umgebenden Programm übergeben werden (siehe Kapitel 11).

Die Syntax der 'order by'-Klausel ist:

```
order by attributliste
```

Beispielsweise wird die Ergebnisrelation zur Anfrage

```
select Matrikelnummer, Note
from   Prüft
where  V_Bezeichnung = 'Datenbanken I'
order by Note asc
```

aufsteigend nach Noten sortiert.

Man kann aufsteigend (**asc**) und absteigend (**desc**) sortieren. Die aufsteigende Sortierung ist voreingestellt. Die '**order by**'-Klausel kann auch mehrere Attribute beinhalten, in diesem Fall wird bei Gleichheit von Werten bei einem Attribut die Sortierung im nächsten Attribut zur Sortierung hinzugezogen. Die Sortierung wird auf das Ergebnis der jeweils vorangehenden SFW-Anfrage angewendet, folgt also auch in der Auswertung als letzte Operation. Nicht erlaubt ist deswegen eine Sortierung nach Attributen, die nicht in der **select**-Klausel vorkommen, wie in:

```
select  Matrikelnummer
from    Prüft
where   V_Bezeichnung = 'Datenbanken I'
order by Note    (falsch!)
```

9.3.7 Behandlung von Nullwerten

Wie bereits in Abschnitt 7 erläutert, gehört der Nullwert **null** zu keinem Wertebereich, sondern ist ein Extra-Symbol, das je nach Anwendung "Wert unbekannt" oder "Wert nicht anwendbar" bedeutet. Der Nullwert kann auch nicht überall dort eingesetzt werden, wo Konstanten erlaubt sind. Beispielsweise können wir keine skalaren Ausdrücke mit **null** als Konstante bilden.

Sind Nullwerte in der Datenbank enthalten, so muß man ihre Wirkung in Anfragen genauer betrachten. Der Einfachheit halber konzentrieren wir uns hier nur auf vier Bereiche: skalare Ausdrücke, Aggregatfunktionen, Vergleiche und boolesche Ausdrücke.

- In skalaren Ausdrücken ist das Ergebnis **null**, sobald ein Nullwert in die Berechnung eingeht.

- In allen Aggregatfunktionen bis auf **count**(∗) werden Nullwerte vor Anwendung der Funktion entfernt.

- Fast alle Vergleiche mit dem Nullwert ergeben den Wahrheitswert **unknown** (statt **true** oder **false**). Die einzigen Ausnahmen: Das Prädikat **is null** gibt bei Anwendung auf einen Nullwert **true**, das Prädikat **is not null** ergibt **false**. Selbst ein Vergleich $A = A$ ist bei Vorliegen von Nullwerten keine Tautologie mehr, sondern ergibt **unknown**.

- Boolesche Ausdrücke basieren dann auf einer dreiwertigen Logik, die die Wahrheitswerte **true**, **false** und **unknown** berücksichtigt. Dabei gelten für die Operatoren **and**, **or** und **not** die Wahrheitstabellen in Abbildung 9.4.

and	true	unknown	false
true	true	unknown	false
unknown	unknown	unknown	false
false	false	false	false

or	true	unknown	false
true	true	true	true
unknown	true	unknown	unknown
false	true	unknown	false

not	
true	false
unknown	unknown
false	true

Abb. 9.4: Wahrheitstabellen für die dreiwertige Logik in SQL

Als Beispiel gehen wir von drei `integer`-Attributen A, B und C aus. Der Wert von A sei 10, der Wert von B 20 und der Wert von C **null**. Dann liefern folgende booleschen Ausdrücke folgende Wahrheitswerte:

$$A < B \text{ or } B < C: \qquad \textbf{true}$$
$$A > B \text{ and } B > C: \qquad \textbf{false}$$
$$A > B \text{ or } B > C: \qquad \textbf{unknown}$$
$$\textbf{not } B = C: \qquad \textbf{unknown}$$

Weitere Aspekte wie Vergleiche mit Nullwerten bei Tupelbildungen entnehme man der am Ende des Kapitels angegebenen Fachliteratur.

9.3.8 Änderungs-Operationen

Bisher wurden als Operationen auf den Basisrelationen nur Anfragen ohne Veränderung der Basisrelationen selbst besprochen. Jetzt gehen wir zu Änderungsoperationen (Update-Operationen) über, die die Basisrelationen auch verändern können.

Die Änderungsoperationen des Relationenmodells sind:

- Einfügen von Tupeln in Basisrelationen,

- Löschen von Tupeln aus Basisrelationen und

- Ändern von Tupeln in Basisrelationen.

Diese Operationen sind jeweils als

- Eintupel-Operationen (etwa die Erfassung einer neuen Ausleihung) und

- Mehrtupel-Operationen (erhöhe das Gehalt aller Mitarbeiter um 4.5%)

zu finden. In SQL werden vor allem Mehrtupel-Operationen unterstützt. Das
Löschen und das Ändern von einzelnen Tupeln wird über Mehrtupel-Operationen simuliert. Das komplexere Problem, Einfügen, Löschen und Ändern von
Tupeln auch auf Sichten zu definieren, werden wir erst im übernächsten Kapitel betrachten. In kommerziellen Datenbanksystemen werden oft Änderungsoperationen auch menü- oder formulargesteuert angeboten, was den Benutzer-
komfort gegenüber den etwas primitiven SQL-Operationen im Eintupel-Fall erhöht.

Übersicht über Änderungen in SQL

In SQL werden die folgenden Änderungsoperationen unterstützt:

- Die **insert**-Anweisung ermöglicht das Einfügen eines oder mehrerer Tupel in eine Basisrelation oder Sicht.

- Mittels **update** können ein oder mehrere Tupel in einer Basisrelation oder
  Sicht geändert werden.

- Die **delete**-Anweisung realisiert das Löschen eines oder mehrerer Tupel
  aus einer Basisrelation oder Sicht.

Allgemein werden alle Änderungsoperationen zurückgewiesen, die die in der
DDL definierten Integritätsbedingungen verletzen.

*Die **update**-Anweisung*

Syntaktisch wird eine Attributänderung mit der **update**-Anweisung wie folgt
notiert:

```
update basisrelation
set    attribut_1 = ausdruck_1
       ...
       attribut_n = ausdruck_n
 [ where bedingung ]
```

Die Wirkung der **update**-Anweisung kann wie folgt charakterisiert werden:
In allen Tupeln der basisrelation, die die bedingung erfüllen, werden die
Attributwerte wie angegeben ersetzt.

Beispiel 9.3 In einem Beispiel betrachten wir die folgende Tabelle:

Angestellte	Name	Gehalt
	Meyer	3000
	Schulz	3500
	Bond	7200
	Schulz	4400

Die folgende Änderungsanweisung, die denjenigen Angestellten eine Gehalts-erhöhung gönnt, die nicht zu den "Besserverdienenden" gehören, zeigt das Zu-sammenspiel zwischen **where**-Klausel und **update**-Anweisung:

```
update Angestellte
set Gehalt = Gehalt + 1000
where Gehalt < 5000
```

Dieses Beispiel zeigt außerdem, daß der alte Attributwert zur Berechnung des neuen Wertes herangezogen werden kann. Das Ergebnis ist die neue Basisrela-tion wie folgt:

Angestellte	Name	Gehalt
	Meyer	4000
	Schulz	4500
	Bond	7200
	Schulz	5400

Attributänderungen mittels **update** sind jeweils Mehrtupel-Operationen. Ei-ne Eintupel-Operation kann durch Angabe eines Schlüsselwerts hinter **where** erfolgen. Wenn Name Schlüssel für die Beispielrelation ist, dann realisiert fol-gende Anweisung eine Eintupel-Operation:

```
update Angestellte
set Gehalt = 6000
where Name = 'Bond'
```

Erfolgt keine Angabe hinter **where**, erfolgt eine Änderung der gesamten Rela-tion wie im folgenden Beispiel:

```
update Angestellte
set Gehalt = 3000
```

□

Die **delete**-Anweisung

Syntaktisch wird das Löschen von Tupeln aus einer Relation in SQL wie folgt notiert:

```
delete
from basisrelation
[ where bedingung ]
```

Der Effekt einer derartigen Anweisung ist das Löschen aller Tupel, die das Selektionsprädikat hinter **where** erfüllen, aus der betreffenden Relation.

Beispiel 9.4 Das Löschen eines Tupels in der `Ausleih`-Relation aus Kapitel 1 kann wie folgt notiert werden:

```
delete from Ausleih
where Invnr = 4711
```

Wie bei der **update**-Anweisung müssen derartige Eintupel-Operationen durch Angabe eines Schlüsselwertes erzwungen werden. Der Standardfall ist das Löschen mehrerer Tupel:

```
delete from Ausleih
where Name = 'Meyer'
```

Natürlich könnte man auch das Löschen der gesamten Relation auslösen:

```
delete from Ausleihe
```

Zu beachten ist, daß Löschoperationen zur Verletzung von Integritätsbedingungen führen können. Die folgende Anweisung verletzt eine Fremdschlüsseleigenschaft unserer Beispielmodellierung, da das Buch noch ausgeliehen ist:

```
delete from Buch
where Titel = 'Dr. No'
```

□

Die **insert**-Anweisung

Für die **insert**-Anweisung gibt es zwei unterschiedliche Formen: Das Einfügen von konstanten Tupeln sowie das Einfügen (aus anderen Relationen) berechneter Tupel. Der erste Fall wird wie folgt syntaktisch notiert:

```
insert
into basisrelation [ (attribut_1, ..., attribut_n) ]
values (konstante_1, ..., konstante_n)
```

Die optionale Attributliste ermöglicht das Einfügen von unvollständigen Tupeln: Nicht aufgeführte Attribute werden auf **null** gesetzt. Auch wird die Zuordnung der Werte zu den Attributen durch die Reihenfolge festgelegt. Fehlt die optionale Attributliste, müssen alle Attribute der ursprünglichen '**create table**'-Deklaration mit Werten besetzt werden, wobei die Reihenfolge der Attribute aus der DDL-Anweisung übernommen wird.

Beispiel 9.5 Die folgende Anweisung fügt ein Tupel in die Buch-Relation ein:

```
insert
into Buch (Invnr, Titel)
values (4867,'Wissensbanken')
```

Da nicht alle Attribute angegeben sind, werden die Werte der fehlenden Attribute ISBN und Autor auf **null** gesetzt.

Die folgende Anweisung kommt ohne die explizite Angabe einer Attributliste aus:

```
insert
into Buch
values (4867,'Wissensbanken','3-876','Karajan')
```

Wie erwähnt, müssen die Werte die gleiche Reihenfolge wie die zugehörigen Attribute in der originalen '**create table**'-Deklaration der Tabelle Buch haben.
□

Das Einfügen von aus der Datenbank berechneten Tupelmengen wird syntaktisch in SQL wie folgt notiert:

```
insert
into basisrelation [ (attribut_1, ..., attribut_n) ]
    SQL-anfrage
```

Die Attributliste hat dieselbe Bedeutung wie im Eintupel-Fall; die einzufügenden Werte können mittels einer beliebigen Anfrage berechnet werden.

Beispiel 9.6 Da das Universitätsbeispiel keine passenden Fälle hergibt, formulieren wir ein einfaches Beispiel betreffend die bereits erwähnte Bestellungsdatenbank. Die folgende Anweisung fügt alle Lieferanten (aus der Relation Lieferant) als Kunden in die Relation Kunde mit dem vorläufigen Kontostand 0 ein.

```
insert into Kunde
    ( select LName, LAdr, 0
      from Lieferant )
```

Man sieht an diesem Beispiel, daß durch Einsetzen von Konstanten im **select**-Teil berechnete Werte mit konstant vorgegebenen Werten gemischt werden können.
□

Probleme bei SQL-Änderungen

Mit den drei Änderungsoperationen in SQL verbinden sich einige allgemeine Probleme. Das erste Problem ist, daß nur *Ein-Relationen-Änderungen* realisiert sind. So werden etwa Fremdschlüssel noch nicht berücksichtigt, obwohl diese Bedingungen in der DDL spezifiziert werden können.

Ändert sich der Name eines Angestellten, der Bestandteil des Schlüssels in der Relation `Angestellte` ist, muß der Fremdschlüssel in der Relation `Ausleihe` explizit ebenfalls geändert werden:

```
update Angestellte
set Name = 'Meyer-Cortez'
where Name = 'Meyer';

update Ausleihe
set Name = 'Meyer-Cortez'
where Name = 'Meyer'
```

Diese Änderung muß so per Hand durchgeführt werden, obwohl dem System die notwendigen Informationen für eine automatische Änderung vorliegen. Erschwerend kommt hinzu, daß zwischen den beiden Änderungen natürlich die Fremdschlüsselbedingung verletzt wird.

Allgemein sind die Änderungsoperationen nicht sehr komfortabel für Anwender. Auch gibt es eine Reihe von folgenschweren Fehlermöglichkeiten — das Ändern oder Löschen einer ganzen Relation ist die einfachste Möglichkeit, die bereits bei kleinen Fehlern in der **where**-Klausel eintreten kann.

Interaktives Ändern in INGRES

Um die erwähnten Probleme der SQL-Änderungen zu umgehen, werden von Systemen zum Teil interaktive Änderungen einer Tabelle in Formularen angeboten. Der einfache Fall entspricht hierbei den Änderungen in QBE, auf die wir in Abschnitt 10.1.2 eingehen werden.

Ein weitergehender Ansatz ist etwa im INGRES-System verwirklicht. Dort können mehrere Tabellen (unter Berücksichtigung von Fremdschlüsseln) gleichzeitig über sogenannte "Master-Detail-Joins" realisiert werden. Im Prinzip wird hierbei eine einstufig geschachtelte Relation als Sicht aufgebaut, wobei die Schachtelung aus den Fremdschlüsseln bestimmt wird.

Wir betrachten das Prinzip an einem einfachen Beispiel. Die Relation `Ausleihe` fungiert als *Master*, während die `Buch`-Relation die *Details* liefert. Statt dem normalem Verbund werden jetzt jedem `Ausleihe`-Tupel *alle* zugehörigen Buch-Tupel zugeordnet ("geschachtelt"). Das Ergebnis zeigt die folgende Relation:

Name	Buch			
	InventarNr	Titel	ISBN	Autor
Müller	0007	Dr. No	3-125	James Bond
Schulz	1201	Objektbanken	3-111	Heuer
Meyer	4711	Datenbanken	3-765	Vossen
	4712	Datenbanken	3-891	Ullman

Wird jetzt eine Änderung des Namens vorgenommen, so wird diese Änderung automatisch in beiden Relationen durchgeführt.

Interaktive Änderungen in MS-Access

Interaktive Änderungen in MS-Access gehen noch weiter als der in INGRES realisierte Ansatz.

In MS-Access können beliebig geschachtelte Formulare als Sichten auf mehrere Relationen definiert werden. Die Semantik dieser Formulare (also die verbindenden Attribute) ist MS-Access bekannt. In diesen geschachtelten Formularen sind nun Änderungen möglich, die auf die unterliegenden Relationen propagiert werden. Dieser Ansatz entspricht somit verallgemeinerten Master-Detail-Joins, die auch eine Mehrfachschachtelung erlauben.

9.4 SQL-Versionen

SQL (Structured Query Language) ist die Norm-Datenbanksprache für relationale Datenbanksysteme. SQL enthält mehrere Teilsprachen, etwa die DDL (Data Definition Language) zur Definition eines konzeptuellen Datenbankschemas, die SSL (Storage Structure Language) zum Einrichten von internen Zugriffspfaden, die IQL (Interactive Query Language) zur Formulierung von Anfragen und die DML (Data Manipulation Language), die neben Anfragen auch noch Änderungsoperationen (Updates) auf dem Datenbestand zuläßt. Zusätzlich gibt es noch eingebettete Fassungen sowie Befehle zur Sichtdefinition, Transaktionsdefinition, Rechtevergabe und Integritätssicherung.

9.4.1 Geschichte von SQL

Das relationale Datenbankmodell wurde 1970 von Codd eingeführt. Als Basis für Anfragen dienten der Relationenkalkül und die Relationenalgebra. Auf dieser Basis wurde 1974 vom IBM-Forschungszentrum in San Jose eine erste Datenbanksprache *SEQUEL* (Structured English QUEry Language) entwickelt, die 1976 im Rahmen des Projektes *System R*, des ersten Prototyps eines relationalen Datenbanksystems, zur Sprache *SEQUEL2* weiterentwickelt wurde. In den ersten kommerziell verfügbaren relationalen Datenbanksystemen (Oracle,

SQL/DS) wurde eine Untermenge dieser Sprache implementiert, die SQL genannt wurde.

SQL wurde in den Jahren 1982 bis 1986 von der ANSI (American National Standards Institute) genormt. Die erste genormte Version wird üblicherweise mit SQL-86 bezeichnet. Die ISO übernahm eine revidierte Fassung dieser Norm, in der eine Teilsprache zur Integritätssicherung IEF (Integrity Enhancement Feature) ergänzt wurde (SQL-89). Diese Norm besteht aus drei Sprachebenen: Level 1, Level 2 und IEF. Im Jahre 1992 erschien nun die ANSI- und ISO-Norm SQL-92 (auch SQL2 genannt), die wiederum drei Sprachebenen umfaßt (Entry Level, Intermediate Level, Full Level).

Hier sollen im folgenden der Prototyp SEQUEL2 und die Sprachstandards SQL-89 und SQL-92 in ihren drei Sprachebenen vorgestellt werden.

9.4.2 SEQUEL2

Die Präsentation von SEQUEL2 basiert auf den Originalveröffentlichungen über das System-R-Projekt und seine Sprachen [CB74, CAE⁺76].

SEQUEL2 bot bereits mehr als der spätere Standard SQL-89, etwa die Mengenoperationen **intersect** und **minus** neben **union**, und sogar mehr als der Standard SQL-92, etwa Mengenvergleiche mit einem expliziten Mengenkonstruktor **set** bzw. zwei SFW-Blöcken.

Wir präsentieren an dieser Stelle nur zwei Beispiele der mit Mengenvergleichen möglichen Anfragen. Die Anfrage

```
select Matrnr
from   Prüfungen X
where  ( select Fach
         from Prüfungen
         where Matrnr = X.Matrnr )
       =
       ( select Fach
         from Prüfungen
         where Matrnr = 1034 );
```

ermittelt die Studenten, die genau die gleichen Prüfungsfächer wie der Student mit der Matrnr 1034 haben. Statt des Vergleichs mittels = sind auch Vergleiche mittels **contains** möglich.

Die zweite Beispielanfrage lautet:

```
select Name
from   Studenten
where  Matrnr in ( select Matrnr
                   from Prüfungen
                   where set(Prüfernr) = (
```

```
select Prüfernr
from Prüfungen ) );
```

Diese Anfrage ermittelt alle Studenten, die sich bei allen Prüfern haben prüfen lassen. Das **set**-Konstrukt ermittelt hierbei alle Prüfernr pro Matrnr und sammelt diese in einer Menge, die mit anderen Mengen (etwa Anfrageergebnissen) verglichen werden kann.

9.4.3   SQL-89 und SQL-92

Die wichtigsten SQL-Klauseln in den jeweiligen Teilsprachen sind:

- **Datendefinition:** Hier werden mit der '**create table**'-Anweisung Relationenschemata definiert, die Attribute und deren Datentypen umfassen.

- **Speicherstruktur-Definition:** Hier können mit **create index** und **drop index** Zugriffspfade auf die definierten Relationen angelegt und wieder entfernt werden.

- **Anfragen**: Anfragen werden im wesentlichen durch den SFW-Block definiert, der aus folgenden Klauseln besteht:

    - **select** enthält das Ergebnisschema, also Attribute und durch arithmetische Operationen und Aggregatfunktionen abgeleitete Attribute.

    - **from** bestimmt die zu verwendenden Relationen, eventuell auch die zu benutzenden Variablen für diese Relationen.

    - **where** definiert Selektionsbedingungen, Verbundbedingungen und ermöglicht geschachtelte Anfragen (die wieder einen SFW-Block im **where**-Teil enthalten).

    - **group by** gruppiert nach bestimmten Attributwerten; auf diesen Gruppen sollen die Aggregatfunktionen dann angewendet werden.

    - **having** definiert Selektionsbedingungen an Gruppen.

  Die Ergebnisse von SFW-Blöcken können dann noch sortiert und vereinigt (**union**) werden. Hier setzt auch eine Kritik am alten SQL-89-Standard ein: Die Sprache ist nicht *orthogonal*. Da wir die **union**-Operation nur auf SFW-Blöcke anwenden dürfen, sind auf der Vereinigung zweier Relationen weder Aggregatfunktionen noch Selektionsbedingungen erlaubt.

- **Datenmanipulation:** Mit **insert**, **delete** und **update** können Tupel in Relationen eingefügt, gelöscht und modifiziert werden.

Umfang von SQL-89

Der SQL-89 [Int89] und der SQL-92-Standard [Int92] sollen nun kurz vorgestellt werden. Dabei gehen wir vom SQL-89-Standard Level 2 aus und vergleichen ihn mit dem Full Level des SQL-92-Standards. Daneben erklären wir noch die Unterschiede der verschiedenen Levels innerhalb des Standards.

Der *SQL-89-Standard Level 2* umfaßt die eben beschriebenen Klauseln. Im *Level 1* gibt es etwa folgende Einschränkungen:

- Es gibt keine Nullwerte.

- Es gibt keine Selektionsbedingungen mit $\neq$ oder **exists**.

- Es gibt keine **union**-Operation.

Der Level 2 wurde noch um die *Integrity Enhancement Feature* erweitert. Diese enthält zusätzlich zum Level 2

- die **check**-Klausel, die im wesentlichen den Umfang der **where**-Klausel hat, wobei die Bedingung als Integritätsbedingung aufgefaßt wird, und

- die Definition von Primärschlüsseln und Fremdschlüsseln.

Die IEF erweitert also die DDL von SQL-89 um eine Komponente zur Integritätssicherung.

Umfang von SQL-92

Der *SQL-92-Standard Full Level* beinhaltet zunächst den SQL-89-Standard Level 2 mit Integrity Enhancement Feature und erweitert diesen in folgenden Bereichen:

- Es werden neue Datentypen (wie `interval`) angeboten.

- Neben Datentypen gibt es jetzt ein Domänenkonzept (**create domain**, **alter domain**), bei dem man einen Datentyp (etwa `real`) in verschiedene Wertebereiche (Gewichte, Größen, Geschwindigkeiten, ...) aufschlüsseln kann.

- Zur Änderung des Datenbankschemas sind die Anweisungen **alter table** und **drop table** vorgesehen.

- Es gibt allgemeine Integritätsbedingungen, die mehrere Tabellen betreffen können.

- Die Menge der `string`-Operationen wurde erweitert.

- Man kann Namen für abgeleitete Spalten einführen. Bisher wurden solche Attribute, die etwa durch Aggregatfunktionen entstanden sind, mit Spaltennummern belegt. Mit

```
select count(*) as Anzahl ...
```

wird die Ergebnisspalte etwa `Anzahl` genannt.

- Der Verbund **join** ist jetzt als eigener Operator vorhanden und wird in diversen Varianten angeboten: der **cross join**, der θ-*Verbund* mit **join** und einer Verbundbedingung, der *Gleichverbund* oder *Equi-Verbund* mit **join** und **using**, sowie der natürliche Verbund mit **natural join**.

  Neben diesen Verbunden gibt es auch den **outer join**, der alle Tupel der zu verbindenden Relationen übernimmt und notfalls mit Nullwerten auffüllt.

- Neben der Mengenvereinigung **union** gibt es jetzt auch die bisher fehlenden Mengenoperationen **intersect** und **except**.

- Die Sprache ist nun fast vollständig orthogonal geworden. Die Einschränkungen in der Anwendbarkeit einiger Operationen (etwa **union**) sind fallengelassen worden.

  So können jetzt beliebige **select**-Ausdrücke auch in der **from**-Klausel eingesetzt werden.

  Bei Mengenoperationen können die zueinander korrespondierenden Attribute flexibel mit **corresponding by** festgelegt werden.

  Es gibt nun Tabellenkonstruktoren (konstante Tabellen), die in Anfragen und Vergleichen wie konstante Werte eingesetzt werden können.

  Zur genaueren Behandlung von Anfragen an unvollständige Datenbankzustände (mit Nullwerten) gibt es eine dreiwertige Logik (**is true**, **is false**, **is unknown**).

- Mit **set transaction** können verschiedene Isolationsstufen eingestellt werden, denen die parallele, konkurrierende Abarbeitung von Datenbanktransaktionen unterliegen soll. Das Transaktionskonzept wird in [SH99a] genauer eingeführt.

- Die Beschreibungen von Embedded SQL und Dynamic SQL sind nun Teil der Norm (siehe Abschnitt 11.2).

- Das Aussehen des Datenbankkatalogs (Data Dictionary) ist nun Teil der Norm.

Weiterhin werden Features aufgelistet, die in SQL-92 von SQL-89 zwar übernommen wurden, die aber in der nächsten SQL-Norm eliminiert werden sollen: dazu gehört etwa der Zugriff auf Spaltennummern (statt Attributnamen) innerhalb einer Anfrage. Statt Spaltennummern soll die bisher optionale Benennung von abgeleiteten Attributen (s.o.: Beispiel `Anzahl`) verwendet werden.

Die Unterschiede der verschiedenen Levels der SQL-92-Norm sind in der Tabelle 9.2 noch einmal zusammengefaßt. Ein + zeigt das Vorhandensein eines Features an, ein − das Fehlen des Features.

Feature in SQL-92	Entry	Intermediate	Full
Datum, Intervalltypen	−	+	+
domain	−	+	+
`string`-Operationen	−	+	+
join	−	+	+
except, intersect	−	+	+
alter, drop table	−	+	+
set transaction	−	+	+
Dynamic SQL	−	+	+
union orthogonal	−	+	+
andere Orthogonalitätsverbesserungen	−	+	+
corresponding bei Mengenoperationen	−	−	+
dreiwertige Logik	−	−	+
allgemeine Integritätsbedingungen	−	−	+
check mit Bezug zu anderen Tabellen	−	−	+
alter domain	−	−	+
Tabellenkonstruktoren	−	−	+

Tab. 9.2: Überblick über den Umfang der SQL-92-Levels

9.4.4 SQL3 und SQL-99

SQL3 war das letzte Normungsprojekt der ANSI und ISO als Weiterentwicklung von SQL-89 und SQL-92. Da SQL3 nur zu gewissen Anteilen in den Standard SQL-99 überführt wurde, geben wir hier noch einmal einen Überblick über die geplanten Erweiterungen und Änderungen zu SQL-92:

SQL3 fügt etliche neue Konstrukte dem bisherigen Standard hinzu. Sehr wichtig sind insbesondere die *objektorientierten Erweiterungen* wie

- abstrakte Datentypen (ADTs),

- Objekt-Identifikatoren,

- ADT-Hierarchien (ähnlich den Typhierarchien),

- Tabellen-Hierarchien (ähnlich der Inklusion von Extensionen zwischen Unter- und Oberklassen, hier bezogen auf Tabellen),

- Möglichkeiten zur Definition von Funktionen für ADTs,

- Überladen des Funktionsnamens mit Möglichkeiten zur dynamischen Auswahl der Funktionsimplementierung (ähnlich Overriding), sowie

- komplexe Datentypen wie Mengen, Multimengen und Listen.

Vergleicht man diese Liste der Konzepte mit dem in Kapitel 4 eingeführten objektorientierten Datenbankmodell, so erkennt man, daß sehr viele objektorientierte Konzepte in etwas veränderter Form in SQL3 auftauchen.

Leider ist die Zusammenstellung der Konzepte in SQL3 nicht so orthogonal gelungen wie in theoretisch fundierten objektorientierten Modellen: So sind ADT-Hierarchie und Tabellen-Hierarchie zwei nebeneinander stehende Konzepte, die nicht voll integriert sind. ADTs können in Tabellen als Typen verwendet werden, aber einen speziellen ADT "Tabelle" gibt es nicht. Weiterhin sind die Objektidentifikatoren in einigen ADTs enthalten, neben denen es aber noch ADTs ohne Objektidentifikatoren gibt (wertebasierte ADTs).

Neben objektorientierten Erweiterungen bietet SQL3 aber noch weitere Verbesserungen, die unabhängig vom objektorientierten Datenmodell sind.

- *Aktive* und *temporale Konzepte* (siehe Kapitel 12) bilden zwei große Bereiche in SQL3. Die aktiven Konzepte von SQL-99 werden wir noch in einem eigenen Paragraphen in Kapitel 12 erläutern.

- Der Verbund wird um weitere Varianten ergänzt, so etwa die Spezifikation von Verbunden über Primär- und Fremdschlüssel.

- Rekursive Anfragen werden mit **with recursive** und **union** ermöglicht (siehe auch Abschnitt 10.4).

Das Problem an SQL3 und SQL-99 ist die Masse an Klauseln (über 1000 Seiten Beschreibung), die eingeführt und miteinander in Abstimmung gebracht werden müssen. Die Beherrschbarkeit der Sprache für Mensch (Programmierer oder Administratoren) und Maschine (Compiler und Optimierer) wird dadurch erschwert.

Ausblick auf weitere Normungsaktivitäten

SQL wird derzeit in zwei Richtungen weiterentwickelt:

- Von der Object Data Management Group (kurz: ODMG) ist eine objektorientierte SQL-Version standardisiert worden [Bar00]. Sie wird OQL genannt und ähnelt der Anfragesprache des O_2-Systems OQL, die etwa in [Heu97] beschrieben wird. Beide Sprachen werden weiter unten noch eingeführt.

- Das SQL4-Projekt bereitet die Nachfolge von SQL-99 vor. In SQL4 sollen insbesondere die Teile von SQL3 enthalten sein, die im SQL-99-Standard weggefallen waren: Beispielsweise fehlen in SQL-99 die Typkonstruktoren Menge, Multimenge und Liste.

Während wir die DDL-Anteile von SQL-99 bereits in Abschnitt 7.5 erläutert haben, fassen wir im folgenden Abschnitt die Anfragesprache von SQL-99 zusammen.

9.5 SQL-99: Die objektrelationale Datenbanksprache

Anfragen werden in SQL-99 immer an Tabellen gerichtet und liefern auch als Ergebnis wieder Relationen. Wir werden noch in Abschnitt 10.5 bei der Vorstellung von objektorientierten Anfragesprachen sehen, daß Anfrageergebnisse dort auch Objektmengen oder Klassen sein können. Neben Detailverbesserungen wie ein **similar**-Operator zum Vergleich von Zeichenketten mit regulären Ausdrücken analog zum Unix-Werkzeug *grep*, gibt es viele Anfrageoperationen, die direkt mit den objektrelationalen Erweiterungen zu tun haben. Wir beschreiben im folgenden Typ-Prädikate und Typanpassungen, Anfragen an Tabellenhierarchien (Substituierbarkeit) und Anfragen an Komponentenhierarchien (Pfadausdrücke).

Typ-Prädikate und Typanpassungen

Mit der Klausel **is of only** können Ausdrücke auf einen spezielleren Typ entlang der Typhierarchie eingeschränkt werden. Analog zu den Fähigkeiten von SEQUEL2 und bedingt durch ein allgemeineres Typkonzept können auch komplexe Typ-Prädikate formuliert werden, wie zum Beispiel der Vergleich zweier Tupelmengen mit dem =-Operator. Die Tupelmengen können dabei wieder mit Teilanfragen zusammengestellt werden, was zur Orthogonalität von SQL-99 beiträgt. Eine **where**-Klausel der Form

```
where
    ( select ...from ...where ...)
    =
    ( select ...from ...where ...)
```

ist also in SQL-99 wieder möglich. Allgemeine *Typanpassungen* (*Type Casts*), die im Bereich der Programmiersprachen schon lange üblich waren, sind nun mit

```
cast Ausdruck as Datentyp
```

auch in SQL-99 möglich.

9.5.1 Anfragen an Tabellenhierarchien

Da SQL-99 tiefe Extensionen verwirklicht, muß beim Zugriff auf die flache Extension das Schlüsselwort **only** benutzt werden. Möchte man beispielsweise die

Adresse von Personen sehen, die keine Studenten (oder Mitglieder anderer Untertabellen) sind, so lautet die passende SQL-99-Anfrage

```
select Adresse
from   only Personen
```

Unter dem Stichwort "Substituierbarkeit" in [MPD99] erwähnt, können Anfragen an Tabellen also ohne Verwendung von **only** an Untertabellen "weitergereicht" werden. Die Anfrage

```
select Gehalt
from Angestellte
```

liefert also auch Gehaltsinformationen über wissenschaftliche Hilfskräfte, falls Hiwis eine Untertabelle von Angestellte ist.

9.5.2   Anfragen an Komponentenhierarchien

Daneben verwirklicht SQL-99 den Zugriff auf Komponentenobjekte über Pfadausdrücke (siehe Abschnitt 10.5) und den Zugriff auf Schemainformationen in einer Anfrage (etwa zum Zugriff auf den Typ eines Objekts).

Modellieren wir die Tabelle Studenten analog zu Abschnitt 4.4 mit einer Komponente Mutter, die selbst wieder vom Typ Person ist, so können wir die Anfrage nach der Matrikelnummer des Studenten und dem Nachnamen der Mutter des Studenten mit

```
select Studenten.Matrnr, Studenten.Mutter → Nachname
from Studenten
```

formulieren. Selbst Methoden lassen sich auf diese Weise aufrufen, wie beispielsweise die Methode Durchschnittsgehalt, die mit der Jahresangabe als Parameter für den Typ Angestellter definiert sein soll. Dem Typ ist dann die Tabelle Angestellte zugeordnet:

```
select Angestellte.Nachname,
       Angestellte → Durchschnittsgehalt(1999)
from Angestellte
```

Selbst eine Dereferenzierung der Komponente ist möglich. Wenn man die Attributwerte der Mutter mit der Matrikelnummer des Studenten sehen möchte, kann mit dem **deref**-Operator dieser "Verbund" mit dem Komponentenobjekt hergestellt werden:

```
select Studenten.Matrnr, deref (Studenten.Mutter)
from Studenten
```

Diese Eindrücke sollen als kurzer Einblick in die objektorientierten Fähigkeiten der Anfragesprache SQL-99 ausreichen.

9.6 Vertiefende Literatur

Die Ur-SQL-Version SEQUEL wird in [CB74, CAE$^+$76] eingeführt. Eine Beschreibung von SQL-92 findet sich in [DD97] und [MS93]. Die deutschsprachige Version des Klassikers [DD97] ist [DD98]. Ein eigenständiges deutsches Buch zum Thema ist [Sau92]. Die Standards SQL-89 und SQL-92 sind in [Int89] bzw. [Int92] definiert. Der letzte Stand von SQL3 ist in [ISO96] enthalten. Die aktuelle Norm SQL-99 ist in [ISO99a] und [ISO99b] dokumentiert. Ein Tutorium zum SQL-99-Standard ist als Manuskript [MPD99] verfügbar.

9.7 Übungsaufgaben

Übung 9.1 Formulieren Sie die Anfragen aus den Übungen 8.8 und 8.9 von Seite 334 in SQL, sofern möglich. □

Übung 9.2 Formulieren Sie die Anfragen aus Aufgabe 8.4 in SQL. □

Übung 9.3 Formulieren Sie die Anfrage

```
select Titel from Bücher
where ISBN in ( select ISBN from Empfiehlt )
```

in SQL ohne Schachtelung in der **where**-Klausel, also nur mit einer Verbundbedingung. □

Übung 9.4 Formulieren Sie die Anfrage

```
select X.PANr
from Prüft X
where X.PANr in (select Y.PANr
        from Prüft Y
        where Y.Matrikelnummer <> X.Matrikelnummer)
```

in SQL

- ohne Schachtelung in der **where**-Klausel,

- ohne Benutzung von Tupelvariablen, aber mit Hilfe von Aggregatfunktionen. □

Übung 9.5 Bestimmen Sie in SQL die Durchschnittsnote jeweils pro Prüfer, pro Fachrichtung, pro Immatrikulationsdatum der betreffenden Studenten und pro Lehrstuhl basierend auf der Prüft-Relation. □

Übung 9.6 Formulieren Sie folgende Änderungen der Beispielrelationen aus dem Anhang A.2 in SQL:

1. Fügen Sie sich selber als neuen Studenten ein.

2. Geben Sie allen Mitarbeitern im Fachbereich Informatik eine Gehaltserhöhung von 10 Prozent.

3. Fügen Sie in die `empfiehlt` Relation ein, daß Professoren für alle Vorlesungen, die sie halten, jeweils alle Bücher empfehlen, bei denen sie Autor sind. □

Übung 9.7 In SEQUEL2 läßt sich direkt eine Anfrage formulieren, die diejenigen Paare von Vorlesungen bestimmt, die die gleichen Voraussetzungen haben:

```
select A.V_Bezeichnung, B.V_Bezeichnung
from Vorl_Voraus A, Vorl_Voraus B
where ( select Voraussetzung
        from Vorl_Voraus
        where V_Bezeichnung = A.V_Bezeichnung )
      =
      ( select Voraussetzung
        from Vorl_Voraus
        where V_Bezeichnung = B.V_Bezeichnung )
```

1. Modifizieren Sie die Anfrage derart, daß jedes Paar von Vorlesungen nur einmal ausgegeben wird, und nur "echte" Paare im Ergebnis auftreten.

2. Geben Sie eine Anfrage in SQL-92 an, die dasselbe Ergebnis errechnet.

   Hinweis: Eine mögliche Lösung arbeitet mit **group by** und Aggregatfunktionen. □

10

Weitere
Datenbanksprachen

Wie im letzten Kapitel schon erwähnt, setzen relationale Datenbanksprachen in ihrem Anfrageteil Ausdrücke des Tupelkalküls, Bereichskalküls oder der Relationenalgebra um und erweitern die Mächtigkeit dieser Sprachen um Operationen und Funktionen auf den Wertebereichen. Nach der auf dem Tupelkalkül und der Algebra basierenden Sprache SQL werden in diesem Kapitel unter anderem die folgenden Sprachen eingeführt:

- QUEL: Diese Sprache beruht auf dem Tupelkalkül. Sie ist im Zusammenhang mit dem System INGRES entwickelt worden und wird nur dort eingesetzt.

- QBE: Diese Sprache beruht auf dem Bereichskalkül. Sie wird "in graphischer Verpackung" angeboten und stammt aus einem IBM-Forschungslabor.

- MS-Access: Die graphische Anfrageschnittstelle von MS-Access setzt die Ideen der Sprache QBE mit moderneren Mitteln um, benutzt statt einer zeichenorientierten graphischen Darstellung nun die übliche Windows-Oberfläche und ersetzt einige textuelle Kommandos durch Mausklicks und Cut-and-Paste-Operationen.

QUEL und QBE (sowie der QBE-Ableger MS-Access) basieren jeweils auf einem der beiden Relationenkalküle. SQL besitzt — wie im letzten Kapitel beschrieben — einen Kern, der auf dem Kalkül basiert, jedoch mit algebraischen Erweiterungen. ISBL, die im vorletzten Kapitel erwähnte Relationenalgebra-Erweiterung, basiert als Anfragesprache natürlich direkt auf der Algebra. Abbildung 10.1 verdeutlicht diese Zusammenhänge in graphischer Form.

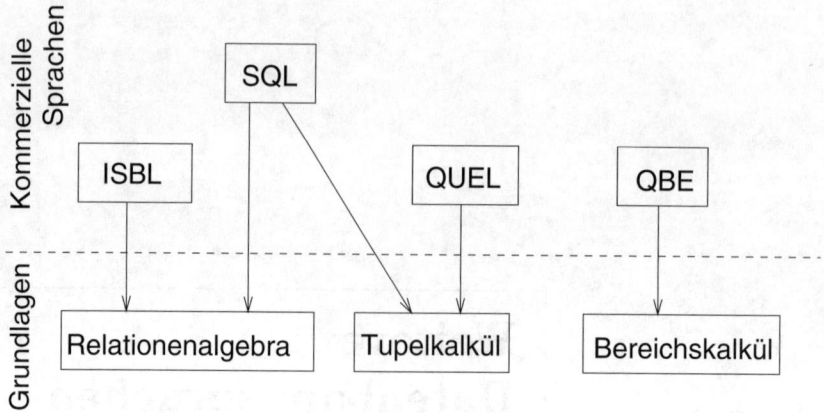

Abb. 10.1: Bezug kommerzieller relationaler Anfragesprachen zu den theoretischen Grundlagen

Neben diesen Sprachen werden in diesem Kapitel auch noch neuere Techniken vorgestellt:

- Universalrelationen-Anfragesprachen, die dem Benutzer die Formulierung von Anfragen erleichtern sollen. Sie kommen ohne den Verbund als Operation aus und interpretieren unvollständige Anfragen.

- Information-Retrieval-Sprachen, die die inhaltsbasierte Suche nach Stichworten in Texten ermöglichen und die Ergebnis(-texte) sortiert nach Wichtigkeit (Ranking) ausgeben. Information-Retrieval-Operationen findet man auch im Datentyp Text von modernen objektrelationalen Datenbanksystemen.

- Regelbasierte Anfragesprachen, die stark deskriptiv orientiert sind, da der Benutzer nur eine Menge von Regeln zur Beschreibung des Anfrageergebnisses vorgibt. Diese Sprachen erlauben im Gegensatz zu den klassischen Anfragesprachen auch Rekursion.

- Anfragesprachen für geschachtelte Relationen, das ER-Modell und objektorientierte Datenbanken. Insbesondere werden wir dabei auf die Sprache OQL des ODMG-Standards für OODBS eingehen.

Dieses Kapitel ist folgendermaßen aufgebaut:

- QUEL, QBE und MS-Access als Alternative zu SQL werden im Abschnitt 10.1 behandelt.

- Anschließend werden wir auf die Grenzen dieser Anfragesprachen eingehen (welche Anfragen sind aus welchen Gründen nicht möglich oder nur umständlich formulierbar?) und einige der oben erwähnten Erweiterungen skizzieren (Abschnitt 10.2). Drei wichtige Erweiterungen werden wir in den folgenden Abschnitten getrennt vorstellen:

  - Information-Retrieval-Sprachen (IR-Sprachen) für Texte (Abschnitt 10.3)

  - Regelbasierte Anfragesprachen (Abschnitt 10.4)

  - Objektorientierte Anfragesprachen (Abschnitt 10.5)

10.1 QUEL und QBE

Die Sprache SQL ist unstrittig die erfolgreichste kommerziell eingesetzte Anfragesprache für relationale Datenbanksysteme; ein Fakt, der sich auch in den Standardisierungen widerspiegelt. Trotzdem ist aber auch die Betrachtung weiterer Sprachansätze in einem Lehrbuch notwendig, und sei es nur, um die Eigenschaften der Sprache SQL im Vergleich besser einschätzen zu können.

Wir werden in diesem Abschnitt die Sprachen QUEL und QBE betrachten. QUEL basiert auf ähnlichen Konstrukten wie SQL und ist sozusagen der Konkurrent von SQL, der sich langfristig nicht kommerziell durchsetzen konnte, aber interessante Alternativen im Sprach-Design aufweist. QBE hingegen zeigt einen alternativen Zugang zu Anfragen, indem statt einer linearen Syntax eine tabellenorientierte graphische Anfrageschnittstelle unterstützt wird. Anschließend wird mit der Anfrageschnittstelle von MS-Access einen moderne Variante des ursprünglichen QBE-Vorschlags vorgestellt.

10.1.1 Die Sprache QUEL

Die Sprache QUEL (für *QUEry Language*) ist bekannt geworden als die DDL / DML des INGRES-Systems, eines kommerziellen relationalen DBMS, das auf der Basis eines an einer Universität realisierten Prototypen entwickelt wurde. Aufgrund seines orthogonalen Sprachentwurfs lange Zeit ein ernsthafter Konkurrent für SQL, hat sich QUEL am Ende jedoch nicht gegen die standardisierte Sprache SQL behaupten können.

Die Schemadefinition in QUEL erfolgt weitgehend analog zur Schemadefinition in SQL, so daß wir hier nicht näher auf diesen Aspekt eingehen wollen und uns auf die Anfrageformulierung in QUEL konzentrieren.

Anfragen in QUEL

Auch für QUEL unterscheiden wir einen Kern-Anteil, der am Tupelkalkül angelehnt ist, und die Erweiterungen um beispielsweise Aggregierung. Anfragen im *QUEL-Kern* sind nach dem folgenden syntaktischen Muster aufgebaut:

> **range of** r_1 **is** R_1
> . . .
> **range of** r_k **is** R_k
> **retrieve** [**into** S] [**unique**] ([A_1 =] $u_1, \ldots,$ [A_n =] u_n)
> [**where** φ]

Die einzelnen Platzhalter in diesem syntaktischen Rahmen stehen für die folgenden syntaktischen Konstruktionen:

$r_1, \ldots, r_k$ Variablen

$R_1, \ldots, R_k, S$ Relationennamen

$A_1, \ldots, A_n$ Attributnamen (optional)

$u_1, \ldots, u_n$ Datenterme

φ Selektionsformel mit freien Variablen $r_1, \ldots, r_k$ ohne Quantoren und ohne Prädikate $R(\ldots)$

Die syntaktische Form von QUEL-Anfragen kann als direkte Umsetzung von Ausdrücken des Tupelkalküls aufgefaßt werden. Tupelvariablen werden explizit an endliche Relationen gebunden, so daß garantiert sichere Ausdrücke entstehen.

Ein Beispiel für eine QUEL-Anfrage nach obigem Muster ist die folgende Anfrage "*Welche Lieferanten liefern von Weiß bestellte Waren?*":

> **range of** a **is** AUFTRAG
> **range of** l **is** LIEFERANT
> **retrieve** (Name = l.LName, l.Ware)
> **where** a.KName = 'Weiß' **and** l.Ware = a.Ware;

Diese Anfrage kann praktisch direkt in einen Ausdruck des Tupelkalküls umgewandelt werden: Die '**range of**'-Klauseln definieren Tupelvariablen, der **retrieve**-Teil gibt die Zielstruktur vor und der **where**-Teil die Selektionsbedingung φ:

> { l.LName, l.Ware |
>   AUFTRAG$(a) \wedge$ LIEFERANT$(l) \wedge a$.KName $='$ Weiß$' \wedge l$.Ware $= a$.Ware}

Wie auch in SQL stellt die syntaktische Form der Deklaration von Tupelvariablen sicher, daß diese ausschließlich an endliche Datenbankrelationen gebunden sind — QUEL-Anfragen entsprechen automatisch *sicheren* Kalkülausdrücken.

In QUEL sind allerdings keine Unteranfragen wie in SQL möglich. Daraus ergibt sich die folgende Aussage: Der QUEL-Kern ist *nicht streng* relational vollständig. Nur Anfragen des Tupel-Kalküls der Form

$$[S :=]\{s : (A_1 \ldots, A_n) | \ldots \exists r_i \ldots (\ldots \wedge R_i(r_i) \wedge \ldots \varphi)\}$$

(oder äquivalente Anfragen) lassen sich durch (je) eine QUEL-Anfrage darstellen. Da in QUEL die Zuweisung an Zwischenergebnis-Relationen mittels des **into**-Konstrukts explizit möglich ist, können beliebige Unteranfragen durch Folgen von QUEL-Anfragen ausgedrückt werden: QUEL ist damit relational vollständig.

Änderungsoperationen in QUEL

Die Änderungsoperationen in QUEL entsprechen weitgehend den Änderungsoperationen in SQL, werden allerdings mit anderen Schüsselwörtern notiert. Die Wahl des Schlüsselwortes **append** anstelle des **insert** von SQL deutet auf eine eher an Tabellen in Form von Listen als an Relationen in Form von Tupelmengen orientierte Denkweise hin:

```
range of r is R

. . .

  delete r     │ append to S(...)  │ replace r(...)
  where φ      │ where φ           │ where φ
```

Da QUEL in aktuellen Systemen an Relevanz verloren hat, verzichten wir auf eine ausführlichere Diskussion des Sprachvorschlags und verweisen stattdessen auf andere Lehrbücher, etwa [Ull88, Dat87], und auf Originalliteratur [SWKH76].

10.1.2 Die Sprache QBE

Die Sprache QBE ("Query by Example") ist im Gegensatz zu SQL oder QUEL keine textuelle Sprache. Anfragen werden in QBE durch Einträge in Tabellengerüsten formuliert, wobei die Reihenfolge der Einträge oder die Anordnung auf dem Bildschirm keine Rolle spielen. Die zugrundeliegende Intuition wird durch die Wahl der englischen Langform von QBE angedeutet: Der Benutzer soll *Beispieleinträge* in Tabellen angeben, die seinen Anfragewünschen entsprechen. Diese Sichtweise wird sicher anhand der folgenden Beispiele am besten verdeutlicht.

QBE war die Sprache des QBE-Systems, eines bei der Firma IBM entwickelten Prototyps. Die Sprache QBE ist Vorläufer verschiedener tabellenbasierter Anfrageschnittstellen kommerzieller Systeme, etwa für QMF des Systems DB2. Aktuell sind vereinfachte Versionen von QBE für Datenbanksysteme auf PCs im Einsatz, etwa als DML des Paradox-Systems.

Die *Sprachelemente* von QBE sind *Tabellengerüste mit Einträgen* (im QBE-Jargon auch Tabellen*skelette* genannt). Spezielle Einträge sind die *Beispielelemente*, die als Platzhalter für Werte der Datenbank stehen, etwa _Müller für einen beliebigen Namen. Beispielelemente beginnen mit einem '_'-Zeichen. Andere Einträge sind Konstanten (ohne das '_'-Zeichen am Anfang) oder Vergleichswerte. Eine spezielle Rolle spielen die *Kontrolleinträge* wie P., die etwa angeben, welche Werte in der Ausgabe erscheinen sollen (P. für *Print*).

Die *Bedeutung von Anfragen in QBE* kann durch äquivalente Anfragen in einem (eingeschränkten) Bereichskalkül mit expliziter Attributnamensgebung definiert werden. Die Beispieleinträge entsprechen hierbei den Bereichsvariablen. Wir präsentieren die Möglichkeiten, Anfragen in QBE zu formulieren, im folgenden jeweils mit der Angabe des äquivalenten Ausdrucks im Bereichskalkül. Gleichzeitig werden die speziellen Sprachkonstrukte von QBE eingeführt.

Anfragen in QBE

Die Beispielanfragen in QBE beziehen sich auf die bekannten Beispielrelationen, die im Anhang A.2 aufgeführt sind. Im Gegensatz zu textuellen Sprachen muß sich der Benutzer in interaktiven QBE-Systemen übrigens nicht um die korrekte Angabe der Attributliste für eine Relation kümmern: Das System 'zeichnet' nach Angabe des Relationennamens ein korrektes Tabellenskelett auf den Bildschirm.

- Wir beginnen mit einer einfachen Anfrage, die Selektion und Projektion auf einer einzelnen Datenbankrelation verwirklicht.

  "Alle für das Fach Informatik angebotenen Vorlesungen ab dem 7ten Semester."

Vorl	V_Bezeichnung	SWS	Semester	Studiengang
P.		P.	> 7	Informatik

Bei dieser ersten Beispielanfrage sind sicher einige Erklärungen angebracht.

- Das Kontrollwort P. für *Print* markiert eine Ausgabespalte für die Ergebnisrelation. Alternativ können auch alle Attribute einer Relation ausgewählt werden, indem eine Ausgabezeile durch ein vorangestelltes P. markiert wird.

– Informatik ist eine Konstante vom Datentyp **string**.

Der äquivalente Kalkül-Ausdruck lautet wie folgt:

$$\{xy \mid \text{Vorl}(x,y,z,\text{'Informatik'}) \wedge z > 7\}$$

Die mit P. markierten Spalten der Relation definieren die Zielliste des Bereichskalkül-Ausdrucks.

- Die zweite Anfrage verwirklicht einen einfachen Verbund über zwei Relationen:

  "Für welche Vorlesungen mit mehr als 2 Semesterwochenstunden ist 'Datenbanken I' Voraussetzung?"

Die QBE-Anfrage wird mittels zweier Tabellenskelette realisiert:

Vorl	V_Bezeichnung	SWS	Semester	Studiengang
	P. _Datenbasen	P. > 2		

Vorl_Voraus	V_Bezeichnung	Voraussetzung
	_Datenbasen	Datenbanken I

In dieser Anfrage werden Beispielelemente benötigt, um zu zeigen, daß in beiden Relationen dieselbe Vorlesung gemeint ist (das Verbundkriterium). _Datenbasen bezeichnet ein Beispielelement und entspricht einer Bereichsvariable im Bereichskalkül. Um die Sicherheit der Anfragen zu gewährleisten, müssen Beispielelemente in mindestens einer (nicht negierten) Zeile einer Datenbankrelation gebunden werden.

Nach diesen Vorbemerkungen können wir den äquivalenten Kalkül-Ausdruck angeben:

$$\{xy \mid \text{Vorl}(x,y,\_,\_) \wedge \text{Vorl\_Voraus}(x,\text{'Datenbanken I'}) \wedge y > 2\}$$

Die Variable x steht hier für das Beispielelement _Datenbasen. Wie im Abschnitt 8.3.2 über den Bereichskalkül erläutert, stehen die '_'-Einträge hier für beliebige, jeweils *unterschiedliche* Bereichsvariablen.

- Die nächste Anfrage erfordert die Formulierung einer disjunktiven Bedingung:

  "Welche Vorlesungen werden für die Studiengänge Informatik und Mathematik angeboten?"

QBE ermöglicht die explizite Notation komplexer Suchbedingungen. Um die Oberfläche einheitlich zu gestalten, werden derartige Bedingungen ebenfalls in einer Tabellenform notiert:

Vorl	V_Bezeichnung	SWS	Semester	Studiengang
	P.	P.		_St

CONDITIONS
_St = Informatik or _St = Mathematik

Die "Condition Box", die als Tabelle notiert wird, dient der expliziten Angabe von Bedingungen, die komplexer als einfache Attributeinschränkungen sind. Der äquivalente Kalkülausdruck lautet:

$$\{xy \mid \exists s \; \texttt{Vorl}(x,y,\_,s) \land (s = \text{'Informatik'} \lor s = \text{'Mathematik'})\}$$

Eine disjunktive Bedingung kann in QBE allerdings auch durch die Markierung mehrerer unterschiedlicher Bereichsvariablen als Ausgabeelemente *derselben* Spalten erfolgen:

Vorl	V_Bezeichnung	SWS	Semester	Studiengang
	P. _DBA	P. _eins		Informatik
	P. _DBB	P. _zwei		Mathematik

Diese Anfrage ist äquivalent zur obigen Anfrage, kommt aber ohne die Condition Box aus. Diese Notation hat allerdings kein direktes Gegenstück im Bereichskalkül, da die Syntax der Zielliste dort mehrere Variablen für dieselbe Spalte der Ausgabetabelle nicht zuläßt.

- Auch ein Verbund einer Relation mit sich selber läßt sich einfach formulieren:

  "Welche Vorlesungen werden in einem Fach im selben Semester gehört?"

Die entsprechende QBE-Anfrage lautet:

Vorl	V_Bezeichnung	SWS	Semester	Studiengang
	P.		_erstes	_Informatik
	P.		_erstes	P. _Informatik

Mehrfachzeilen einer Relation entsprechen einer konjunktiven Verknüpfung der jeweiligen Bedingung, wie die folgende Umsetzung dieser Anfrage in den Bereichskalkül zeigt:

$$\{xyz \mid \texttt{Vorl}(x,\_,w,z) \land \texttt{Vorl}(y,\_,w,z)\}$$

- QBE erlaubt es dem Benutzer, sich mittels temporärer Ausgabetabellen die Struktur der Ausgabetabelle (Spaltennamen, Anordnung der Spalten) selbst zu definieren:

  "Drucke alle Vorlesungen für Informatik mit den Voraussetzungen!"

Die eigentliche Anfrage kann nun wie üblich, allerdings ohne Ausgabemarkierungen, formuliert werden:

Vorl	V_Bezeichnung	SWS	Semester	Studiengang
	_DB	_zwei	_erstes	Informatik

Vorl_Voraus	V_Bezeichnung	Voraussetzung
	_DB	_DBVoraus

In der Anfrage ist bisher keine Spalte mit `P.` markiert. Eine temporäre Ausgabetabelle wird jetzt wie folgt definiert:

Info_Vorlesungen	Name	Voraussetzung	SWS	Semester
P.	_DB	_DBVoraus	_zwei	_erstes

In der Ausgabetabelle ist das Attribut `V_Bezeichnung` in `Name` umbenannt worden, und die Reihenfolge der Attribute wurde explizit festgelegt. Im Bereichskalkül wird ebenfalls jeweils die Reihenfolge in der Zielliste festgelegt:

$$\{xwyz \mid \texttt{Vorl}(x,y,z,\texttt{'Informatik'}) \wedge \texttt{Vorl\_Voraus}(x,w)\}$$

Die Umbenennung der Attribute ist allerdings nur in den erwähnten Erweiterungen des Kalküls möglich.

- Im Original-QBE können — im Gegensatz zu späteren kommerziellen Versionen — Zeilen als *negiert* markiert werden. Eine Anfrage, in der dies Sinn macht, ist die folgende:

  "Drucke Vorlesungen mit maximaler Anzahl von Semesterwochenstunden."

Eine Vorlesung hat natürlich genau dann eine maximale Anzahl von Semesterwochenstunden, wenn keine andere Vorlesung existiert, die einen echt größeren Wert hat. Diese Anfrage kann wie folgt notiert werden:

Vorl	V_Bezeichnung	SWS	Semester	Studiengang
P.		_viele		
¬		> _viele		

Bevor wir die Bedeutung negierter Zeilen diskutieren, geben wir den zugehörigen Ausdruck im Bereichskalkül an:

$$\{xyzw \mid \mathtt{Vorl}(x,y,z,w) \wedge \neg \exists x' \exists y' \exists z' \exists w' (\mathtt{Vorl}(x',y',z',w') \wedge y' > y)\}$$

Negierte Zeilen entsprechen somit 'not exists'-Unteranfragen in SQL und sind mit der Gesamtanfrage konjunktiv verbunden. Die exakte Umsetzung werden wir gleich bei der Diskussion der formalen Semantik von QBE-Anfragen sehen.

Um die Sicherheit von Anfragen zu gewährleisten, dürfen negierte Zeilen keine Ausgabeanforderung mittels P. enthalten.

Das letzte Beispiel zeigte den Einsatz der Negation von Zeilen in QBE. Aufgrund der nicht immer leicht nachvollziehbaren Semantik von Negationssymbolen in QBE-Anfragetabellen wurde dieses Sprachmittel in der Regel nicht in die kommerziellen Nachfolgeprodukte übernommen. Das jeweilige Ergebnis ist allerdings eine weniger ausdrucksfähige Sprachversion!

Funktionen, Sortierung und Aggregierung in QBE

Die bisherigen Sprachmittel entsprechen (bis auf die fehlende Schachtelung von Anfragen) in etwa dem SQL-Kern und könnten damit auch als 'QBE-Kern' bezeichnet werden. Wie SQL bietet auch QBE Erweiterungen um arithmetische Funktionen, Sortierung und Aggregierung an, die über den reinen Bereichskalkül hinausgehen.

Einfache arithmetische Funktionen können direkt in Anfragen verwendet werden, etwa in Vergleichsausdrücken. In einer Anfrage an eine Tabelle mit Bestellungen könnten wir etwa einen Vergleich der Form '> (_Einzelpreis * _Menge)' verwenden. Hier unterscheidet sich QBE nicht von den in SQL möglichen Berechnungstermen.

In QBE wird eine gewünschte Sortierreihenfolge in der Ausgabe mit AO(n). (Ascending Order, aufsteigend) und DO(n). (Descending Order, absteigend) notiert. Mit dem Wert von n wird die Priorität der Sortierkriterien gesteuert. Die folgende Anfrage gibt die Vorlesungen sortiert nach Studiengang und für jeden Studiengang aufsteigend nach Semester aus.

Vorl	V_Bezeichnung	SWS	Semester	Studiengang
P.			AO(2).	AO(1).

Auch Aggregatfunktionen können (analog zu SQL) in QBE notiert werden. Die Funktionen werden als SUM., AVG., MAX., MIN. und CNT. notiert. Die Angabe ALL. wird in Verbindung mit den Operatoren eingesetzt, um die (Multi-) Menge aller Attributwerte einer Spalte zu bezeichnen. Die zusätzliche Angabe von UN. (für *unique*) in der Form UN.ALL. eliminiert Duplikate.

Als Beispiel betrachten wir die folgende Anfrage, die die Gesamtzahl der Semesterwochenstunden berechnet, die für Informatik angeboten werden.

Vorl	V_Bezeichnung	SWS	Semester	Studiengang
		P.SUM.ALL. _x		Informatik

Die zweite Beispielanfrage gibt die Anzahl (unterschiedlicher) Autoren in der Relation `Buch_Autor` an. Hierbei müssen Duplikate eliminiert werden, um ein korrektes Ergebnis zu erhalten.

Buch_Autor	ISBN	Autor
		P.CNT.UN.ALL. _x

Formale Semantik von QBE

Die formale Semantik von QBE-Anfragen des QBE-Kerns (also ohne Sortierung und Aggregatfunktionen) kann durch eine direkte Umwandlung in Bereichskalkül-Anfragen definiert werden. Die Umwandlung erfolgt in vier Schritten:

1. Die Beispielelemente von QBE entsprechen den Bereichsvariablen des Bereichskalküls.

2. Analog zu den '_'-Symbolen in Anfragen des Kalküls entsprechen "leere Spalteneinträge" paarweise verschiedenen Bereichsvariablen. Als leere Spalten zählen hier alle Positionen, an denen keine Bereichsvariable steht, also auch Positionen mit Vergleichsangaben wie <10.

3. Jede Zeile in einer Relation R entspricht einer Teilformel

$$R(u_1, \ldots, u_n) \wedge \varphi$$

wobei u_i die Terme in den entsprechenden Spalten sind (Konstanten oder Bereichsvariablen) und φ die Konjunktion der jeweiligen Zeilenbedingungen (siehe Beispiele).

4. Eine allgemeine QBE-Anfrage, bestehend aus positiven und negierten Zeilen sowie Einträgen in der Condition Box, entspricht dem folgendem Bereichskalkül-Ausdruck:

$$\{x_1 \ldots x_m \mid \quad \exists y_1 \ldots \exists y_n \bigwedge_i \langle i\text{-te positive Zeile}\rangle$$

$$\wedge \quad \bigwedge_j \neg[\exists z_{j_1} \ldots \exists z_{j_p} \langle j\text{-te negierte Zeile}\rangle]$$

$$\wedge \quad \bigwedge_k \langle k\text{-te Bedingung in Condition Box}\rangle\}$$

Hierbei haben die einzelnen Teile die folgenden Bedeutungen:

- $x_1 \ldots x_m$ sind alle Variablen, die mit P. als Bestandteile der Ergebnis- relation markiert sind. Eine Ausnahme stellt die Angabe mehrerer Variablen für dieselbe Spalte dar (siehe unten).

- $y_1 \ldots y_n$ sind alle restlichen Variablen in positiven Zeilen.

- $z_{j_1} \ldots z_{j_p}$ sind die restlichen impliziten Variablen in der j-ten negierten Zeile.

Eine Sonderbehandlung bei der Umsetzung ist notwendig, falls mehrere Aus- gabemarkierungen für dieselbe Spalte mit unterschiedlichen Bereichsvariablen angegeben sind. Hier ist eine Umwandlung in eine disjunktive Anfrage notwen- dig.

Ausdrucksfähigkeit von QBE

Nach den bisherigen Vorbemerkungen ist bereits klar, daß der QBE-Kern keine höhere Ausdrucksfähigkeit als der sichere Bereichskalkül haben kann. Interes- sant ist somit die umgekehrte Richtung — können alle (syntaktisch sicheren) Anfragen des Bereichskalküls auch in QBE formuliert werden? Da QBE keine Schachtelung mit expliziten Quantoren $\exists$ und $\forall$ unterstützt, liegt die Vermu- tung nahe, daß dies nicht der Fall ist.

Schauen wir uns die von QBE abgedeckte Teilmenge der möglichen Bereichskalkül-Anfragen einmal genauer an. Aufgrund der Semantik von QBE- Anfragen können diese nur Kalkülausdrücken der folgenden Form entsprechen:

$$\{\ldots \mid \exists \ldots (\wedge \ldots \neg(\exists \ldots \exists \ldots) \wedge \ldots)\}$$

Nach Umformung gemäß den Regeln der Prädikatenlogik (Äquivalenz von $\neg \exists \varphi$ mit $\forall \neg \varphi$) haben somit alle möglichen Anfragen die Form:

$$\{\ldots \mid \exists \ldots \forall \ldots \forall \ldots \langle \text{Rest ohne Quantoren} \rangle\}$$

Insbesondere kann nach dieser Umformung kein Existenzquantor innerhalb eines Allquantors auftauchen. Wir können daher folgende Behauptung aufstel- len:

Der QBE-Kern ist nicht streng relational vollständig.

Allerdings kann jeder Operator der Relationenalgebra durch eine äquivalente QBE-Anfrage berechnet werden. Dies kann man daran erkennen, daß die Um- setzungen der relationalen Operatoren in den Bereichskalkül (die in Abschnitt 8.3.2 vorgestellt wurden) alle eine Form haben, die in QBE (mit Negation) dar- stellbar sind. Als Konsequenz kann jeder Term der relationalen Algebra durch eine *Folge* von QBE-Anfragen ausgedrückt werden:

Der QBE-Kern ist relational vollständig.

Es bleibt zu bemerken, daß eingeschränkte Versionen von QBE (z.B. ohne die Möglichkeit negierter Zeilen) weniger ausdrucksfähig sind als die vorgestellte volle QBE-Version.

Zur Ergänzung dieses naheliegenden Vergleichs mit der Ausdrucksfähigkeit der Relationenkalküle werden in Tabelle 10.1 einige Operationen der Relationenalgebra denjenigen Sprachmitteln von QBE entgegengestellt, die die entsprechende Funktionalität ausdrücken können.

Relationenalgebra	QBE
Projektion	mit `P.` markierte Spalten
Selektion	1. Vergleiche als Spalteneinträge
	2. `Condition Box`
Umbenennung	explizite Ausgabetabelle
Verbund	Verbindung zweier Tabellen mittels Beispielelementen (Bereichsvariablen)

Tab. 10.1: Gegenüberstellung von Operatoren der Relationenalgebra und Sprachmitteln von QBE

Änderungen in QBE

Wir verzichten auf eine Diskussion der Schemadefinition in QBE, da sie weitestgehend analog zur Schemadefinition etwa in SQL erfolgt. Stattdessen werden wir die Formulierung von *Datenbankänderungen* in QBE ausführlicher vorstellen.

Die Änderungsoperationen in QBE entsprechen natürlich in etwa den Möglichkeiten von SQL, werden allerdings graphisch notiert. Die Benutzerschnittstelle zur Formulierung von Änderungen entspricht der Anfrageschnittstelle, nur werden anstelle des Kontrollworts `P.` Kontrollworte für Änderungen benutzt.

Da die Beispielanwendung eher statisch ist, betrachten wir die Formulierung von Änderungen anhand zweier einfacher Relationen KUNDE mit den Attributen KName, KAdr und Kto sowie LIEFERANT mit den Attributen LName, LAdr, Ware und Preis.

- Das Einfügen von Tupeln wird mit dem Kontrollwort `I.` (für *Insert*) notiert. Wie in SQL, kann man das Einfügen von konstanten Tupeln und von aus der Datenbank berechneten Tupeln unterscheiden.

"Einfügen eines konkreten Kunden."

KUNDE	KName	KAdr	Kto
I.	Dagobert Duck	Entenhausen	1.000.000

Diese Anfrage fügt ein konstantes Tupel in die Relation KUNDE ein. Im folgenden zweiten Beispiel werden die einzufügenden Tupel aus einer anderen Relation berechnet:

"Einfügen aller Lieferanten als Kunden."

KUNDE	KName	KAdr	Kto
I.	_Müller	_Ort	0

LIEFERANT	LName	LAdr	Ware	Preis
	_Müller	_Ort		

Das Beispiel zeigt, daß Beispielelemente und Konstanten gemeinsam zur Definition der einzufügenden Tupel benutzt werden können. Beispielelemente müssen in einer Relation an Werte gebunden sein, wenn sie in einer Einfügezeile auftauchen.

* Das Löschen von Tupeln wird mit D. (für *Delete*) notiert:

    "Löschen aller schlechten Kunden."

KUNDE	KName	KAdr	Kto
D.			<0

* Das Ändern von Attributwerten wird mit U. (für *Update*) notiert:

    "110.- DM von Meiers Konto abziehen."

KUNDE	KName	KAdr	Kto
	Meier		U._Wert - 110

Dies ist bereits eine verkürzte Form der folgenden Änderung:

KUNDE	KName	KAdr	Kto
	Meier	_MD	_Wert
U.	Meier	_MD	_Wert - 110

Die Langversion der Änderung zeigt gut, wie hier vorgegangen wird: Die Variable _Wert wird an den alten Attributwert gebunden, und kann dann zur Berechnung des neuen Wertes benutzt werden. Noch deutlicher wird dies in der folgenden Version der Anfrage unter Benutzung der Condition Box:

KUNDE	KName	KAdr	Kto
	Meier	_MD	_AlterWert
U.	Meier	_MD	_NeuerWert

CONDITIONS
_NeuerWert = _AlterWert - 110

Diese Möglichkeit der Formulierung wird allerdings von den meisten QBE-Systemen — wenn überhaupt — nur eingeschränkt unterstützt, da bei der Ausführung entschieden werden müßte, ob die Bedingung der Condition Box eindeutig einen Wert spezifiziert.

Als Resümee der Diskussion von Änderungen in QBE läßt sich zusammenfassen, daß QBE dieselbe Ausdrucksfähigkeit wie SQL bei der Formulierung von Datenbankänderungen hat.

10.1.3 MS-Access

Während QBE in Reinform nicht kommerziell verfügbar ist, verwirklichen PC-RDBMS wie MS-Access graphische Anfrageschnittstellen, die ähnlichen Konzepten folgen.

MS-Access ist ein Datenbankprogramm unter Windows, in dem Basisrelationen (Tabellen) mit Schlüsseln definiert werden können. Fremdschlüssel werden über graphische Angaben von Beziehungen (1:1 und 1:n) deklariert. Anfragen in MS-Access werden graphisch definiert und in SQL übersetzt (leider kein Standard-SQL). Neben reinen Anfragen können auch Formulare und Berichte interaktiv definiert werden. Wir erläutern die Umsetzung von QBE in MS-Access nun an einer Folge von Beispielen.

Eine Kombination von Projektion und Selektion wird in Abbildung 10.2 definiert. Die Projektions- und Selektionsattribute werden per Mausklick aus den Tabellenboxen geholt, die man im oberen Teil der Abbildung sieht. Möchte man dann einige Selektionsattribute ausblenden, so demarkiert man die Auswahlbox in der Zeile "Anzeigen", die normalerweise mit einem Haken markiert ist. Selektionen werden in der Zeile "Kriterien" mit Konstanten oder Vergleichssymbolen den zugehörigen Spalten zugeordnet (wie in QBE). Die verschiedenen Selektionsbedingungen einer Zeile werden mit **und** verknüpft. Im Beispiel wird nach Vorlesungen des Informatik-Studiengangs gesucht, die für ein 8. oder höheres Semester angeboten werden. Eine zusätzliche Sortierung kann noch als eigener Operator in der Zeile "Sortierung" angewählt werden.

Komplexere Selektionsbedingungen werden in den Abbildungen 10.3 und 10.4 dargestellt. So können der **between**-Operator und der **like**-Operator von SQL mit **zwischen** und **wie** auch in MS-Access ausgedrückt werden. Wie in QBE bedeutet die Aufnahme mehrerer Bedingungen in eine Zeile eine Kon-

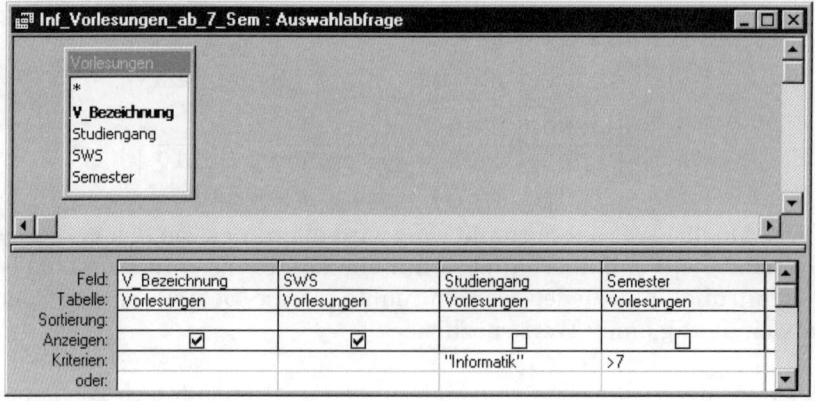

Abb. 10.2: Projektion und Selektion in Access

junktion, die Einführung von Bedingungen über mehrere Zeilen jedoch eine
Disjunktion.

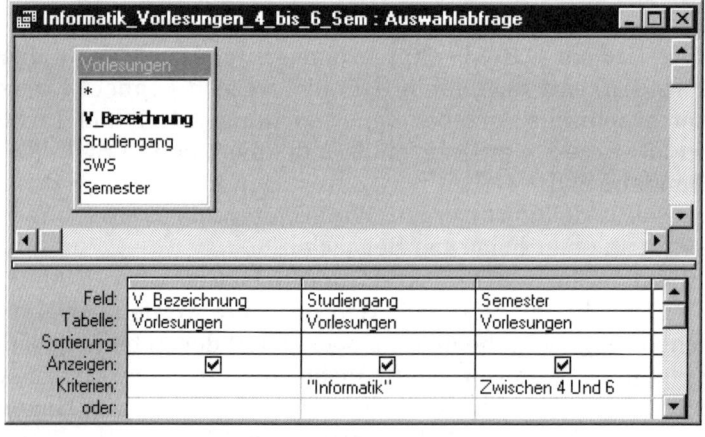

Abb. 10.3: Komplexe Selektionsbedingungen in Access

Zwei alternative Formulierungen einer Disjunktion sieht man in Abbildung 10.5. Zunächst einmal können bei der Anfrage nach allen Vorlesungen,
die für die Studiengänge Informatik oder Mathematik angeboten werden, in
zwei verschiedenen "Kriterien"-Zeilen die Konstanten "Informatik" und "Mathematik" in der Spalte "Studiengang" eingetragen werden. Vor der zweiten
Zeile erscheint dann der Operator **oder**. Bezieht sich die Disjunktion jedoch

10 Weitere Datenbanksprachen

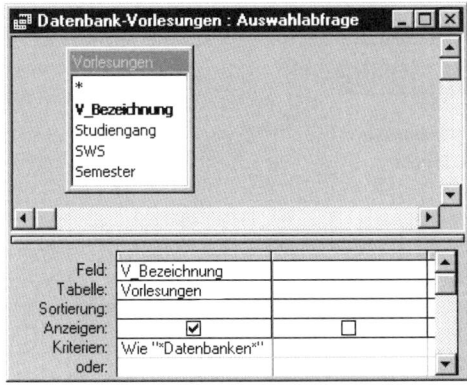

Abb. 10.4: Ungewißheitsselektion in Access

wie in diesem Fall auf ein Attribut, so kann man auch in einer Zeile das Kriterium "Informatik" **oder** "Mathematik" eintragen.

Eine Verbundoperation in Access wird in Abbildung 10.6 dargestellt. Im Gegensatz zu QBE werden hier keine gleichen Variablen in zwei Spalten eingetragen, sondern diese Spalten graphisch per Mausklick verbunden. Sind die Primär- und Fremdschlüsselbedingungen in der Datendefinition berücksichtigt worden, schlägt Access diese Verbindung auch als Normalfall vor. Im Beispiel ist im Datenbankentwurf bereits eine 1:n-Beziehung zwischen Vorlesungen und Vorlesungs-Voraussetzungen definiert worden. Holt man sich dann diese beiden Tabellenboxen in das Tabellenauswahlfenster in der oberen Hälfte der Abbildung, so wird automatisch die 1:n-Verbindung zwischen Primärschlüssel und Fremdschlüssel angezeigt.

In Abbildung 10.7 wird gezeigt, wie wir mengenwertige Selektionen (Selektion nach allen Büchern, die die Autoren Vossen und Witt gemeinsam geschrieben haben) in MS-Access mit einem Selbstverbund unterstützen können. Statt des natürlichen Verbundes zwischen den beiden Versionen der Tabelle "Buch_Autor" verknüpfen wir die beiden Tabellen über die ISBN. Die Verknüpfung mit der Bücher-Tabelle ermöglicht es uns, als Ausgabe den Titel des Buches anzuzeigen.

Schließlich werden in Abbildung 10.8 eine Gruppierung, eine Bedingung an eine Gruppe und eine **count**-Funktion durchgeführt. Sowohl die Gruppierung als auch die Gruppenbedingung werden über eine Funktionskennung in der Zeile "Funktion" eingetragen. Im Beispiel gruppieren wir nach den Vorlesungen in der Tabelle der Vorlesungs-Voraussetzungen und ermitteln die Vorlesungen, die mindestens zwei andere Vorlesungen als Voraussetzungen haben. Die äquivalente SQL-Anfrage würde lauten:

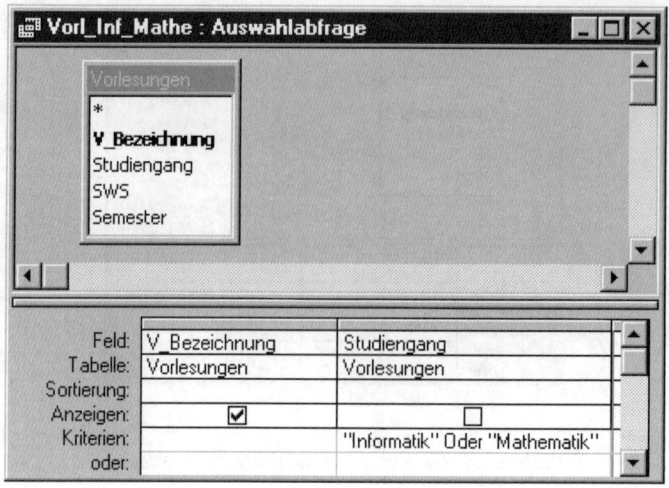

Abb. 10.5: Selektionen mit Disjunktionen in Access

```
select V_Bezeichnung
from Vorl_Voraus
group by V_Bezeichnung
having count(*) ≥ 2
```

Während die Semantik ähnlich der von QBE ist und nur einige syntaktische Elemente wie Variablen und Befehle wie **P.** durch eine modernere graphische Nutzerführung unter der bekannten Windows-Philosophie ersetzt wurde, gibt es in MS-Access leider auch einige Einschränkungen in der Mächtigkeit: So können komplexere Bedingungen nicht in eigenen *Condition Boxes* wie in QBE definiert werden.

10.1.4 Andere graphische Anfragesprachen

Das System Paradox, wenn auch in anderer Hinsicht kein volles RDBMS, bietet als Anfrageschnittstelle einen QBE-Dialekt zum interaktiven Arbeiten mit Tabellen. Für die Anwendungsprogrammierung wird eine linearisierte Form von QBE zusammen mit Kontrollstrukturen imperativer Programmiersprachen eingesetzt.

Auch für andere Datenmodelle wurden graphische Anfragesprachen entwickelt, insbesondere für Datenmodelle mit graphischen Datenmodellierungssprachen wie ER-Modelle. Die Konzepte können oft als Erweiterung von QBE auf die graphischen Darstellungsmittel dieser Modelle aufgefaßt werde. Statt einer Markierung mittels **P.** kann etwa ein Attribut- oder Entity-Symbol gra-

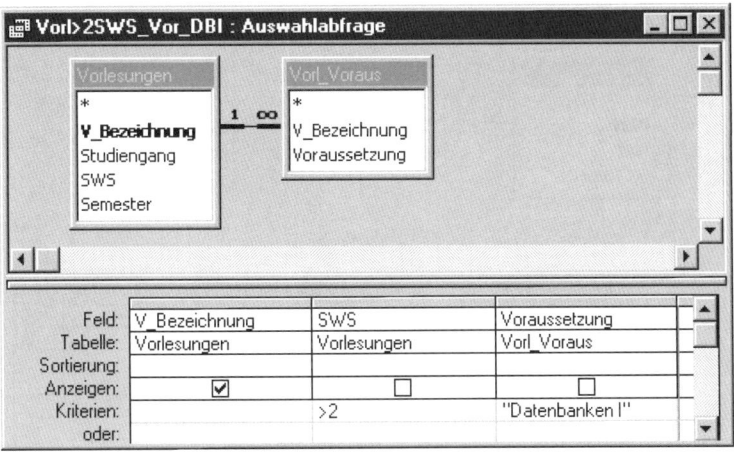

Abb. 10.6: Verbund in Access

phisch nach "Mausklick" durch Schattierung hervorgehoben werden. Anfragen, die in der QBE-Darstellung mehrere Zeilen einer Tabelle benötigen würden, müssen mit Duplizieren der Entity- und Beziehungstyp-Symbole verwirklicht werden.

10.2 Grenzen und Erweiterungen der bisherigen Sprachen

Bisher haben wir die "klassischen" relationalen Anfragesprachen ausführlich vorgestellt. In diesem Abschnitt werden wir nun zuerst die ihnen zugrundeliegenden Konzepte bezüglich Ausdrucksfähigkeit kritisch untersuchen, und danach Erweiterungen und neue Ansätze diskutieren. Die Grenzen werden sich insbesondere auf die Darstellung rekursiver Anfragen beziehen.

Die in diesem Abschnitt erwähnten möglichen Erweiterungen von Anfragesprachen werden insbesondere Anfragesprachen ohne Angabe von Relationen (schemaunabhängige Sprachen), Anfrageoperatoren für Data Warehouses (OLAP-Operatoren) und Operatoren für höhere Datenbankmodelle (wie ein EER-Modell) sein. In den nächsten Abschnitten werden wir dann getrennt auf Information-Retrieval-Operatoren (Suche in Texten), regelbasierte Anfragesprachen (für rekursive Anfragen) und objektorientierte Anfragesprachen eingehen.

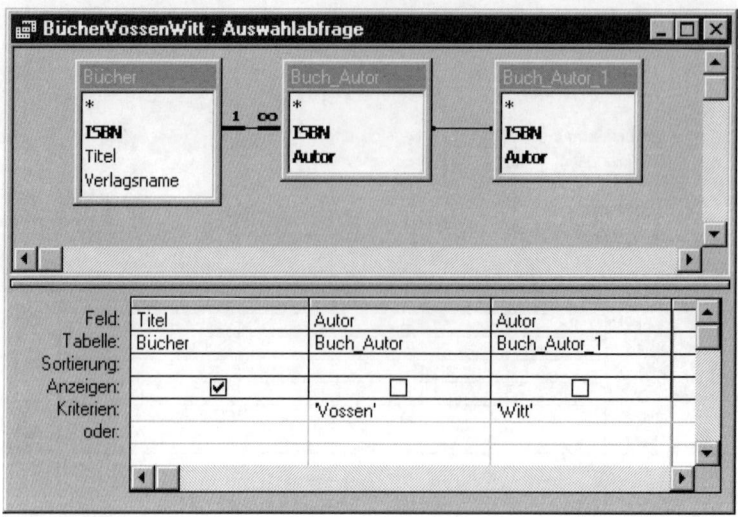

Abb. 10.7: Mengenwertige Selektionen in Access

10.2.1 Grenzen relationaler Anfragesprachen

Das klassische Maß der Ausdrucksfähigkeit relationaler Anfragesprachen ist die sogenannte *relationale Vollständigkeit*, die wir bereits mehrfach erwähnt hatten.

Relationale Vollständigkeit

Die relationale Vollständigkeit legt die relationale Algebra als Maß der Ausdrucksfähigkeit fest. Eine Anfragesprache L ist *relational vollständig*, falls jeder Term der relationalen Algebra durch einen Ausdruck in L simuliert werden kann. L heißt *streng relational vollständig*, wenn dieses jeweils durch einen einzigen Ausdruck von L möglich ist.

Die ursprüngliche Definition von Codd bezog sich auf den sicheren Relationenkalkül. Wir nehmen im folgenden $\Omega = \{\pi, \sigma, \bowtie, \beta, \cup, -\}$ als Operationenmenge der relationalen Algebra an.

Tupelkalkül und Bereichskalkül können eigentlich mehr als Relationenalgebra, da Anfragen der folgenden Form möglich sind:

$$\{t \mid \neg[t \in r(R)]\}$$

Derartige *unsichere Anfragen* können in der Relationenalgebra nicht ausgedrückt werden. Falls in den Kalkülen unsichere Ausdrücke ausgeschlossen werden (etwa alle Variablen positiv gebunden), sind Relationenalgebra, Tupelkal-

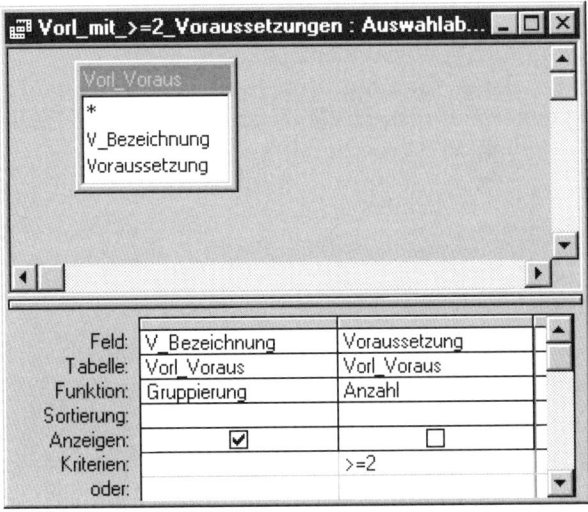

Abb. 10.8: Gruppierung und Aggregatfunktionen in Access

kül und Bereichskalkül gleich mächtig, d.h. genau die gleichen Mengen von Anfragen sind ausdrückbar.

Mächtigkeit von Anfragesprachen

Die kommerziell verbreiteten Anfragesprachen haben zum Teil weitere "bequeme" Operationen, die nicht mehr können als Ω (Quantoren, Durchschnitt), sondern durch die Operationen in Ω ausgedrückt werden können, aber auch weitergehende Operationen, die nicht mit Ω ausgedrückt werden können (Aggregatfunktionen, arithmetische Operationen). Auch Operationen zur Ausgabeformatierung und zur Sortierung gehen über die Relationenalgebra hinaus — sie sind dem theoretischen Relationenmodell prinzipiell fremd, da etwa eine sortierte Ausgabe in der Formalisierung durch Mengen und Funktionen nicht ausdrückbar ist.

Allgemein sind aber alle kommerziellen Anfragesprachen relational vollständig. SQL ist durch die Möglichkeit der Schachtelung von Unteranfragen sogar streng relational vollständig.

Problem: Rekursion

Die Relationenalgebra kann keine rekursiven Probleme bearbeiten, da sie weder rekursiven Aufruf noch iterierende Schleifen bietet. Diese Einschränkung gilt auch für SQL, QBE und QUEL. Die eingeschränkte Mächtigkeit ist durchaus beabsichtigt, da die Kriterien für Datenbanksprachen ja unter anderem

Terminierung für alle formulierbaren Anfragen fordern, die für berechnungsuniverselle Sprachen nicht entscheidbar ist.

Ein typisches Beispiel für ein mittels Rekursion berechenbares Problem ist die Bestimmung der *transitiven Hülle* einer Relation. Die Hülle einer Relation $r(AB)$ mit $\mathrm{dom}(A) = \mathrm{dom}(B)$ ist die Relation r^+ mit:

1. $r \subseteq r^+$

2. $(a,b),(b,c) \in r^+ \implies (a,c) \in r^+$

3. keine weiteren Tupel sind in r^+

Diese Definition ist im zweiten Punkt rekursiv. Als konkretes Beispiel betrachten wir die folgende Relation mit Daten über Verbindungen von Fluglinien:

VON	BIS
London	Paris
Frankfurt	Berlin
Berlin	Paris
Paris	New York
New York	London
London	Frankfurt

Die transitive Hülle r^+ wäre die Relation aller (auch indirekter) Verbindungen. Die relationale Algebra erlaubt die Berechnung aller Verbindungen mit einer fest vorgegebenen Anzahl von Umsteigeflughäfen, aber nicht die Bestimmung *aller* indirekten Verbindungen.

10.2.2 Schemaunabhängige Anfragesprachen

Anfrageformulierung mittels SQL erfordert die exakte Kenntnis der definierten Relationenschemata. Der Ansatz der *Universalrelationen-Anfragen* hat das Ziel, dem Anwender diese Notwendigkeit abzunehmen und stattdessen nur zu erwarten, daß er oder sie die für die Anfrage relevanten *Attribute* kennt.

Universalrelationen-Anfragesprachen

Ziel von Universalrelationen-Anfragesprachen ist insbesondere die Formulierung von Anfragen ohne explizite Verbunde, die in SQL sehr aufwendig werden kann und genaue Kenntnis der Relationen und Fremdschlüsselbedingungen erfordert. Der Benutzer stellt sich hierzu eine *"Universalrelation"* mit allen in der Datenbank vorhandenen Attributen vor. Zur Anfrageformulierung werden dann im wesentlichen nur noch Projektion und Selektion benötigt.

Als Beispiel betrachten wir ein Datenbankschema mit den drei Relationen Prüfer, Studenten und Prüfungen. In SQL müßte eine die drei Relationen übergreifende Anfrage wie folgt formuliert werden:

```
select  Name
from    Studenten, Prüfer, Prüfungen
where   Studenten.Matrnr = Prüfungen.Matrnr
and     Prüfungen.Prüfernr = Prüfer.Prüfernr
and     Prüfername = 'Hantzschmann'
```

Im Universalrelationen-Ansatz könnte man die entsprechende Anfrage einfach wie folgt formulieren:

```
select  Name
where   Prüfername = 'Hantzschmann'
```

Die zugehörigen Relationen und notwendigen Verbunde sind nun vom System selbst zu bestimmen.

Anfrageinterpretation

Die obige Anfrage kann man als Anfrage der Relationenalgebra bezüglich einer *Universalrelation* $r(U)$ wie folgt formulieren:

$$\pi_{\text{Name}}(\sigma_{\text{Prüfername}='\text{Hantzschmann}'}(r(U)))$$

Diese Universalrelation $r(U)$ kann beispielsweise durch den natürlichen Verbund aller Basisrelationen gebildet werden, so daß obige Anfrage der folgenden Anfrage bezüglich der drei Basisrelationen entspricht:

$$\pi_{\text{Name}}(\sigma_{\text{Prüfername}='\text{Hantzschmann}'}$$
$$(r(\text{Prüfer}) \bowtie r(\text{Prüfungen})$$
$$\bowtie r(\text{Studenten})))$$

Intern erfolgen dann eventuell weitere Umformungen im Rahmen der algebraischen Optimierung.

Voraussetzung für diese Methode ist ein guter Datenbankentwurf, um eine eindeutige und sinnvolle Umsetzung der Anfragen zu ermöglichen. Insbesondere müssen Attributnamen global eindeutig sein. Das Schema muß zudem *azyklisch* sein, d.h., die Verbindung über Fremdschlüssel von einem Attribut zu einem anderen muß eindeutig bestimmt sein. Übertragen auf die Darstellung von Fremdschlüsseln in Beziehungen des ER-Modells bedeutet dies, daß keine Zyklen in den Beziehungstypen vorliegen — eine im allgemeinen nicht erfüllbare Forderung.

Im Normalfall wird darum in diesen Fällen eine (etwa die kürzeste) Verbindung ausgewählt. Allerdings muß die vom System bestimmte Standardverbindung nicht die vom Benutzer beabsichtigte Verbindung sein, so daß weitere Benutzerinteraktion notwendig sein kann, um die beabsichtigte Anfrage zu formulieren. Zusätzlich bieten Universalrelationen-Sprachen darum Möglichkeiten zum Durchbrechen der Standardverbindungen über den Einsatz expliziter Tupelvariablen.

Prototyp-Systeme für Universalrelationen

Die an Universitäten entstandenen Prototyp-Systeme unterscheiden sich vor allen Dingen in der Art der Anfrageinterpretation:

- *SYSTEM / U* bildet als Universalrelation den natürlichen Verbund aller in der Datenbank vorkommenden Basisrelationen und optimiert den gesamten Ausdruck bezüglich der Anzahl der Verbunde. Durch die Optimierung werden überflüssige Verbunde eliminiert und die kürzeste Verbindung gesucht. Ist das Schema zyklisch, so werden mehrere Verbindungen konjunktiv verknüpft.

- *IRIS-URQUEL* benutzt die gleiche Technik, prüft jedoch die Azyklizität des Schemas und führt eine Auflösung von Konflikten zwischen mehreren Pfaden durch semantische Konzepte wie zusätzliche Beziehungen zwischen den Relationen herbei.

- *DURST* berechnet äußere Verbunde zwischen den Basisrelationen. Bei zyklischen Schemata werden mehrere Verbindungen disjunktiv verknüpft. Der Benutzer kann die Zyklen durch die Angabe charakteristischer Attribute auflösen: Diese Attribute bestimmen etwa dann eine bestimmte Schlüssel-Fremdschlüssel-Beziehung eindeutig.

- *USIL* benutzt funktionale Abhängigkeiten, um in einer Universalrelation, die durch einen äußeren Verbund aller Basisrelationen entstanden ist, die Nullwerte möglichst durch konkrete Werte zu ersetzen. Die Anfrageinterpretation wird also hier nicht nur syntaktisch aufgrund der Schemastruktur, sondern auch semantisch aufgrund der funktionalen Abhängigkeiten vorgenommen.

Interessanterweise liefern bei azyklischen Schemata alle Techniken in allen Fällen das gleiche Ergebnis: Ein Indiz dafür, daß in diesem Fall die Anfrageinterpretation relativ naheliegend ist.

Natürlichsprachliche Anfrageschnittstellen

Während Systeme, die auf Universalrelationenanfragen basieren, sich kommerziell nicht durchsetzen konnten, sind weitere zukünftige Anwendungen der mit Prototypen entwickelten Technologie absehbar. Ein typischer Anwendungsfall ist die Interpretation natürlichsprachlicher Anfragen. Auch in diesem Fall können die Attribute oft aus den Fragen gewonnen werden, während der typische Anwender natürlichsprachlichen Datenbankzugangs die internen Relationenschemata nicht unbedingt zu kennen braucht.

10.2.3 Der Cube-Operator

Der neue SQL-99-Standard bietet nun auch OLAP-Erweiterungen als Erweiterungen der **group by**-Klausel. Die in Unterabschnitt 8.2.4 bereits angesprochenen Operationen wie **rollup** und **cube** werden jetzt durch die SQL-99-Klauseln **group by rollup**, **group by grouping sets** und **group by cube** relational implementiert. Man nennt sie deshalb auch ROLAP-Operationen.

Der **cube**-Operator von Gray und Koautoren [GBLP96, GCB$^+$97] entspricht einem verallgemeinerten **rollup**, indem für gegebene n Attribute die aggregierten Werte für alle 2^n Attributkombinationen berechnet werden.

Bei der Angabe von drei Attributen a_1, a_2 und a_3 werden die folgenden Gruppierungen und Aggregationen durchgeführt, wobei die erste Zeile einer Gruppierung über *allen* Werten entspricht:

```
group by −;
group by a₁;
group by a₂;
group by a₃;
group by a₁, a₂;
group by a₁, a₃;
group by a₂, a₃;
group by a₁, a₂, a₃;
```

Der **cube**-Operator wird in SQL-99 nun kurz

```
select ...
from ...
where ...
group by cube (a₁, a₂, a₃)
```

notiert. Eine detailliertere Beschreibung der Abarbeitung und insbesondere die Repräsentation des Datenwürfels (*Cube*) in einer relationalen Tabelle findet sich in Abschnitt 8.2.4.

10.2.4 SQL-Versionen für höhere Datenmodelle

SQL ist *die* Sprache im praktischen Einsatz für relationale Datenbanken. Es ist naheliegend, diesem Erfolg folgend auch SQL-Dialekte für höhere Datenbankmodelle zu entwickeln, die es erlauben, die bekannten Eigenschaften und Konzepte von SQL für komplexere Datenbankstrukturen einzusetzen.

Neben den in Abschnitt 9.4.4 diskutierten Erweiterungen, die für zukünftige SQL-Dialekte geplant sind, gibt es einige Sprachvorschläge, die komplett neu für andere Datenbankmodelle entwickelt wurden. Wir werden im folgenden kurz Vorschläge für geschachtelte Relationen, für (erweiterte) ER-Modelle sowie für objektorientierte Datenbanken vorstellen. Wir beschränken uns dabei auf eine unvollständige Vorstellung anhand von Beispielen, und verweisen für vollständige Sprachdefinitionen auf die angegebene Originalliteratur (siehe Abschnitt 10.6).

HDBL für geschachtelte Relationen

Die Anfragesprache *HDBL*[1] ist eine SQL-ähnliche Sprache, die für geschachtelte Relationen, bzw. genauer für die Erweiterung *eNF^2-Relationen*, entwickelt wurde [PA86, PT86, PD89]. Die Basis-Notation von HDBL hält sich eng an den ursprünglichen SQL-Vorschlag, erlaubt aber die orthogonale Schachtelung aller Sprachkonstrukte, sofern dies der Typisierung entspricht — etwa können im **from**-Teil Anfragen als Bereiche für Tupelvariablen eingesetzt werden. Aggregatfunktionen werden funktional notiert.

Wir beginnen mit einer einfachen Anfrage an eine geschachtelte Bücher-Relation. In dieser Relation gibt es zwei relationenwertige Attribute Schlagworte und Autoren. Pro Autor wird Nachname und Vorname aufgeführt. Die folgende Anfrage entschachtelt partiell die geschachtelte Relation, indem jeweils Buchtitel und Autorenname im Ergebnis aufgeführt werden, wobei mehrere Autoren pro Buch möglich sind. Die Anfrage entspricht also einer Entschachtelung des mengenwertigen Attributs Autoren. Ferner zeigt die Anfrage die funktionale Notation einer Aggregatfunktion.

```
select [ b.Titel,
         a.Nachname,
         AnzahlSchlagworte: count ( b.Schlagworte ) ]
from b in Bücher, a in b.Autoren
where 10 < count ( b.Schlagworte )
```

Im Gegensatz zu SQL kann das Ergebnis einer HDBL-Anfrage nicht nur vom Typ 'Menge von Tupeln", sondern auch eine Menge (oder Liste) von einem beliebigen Datentyp sein. Deshalb wird die Tupelkonstruktion im **select**-Teil explizit durch die Angabe von eckigen Klammern ([und]) notiert.

Das Entschachteln der Relation erfolgt dadurch, daß in der **from**-Klausel *abhängige Tupelvariablen* definiert werden. So ist die Tupelvariable a in unserem Beispiel abhängig von dem Wert der übergeordneten Variable b.

Das *Schachteln* von Relationen erfolgt dadurch, daß Felder der Ergebnistupel durch Anfragen berechnet werden. Etwa berechnet die folgende Anfrage die 'echten' Co-Autoren aller Autoren:

```
select [ a.Nachname,
         CoAutoren: (
             select [ au.Nachname, au.Vorname ]
```

---

[1]HDBL steht für 'Heidelberg DataBase Language.

```
          from bu in Bücher, au in bu.Autoren
          where a ∈ bu.Autoren and not a = au ) ]
from b in Bücher, a in b.Autoren
```

Eine weitere Besonderheit ist die Verwendung der 'Punktnotation' beim Zugriff auf Felder geschachtelter Tupel, die den Pfadausdrücken in Sprachen für objektorientierte Datenbanken entspricht. In [SLPW89] werden Erweiterungen von HDBL bezüglich Gruppierung, Duplikateliminierung und Sortierung beschrieben.

SQL/EER für ER-Datenbanken

Basierend auf dem bereits vorgestellten EER-Kalkül wurde von Hohenstein und Engels ein SQL-Dialekt vorgeschlagen, der einer direkten Umsetzung von Formeln des EER-Kalküls in eine SQL-ähnliche Notation entspricht [Hoh93, HE92]. Wir folgen hier der Darstellung in [Hoh93]. Der Sprachvorschlag kann natürlich auch für einfache ER-Datenbanken oder für relationale Datenbanken, bei denen die Relationen als Entity-Typen interpretiert werden, eingesetzt werden.

Die Definition von Variablen erfolgt analog zu HDBL in der **from**-Klausel; auch in SQL/EER sind abhängige Variablen möglich.

SQL/EER folgt dem Vorbild von HDBL in Bezug auf Orthogonalität bei der Verwendung von Unteranfragen und dem funktionalen Einsatz von Aggregatfunktionen. Eine Besonderheit ist die Behandlung von Beziehungstypen, wie im folgenden Beispiel gezeigt wird:

```
select em.Vorlesung.Titel
from em in empfiehlt
where em.Professor.Name = 'Heuer'
```

Die Anfrage bestimmt die Titel aller von Prof. Heuer empfohlenen Vorlesungen und bezieht sich auf das im Anhang aufgeführte EER-Diagramm in Abbildung A.2 auf Seite 599. Hierzu wird eine Variable em an die Ausprägung des Relationship-Typs empfiehlt gebunden. Auf die beteiligten Entities wird mittels des Entity-Typ-Namens (oder eines Rollennamens) als Selektor zugegriffen.

Anstelle eines Variablenbereichs können Beziehungstypen auch als Prädikate in Anfragen auftauchen, wobei zweistellige Prädikate in der Infix-Notation verwendet werden können. Somit kann obige Anfrage auch wie folgt formuliert werden:

```
select v.Titel
from v in Vorlesung, p in Professor
where p.Name = 'Heuer' and p empfiehlt v
```

Der Zugriff auf Spezialisierungs- und Generalisierungsbeziehungen (im EER-Modell deklariert durch den Typkonstruktor) in Anfragen erfolgt mittels eines **is-a**-Prädikates, das als ersten Parameter ein Entity (etwa syntaktisch in Form einer Tupelvariable) und als zweiten einen Entity-Typ-Namen hat. Somit kann in einer Selektionsbedingung für eine an Personen gebundene Variable pers folgende Teilbedingung stehen:

```
...and pers is-a Mitarbeiter
```

Anfragen in SQL/EER sind — wie auch in HDBL — als Terme einer funktionalen Sprache definiert, die als Ergebnistyp in der Regel Tupelmengen haben. Diese Terme können beliebig in Berechnungsterme eingebracht werden; etwa können die Ergebnisse von Aggregatfunktionen beliebig arithmetisch manipuliert und wieder in Unteranfragen verwendet werden. Diese Möglichkeiten gehen weit über den Umfang der aktuellen SQL-Versionen hinaus.

Im Gegensatz zu einigen der im folgenden diskutierten SQL-Varianten für objektorientierte Datenbanken sind HDBL und SQL/EER rein *wertebasiert* analog zu SQL selbst — das Ergebnis einer Anfrage ist ein, allerdings in der Regel komplex strukturierter, Daten*wert*, und nicht etwa ein Datenbank*objekt*.

10.3 Information Retrieval und Volltext-Datenbanken

An ihre Grenzen stoßen relationale Datenbanksprachen auch bei der Behandlung spezieller Datentypen, die üblicherweise "groß" sind beziehungsweise einen großen, strukturierten Inhalt haben wie Texte, Bilder, Videos, Audio-Daten und geographische (räumliche) Informationen. Während wir auf die meisten dieser *Multimedia-Daten* erst in Abschnitt 15.4 eingehen, werden wir uns hier exemplarisch mit dem am besten verstandenen Datentyp *Text* auseinandersetzen.

In diesem Abschnitt werden wir zunächst auf die in spezialisierten *Information-Retrieval-Systemen* (*IR-Systemen*) eingesetzten Techniken eingehen. Anschließend betrachten wir die Integration textspezifischer Funktionalitäten in objektrelationale Datenbanksysteme.

10.3.1 Information Retrieval auf Texten

Information-Retrieval-Systeme für Texte oder unstrukturierte Daten sind bereits länger als Datenbanksysteme verfügbar. Die Grundtechniken waren schon vor Anfang der siebziger Jahre bekannt und teilweise auch in Systemen eingesetzt. Somit sind Information-Retrieval-Systeme deutlich früher entstanden als relationale Datenbanksysteme (die damals unter dem Begriff Fakten-Nachweissysteme eingeordnet wurden). Im leider schon vergriffenen Buch

[LM78] ist diese Entwicklung dokumentiert: Relationale Datenbanksysteme waren noch nicht kommerziell verfügbar und wurden unter diesem Namen noch nicht geführt, während die meisten der in diesem Unterabschnitt vorgestellten Information-Retrieval-Techniken schon erläutert wurden und mit *GOLEM2* (Siemens) und *STAIRS* (IBM) auch schon kommerzielle Systeme vorgestellt wurden.

Techniken, die etwa in dem alten Siemens-System GOLEM2 benutzt wurden, werden heutzutage für Suchmaschinen im WWW wieder neu erfunden und wurden in relationalen Datenbanken (leider) zunächst vergessen: Da in relationalen Datenbanken die Daten in erster Normalform fein zerlegt gespeichert wurden, hatte man keinen Bedarf mehr zum Speichern und Durchsuchen langer unstrukturierter Texte. Die klassischen Techniken werden heutzutage in objektrelationalen Systemen für den Datentyp `Text` wieder neu "erfunden".

Grundprinzip und Ziel des Information Retrieval

Im Gegensatz zu klassischen Datenbankanfragen sind Anfragen an Texte in der Regel keine scharfen Anfragen, die das Anfrageergebnis eindeutig mit 'ja'- und 'nein'-Entscheidungen aufbauen. Statt dessen erfolgt ein 'Ranking' der Dokumente aufgrund des Grades der Übereinstimmung mit dem Suchkriterium.

Daher sind die Begriffe *Recall* und *Precision* zentrale Konzepte der Bewertung der Güte von Anfragemethoden für Volltextdatenbanken. Bei Ranking-basierten Anfragemethoden kommt es leicht zu Anfragefehlern: Relevante Objekte werden mit einem zu geringen Gewicht bewertet und werden nicht gefunden, während irrelevante Objekte durch ein zu hohes Gewicht in die Ergebnismenge aufgenommen werden. Daher wird die Effektivität von Information-Retrieval-Techniken durch die Kennzahlen Recall und Precision bewertet:

- Mit *Recall* wird die Anzahl relevanter Objekte im Ergebnis im Verhältnis zur Anzahl aller relevanten Objekte gemessen:

$$\texttt{Recall} = \frac{\text{Anzahl gefundener relevanter Dokumente}}{\text{Gesamtanzahl relevanter Dokumente}}$$

Ein hoher Recall beschreibt eine Suchmethode, die eine große Anzahl der gemäß Suchkriterium qualifizierten Dokumente findet.

- Die *Precision* (oder auch *Präzision*) beschreibt die Anzahl relevanter Objekte im Ergebnis im Verhältnis zur Anzahl aller Objekte im Ergebnis:

$$\texttt{Precision} = \frac{\text{Anzahl gefundener relevanter Dokumente}}{\text{Gesamtanzahl gefundener Dokumente}}$$

Eine hohe Präzision bedeutet, daß wenig 'Datenmüll' gefunden wird, also Dokumente, die irrtümlich als Treffer qualifiziert wurden.

- Ein weiteres Maß ist das *Fallout*-Maß, das den Anteil der gefundenen, aber irrelevanten Dokumente an den gesamten irrelevanten Dokumenten beschreibt:

$$\texttt{Fallout} = \frac{\text{Anzahl gefundener irrelevanter Dokumente}}{\text{Gesamtanzahl irrelevanter Dokumente}}$$

Das Fallout-Maß beschreibt sozusagen die Güte eines Verfahren im Herausfiltern irrelevanter Dokumente.

Speziell die Begriffe Precision und Recall werden in Abbildung 10.9 noch einmal optisch verdeutlicht: Bei Precision soll die Menge der gefundenen, irrelevanten Dokumente möglichst klein werden, bei Recall entsprechend die Menge der nichtgefundenen, relevanten Dokumente.

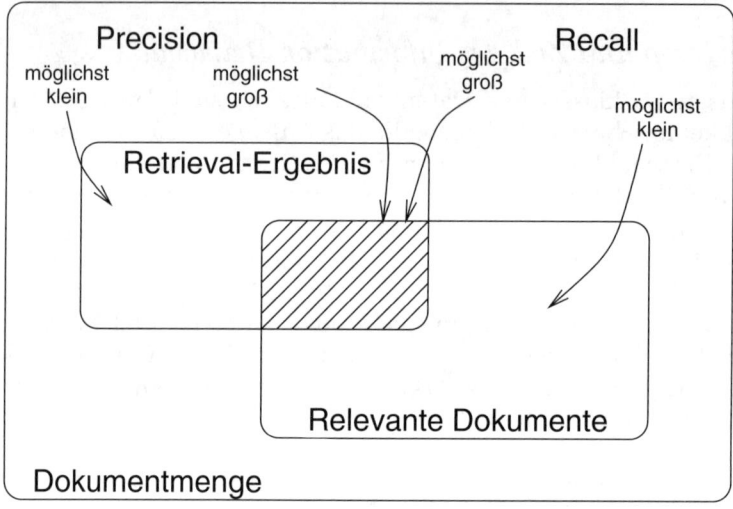

Abb. 10.9: Veranschaulichung der Maße Precision und Recall im Information Retrieval

Wird die Menge der gefundenen Dokumente mit **Ret** (für *retrieved*), die Gesamtmenge aller Dokumente mit **All** und die Menge der relevanten Dokumente mit **Rel** (für *relevant*) bezeichnet, werden die Werte genauer wie folgt definiert:

$$\texttt{Recall} \quad = \quad \frac{|\texttt{Rel} \cap \texttt{Ret}|}{|\texttt{Rel}|}$$

$$\texttt{Precision} \quad = \quad \frac{|\texttt{Rel} \cap \texttt{Ret}|}{|\texttt{Ret}|}$$

$$\texttt{Fallout} \quad = \quad \frac{|\texttt{Ret} - \texttt{Rel}|}{|\texttt{All} - \texttt{Rel}|}$$

Wird in einem Beispiel bei insgesamt 20 relevanten Dokumenten in der Datenbank ein Suchergebnis von 10 Dokumenten angezeigt, von denen 7 zu den relevanten gehören, betragen die ersten beiden Kennzahlen **Recall** $= \frac{7}{20}$ und **Precision** $= \frac{7}{10}$. Die Kennzahlen sind nicht unabhängig:

- Der Wert des Recall kann erhöht werden, indem man die Suchkriterien weiter abschwächt. Im Extremfall ergibt die gesamte Dokumentenmenge als Suchergebnis einen garantierten Recall-Wert von 1 (aber eine sehr kleine Präzision).

- Verschärft man hingegen das Suchkriterium, erhöht sich der Wert der Präzision auf Kosten des Recall.

Ein gutes Verfahren sollte möglichst so justiert werden können, daß die Werte für **Recall** und **Precision** nahe an 1 liegen. Der Wert für **Fallout** sollte natürlich gegen 0 gehen. Problematisch bei der Bestimmung dieser Kennzahlen ist, daß die "Relevanz" von Dokumenten eine semantische Eigenschaft ist. Gerade der Recall-Wert ist in der Praxis schwer oder gar nicht bestimmbar. Üblicherweise resultiert eine Steigerung des **Recall** in einer Verringerung der **Precision**.

Grundtechniken

Die Grundtechniken des Information Retrieval können wir in drei Phasen aufteilen:

- *Deskribierung*: Hierunter verstehen wir eine manuelle oder automatische Anreicherung des unstrukturierten Textes um *Deskriptoren*, die mit dem herkömmlichen Datentyp `string` gespeichert werden können.

  Zu den Verfahren gehören die manuelle Klassifizierung oder Indexierung, sowie die automatischen Verfahren: Stichwortverfahren, Morphologische Reduktion, Inhaltserschließung und Klassifizierung.

- *Recherche*: Hierunter verstehen wir das Suchen von Textdokumenten nach Vorgabe von Dokumentdeskriptoren.

  Zu den Verfahren gehören die Boolesche Suche, die Suche nach dem Vektorraummodell und die probabilistische Suche. Weiterhin kann man Freitextverfahren (Suche nach Auftreten von Stichworten im Text) oder die Suche nach manuellen Klassifikationsmerkmalen unterscheiden.

- *Bewertung*: Eine Bewertung ordnet die gefundenen Dokumente ihrer Güte nach an (wie gut nähert das Dokument die gestellte Recherche an?) und ermöglicht eine Reaktion des Nutzers.

  Zu den Verfahren gehören das Ranking, die Interaktion in Form der Relevanz-Rückkopplung (Relevance Feedback) und die Messung der Selektionsgüte.

Alle Verfahren sind zunächst einmal abhängig von der Sprache, in der der Text formuliert ist. Wir gehen hier von indogermanischen Sprachen aus, insbesondere deutsch oder englisch. Gerade bei den später in diesem Abschnitt zu behandelnden Systemen werden meist Algorithmen etwa zur Deskribierung oder Recherche angeboten, die auf die englische oder alternativ die deutsche Sprache beschränkt sind.

Die Verfahren zur Deskribierung kann aus verschiedenen Blickwinkeln betrachtet werden:

- Die *statistischen, wortbasierten Verfahren* sind im Bereich der Suchmaschinen oder Volltext-Datenbanksysteme am gebräuchlichsten. Diese Verfahren analysieren den Text aufgrund von Worten, die in ihm vorkommen (dieser Vorgang wird unten noch mit *Indizierung* bezeichnet). Es werden dabei nur sehr einfache linguistische Analysen vorgenommen, etwa die Beugungsformen eines Wortes bei Deskribierung und Recherche berücksichtigt. Eine Bewertung der Texte geschieht oft nach statistischen Maßzahlen wie die Häufigkeit des Wortes im Text.

- Die *linguistischen Verfahren* analysieren die Satzstruktur der Texte und versuchen die Worte im Satzzusammenhang zu erkennen. Sie ordnen den Worten deshalb eine bestimmte Rolle im Satz zu (etwa: Subjekt, Name, Relation zwischen Orten, Relation zwischen Zeitpunkten). Natürlich sind die linguistischen Verfahren sehr stark abhängig vom Anwendungsbereich (juristischer Text, Pilotenfunksprüche oder E-Mail-Jargon) und der Sprache.

- Die *wissensbasierten Verfahren* versuchen, mit Hilfe von *Ontologien* das Anwendungsgebiet zu strukturieren. Ontologien kann man sich wie ein objektorientiertes Datenbankschema für ein bestimmtes Anwendungsgebiet vorstellen, in dem die Begriffe der Anwendung in verschiedene Spezialisierungs- oder Komponentenhierarchien eingeordnet werden (Hotel ist spezieller als Unterkunft, Bett ist Ausstattungsmerkmal eines Hotelzimmers).

Im folgenden werden wir uns auf die verbreiteten wortbasierten Verfahren konzentrieren. In Artikeln zum Projekt GETESS (German Text Exploitation and Search System) kann man sich über eine Kombination aller drei Techniken zur Textanalyse und -suche informieren [DHK+99, SBB+99].

Wir werden die Techniken der Deskribierung, Recherche und Bewertung nun im einzelnen skizzieren.

10.3.2 Deskribierung

Die *Deskribierung* beschreibt allgemein die Transformation eines Textdokumentes in eine Dokumentbeschreibung. Dabei kann man folgende Arten von Beschreibungen erreichen wollen:

- Strukturbeschreibung (auch *Metadaten* genannt): Sie enthält eine dokumenttypspezifische (attributierte) Struktur, etwa die bibliographischen Angaben aus einem Zeitschriftenartikel (wie Autoren, Band, Heft und Seitenzahl der Zeitschrift, in der der Artikel erschienen ist). Diese Art der Deskribierung wird im folgenden nicht weiter betrachtet.

- Deskriptoren, die Schlagworte über den Text oder Stichworte aus dem Text darstellen.

Eine Forderung an Deskribierungsverfahren ist, daß Dokumente gleichen Inhalts auch gleiche Deskriptoren bekommen. Wir unterscheiden nun zwischen manuellen und automatischen Verfahren.

Manuelle Deskribierung: Klassifizierung

Bei der *Klassifizierung* werden Dokumente in ein fest vorgegebenes System von Dokumentklassen eingeordnet. Hier gibt es hierarchische Klassifizierungen wie etwa die *Dezimalklassifikation* (in ihrem Aufbau vergleichbar mit der Kapitel-Abschnitt-Unterabschnitt-Einteilung in diesem Buch). Daneben gibt es die *Facettenklassifikation*, die aus n verschiedenen Deskriptormengen jedem Dokument n Deskriptoren (genau ein Deskriptor pro Deskriptormenge) zuordnet und zur Klasse konkateniert.

Manuelle Deskribierung: Indizierung

Bei der *Indizierung von Texten*[2] (auch: *Indexierung*) sind die Deskriptoren entweder Worte aus dem Text (wie bei *Stichwortverfahren*, die oft nur Worte aus einem *Glossar* oder einer Positivliste zulassen) oder Worte über den Text (wie bei *Schlagwortverfahren*, die ebenfalls nur Deskriptoren aus einem kontrollierten Wortschatz zulassen).

Ein *Thesaurus* kann zu Stichworten oder Schlagworten noch Vorzugsbenennungen, Querverweise, Ober- und Unterbegriffe, *Benutzt-für*-Beziehungen, Synonyme, Antonyme oder weitere Bezüge zu anderen Begriffen speichern.

Kann man Deskriptoren schließlich noch attributieren (auch Aspekte oder Rollen genannt), so kann man für diese Art der Deskriptoren auch Datenbanktechniken zur Speicherung des Deskriptors verwenden. Beispielsweise kann bei den Begriffen "Müller" oder "Bodden" eine Attributierung manuell festgelegt werden: Name: Müller oder Beruf: Müller; Name: Bodden oder Landschaft: Bodden. Deskriptoren können schließlich auch nach ihrer Bedeutung für das Textdokument gewichtet werden.

---

[2]Im Bereich der Dokumentaufbereitung werden im Gegensatz zu Datenbankzugriffsstrukturen vom Wort 'Index' die Wortformen 'Indizes' und 'Indizierung' abgeleitet.

Automatische Deskribierung: Stichwortverfahren

Die automatische Deskribierung wird ebenfalls oft mit *Indizierung* bezeichnet. Das Standardverfahren ist das *Stichwortverfahren*.

Die Indizierung von Dokumenten extrahiert aus Dokumenten diejenigen Wortformen, die zur Suche eingesetzt werden können und daher in einer Zugriffsstruktur verwendet werden. Hier kann wie folgt vorgegangen werden:

- Es wird die Häufigkeit aller Worte in den Texten bestimmt.

- Die *häufigsten Worte* werden gestrichen, da Worte wie 'der', 'ein', 'oder' keinen Beitrag zur Bestimmung der Relevanz von Dokumenten bringen.

  Statt die häufigsten Worte zu streichen, kann auch eine Liste von sogenannten *Stoppworten* eingesetzt werden. Die Worte aus der Stoppwortliste (Negativliste) werden dann aus dem Index gestrichen.

- Oft werden auch die *seltensten Worte* gestrichen, obwohl diese ja die maximale Selektivität haben. Der Grund ist, daß seltene Worte bei einigen Speicherstrukturen, etwa bei invertierten Listen, die Indexstruktur stark aufblähen können.

- Die verbleibenden Worte werden in den Index übernommen.

Derartige Verfahren können durch fachspezifische Wörterbücher verbessert werden, die vorgeben, was indiziert werden soll.

Automatische Deskribierung: Morphologische Reduktion

Bei der *morphologischen Reduktion* oder *Stammformreduktion* wird ein *linguistischer Index* angelegt, der auch *Flexionsformen* von Worten speichert. Dies sind die Deklination von Substantiven und Adjektiven, die Konjugation von Verben und die Komposition von Worten.

Als Deskriptor wird dann nur die Grundform (das *Lexem* und das *Hauptmorphem*) gespeichert, davon getrennt weitere Flexionsformen (*Morpheme*). Eine Flexionsklasse beschreibt dann jeweils eine Menge von gültigen Morphemen. Das Wörterbuch von Lexemen wird in diese Flexionsklassen zerlegt und die Deskriptoren dann jeweils einer Flexionsklasse zugeordnet.

Beispiel 10.1 Im Deskribierungswerkzeug PASSAT [LM78] gibt es über 100 Flexionsklassen, beispielsweise:

- Klasse i: ⊔, S, ES, E, ER, ERN (GELD, ...)

- Klasse j: ⊔, ES, S (HAUS, ...)

- Klasse k: ⊔, N (HÄUSER, ...)

- Klasse l: EN, E, T, EST, ET, TE, TEST, TET, TEN, END, ENDE, ... (GRÜSS, ...)

Das erste Morphem ist zusammen mit dem Lexem die Grundform: so ist das Morphem ⊔ hinter dem Wort GELD die Grundform des Wortes GELD und das Morphem EN hinter dem Wort GRÜSS die Grundform GRÜSSEN. Alle weiteren möglichen Morpheme stehen hinter dem Hauptmorphem, so sind GELDS, GELDES, GELDE, GELDER, GELDERN noch möglich.

Gleichzeitig gibt es in PASSAT über 100 Kombinationsklassen, etwa:

- Klasse m: X—, X—S, X—EN (FAHRT, ...)

Hier kann das genannte Lexem FAHRT mit anderen in drei Formen kombiniert werden: Fahrtroute, SchiffahrtSgesellschaft, FahrtENbuch. □

Automatische Deskribierung: Inhaltserschließung

Bei den Verfahren der *Inhaltserschließung* werden statt statistischen Informationen und Informationen über Wortstämme weitere syntaktische und semantische Analysen durchgeführt. So kann man beispielsweise die automatisch ermittelten Stichworte im Index in einer Assoziationsmatrix mit vorher für bestimmte Themengebiete festgelegten Bezugswörtern in Beziehung bringen. Danach werden die Korrelationen gewichtet und aggregiert und ein Gesamtwert für einen Text ermittelt (wie gut paßt ein Text aufgrund der Gesamtheit seiner Stichworte zu einem bestimmten Thema?).

Beispiel 10.2 Ein Text mit dem Stichwort "MS-SQL-Server" und den zusätzlichen Stichworten "OLAP-Operationen", "Auswahlkriterien", "SQL-99-Standard", "Vergleich", "Forschungsprototyp" und "mehrdimensionale Datenmodelle" deutet dann mehr auf einen Fachtext zum Thema SQL-Datenbanksysteme hin als ein anderer Text, der neben dem Stichwort "MS-SQL-Server" auch die Stichworte oder Phrasen "MS-Excel", "MS-Word", "alles inklusive", "Sonderpreis", "Jahrtausendaktion", "1.999,99" und "Ich bin doch nicht blöd" enthält. Letzterer deutet eher auf die elektronische Version des Werbeprospekts eines Supermarktes hin. □

Automatische Deskribierung: Klassifizierung

Statt fest vorgegebener Bezugswörter und damit einer statischen Zuordnung zu Themengebieten kann man auch eine dynamische *Klassifizierung* der Texte vornehmen. Dazu werden Ähnlichkeitsmaße definiert und *Cluster* von Textdokumenten gebildet, deren Elemente einen bestimmten Ähnlichkeitsgrad aufweisen. Das Klassifikationssystem (die Cluster) bildet sich hier dynamisch.

Beispiel 10.3 Hat man beispielsweise eine Menge von wissenschaftlichen Texten, Handbüchern und Werbeprospekten vorliegen, in denen das Stichwort

"MS-SQL-Server" vorkommt, so müßte sich über die Verteilung der anderen Stichworte pro Text automatisch eine Klassifikation in drei Cluster ergeben, ohne daß in einer Assoziationsmatrix Bezugswörter vordefiniert sei müssen. So werden einerseits die Stichworte "Sonderangebot" und "1999,99" nicht in einem wissenschaftlichen Text und andererseits die Stichworte "Forschungsprototyp" und "mehrdimensionale Datenmodelle" nicht in einem Werbeprospekt vorkommen. □

Nachdem die Aufbereitung der Dokumente durch eine manuelle oder automatische Deskribierung erfolgt ist, können Anfragen an die Menge der Text-Dokumente gestellt werden. Da Anfragen an Texte unscharf und nicht mit Attribut-Wert-Vergleichen und Verbundoperationen formuliert werden, nennen wir Anfragen an Texte im folgenden auch *Recherche*-Operationen.

10.3.3 Recherche

Übliche Anfragen an Texte basieren auf den in ihnen enthaltenen Wörtern (Stichworten) oder den festgelegten Schlagworten. Dabei lassen sich mehrere Grundmuster unterscheiden:

- *Einfache Terme* entsprechen Anfragen auf Enthaltensein eines Wortes in einem Text:

  ```
  [ 'Datenbanken' ] in Text
  ```

  Bei großen Textdatenbanken stoßen diese einfachen Anfragen schnell an ihre Grenzen, da zu viele Texte das Suchwort enthalten.

- *Konjunktive Anfragen* bestimmen Texte, die vorgegebenen Suchbegriffe gemeinsam enthalten:

  ```
  [ 'Datenbanken' and 'Multimedia' ] in Text
  ```

  Üblicherweise werden auch Disjunktionen und Negationen unterstützt. Diese, insbesondere Negationen, ergeben aber in der Regel nur in einer konjunktiven Verknüpfung hinreichend spezifische Suchkriterien.

- Spezielle Information-Retrieval-Systeme erlauben weitere Anfragen, die die Nachbarschaft von Suchworten in Texten ausnutzen. Folgende Beispiele sind in einer selbsterklärenden Notation abgefaßt:

  ```
  [ 'Objekt' 1 Wort vor 'Orientierung' ] in Text,
  [ 'Objekt' im gleichen Satz mit 'Orientierung' ]
      in Text,
  [ 'Objekt' innerhalb 2 Abschnitte mit 'Orientierung' ]
      in Text
  ```

Eine Erweiterung um derartige Suchkriterien ist in SQL-99 enthalten, auf die wir am Ende dieses Abschnitts noch eingehen werden. Auch wenn dieser Standard derzeit in Datenbanksystemen noch nicht umgesetzt wurde, bieten einige Datenbank-Erweiterungsmodule für erweiterbare Datenbanken und objektrelationale Datenbanken bereits diese Funktionalität. Auch auf diese Systeme werden wir weiter hinten noch eingehen.

Wir werden jetzt verschiedene Dimensionen von Recherche-Operationen auf Texten beschreiben und Implementierungsalternativen vorstellen. Dabei geht es um

- die Abbildung der Deskriptoren in der Recherche auf die Dokumentdeskriptoren,

- die Retrieval-Sprachen, also die Art der Formulierung der Recherche (etwa Boolesche Recherchen, attributierte Recherchen, Recherchen mit Wichtungen, . . .), sowie

- die Retrieval-Modelle, also die Art der Abarbeitung der Recherche (Boolesches Retrieval, Abarbeitung nach dem Vektorraummodell, probabilistisches Retrieval, . . .) und

- die Retrieval-Unterstützung durch Indexstrukturen.

Dokument- und Recherche-Deskriptoren

Bei der Zuordnung von Recherche- zu Dokument-Deskriptoren gibt es prinzipiell folgende Möglichkeiten:

- *Identische Abbildung:* Zu jedem in der Recherche vorkommenden Deskriptor wird der entsprechende Dokument-Deskriptor in den Indexstrukturen gesucht. Diese Lösung ist sehr einfach, da nur eine 1:1-Zuordnung der Deskriptoren vorgenommen werden muß und die Recherche-Deskriptoren dann in der durch die Deskribierung angelegten Indexstruktur gesucht werden. Allerdings ist das Verfahren in etwas komplexeren Anwendungen auch wenig attraktiv, da es oft nur eine geringe Wahrscheinlichkeit für die Übereinstimmung von beiden Deskriptormengen gibt.

- *Einschränkung auf kontrollierten Wortschatz:* In der Recherche wird nicht die Angabe beliebiger Recherche-Deskriptoren erlaubt, sondern auf einen kontrollierten Wortschatz der Dokumentdeskriptoren eingeschränkt. Dies kann in einfachen Fällen durch Auswahllisten geschehen. Beispielsweise kann bei der Recherche nach Flugverbindungen zwischen zwei Orten eine freie Ortsangabe unterbunden und der Ort aus Auswahllisten herausgesucht werden (teilweise unterstützt durch Eingabe eines Präfixes des Ortsnamens).

- *Erweiterung um verwandte Wörter:* Die Recherche-Deskriptoren werden in diesem Fall um verwandte Deskriptoren ergänzt, etwa unter Verwendung eines *Thesaurus*. Verbreitet ist die Technik, zumindest Synonyme in die Recherche aufzunehmen.

Nachdem die Zuordnung der Recherchedeskriptoren besprochen wurde, müssen nun Kombinationen von Recherchedeskriptoren untersucht werden: Durch welche Operatoren können komplexere Recherche-Ausdrücke aufgebaut werden?

Retrieval-Sprachen

Bei einfachen *Recherchen* werden ausschließlich Deskriptoren angegeben und diese in vielfältiger Weise mit Operatoren, Kontextinformationen oder Wichtungen versehen. Folgende Typen von einfachen Recherchen gibt es:

- *Angabe eines Deskriptors:* Das ist die einfachste Rechercheform, bei der als Angabe nur ein Deskriptor erlaubt ist.

- *Angabe einer Deskriptormenge:* Hier werden mehrere Deskriptoren meist durch Komma getrennt angegeben. Alle Deskriptoren sollen im gesuchten Dokument vorkommen. Die resultierenden Ergebnisdokumentmengen pro Deskriptor werden also geschnitten.

- *Boolesche Recherchen:* Dies ist die üblichste Form einer Retrieval-Sprache. Verschiedene Deskriptoren werden durch **und**, **oder** und **nicht** verknüpft. Wie bei Kalkülanfragen des Relationenmodells, muß auch hier die Menge der Rechercheausdrücke auf sichere Ausdrücke eingeschränkt werden. So ist ein einfaches **not** `Deskriptor` nicht erlaubt. Die Ergebnisdokumentmengen werden mit den Mengenoperationen ∪, ∩ und − verknüpft.

- *Kontext-Recherchen:* Hier wird, wie im obigen einführenden Beispiel ein Kontext für die jeweiligen Deskriptoren angegeben, beispielsweise eine absolute Ortsangabe (in einem bestimmten Kapitel) oder eine relative Ortsangabe (dieser Deskriptor drei Abschnitte vor dem anderen Deskriptor). Das Textdokument muß dazu in entsprechender Weise (Kapitel, Abschnitte, Sätze) strukturiert sein. Der Index muß die Ortsinformationen (Konkordanzen) ebenfalls berücksichtigen. Übliche metrische Operationen sind *gleicher Satz*, *gleiche Struktureinheit* (wie Abschnitt, Kapitel), *Abstand zum Satz* oder *zur Struktureinheit*, vorgegebener *Abstand zwischen Deskriptoren*, etwa auch in Anzahl von Worten.

  Die einfachste Form der Kontext-Recherche ist die Suche nach einer *Phrase*, bei der die gesuchten Deskriptoren genau in dieser direkten Folge im Text auftauchen sollen, etwa mit folgendem Suchbegriff:

      'Sein oder nicht Sein, das ist hier die Phrase'

- *Gewichtete Recherchen:* Hier wird jedem Deskriptor ein Wichtungsfaktor mitgegeben. Unwichtigere Deskriptoren können somit von wichtigen unterschieden werden. Kommen beispielsweise bei einer mit **and** verknüpften Deskriptormenge nicht alle Deskriptoren in einem Dokument vor, möchte man aber trotzdem die Dokumente höher bewerten (s.u.: Vektorraummodell und Ranking), die mehr und wichtigere Deskriptoren enthalten, so kann man beispielsweise mit

  `Hotel:0.8` **and** `Ostsee:0.5` **and** `Strandkorb:0.2`

  ein Hotel an der Ostsee, aber ohne Hinweis auf einen Strandkorb, höher bewerten als eine Information über eine Strandkorbfabrik an der Ostsee (ohne Hinweis auf ein Hotel).

- *Suche nach Mustern:* Schließlich können auch die gegebenen Deskriptoren selbst nur durch Muster beschrieben sein. So möchte man bei dem Deskriptor `Datenbank` manchmal exakt dieses Wort, manchmal nur den Präfix, sehr oft aber eine beliebige Teilzeichenkette auch innerhalb eines Wortes finden. Oft soll die Groß- und Kleinschreibung dabei unberücksichtigt bleiben (und somit für obigen Deskriptor auch Dokumente mit dem Wort `Objektdatenbank` gefunden werden).

  Weitere Ungenauigkeiten können das Zulassen von x Fehlern in einem Suchbegriff sein (so findet man für den Suchbegriff `Schek` auch das Wort `Scheck` oder beim Suchbegriff `daß` auch die Deskriptoren `das` und `dass`). Noch allgemeiner können reguläre Ausdrücke über dem Grundalphabet den Recherche-Deskriptor beschreiben. Mit dieser Technik kann man beispielsweise nach allen Deskriptoren suchen, die mit `www.` beginnen, mit `.de` enden, und dazwischen irgendwo ein `M` vor einem `V` besitzen, zwischen denen einige Zeichen stehen dürfen, aber kein Punkt.

Komplexere Recherchen nehmen nun zusätzlich auf die Strukturierung des Dokumentes Rücksicht. Erste Ansätze dazu hatten wir eben mit den Kontext-Recherchen schon kennengelernt. Weitere Möglichkeiten wären eine *Attributierung* (falls diese in der Struktur des Dokumentes durch eine semantische Auszeichnung bekannt ist, wie etwa in *XML*). So kann man beispielsweise die obige Anfrage nach Hotels mit den attributierten Deskriptoren `Lage: Ostsee` und `Ausstattung: Strandkorb` semantisch bereichern.

Sind im Textdokument solche Attribute nicht ausgezeichnet, können sie entweder durch manuelle Deskribierung erfaßt werden (wie in Bibliotheksanwendungen üblich) oder durch automatische Deskribierungsverfahren ermittelt werden (etwa die oben erwähnten Verfahren zur Inhaltserschließung).

Retrieval-Modelle

Die mit einer der obigen Operationen formulierten Recherchen können nun nach unterschiedlichen Modellen ausgewertet werden:

- *Boolesches Retrieval*[3]: Das Boolesche Retrieval liefert **true**, wenn die Deskriptoren im Dokument vorkommen, und **false**, wenn sie nicht vorkommen. Werden aufgrund einer Recherche mehrere Dokumente zurückgeliefert, so haben diese Dokumente die gleiche Relevanz.

- *Vektorraummodell*: Die verschiedenen Recherche- und Dokument-Deskriptoren können jeweils als ein Vektor in einem mehrdimensionalen Raum aufgefaßt werden. Auch wenn die Dokument-Deskriptoren nicht genau den Recherche-Deskriptor treffen, so können mit einem Ähnlichkeitsmaß Dokumente mit "benachbarten" Vektoren als Ergebnis zurückgegeben werden. Das Ergebnis ist in diesem Fall vage. Weiterhin können noch Gewichte für Recherche- und Dokument-Deskriptoren vergeben werden, die die Ähnlichkeit der Vektoren noch weiter beeinflussen. Beispiele für ein auf diesem Modell basierendes Ranking-Verfahren werden wir weiter unten noch präsentieren.

- *Probabilistisches Modell*: Im Gegensatz zu Wichtungen und Ähnlichkeitsmaßen werden in diesem Modell Wahrscheinlichkeiten berechnet, die aussagen, ob ein Dokument bezüglich der Recherche relevant ist oder nicht.

Im folgenden werden wir das Boolesche Retrieval und das Vektorraummodell weiter betrachten.

Zugriffsstrukturen für inhaltsbasierte Suche

Spezielle Zugriffsstrukturen für die Unterstützung der Textsuche wurden bereits sehr früh entwickelt. Ein auch heute noch verbreitet eingesetztes Verfahren, die *invertierten Listen*, ist sogar älter als die klassischen Datenbankstrukturen wie ISAM oder B-Bäume. In [SH99a] werden einige der für den Recherche-Prozeß notwendigen Indexstrukturen detaillierter eingeführt. Für die noch folgende Diskussion über IR-Systeme sollen hier nur einige Charakteristika dieser Indexstrukturen skizziert werden:

- *Invertierte Listen*: Die indizierten Worte (Zeichenketten) bilden eine lexikographisch sortierte Liste. Ein einzelner Eintrag besteht somit aus einem *Wort* und einer Liste von Dokument-Identifikatoren derjenigen Dokumente, in denen das Wort vorkommt. Zusätzlich können weitere Informationen

---

[3]Das Boolesche Retrieval-Modell ist nicht zu verwechseln mit der Booleschen Recherche: In der Booleschen Recherche werden Deskriptoren mit **and**, **or** und **not** verknüpft, im Booleschen Retrieval-Modell als Ergebnis einer Recherche für ein Dokument nur **true** oder **false** geliefert.

für die Wort-Dokument-Kombination abgespeichert werden wie die Position des (ersten Auftretens des) Wortes im Text und die Häufigkeit des Wortes im Text.

- *Linguistischer Index*: *Linguistische Analysen* nutzen linguistische Regeln zum Ableiten von Wortformen und zur Konstruktion neuer, etwa zusammengesetzter Wörter (siehe oben: *morphologische Analyse*). Dieser Prozeß wird als *Stemming* bezeichnet. Das Ergebnis ist ein Index, der unabhängig von der Wortform ist.

- *Konzept-Index*: Eine bessere Indizierung von Texten erhält man, indem mehr Wissen über das Anwendungsgebiet ausgenutzt wird: Neben der linguistischen Analyse erleichtern insbesondere die Berücksichtigung von Synonymen, der Einsatz von Thesauri und die Vererbung von Eigenschaften die Suche nach äquivalenten bzw. ähnlichen Objekten.

- *Signatur-Index*: Für jedes Dokument wird eine *Signatur* basierend auf allen (relevanten) Worten eines Dokuments berechnet. Eine Signatur entspricht somit einem Hash-Wert (siehe [SH99a]) und wird üblicherweise als Bit-String interpretiert. Wie bei Hash-Verfahren können mehrere Dokumente die gleiche Signatur haben, so daß bei der Suche 'falsche Treffer' entstehen können, die entweder toleriert oder durch Analyse des Originaldokuments erkannt werden müssen.

In konkreten Systemen werden teilweise abgewandelte oder kombinierte Indexstrukturen verwendet, um mit einem Index mehrere Recherche-Arten abdecken zu können. So gibt es im Text Extender des IBM-ORDBMS DB2 einen *dualen Index*, der eine invertierte Datei und einen linguistischen Index kombiniert.

10.3.4 Bewertung

Die Bewertung der gefundenen Dokumente besteht im Information Retrieval aus zwei Phasen:

- Zunächst werden die gefundenen Dokumente in der Reihenfolge ihrer Relevanz ausgegeben. Die Relevanz ermittelt sich aufgrund einer *Ranking*-Funktion etwa nach dem Vektorraummodell oder dem probabilistischen Modell.

- Danach kann der Nutzer interaktiv eingreifen und bestimmte Dokumente als sehr relevant oder irrelevant markieren. Aufgrund der Relevanzbeurteilung werden die Recherche-Deskriptoren so verändert, daß sich ein verbesserter Fragevektor im Vektoraummodell ergibt. Dieser wird dann auf alle Dokument-Deskriptoren erneut angewendet. Diesen Prozeß nennt man *Relevance Feedback*.

Die Bewertungsphase unterscheidet sich deutlich von Anfragesprachen im Datenbankbereich: Anfragergebnisse sind immer exakt und damit alle Tupel im Ergebnis gleich relevant und eine interaktive "Anfrageverbesserung" wird als System-Eigenschaft auch nicht geboten.

Ranking

In einer Recherche gefundene Dokumente sollen nun gemäß ihrer Relevanz absteigend sortiert werden. Dazu ist zu berechnen, wie relevant das Dokument ist. Als Voraussetzung dazu muß zunächst die Relevanz eines Deskriptors für ein Dokument bestimmt werden.

Die grundlegenden Maße dabei sind:

- f_{in}: Die Häufigkeit des Deskriptors T_i im Dokument D_n

- t_n: Die Anzahl verschiedener Deskriptoren in Dokument D_n

- d_m: Die Anzahl der Dokumente in der Datenbasis, in denen der Deskriptor T_m auftritt

- F_m: Die Auftretenshäufigkeit des Deskriptors T_m in der gesamten Datenbasis

- $Sf_n = \sum_{i=1}^{t_n} f_{in}$: Die Häufigkeit aller Deskriptoren im Dokument D_n

- w_{nm}: Die Bewertung des Deskriptors T_m in Dokument D_n wird dann aufgrund der obigen Parameter ermittelt

Einige mögliche Ranking-Funktionen w_{nm} sind in Tabelle 10.2 zusammen mit einer kurzen Erläuterung ihrer Bedeutung angegeben. Die Gesamtrelevanz R_n des Dokuments D_n leitet sich nun im Vektorraum-Modell etwa folgendermaßen ab (M gibt dabei die Anzahl der Deskriptoren an):

- Verwendet man nur Boolesche Recherchen ohne Gewichtung der Recherche-Deskriptoren, so ist

$$R_n = \frac{1}{M} \sum_{m=1}^{M} w_{nm}$$

- Verwendet man dagegen eine Gewichtung der Recherche-Deskriptoren v_m, so ist

$$R_n = \frac{1}{M} \sum_{m=1}^{M} v_m \cdot w_{nm}$$

Im Booleschen Modell spielen die Ranking-Funktionen dagegen keinerlei Rolle. Ein Dokument ist im Ergebnis enthalten, wenn das Boolesche Prädikat, das die Recherche darstellt, **true** ergibt.

Die Auswirkungen der verschiedenen Modelle und Ranking-Funktionen sollen in einem Beispiel näher erläutert werden.

Ranking-Formel	Idee
$\dfrac{1}{d_m}$	Spezielle Begriffe, die nicht so häufig in der Datenbasis auftreten, sind wichtiger.
$\dfrac{1}{t_n}$	Ein einzelner Deskriptor ist umso unwichtiger, je mehr Deskriptoren insgesamt im Dokument auftreten.
f_{in}	Die Häufigkeit des Deskriptors in einem Dokument ist entscheidend.
$\dfrac{f_{in}}{Sf_n}$	Die Häufigkeit des Deskriptors in einem Dokument relativ zur Dokumentlänge ist entscheidend.
$\dfrac{f_{in}}{F_m}$	Die Ausschließlichkeit des Deskriptors in diesem Dokument ist entscheidend.

Tab. 10.2: Ranking-Verfahren für einen Deskriptor und ein Dokument

Beispiel 10.4 Gehen wir von drei Dokumenten im Bereich "Tourismus" aus und sei wiederum die Recherche

`Hotel:0.8` **and** `Ostsee:0.5` **and** `Strandkorb:0.2`

gegeben. Wir betrachten eine Boolesche Recherche (und müssen dann die Gewichte vernachlässigen beziehungsweise alle Gewichte auf 1.0 setzen) und eine Recherche mit Wichtungen. Als Auswertungsmodelle betrachten wir das Boolesche Retrieval-Modell und das Vektorraummodell.

Die Kombination von Vektorraummodell und Recherche mit Wichtungen liefert das beste Ergebnis. Nach der obigen Ranking-Funktion R_n ergibt sich für die drei Dokumente in Tabelle 10.3 die Reihenfolge D_3, D_1, D_2.

Die Kombination Vektorraummodell und Recherche ohne Wichtungen ergibt für die gleichen Dokumente die Reihenfolge D_2, D_3, D_1 (siehe Tabelle 10.4).

	Hotel	Ostsee	Strandkorb	Ranking
Gewichte →	0.8	0.5	0.2	
Dokument ↓				
D_1	0.7	0.9	0.3	$(0.56 + 0.45 + 0.06)/3 = 0.36$
D_2	0.3	1.0	1.0	$(0.24 + 0.50 + 0.20)/3 = 0.31$
D_3	0.9	0.4	0.9	$(0.72 + 0.20 + 0.18)/3 = 0.37$

Tab. 10.3: Ranking-Verfahren: Recherche mit Wichtungen, Vektorraummodell

	Hotel	Ostsee	Strandkorb	Ranking
Gewichte →	1.0	1.0	1.0	
Dokument ↓				
D_1	0.7	0.9	0.3	$(0.7 + 0.9 + 0.3)/3 = 0.63$
D_2	0.3	1.0	1.0	$(0.3 + 1.0 + 1.0)/3 = 0.77$
D_3	0.9	0.4	0.9	$(0.9 + 0.4 + 0.9)/3 = 0.73$

Tab. 10.4: Ranking-Verfahren: Recherche ohne Wichtungen, Vektorraummodell

Im Booleschen Modell dagegen werden alle Dokumente ohne Unterscheidung gleichrangig gefunden. Wenn wir allerdings bei der Deskribierung den Schwellwert für die Aufnahme eines Deskriptors in den Index nach der in diesem Beispiel verwandten Ranking-Funktion auf 0.5 setzen, dann ist bei der Anfrage

Hotel and Ostsee and Strandkorb

kein Dokument im Ergebnis, jedoch bei der Anfrage

Hotel or Ostsee or Strandkorb

wiederum alle. □

Interaktion und Relevance Feedback

Die nach dem Ranking-Verfahren bewertete und sortierte Liste der Ergebnisdokumente kann nun vom Nutzer mit dem interaktiven Verfahren des *Relevance Feedback (Relevanzrückkopplung)* verbessert werden. Allgemeine Idee des Relevance Feedback ist es, dem System die relevanten und irrelevanten Dokumente aus der Ergebnisliste zu nennen, so daß das IR-System in einem zweiten Anlauf seine Anfrage konkretisieren oder den Nutzerwünschen entsprechend anpassen kann.

In einem interaktiven Prozeß kommt man so zu einer stufenweisen Einschränkung: Unter den gefundenen Dokumenten führt man weitere Recherchen durch, das System nennt jeweils den neuen Umfang der Ergebnisliste.

Ein Grund für das Ablehnen der Ergebnisliste kann eine zu hohe Trefferanzahl sein, die man ebenfalls mit einem Relevance-Feedback-Verfahren verkleinern kann.

Die einfachste Umsetzung des Verfahrens ist die Kombination des *Browsing*, das Ansehen der gefundenen Dokumente, mit der Wahl eines "guten" Dokumentes als Ausgangspunkt für die verfeinerte Recherche: Das IR-System kann in diesem Fall die Indexeinträge für dieses Dokument als Grundlage für die Suche nach ähnlichen Dokumenten nehmen, statt nur die (wahrscheinlich weniger selektiven) Recherchedeskriptoren der ersten Nutzerrecherche.

Eine weitere Möglichkeit ist die Einbeziehung von Deskriptoren aus einem *Thesaurus*, die für jeden Recherche-Deskriptor interaktiv ausgewählt und in der Anfrage zusätzlich berücksichtigt werden können.

Insgesamt soll die weiter oben angesprochene Selektionsgüte wie die *Relevanzquote* (Precision) oder die *Nachweisquote* (Recall) dadurch verbessert werden.

10.3.5 Information-Retrieval-Systeme

Konkrete IR-Systeme können nun in vier Bereiche eingeteilt werden:

- *Frühe IR-Systeme* wie STAIRS und GOLEM2 arbeiten normalerweise auf ASCII-Texten ohne Dokumentstruktur und sind zentralisiert. Die Deskribierungsverfahren sind sehr ausgefeilt, aber auf konkrete Anwendungen hin anzupassen. Diese frühen Systeme sind älter als relationale Datenbanksysteme.

- Moderne *Volltext-Datenbanksysteme* wie Fulcrum akzeptieren mehrere Dokumentformate und erstellen verschiedene Indexstrukturen, die sich für verschiedene Recherche-Operationen eignen. Als Grundbestandteil der Volltextdatenbanksysteme wird für attributierte Deskriptoren (strukturierte Daten) ein Teil der Anfragesprache SQL als Recherchesprache benutzt. Zusätzlich gibt es natürlich für die unstrukturierten Anteile einige der oben erwähnten Recherche-Operationen.

- *Suchmaschinen* wie Harvest und die WWW-Suchdienste AltaVista, Lycos und andere bieten einige der genannten IR-Techniken, allerdings ohne weitere Datenbankfunktionalität. Anfragen an strukturierte Anteile von Texten sind daher nicht möglich. Vorteil der Suchmaschinen ist die verteilte Einsetzbarkeit im Gegensatz zu den zentralisierten IR-Systemen und Volltext-Datenbanksystemen: Durch *Robots* (Roboter) oder *Crawler* wird das WWW nach bereitstehenden Informationen abgesucht und in einem *Gatherer*-Prozeß diese Informationen in Indexdateien aufbereitet.

- *Objektrelationale Datenbanksysteme* mit einer Text-Erweiterung (wie DB2 UDB oder Informix Dynamic Server / Universal Option) können nun die

Vorteile von Anfragefunktionalitäten relationaler Datenbanksysteme mit den IR-Fähigkeiten der obigen IR-Systeme, Volltext-Datenbanksysteme oder Suchmaschinen verbinden. Im Gegensatz zu allen obigen Verfahren sind mit dieser Technik auch erstmals Verknüpfungen verschiedener Dokumente (als Verallgemeinerung des natürlichen Vebundes) möglich.

Wir stellen nun stellvertretend für diese Klassen von Systemen STAIRS, GOLEM2, Fulcrum, DB2 und Informix vor. Für eine nähere Diskussion der in den Suchmaschinen verwendeten Techniken sei auf das Kapitel 13 in [BYRN99] verwiesen.

Frühe Systeme

Alle frühen Systeme bieten die Boolesche Suche nach Dokument-Deskriptoren (siehe auch [LM78]).

Das IR-System STAIRS bietet neben der Integration von strukturierten Informationen wie bibliographischen Angaben auch eine automatische Deskribierung nach dem Stichwortverfahren, jedoch ohne Stammwortreduktion.

Die Systeme PASSAT und GOLEM2 bilden das IR-System der Firma Siemens. PASSAT bietet eine automatische Deskribierung mit Stammwortreduktion und Inhaltserschließung. GOLEM2 ist die Recherche-Komponente, die auch einen Thesaurus integriert.

Neben diesen frühen, reinen IR-Systemen gibt es auch noch Systeme, die auf Datenbankbasis arbeiten. So ist TRS (Text Retrieval System) ein IR-System der Software AG, bei dem das Netzwerkdatenbanksystem Adabas C als Basis genutzt wurde. Alle bisher genannten Systeme wurden Ende der sechziger Jahre oder in den siebziger Jahren eingeführt — also vor dem ersten kommerziellen relationalen Datenbanksystem[4].

Heutige Volltext-Datenbanksysteme: Fulcrum

Der *Fulcrum SearchServer* [Ful98] ist ein Volltext-Datenbanksystem, das die Volltext-Dokumente nicht im System speichert, sondern externe Dokumente referenziert und nur die Indexdaten integriert. Deskribierungsverfahren bestehen für diverse Text-Dokumenttypen. Extrahierte, attributierte Daten können neben den Referenzen in Tabellen gehalten werden. Mit Hilfe der Sprache *SearchSQL* können dann Anfragen an diese attributierten Daten und die Volltexte gestellt werden.

SearchSQL ist leider eine Anfragesprache, die nur auf einer geringen Teilmenge von SQL-92 basiert (siehe etwa [Tit99]) und beispielsweise keine Verbundoperationen zuläßt: Nach Relationenkalkül-Sprechweise sind (wie im Information Retrieval bei Recherche-Sprachen leider üblich) alle möglichen Aus-

---

[4]Aktuell bietet die Software AG ein Volltext-Datenbanksystem für XML-Dokumente, genannt Tamino.

drücke nur Ein-Variablen-Anfragen (es kann also nur eine einzige Tupelvariable pro Anfrage eingesetzt werden). Auch eine Schachtelung von Anfragen in der **where**-Klausel ist demnach nicht erlaubt. Attributselektionen sind ebenfalls nicht möglich.

Diverse einfache IR-Anfragen nach Deskriptoren, Mustern von Deskriptoren (mit Wildcards) und Phrasen sind in SearchSQL jedoch möglich. Begriffe in einem Thesaurus[5] können die Anfrage ergänzen und Stammwortreduktionen vorgenommen werden. Für jeden Recherchedeskriptor kann ein Gewicht vorgegeben werden. Retrieval-Modell (von Boolescher Suche bis zum Vektorraummodell) und Ranking-Algorithmus sind frei einstellbar. Ein Relevance Feedback ist durch Angabe eines Vergleichsdokuments realisiert. Die Kontext-Suche wird in SearchSQL leider nur durch Angabe des Abstands von Begriffen in Zeichen ermöglicht. Andere Kontexte wie Sätze und Abschnitte sind nicht möglich.

Während SearchSQL also Schwächen in den Datenbankanfragen aufweist, sind die oben erläuterten Retrieval-Operatoren zum großen Teil verwirklicht.

Objektrelationale Datenbanksysteme: Volltext-Erweiterungen

Moderne objektrelationale Datenbanksysteme können mit ihren erweiterbaren Datentypen und den darauf deklarierten Funktionen IR-Funktionalität auf verschiedenen Datentypen realisieren. In jedem so erweiterbaren Datenbanksystem gibt es an erster Stelle auch einen Text-Datentyp mit solchen Fähigkeiten. Wir stellen hier beispielhaft den *Text Extender* von *DB2* und das *Text Data Blade* von *Informix* vor.

Die DB2 Universal Database [Cha98] bietet ein Deskribierungswerkzeug zur Erstellung einer invertierten Liste mit oder ohne Stammwortreduktion. Es gibt vier verschiedene Arten, wie ein solcher Index aufgebaut werden kann:

- *Linguistischer Index:* Dieser Index arbeitet mit Stammwortreduktion und Stoppwortliste und bietet einige zusätzliche Fähigkeiten wie eine *Feature-Extraktion* zur Erkennung von Eigennamen und Abkürzungen.

- *Präziser Index:* Dies ist die klassische invertierte Liste, wobei Deskriptoren aus der Stoppwortliste eliminiert werden.

- *Dualer Index:* Dieser Index kombiniert den linguistischen und präzisen Index.

- *N-gram Index:* Dieser Index unterstützt die Suche nach Mustern in Deskriptoren und nicht nur die exakte Suche. Ein N-gram ist eine Teilzeichenkette der Länge N, die im Index aufgenommen wird.

---

[5]Zu bemerken ist, daß die Systeme oft *Möglichkeiten* zur Einbindung von Thesauri, Stoppwortlisten und anderen Hilfsmitteln bieten, aber dies nicht "von selbst" tun beziehungsweise oft keine vordefinierten Thesauri und Stoppwortlisten für bestimmte Sprachen und Anwendungsbereiche mitliefern.

Die Indexdateien werden außerhalb des Datenbanksystems verwaltet. Leider ist bis DB2 Version 5.2 nur ein Index pro Attribut zulässig. Da gleichzeitig die Retrieval-Funktionen abhängig vom Index sind (siehe etwa [Por99]), können auf jedem Text-Attribut nur gewisse Retrieval-Operationen durchgeführt werden. Insgesamt stehen auf dem Datentyp Text folgende Funktionen bereit:

- **contains**: Dieser Operator realisiert die Suche nach Deskriptoren in Texten.

- **no_of_matches**: Dieser Operator ermittelt die Auftretenshäufigkeit des Deskriptors im Dokument.

- **rank**: Die Ranking-Funktion basiert in ihrer einfachsten Form auf der Auftretenshäufigkeit des Deskriptors.

- **search_result**: Diese Funktion kombiniert die obigen Funktionen und liefert eine temporäre Tabelle mit drei Attributen (Dokumentidentifikator, Auftretenshäufigkeit, Ranking-Wert) zurück.

Prinzipiell werden mit **contains** oder **search_result** Boolesche Recherchen ermöglicht. Möchte man einen Deskriptor exakt bestimmen, so kann man mit **precise form of** dieses anwählen (diese Funktionalität ist aber nicht mit dem linguistischen Index erreichbar). Möchte man eine linguistische Variante eines Deskriptors bestimmen, so kann man dies mit **stemmed form of** anwählen (diese Funktionalität ist aber nicht mit dem präzisen Index und dem N-gram Index erreichbar). Muster in Deskriptoren können mit **fuzzy form of** gesucht werden. Allerdings müssen die Recherche-Deskriptoren wenigstens auf den ersten drei Positionen mit dem Dokument-Deskriptor übereinstimmen. Außerdem muß ein N-gram Index vorhanden sein. An Kontext-Suche bietet der Text Extender die Umgebungen "Satz" (**in same sentence as**) oder "Absatz" (**in same paragraph as**). Anfragen können um Synonyme, Unterbegriffe oder assoziierte Begriffe aus einem Thesaurus ergänzt werden. In der abschließenden Beispielanfrage wird mit **contains** beispielsweise in der Dokumentmenge "Datenbankliteratur" nach Synonymen (**syn**) von "Anfragesprache" gesucht, die im Fachthesaurus "Datenbanklexikon" verzeichnet sind. Man beachte, daß **contains** im alten SQL-Stil den Wert **true** mit dem Zahlenwert 1 simuliert:

```
select Titel
from Datenbankliteratur
where contains(Dokument-Handle,
    'thesaurus "Datenbanklexikon"
    expand "Syn" term of "Anfragesprache" ') = 1
```

Das *Excalibur Text Search Data Blade* vom *Informix Dynamic Server / Universal Option* [Pet98] bietet im Gegensatz zum obigen Text Extender etwas eingeschränkte Fähigkeiten (siehe etwa [Por99]). Im Gegensatz zum Text Extender wird jedoch beim Text Data Blade der Index mit Hilfe der SSL-Klausel **create index** angelegt. Mit Hilfe der Option **using** kann dann die Form der Indizierung vorgegeben werden. Die anzugebende Operatorklasse besteht standardmäßig aus den oben definierten Operatoren. Mit

```
create index Textindex
on Datenbankliteratur (Dokument, Operatorklasse)
using etx (word_support = `exact') in LiteraturSpace
```

wird ein Index über dem Volltext-Attribut "Dokument" der Tabelle "Datenbankliteratur" erzeugt, der die exakte Suche nach Deskriptoren unterstützt. Insgesamt sind bei der Indizierung die folgenden Optionen einstellbar:

- **word_support**: Hier kann zwischen exakter Suche (**exact**) und Mustersuche (**pattern**) unterschieden werden.

- **phrase_support**: Hier wird eine Suche in Kontexten oder nach Phrasen in verschiedenen Genauigkeiten ermöglicht.

- **char_set**: Hier wird der zugrundeliegende Zeichensatz angegeben.

- **stopword_list**: Dieser Parameter veranlaßt das Text Data Blade zur Eliminierung von Stoppwörtern.

- **include_stopwords**: Die Deskriptoren der Stoppwortliste werden zwar indiziert, aber nur auf Anforderung in der Recherche berücksichtigt.

Leider bietet das Text Data Blade keinerlei Index mit Stammwortreduktion an, so daß eine Suche nach Deskriptoren in verschiedenen linguistischen Formen nicht möglich ist.

Die Suche wird mit Hilfe der Funktion **etx_contains** ermöglicht. Eine exakte Suche nach Deskriptoren ist innerhalb von **etx_contains** mit **search_type** = **word** zu spezifizieren. Die Boolesche Suche wird mit **search_type** = **boolean_search** angewählt. Daneben ist noch eine Phrasensuche und eine Suche innerhalb von Kontexten möglich. Als Kontext kann aber nur der Abstand zwischen Deskriptoren in Anzahl Worten angegeben werden. Bei der Suche nach Mustern kann etwa angegeben werden, ob Transpositionen (Vertauschung benachbarter Zeichen) oder Substitutionen (Ersetzung eines Zeichens) erlaubt sein sollen. Mit **match_synonym** kann eine Synonymliste in die Suche mit einbezogen werden. Die oben im DB2 Text Extender gestellte Anfrage lautet dann:

```
select Titel
from Datenbankliteratur
where etx_contains(Dokument,
    (row ("Anfragesprache",
        match_synonym = Datenbanklexikon)))
```

Beim Ranking wird leider keine Vorkommenshäufigkeit von Deskriptoren in Dokumenten, sondern nur die Güte der Übereinstimmung des Recherche-Deskriptors mit dem Dokument-Deskriptor bewertet (exakte Übereinstimmung besser als Übereinstimmung über Muster).

10.3.6 Texte im SQL-99-Standard

Im SQL-99-Standard [ISO99a] werden Multimedia-Datentypen im Teilstandard SQL/MM eingeführt. Neben räumlichen Daten und Bildern sind natürlich Texte in SQL/MM enthalten. Bei Kontexten wird zwischen Wörtern, Sätzen und Absätzen unterschieden. Damit geht der Standard über die beiden eben vorgestellten Lösungen hinaus. Weiterhin wird die Boolesche Suche, die Suche nach Mustern, die Angabe einer Ranking-Funktion und die Suche mit einem Thesaurus unterstützt.

SQL / MM Volltext

Der Teilstandard SQL/MM Volltext beschreibt diese Funktionalitäten im Detail. Einige Merkmale sind:

- Die Suche ist sprachabhängig, kann also auf englisch, deutsch und andere Sprachen eingestellt werden.

- Es wird eine Phrasensuche unterstützt, indem in der Funktion **contains** als Deskriptor eine Phrase ohne zusätzlichen Parameter angegeben wird. So ist beispielsweise

```
select Titel
from Datenbankliteratur
where contains(Dokument,
    "Sein oder nicht Sein, das ist hier die Phrase") = 1
```

eine Phrasensuche.

- Die Kontextsuche wird mit **in same sentence as** oder anderen Kontexten angewählt.

- Stoppwörter werden automatisch berücksichtigt, falls eine Stoppwortliste im System definiert ist.

- Die linguistische Suche wird mit **stemmed form of** eingeführt.

- Die Ranking-Funktion ist implementierungsabhängig, liefert aber immer einen numerischen Wert.

Eine Boolesche Suche kann etwa mit

contains (Text, Wort_1 **and** ...**and** Wort_n)

ausgeführt werden.

10.4 Regelbasierte Anfragesprachen

Das Verarbeitungsparadigma für wissensbasierte Systeme, Expertensysteme und KI-Programmiersprachen ist die *regelbasierte* Programmierung. Ein bekanntes Beispiel ist die Logikprogrammiersprache PROLOG (PROgramming in LOGic). Logikprogrammierung basiert auf einer speziellen Teilmenge der Prädikatenlogik 1. Ordnung. Atome dieser Logik sind Prädikatsymbole angewendet auf Argumente (Konstanten, Variablen, Funktionssymbole wieder angewendet auf Argumente). Dies entspricht den Definitionen für Anfragekalküle aus Abschnitt 8.3.

Die Formeln der Logikprogrammierung sind allerdings eingeschränkt auf *Horn-Klauseln* der folgenden Form:

$$P_1 \wedge \ldots \wedge P_n \implies P$$

In der Sprache PROLOG werden derartige Klauseln syntaktisch wie folgt notiert:

$$P\text{:-}P_1, \ldots, P_n.$$

Spezielle Klauseln sind die *Fakten*: Prädikatenatome ausschließlich mit Konstanten als Parameter, die ohne Bedingungsteil (Regelrumpf) notiert sind. Fakten entsprechen Tupeln einer Datenbank.

Allgemein kann ein logisches Programm als eine Menge von Horn-Klauseln aufgefaßt werden. Ein PROLOG-Programm hingegen ist eine *Liste* von PROLOG-Regeln, ein Unterschied, der für Datenbank-Anwendungen eine wesentliche Rolle spielt.

Logikprogrammierung im Datenbankbereich kann leicht eingeführt werden, in dem Relationen-Prädikate wie im Bereichskalkül verwendet werden. Wir nehmen im folgenden an, daß unsere Datenbank nur aus einer einzigen Basisrelation Fluglinien besteht, die direkte Verbindungen zwischen zwei Städten enthält (unter den Attributen Von und Bis). Eine einfache Regel könnte dann wie folgt notiert werden:

$$\text{Einmalumsteig}(V_1, B_2) \text{ :- } \text{Fluglinien}(V_1, VB), \text{Fluglinien}(VB, B_2)$$

Diese Regel könnte umgangssprachlich so erklärt werden:

Wenn es eine Fluglinie von V_1 nach VB und eine von VB nach B_2 gibt, dann gibt es eine Verbindung von V_1 nach B_2 mit einmaligem Umsteigen.

In der Relationenalgebra könnte man diese Anfrage natürlich auch mit Umbenennung, natürlichem Verbund und Projektion formulieren. Insgesamt ist die Mächtigkeit logischer Programme jedoch viel größer:

- Logische Programme mit Funktionssymbolen sind äquivalent zu Turingmaschinen, also berechnungsuniversell.

- Logische Programme ohne Funktionssymbole sind äquivalent zur Relationenalgebra plus Rekursion. Sie sind nicht berechnungsuniversell, da keine neuen Werte eingeführt werden können (fehlende Funktionssymbole).

10.4.1   Semantik rekursiver Regeln

Betrachten wir als Beispiel ein einfaches logisches Programm, formuliert über Datenbankrelationen:

$$\text{Verbindung}(V,B) \quad :- \quad \text{Fluglinien}(V,B).$$
$$\text{Verbindung}(V_1,B_2) \quad :- \quad \text{Verbindung}(V_1,VB), \text{Fluglinien}(VB,B_2)$$

Dieses Programm berechnet die transitive Hülle `Verbindung` der `Fluglinien`-Relation und kann direkt aus der Definition der transitiven Hülle abgeleitet werden.

Die Semantik eines logischen Programms kann auf unterschiedliche Weise festgelegt werden, etwa beweistheoretisch, modelltheoretisch oder prozedural. Eine prozedurale Semantik ist für die Ausführbarkeit unerläßlich, muß aber zumindest für eine relevante Teilklasse der Programme mit den anderen Semantiken übereinstimmen. Auch sind die Fragestellungen, ob ein Ergebnis eindeutig ist bzw. ob es überhaupt existiert, nicht-triviale Problemstellungen bei logischen Programmen.

PROLOG hat eine prozedurale Semantik, die abhängig von der Reihenfolge der Regeln und Prädikate ist. Insbesondere werden Fakten der Reihe nach abgearbeitet. Die prozedurale Semantik realisiert ein Backtracking nach der *Leftmost-depth-first*-Strategie. Allgemein werden nicht alle ableitbaren Fakten gefunden, so daß diese Semantik mit anderen Semantiken nicht übereinstimmt. Für den Datenbankbereich ergeben sich zusätzliche Schwierigkeiten, da Tupel einer Relation im Gegensatz zu PROLOG-Fakten reihenfolgeunabhängig verarbeitet werden.

10.4.2   Die Sprache DATALOG

Im Datenbankbereich wurden mehrere Logiksprachen basierend auf Horn-Klauseln entwickelt, die im Gegensatz zu PROLOG auf einem *mengenbasierten* Ansatz beruhen. Ein Logikprogramm besteht hier also aus einer *Menge* von

Fakten, und auch Regeln werden als Menge verarbeitet. Eine bekannte Sprache, die diesen Ansatz verfolgt, ist DATALOG [CGT90].

Die prozedurale Semantik von DATALOG basiert im Gegensatz zu der von PROLOG auf einer *Bottom-up*-Auswertung. Startend mit den Basisrelationen, werden die Regeln dazu benutzt, schrittweise abgeleitete Fakten zu berechnen. Hierbei werden in einem Schritt jeweils Mengen von abgeleiteten Fakten berechnet — dieser Ansatz harmoniert somit sehr gut mit Datenbankkonzepten wie denen der relationalen Algebra.

Diese prozedurale Semantik kann als *Fixpunktsemantik* charakterisiert werden und entspricht den anderen Semantiken, falls keine Negation und keine Funktionssymbole auftreten. Jede rechte Seite einer Regel kann als relationenalgebraischer Ausdruck aufgefaßt werden, und jede Regel entspricht einer Zuweisung an die abgeleiteten Relationen. Die Auswertung einer Menge von Regeln liefert dann den Fixpunkt dieses Gleichungssystems. Da in jedem Schritt nur neue Fakten berechnet werden können und ohne Funktionssymbole die abgeleiteten Relationen nicht unbeschränkt wachsen können, wird immer ein endliches Ergebnis garantiert.

Beispiel 10.5 Wir beschreiben nun die Berechnung der transitiven Hülle Verbindung mit dem obigen Regelprogramm.

Zunächst wird als Relation Verbindung die leere Relation auf der rechten Seite der Regeln eingesetzt. Wir berechnen dann das Ergebnis beider Regeln parallel:

- Mit der ersten Regel wird die Fluglinien-Relation der direkten Verbindungen auf die Verbindungs-Relation kopiert.

- Mit der zweiten Regel wird auf der rechten Seite der Verbund zwischen Fluglinien-Relation und der leeren Relation durchgeführt, was eine leere Relation als Ergebnis ergibt.

Die beiden Teilergebnisse für die Verbindung werden nun vereinigt. Mit dieser neuen Relation Verbindung startet nun die zweite Iteration der Auswertung:

- Mit der ersten Regel wird wiederum die Fluglinien-Relation auf die Relation Verbindung kopiert. Diese redundante Berechnung nennt man auch *naive Auswertung* der Regeln. Optimiert man diese redundanten Berechnungen, so kommt man zur sogenannten *semi-naiven* Auswertung.

- Mit der zweiten Regel wird nun die im letzten Schritt berechnete Verbindungsrelation mit der Originalrelation verknüpft, was der oben eingeführten Regel Einmalumsteig entspricht.

Nach der Vereinigung der beiden Teilergebnisse haben wir also direkte Verbindungen und Verbindungen mit einmaligem Umsteigen berechnet. Führen wir dieses Verfahren so lange durch, bis keine neuen Tupel mehr entstehen, so haben wir die transitive Hülle mit Hilfe von relationalen Datenbankoperationen berechnet.   □

Negation muß bei der Auswertung besonders behandelt werden, da die Abwesenheit eines abgeleiteten Fakts als dessen Negation gilt (Negation-by-failure), aber die berechnete Faktenmenge während des Ableitungsprozesses dynamisch wächst. Abhilfe bringt die *Stratifizierung* von Logikprogrammen, wobei Negation erst ausgewertet wird, wenn keine neuen Fakten derselben abgeleiteten Relation mehr entstehen können.

10.4.3   Rekursion in SQL-99

Seit SQL-99 ist nun Rekursion auch in der Standardsprache für relationale Datenbanksysteme enthalten. Die obige DATALOG-Auswertungsstrategie über die rekursive Vereinigung von Zwischenergebnissen wird in SQL-99 vom Nutzer "ausformuliert", indem er eine rekursive Vereinigung der beiden Teilausdrücke als Anfrage formuliert. Um Rekursion zu erreichen, müssen aber zunächst *wiederverwendbare Tabellenausdrücke* eingeführt werden, die in der gleichen Anfrage berechnet und hinter **from** auch wieder eingesetzt werden können.

Mit der **with**-Klausel kann man eine neue Tabelle zum Einsatz in weiteren Anfrage definieren, etwa mit

```
with Verbindung as Anfrage
```

Dies erspart nicht nur den Schreibaufwand für die zu definierende Anfrage, sondern auch den Optimierungsaufwand für das RDBS. *Rekursion* kann nun durch die rekursive Version **with recursive** in einer Anfrage erreicht werden:

```
with recursive Verbindung as
( select ...from Fluglinien where ...
    union
select ...from Fluglinien, Verbindung where ...)
```

Die obige Anfrage zeigt bereits das Grundmuster, mit dem auch die DATALOG-Regeln für die Berechnung der Flugverbindungen formuliert worden waren. Wir haben hier nur die Details der **select**- und **where**-Klausel offengelassen. Man sieht, daß innerhalb der Anfrage die zu definierende Ergebnisrelation Verbindung hinter **from** wieder eingesetzt werden kann.

Die Sicherheit einer Anfrage wird nun leider nicht durch semantische Mittel wie die Fixpunkteigenschaft, sondern durch eine Steuerung über gewisse Parameter wie Abarbeitungsreihenfolge, Suchtiefe und das Erkennen von Zyklen in den Daten erreicht: Mit den Klauseln **search depth first by**

...**set** (Tiefensuche), **search breadth first by** ...**set** (Breitensuche) und der Zyklenerkennung

> **cycle** Attribut **set** Cycle_Mark_Attribut
>   **to** Marke **using** Pfad_Attribut

kann dies erreicht werden. Die Zyklenerkennung markiert im Cycle_Mark_Attribut, einem künstlichen Attribut des Ergebnisses, mit dem Attributwert Marke, wenn Duplikate im Berechnungspfad des Attributs Attribut auftauchen. Hiermit kann die Endlichkeit der Rekursion und somit die Sicherheit der Anfrage "per Hand" gesichert werden. Das Problem in SQL-99 ist, daß innerhalb der rekursiven Anfrage natürlich Negationen (Differenzen) und skalare Funktionen oder Aggregatfunktionen erlaubt sind. Genau diese "Zutaten" sind es aber, die aus der sicheren Sprache DATALOG eine unsichere Sprache machen. Verzichtet man auf diese "Zutaten" innerhalb der Rekursion und eliminiert beispielsweise immer die Duplikate, so ist ein Fixpunkt analog zu DATALOG-Anfragen ohne Negation gesichert.

10.5 Objektorientierte Anfragesprachen

Während wir bisher in diesem Kapitel relationale Anfragesprachen vorgestellt haben, wenden wir uns jetzt Anfragesprachen für objektorientierte Datenbankmodelle zu. Zunächst werden wir auf die verschiedenen Typen von Anfrageoperationen eingehen. Danach stellen wir die kommerzielle Anfragesprache OQL des O_2-Systems vor, die Vorbild für die Anfragesprache des ODMG-Standards (ODMG-OQL) ist.

10.5.1 Objektorientierte Anfrageoperationen

Bei der Vielfalt der Strukturkonzepte im objektorientierten Datenbankmodell ist es schwierig, den Ergebnistyp einer Anfrage festzulegen. Wie im letzten Unterabschnitt bei der Diskussion der Sprachen für geschachtelte Relationen und das ER-Modell festgestellt, produzieren die dort behandelten Anfragesprachen als Ergebnis immer eine Menge von Werten, obwohl die Datenmodelle teilweise auch das Konzept des Entities modellieren können.

Im objektorientierten Bereich gibt es nun prinzipiell drei Möglichkeiten für Anfrageergebnisse:

- Die *relationale Semantik*: Wie bei den bisherigen Sprachen extrahiert man Werte aus den Zuständen von Objekten. Das Ergebnis entspricht dann immer verallgemeinerten, geschachtelten Relationen. Da das Ergebnis keine Objektmenge mehr ist, kann man auf die Ergebnismenge keine klassenspezifischen Methoden mehr anwenden.

- Die *objekterzeugende Semantik*: Man erzeugt neue Objekte als Anfrageergebnis mit Zuständen, die von vorhandenen Objekten extrahiert wurden. Das Ergebnis ist eine dynamisch erzeugte Klasse, die parallel zur bisherigen Klassenhierarchie angeordnet wird. Für diese Klasse können zwar neue Methoden definiert werden, es ist aber keine Vererbung von Methoden möglich, die für die Klassen des Datenbankschemas definiert wurden.

- Die *objekterhaltende Semantik*: Man erhält eine Auswahl der in der Datenbank vorkommenden Objekte mit neuen Zuständen. Das Ergebnis ist dann

    - entweder eine neue Extension zu einer schon bestehenden Klasse
    - oder eine dynamisch erzeugte Ober- oder Unterklasse der schon bestehenden Klassen.

Im ersten Fall werden Klassen und ihre Zustandstypen *statisch* behandelt. Der zweite Fall umfaßt eine dynamische *Klassifizierung* und *Typisierung* des Anfrageergebnisses: Dem Datenbankschema wird eine neue (virtuelle) Klasse mit einem neuen (virtuellen) Typ zugeordnet. Dies entspricht der Erweiterung des relationalen Datenbankschemas um virtuelle Relationenschemata bei Anfragen im Relationenmodell. Eine solche Technik ist also eine Voraussetzung für ein adäquates Sichtkonzept.

Ein Beispiel soll die unterschiedlichen Semantiken verdeutlichen.

Beispiel 10.6 Selektieren wir aus der Extension der Klasse Bücher diejenigen, die ein Stichwort 'Lehrbuch' enthalten, so erhalten wir je nach Semantik der Selektion Ergebnisse mit unterschiedlichem Nutzwert.

Bei der relationalen Semantik entsteht eine geschachtelte Relation. Die Tupel entsprechen den Zuständen der selektierten Bücher. Da dies Werte eines Typs und keine Objekte der Klasse Bücher sind, kann man für Bücher definierte Methoden nicht auf das Ergebnis anwenden.

Bei der objekterzeugenden Semantik werden für jedes so selektierte Tupel neue Objektidentifikatoren erzeugt. Somit ist das Anfrageergebnis nun Extension einer Klasse, aber da diese Klasse nicht als Unter- oder Oberklasse von Bücher angesehen werden kann (aufgrund der Semantik der Klassenhierarchie als Inklusion von Objekten), können deren Methoden auch nicht verwendet werden.

Bei der objekterhaltenden Semantik mit *statischer* Klassifizierung und Typisierung ist das Ergebnis eine neue Extension zur Klasse Bücher. Auf diese Extension sind also die gleichen Attribute und Methoden anwendbar wie für die Originalklasse. Man kann im Anfrageergebnis jedoch den Typ der Ergebnisobjekte nicht manipulieren (also etwa Attribute ausblenden wie bei einer Projektion). Außerdem wird keine neue Klasse gebildet, der man neue Methoden mitgeben kann.

Erst bei der objekterhaltenden Semantik mit *dynamischer* Klassifizierung und Typisierung erhalten wir bei der obigen Anfrage eine Unterklasse von Bücher, die wir Lehrbücher nennen können. Für diese (virtuelle) Klasse können nun Methoden definiert werden, die neben den von Bücher geerbten Methoden für Lehrbücher verwandt werden können. Außerdem können wir bei Lehrbüchern den Typ verändern, etwa noch die Menge der Professoren, die das Lehrbuch empfehlen, mit in den Zustand der Ergebnisobjekte aufnehmen. □

Verschiedene Umsetzungen dieser Anfrageoperationen in verschiedenen objektorientierten Datenbanksystemen entnehme man [Heu97]. Wir behandeln hier nur eine konkrete Anfragesprache, die als ODMG-Standard akzeptierte Sprache OQL.

10.5.2 Anfragen in OQL

Wir geben nun zwei beispielhafte Anfragen in OQL an, da diese Sprache Vorbild für die OQL des ODMG-Standards ist.

So kann man in fast jedem der objektorientierten Anfragemechanismen *Pfadausdrücke* finden, die den Zugriff von einem Objekt auf Komponentenobjekte ermöglichen. Mit

```
select tuple (b.ISBN, b.Verlag.Verlagsort)
from Bücher b
```

kann man etwa eine relationale Anfrage stellen, in der Tupel bestehend aus der ISBN und dem Verlagsort ausgegeben werden.

Die folgende **where**-Klausel in OQL selektiert Bücher-Objekte, die sowohl 'RDBS' als auch 'Lehrbuch' als Stichworte haben.

```
select b
from Bücher b
where { RDBS, Lehrbuch } <= b.Stichworte
```

Man beachte, daß im Anfrageergebnis Bücher-Objekte gesammelt werden, die Anfrage ist also objekterhaltend. Außerdem wird in der **where**-Klausel das komplexe Prädikat <= verwandt, das angewandt auf ein mengenwertiges Attribut den Teilmengen-Vergleich darstellt.

OQL bietet den SFW-Block nur als eine Operation von vielen an. Alle Operationen sind orthogonal miteinander kombinierbar.

10.5.3 ODMG-OQL: Object Query Language der ODMG

Als Vorschlag im Rahmen des ODMG-Standards wurde eine Erweiterung der eben vorgestellten Sprache OQL akzeptiert. Die Sprache ODMG-OQL (oder ab jetzt auch kurz OQL) bietet unter anderem noch objekterzeugende Operationen und eine Syntax, die von den ODMG-Sprachanbindungen in Abschnitt 11.4 abhängen kann.

Man beachte, daß alle Operationen innerhalb der bestehenden Typhierarchie stattfinden. Beispielsweise können wir nicht die Mitarbeiter und Bücher eines bestimmten Fachbereichs vereinigen, um hinterher den Finanzbedarf dieser Abteilung zu ermitteln:

        Mitarbeiter **union** Bücher   (falsch!)

In OQL können nur Objekte vereinigt werden, deren Typen in einer Untertyp-Beziehung zueinander stehen, also etwa:

        Mitarbeiter **union** Personen

Da die Semantik von OQL derzeit noch nicht festgelegt ist, muß im Zweifelsfall die Umsetzung im kommerziellen Vorbild O_2 als Leitfaden dienen. Eine formale Semantik für OQL wird nur in Forschungsprototypen angeboten, etwa im Projekt CROQUE [RS97, GKG+97].

Die aktuelle Version der ODMG-OQL im ODMG-97-Standard ist eine Anfragesprache, die auf dem select-from-where-Block von SQL-92 aufbaut (den wir in Kapitel 9 kurz SFW-Block genannt hatten). Zusätzlich zu SQL kann man mit OQL

- in Anfragen komplexe Werte, Objektidentitäten, Pfadausdrücke über Komponentenobjekte hinweg, Methoden und sogar das Overriding von Methoden ausnutzen,

- nicht nur auf Mengen, sondern auf jeder Collection in der gleichen Weise arbeiten, und

- neben dem SFW-Block auch beliebige andere Anfrageblöcke benutzen.

OQL ist im Gegensatz zu SQL eine funktionale Sprache, die voll orthogonal ist.

Vorbemerkungen

In der ersten Version war OQL inkompatibel mit SQL-92. In den neueren Versionen wurden für bestimmte OQL-Sprachkonstrukte alternative Möglichkeiten angeboten, die die Kompatibilität zu SQL-92 wahren.

OQL besitzt neben der SQL-artigen Syntax auch programmiersprachenabhängige Versionen, die an C++, Smalltalk und Java angelehnt sind und in den Sprachanbindungen benutzt werden. Möchte man die SQL-artige OQL auch in C++ benutzen, so muß man die Anfrage über eine **call**-Schnittstelle (siehe Abschnitt 11.4) in das C++-Programm einbetten.

In OQL gibt es zwar keine generischen Update-Operationen, jedoch ist das Aufrufen von Update-Methoden in einer Anfrage erlaubt. Generische Updates sind Bestandteil der OML (Object Manipulation Language), die es nur in programmiersprachenabhängigen Versionen gibt.

Grundprinzip einer Anfrage

Anfragen in OQL können von jedem Namen eines atomaren, strukturierten oder `Collection`-wertigen Objektes oder Wertes ausgehen. So ist bereits

> *Personen*

eine gültige Anfrage, da der Name die Extension des Typs *Person* bezeichnet und somit ein `Collection`-wertiges Objekt bezeichnet. Ist *Hugo* der Name für ein Objekt des Typs *Student*, so ist

> *Hugo.Zeugnis*

eine Anfrage, die eine Menge von Tupeln zurückliefert, die Zeugnisdaten des Studenten. Der `SFW`-Block wird zum Filtern von Mengen eingesetzt wie bei

```
select distinct struct(f: s.Studienfach, b: s.Betreuer)
from     Studenten s
where    s.Adresse.Ort = 'SOL'
```

In dieser Anfrage wird die Extension *Studenten* nach dem Wohnort 'SOL' gefiltert. Man beachte dabei, daß

- *Adresse* kein Attribut des Typs *Student* ist, aber vom Obertyp *Person* vererbt wird, und

- *Ort* eine Komponente des strukturierten Attributs *Adresse* ist, der mit einem sogenannten *Pfadausdruck* erreicht werden kann.

Sowohl die Klasse—Unterklasse-Beziehung als auch die Klasse—Komponentenklasse-Beziehung werden von OQL über Pfadausdrücke direkt unterstützt.

Semantik einer Anfrage

OQL unterstützt relationale, objekterzeugende und objekterhaltende Anfragen, letztere jedoch nur sehr eingeschränkt. Eine *relationale Operation* haben wir mit der letzten Anfrage durchgeführt. Mit dieser Anfrage wird eine Menge von Tupeln erzeugt, die als Komponenten das Studienfach und den Betreuer von Soltauer Studenten enthalten.

Eine *objekterzeugende Operation* verwendet statt des Typkonstruktors **struct** einen Objektkonstruktor in der Anfrage. Objektkonstruktoren sind die Namen der durch die ODL definierten Typen. So wird mit

```
Person(PANr: 773494,
      Name: struct(Vorname: "Otto",
                   Nachname: "Ohnmacht"), ...)
```

ein neues Objekt vom Typ *Person* mit den angegebenen Werten erzeugt. Im Gegensatz zum Operationenteil in unserem objektorientierten Datenbankmodell aus Abschnitt 4.4 können Objekte hier jedoch nur für bestehende Typen erzeugt werden. Eine dynamische Typisierung und Klassifizierung wird nicht vorgenommen.

Eine *objekterhaltende Anfrage* ist

```
select  s
from    Studenten s
where   s.Adresse.Ort = 'SOL'
```

Hier werden die Objektidentitäten der Soltauer Studenten in einer Multimenge aufgesammelt. Um statt einer einelementigen Menge das Element selbst als Anfrageergebnis zu bekommen, gibt es die Funktion `element`. In der folgenden Anfrage wird somit die Person ermittelt, die 773494 als *PANr* hat:

```
element(select  p
        from    Personen p
        where   p.PANr = 773494)
```

Man beachte, daß mit diesen Anfragen keine dynamische Klassifizierung oder Typisierung des Anfrageergebnisses erreicht werden kann. So bilden die Soltauer Studenten zwar eine Menge von Objekten vom Typ *Student* als Anfrageergebnis, jedoch keine dynamisch erzeugte Unterklasse von *Student*. Auch der Typ dieser Objekte kann nicht verändert werden. Eine Anfrage wie

```
select  s[Zeugnis]
from    Studenten s
where   s.Adresse.Ort = 'SOL'
```

um den Zustand der Studenten jeweils auf das *Zeugnis*-Attribut einzuschränken, ist nicht erlaubt.

Orthogonalität

Auf jede `Collection` können Anfrageoperationen von OQL angewendet werden. Beispielsweise liefert die Anfrage

```
select  z.Fach
from    Hugo.Zeugnis z
```

eine Multimenge von Zeichenketten, die Prüfungsfächer des Studenten *Hugo*. Dagegen liefert die Anfrage

```
select distinct z.Fach
from    Studenten s, s.Zeugnis z
```

eine Menge von Fächern aller Studenten.

Nullwerte

Gewöhnungsbedürftig ist die Behandlung von undefinierten Objekten (**nil**-Objekten oder in Datenbank-Sprechweise Nullwerten) in OQL. Ist bei der Anfrage

> **select** s. *Betreuer*
> **from** *Studenten* s

der Betreuer mindestens eines Studenten nicht definiert, so erzeugt die Anfrageauswertung einen Laufzeitfehler. Die korrekte oder "sichere" Anfrage wäre

> **select** s. *Betreuer*
> **from** *Studenten* s
> **where** **is_defined**(s. *Betreuer*)

gewesen.

Neue Klauseln in OQL

Zusätzlich zu den bereits beschriebenen und in SQL erlaubten Anfragemöglichkeiten[6] existieren in OQL noch die Definition temporärer Relationen mit **define**, Operationen zur Typkonvertierung wie **listtoset** und **flatten**, der Aufruf beliebiger Methoden in jeder Klausel und der direkte Vergleich von Mengen mittels überladener Vergleichsoperatoren.

10.6   Vertiefende Literatur

Die Sprache QUEL wurde im Zusammenhang mit dem INGRES-System von Stonebraker eingeführt und beschrieben [Sto86]. QBE wurde von Zloof entwickelt und in [Zlo75, Zlo77] vorgestellt. Die drei Sprachen QBE, QUEL und SQL werden auch in allen einschlägigen Datenbank-Lehrbüchern beschrieben, so in [EN94, Vos94]. Das PC-System MS-Access wird beispielsweise in [Bro97, Bro99]dargestellt.

Universalrelationen-Prototyp-Systeme werden am Beispiel von SYSTEM/U in [Ull89] eingeführt. Ein Vergleich zwischen den restlichen Systemen IRIS-URQUEL, DURST und USIL findet sich in [Heu85]. Der **cube**-Operator für OLAP-Anwendungen wird von Gray und Koautoren [GBLP96, GCB$^+$97] eingeführt.

Ein Klassiker unter den Lehrbüchern über Informationssysteme mit einem hohen Anteil an Information-Retrieval-Themen ist [LM78]. Ein aktuelles Lehrbuch für Information Retrieval ist [BYRN99]. Das System Fulcrum wird in

---

[6]Natürlich bietet auch OQL die Quantoren **for all** und **exists**, eine Sortierung **sort** und eine Gruppierung **group by** mit **having**, sowie Aggregatfunktionen im Umfang von SQL.

[Ful98] beschrieben und in [Tit99] im Vergleich mit anderen Systemen vorgestellt. DB2 ist Gegenstand von [Cha98], der Text Extender wird in [Por99] evaluiert. Das Informix Text Data Blade wird in [Pet98] beschrieben und ebenfalls in [Por99] in Gegenüberstellung zum DB2 Text Extender kritisch untersucht.

DATALOG wird in den Büchern von Ullman [Ull88, Ull89] oder in [CGT90] eingeführt. Die rekursive Vereinigung von SQL-99 findet sich etwa in [MPD99] und dem SQL-99-Standard [ISO99b].

Die Anfragesprache *HDBL* ist von Pistor und Co-Autoren in [PA86, PT86, PD89] beschrieben worden. In [SLPW89] werden Erweiterungen von HDBL bezüglich Gruppierung, Duplikateliminierung und Sortierung beschrieben. Hohenstein und Engels haben in [Hoh93, HE92] den SQL-Dialekt SQL/EER vorgeschlagen.

OQL wird in [Cat94] eingeführt. Das Vorbild O_2SQL wird in [BDK92] detailliert analysiert. In [vH93] findet sich eine andere, orthogonale objektorientierte SQL-Version. Einen Überblick über verschiedene Ansätze für objektorientierte Anfragesprachen bietet [Heu97, SST97] und detaillierter [Heu94].

10.7   Übungsaufgaben

Übung 10.1 Formulieren Sie (sofern möglich) die Anfragen aus den Übungen 8.8 und 8.9 von Seite 334 in QUEL und QBE. □

Übung 10.2 Formulieren Sie die Anfragen aus Aufgabe 8.4 in QUEL und QBE. Sofern notwendig, verwenden Sie Zwischenrelationen und Änderungsoperationen auf diesen Zwischenrelationen. □

Übung 10.3 Formulieren Sie die Anfrage

```
select Titel from Bücher
where ISBN in ( select ISBN from Empfiehlt )
```

in QBE und QUEL. □

Übung 10.4 Ergänzen Sie die in Abschnitt 10.4 bereits für Datalog ausformulierte Anfrage zur Bestimmung transitiver Flugverbindungen in der folgenden SQL-99-Rumpfanfrage:

```
with recursive Verbindung as
( select ...from Fluglinien where ...
    union
select ...from Fluglinien, Verbindung where ...)
```

Verfeinern Sie die Anfrage, indem Sie als Startort immer "Rostock-Laage" vorgeben. □

11

Datenbank-Anwendungsprogrammierung

Die bisher vorgestellten Datenbanksprachen waren eingeschränkt bezüglich der algorithmischen Mächtigkeit — so kann in SQL etwa die transitive Hülle einer zweistelligen Relation nicht bestimmt werden. Diese Einschränkung wurde in diese Sprachen deshalb aufgenommen, um Eigenschaften wie Terminierung, Endlichkeit von Ergebnissen und Optimierbarkeit zu erzwingen.

Für Datenbank-Anwendungen braucht man aber oft die vollständige Mächtigkeit von Programmiersprachen. Diese kann auf unterschiedliche Weise erreicht werden:

- Die erste Möglichkeit ist die Anreicherung von existierenden Programmiersprachen durch einzelne Datenbankoperationen. Diese Möglichkeit ist insbesondere für die prärelationalen Datenbankmodelle in Form der CODASYL-DML (für das Netzwerkmodell) und der IMS-DML (hierarchisches Datenmodell) verwirklicht worden.

- Alternativ kann eine vollständige Einbettung einer DML in Programmiersprachen erfolgen. Die DML-Anteile werden dann durch einen Vorübersetzer in Prozeduraufrufe an das DBMS umgesetzt. Dieser Ansatz wird etwa in Embedded SQL verfolgt.

- Eine vollständige Integration beider Sprachen führt zu den sogenannten Datenbankprogrammiersprachen (DBPL). Etwa kann die Sprache Pascal um den Datentyp `Relation` und Datenbank-Variablen erweitert werden, um das direkte Programmieren von Datenbank-Anwendungen zu ermöglichen.

449

- Eine Datenbanksprache wie SQL kann um Kontrollstrukturen erweitert oder mit einer Makrosprache verbunden werden. Der letztere Ansatz führt zu den sogenannten 4GL-Werkzeugen zur Unterstützung der einfachen Erstellung von maskenbasierten Anwendungen.

- Eine existierende Programmiersprache kann zu einer *persistenten* Programmiersprache erweitert werden, indem Variablen des Typsystems der Sprache als persistent in der Datenbank gespeichert deklariert werden können.

In diesem Kapitel werden die verschiedenen Varianten anhand typischer Vertreter vorgestellt. In Abschnitt 11.1 wird der Sprachvorschlag der Integration von einzelnen DML-Konstrukten in eine Programmiersprache kurz skizziert, wie er für das Netzwerk- und das hierarchische Datenmodell realisiert wurde.

Ausführlicher wird die Einbettung von SQL in Programmiersprachen folgend der Vorübersetzertechnik in Abschnitt 11.2 diskutiert. Diese ausführlichere Diskussion ist motiviert durch die Rolle von SQL als Standardsprache für relationale Datenbanken sowie der kommerziellen Verbreitung dieser Einbettungstechnik.

Weitere Varianten und aktuelle Neuentwicklungen werden in den folgenden Abschnitten diskutiert. Neben den auf SQL basierenden Sprachentwicklungen inklusive der 4GL-Sprachen werden hier insbesondere Datenbankprogrammiersprachen und persistente Programmiersprachen vorgestellt, die im Zusammenhang mit objektorientierten Datenbanken an Bedeutung gewonnen haben.

11.1 Navigierende Ansätze

Als Vertreter der navigierenden Ansätze betrachten wir die DML des Netzwerkmodells, die im CODASYL-Normungsvorschlag festgelegt worden ist, sowie die entsprechenden Sprachkonstrukte für das hierarchische Datenmodell. Auch für andere Datenmodelle wurden verwandte Sprachvorschläge vorgeschlagen, die sich in den prinzipiellen Konstrukten nicht wesentlich unterscheiden.

11.1.1 Datenmanipulation im Netzwerkmodell

Das Netzwerkmodell bietet im Gegensatz zum Relationenmodell keine separate Sprache wie SQL an, die bei der Anwendungsprogrammierung mit einer Programmiersprache 'verbunden' werden müßte. Stattdessen werden alle Programme in einer sogenannten Wirtssprache, auch Host-Sprache, geschrieben (im CODASYL-Vorschlag die Sprache COBOL), die um spezielle DML-Kommandos erweitert wird. Es handelt sich insbesondere um die Kommandos **find** zum Suchen und Positionieren, **get** zum Transfer eines Datensatzes in das Anwendungsprogramm und **store** für den umgekehrten Transfer.

Zu jedem Anwendungsprogramm gehört eine sogenannte *User Working Area*, kurz UWA, die unter anderem Positionszeiger auf Datensätze im Datennetzwerk beinhaltet. Die UWA ist in Abbildung 11.1 skizziert.

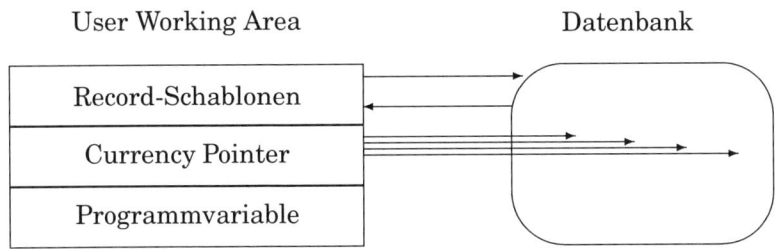

Abb. 11.1: User Working Area (UWA) im Netzwerkmodell

In der UWA sind neben den Positionszeigern vor allem die sogenannten Record-Schablonen definiert, die den Datenaustauschbereich bei **store**- und **get**-Kommandos bilden. Die erwähnten Positionszeiger werden als *Currency Pointer* bezeichnet und sind Zeiger auf Records im Datennetzwerk, die vom DBS automatisch verwaltet werden. Definiert sind jeweils die folgenden Zeiger:

- *Current of run-unit:* Letzter Record, auf den im Programm zugegriffen wurde.

- *Current of record type:* Für jeden Record-Typ T wird auf den zuletzt zugegriffenen Record mit **current of** T verwiesen.

- *Current of set type:* Für jeden Set-Typ S wird auf den zuletzt zugegriffenen Record (owner oder member) mit **current of** S verwiesen.

Navigation in der Datenbank

Das Lesen eines Records aus der Datenbank in die Record-Schablone erfolgt in zwei Stufen: Mittels des **find**-Befehls wird der gesuchte Record lokalisiert und zum **current of run-unit**. Das **get**-Kommando kopiert den unter **current of run-unit** stehenden Record in die passende Record-Schablone der UWA, von wo die Daten durch das Anwendungsprogramm gelesen werden können.

Der Zugriff kann dabei über einen sogenannten Datenbankschlüssel, der tatsächlich die physische Adresse eines Records in der Datenbank ist, oder über einen berechneten Schlüssel, den **calc**-Schlüssel, erfolgen. Dieser wiederum definiert einen Hash-Wert eines Records über ein beliebiges Feld (oder auch mehrere Felder).

In den Suchanweisungen werden konzeptuelle Zugriffe mit den Zugriffen über interne Datenstrukturen vermischt, wie auch im gesamten Netzwerkmodell die Trennung der Ebenen nicht sehr ausgeprägt ist. Folgerichtig gibt es eine ganze Reihe unterschiedlicher Formen der **find**-Anweisung. Wir präsentieren hier nicht alle in der Netzwerk-DDL angebotenen Sprachkonstrukte, sondern beschränken uns auf ausgewählte Konstrukte, um einen Eindruck von der Sprache zu geben.

1. Für einen gegebenen Datenbankschlüssel kann der zugehörige Record direkt mit der folgenden Anweisung gefunden werden:

   find x **record by database key** y

2. Eine analoge Anweisung existiert für einen vorgegebenen **calc**-Schlüssel, etwa einen aus mehreren Attributwerten berechneten Hash-Wert. Der Hash-Wert wird aus den entsprechenden Feldern der Record-Schablone berechnet, die vorher geeignet mit Daten besetzt werden müssen:

   find x **record by calc-key**

3. Die vorige Anweisung findet genau einen (abhängig von der Speicherreihenfolge) Eintrag für den gegebenen berechneten Schlüssel. Die folgende Anweisung bestimmt für einen gegebenen **calc**-Schlüssel alle Records dazu nacheinander in der durch die Speicherung vorgegebenen Reihenfolge.

   find duplicate x **record by calc-key**

4. Mit den folgenden Anweisungen ist es möglich, alle Elemente (Members) einer Set Occurrence zu durchlaufen:

   find owner of current x **set;**
   find next y **record in current** x **set**

   Mittels der Angabe **owner is system** in der Datendefinition ist ein sequentieller Durchlauf über alle Elemente eines Record-Typs möglich.

5. In einer Set-Ausprägung können alle Members gefunden werden, die spezielle Werte in bestimmten Feldern aufweisen.

6. Ferner ist es möglich, den Owner eines Records bezüglich eines gegebenen Sets zu finden.

7. Weiterhin ist es möglich, den **current of** T für einen Record-Typ T (ebenfalls für Set-Typ S) zu bestimmen und ihn zum **current of run-unit** zu machen.

Diese Suchoperationen bilden ebenfalls die Grundlage für die Datenmanipulation, indem sie die *Currency Pointer* setzen.

Datenmanipulation

Entsprechend den Basisoperationen der Datenmanipulation im Relationenmodell werden auch im Netzwerkmodell Operationen zum Einfügen, Löschen und Modifizieren von Datenbank-Elementen angeboten. Im Gegensatz zum Relationenmodell ist im Netzwerkmodell die Reihenfolge der Speicherung relevant; den Operationen müssen somit entsprechende Parameterangaben mitgegeben werden.

Die erwähnten drei Basisoperationen zur Datenbankmodifikation werden im Netzwerkmodell wie folgt bezeichnet:

- Das Einfügen wird als **store** bezeichnet. Die **store**-Operation gibt es für Record-Typen wie auch für Set-Ausprägungen. Ein **store** für einen Record-Typ ist ein Transfer der Wertebelegung der entsprechenden Record-Schablone vom Anwendungsprogramm in das Datenbanknetzwerk.

- Das Löschen wird für Record-Typen als **delete** bezeichnet. Das Herausnehmen aus einer Set-Ausprägung wird als **remove** bezeichnet.

- Das Ändern von Attributen erfolgt mittels **modify**.

All diese Operationen werden jeweils bezüglich des aktuellen *current of run-unit* ausgeführt. Bei expliziter Forderung kontrolliert das Datenbank-Management-System auch Existenzbedingungen, die den Fremdschlüsselbedingungen des Relationenmodells entsprechen.

Beim Einfügen in eine Set-Ausprägung wird die zu wählende Set-Ausprägung des neuen Elements wie folgt bestimmt. Wurde in der Set-Deklaration die Angabe **insertion is automatic** angegeben, bestehen zwei Möglichkeiten:

- Das Einfügen erfolgt an der Position des aktuellen *Currency Pointers* des Set-Typs:

      set selection is thru current of x set

- Der Owner der Set-Ausprägung wird anhand eines berechneten **calc**-Schlüssels bestimmt:

      set selection is thru owner
          using Feldliste für calc-Schlüssel

Erfolgte hingegen die Angabe **insertion is manual**, muß die Einfügeposition wie folgt durch die *Currency Pointer* explizit bestimmt werden:

      insert x into y

Hierbei ist x ein Record-Typ und y ein Set-Typ.

Beim Löschen eines Records mittels der `delete`-Operation müssen die von dem betreffenden Record abhängigen Set-Ausprägungen berücksichtigt werden, falls der betreffende Record Owner von nicht-leeren Set-Ausprägungen ist. Bei der Angabe

```
delete x
```

wird die Löschung verweigert, falls x eine nicht-leere Set-Ausprägung besitzt. Die Angabe

```
delete x all
```

hingegen führt zur Löschung aller Set-Ausprägungen (auch rekursiv). Dies entspricht dem kaskadierenden Löschen bei referentieller Integrität in relationalen Datenbanken.

11.1.2 Datenmanipulation im hierarchischen Modell

Konzeptionell ist die Anwendungsprogrammierung im hierarchischen Datenmodell sehr ähnlich zum Vorgehen im Netzwerkmodell, nur daß die Navigation in der Datenbank eng an die hierarchische Baumstruktur gekoppelt ist.

Die am weitesten verbreitete Manipulationssprache für das hierarchische Datenmodell ist die Sprache *DL/I* des IMS-Systems. Wie beim CODASYL-Ansatz für das Netzwerkmodell gibt es in DL/I die Konzepte der *User Working Area*, *Record-Schablonen*, *Current Record* für jeden Record-Typ sowie einen *Current Parent* für Records innerhalb der Baumstruktur. Wir stellen nicht die Original-DL/I-Syntax vor, die auf Prozeduraufrufen mit Parametern zur Operationskennung basiert, sondern präsentieren eine an den CODASYL-Vorschlag angelehnte Notation.

Das `get`-Kommando ermöglicht das Navigieren innerhalb der hierarchisch angeordneten Datensätze. Die folgenden Notationen erlauben den Durchlauf durch die Hierarchieebenen:

```
(1) get unique x [ where Bedingungen ];
(2) get next x [ where Bedingungen ];
(3) get next within parent;
```

Die Variante (1) greift direkt auf einen Datensatz zu, indem ein eindeutiger Pfad von der Wurzel bis zum Datensatz angegeben wird. Die Auswahl auf einer Ebene kann etwa durch ein identifizierendes Attribut erfolgen. Die Variante (2) navigiert durch die Hierarchie folgend der Baumstruktur von links nach rechts. Die Abarbeitungsreihenfolge ist in Abbildung 11.2 angegeben.

11 Datenbank-Anwendungsprogrammierung

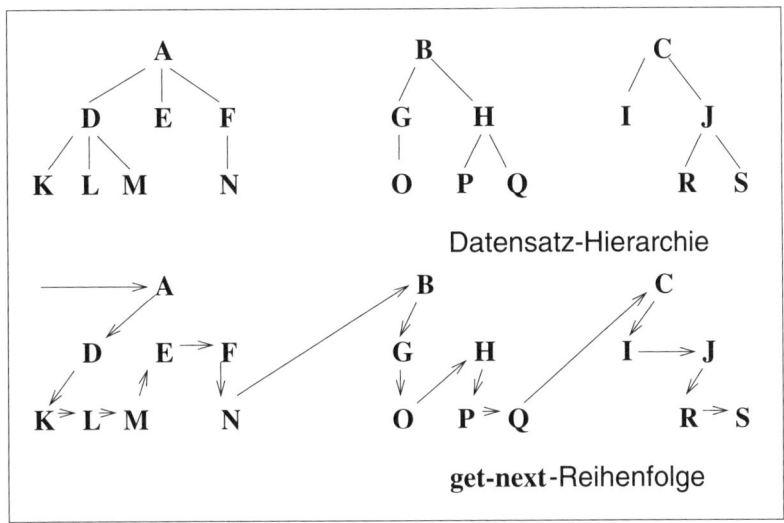

Datensatz-Hierarchie

get-next-Reihenfolge

*Abb. 11.2: Baumstruktur im hierarchischen Datenmodell und entsprechende Abarbei-
tungsreihenfolge mit dem 'get next'-Kommando*

Diese Variante (2) ist nicht auf eine Hierarchieebene beschränkt; das Erreichen des jeweils letzten 'Sohnes' eines Knotens kann allerdings explizit abgefragt werden. Die Variante (3) kürzt dies ab, indem das Weitersetzen auf die
Söhne eines Knotens beschränkt bleibt.

Beim Einfügen mittels **insert** x wird der Inhalt der Record-Schablone
zum Typ x Nachfolger des *Current Records*, der vom passenden Parent-Typ sein
muß. Die Einfügereihenfolge wird durch die Optionen **leftmost**, **rightmost**
bzw. **order by** festgelegt. Der jeweilige *Current Record* kann über eine **where**-
Klausel spezifiziert werden.

Für das Löschen und Ändern mittels **delete** und **replace** wird zunächst
mit **get hold** (anstelle eines normalen **get** im obigen Sinne) der aktuelle *Current Record* bestimmt und für die Änderung "gesperrt". Das Sperren von Datenbank-Elementen verhindert Probleme beim synchronen Ändern im Mehrbenutzerbetrieb. Für Einzelheiten verweisen wir auf die entsprechenden Kapitel
von [SH99a]. Ansonsten entsprechen die Operationen den korrespondierenden
Anweisungen im Netzwerkmodell.

11.2 Einbettung von SQL

SQL ist eine speziell für relationale Datenbanken entwickelte Hochsprache. Anwendungsentwicklung erfolgt hingegen oft in etablierten Programmiersprachen wie C oder Pascal, die anderen Sprachparadigmen als SQL folgen. Unter *Einbettung* werden die Techniken verstanden, die es ermöglichen, SQL-Anweisungen in Programmen einer anderen Programmiersprache zu benutzen.

Wir werden im folgenden eine *systemunabhängige* Darstellung der verwendeten Techniken geben. Konkrete Sprachvarianten für verschiedene Systeme (DB2, INGRES, Oracle-6) können etwa im Buch von O'Neil gefunden werden [O'N94].

11.2.1 Einbettungstechniken

Prinzipiell gibt es mehrere Möglichkeiten, eine Datenbank an eine konventionelle Programmiersprache zu koppeln. Man kann hierbei mehrere Kopplungsarten unterscheiden (frei nach Neumann [Neu92]):

- Die einfachste Kopplungsart wird als *prozedurale Schnittstelle* oder auch **call**-*Schnittstelle* bezeichnet. Dem Programmierer wird eine Bibliothek von Prozeduren zur Verfügung gestellt, die den Zugriff und die Manipulation der Datenbank ermöglichen. Eine eigenständige Datenbanksprache wird *nicht* eingesetzt.

- Die Technik der *Einbettung* von Datenbanksprachen in Programmiersprachen bettet eine eigenständige Datenbanksprache, etwa SQL, in eine existierende Sprache, etwa Pascal, ein. Die Syntax und damit der Compiler dieser *Wirtssprache* wird dabei nicht modifiziert. Dieser Ansatz wird in diesem Abschnitt ausführlicher diskutiert.

- Weitergehende Ansätze sind *Spracherweiterungen* und neue *Sprachentwicklungen*, bei denen eine existierende Programmiersprache um Datenbankfunktionalität erweitert bzw. eine neue Sprache entwickelt wird. Hierbei können im Gegensatz zur Einbettung existierende Compiler und Werkzeuge nicht eingesetzt werden, was den kommerziellen Einsatz derartiger Entwicklungen behindert.

  Beispiele für derartige Sprachentwicklungen werden in Abschnitt 11.3 vorgestellt.

Wir diskutieren in diesem Abschnitt die Technik der Einbettung am Beispiel der Sprache SQL. Wir können zwei Arten der Einbettung unterscheiden, die *statische* und die *dynamische* Einbettung:

- Die statische Einbettung ist eine Folge des sogenannten *Vorübersetzer-Prinzips*: SQL-Anweisungen werden in den Programmtext eingestreut und gegebenenfalls speziell syntaktisch notiert. Ein Vorübersetzer (engl. *Precompiler*) analysiert den Quelltext, der aus Anweisungen der Programmiersprache und zusätzlichen SQL-Anweisungen besteht, und wandelt alle SQL-Anweisungen in Prozeduraufrufe um. Das so erhaltene Programm kann dann von einem normalen Programmiersprachen-Übersetzer weiterbearbeitet werden.

  Das Vorübersetzer-Prinzip erfordert, daß die benötigten SQL-Anweisungen *zur Übersetzungszeit* feststehen. Es können also nicht zur Laufzeit die Suchkriterien einer Anfrage beliebig festgelegt werden. Aus diesem Grunde spricht man von einer *statischen* Einbettung.

- Die dynamische Einbettung ermöglicht die Konstruktion von SQL-Anweisungen zur Laufzeit. Da hier der Übersetzungsvorgang der Programmiersprache bereits vollzogen wurde, müssen SQL-Anfragen aus Sicht der Programmiersprache als Zeichenketten manipuliert werden.

Beide Ansätze haben das zusätzliche Problem, daß die Datenstruktur 'Relation' von den Typsystemen gebräuchlicher Programmiersprachen nicht unterstützt wird. Das Ergebnis einer SQL-Anfrage kann somit nicht einfach einer Programmiersprachen-Variablen zugewiesen werden. Diese Problem kann durch den Einsatz sogenannter *Cursor* gelöst werden.

11.2.2 Das Cursor-Konzept

Das größte Problem der Kopplung einer Sprache wie SQL mit einer Programmiersprache, z.B. Pascal, sind die unterschiedlichen Datenstrukturkonzepte der beiden Ansätze: Imperative Programmiersprachen basieren auf der Datenstruktur Tupel als Basiskonstrukt, während SQL auf dem Konzept der Relation beruht, also Mengen von Tupeln als Einheiten verarbeitet. Dieser Gegensatz ist im englischen Sprachgebrauch als *Impedance mismatch* bekannt.

In imperativen Sprachen können natürlich Mengen von Tupeln auf verschiedene Arten realisiert werden, indem etwa verzeigerte Listen benutzt und Mengenoperationen durch Iterieren über diese Listen implementiert werden. Das Konzept des *Cursors* bietet eine abstraktere Sichtweise auf eine Relation, realisiert als Liste, an: Ein Cursor ist ein Iterator über einer Liste von Tupeln, d.h. ein Zeiger der vor- (und in einigen Realisierungen auch zurück-) gesetzt werden kann (siehe Abbildung 11.3).

Ein Cursor wird mit der '**declare cursor**'-Anweisung deklariert. Ein Cursor über einen Teil der Relation Bücher kann etwa wie folgt deklariert werden:

```
declare AktBuch cursor for
```

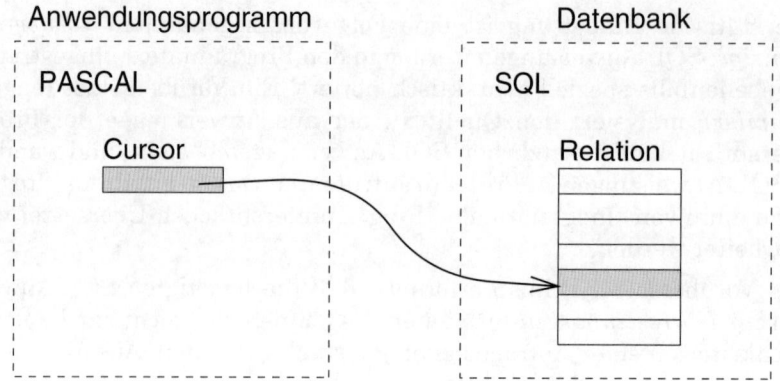

Anwendungsprogramm   Datenbank

PASCAL   SQL

Cursor   Relation

Abb. 11.3: Prinzip des Zugriffs auf Relationen mittels Cursor in Embedded SQL

```
select ISBN, Titel, Verlagsname
from Bücher
where Verlagsname = 'Thomson';
```

Der SQL-Anfrage kann eine '**order by**'-Klausel angefügt werden, die die Reihenfolge, in der die Ergebnisrelation durchlaufen wird, angibt.

Sollen die Einträge im Anwendungsprogramm geändert werden, so muß dies explizit mit '**for update of**' gekennzeichnet werden. Die folgende Cursor-Deklaration erlaubt das Ändern der Titel und der ISBN der Bücher, aber nicht des Verlagsnamens:

```
declare AktBuch cursor for
select ISBN, Titel, Verlagsname
from Bücher
for update of ISBN, Titel;
```

Auf die einzelnen Tupel einer Relation kann nun durch die **fetch**-Anweisung des Cursors zugegriffen werden. **fetch** realisiert das Weitersetzen des Cursor-Zeigers und den Datentransfer in das Anwendungsprogramm. Wir werden auf **fetch** später genauer eingehen.

Erweiterungen des Cursor-Konzepts

In SQL-92 und in einigen Systemen wurde das vorgestellte Cursor-Konzept um zusätzliche Möglichkeiten erweitert. In der '**declare cursor**'-Anweisung können jetzt optional die Schlüsselwörter **insensitive** bzw. **scroll** eingefügt werden:

```
declare CursorName [insensitive] [scroll] cursor for ...
```

Die Angabe **scroll** ermöglicht *beliebiges Navigieren* in der **fetch**-Anweisung. Nach dem **fetch** sind jetzt zusätzlich die folgenden Angaben möglich:

- **next**: Gehe weiter zum nächsten Tupel (wie bisher).

- **prior**: Gehe zum vorherigen Tupel.

- **first** bzw. **last**: Gehe zum ersten bzw. letzten Tupel.

- **absolute** *n* **from**: Gehe zum *n*-ten Tupel des Cursors. Negative Werte werden relativ zum letzten Tupel rückwärts gewertet — **absolute** -1 ist also äquivalent zu **last**.

- **relative** *n* **from**: Gehe zum *n*-ten Tupel relativ zur aktuellen Cursor-Position.

Das Schlüsselwort **insensitive** steuert die *Sensitivität* eines Cursors betreffend Änderungen an Tupeln. Wird **insensitive** angegeben, verhält sich der Cursor, als ob er auf einer Kopie der ursprünglichen Daten arbeiten würde — wurden etwa in der Zwischenzeit Tupel mittels **delete** aus der Relation gelöscht, sind diese Tupel in dem Cursor trotzdem noch sichtbar (und werden bei der erweiterten Positionierung berücksichtigt).

Cursor für erweiterte Datenmodelle

Das Cursor-Konzept kann auf hierarchisch strukturierte Tabellen des NF^2-Modells ausgeweitet werden, indem entweder Cursor-Hierarchien aufgebaut werden oder Cursor in der Hierarchie auf- und absteigen können. Das erste Prinzip wurde im AIM-P-Prototypen eingesetzt. Da jeder Cursor einer festen Hierarchieebene zugeordnet ist, kann die Tabellendefinition etwa zur Typanalyse benutzt werden. Cursor, die in Hierarchien auf- und absteigen, wurden im Rahmen des DASDBS-Projekts und im System ESCHER (dort 'Finger' genannt) vorgeschlagen. Derartige Cursor entsprechen der Abarbeitung mit dem '**get next**'-Befehl im hierarchischen Datenmodell (siehe Abschnitt 11.1.2).

Bisher haben wir nur die Deklaration eines Cursors behandelt. Im nächsten Abschnitt werden wir die Anweisungen vorstellen, die das Arbeiten mit einem deklarierten Cursor ermöglichen.

11.2.3 Statische Einbettung: Embedded SQL

Die Vorübersetzer-Technik basiert auf dem Konzept eines Vorübersetzers, der in den Programmtext eines Anwendungsprogramms eingestreute SQL-Anweisungen analysiert und in Prozeduraufrufe bezüglich einer Bibliothek von Datenbankprozeduren umsetzt. Diese Einbettungstechnik wird als *statische Einbettung* bezeichnet.

Alle eingestreuten SQL-Anweisungen müssen mit dem Schlüsselwort 'exec sql' beginnen, um vom Vorübersetzer erkannt zu werden. Die bereits angeführte Cursor-Deklaration würde im Programmtext also wie folgt lauten:

```
exec sql declare AktBuch cursor for
         select ISBN, Titel, Verlagsname
         from Bücher
         for update of ISBN, Titel;
```

Bei Änderungen und Löschungen über Cursor gelten dieselben Einschränkungen für die SQL-Anfragen, die einen Cursor definieren, wie bei Änderungen über Sichten. Diese Problematik wird ausführlicher in Kapitel 13 diskutiert.

Öffnen und Schließen einer Datenbank

Bevor mit einer Datenbank gearbeitet werden kann, muß die Verbindung mittels der **connect**-Anweisung hergestellt werden. In einem konkreten System könnte etwa die Datenbank UniBeispiel wie folgt im Anwendungsprogramm geöffnet werden:

```
exec sql connect UniBeispiel;
```

Die Syntax der Parameter der **connect**-Anweisung differiert zwischen den verschiedenen Systemen; etwa wird in einigen Systemen zusätzlich zum Datenbanknamen auch ein Paßwort abgefragt. Die Verbindung zwischen Anwendungsprogramm und Datenbank wird mittels **disconnect** wieder gelöst.

Deklaration benutzter Datenbankrelationen

Prinzipiell kann der Vorübersetzer auf den Datenbankkatalog zugreifen, um in der Analysephase die Korrektheit der SQL-Anweisungen bezüglich der Relationendefinitionen zu überprüfen. Diese Technik behindert allerdings die separate Entwicklung von Datenbank-Anwendungsprogrammen, da bei jedem Übersetzungsvorgang die Datenbank angesprochen werden muß. Alternativ könnte man ganz auf die Analysephase verzichten, was allerdings Prinzipien des Software-Entwurfs zuwiderläuft.

Aus diesem Grund werden die Definitionen der Datenbankrelationen im Anwendungsprogramm explizit bekanntgegeben. Hierzu dient die Anweisung 'declare table', die analog einer Tabellendefinition in der SQL-DDL aufgebaut ist. Es handelt sich allerdings nur um die Bekanntgabe einer existierenden Relation — die Anweisung hat also nicht den Effekt einer 'create table'-Anweisung. Diese Anweisung wird nicht von allen realisierten Systemen unterstützt, da sie 'nur' der Typsicherheit in Anwendungsprogrammen dient.

```
exec sql declare Buch table
```

```
( ISBN char(10) not null,
  Titel char(120) not null,
  Verlagsname char(30) not null);
```

Deklaration gemeinsamer Variablen

Da SQL-Anweisungen getrennt von Anweisungen der Programmiersprache übersetzt werden, müssen Programmvariablen, die sowohl in SQL-Anweisungen als auch außerhalb benutzt werden, gesondert definiert und in SQL-Anweisungen syntaktisch hervorgehoben werden. Im Englischen werden diese Variablen auch als *host variables* bezeichnet.

Die Deklaration derartiger Variablen erfolgt ebenfalls in einem separaten '**declare section**'-Block:

```
exec sql begin declare section;
        BuchISBN char(10);
        NeuerPreis real;
exec sql end declare section;
```

In diesen Anweisungen wurde das SQL-Typsystem für die Variablen benutzt. Je nach System und verwendeter Programmiersprache kann die Variablendeklaration in einzelnen Systemen unterschiedlich aussehen. Wenn das SQL-Typsystem verwendet wird, muß der Vorübersetzer aus den Variablendeklarationen die entsprechenden Typangaben der verwendeten Programmiersprache generieren.

Die den SQL-Datentypen entsprechenden Programmiersprachen-Datentypen hängen von der gewählten Wirtssprache ab. Oft wird jedoch das Typsystem der Programmiersprache auch innerhalb der eingestreuten SQL-Deklarationen verwendet, also etwa der Pascal-Typ **string** anstelle von **char**(n). Der Anwendungsprogrammierer muß sich in diesem Fall bezüglich der korrespondierenden SQL-Datentypen kundig machen.

Derartig deklarierte Variablen, die auch als *Host-Variablen* bezeichnet werden, können nun in SQL-Anweisungen direkt wie Konstanten benutzt werden. Sie werden dabei durch einen vorangestellten Doppelpunkt (':') gekennzeichnet:

```
exec sql update Buch_Versionen
        set Preis = :NeuerPreis
        where ISBN = :BuchISBN ;
```

Die explizite Kennzeichnung der Variablen erlaubt es, daß Variablen die gleichen Namen wie Attribute der Relation haben können. Mit dieser Methode können auch Tupel in die Datenbank eingefügt werden:

```
exec sql insert into Buch_Versionen
```

```
values ( :NeuISBN, :NeuAuflage, 2000,
         :Seiten, :Preis);
```

Das Beispiel zeigt einen Transfer von Daten vom Anwendungsprogramm zur Datenbanksprache. Der umgekehrte Weg ist etwas komplexer, da im Anwendungsprogramm in der Regel keine Variablen vom Typ Relation benutzt werden können und auch die Existenz von Nullwerten berücksichtigt werden muß.

Datentransfer zwischen Datenbank und Programm

Im Fall einer Anfrage, die genau ein Tupel liefert, können wir die **into**-Klausel benutzen, um ein Tupel in eine Reihe von externen Host-Variablen zu übertragen. Praktisch kann diese Methode nur beim Zugriff über die Schlüsselattribute einer Relation erfolgen (bzw. beim Einsatz von Aggregatfunktionen):

```
exec sql select ISBN, Auflage, Jahr, Seiten, Preis
         into :ISBN, :Auflage, :Jahr, :Seiten, :Preis
         from Buch_Versionen
         where ISBN = :SuchISBN and Auflage = 1;
```

Das Typsystem der Wirtssprachen bei der Einbettung unterstützt in der Regel nicht das Konzept der *Nullwerte* von SQL. Zur Behandlung von Nullwerten wird darum das Konzept der sogenannten *Indikator-Variablen* eingeführt. Wird ein Attributwert mittels der **into**-Anweisung in eine Variable transferiert, kann zusätzlich eine Indikator-Variable mit angegeben werden, die anzeigt, ob ein Nullwert auftrat. Da die aktuellen SQL-Versionen keinen Datentyp **bool** kennen, sind Indikator-Variablen vom Typ **integer**, wobei ein negativer Wert einen Nullwert anzeigt.

In unserem Beispiel ist dies für die Attribute Seiten und Preis notwendig, da Verlage neue Auflagen oft bereits im voraus ankündigen, bevor die Werte dieser Attribute feststehen:

```
exec sql select :ISBN, Auflage, Jahr, Seiten, Preis
         into :ISBN, :Auflage, :Jahr,
              :Seiten:SeitenInd, :Preis:PreisInd
         from Buch_Versionen
         where ISBN = :SuchISBN and
              Auflage = :SuchAuflage;
```

Einsatz der Cursor-Technik

Wir hatten bereits die Deklaration eines Cursors vorgestellt. Um mit einem Cursor arbeiten zu können, werden drei Anweisungen bereitgestellt: Ein Cursor kann geöffnet werden, ein aktuelles Tupel kann von der Datenbank in das Anwendungsprogramm transferiert werden (inklusive Weitersetzen des Cursors) und er kann schlußendlich wieder geschlossen werden.

Das Öffnen eines Cursors erfolgt mit der 'open'-Anweisung. Der Cursor wird mittels dieser Anweisung initialisiert:

```
exec sql open AktBuch;
```

Der Transfer eines Tupels in Variablen des Anwendungsprogramms erfolgt mittels der 'fetch'-Anweisung. Der Cursor wird dabei auf das nächste Tupel weitergesetzt:

```
exec sql fetch AktBuch
         into :ISBN, :Titel, :Verlagsname;
```

Auch hier müssen bei Bedarf Indikator-Variablen eingesetzt werden. Die 'close'-Anweisung beschließt den Transfer zwischen DBMS und Anwendungsprogramm:

```
exec sql close AktBuch;
```

Wir hatten bereits erwähnt, daß ein Cursor mittels 'for update of' explizit derart deklariert werden kann, daß er Änderungen von Tupeln ermöglicht. In den SQL-Anweisungen delete und update kann mittels 'current of' auf das jeweils aktuelle Tupel des Cursors zugegriffen werden. Beispielsweise löscht die folgende Anweisung das zuletzt mittels fetch gelesene Tupel:

```
exec sql delete
         from Bücher
         where current of AktBuch;
```

Fehler- und Ausnahmebehandlung

Bisher haben wir noch nicht diskutiert, wie das Anwendungsprogramm auf Fehler- und Ausnahmesituationen reagieren kann. Der wichtigste Fall ist sicherlich, daß beim Einsatz der fetch-Anweisung das Ende einer Relation erreicht wird, also kein Tupel mehr in das Anwendungsprogramm transferiert wurde.

Um derartige Situationen erkennen zu können, wird eine sogenannte *SQL Communication Area*, kurz SQLCA, in das Anwendungsprogramm eingebunden:

```
exec sql include sqlca;
```

In der SQLCA ist die Variable sqlcode vom Typ integer definiert, die nach jeder Anweisung einen Wert annimmt, der den Status der Befehlsausführung anzeigt, etwa bedeutet der Wert 0 eine erfolgreiche Ausführung, ein negativer Wert einen Fehler und ein positiver Wert eine Warnung (in einigen Systemen bedeutet der Wert $+100$ 'kein Tupel gefunden'). Diese Variable wird oft nicht direkt zur Programmsteuerung benutzt, sondern indirekt mittels der **whenever**-Anweisung. Die SQLCA und die Bedeutung der Werte, die die Variablen in ihr annehmen können, sind nicht Bestandteile der SQL-Norm.

Die '**whenever**'-Anweisung ermöglicht die flexible Reaktion auf Fehler und Ausnahmesituationen. Sie hat die folgende Form:

```
exec sql whenever <Bedingung> <Aktion>;
```

Die Bedingung <Bedingung> ist eine boolesche Anfrage, die auf den Werten der Variable **sqlcode** basiert. Etwa sind die folgenden Bedingungen definiert:

- **not found**: Kein Tupel wurde gefunden, definiert etwa als **sqlcode** $= 100$.

- **sqlwarning**: Warnung, entspricht etwa **sqlcode** $> 0 \wedge$ **sqlcode** $\neq 100$.

- **sqlerror**: Fehler, also **sqlcode** < 0.

Die Folgeaktion <Aktion> kann entweder **continue** oder ein **goto** Label sein. Einige Systeme erlauben zusätzlich die Angabe **stop** für Abbruch des Anwendungsprogramms bzw. anstelle eines **goto** auch einen Prozeduraufruf mittels **call**.

Nach der Formulierung einer '**whenever**'-Anweisung wird der Vorübersetzer im zweiten Fall bei jeder SQL-Anweisung einen Test auf den **sqlcode** in Form eines bedingten Sprungs einbauen. Eine erneute[1] **whenever**-Anweisung überschreibt diese Compiler-Direktive. Die Angabe **continue** erfordert eine explizite Behandlung der Situation durch den Anwendungsprogrammierer.

Transaktionssteuerung

Datenbank-Anwendungsprogramme unterliegen dem *Transaktionsprinzip*, das in Kapitel 12 eingeführt wird und im Datenbankimplementierungsbuch [SH99a] ausführlich diskutiert wird. An dieser Stelle ist für uns interessant, daß eine Transaktion entweder erfolgreich endet (und die Ergebnisse ab diesem Zeitpunkt dauerhaft gespeichert sind) oder erfolglos abbricht. Eine der Transaktionsbedingungen fordert nun, daß ein derartiger *Abbruch* (engl. *abort*) keine Spuren in der Datenbank hinterlassen darf.

Das erfolgreiche Ende einer Transaktion (engl.: *commit*) kann vom Ersteller des Anwendungsprogramms mittels des folgenden Befehls signalisiert werden:

```
exec sql commit work;
```

---

[1]Erneut heißt hier textuell als nächstes folgend im Programmtext — der Vorübersetzer hält sich in der Regel nicht an den Kontrollfluß oder an Blockkonzepte der Wirtssprache!

Der Abbruch einer Transaktion kann auf verschiedene Arten eingeleitet werden: Ein Systemfehler tritt ein, ein nicht aufgefangener Programmfehler erzwingt den Abbruch (etwa Teilen durch 0), oder eine Datenbankänderung verletzt die Integritätsbedingungen. Der Abbruch kann aber auch durch folgenden Befehl explizit herbeigeführt werden:

```
exec sql rollback work;
```

Die Wahl des englischen Schüsselwortes '**rollback**' soll andeuten, daß alle bisher in der Datenbank hervorgerufenen Effekte nun "rückgängig" gemacht werden müssen.

Ein Beispielprogramm

Eine Motivation für die Einbettung von SQL in eine Programmiersprache war die fehlende algorithmische Mächtigkeit. Wir zeigen ein einfaches Beispielprogramm in einer an imperative Programmiersprachen angelehnten Notation, in dem der Inhalt der Voraussetzung-Relation in eine Datenstruktur Binlist (eine Liste von Records mit zwei **string**-Feldern) der Programmiersprache eingelesen wird, um dann die transitive Hülle zu bestimmen. Weder die Datenstruktur noch die Berechnung der transitiven Hülle wird im Beispiel ausprogrammiert; auch mischen wir Datentypen der Wirtssprache mit denen von SQL.

```
...
type Binlist = ...;
procedure InitList (Binlist): ...;
procedure AddToList (string, string, Binlist): ...;
procedure TransClos (Binlist, Binlist): ...;
var Eingabe, Ausgabe: Binlist;

exec sql declare Voraussetzung table
    ( IstVoraus char(30) not null,
      Fuer char(30) not null);

exec sql begin declare section;
    IstVoraus char(30);
    Fuer char(30);
exec sql end declare section;

exec sql declare AktVor cursor for
    select * from Voraussetzung;

begin
    InitList(Eingabe);
```

```
    exec sql open AktVor;
    exec sql whenever not found goto Weiter;
    loop
        exec sql fetch AktVor into :IstVoraus, :Fuer;
        AddToList(IstVoraus, Fuer, Eingabe);
    end loop;
Weiter:
    exec sql close AktVor;
    TransClos(Eingabe, Ausgabe);
    .../* Ausgabe der berechneten transitiven Hülle */
end.
```

Ein vollständiges Programm zur Berechnung der transitiven Hülle in der Programmiersprache C mit Embedded SQL kann im Buch von O'Neil gefunden werden [O'N94, Abschnitt 4.5].

11.2.4 Dynamische Einbettung: Dynamic SQL

Bei der statischen Einbettung müssen alle SQL-Anweisungen bereits ausformuliert sein — die einzige Laufzeitmodifikation ist die Belegung von Variablen der Wirtssprache mit Werten. Es ist somit unmöglich, die Bedingung im **where**-Teil einer SQL-Anfrage beliebig zur Laufzeit zu bestimmen (etwa vom Anwender interaktiv zusammenstellen zu lassen).

Um derartige Modifikationen zur *Laufzeit* einer Anwendung zu ermöglichen, wurde die sogenannte *dynamische Einbettung* unter dem Namen *Dynamic SQL* entwickelt. In Dynamic SQL werden SQL-Anfragen als Zeichenketten in Variablen der Wirtssprache abgelegt. Spezielle SQL-Variablen (vom Datentyp **statement**) enthalten die übersetzte und optimierte Anfrage. Folgerichtig benötigen wir zwei Anweisungen zum Arbeiten mit Dynamic SQL: Die Anweisung **prepare** erzeugt einen internen optimierten Anfrageplan aus einer Zeichenkette, und **execute** führt die umgesetzte Anfrage dann aus. In einem konkreten Beispiel kann das wie folgt aussehen:

```
exec sql begin declare section;
        dcl AnfrageString char(256) varying;
exec sql end declare section;
exec sql declare AnfrageObjekt statement;
AnfrageString := 'DELETE FROM Vorlesungen WHERE SWS < 2';
...
exec sql prepare AnfrageObjekt from :AnfrageString;
exec sql execute AnfrageObjekt;
```

In der Anfrage haben wir bewußt die Schlüsselwörter der Löschanweisung nicht hervorgehoben, um deutlich zu machen, daß es sich hier tatsächlich nur um eine Zeichenkette handelt. Die beiden aufeinanderfolgenden Anweisungen **prepare** und **execute** können zu einem **execute immediate** zusammengefaßt werden.

Sollen Variablen der Wirtssprache als Parameter der SQL-Anfrage genutzt werden, wie es in der statischen Einbettung üblich ist, müssen in der SQL-Anfrage Platzhalter (das Symbol ?) eingesetzt und die aktuellen Werte bei der Ausführung mittels der Angabe **using** übergeben werden. Das Prinzip zeigt das folgende Beispiel:

```
...
AnfrageString :=
    'DELETE FROM Buch_Versionen ' +
    'WHERE ISBN = ? AND Auflage = ?' ;
exec sql prepare AnfrageObjekt from :AnfrageString;
exec sql execute AnfrageObjekt
        using :LöschISBN, :LöschAuflage;
```

Der Transfer von Ergebnissen einer Anfrage unter Dynamic SQL in das Anwendungsprogramm ist naturgemäß aufwendiger als im statischen Fall. Das Datenbanksystem legt in einer speziellen Datenstruktur (**sqlda** für *SQL Description Area*) die Typinformationen bezüglich der Ergebnisrelation einer Anfrage bereit. Das Anwendungsprogramm muß diese Information interpretieren, dynamisch Speicherplatz für Ergebnistupel anfordern und kann danach mit der bekannten **fetch**-Anweisung auf den Anfrageergebnissen arbeiten.

Wir verzichten hier auf eine genauere Diskussion dieser Technik. Eine ausführliche Diskussion anhand der Systeme INGRES und Oracle-6 kann im Buch von O'Neil [O'N94, Abschnitt 4.6] gefunden werden. Im Zusammenhang mit ODBC/JDBC werden wir auf einige Aspekte von Dynamic SQL zurückkommen.

11.3 Weitere Ansätze für SQL-Datenbanken

In diesem Abschnitt werden weitere, speziell für SQL-Datenbanksysteme entwickelte Anwendungsprogrammieransätze diskutiert. Der erste Abschnitt behandelt prozedurale SQL-Erweiterungen. Die Datenbank-Kopplung mit ODBC/JDBC hat große kommerzielle Bedeutung erhalten und wird daher in einem eigenen Abschnitt behandelt, obwohl es sich im wesentlichen um eine Konkretisierung der bereits behandelten Einbettungsansätze handelt. Abschließend werden wir Sprachen der sogenannten vierten Generation betrachten.

11.3.1 Prozedurale SQL-Erweiterungen

SQL ist als eine interaktive Sprache entworfen worden, bei der jede Anweisung eine Einheit bildet, die sofort ausgeführt wird — eine über derartige Blöcke hinausgehende Ablaufkontrolle wurde vom DBMS nicht unterstützt. Für Anwendungsprogramme etwa in Embedded SQL hat das zur Folge, daß jeweils die Abarbeitungskontrolle zwischen Anwendungsprogramm und DBMS auf sehr kleinen Granularitäten hin- und hergeschaltet werden muß. Auch kann keine DBMS-Optimierung erfolgen, die über den Bereich einer einzelnen Anweisung hinweg erfolgt — das DBMS kennt ja die darüber hinausgehende Ablaufstruktur einer Anwendung gar nicht.

Eine naheliegende Abhilfe aus dieser Situation ist es, SQL um Ablaufkonstrukte zu erweitern, die man aus imperativen Sprachen kennt, etwa Sequenz, bedingte Ausführung und Schleifen. Kommerzielle Systeme bieten derartige Sprachen an, etwa Oracle unter dem Namen PL/SQL. Im aktuellen SQL-99-Standard ist eine solche prozedurale SQL-Spracherweiterung ebenfalls vorgesehen.

Die Basisidee dieser Sprachen ist, wie gesagt, die Anreicherung von SQL um Konstrukte imperativer bzw. prozeduraler Sprachen wie Pascal. Wir erklären die Basiskonstrukte am Beispiel eines verbreiteten Produkts, der Sprache PL/SQL von Oracle-7 (basierend auf der Präsentation im Buch von Stürner [Stü93]). Die Sprache PL/SQL ist in der Strukturierung, Typisierung und insbesondere der Ausnahmebehandlung an die Sprache Ada angelehnt.

In imperativen Programmiersprachen ist die elementare Anweisung die *Zuweisung* eines Wertes an eine Variable, notiert etwa mit dem ':='-Operator. Diese Zuweisungen existieren in PL/SQL auch, allerdings gelten Datenbankoperationen (etwa **delete** oder **insert**) ebenfalls als elementare Anweisungen. Hinzu kommt, wie in den meisten Sprachen, der *Prozeduraufruf*, den wir im folgenden Abschnitt separat behandeln werden.

Der Deklarationsteil

Im *Deklarationsteil* werden die notwendigen Deklarationen für den Ausführungsteil aufgeführt. Da PL/SQL eine streng typisierte Sprache ist, werden hier insbesondere die Typdeklarationen und Variablendeklarationen genannt. Hinzu kommt die Definition von *Cursorn*, die auch in PL/SQL zum Iterieren über Relationen eingesetzt werden.

PL/SQL basiert auf den Basisdatentypen von SQL und fügt den für imperative Sprachen typischen **record**-Konstruktor hinzu. *Nicht* angeboten wird ein Typ 'Relation' und auch nicht der sonst in Programmiersprachen typische Referenztyp für verzeigerte Datenstrukturen.

Einige Beispiele für Typ- und Variablendeklarationen geben die folgenden Zeilen:

```
declare
    Heute date;
    type PersonRecordType is record
        ( PersonName varchar (50),
          GebDatum date);
    Mitarbeiter PersonRecordType;
```

Das Schlüsselwort **declare** leitet allgemein den Deklarationsteil ein. Variablen können als konstant gekennzeichnet, mit Default-Werten initialisiert und als **not null** gekennzeichnet werden. Variablen können durch Zuweisungen oder mittels der **into**-Klausel in Anfragen oder **fetch**-Anweisungen mit Werten belegt werden. Im Gegensatz zu Embedded SQL müssen die Variablen in der **into**-Klausel nicht syntaktisch speziell markiert werden, da es sich hier nicht um Host-Variablen im Sinne einer Einbettung handelt.

Eine Cursor-Definition erfolgt analog zu Embedded SQL, allerdings ist sie syntaktisch abgewandelt:

```
cursor AktBuch is
    select ISBN, Titel, Verlagsname
    from Bücher;
```

Die Definition von Variablen und von Tupelvariablen vereinfacht sich, da mittels **%type** bzw. **%rowtype** auf die Typen von anderen Variablen, Tupelattributen und Tupeldefinitionen von Cursorn zugegriffen werden kann. Erlaubt sind somit zum Beispiel die folgenden Deklarationen, basierend auf den obigen Deklarationen:

```
AktuellerPersonenName Mitarbeiter.Personname%type;
BuchTupel             AktBuch%rowtyp;
```

Ferner erfolgt im Deklarationsteil die Definition von *Ausnahmen* (exceptions), die wir weiter unten separat diskutieren werden.

Abarbeitungskontrolle

Die grundlegenden Sprachkonstrukte imperativer Sprachen für Kontrollabläufe sind Sequenz, bedingte Anweisungen und Schleifen. Die *Sequenz* ist in PL/SQL bereits implizit (wie in anderen Sprachen auch) durch das ';'-Symbol gegeben. Der Abarbeitungsblock wird einfach mit einem **begin** eingeleitet. Die bedingte Anweisung wird wie folgt notiert:

```
if <Bedingung> then
    <PL/SQL-Anweisungen>
[ else
    <PL/SQL-Anweisungen> ]
end if;
```

Der **else**-Teil ist optional. Zur Definition von *Schleifen* stehen das **for**- und das **while**-Konstrukt zur Verfügung, wie sie auch in Programmiersprachen verwendet werden:

```
for <IndexVariable> in <EndlicherBereich>
loop
    <PL/SQL-Anweisungen>;
end loop;
```

beziehungsweise

```
while <Bedingung>
loop
    <PL/SQL-Anweisungen>;
end loop;
```

Es ist auch möglich, eine Schleife ohne Bedingung anzugeben (nur **loop**), die dann explizit mit dem Befehl **exit** oder im Rahmen der Ausnahmebehandlung verlassen werden muß. Spezifisch für das Arbeiten mit Datenbanken ist die Möglichkeit, eine Schleife zu definieren, die *einen Cursor abarbeitet*. Die Abarbeitung eines Cursors kann explizit mittels der **fetch**-Anweisung analog zu Embedded SQL erfolgen oder vereinfacht mittels einer Cursor-Schleife wie folgt:

```
    ...
for BuchRec in AktBuch
loop
    ...
end loop;
```

Diese Kurzfassung kann als Langfassung der folgenden Schleife aufgefaßt werden, in der explizit eine passende Tupelvariable definiert und mittels **fetch** auf Daten zugegriffen wird:

```
declare
    ...
    BuchRec AktBuch%rowtype;
    ...
begin
    loop
        fetch AktBuch into BuchRec;
        exit when AktBuch%notfound;
        ...
    end loop;
```

Die Notation AktBuch**%notfound** ist die PL/SQL-Notation für die vom DBMS
weitergeleitete Status-Information nach Ausführung einer SQL-Anweisung, die
wir bereits aus Embedded SQL kennen. Eine Reihe weiterer Status-Informationsvariablen können abgefragt werden, etwa **%rowcount** etc. (vgl. [Stü93]).

Blockkonzept und Ausnahmebehandlung

Das ausgereifte Blockkonzept der Sprache Ada wurde von PL/SQL übernommen: Ein Block beginnt mit einem Deklarationsteil (nach **declare**), einem Bearbeitungsteil (nach **begin**) und einem (optionalem) *Ausnahmebehandlungsteil*
nach dem Schlüsselwort **exception**.

Die Ausnahmebehandlung sammelt die im Abarbeitungsteil aktivierten
Ausnahmesituationen ein und bearbeitet sie mittels einem dort angegebenen
PL/SQL-Programmstück. Wie in Ada gibt es eine Reihe vordefinierter Ausnahmen sowie die Möglichkeit, sich eigene Ausnahmen zu deklarieren (im Deklarationsteil vor dem Schlüsselwort **exception**) und explizit zu aktivieren (im Abarbeitungsteil mittels **raise**). Die Abarbeitung einer Ausnahme hat die Form

```
when Ausnahme then ProgrammStück;
```

An der Stelle Ausnahme kann eine boolesche Verknüpfung (nur **and** und **or**)
von Ausnahmenamen stehen. Eine spezielle Angabe ist hier **others**, die für
alle bisher nicht aufgeführten Ausnahmen steht. Für eine Auflistung der vordefinierten Ausnahmen in PL/SQL von Oracle-7 sei ebenfalls auf [Stü93] verwiesen.

Ein Beispiel

Angelehnt an das Beispiel im Abschnitt über Embedded SQL berechnet das
folgende Programmstück die transitive Hülle der Voraussetzungen-Relation.
Hier erfolgt die Berechnung allerdings über eine Schleife und sukzessives Einfügen in die Ergebnisrelation:

```
declare
    AnzahlNeu number;
    AnzahlAlt number;
    fertig boolean;

begin

create table TransHuelle
    ( IstVoraus char(30) not null,
      Fuer char(30) not null);

insert into TransHuelle
```

```
select * from Voraussetzungen;

select count(*) into AnzahlNeu from TransHuelle;
fertig := false;

while not fertig
loop
    AnzahlAlt := AnzahlNeu;
    insert into TransHuelle
    select T1.IstVoraus, T2.Fuer
    from TransHuelle T1, TransHuelle T2
    where T1.Fuer = T2.IstVoraus and
          not exists ( select * from TransHuelle T3
                          where T3.IstVoraus = T1.IstVoraus
                              and T3.Fuer = T2.Fuer);
    select count(*) into AnzahlNeu from TransHuelle;
    fertig = ( AnzahlAlt = AnzahlNeu );
end loop;

end
```

11.3.2 Gespeicherte Prozeduren und SQL/PSM

Eine naheliegende Erweiterung der vorgestellten SQL-Erweiterungen um imperative Sprachkonstrukte ist die *Definition von Funktionen und Prozeduren*. Funktionen haben Eingabeparameter und liefern einen Ergebniswert; Prozeduren haben Ein- und Ausgabeparameter.

Definition von Funktionen

Die Definition von Funktionen folgt den Konventionen, die man von imperativen Sprachen wie Ada gewöhnt ist:

```
create function FunktionsName
    ( Param1 ParamTyp1, ..., ParamN ParamTypN )
return ErgebnisTyp
is
    /* PL/SQL - Block mit return-Anweisung */
```

Wird statt **create** die Schlüsselwortfolge **create or replace** angegeben, werden — falls die Funktion bereits existiert — Zugriffsrechte etc. übernommen.

Definition von Prozeduren

Auch die Definition von Prozeduren für PL/SQL erfolgt ähnlich zur Funktionsdefinition, wobei Parameter als Ein- bzw. Ausgabeparameter gekennzeichnet werden:

```
create procedure ProzedurName
    ( Param1 in ParamTyp1,
    ( Param2 out ParamTyp2,
    ( Param3 in out ParamTyp3,
      ...)
is
    /* PL/SQL - Block mit Zuweisungen an out-Parameter */
```

Packages

Angelehnt an die Sprache Ada können Funktionen und Prozeduren in sogenannte *Pakete* (engl. *packages*) gruppiert werden. In Paketen können neben Funktions- und Prozedurdefinitionen auch Typ-, Variablen-, Cursor- und Ausnahmedeklarationen zu einer Einheit gruppiert werden, so daß etwa mehrere Prozeduren einen gemeinsamen Cursor verwenden können. Prozeduren können mit `private` gekennzeichnet werden und sind danach eingekapselt.

Vorteile von Gespeicherten Prozeduren

Gespeicherte Prozeduren und ihre Verwaltung in der Datenbank selber sind ein wesentliches neues Konzept der Datenbanktechnik. Mit diesem Konzept kann neben Datendefinitionen auch *Funktionalität* der modellierten Anwendung redundanzfrei im DBMS kontrolliert verwaltet werden. Die wichtigsten Vorteile dieses Ansatzes sind die folgenden:

- Wie in Programmiersprachen auch sind Funktionen, Prozeduren und Pakete ein bewährtes Strukturierungsmittel für größere Anwendungen.

- Die Angabe der Funktionen und Prozeduren erfolgt in der Datenbanksprache selbst und nicht in irgendeiner ansonsten verwendeten Programmiersprache. Derartige Prozeduren sind also nur vom DBMS abhängig und nicht von externen Programmiersprachen oder Betriebssystemumgebungen.

- Da dem DBMS die Sprache der Prozeduren bekannt ist, kann das System eine weitgehende *Optimierung* der Prozeduren vornehmen.

- Die Ausführung der Prozeduren erfolgt vollständig unter Kontrolle des DBMS (und nicht eines Laufzeitsystems einer Programmiersprache). Dies bringt insbesondere Vorteile in Client/Server-Architekturen: Die Prozedur kann im Server ausgeführt werden, ohne daß Daten oder Prozedur-Code über das Netz geschickt werden müssen.

- Die zentrale Kontrolle der Prozeduren ermöglicht eine redundanzfreie Darstellung relevanter Aspekte der Anwendungsfunktionalität durch das Datenbank-Management-System selbst.

- Konzepte und Mechanismen der Rechtevergabe etc. des DBMS können auf Prozeduren erweitert werden (vgl. Kapitel 14).

- Prozeduren können in der Integritätssicherung verwendet werden, etwa als Aktionsteil von Triggern (vgl. Kapitel 12).

SQL / PSM: Der Standard

Seit Mitte der 90er Jahre sind prozedurale SQL-Erweiterungen auch Inhalt der SQL-Standardisierung. Der Standard SQL/PSM wurde in einer ersten Version 1996 veröffentlicht und dann im Zusammenhang mit SQL3 und SQL-99 überarbeitet. PSM steht hierbei für "Persistent Stored Modules". Der Standard behandelt unter anderen die folgenden Aspekte:

- Es gibt gespeicherte Module, die gespeicherte Prozeduren und Funktionen (zusammengefaßt als Routinen bezeichnet) beinhalten. Module können mittels **create module** und **drop module** erzeugt und gelöscht werden.

- Routinen können auch einzeln in der Datenbank gespeichert werden.

- Neben reinen SQL-Routinen können auch externe Routinen in Sprachen wie Ada, C, COBOL, Fortran, Java, MUMPS, Pascal oder PL/I gespeichert werden.

- Die Syntax für Parameter, eine **call**-Anweisung für Prozeduren, Benutzerrechte für Routinen, Ausnahmebehandlung etc. werden festgelegt.

- Analog zu PL/SQL werden syntaktische Konstrukte für Schleifen und andere operationale Konstrukte eingeführt.

Wir verzichten an dieser Stelle auf eine detaillierte SQL/PSM-Darstellung, da die Basiskonzepte bereits im Zusammenhang mit den PL/SQL-Entwicklungen behandelt wurden und die vollständige Syntax den Rahmen dieses Buches sprengen würde.

Die erste Version von SQL-PSM aus dem Jahre 1996 erreichte nicht den Umfang, die Klarheit und die Verbreitung der beschriebenen PL/SQL-Entwicklung von Oracle. Da neben Oracle auch alle weiteren größeren SQL-DBMS-Hersteller die hier standardisierten Funktionalitäten in ihren Systemen unterstützen, dürfte sich die Bedeutung von SQL/PSM mit weiteren Versionen des Standards in Zukunft stark verstärken.

11.3.3 ODBC / JDBC und SQLJ

Für den Zugriff auf SQL-Datenbanken aus einer Programmiersprache heraus bietet nahezu jeder DBMS-Hersteller eine Programmierschnittstelle an. Die Unterschiede zwischen den Schnittstellen verschiedener Hersteller und die Abhängigkeiten von herstellerspezifischen Bibliotheken erschweren jedoch die Entwicklung von DBMS-unabhängigen Anwendungen sowie die Portierung auf ein anderes DBMS. Unter Windows steht mit ODBC (Open Database Connectivity) von Microsoft eine Lösung zur Verfügung, die eine allgemeine Datenbankzugriffsschnittstelle für SQL bereitstellt. Für die Java-Plattform wurde von Javasoft mit JDBC eine vergleichbarer Ansatz entwickelt, der seit Java 1.1 Bestandteil der Standard-API ist.

Wir werden uns in diesem Buch auf die Beschreibung von JDBC konzentrieren und auf eine detailliertere Einführung von ODBC verzichten. Ein Grund ist hierfür sicherlich die Kopplung von JDBC mit Java, einer sauber definierten modernen Programmiersprache. Ein weiterer Grund ist die Verfügbarkeit weiterführender Literatur, z.B. [SS00], in der sowohl JDBC als auch auf JDBC aufbauende höhere Anwendungsprogrammieransätze im Umfeld von Java ausführlich behandelt werden, so daß eine einfache Möglichkeit zur Vertiefung dieses Stoffes besteht.

Prinzipien von JDBC

Als Teil der Standard-API (API steht allgemein für *Application Programming Interface*) von Java ist JDBC *die* Standardschnittstelle für den Zugriff auf SQL-Datenbanken. Die Bezeichnung „JDBC" wird häufig als Abkürzung von „Java Database Connectivity" angegeben, obwohl JDBC kein Akronym, sondern ein geschützter Name ist.[2]

Obwohl JDBC die objektorientierten Eigenschaften von Java nutzt, ist es doch im objektorientierten Sinne eine Low-Level-API, d.h. JDBC erfordert die direkte Nutzung von SQL-Anweisungen. Höherwertige Abstraktionskonzepte, wie etwa die Abbildung zwischen Java-Klassen und Tabellen der Datenbank, werden dagegen nicht unterstützt. Durch die Bereitstellung einer abstrakten, datenbankneutralen Zugriffsschnittstelle kann JDBC aber die Basis für solche High-Level-Lösungen wie z.B. Embedded SQL oder Mapping-Werkzeuge bilden.

Die JDBC-API basiert auf dem SQL/CLI (Call Level Interface) der X/Open und ist daher auch konzeptionell mit ODBC verwandt. Gegenüber ODBC zeichnet sich JDBC durch eine bessere Übersichtlichkeit und einfachere Benutzung aus. Die Gründe hierfür liegen in der Nutzung objektorientierter Mechanismen: so sind in JDBC die verschiedenen Konzepte wie Datenbankverbindung, SQL-Anweisung oder Anfrageergebnis in Klassen gekapselt und streng typisiert.

---

[2]Aufgrund der Verbreitung dieser Abkürzungsinterpretation haben wir JDBC trotzdem in das Abkürzungsverzeichnis aufgenommen...

JDBC umfaßt eine Menge von Klassen und Schnittstellen, die im Java-Package `java.sql` zusammengefaßt sind. Die wichtigsten Klassen sind hierbei:

- `java.sql.DriverManager` bildet den Einstiegspunkt, da hier die Treiber geladen und Verbindungen zur Datenbank aufgebaut werden können.

- `java.sql.Connection` repräsentiert eine Datenbankverbindung.

- `java.sql.Statement` ermöglicht die Ausführung von SQL-Anweisungen über eine gegebene Verbindung.

- `java.sql.ResultSet` verwaltet die Ergebnisse einer Anfrage in Form einer Relation und unterstützt den Zugriff auf einzelne Spalten.

JDBC am Beispiel

Bevor wir genauer auf die verschiedenen Aspekte der JDBC-Programmierung eingehen, wollen wir einige kurze Beispielprogramme vorstellen. Diese Code-Ausschnitte sollen die Anwendung der wichtigsten Klassen demonstrieren und gleichzeitig illustrieren, wie einfach die Benutzung von JDBC ist.

Der prinzipielle Ablauf einer JDBC-Datenbankanwendung umfaßt die folgenden Schritte:

1. Aufbau einer Verbindung zur Datenbank

2. Senden einer SQL-Anweisung

3. Verarbeiten der Anfrageergebnisse

Voraussetzung für den Aufbau einer Datenbankverbindung ist das Laden eines geeigneten Treibers. Hierzu werden in JDBC zwei Varianten unterstützt. Zum einen kann der Treiber (d.h. die Java-Klasse des Treibers) *explizit* im Programm geladen werden:

```
Class.forName ("com.company.Driver");
```

Bei der zweiten Variante wird eine Liste von Treibern, jeweils getrennt durch Doppelpunkt, im System-Property `sql.drivers` festgelegt, die vom Treibermanager beim Start *automatisch* geladen werden. In beiden Fällen müssen sich die Treiber nach dem Laden selbständig beim Treibermanager registrieren.

Der nächste Schritt ist der Verbindungsaufbau. Hierfür stellt der Treibermanager, d.h. die Klasse `java.sql.DriverManager`, eine eigene Methode `getConnection` bereit. Als Argument dieser Methode muß eine URL (Uniform Resource Locator) angegeben werden, die den Verbindungsmechanismus und damit den zu verwendenden Treiber bezeichnet. Zusätzlich sind noch Benutzername und Paßwort zu übergeben. Der Aufruf der Methode liefert im Erfolgsfall schließlich ein `Connection`-Objekt.

```
Connection con;
String url =
    "jdbc:subprotocol:datasource";
con = DriverManager.getConnection (url,
    "scott", "tiger");
```

Mit dem `Connection`-Objekt kann nun eine SQL-Anweisung erzeugt werden. Wir wollen zunächst eine einfache Anfrage betrachten, die mit `executeQuery` ausgeführt wird.

```
String query = "SELECT titel, preis, " +
    "bestand FROM buch";

Statement stmt = con.createStatement ();
ResultSet rs = stmt.executeQuery (query);
```

Die `executeQuery`-Methode liefert ein `ResultSet`-Objekt, das die Ergebnisse der Anfrage verwaltet. Die Navigation über die Ergebnismenge erfolgt nach dem *Cursor-Prinzip* (siehe Abschnitt 11.2.2): die Ergebnismenge kann als eine Tabelle angesehen werden, auf die zunächst zeilenweise und dann spaltenweise zugegriffen werden kann. In JDBC existiert jedoch kein expliziter Cursor, vielmehr wird die aktuelle Position in der Ergebnismenge vom `ResultSet` intern verwaltet. Zum Weitersetzen des Cursors wird die Methode `next` verwendet. Diese Methode liefert solange den Wert `true`, bis keine Zeilen (Tupel) mehr vorhanden sind. Außerdem ist zu beachten, daß der `ResultSet`-Cursor zu Beginn *vor* dem ersten Tupel positioniert ist, d.h., bevor ein Tupel gelesen werden kann, muß die Methode `next` aufgerufen werden.

Nachdem der Cursor positioniert ist, können die Spaltenwerte des aktuellen Tupels ausgelesen werden. Hierfür stehen eine Reihe von `getXXX`-Methoden für die verschiedenen Datentypen und die korrespondierenden Java-Typen zur Verfügung. So heißt die Methode zum Lesen einer Zeichenkette beispielsweise `getString`, wobei die Attributtyp der Relation hier **varchar** und der Java-Typ des Ergebnisses `java.lang.String` ist. Der Zugriff auf eine konkrete Spalte der Ergebnisrelation mit Hilfe der `getXXX`-Methode erfolgt entweder über den Index der Spalte oder den Spaltennamen. Wichtig ist dabei, daß der Spaltenindex mit 1 beginnt, d.h. die erste Spalte wird durch 1 bezeichnet, die zweite mit 2 usw. Insgesamt kann das Ergebnis der Anfrage wie folgt ausgewertet werden:

```
while (rs.next ()) {
    String s = rs.getString (1);
    double d = rs.getDouble (2);
    int i = rs.getInt (3);
    System.out.println (s + " " + d + " " + i);
}
```

Zum Abschluß werden die benutzten Ressourcen durch Aufruf der `close`-Methoden von `ResultSet` und `Statement` freigegeben:

```
rs.close ();
stmt.close ();
```

Allerdings ist dieser Schritt optional, da die Ressourcen durch die automatische Speicherbereinigung von Java spätestens dann freigegeben werden, wenn die Objekte nicht mehr benutzt werden. Es ist ist jedoch ein guter Programmierstil, die `close`-Methoden aufzurufen, wenn die Objekte nicht mehr benötigt werden, weil damit auch Ressourcen des DBMS sofort freigegeben und Speicherplatzprobleme vermieden werden.

Fehler werden in JDBC grundsätzlich als Ausnahmen (Exception) der Klasse `SQLException` signalisiert und sind daher in geeigneter Weise mit einem **try...catch**-Block abzufangen und zu behandeln. Details zu einem aufgetretenen Fehler können über die Methode `getMessage` ermittelt werden, die eine Zeichenkette mit der Beschreibung des Fehlers liefert. Der entsprechende Code-Ausschnitt zur Fehlerbehandlung ist danach wie folgt:

```
try {
    // Aufruf von JDBC-Anweisungen,
    // die möglicherweise Exception generieren
} catch (SQLException exc) {
    System.out.println ("SQLException: " +
        exc.getMessage ());
}
```

Natürlich können mit JDBC neben SQL-Anfragen auch Einfüge- (`INSERT`), Änderungs- (`UPDATE`), Lösch- (`DELETE`) und DDL-Operationen (`CREATE TABLE`, `DROP TABLE`) ausgeführt werden. Da diese Operationen keine Ergebnisrelationen liefern, gibt es in der Klasse `Statement` eine eigene Methode `executeUpdate`. Diese Methode liefert als Ergebnis die Anzahl der betroffenen Tupel der Relation (für `INSERT`, `UPDATE` und `DELETE`) bzw. den Wert 0 für DDL-Anweisungen. Eine Aktualisierung unserer Beispielrelation kann damit wie folgt implementiert werden:

```
Statement stmt = con.createStatement ();
int rows = stmt.executeUpdate (
    "UPDATE buch SET bestand = bestand - 1 " +
    "WHERE isbn='3826603494'");
```

Immer dann, wenn mehrere zusammenhängende Änderungen in der Datenbank ausgeführt werden sollen oder wenn mehrere Benutzer parallel auf eine Ressource der Datenbank zugreifen wollen, spielen Transaktionen eine wichtige Rolle. Die Basiskonzepte von Transaktionen werden in Abschnitt 12.1 kurz erläutert; für eine ausführliche Behandlung der Thematik verweisen wir auf [SH99a].

In JDBC erfolgt die Transaktionssteuerung über Methoden der Klasse `java.sql.Connection`. Mit `commit` werden die Änderungen dauerhaft in die Datenbank geschrieben, mit `rollback` lassen sich alle Änderungen seit Beginn der aktuellen Transaktion rückgängig machen. Der Beginn einer Transaktion wird implizit durch das Ende der vorangegangenen Transaktion (also durch ein Commit oder Rollback) festgelegt.

Wird eine neue Verbindung zur Datenbank hergestellt, so befindet sich diese im *Auto-Commit-Modus*, d.h., nach jeder Anweisung wird automatisch ein Commit ausgeführt und eine Transaktion umfaßt jeweils nur eine Anweisung. Dieser Modus kann mit der Methode `setAutoCommit` aus- bzw. eingeschaltet werden. Durch das Abschalten des Auto-Commit-Modus lassen sich mehrere Anweisungen zu einer Transaktionen zusammenfassen. Danach wird die Transaktion erst mit einem expliziten Commit bzw. Rollback abgeschlossen. Außerdem können so Änderungen bis zum Ende der Transaktion rückgängig gemacht werden. Das folgende Beispiel zeigt die Nutzung von Transaktionen beim Einfügen mehrerer Datensätze, wobei beim Auftreten eines Fehlers alle Änderungen zurückgenommen werden:

```
try {
    con.setAutoCommit (false);
    // einige INSERT-Statements
    con.commit ();
} catch (SQLException exc) {
    con.rollback ();
}
```

Bisher haben wir nur einfache SQL-Anweiungen betrachtet, die bei jeder Ausführung vollständig als Zeichenkette an das DBMS übergeben werden und dort immer wieder neu übersetzt werden müssen. Wenn eine Anweisung mehrfach, jedoch mit verschiedenen Werten als Parameter ausgeführt werden soll, bietet sich die Verwendung eines `PreparedStatement` als effiziente Alternative an. Ein solches Objekt wird durch Aufruf der Methode `prepareStatement` der Klasse `java.sql.Connection` erzeugt. Hierbei wird die SQL-Anweisung sofort beim Erzeugen zum DBMS gesendet und dort vorübersetzt. Das `PreparedStatement` beinhaltet danach eine bereits compilierte SQL-Anweisung, der bei der anschließenden Ausführung Parameterwerte zugewiesen werden können. Als Platzhalter für die Werte in der Anweisung wird das Zeichen „?" eingesetzt:

```
String insStr =
    "INSERT INTO sachgebiet VALUES (?, ?)";
PreparedStatement updStmt;
updStmt = con.prepareStatement (insStr);
```

Bevor diese Anweisung ausgeführt werden kann, müssen für jeden Platzhalter die gewünschten Werte eingesetzt werden. Hierzu bietet die PreparedStatement-Klasse entsprechende setXXX-Methoden für die verschiedenen Java-Typen. Die einzelnen Platzhalter werden wieder über die Position in der Anweisung, beginnend bei 1, identifiziert:

```
updStmt.setInt (1, 1);
updStmt.setString (2, "Science Fiction");
```

Schließlich kann die Anweisung ausgeführt werden, wobei hier in Abhängigkeit vom Typ der Anweisung (Anfrage oder Änderung) executeQuery bzw. executeUpdate aufzurufen sind:

```
updStmt.executeUpdate ();
```

Zur mehrmaligen Ausführung der vorcompilierten SQL-Anweisung sind die Werte jeweils zu belegen und anschließend die execute-Methoden aufzurufen. Dies kann z.B. für die obige Anweisung in einer Schleife erfolgen:

```
PreparedStatement updStmt;
updStmt = con.prepareStatement (insStr);
int[] ids = { 1, 2, 3 };
String[] sgebiet = { "Science Fiction",
    "Fantasy", "Computer" };
for (int i = 0; i < sgebiet.length; i++) {
    updStmt.setInt (1, ids[i]);
    updStmt.setString (2, sgebiet[i]);
    updStmt.executeUpdate ();
}
```

Darüber hinaus gibt es noch die Möglichkeit, *Stored Procedures* mit Hilfe der Klasse java.sql.CallableStatement aufzurufen.

JDBC 2.x

Mit der 1998 veröffentlichten Version 2.0 bzw. der aktuellen Version 2.1 des JDBC-API (im weiteren als JDBC 2 bezeichnet) wurden einige signifikante Erweiterungen gegenüber den Vorgängerversionen vorgenommen. Diese Änderungen sind zum Teil durch Forderungen der Anwender bedingt, wie z.B. Performance-Verbesserungen, betreffen aber auch die Unterstützung neuer Funktionalität von modernen DBMS, wie SQL99-Erweiterungen. JDBC 2 besteht aus zwei Teilen:

- Das *Core API* umfaßt JDBC 1.x plus die folgenden Erweiterungen: scrollbare und änderbare ResultSets entsprechend den diskutierten SQL-92-Cursor-Konzept, Batch-Updates zur Performance-Steigerung und Unterstützung von SQL99-Typen.

  Das entsprechende Java-Package heißt weiterhin java.sql.

- Das *Optional Package API* definiert neue Funktionalität wie Connection Pooling (Optimierung des Verbindungsaufbaus durch einen Cache von Datenbankverbindungen), verteilte Transaktionen und den Einsatz von Verzeichnisdiensten (JNDI). Die Klassen und Schnittstellen sind im Package `javax.sql` zusammengefaßt.

JDBC 2.1 Core API ist Teil der Java-2-Plattform und wird dementsprechend mit dem JDK 1.2 ausgeliefert. Das Optional Package API ist optional und kann separat bezogen werden.

Trotz der vielen Erweiterungen soll die Kompatibilität zur ersten Version sowohl hinsichtlich der Datenbanktreiber als auch der Applikationen gewährleistet sein.

SQLJ

JDBC unterstützt als Call-Level-Schnittstelle ein *dynamisches SQL*, d.h., SQL-Anweisungen werden zur Laufzeit zusammengestellt und als Zeichenkette zum Datenbankserver gesendet. Diese Flexibilität bringt jedoch nicht nur Vorteile: fehlerhafte Anweisungen oder Typkonflikte können auch erst zur Ausführungszeit erkannt werden.

Führende Datenbankhersteller wie IBM, Oracle, Sybase und Informix haben daher mit SQLJ einen Standard entwickelt, der diese Probleme überwinden soll. So wird mit SQLJ u.a. die direkte Einbettung von SQL-Anweisungen in Java-Code möglich. Diese *statischen* SQL-Anweisungen können bereits zur Übersetzungszeit überprüft werden und reduzieren damit die Fehleranfälligkeit.

Die SQLJ-Spezifikation und besteht aus drei Teilen: Embedded SQL für Java (Part 0), Java Stored Procedures (Part 1) und Java-Klassen für benutzerdefinierte SQL-Datentypen (Part 2).

Mit der Definition des "Embedded SQL" für Java ist der Part 0 der SQLJ-Spezifikation für Anwendungsentwickler der wichtigste Teil. Dies wird auch dadurch deutlich, daß dieser Teil als ANSI Standard X3.135 *"Information technology – Database languages – SQL – Part 10:SQL/OLB"* verabschiedet ist und bereits erste Implementierungen von Oracle und IBM vorliegen. Eingebettete SQL-Anweisungen werden nach dem folgenden Muster notiert:

```
#sql { SELECT ... };
```

Die Cursor zum Transfer von Anfrageergebnissen in das Java-Programm werden durch *Iterator-Objekte* realisiert. Die Übergabe von Parametern und Anfrageergebnissen erfolgt wie in Abschnitt 11.2.3 beschrieben durch Host-Variablen.

11.3.4 4GL: DB-Sprachen der vierten Generation

Die Datenbanksprachen der *vierten Generation*, kurz *4GLs* für Fourth Generation Language, wurden in den 80er Jahren populär als zukunftsweisender neuer Ansatz der Anwendungsentwicklung. Die Bezeichnung *vierte Generation* sollte auf einen qualitativen Sprung im Vergleich zu den Programmiersprachen der dritten Generation, also Ada, Pascal, C, Modula, etc., hinweisen (regelbasierte Sprachen wie PROLOG werden der fünften Generation zugerechnet).

4GL-Sprachen sind als Programmiersprachen speziell für Anwendungen mit großen Datenmengen konzipiert, und beinhalten oft einen SQL-Dialekt. Leider erscheint der Sprachentwurf oft konzeptionslos — mengenbasierte Verarbeitung mittels SQL wird mit imperativen Sprachkonzepten, ereignisgesteuerten Benutzerschnittstellen und aktiven Regeln gemischt, ohne daß ein einheitlicher Sprachentwurf oder gar eine durchgängige exakte Semantik erkennbar wird.

Für alle größeren kommerziellen relationalen Datenbank-Management-Systeme werden Sprachen der vierten Generation angeboten, auf die wir hier nicht im einzelnen eingehen wollen. Neben der erwähnten Integration von SQL und imperativen Sprachkonzepten, die an PL/SQL mit Stored Procedures erinnert, sollte man hier eigentlich von *Werkzeugen* der vierten Generation sprechen: Diese Werkzeuge unterstützen die *interaktive* Programmierung von Menüs und Masken mit dahinterstehenden Prozeduren, indem Menüs und Formulare interaktiv am Bildschirm zusammengesetzt werden und mit Auslöseregeln und Aktionen in einem prozeduralen SQL-Dialekt verbunden werden können. Dieses interaktive Arbeiten ist die Stärke der 4GL-Systeme (und nicht der Sprachentwurf).

Beispiele für 4GLs sind die "Klassiker" NATURAL oder TOTAL sowie die modernen 4GLs für relationale Datenbanksysteme INGRES Windows4GL und Gupta SQL-Windows.

INGRES Windows4GL

INGRES Windows4GL bietet die Programmierung von Menüs und Masken mit dahinterstehenden Prozeduren. Das Programm ist hierarchisch aufgebaut und besteht aus einzelnen *Frames*. Man startet in der Wurzel und kann für jeden Frame Unterbäume von Frames bilden. Ein Frame besteht aus

- einem Formular (eine Maske mit Eingabefeldern und Schaltern),

- Auslöseregeln und

- Aktionen für die Elemente des Formulars, wobei die Aktionen Änderungsoperationen und Anfragen in SQL oder Prozeduren mit `while`, `if`, `exit`, `callframe` (Aufruf eines Nachfolger-Frames) und anderen Programmiersprachen-Kommandos sein können.

Auslöseregeln und Aktionen werden an die Mechanismen aktiver Datenbanken erinnern, die im nächsten Kapitel noch eingehend vorgestellt werden.

Gupta / Centura SQL-Windows

Gupta (oder nach der Umbenennung Centura) ist nicht nur der Hersteller des relationalen Datenbanksystems SQL-Base (siehe Vorwort), sondern auch Anbieter der graphischen 4GL SQL-Windows. SQL-Windows ist eine graphische Entwicklungsumgebung für SQL-Datenbanksysteme auf der Basis von ANSI-SQL, insbesondere DB2 und natürlich SQL-Base. Die Entwicklungsumgebung wird für die MS-Windows-Systemumgebung angeboten. SQL-Windows bietet:

- eine graphische *Tool-Palette* zur Programmentwicklung,

- eine kontextsensitive Programmierunterstützung und

- die Möglichkeit, ausführliche Berichte für Anfrageergebnisse mausunterstützt zu definieren.

Der Anwendungsadministrator kann mit SQL-Windows auf einem Einzelplatz-System arbeiten und die Entwicklungen später im lokalen Netz in einer Client/Server-Architektur einsetzen (siehe Abschnitt 15.1).

In die graphisch erstellten Anwendungen können separat entwickelte C-Programme eingebunden werden. Weiterhin werden Schnittstellen (DDE, Dynamic Data Exchange) zu Windows-Anwendungen angeboten.

11.4 Anwendungsprogrammierung für objektorientierte Datenbanken

Bisher wurde primär die Anwendungsprogrammierung für SQL-Datenbanken diskutiert. In diesem Abschnitt werden wir auf die zum Teil prinzipiell anders konzipierte Anwendungsprogrammierung für OODBSs eingehen.

11.4.1 Persistente (objektorientierte) Programmiersprachen

Im Verlauf dieses Kapitels haben wir bereits diverse Ansätze für eine Datenbank-Entwicklungsumgebung kennengelernt, unter anderem

- die Einbettung einer Datenbanksprache in eine Programmiersprache,

- die Erweiterung einer Datenbanksprache um Programmiersprachen-Konzepte und

- neuentwickelte 4GLs oder Datenbankprogrammiersprachen.

In diesem letzten Unterabschnitt wollen wir nun *persistente Programmiersprachen* vorstellen. Diese erweitern herkömmliche Programmiersprachen wie ALGOL, Pascal oder C++ um ein Persistenzkonzept, das die langfristige Speicherung von Variableninhalten in der Datenbank ermöglicht. Datenbankschema, Anfragen, Änderungen und restliches Anwendungsprogramm bilden dann eine Einheit.

Das Persistenzkonzept von Atkinson

Der Begriff *Persistenz* geht auf Atkinson [Atk91] zurück. Objekte, die im Programm erzeugt und benutzt werden, haben danach eine beliebige Lebensdauer, unabhängig von der Blockstruktur des Programms und Gültigkeitsbereichen von Variablen. Ein Objekt lebt so lange wie nötig. Die Persistenz soll dabei zwei Prinzipien erfüllen:

- Das Prinzip *Typ-Orthogonalität* besagt, daß Programm-Objekte beliebigen Typs persistent gemacht werden können. Also kann eine Menge von Tupeln persistent werden, aber auch eine '4'.

- Das Prinzip *Programm-Unabhängigkeit* verbietet explizite **store**- oder **move**-Kommandos zum Speichern von Objekten. Die Angabe, ob ein Objekt persistent ist oder nicht, soll "deskriptiv" geschehen.

Neben persistenten Objekten gibt es dann auch *transiente Objekte*, die wie in normalen Programmiersprachen ihre Lebensdauer an Blöcke oder Programme binden.

Das Prinzip persistenter Programmiersprachen als Datenbank-Entwicklungsumgebung ist erst mit dem Aufkommen objektorientierter Datenbanksysteme stark in den Vordergrund getreten. Die Erweiterungen objektorientierter Programmiersprachen zu OODBSs sind fast ausnahmslos (mehr oder weniger gute) persistente (objektorientierte) Programmiersprachen.

Zwei *Realisierungstechniken* für die Persistenz spielen bei diesen Systemen eine wichtige Rolle:

- Die *klassenabhängige Persistenz* ist die übliche Datenbanklösung, die unterhalb einer persistenten Wurzelklasse einen vollständigen Teilgraphen der Klassenhierarchie mit allen Objekten persistent macht. Der Teilgraph bestimmt dann das Datenbankschema.

- Bei der *objektabhängigen Persistenz* gibt es kein Datenbankschema im eigentlichen Sinn: Jedes Objekt kann persistent oder transient sein, was meistens beim Erzeugen des Objektes entschieden wird. Persistente und transiente Objekte können damit zusammen in einer Klasse auftauchen. Diese Lösung erfüllt beide Persistenz-Prinzipien. Sie wird in ObjectStore verwirklicht.

Die *Persistenz-Fortpflanzung* gibt es ebenfalls in zwei verschiedenen Ausprägungen. Hier muß festgelegt werden, wie die Persistenz eines Objektes auf andere Objekte der Datenbank wirkt.

- Bei der *expliziten Persistenz* muß jedes Objekt einzeln persistent gemacht werden. Ist etwa ein `Buch`-Objekt persistent, so muß die Komponente `Verlag` zusätzlich noch als persistent gekennzeichnet werden. Ansonsten bleibt die Komponente transient und wird nicht langfristig mit dem `Buch`-Objekt gespeichert. Dies ist die Lösung in ObjectStore.

- Intelligenter reagieren Systeme, die *Persistenz durch Erreichbarkeit* verwirklichen. Ist hier ein Objekt persistent, dann sind automatisch auch (rekursiv) alle Komponentenobjekte persistent. Ist etwa ein Mengenobjekt persistent, so sind automatisch auch alle Elemente der Menge persistent. Mit diesem Prinzip läßt sich das Konzept der Extension in objektorientierten Datenbanken gut durch persistente Mengenvariablen simulieren. Persistenz durch Erreichbarkeit bieten etwa GemStone und O$_2$.

Die persistente, objektorientierte Entwicklungsumgebung für OODBS wird von der ODMG standardisiert. Der ODMG-Standard schlägt "Language Bindings" an existierende objektorientierte Programmiersprachen vor, die im folgenden Abschnitt beschrieben werden.

11.4.2 ODMG-Bindings

Die *ODMG-Sprachanbindungen* (ODMG-Bindings) von ODL, OQL und den Objektmanipulationsoperationen der OML sind der Kern des ODMG-Standards. Durch die Sprachanbindungen sollen homogene Programmierumgebungen für Datenbankanwendungen geschaffen werden. Dazu werden für die drei Datenbanksprachen programmiersprachenabhängige Einbettungen in die OOPLs definiert. Die grundlegenden Prinzipien dieser Abbildungen wollen wir in diesem Abschnitt erläutern. Um bei den Abbildungen die (oft ähnlich genannten) Konzepte von ODMG-Modell und Programmiersprachen-Modell zu unterscheiden, werden wir bei Bedarf beispielsweise von ODMG-Klasse und PL-Klasse[3] sprechen.

Von der ODMG-ODL werden die Schnittstellen auf den öffentlichen Teil einer PL-Klasse abgebildet, die Implementierungen sind dann im privaten Teil direkt darstellbar. Die Abbildung verfolgt folgende Ziele:

- Es soll ein *einheitliches Typsystem* zwischen Programmiersprache und Datenbank entstehen. Die für die ODL-Konzepte erzeugten PL-Klassen mit ihren Methoden können persistente oder transiente Objekte aufnehmen. Die ODL-Klassen bilden einen Teil der PL-Klassenbibliothek.

---

[3]'PL' steht hier für *programming language* und wird in einer Anwendung konkret durch eine objektorientierte Programmiersprache — etwa C++, Smalltalk, Java — ersetzt.

Kriterium	C++	Smalltalk	Java
OQL-Abbildung	CALL-Schnittstelle Methoden	CALL-Schnittstelle	CALL-Schnittstelle Methoden
Persistenzmodell (*)	durch Vererbung	automatisch	durch Vererbung
Persistentmachung (*)	bei Erzeugung	durch Namen	durch Namen
Persistenzfortpflanzung (*)	explizit	Erreichbarkeit	Erreichbarkeit
Löschen eines Objekts	explizit	implizit	implizit
Beziehungen	nur simuliert	nur simuliert	nein
Extensionen	ja	nein	nein
Schlüssel	nein	nein	nein

Tab. 11.1: Unterschiede der ODMG-Sprachanbindungen

- Die Einbettung erfolgt in der *Syntax der Programmiersprache*. Das soll den "impedance mismatch" relationaler Embedded-SQL-Versionen vermeiden helfen.

- Die *Ergänzungen* der Klassenbibliotheken werden so klein wie möglich gehalten. Im wesentlichen müssen Methoden für deskriptive Anfragen und die Transaktionsverwaltung hinzugefügt werden.

- Die Datenbank- und OOPL-Teile sollen *frei kombinierbar* sein.

- Persistente und transiente Objekte können zu *einer Klasse* gehören.

Die derzeitigen Einschränkungen bei den jeweiligen Sprachanbindungen werden noch in den folgenden Unterabschnitten erläutert. Es wird sich herausstellen, daß die Sprachanbindungen unterschiedliche Einschränkungen haben und auch unterschiedliche Einbettungsmodelle verfolgen. Eine ODMG-Smalltalk-Anbindung wird deshalb völlig anders aussehen als eine ODMG-C++-Anbindung der gleichen Anwendung.

Allgemein kann man für die drei Sprachanbindungen als Einschränkung feststellen, daß die freie Kombinierbarkeit von OODB- und OOPL-Anteilen noch nicht gewährleistet ist. Außerdem ist die Anbindung der Anfragesprache OQL schwach, da sie nur über eine CALL-Schnittstelle verwirklicht wurde, die keine Syntaxprüfung oder Typinferenz zur Übersetzungszeit ermöglicht.

Interessant ist, daß bereits in der ODMG-Version 1.0 ein sogenanntes "future binding" eingeführt wurde, das die C++-Anbindung in voll persistenter Weise unterstützte. Leider wurde diese vom System ObjectStore bereits damals erfüllte Art der Anbindung in der Version 1.1 des Standards aus "politischen" Gründen eliminiert.

Tabelle 11.1 stellt die wesentlichen Unterschiede zwischen den einzelnen Sprachanbindungen zusammen. Die einzelnen Kriterien werden in den folgenden Unterabschnitten noch erläutert. Die mit (*) gekennzeichneten Kriterien wurden in Abschnitt 11.4.1 eingeführt.

C++-Sprachanbindung

In C++ werden die ODL-Klassen auf Unterklassen der PL-Klasse **d_Object** abgebildet. Diese Klassen werden persistenzfähig genannt (siehe Abschnitt 11.4.1). ODL-Beziehungen werden leider über eigene Referenzklassen umständlich implementiert, können aber nicht direkt modelliert werden. **Collections** werden auf Template-Klassen von C++ abgebildet. OQL-Anfragen werden in C++ entweder auf eine CALL-Schnittstelle abgebildet, die als **string**-Parameter die OQL-Anfrage erhält und an das OODBS-Laufzeitsystem übergibt, oder mit Hilfe von einfachen Selektionsmethoden implementiert.

An OML-Operationen werden unter anderem angeboten:

* **new** zum Erzeugen von transienten Objekten, ein überladenes **new**(*DB*) mit Angabe einer Datenbank *DB* oder eines Clusters auf der internen Ebene zum Erzeugen von persistenten Objekten

* **delete** zum Löschen von Objekten

* Methoden, um Objekte als geändert kenntlich zu machen, sowie Methoden zum Laden und Speichern eines Objekts (**activate**, **deactivate**); letztere sind eigentlich Operationen auf der internen Ebene eines Datenbanksystems, die in einer Datenbankprogrammierumgebung nach der Drei-Ebenen-Architektur nichts zu suchen haben

Weiterhin unterstützt die C++-Sprachanbindung das Extensionskonzept der ODL. Eine Extension des Typs *t* wird auf **d_Extent**< *t* > abgebildet. Das Schlüsselkonzept der ODL wird nicht unterstützt.

Smalltalk-Sprachanbindung

In der Smalltalk-Sprachanbindung werden die ODL-Informationen auf Smalltalk-Metaobjekte abgebildet, die unter anderem die in Smalltalk fehlenden Typinformationen aufnehmen. Ansonsten werden ODL-Objekte und ODL-Literale jeweils durch Smalltalk-Objekte realisiert. Jede PL-Klasse kann transiente und persistente Objekte umfassen. ODL-Beziehungen können in Smalltalk nur umständlich implementiert werden. Das Extensions- und Schlüsselkonzept der ODL wird nicht unterstützt.

OQL-Anfragen werden auf eine CALL-Schnittstelle abgebildet. Weitere spezielle Methoden zur direkten Darstellung von Selektionen sind nicht vorgesehen.

OML-Operationen zum Erzeugen und Löschen von persistenten Objekten gibt es nicht. Während die fehlende Methode zum Erzeugen durch das Persistenzkonzept bedingt wird, ist die fehlende Methode zum Löschen auf die automatische Freispeicherverwaltung von Smalltalk zurückzuführen. Ein nicht mehr erreichbares Objekt wird automatisch entfernt.

Java-Sprachanbindung

Die Java-Sprachanbindung mischt nun die Merkmale der C++- und Smalltalk-Sprachanbindung. Während ODL-Klassen wie bei C++ auf spezielle persistenzfähige Klassen abgebildet werden[4], gibt es durch das der Smalltalk-Anbindung ähnliche Persistenzkonzept keine Methode zum Erzeugen persistenter Objekte.

OQL-Anfragen werden analog zu C++ auf eine CALL-Schnittstelle abgebildet oder durch einfache Selektionsmethoden realisiert. In der derzeitigen Java-Sprachanbindung sind weder Beziehungen noch Extensionen oder Schlüssel vorgesehen (obwohl diese in konkreten Umsetzungen des Standards dann vorhanden sein können). Außerdem gibt es keine strukturierten Literale in Java.

Im Standard ODMG 2.0 ist die Java-Sprachanbindung neu eingeführt worden, sie sieht deshalb noch sehr vorläufig aus. In der aktuellen Neufassung des Standards ODMG 3.0 [Bar00], der zum Redaktionsschluß dieses Buches gerade erschienen war, ist eine vollständige Überarbeitung der Java-Anbindung erfolgt, so daß die semantischen Unklarheiten hoffentlich beseitigt werden konnten.

Zusammenhang mit OMG und CORBA

In diesem Abschnitt soll nun der Zusammenhang des ODMG-Standards mit einem weiteren Standard für das Arbeiten mit im Netz verteilten Objekten hergestellt werden. Außerdem werden wir skizzieren, wie ein ODMG-konformes Datenbanksystem in ein verteiltes Objektsystem eingebettet werden kann.

Die *Object Management Group* (OMG) wurde 1989 gegründet und hat sich die Aufgabe gestellt, eine Referenzarchitektur für *verteilte Objektsysteme* zu schaffen. Die Referenzarchitektur heißt *Object Management Architecture* (OMA) und stellt den allgemeinen Aufbau eines verteilten Objektsystems dar (siehe Abbildung 11.4). Die Basis bildet dabei der *Object Request Broker* (ORB), der für verschiedene Anwendungsobjekte sowohl allgemeine Dienste als auch Objektdienste transparent, interoperabel, portabel und wiederverwendbar zur Verfügung stellt.

Allgemeine Dienste sind dabei Dienste zum Drucken und zur Behandlung von Fehlern. Spezielle Objektdienste sollen ebenfalls von der OMG standardisiert werden. Zu diesen gehören ein Persistenzdienst (*Persistent Object Service*, POS), ein Beziehungsdienst, ein Transaktionsdienst (*Object Transaction Service*, OTS), und ein Anfragedienst, um nur die Dienste mit Datenbankbezug zu nennen. Etwa soll der OTS Transaktionskonzepte wie ACID-Transaktionen und geschachtelte Transaktionen (siehe [SH99a]) in verteilten Systemen bereitstellen.

---

[4]Diese waren in der ersten Version des Standards ODMG 2.0 [CB97] Unterklassen einer speziellen Klasse **d_Object**, wurde in einem Nachdruck des Standards dann aber auf eine Precompiler-Lösung angepaßt.

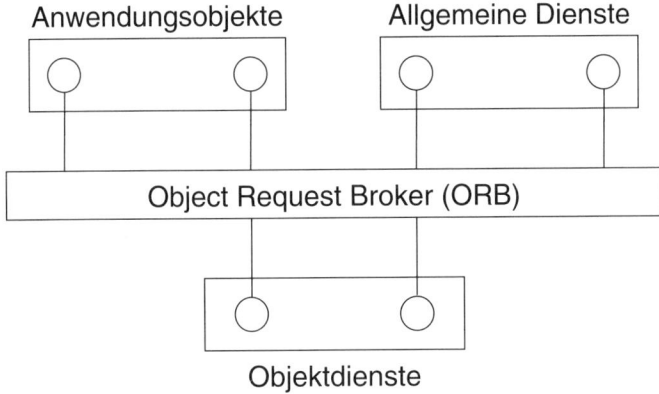

Abb. 11.4: Object Management Architecture (OMA) der OMG

Die *Common Object Request Broker Architecture* (CORBA) detailliert den Aufbau, die Schnittstellen und die Funktionalität eines ORBs (siehe Abbildung 11.5). Ein Client kann sich über eine dynamische Schnittstelle die Schnittstellenspezifikation eines ORBs holen und daraufhin dynamisch eine Anforderung spezifizieren. Über eine IDL-Schnittstelle können statische Anforderungen weitergeleitet werden. Die IDL (*Interface Definition Language*) ist dabei die Schnittstellenbeschreibungssprache für Objekte in CORBA. Die hier eingeführte ODL ist eine Obermenge der OMG-IDL. Client und Server können beim ORB über eine direkte ORB-Schnittstelle auch nach allgemeinen Diensten nachfragen.

Der Server wird über einen *Object Adapter* angebunden. Der ORB-Kern greift auf je ein Verzeichnis (*Repository*) für Schnittstellen und Implementierungen zu.

Ein Object Adapter kann auf mehrere Arten realisiert werden (siehe auch Abbildung 11.6):

- Ein *Basic Object Adapter* (BOA) ist die grundlegende Technik zur Kopplung eines Objektes an den ORB. Bei dieser Technik wird bei jedem Aufruf der zugehörigen Prozedur ein *Remote Procedure Call* (RPC) durchgeführt.

- Ein *Library Object Adapter* (LOA) migriert dagegen beim ersten Aufruf der dazugehörigen Prozedur das Objekt zum Client.

- Ein *Object Database Adapter* (ODA) migriert dagegen nicht nur ein Objekt zum Client und dies auch nicht unbedingt bei jedem Aufruf einer Methode, sondern bietet einen optimierten Zugriff auf eine Menge von Objekten, der durch ein ODMG-konformes objektorientiertes Datenbanksystem

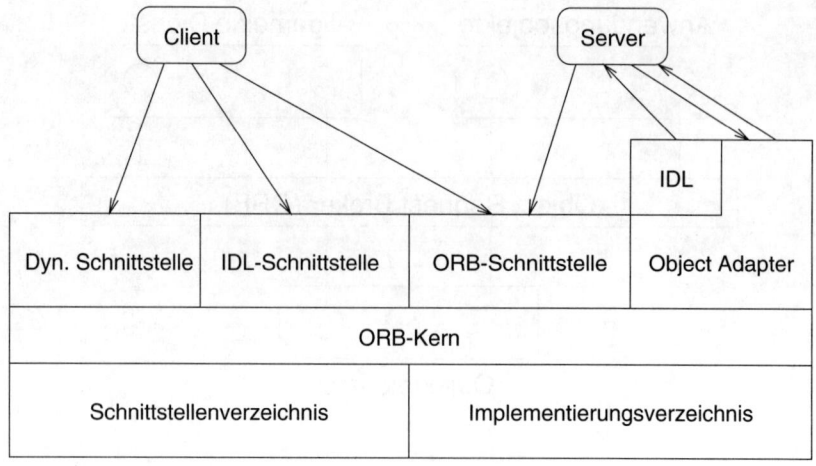

Abb. 11.5: Common Object Request Broker Architecture (CORBA) der OMG

oder auch jedes passende relationale Datenbanksystem mit entsprechender Schnittstelle realisiert wird.

Leider sind bisher nur BOAs verwirklicht worden. Echte LOAs oder ODAs sind noch nicht realisiert worden. Dies hängt damit zusammen, daß in diesen Fällen Objekte mit ihren Methoden verschickt werden müssen und somit Programme migrierbar sein müssen. Allgemein ist dieses Problem noch nicht gelöst [SM97]. Die Programmiersprache Java würde hier aber eine solche Portabilität bieten und könnte somit als Basis für die ODA-Entwicklung dienen.

Allgemein gibt es nun zwei Szenarien zur Anwendungsentwicklung auf Basis von CORBA:

- *Die programmiersprachenlastige Sicht:* Man realisiert Transaktionen, Anfragen und Persistenz mit den jeweiligen Objektdiensten und nutzt ein objektorientiertes Datenbanksystem als Lager und Lieferant für die zu verarbeitenden Objekte über einen ODA.

- *Die datenbanklastige Sicht:* Man nutzt die Objektdienste zur Implementierung eines verteilten, objektorientierten Datenbanksystems, bietet dem Client im Objektsystem aber vor allen die ODL, OQL und OML zur Anwendungsentwicklung. Der Server OODBS nutzt in diesem Fall als Client wiederum die Objektdienste von CORBA. Das System wird zum Client/Server-Client/Server-System. Dies ist jedoch bei einem verteilten System kommunizierender Objekte immer der Fall.

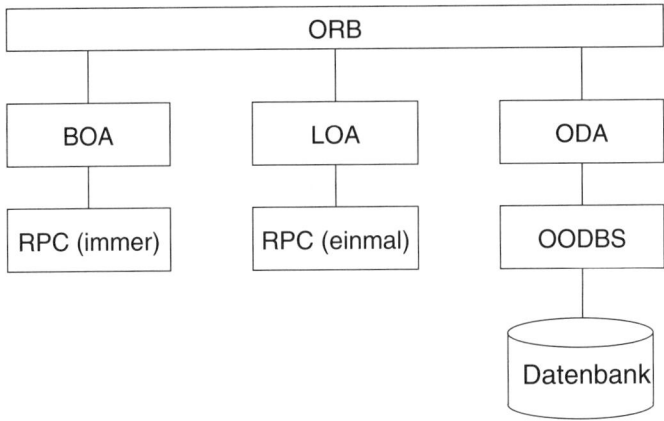

Abb. 11.6: Einbindung eines OODBS über einen Object Database Adaptor (ODA)

Da bei der ersten Auffassung das OODBS zum Einzelobjekt-Lieferanten verkommen kann, ist die zweite Technik zum Ausnutzen der Fähigkeiten eines OODBS günstiger.

11.5 Datenbankprogrammiersprachen

Die Kluft zwischen klassischen (imperativen), kommerziell eingesetzten Programmiersprachen und Datenbanksystemen läßt sich auf vielerlei Arten angehen, wie wir bereits gesehen haben. Bisher hatten wir Ansätze von Seiten der Datenbanksysteme her betrachtet, doch wie sieht es mit der anderen Seite, den klassischen Programmiersprachen, aus?

Wie bereits diskutiert, ist das Hauptproblem der Integration beider Welten die Kluft zwischen den verwendeten Typsystemen ("Datenmodellen"). Hier gibt es zwei Herangehensweisen: Wir können das Typsystem einer Programmiersprache um ein Datenbankmodell eines DBMS erweitern (etwa 'Relationen' als Datentyp), oder das Typmodell der Programmiersprache zum Datenbankmodell eines DBMS machen. Den ersten Ansatz bezeichnet man in der Regel als das Konzept der *Datenbankprogrammiersprachen* (mit der Abkürzung DBPL[5] für engl. *Database Programming Language*), der zweite ist mit dem Begriff *persistente Programmiersprachen* verbunden. Natürlich sind die Übergänge zwischen beiden Ansätzen fließend, und moderne Ansätze vereinen oft beide Vor-

---

[5]Hier wird der Begriff der Datenbankprogrammiersprache spezieller gefaßt als in Kapitel 1, wo unter diesem Begriff alle Sprachen zur Erstellung von Datenbank-Anwendungen subsumiert wurden.

gehensweisen. In beiden Ansätzen geht man davon aus, daß die Erweiterung der Programmiersprache voll kompatibel zum Sprach-Standard der Basissprache sein soll.

Der erste ausgereifte Vorschlag für eine Datenbankprogrammiersprache im obigen Sinn war die Sprache *Pascal/R* von Schmidt [Sch77]. Der Name deutet die Integration der Sprache Pascal mit dem **R**elationalen Datenbankmodell an. Spätere Versionen derselben Arbeitsgruppe basieren statt auf Pascal auf Modula2 (Modula/R und DBPL).

Wie sieht die Integration der beiden Ansätze aus? Als erster Schritt muß das Typsystem der Programmiersprache um die *parametrisierten abstrakten Datentypen* des Datenbankmodells erweitert werden, also in unserem Fall um die Datentypen für Tupel (in der Regel bereits als **record** vorhanden) und *Relation*. Relation bedeutet hier mehr als einfach nur '**set of tuple**', etwa können Primärschlüssel angegeben werden. Verschiedene Variablen vom Typ 'Relation' können zu einer persistenten Datenbank zusammengefaßt werden.

Ein abstrakter Datentyp bedeutet nicht nur eine Strukturdefinition, sondern auch die Definition der *Operationen* auf diesen Typen. Für Relationen müssen etwa Einfüge-, Änderungs- und Löschoperationen definiert werden. Auch können zusätzlich die Operationen der relationalen Algebra angeboten werden (zusammen mit Zuweisungen an Variablen vom Typ 'Relation').

Um die Integration des imperativen Programmierparadigmas mit der mengenbasierten Vorstellung von Datenbankmodellen zu ermöglichen, bieten DB-PLs *Iteratoren* ähnlich zu den Cursor-Schleifen von PL/SQL an. Anstelle von SQL-Anfragen können hier eingeschränkte Prädikate angelehnt an den Tupelkalkül angegeben werden, um den Bereich, über den iteriert wird, einzuschränken.

11.6   Vertiefende Literatur

Die navigierenden DMLs des hierarchischen und Netzwerkmodells werden in älteren Datenbankbüchern, etwa in [Dat90], noch ausführlich beschrieben.

Literatur zu Embedded SQL findet sich in [Ing91] (herstellerbezogen) oder in [Neu93, Neu92, Neu96]. Das Cursor-Konzept ist in der Standard-Literatur zu SQL-Datenbanken ausführlich beschrieben. Bereits in [ABC+76] ist das Cursor-Konzept für eine **call**-Schnittstelle auf Basis von SEQUEL eingeführt worden. Erweiterte Cursor-Konzepte für geschachtelte Relationen sind für das am Wissenschaftlichen Zentrum der IBM in Heidelberg (WZH) entwickelte AIM-P System in [ES88] und [Wal94] beschrieben. Die erwähnten alternativen Ansätze für Cursor in hierarchischen Strukturen sind für DASDBS in [SPSW90] und für ESCHER in [Weg91] beschrieben.

Die Darstellung von PL/SQL ist an die Darstellung im Buch von Stürner angelehnt [Stü93, Stü95]. Der Standard SQL/PSM wird von Melton in [Mel98] detailliert behandelt. Ein Lehrbuch zu PL/SQL ist von Türscher [Tü98].

Die Präsentation von JDBC ist an das Buch von Saake und Sattler [SS00] angelehnt. Dort werden auch weitere Ansätze zur Kopplung von Java mit Datenbanken behandelt, etwa eine detaillierte Beschreibung von SQLJ.

Allgemeine Informationen über 4GLs entnehme man [DD95]. Eine herstellerspezifische Information ist [Ing91].

Persistente objektorientierte Sprachen werden in [AB87, AM95] vorgestellt. Die ObjectStore-DML, ein kommerzieller Vertreter dieser Richtung, wird in [LLOW91] skizziert. Genauere Informationen dazu entnehme man [Obj93]. Eine aktuelle Entwicklung auf dem Gebiet persistenter Sprachen ist Fibonacci [AGO95]. [SST97] enthält eine Klassifikation verschiedener Persistenz-Mechanismen in Objektdatenbanken.

Ein klassischer Überblicksartikel zu Datenbankprogrammiersprachen (und auch persistenten Programmiersprachen) ist [AB87]. Die Sprache *Pascal/R* von Schmidt ist in [Sch77] vorgestellt worden. Nachfolgesprachen sind Modula/R und DBPL. Die letzte Entwicklung dieser Gruppe, Tycoon, wird in [Mat93] eingeführt.

11.7 Übungsaufgaben

Übung 11.1 Gegeben sei eine weitere Relation, in der für jedes Studienfach die Regelstudiendauer angegeben ist. Schreiben Sie ein Programm in Embedded SQL, das überprüft, ob die Einhaltung der Regelstudiendauer (abzüglich eines Diplomarbeitssemesters) aufgrund der Vorlesungen möglich ist.

Hierzu wird die Voraussetzungsrelation dahingehend analysiert, wieviele Semester man benötigt, um alle Voraussetzungen hören zu können. Vorlesungen können frühestens gehört werden, wenn alle vorausgesetzten Vorlesungen bereits abgeschlossen wurden. Die Verteilung auf Winter- und Sommersemester entnimmt man der Vorlesungsankündigung (ungerade Semesterzahlen entsprechen Wintersemester); immatrikuliert wird zum Wintersemester.

Wir nehmen folgende Vereinfachung an: Ein Studienfach ist prinzipiell studierbar in der Regelstudiendauer, wenn keine Vorlesung mehr Semester an vorausgesetzten anderen Vorlesungen erfordert, als in der Regelstudiendauer vorgesehen ist. Das zu schreibende Programm gibt für alle Studienfächer die diesbezügliche minimale Studiendauer an sowie eine Liste der Studienfächer, die die Regelstudiendauer überschreiten. □

Übung 11.2 Lösen Sie das Problem aus Aufgabe 11.1 mit PL/SQL. □

Übung 11.3 Schreiben Sie in Dynamic SQL ein Programm, das folgende Aufgabe löst:

Bestimmen Sie alle Relationen, in denen ein Attribut Name (vom Typ string) zusammen mit einem Attribut vom Datentyp **date** auftritt. Benutzen Sie hierzu eine Katalog-Relation SysTables wie folgt:

```
SysTables ( RelName, AttrName, AttrType )
```

Für diesen ersten Teil können Sie auch Cursor aus Embedded SQL benutzen.

Geben Sie nun alle Werte von Name aus, die mit dem Datum 11.11.94 in einem Tupel in Zusammenhang gebracht wurden. Geben Sie jeweils den Relationennamen und den Namen des Attributs mit aus. Um den (in diesem Buch nicht erläuterten) Transfer von Ergebnissen in das Anwendungsprogramm mittels der **sqlda** von Dynamic SQL zu vermeiden, benutzen Sie eine Hilfsrelation zum Speichern der Ausgaben. □

Übung 11.4 Falls Sie eine 4GL in einem Datenbanksystem zur Verfügung haben: Schreiben Sie in der 4GL Ihrer Wahl das Programm zur Berechnung der transitiven Hülle, das in diesem Kapitel in Embedded SQL und in PL/SQL angegeben wurde. □

12

Integrität und Trigger

Die *Integrität* einer Datenbank beschreibt, inwieweit anwendungsspezifische Bedingungen von Datenbankmodifikationen respektiert werden und wie auf Verletzungen dieser Bedingungen reagiert werden soll. Eine aktuelle Entwicklung auf diesem Gebiet, die sogenannten *Trigger*, eröffnen ein Anwendungsspektrum, das weit über die reine Integritätssicherung hinausgeht. Wie die Zugriffskontrolle, soll auch die Integritätssicherung die Korrektheit und korrekte Verwendung der Daten sicherstellen.

Die *Integrität* einer Datenbank wird verletzt, wenn die gespeicherten Daten bekannte Gesetzmäßigkeiten der modellierten Anwendung verletzen. Weil diese Gesetzmäßigkeiten aus der Semantik der Anwendung folgen, wird von der *semantischen Integrität* der Datenbank gesprochen. Da Verletzungen der semantischen Integrität unbeabsichtigt geschehen können, ist die *Integritätssicherung* unabhängig von Fragen der Datensicherheit zu betrachten.

Dieses Kapitel ist folgendermaßen aufgebaut:

- In Abschnitt 12.1 stellen wir zunächst den Zusammenhang zwischen dem Transaktionskonzept und der Integritätssicherung her.

- Abschnitt 12.2 beschreibt verschiedene Systemarchitekturen, mit denen eine Integritätssicherung erreicht werden kann.

- Die Möglichkeiten der Angabe von Integritätsbedingungen im Standard SQL werden in Abschnitt 12.3 beschrieben.

- Eine allgemeine Klassifikation von Integritätsregeln wird in Abschnitt 12.4 eingeführt. Das Konzept der Integritätsregel wird an einem alten SQL-Sprachvorschlag in Abschnitt 12.5 verdeutlicht.

495

- Ein in den aktuellen Datenbanksystemen verfügbarer Mechanismus zur Integritätssicherung sind die Trigger-Konzepte. Wir stellen diese und die Verallgemeinerung in ECA-Regeln von aktiven Datenbanken in Abschnitt 12.6 vor.

- Alternative Methoden der Integritätssicherung werden abschließend in Abschnitt 12.7 besprochen.

12.1 Transaktionen und Integritätsüberwachung

Die Integritätssicherung ist eng mit dem Begriff der *Transaktion* verbunden, die unter anderem als *integritätsbewahrende Sequenz von Datenbankmanipulationen* charakterisiert ist.

Der Begriff der Integritätsbedingung

Allgemein wird als *Integritätsbedingung* (engl. *integrity constraint* oder *assertion*) eine Bedingung für die "Zulässigkeit" oder "Korrektheit" bezeichnet. In Bezug auf Datenbanken kann diese Bedingung

- (einzelne) Datenbankzustände σ,

- Zustandsübergänge $\langle \sigma_{alt}, \sigma_{neu} \rangle$ oder auch

- langfristige Datenbankentwicklungen

betreffen. Bedingungen, die Datenbankzustände einschränken, werden auch als *statische* Integritätsbedingungen bezeichnet. Sie werden unabhängig vom zeitlichen Ablauf der Datenbankänderungen betrachtet. Die anderen Bedingungen werden zu den *dynamischen* Integritätsbedingungen zusammengefaßt, wobei Bedingungen an Zustandsübergänge als *transitional* bezeichnet und langfristige Bedingungen von diesen als *temporal* abgegrenzt werden. Diese Klassifikation wird in Tabelle 12.1 zusammengefaßt.

Bedingungsklasse		zeitlicher Kontext
statisch		Datenbankzustand
dynamisch	transitional	Zustandsübergang
	temporal	Zustandsfolge

Tab. 12.1: Klassifikation von Integritätsbedingungen anhand des zeitlichen Kontextes

Bevor wir uns Notationen für Integritätsbedingungen zuwenden, müssen wir an dieser Stelle das Konzept der *Transaktion* betrachten.

Der Begriff der Transaktion

Unter einer *Transaktion* wird eine Folge von Datenbankoperationen verstanden, die bzgl. der Integritätsüberwachung als Einheit (atomar) angesehen wird. Daraus folgt, daß die Datenbank nur vor und nach Transaktionen in zulässigen Zuständen zu sein braucht. Der Transaktionsbegriff ist, unabhängig vom Problem der Integritätssicherung, ein zentraler Begriff der Datenbanktechnik insbesondere im Mehrbenutzerbetrieb. Transaktionen müssen die sogenannten *ACID-Eigenschaften* wie folgt erfüllen:

A *Atomicity: Atomarität.* Eine Transaktion wird entweder ganz oder gar nicht ausgeführt. Transaktionen können keine Zwischenzustände nach einem Abbruch hinterlassen.

C *Consistency: Konsistenz.* Transaktionen sind die *Einheiten der Integritätsüberwachung*: Nach einem erfolgreichen Ende einer Transaktion muß die Datenbank in einem zulässigen Zustand sein, die Effekte von Transaktionen (als Einheit betrachtet) müssen die transitionalen Bedingungen erfüllen.

Transaktionen müssen also alle Integritätsbedingungen erfüllen.

I *Isolation.* Transaktionen laufen im simulierten Einbenutzerbetrieb ab: Eventuell parallel ablaufende andere Transaktionen sind isoliert und können sich nicht gegenseitig beeinflussen.

D *Durability: Dauerhaftigkeit.* Die Wirkung einer einmal erfolgreich beendigten Transaktion ist dauerhaft.

An dieser Stelle interessieren wir uns speziell für den Aspekt der *Konsistenzerhaltung*. Die anderen Aspekte des Transaktionsmanagements werden im zweiten Band [SH99a] dieses Buches behandelt. Das folgende Beispiel zeigt, daß wir tatsächlich Transaktionen und nicht etwa elementare Datenbank-Änderungen als Einheit der Integritätssicherung betrachten müssen.

Beispiel 12.1 Bei Übertragungen eines Betrages B von einem Haushaltsposten K1 auf einen anderen Posten K2 soll die Bedingung, daß die Summe der Kontostände der Haushaltsposten konstant ist, erhalten bleiben. Eine Transaktion, die eine Übertragung realisiert, könnte vereinfacht wie folgt notiert werden:

```
Transfer = < K1:=K1-B; K2:=K2+B >;
```

In Sprachen wie SQL muß eine derartige Transaktion immer als Sequenz zweier elementarer Änderungen realisiert werden, wobei die Bedingung zwischen den einzelnen Änderungsschritten nicht erfüllt ist.   □

Sprachmittel zur Beschreibung von Transaktionen wurden bereits in Kapitel 11 diskutiert, etwa im Abschnitt über Embedded SQL. Aspekte der Realisierung der ACID-Eigenschaften von Transaktionen werden in [SH99a] ausführlicher betrachtet.

12.2 Architekturen zur Integritätssicherung

In Abbildung 12.1 ist noch einmal die allgemeine Architektur einer Datenbankanwendung vereinfacht dargestellt. Das zentrale DBMS bildet die Schnittstelle zwischen den gespeicherten Daten der Datenbank und den Anwendungsprogrammen, auf die wiederum die Benutzer zugreifen.

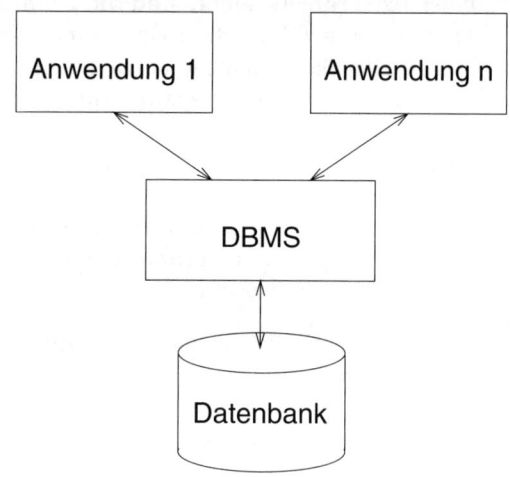

Abb. 12.1: Vereinfachte Datenbank-Anwendungsarchitektur

Die Erzwingung von Integritätsbedingungen kann an verschiedenen Stellen dieser Architektur erfolgen, zum Beispiel als Teil der Anwendungssoftware oder als Teil des DBMS. Wir werden im folgenden drei Architekturvarianten vorstellen. Diese Architekturen liegen natürlich oft nicht in der diskutierten "Reinform", sondern in unterschiedlichen Mischformen vor.

12.2.1 Integritätssicherung durch Anwendung

Die erste Variante kann als die in der Vergangenheit aus systemtechnischen Gründen einzig realisierbare Architektur angesehen werden. Das DBMS stellt keine oder nicht hinreichende Dienste zur Integritätssicherung bereit, so daß die Integritätssicherung durch spezielle Anfragen in den Anwendungsprogrammen erfolgen muß (siehe Abbildung 12.2).

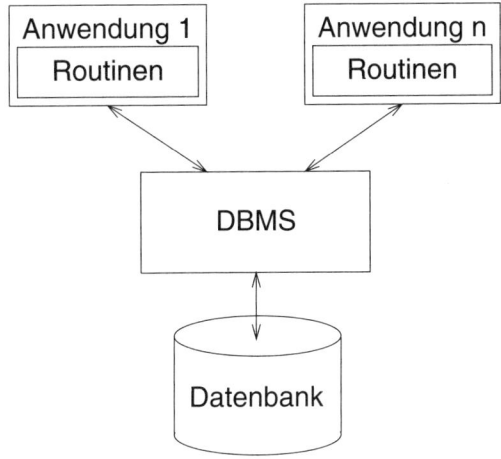

Abb. 12.2: Integritätssicherung durch Anwendungsroutinen

Diese Architekturvariante ist Realität in vielen gegenwärtigen Datenbankanwendungen, insbesondere natürlich in den seit Jahrzehnten gewachsenen kommerziellen Anwendungen. Diese Architekturvariante läßt sich wie folgt kurz charakterisieren:

Prinzip: Spezielle Routinen des Anwendungsprogramms kontrollieren die Integritätsbedingungen. Die Formulierung der Bedingungen erfolgt operational in einer Programmiersprache.

Vorteile: Diese Architektur ist auch bei fehlender Unterstützung durch das DBMS realisierbar. Die Benutzung einer üblichen Programmiersprache erlaubt eine flexible und effiziente Reaktion auf Integritätsverletzungen.

Nachteile: Es ist keine zentrale Kontrolle der Integritätsbedingungen möglich. Die Erzwingung der Integrität wird redundant in mehreren Anwendungsprogrammen realisiert und führt zu den bekannten Problemen redundanter Programmteile (inbesondere zu Inkonsistenzen nach partiellen Änderungen). Ein weiteres Problem ist die oft fehlende Dokumentation der Integritätsbedingungen, die die Wartung der Anwendungen erschwert. Beim heutigen Stand der Software-Technik ist keine formale Verifikation der Korrektheit der Integritätsüberwachung möglich.

12.2.2 Integritätsmonitor als Komponente des DBMS

Die im vorigen Abschnitt geschilderten Nachteile legen es nahe, die Integrität durch eine Komponente des Datenbank-Management-Systems gewährleisten zu lassen. Eine derartige Komponente bezeichnen wir als *Integritätsmonitor*. Die resultierende Architektur zeigt Abbildung 12.3.

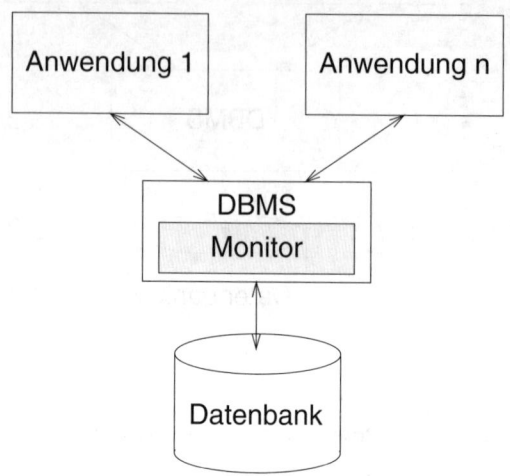

Abb. 12.3: Integritätssicherung durch Integritätsmonitor

Prinzip: Der Monitor als Komponente des Datenbank-Management-Systems überwacht die Integritätsbedingungen zur Laufzeit des Systems bei jedweden Änderungstransaktionen. Die Integritätsbedingungen werden implementierungsunabhängig in einer Teilsprache der Datendefinitions- bzw. Datenmanipulationssprache des Systems formuliert.

Vorteile: Die Angabe von Integritätsbedingungen auf abstrakter Ebene ermöglicht einen hohen Grad an Datenunabhängigkeit: Integritätsbedingungen werden unabhängig von der Realisierung ihrer Überprüfung formuliert, so daß nicht die Gefahr einer Abhängigkeit von Speicherstrukturen besteht. Die tatsächliche Überprüfung kann vom System selbst optimiert werden.

Die zentrale Kontrolle durch eine Systemkomponente verhindert redundante (und somit fehlerträchtige) mehrfache Realisierung der Integritätsüberwachung an verschiedenen Stellen von Anwendungsprogrammen. Der Nachweis der Korrektheit der Integritätsüberwachung muß nur einmal durch Validierung des Monitors erfolgen und nicht mehrfach für verschiedene Routinen.

Nachteile: Bis zum heutigen Tage sind effiziente Realisierungen eines Integritätsmonitors nur für stark eingeschränkte Bedingungen bekannt. In kommerziellen Systemen können nur sehr einfache Bedingungen zentral überwacht werden (vergleiche die Diskussion bei der Vorstellung der SQL-DDL in Abschnitt 7.1).

Trotz der eher pessimistischen Einschätzung der Nachteile dieses Vorschlags wiegen die Vorteile sehr stark. Zukünftige Sprachvorschläge scheinen auch für kommerzielle Systeme deklarative Sprachen für Integritätsbedingungen zu forcieren, so sieht der SQL-92-Sprachvorschlag eine **assertion**-Klausel zur Angabe beliebiger Integritätsbedingungen vor. Realistisch muß allerdings gesagt werden, daß bis zur effizienten Überwachung beliebiger deklarativer Bedingungen noch viel Entwicklungsarbeit zu leisten ist.

Aktuelle Systeme setzen bereits heute ein Monitor-Konzept zur Überwachung *operationaler* Bedingungen ein, sogenannter *Trigger*. Beliebige Integritätsbedingungen können weitestgehend automatisch in Trigger umgesetzt werden, so daß diese Architekturvariante die Vorteile des zentralen Monitorkonzepts mit der Effizienz operationaler Integritätsüberprüfung verbinden könnte. Das Trigger-Konzept wird in Abschnitt 12.6 ausführlicher behandelt.

12.2.3 Integritätssicherung durch Einkapselung

Da die Realisierung der Integritätsüberwachung durch Anwendungsroutinen einige gravierende Nachteile hat und Integritätsmonitore zur Zeit nicht die Einhaltung beliebiger Bedingungen gewährleisten können, werden seit einiger Zeit modifizierte Anwendungsarchitekturen vorgeschlagen, um trotz fehlender DBMS-Komponente eine zentrale Kontrolle der Integritätsbedingungen zu ermöglichen. In dieser modifizierten Architektur greifen die Anwendungen auf die Datenbank ausschließlich durch eine *Zwischenschicht* aus sicheren (d.h. integritätserhaltenden) Standardtransaktionen zu. Die Architektur ist in Abbildung 12.4 skizziert.

Prinzip: Der Zugang zur Datenbank erfolgt ausschließlich durch eine Zwischenschicht aus vorgegebenen Transaktionen zwischen Anwender und DBMS. Diese *sicheren Transaktionen* sind bezüglich der Einhaltung der Integritätsbedingungen validiert.

Vorteile: Die sicheren Standardtransaktionen werden zentral verwaltet und verifiziert und vermeiden weitestgehend eine redundante Integritätsüberwachung. Dieser Ansatz ist bereits bei heutigen kommerziellen Systemen einsetzbar.

Nachteile: Bei diesem Ansatz sind prinzipiell keine interaktiven Ad-hoc-Änderungen, etwa in SQL-DDL, durch die Anwender erlaubt, da jedweder

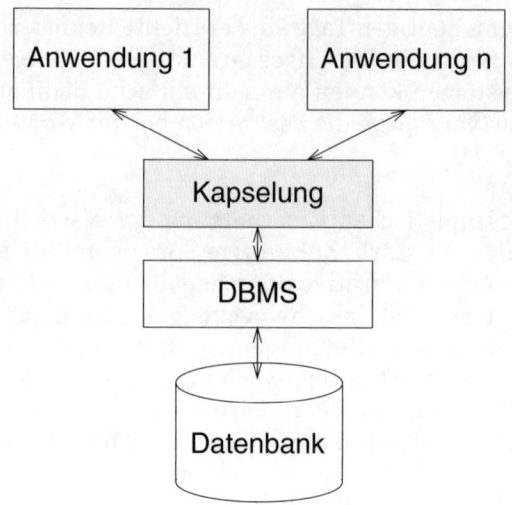

Abb. 12.4: Integritätssicherung durch Einkapselung mit sicheren Transaktionen

Zugriff durch die Zwischenschicht zu erfolgen hat. Die Zwischenschicht-Architektur ermöglicht keine flexible Reaktion auf neue oder geänderte Anforderungen, da in diesem Fall alle sicheren Transaktionen geändert und neu validiert werden müssen.

Eine Methode zum Entwurf sicherer Transaktionen basierend auf deklarativen Integritätsbedingungen wird von Lipeck in [Lip89] vorgestellt. Das Ergebnis sind Vor- und Nachbedingungen für zu realisierende sichere Transaktionen, gegen die die Implementierung zu verifizieren ist.

Eine interessante Parallele findet dieser Ansatz in objektorientierten Ansätzen, in denen die innere Struktur eines Objekts durch Methoden eingekapselt ist. Änderungsmethoden in objektorientierten Datenbankmodellen können in naher Zukunft die Rolle sicherer Transaktionen für die Integritätsüberwachung übernehmen, sofern auch dort eine stabile Entwurfsmethode entwickelt werden kann.

12.3 Integritätsbedingungen in SQL

Im SQL-92-Standard sind Sprachkonstrukte vorgesehen, die die Angabe von Integritätsbedingungen ermöglichen. Neben Erweiterungen der Tabellendefinition etwa um die **check**-Klausel gibt es die **assertion**-Klausel, die die explizite Angabe deskriptiver, tabellenübergreifender Bedingungen ermöglicht.

Wir geben eine kurze Zusammenfassung und Einordnung der in Abschnitt 7.1 vorgestellten Sprachkonstrukte zur Formulierung von Integritätsbedingungen in der SQL-DDL. Die **assertion**-Klausel aus SQL-92 werden wir an dieser Stelle zusätzlich einführen.

12.3.1 Inhärente Integritätsbedingungen im Relationenmodell

Die Datendefinition in SQL unterstützt insbesondere die sogenannten *modellinhärenten* Integritätsbedingungen des Relationenmodells. Eine Integritätsbedingung heißt modellinhärent, wenn sie aus der Strukturbeschreibung des Datenbankmodells impliziert wird und nicht explizit notiert werden muß.

In der SQL-DDL sind dies insbesondere die folgenden drei Klassen von Bedingungen:

1. *Typintegrität*: SQL erlaubt die Angabe von Wertebereichen zu Attributen. In der DDL wird für Attribute angegeben, ob Nullwerte erlaubt oder verboten sind.

2. *Schlüsselintegrität*: Die SQL-DDL erlaubt die Angabe eines Schlüssels für eine Relation.

3. *Referentielle Integrität*: In der IEF-Stufe von SQL-89 ist die Angabe von Fremdschlüsseln möglich.

12.3.2 DDL-Erweiterungen von SQL-92

Der SQL-92-Standard baut die Möglichkeiten der Angabe von Integritätsbedingungen bei der Deklaration von Relationen weiter aus. Zur Wiederholung sind hier die betreffenden Schlüsselwörter und ihre Bedeutung kurz aufgelistet. Weitere Einzelheiten können in Abschnitt 7.1 gefunden werden.

- **not null**: Diese attributspezifische Bedingung besagt, daß Nullwerte in diesem Attribut verboten sind.

- **check** (*search-condition*): Diese attributspezifische Bedingung ist in der Regel eine *Ein-Tupel-Integritätsbedingung*, aber auch komplexere Bedingungen können angegeben werden.

- **primary key** : Hier kann die Angabe eines Primärschlüssels erfolgen. Dies ist also eine relationenspezifische Bedingung.

- **foreign key** (*Attribut(e)*) **references** *Tabelle(Attribut(e))*: Hier erfolgt die Angabe der Fremdschlüssel als relationenübergreifende Bedingung.

Bereits die **check**-Klausel ermöglicht ein weites Spektrum an deskriptiv angegebenen Bedingungen, obwohl sie primär für lokal zu prüfende Ein-Tupel-Bedingungen eingesetzt werden sollte. Der SQL-99-Standard erweitert dieses Spektrum noch durch detailliertere Reaktionsregeln und die Art der Berücksichtigung von Nullwerten bei Fremdschlüsselüberprüfungen (siehe Abschnitt 7.5).

Tupel- und relationenübergreifende Bedingungen sollten in der **assertion**-Klausel spezifiziert werden.

12.3.3 Die **assertion**-Klausel

Die Anweisung 'create assertion' ermöglicht die Spezifikation tabellenübergreifender Bedingungen. Die folgenden zwei Beispiele zeigen die Syntax dieses Sprachkonstrukts:

Beispiel 12.2 Das erste Beispiel formuliert eine Bedingung, die eine Aggregation über eine Relation beinhaltet:

```
create assertion Preise check
    ( ( select sum (Preis) from Buch) < 10000 )
```

Hinter dem Schlüsselwort **check** kann eine beliebige boolesche Bedingung stehen. Durch Unteranfragen werden relationenübergreifende Bedingungen formulierbar.

Ein wichtiger Spezialfall ist die Formulierung von Existenzaussagen:

```
create assertion Preise2 check
    ( not exists ( select Preis from Buch ) > 200 )
```

Mit **assertion** definierte Bedingungen werden mit einem eindeutigen Namen (hier Preise und Preise2) versehen und im Data Dictionary gespeichert.   □

12.3.4 Verwaltung und Überprüfung von Bedingungen

Bei der Definition einer **assertion** wird ein eindeutiger Name angegeben, über den die Bedingung zugreifbar ist. Eine Bedingung kann über diesen Zugriff gelöscht oder geändert werden. Auch Bedingungen innerhalb einer **create table**-Anweisung können mittels **constraint** mit einem Namen versehen werden.

Weitere Angaben betreffen die Behandlung von Integritätsverletzungen. Wir werden diese verschiedenen *Überprüfungsmodi* später für allgemeine Integritätsbedingungen ausführlich diskutieren und sie darum hier nur kurz aufführen:

- **on update | delete**:

  Angabe eines Auslöseereignisses, das die Überprüfung der Bedingung anstößt.

- **cascade | set null | set default | no action**:

  Die Behandlung einiger Integritätsverletzungen pflanzt sich über mehrere Stufen fort, zum Beispiel Löschen als Reaktion auf Verletzung der referentiellen Integrität. Die angeführten Schlüsselwörter geben bei referentieller Integrität explizit an, wie im Fall einer Verletzung zu verfahren ist.

- Die Angaben **deferred** versus **immediate** legen den Überprüfungszeitpunkt für eine Bedingung fest. Im ersten Fall wird die Überprüfung an das Ende der Transaktion zurückgestellt; im zweiten Fall erfolgt die Prüfung sofort bei jeder relevanten Datenbankänderung.

  In SQL-92 können diese Angaben mit einem initialen Wert versehen werden, der zur Laufzeit geändert werden kann. Spezielle Klauseln steuern die Änderbarkeit dieser Angaben.

12.4 Klassifikation von Integritätsbedingungen

Wir haben bereits SQL-92-Sprachkonzepte kennengelernt, mit denen verschiedene Arten von Integritätsbedingungen festgelegt werden können. Hierbei kann man feststellen, daß sich diese Bedingungen in der Komplexität der Überprüfung ebenso unterscheiden können wie in den Auswirkungen auf andere Datenbestände einer Datenbank. Im folgenden werden wir motiviert durch einige einfache Beispiele versuchen, Klassifikationen der in Anwendungen auftretenden Bedingungen vorzunehmen.

12.4.1 Beispiele für Integritätsbedingungen

Als Beispielanwendung betrachten wir wieder unser einfaches Beispiel, bestehend aus Relationen zur Speicherung von Daten über Kunden, Kontostände und Bestellungen:

1. *Kunden sind durch ihre Namen identifiziert, d.h., kein Kundenname darf mehrfach vorkommen.*

   Diese Bedingung (die bereits bekannte Schlüsselbedingung) betrifft alle Paare von Tupeln einer Relation (oder, äquivalent, alle Tupel des Kreuzprodukts einer Relation mit sich selbst).

2. *Kein Kundenkonto darf unter -100 absinken.*

Diese Bedingung betrifft *alle* Tupel einer Relation. Die Bedingung kann allerdings jeweils lokal für die einzelnen Tupel überprüft werden.

3. *Das Konto von Weiß darf nicht überzogen werden.*

Diese Bedingung betrifft genau ein einzelnes Tupel einer Relation.

4. *Der Durchschnittspreis für Karotten muß unter dem für Spargel liegen.* Diese Bedingung betrifft wiederum genau eine Relation, aber hier jeweils Paare von *Teilmengen* aller Tupel. Diese Teilmengen können beliebig groß werden. Die Bedingung erfordert ferner den Einsatz arithmetischer Funktionen.

5. *Nur solche Waren dürfen bestellt werden, für die es mindestens einen Lieferanten gibt.*

Diese Bedingung ist ein Beispiel für eine *relationenübergreifende* Integritätsbedingung. Modelliert wird dabei eine referentielle Integritätsbedingung, nämlich daß das Attribut LName in der Auftrag-Relation ein Fremdschlüssel ist.

6. *Der Brotpreis darf nicht erhöht werden.*

Diese Bedingung betrifft, im Gegensatz zu allen vorher diskutierten Beispielen, *Zustandsübergänge* anstelle einzelner Datenbankzustände.

7. *Kunden dürfen nur gelöscht werden, wenn sie keine Waren mehr bestellt haben.*

Auch diese Bedingung betrifft Zustandsübergänge, bezieht sich aber explizit auf die *Operation*, die den Übergang berechnet.

8. *Der Preis eines Grundnahrungsmittels darf innerhalb von drei Jahren höchstens um 15% steigen.*

Diese Bedingung ist eine langfristig zu überprüfende Bedingung, für die historische (also in der Vergangenheit aktuelle) Preisinformationen zusätzlich gespeichert werden müssen, um die Bedingung zu überprüfen.

9. *Kunden* **müssen** *gelöscht werden, wenn sie keine Waren mehr bestellt haben.*

Dieses Beispiel ist in unserem Sinne gar keine Integritäts*bedingung*, sondern eine Integritäts*regel*, die bei Änderungen der Datenbank Folgeaktionen auslösen muß. Auf den Begriff der Integritätsregel werden wir im nächsten Abschnitt eingehen.

In den Bemerkungen zu den einzelnen Beispielen wurden bereits Hinweise auf mögliche Klassifikationen von Integritätsbedingungen gegeben, die wir im folgenden Abschnitt ebenfalls genauer betrachten.

12.4.2 Mögliche Klassifikationen

Im folgenden stellen wir einige mögliche Klassifikationen für Integritätsbedingungen vor. Einige Klassifikationen beziehen sich auf die Art der Bedingungen, während andere eher technische Aspekte der Überprüfung derartiger Bedingungen betreffen.

Granularität der Daten: Integritätsbedingungen können nach der von der Bedingung betroffenen Dateneinheit innerhalb einer Datenbank klassifiziert werden, zum Beispiel im relationalen Fall in die Klassen Ein-Tupel-Bedingungen, Ein-Relation-Bedingungen und Mehr-Relationen-Bedingungen.

Ausdrucksfähigkeit der Sprache: Eine weitere Klassifizierung basiert auf der Ausdrucksfähigkeit der für die Formulierung benötigten Sprache. Während etwa die Bedingungen 1, 2, 3 und 5 in der relationalen Algebra formuliert werden können, benötigt man für die Bedingung 4 Gruppierung und arithmetische Funktionen (also etwa die Ausdrucksfähigkeit von SQL). Eine weitere allgemeinere Klasse könnte zum Beispiel Bedingungen über die transitive Hülle einer zweistelligen Relation erlauben.

Statische versus dynamische Bedingungen: Bedingungen können danach klassifiziert werden, ob sie einzelne Datenbankzustände (statische Integritätsbedingungen), Zustandsübergänge (transitionale Integritätsbedingungen, Beispiel 6) oder langfristige Abläufe betreffen (temporale Integritätsbedingungen, Beispiel 8). Transitionale und temporale Integritätsbedingungen werden zu *dynamischen* Integritätsbedingungen zusammengefaßt.

Zeitpunkt der Überprüfung: Einfache Bedingungen für einzelne Tupel können (oder müssen) in der Regel nach jeder kritischen Operation, die die Bedingung verletzen könnte, überprüft werden. Dieser Überprüfungsmodus wird im Englischen mit *immediate* klassifiziert. Bei Operationen, die Mengen von Tupeln betreffen, kann man zusätzlich unterscheiden, ob die Bedingung nach jeder Einzeländerung oder am Ende der Operation zu überprüfen ist.

Komplexe Bedingungen, insbesondere falls sie mehrere Datenbankobjekte betreffen, können oft erst nach Folgen von Operationen gewährleistet werden, da zwangsweise inkonsistente Zwischenzustände auftreten. Die Überprüfung muß in diesen Fällen etwa bis zum Ende einer Transaktion zurückgestellt werden. Im Englischen wird dieser Überprüfungsmodus als *zurückgestellt* (engl. *deferred*) bezeichnet.

Die Angaben `immediate` und `deferred` *koppeln* die Überprüfung einer Bedingung an das Ereignis, das die Bedingung verletzen könnte, auf unterschiedliche Art. Sie werden darum auch als *Kopplungsmodi* bezeichnet.

Art der Reaktion: Die übliche Reaktion auf eine Integritätsverletzung ist die Zurückweisung einer Operation bzw. der gesamten Transaktion (engl. *reject*). Oft bietet es sich an, statt einer Zurückweisung korrigierende Maßnahmen durchzuführen (engl. *repair*). Beispiele hierfür sind die verschiedenen Reaktionen, die in SQL-92 als Reaktion bei Verletzungen der referentiellen Integrität spezifiziert werden können. Eine allgemeinere Art der Reaktion bieten die Integritätsregeln, die im nächsten Abschnitt diskutiert werden.

Die Klassifikationsmöglichkeiten werden in Tabelle 12.2 zusammengefaßt.

Kriterium	Klassen
Granularität	Attribut
	Tupel
	Relation
	Datenbank
Ausdrucksfähigkeit	elementare Prädikate
	Relationale Algebra
	SQL
	SQL + transitive Hülle
	berechnungsvollständig
zeitlicher Kontext	statisch
	transitional
	temporal
Überprüfungszeitpunkt	Einzeländerung
	Operationsende
	Transaktionsende
Reaktion	Zurückweisung (reject)
	Korrektur (repair)

Tab. 12.2: Mögliche Klassifikationen von Integritätsbedingungen

12.5 Integritätsregeln

Der Begriff *Integritätsregel* verallgemeinert das Konzept der Integritätsbedingung, indem neben der reinen Bedingung Aspekte der Überprüfung und der Reaktion bei Integritätsverletzungen spezifiziert werden. Eine Integritätsregel kann man sich als eine (zum Teil operationalisierte) Implementierung einer Integritätsbedingung vorstellen.

Wir beginnen mit dem Konzept einer Integritätsregel, bevor wir uns einem Sprachvorschlag zuwenden. Eine Integritäts*regel*

$$IR = \langle B, O, A, R \rangle$$

besteht aus den folgenden vier Komponenten:

B	Integritätsbedingung
O	Menge von Datenbankobjekten, auf die sich B bezieht
A	Auslöser, wann B zu überprüfen ist
R	Reaktionen, falls B verletzt ist

Anstatt die Komponenten hier im einzelnen zu diskutieren, betrachten wir einen Sprachvorschlag für eine Erweiterung in SQL um Integritätsregeln und behandeln die Komponenten anhand dieses Sprachvorschlags.

12.5.1 Der ursprüngliche SQL-Sprachvorschlag

Der im folgenden vorgestellte Sprachvorschlag ist bereits sehr früh als Erweiterung von SQL vorgeschlagen, aber in dieser Form nie implementiert worden. Wir haben uns trotzdem entschlossen, den Sprachvorschlag in dieses Lehrbuch aufzunehmen, da er als Referenzsprachentwurf für aktuelle Entwicklungen immer noch von großer Bedeutung ist. Die von uns gewählte Syntax ist an den ursprünglichen Vorschlag angelehnt (frei nach [ABC⁺76, Dat83]).

Eine *Integritätsregel* hat die folgende syntaktische Form (die Zuordnung zu den erwähnten vier Komponenten ist rechts am Rand in Klammern hinzugefügt worden):

assert \<Regelname\>	
[**immediate** | **deferred**] [**on** \<Operation\>]	(A)
[**for** \<Relation\>] :	(O)
\<Bedingung wie in **where**-Klausel\>	(O,B)
[**else** (\<Folge von SQL-Anweisungen\>)]	(R)

wobei die offengelassenen Angaben \<Operation\> und \<Relation\> die folgende syntaktische Form haben:

- \<Operation\> ::= { **insertion** \| **deletion** } **of** \<Relation\> \| **update of** \<Relation\> [(\<Attribut\>)]

- \<Relation\> ::= \<Relationsname\> [\<Variablenname\>]

Die einzelnen Teile der Syntaxdefinition für Integritätsregeln werden nun ausführlicher erläutert:

- Die Angabe eines Auslösezeitpunkts kann die zwei Werte **immediate** und **deferred** annehmen. Die Angabe **immediate** ist voreingestellt, wenn keine explizite Angabe gemacht wird. Die Bedeutung der beiden Modi des Auslösezeitpunkts ist die folgende:

  – **immediate**: Sofort nach jeder Operation bzw. nur nach den angegebenen Operationen.

    Neuere Sprachvorschläge differenzieren noch bei Elementaränderungen, die Wertemengen betreffen (etwa das Einfügen mehrerer Tupel in einer **insert**-Anweisung), ob jeweils nach jedem einzelnen Einfügen oder nur einmal nach der Gesamtoperation die Bedingung geprüft wird (**for each row** bzw. **for each operation**).

  – **deferred**: Erst nach der Ausführung aller Anweisungen einer *Transaktion*, sofern die angegebenen Operationen in der Transaktion tatsächlich vorgekommen sind.

- Wie in SQL üblich, definiert die Angabe <Relation> eine allquantifizierte Tupelvariable, für die die Bedingung gelten soll.

- Die Angabe <Bedingung> gibt eine Selektionsbedingung analog der **where**-Klausel von SQL an.

  Neu hinzugekommen im Vergleich zur bekannten **where**-Klausel sind die Angaben **old** bzw. **new**. Diese Angaben ermöglichen die Unterscheidung der geänderten Tupel vor bzw. nach der Operation oder Transaktion (je nach Auslöser-Modus). Diese Spracherweiterung ist zwingend notwendig, um transitionale Bedingungen formulieren zu können. Fehlt eine explizite Angabe, ist **new** voreingestellt.

- Auch für die Reaktion können zwei unterschiedliche Modi eingestellt werden. Der voreingestellte Modus **reject** bedeutet ein Zurückweisen der Operation und damit das Rücksetzen der Transaktion. Er entspricht der Standard-Reaktion bei Integritätsverletzungen. Der zweite Modus, die explizite Angabe einer Folge von SQL-Änderungen nach dem Schlüsselwort **else** ermöglicht eine flexiblere Reaktion, zum Beispiel die Wiederherstellung der Integrität durch Datenbankmodifikationen.

Die Bedeutung der vorgestellten Syntax wird hier nicht in aller Ausführlichkeit besprochen. Statt dessen zeigen wir den Einsatz derartiger Integritätsregeln anhand der bereits vorgestellten Beispiele für Integritätsbedingungen.

12.5.2 Integritätsregeln in SQL: Beispiele

Die folgenden Beispiele entsprechen den informellen Bedingungen der Auflistung in Abschnitt 12.4. Zu beachten ist, daß die etwas umständlich erscheinende Konstruktion mit **not** und **or** in den Beispielen 1, 3 und 6 eine Implikation ausdrückt, die leider in SQL nicht direkt umgesetzt werden kann.

1. *Kunden sind durch ihre Namen eindeutig identifiziert:*

```
assert IR1
    for KUNDE K1, KUNDE K2:
        not( K1.KName = K2.KName ) or
        (K1.KAdr = K2.KAdr and K1.Kto = K2.Kto)
```

Diese Bedingung würde in SQL natürlich direkt als Schlüsselbedingung formuliert werden und nicht als explizite Integritätsregel.

2. *Kein Kundenkonto darf unter -100 absinken:*

```
assert IR2 for KUNDE : Kto >= -100
```

In dieser Formulierung fehlt die Angabe der Operationen, bei denen die Regel überprüft werden muß. Unter Einbeziehung der Bedeutung der Regel kann diese Bedingung wie folgt äquivalent formuliert werden:

```
assert IR2'
    on insertion of KUNDE, update of KUNDE
    for KUNDE : Kto >= -100
```

Die zweite Formulierung überprüft dieselbe Bedingung wie zuvor, da eine Verletzung der Integritätsbedingung nur durch Einfügen oder Ändern eines Tupels erfolgen kann, aber keinesfalls durch Löschen eines Tupels. Die neue Formulierung gibt dem System mehr Informationen zur effizienten Überprüfung der Bedingung.

3. *Das Konto von Weiß darf nicht überzogen werden:*

```
assert IR3 for KUNDE :
    not KName = 'Weiß' or Kto >= 0
```

4. *Der Durchschnittspreis für Karotten muß unter dem für Spargel liegen:*

```
assert IR4 deferred
    ( select avg (Preis) from LIEFERANT
      where Ware = 'Karotten')
    < (select avg (Preis) from LIEFERANT
      where Ware = 'Spargel')
```

Da diese Bedingung nicht an einzelne Tupel gebunden ist, muß hier keine Tupelvariable angegeben werden (fehlender **for**-Teil).

5. *Nur solche Waren dürfen bestellt werden, für die es mindestens einen Liefe-ranten gibt:*

```
assert IR5 for AUFTRAG A:
    exists (select * from LIEFERANT
            where Ware = A.Ware)
```

6. *Der Brotpreis darf nicht erhöht werden:*

```
assert IR6 (on update of LIEFERANT (Preis))
for LIEFERANT:
    not Ware = 'Brot' or
    new  Preis <= old Preis
```

Diese Regel ist ein Beispiel für eine *transitionale* Bedingung, bei der die Angaben **old** und **new** notwendig zur Formulierung der zu testenden Bedingung sind.

7. *Kunden dürfen nur gelöscht werden, wenn sie keine Waren mehr bestellt haben:*

```
assert IR7 deferred on deletion of KUNDE
for KUNDE K:
    not exists (select * from AUFTRAG
                where KName = old K.KName)
```

Die Angabe **old** K bezieht sich hier nur auf gelöschte Tupel.

Die Integritätsregel wird mit **deferred** notiert, da eine Überprüfung erst am Ende einer Transaktion sinnvoll ist (vielleicht werden im Rest der Transaktion ja weitere Bestellungen gelöscht).

8. *Der Preis eines Grundnahrungsmittels darf innerhalb von drei Jahren höchstens um 15% steigen.*

Die Bedingung 8 kann in diesem Sprachvorschlag nicht ausgedrückt wer-den! Man vergleiche hierzu die Ausführungen von Lipeck u.a. in [Lip89, LS87a, LGS94] über die Formulierung temporaler Integritätsbedingungen und deren Umsetzung in transitionale Bedingungen.

9. *Kunden* **müssen** *gelöscht werden, wenn sie keine Waren mehr bestellt ha-ben:*

```
assert IR9 on deletion of AUFTRAG
for AUFTRAG A1:
    exists (select * from AUFTRAG A2
            where A2.KName = old A1.KName)
```

```
else (
    delete KUNDE K
    where K.KName = old A1.KName )
```

Bei dieser Regel handelt es sich im Gegensatz zu den bisherigen Beispielen um eine Integritätsregel, die bei einer Verletzung der Bedingung aktiv eine korrigierende Datenbankaktion ausführt, um wieder einen konsistenten Zustand herzustellen.

12.6 Trigger und aktive Datenbanken

Obwohl sich das Konzept der Integritätsregel nicht in Datenbanksprachen hat durchsetzen können, unterstützen heutige Systeme eine vereinfachte Version derartiger Regeln, die sogenannten *Trigger*. Vereinfacht formuliert wurde die Idee der aktiv den Datenbankzustand korrigierenden Integritätsregeln übernommen und von dem ausschließlichen Zweck der Integritätssicherung getrennt. Das Ergebnis waren Regeln, deren Überprüfung bei bestimmten Datenbankaktionen "gefeuert" werden und für verschiedene Zwecke eingesetzt werden können.

12.6.1 Grundprinzipien von Triggern

Ein Trigger kann als Integritätsregel ohne Test auf eine Bedingung aufgefaßt werden: Ein Trigger besteht im wesentlichen aus der Angabe eines Auslösers und der Angabe von auszuführenden Folgeaktionen:

```
create trigger ...on <Operation> : ( <Anweisungen> )
```

Zusammengefaßt entspricht ein Trigger also einer Integritätsregel, die immer eine Integritätsverletzung anzeigt. Dem obigen syntaktischen Muster entspricht somit die folgende Angabe einer Integritätsregel:

```
assert ...on <Operation> : false else ( <Anweisungen> )
```

Da der Test auf einzuhaltende Bedingungen wichtig für viele Anwendungen von Triggern ist, wird in der Folge von Anweisungen in der Regel ein **if-then**-Konstrukt benutzt, um diese Bedingungen nach Art imperativer Programmiersprachen abzutesten. Wie bei Integritätsregeln ist der Abbruch der Transaktion als spezielle Anweisung möglich, etwa durch **rollback transaction** syntaktisch notiert.

Als Beispiel für den Einsatz von Triggern betrachten wir die Realisierung eines berechneten Attributs durch zwei Trigger. Als weiteres Beispiel wird später in Abschnitt 12.7 der Einsatz von Triggern zum Zwecke der Integritätssicherung diskutiert. Das Beispiel basiert auf zwei Relationen, der Relation KUNDE mit dem Attribut AnzAufträge und einer zweiten Relation AUFTRAG. Der Wert des Attributs AnzAufträge soll vom System verwaltet werden. Hierzu definieren wir zwei Trigger wie folgt:

```
create trigger Auftragszählung+
    on insertion of AUFTRAG A:
    update KUNDE
    set AnzAufträge = AnzAufträge + 1
    where KName = new A.KName
```

Der erste Trigger behandelt das Einfügen von neuen Aufträgen. Der zweite Trigger ist analog aufgebaut für den Fall des Löschens von Aufträgen:

```
create trigger Auftragszählung-
    on deletion ...:
    update ...- 1 ...
```

Neben dem vorgestellten syntaktischen Grundgerüst der Definition von Triggern sehen aktuelle Sprachvorschläge weitere Angaben vor, die insbesondere den Zeitpunkt der Triggeraktivierung betreffen:

- Mittels **immediate** bzw. **deferred** kann der Zeitpunkt der Aktivierung des Triggers festgelegt werden: sofort nach der aktivierenden Operation oder am Ende der Transaktion (bzw. anwendungsgesteuert mittels der Anweisung **set triggers all immediate**). Aktuelle Implementierungen unterstützen oft nur den **immediate**-Modus.

- Die Angabe **for each row** aktiviert den Trigger für alle Einzeländerungen einer mengenwertigen Änderung separat.

- Die Angaben **before** und **after** steuern etwa in der aktuellen Version des kommerziellen Systems Oracle, ob der Trigger direkt *vor* oder *nach* einer Änderung aktiviert wird.

- Analog zu Integritätsregeln kann mit **referencing new as** bzw. **referencing old as** eine Tupelvariable an die neu eingefügten bzw. gerade gelöschten ("alten") Tupel einer Relation gebunden werden. Diese 'neuen' bzw. 'alten' Tupel werden auch als Elemente der sogenannten *Differenzrelationen* bezeichnet.

Man erkennt an den bisherigen Beispielen, daß das Trigger-Konzept eine stark operationale Denkweise unterstützt, wie sie etwa von imperativen Programmiersprachen bekannt ist. Schauen wir uns unser Beispiel genauer an, bemerken wir mehrere Eigenschaften von Triggern:

- Beim gleichzeitigen Einfügen oder Löschen mehrerer Tupel muß der Trigger in unserem Beispiel für jedes Tupel *einzeln* gefeuert werden, um den gewünschten Effekt zu erzielen. In anderen Beispielen möchte man hingegen für jede *Operation* (also etwa dem Löschen einer Menge von Tupeln) genau einmal den Trigger aktivieren. Aktuelle Datenbankimplementierungen erlauben hier die Auswahl eines der beiden Modi.

- Beim genaueren Betrachten der Regeln stellen wir fest, daß wir einige weitere Fälle vergessen haben: Ändern des Kundennamens in der Relation AUFTRAG, aber auch Ändern des Kundennamens in der Relation KUNDE oder gar Ändern des Attributs AnzAufträge. Allgemein erfordert der Entwurf von Triggern sorgfältige Analyse, Entwurf und Validierung der zu überwachenden Bedingungen.

- Eine einfache Bedingung — hier ein abgeleitetes Attribut, welches auch als einzelne Integritätsbedingung modelliert werden kann — muß durch eine Vielzahl von Triggern überwacht werden. Hier zeigt sich eine Schwäche des Trigger-Konzepts, die durch geeignete Entwurfswerkzeuge und -methoden behoben werden muß.

Weitere kritische Eigenschaften von Triggern sind die Probleme der Terminierung (Trigger aktivieren weitere Trigger, terminiert diese Aktivierungskette?) und die Frage der Konfluenz (ist der Effekt von Triggern unabhängig von der Abarbeitungsreihenfolge parallel aktivierter Trigger?). Beide Fragen sind für beliebige Triggerdefinitionen unentscheidbar. Die letzte Frage wird in heutigen kommerziellen Systemen wie Oracle oft pragmatisch gelöst, indem eine gleichzeitige Aktivierung von Triggern nicht möglich ist bzw. eine cindeutige Abarbeitungsreihenfolge durch Vergabe von Prioritäten garantiert wird [Stü93].

Das Problem der Abarbeitungsreihenfolge tritt nicht nur bei unterschiedlichen Regeln auf, die gleichzeitig aktiviert sind. Eine Regel kann für eine Menge von Tupeln gleichzeitig aktiviert sein. In diesem Fall muß diese Tupelmenge als (bezüglich der Reihenfolge eindeutig bestimmte) Liste behandelt werden, um eine eindeutige Abarbeitungsfolge zu erzwingen.

12.6.2 Trigger in SQL-99

Im aktuellen SQL-99-Standard ist ein explizites Trigger-Sprachkonstrukt angelehnt an die in kommerziellen Systemen bereits realisierten Trigger vorgesehen. Trigger bestehen in SQL-99 aus der Angabe der *Trigger-Aktivierungszeit* (**before** oder **after** einer Operation), der *Trigger-Granularität* (**for each row** für tupelweises Arbeiten oder **for each statement** für die gesamte SQL-Anweisung), der *Trigger-Bedingung* (mit **when** eingeleitete Bedingung analog zur **where**-Klausel) und der *Trigger-Aktion* (SQL-Anweisungen oder gespeicherte Prozeduren). Mit Hilfe von *Transitionsvariablen* (**referencing new as, referencing old as**) und *Transitionsrelationen* (**referencing new table as, referencing old table as**) kann die Überprüfung transitionaler Bedingungen realisiert werden.

Syntaktisch sieht eine Trigger-Definition beispielsweise folgendermaßen aus:

```
create trigger TName
   after insert on RelationenName
   referencing new as NeuTupelName
   for each row
   when ( Bedingung )
   begin atomic
      update ...;
         .../* Änderung mit Zugriff auf NeuTupelName */
      call Stored Procedure;
   end
```

Dieser Sprachvorschlag unterscheidet sich nur leicht von dem vorgestellten, aus Oracle übernommenen Trigger-Mechanismus. SQL-99 ermöglicht insbesondere den direkten Zugriff auf die Differenzrelationen (hier Transitionsrelationen genannt) und die Angabe von Bedingungen hinter **when**.

12.6.3 Aktive Datenbanken und ECA-Regeln

Moderne Ansätze erweitern das Trigger-Konzept um zusätzliche Aspekte. Die entstehenden Systeme sind unter dem Schlagwort *aktive Datenbanken* bekannt. Aktive Datenbanken benutzen sogenannte *ECA-Regeln*. Die Buchstaben E, C und A stehen für die drei Bestandteile einer ECA-Regel:

E E*vent:* Analog zu Triggern wird ein auslösendes *Ereignis* angegeben. In ECA-Regeln können dies neben Datenbankmodifikationen wie in Triggern aber auch sogenannte Zeitereignisse oder Anwendungsereignisse sein.

Zeitereignisse können explizite Zeitpunktangaben, periodische Zeitangaben ("jede volle Stunde") oder relative Zeitangaben ("drei Stunden nach Löschen des Tupels") sein. Anwendungsereignisse könnten zum Beispiel Aufrufe von Anwendungsmethoden oder Ereignisse der Benutzerschnittstelle sein. Weitere mögliche Ereignisse sind Ereignisse der Transaktionssteuerung (Beginn einer Transaktion, Ende einer Transaktion, Abbruch einer Transaktion).

C C*ondition:* Eine *Bedingung,* die zum Ausführen der Regelaktion erfüllt sein muß. Neben Datenbankanfragen kann dies eine Bedingung über Parameter des feuernden Ereignisses sein.

A A*ction:* Angabe der auszuführenden *Aktion,* in der Regel eine Folge von Datenbankmodifikationen bzw. ein Abbruch der Transaktion.

Syntaktisch wird eine ECA-Regel vereinfacht in der folgenden Form notiert:

on Ereignis **if** Bedingung **do** Aktion

Die Entwicklung von Datenbank-Triggern hin zu aktiven Datenbanken läßt sich als eine Entwicklung hin zu offenen Datenbanksystemen charakterisieren: Nicht allein Datenbankereignisse sind Auslöser von Regeln (oder werden durch Regeln angestoßen), sondern auch Ereignisse anderer Software-Komponenten wie der Benutzeroberfläche oder der Uhr des Betriebssystems sind in das Regelsystem integriert.

Durch die angesprochenen Erweiterungen öffnen sich einige interessante Problemfelder, die zur Zeit aktuell in der Forschung und Entwicklung von Prototypen bearbeitet werden.

Entwurf von ECA-Regeln

ECA-Regel verführen genau wie Trigger zu einem unsauberen Programmierstil, da die Aktivierung von ansonsten unabhängigen Datenbankaktionen zu ähnlichen Effekten wie der Einsatz von `goto`-Anweisungen in einer imperativen Programmiersprache führen kann. Andererseits ermöglichen sie strukturiert eingesetzt einen sehr mächtigen regelbasierten Programmierstil zur Erzwingung von Integritätsbedingungen. Ihr Einsatz ist somit wünschenswert, und die im Ansatz inhärenten Gefahren müssen durch einen *sauberen Entwurf* und geeignete *Analyseverfahren* beherrscht werden. Leider ist bisher noch keine umfassende Entwurfs- und Analysemethodik entwickelt worden, wie sie im Vergleich im Datenbankstrukturbereich durch die Transformation von ER-Modellen in relationale Schemata und deren Normalisierung bekannt ist.

Spezielle Probleme, die von einer derartigen Methodik behandelt werden müssen, sind unter anderem:

- *Konfluenz*: Ein Regelsystem heißt *konfluent*, wenn der Effekt auf die Datenbank bei gleichzeitig aktivierten Regeln immer unabhängig von der Reihenfolge der Abarbeitung dieser Regeln ist.

- *Terminierung*: Ein Regelsystem terminiert bei einer gegebenen Ausgangsdatenbank, wenn ein Zustand erreicht wird, in dem keine weiteren Regeln aktiviert sind.

Insbesondere die Terminierung ist natürlich im allgemeinen nicht entscheidbar, so daß geeignete Restriktionen beim Einsatz von ECA-Regeln beachtet werden müssen.

Zusammengesetzte Ereignisse

In vielen Anwendungen hängt die Aktivierung einer Regel nicht von einem einzelnen atomaren Ereignis ab, sondern vom Eintreten von sogenannten *zusammengesetzten Ereignissen* (engl. *composite events*). Zusammengesetzte Ereignisse können als Kombinationen von (atomaren oder selbst zusammengesetzten) Ereignissen definiert werden, etwa als *"Ereignis A gefolgt von Ereignis B"*.

Typische Kombinatoren zur Konstruktion von komplexeren Ereignissen, basierend auf anderen Ereignissen, sind etwa (angelehnt an den Vorschlag in [GD94, GD93, DG96]):

and : Die *Konjunktion* zweier Ereignisse tritt ein, wenn zwei Ereignisse A und B in beliebiger Reihenfolge auftreten:

$$A \text{ and } B$$

or : Die *Disjunktion* zweier Ereignisse A und B wird angezeigt, falls eins von beiden eintritt:

$$A \text{ or } B$$

then : Der **then**-Operator (oft auch als ; notiert) modelliert die *Sequenz* zweier Ereignisse, etwa A gefolgt von B:

$$A \text{ then } B$$

Mittels Sequenz und Disjunktion kann die Konjunktion wie folgt als abgeleiteter Operator definiert werden:

$$A \text{ and } B := (A \text{ then } B) \text{ or } (B \text{ then } A)$$

not _ in (_ , _) : Die *Negation* eines Ereignisses kann nur bezüglich eines Intervalls definiert werden. Die folgende Bedingung wird wahr, falls im Intervall zwischen den Ereignissen B und C das Ereignis A nicht eingetreten ist:

$$\text{not } A \text{ in } (B,C)$$

_ times _ in (_ , _) : Der **times**-Operator zählt das Eintreten von Ereignissen in einem Intervall, zum Beispiel ob das Ereignis A im Intervall von B bis C genau fünfmal eingetreten ist:

$$5 \text{ times } A \text{ in } (B,C)$$

Ein abgewandelter Operator erkennt ein Ereignis beim n-ten Eintreten eines Ereignisses nach einem Startereignis B:

$$n \; \textbf{times} \; A \; \textbf{after} \; B$$

`all _ in ( _ , _)` : Die bisherigen Operatoren reichen aus, um die Zeitpunkte des *Signalisierens* eines zusammengesetzten Ereignisses festzulegen. In der Regelverarbeitung wird aber oft auch auf die Parameter von Ereignissen zugegriffen. Der `all`-Operator 'sammelt' alle Ereignisse inklusive ihrer Parameterwerte innerhalb eines Intervalls auf, so daß diese in der Regelaktion verarbeitet werden können.

Die angegebenen Operatoren definieren eine *Ereignis-Algebra* zur Konstruktion zusammengesetzter Ereignisse. Sowohl für die Benennung als auch die Auswahl der sinnvollen Konstruktoren ist noch keine allgemeine Übereinstimmung erzielt worden; aus diesem Grund haben wir hier einige naheliegende Konstruktoren in einer syntaktischen Notation verwendet, die an die englische Sprache angelehnt ist. Auf konkrete Sprachvorschläge wird im Abschnitt "Vertiefende Literatur" dieses Kapitels verwiesen.

Zeitereignisse und Echtzeitanforderungen

Sowohl absolute (am Freitag um 12:00 Uhr) wie auch relative (10 Minuten nach Änderung des Kontostands) Zeitereignisse sind im Datenbankbetrieb problematisch, da die Aktivierung außerhalb einer Transaktion erfolgen kann. Das Datenbank-Management-System muß in diesen Fällen selber Transaktionen starten, um die angestoßenen Aktionen auszuführen. Transaktionen können mehrfach zurückgesetzt und neu gestartet werden, wenn der Mehrbenutzerbetrieb und damit verbundene Zugriffskonflikte dies erfordern. Aus prinzipiellen Gründen können Zeitereignisse in einer derartigen Architektur darum nicht für Echtzeitanforderungen eingesetzt werden — insbesondere können ECA-Regeln, deren aktivierendes Ereignis ein Zeitereignis ist, unter diesen Umständen nicht im `immediate`- oder `deferred`-Modus behandelt werden.

Verschiedene Kopplungsmodi

Bereits in der Diskussion von Integritätsregeln wurden sogenannte *Kopplungsmodi* diskutiert. Mit der Kopplung bezeichnet man die zeitliche Beziehung zwischen einem Ereignis und der von ihm aktivierten Aktion. Die klassischen Kopplungsmodi sind `immediate` (unmittelbar nach Eintreten des Ereignisses) und `deferred` (bis zum Ende einer Transaktion verzögert). Da in aktiven Datenbanken auch Ereignisse auftreten können, die nicht dem Transaktionsprinzip der Datenbank unterliegen (etwa nicht zurückgesetzt werden können), werden hier auch weitere Kopplungsmodi diskutiert, so in [Buc94] die folgenden zusätzlichen Modi:

detached independent: Angestoßene Aktionen werden in einer *unabhängigen* Transaktion ausgeführt — das Zurücksetzen der ursprünglichen Transaktion beeinflußt die Aktionsausführung nicht.

detached but causally dependent: Die Aktion wird zu einer Transaktion gemacht, die in Abhängigkeit vom Ergebnis der triggernden Transaktion ausgeführt wird. Spezielle Abhängigkeiten wären **parallel** (Synchronisation beim erfolgreichen Ende der triggernden Transaktion), **sequential** (Start der Transaktion nach erfolgreichem Ende der triggernden Transaktion) und **exclusive** (Start nur nach dem *Abbruch* der triggernden Transaktion).

Die letzteren beiden Modi machen insbesondere Sinn in offenen Umgebungen, wo Ereignisse stattfinden und Aktionen ausgeführt werden können, die beim Abbruch der Haupttransaktion *nicht zurückgesetzt* werden können und somit eine Behandlung außerhalb des ACID-Transaktionskonzeptes erfordern.

Aktive objektorientierte Datenbanken

Ein aktuelles Forschungsgebiet ist die Integration von ECA-Regeln in objektorientierte Datenbanksysteme. Hier werden Methodenaufrufe als triggernde Ereignisse eingesetzt. Dieser Ansatz bietet mehrere Vorteile, aber auch einige gravierende Nachteile, die beide im folgenden aufgeführt werden sollen:

- Viele objektorientierte Datenbanksysteme benutzen durchgängig das Objektkonzept für alle Aspekte des Systems. Auch die Transaktionssteuerung etwa erfolgt über Methodenaufrufe. Für den Ereignisteil vereinfacht sich somit die Klassifikation der möglichen Basisereignisse.

- Methoden sind objekt- bzw. anwendungsspezifisch. Dies bietet oft eine höhere Abstraktionsebene als die generischen Operationen, die in klassischen Datenbanksystemen wie relationalen als einzige Möglichkeit von Ereignissen angeboten werden.

- Der Übergang auf Methoden hat allerdings auch einen großen Nachteil: Bei generischen Operationen kann automatisch bestimmt werden, welche Integritätsbedingungen durch eine Operation verletzt werden könnten, da die Semantik der generischen Methoden bekannt ist. Die Semantik von Methoden ist bei heutigen objektorientierten Systemen in der Regel nicht bekannt (bzw. in C++-Programmen verborgen).

- ECA-Regeln bieten eine Möglichkeit, Integritätsüberwachung in objektorientierten Datenbanken zu automatisieren, ohne die Methodenimplementierung ändern zu müssen.

• Das Problem der Analyse von Anwendungsdynamik in objektorientierten Datenbanken wird noch weiter verschärft. So können Methoden (eingekapselt) andere Methoden aufrufen, während parallel dazu ECA-Regeln aktiviert werden.

Offene Punkte sind unter anderem die Integration von ECA-Regeln mit Vererbung, die Aufweichung des Einkapselungsprinzips objektorientierter Sprachen sowie die Integration in objektorientierte Entwurfsmethoden.

12.7 Methoden der Integritätssicherung

Die Integritätssicherung ist ein wichtiger Teil der *Implementierung* von Datenbanksystemen. Sie wird in diesem Buch jedoch nicht behandelt zugunsten der in die Tiefe gehenden Beschreibung von Konzepten, Modellen und Sprachen von Datenbanksystemen. Trotzdem sollen hier kurz zwei Methoden der Integritätssicherung diskutiert werden, die auf der Sprachebene anzusiedeln sind und auch ohne tiefere Implementierungskenntnisse behandelt werden können:

• *Integritätssicherung durch Änderungstransformationen* (im Englischen auch als *query modification* bezeichnet) transformiert Änderungsanweisungen in einer Hochsprache wie SQL dahingehend, daß das Ergebnis der Transformation integritätsrespektierend ist. Integritätsbedingungen werden sozusagen in die Änderungen "hineinkompiliert".

• Der zweite Ansatz, der aktuell verstärkt diskutiert wird, ist die automatische *Generierung von Triggern* bzw. ECA-Regeln aus deskriptiven Integritätsbedingungen.

Wir werden beide Ansätze im folgenden anhand einfacher Beispiele kurz präsentieren.

12.7.1 Integritätssicherung durch Trigger

Wir beginnen mit der Sicherung der Integrität durch den Einsatz von Triggern. Es wurde bereits erwähnt, daß Trigger eine operationale Art der Integritätssicherung darstellen können. Die Aufgabe ist nun, Trigger aus deskriptiven Bedingungen derart zu generieren, daß die generierten Trigger die Einhaltung der betreffenden Bedingung erzwingen.

Für eine gegebene Integritätsbedingung ϕ kann eine Integritätsüberwachung mit Triggern nach folgendem einfachen Schema realisiert werden:

1. Bestimme Objekt o_i, für das die Bedingung ϕ überwacht werden soll. In der Regel müssen mehrere o_i betrachtet werden, wenn die Bedingung etwa relationsübergreifend ist. Kandidaten für o_i sind im relationalen Datenbankmodell Tupel der Relationsnamen, die in ϕ auftauchen.

2. Bestimme die elementaren Datenbankänderungen u_{ij} auf den Objekten o_i, die ϕ verletzen können. Auch hier gibt es naheliegende Regeln, welche Operationen betrachtet werden müssen — so müssen Existenzforderungen beim Löschen und Ändern geprüft werden, aber nicht beim Einfügen etc.

3. Bestimme je nach Anwendung die Reaktion r_i auf eine Integritätsverletzung, also zum Beispiel Rücksetzen der Transaktion oder korrigierende Datenbankänderungen.

4. Formuliere folgende Trigger:

   trigger t-phi-ij **on** u_{ij} **of** o_i : **if** $\neg\phi$ **then** r_i

   Das Formulieren der negierten Bedingung kann in Sprachen wie SQL mit eingeschränkter Orthogonalität durchaus mit nicht-trivialen Umformungen verbunden sein.

5. Wenn möglich, vereinfache die entstandenen Trigger.

Wie man erkennt, ist die Vorgehensweise weitestgehend fest vorgegeben und kann somit größtenteils automatisiert werden. Es ist zu hoffen, daß Werkzeuge dieser Art demnächst auch von kommerziellen Datenbank-Herstellern als Teil ihrer Werkzeugpalette mit angeboten werden.

Der hier vorgestellte Algorithmus zur Generierung von Triggern aus deskriptiven Integritätsbedingungen ist natürlich nicht befriedigend, da er eine sehr direkte und unkritische Umsetzung vornimmt. Die Umsetzung kann zyklische Abhängigkeiten erzeugen, und zu nicht-konfluenten oder nicht-terminierenden Triggermengen führen. Methoden zur Generierung von Triggern und Analyse unter Wahrung der angesprochenen Eigenschaften sind aktuelle Forschungsthemen; zu nennen sind hier unter anderem die Arbeiten von Ceri und Widom [CW92], von Ceri, Fraternali et al. [CFPT92] sowie von Schewe, Stemple und Thalheim [ST94, SST94a].

12.7.2 Integritätssicherung durch Anfragemodifikation

Eine völlig andere Art der Integritätssicherung kann durch eine sogenannte *Anfragemodifikation* (eigentlich besser als "Änderungsmodifikation" zu bezeichnen) erfolgen. Dieser Ansatz wurde etwa in dem kommerziellen System IN-GRES realisiert [Dat87].

Wir betrachten zuerst die Syntax von Integritätsbedingungen in der Sprache *QUEL*, der DML / DDL des INGRES-Systems:

```
define integrity [ constraint ]
on < Relationenname >
is < Bedingung wie in der where-Klausel bei retrieve, jedoch
       nur eine (!) Variable bzgl. angegebener Relation >
```

Die syntaktische Form ist nach den Ausführungen über QUEL und der Darstellung von Sprachvorschlägen selbsterklärend. Zu bemerken ist hier insbesondere, daß nur *tupelbezogene statische Integritätsbedingungen* auf jeweils genau einer Relation erlaubt sind.

Die folgende Bedingung ist ein typisches Beispiel für derartige Integritätsbedingungen:

```
range of k is KUNDE
define integrity
on KUNDE
is k.KName ¬ = 'Weiß' or k.Kto >= 0;
```

Die Realisierung einer derartigen Bedingung in INGRES erfolgt durch eine sogenannte "Anfrage-Modifikation", bei der QUEL-Änderungen dahingehend transformiert werden, daß sie diese Bedingungen automatisch einhalten. Betrachten wir als Beispiel die folgende Datenbankänderung:

```
replace k (Kto = k.Kto - 10)
where k.KName = 'Weiß';
```

Diese Änderungsoperation wird nun vom Datenbank-Management-System dahingehend modifiziert, daß eine Verletzung der Integritätsbedingung unmöglich wird. In diesem Fall wird die Integritätsbedingung *abgewandelt auf den neuen Wert* als zusätzliche Qualifikation hinzugenommen. Hierzu wird der neue Wert (also der Wert nach der Änderung) in die ursprüngliche Bedingung eingesetzt, also hier k.Kto durch k.Kto - 10 ersetzt. Die resultierende Änderung sieht wie folgt aus:

```
replace k (Kto = k.Kto - 10)
where k.KName = 'Weiß'
      and (k.KName ¬ = 'Weiß' or k.Kto - 10 >= 0);
```

Man kann sich leicht vorstellen, daß die neue Änderungsoperation nicht mehr zu einer Integritätsverletzung führen kann. Eine weitere Umformung ersetzt die where-Klausel durch die folgende vereinfachte Bedingung, die durch Anwendung prädikatenlogischer Äquivalenzen aus der ursprünglichen Bedingung erzeugt werden kann:

```
where k.KName = 'Weiß' and k.Kto >= 10;
```

Bei diesem Ansatz stellt sich das Problem, daß eine Integritätsverletzung durch eine (partiell) *nicht durchgeführte* Änderung vermieden wird. Dies widerspricht dem bisher verfolgten Ansatz, daß eine Integritätsverletzung in der Regel einen Abbruch der Transaktion als Konsequenz hat. Hier wird im Regelfall also statt dessen eine Reparatur der Integritätsverletzung vorgenommen, und es stellt sich die Frage, ob dies immer der Intention des Datenbankanwenders entspricht.

Während sich diese Art der Integritätssicherung in relationalen Datenbanken nicht durchgesetzt hat, wird sie etwa für deduktive Datenbanken intensiv untersucht. Hier entspricht eine Anfrage einem logischen Programm, und Integritätsbedingungen können quasi in das logische Programm "hinein-kompiliert" werden, indem sie in Regelrümpfe als zusätzliche Prämisse aufgenommen werden.

12.8 Vertiefende Literatur

Der Überblicksartikel [Lip92] von Lipeck im EMISA-Forum ist ein guter Einstieg in die Problematik der Integritätssicherung. Die Habilitation von Lipeck beschäftigt sich hauptsächlich mit dynamischen Integritätsbedingungen [Lip89].

Die Generierung von Triggern existierender relationaler Datenbanksysteme aus deskriptiven Integritätsbedingungen wird u.a. von Neumann in [Neu94] diskutiert. In [ABC+76] ist das Trigger-Konzept und die **assert**-Anwendung für SEQUEL eingeführt worden.

Zu ECA-Regeln gibt es diverse Forschungsprojekte. Das Projekt HIPAC [DBB+88] prägte viele Begriffe aktiver Datenbanken und ist bereits abgeschlossen. Das Samos-Projekt von Dittrich et al. zeichnet sich durch eine Event-Sprache für zusammengesetzte Ereignisse aus [GD92, GD93]. Das Projekt REACH wird in [BZBW95] beschrieben. Algorithmen zur Terminierung und Konfluenz von ECA-Regeln finden sich beispielsweise in [WH95, Wei97].

Die Integration von ECA-Regeln in objektorientierte Datenbanksysteme ist ein aktuelles Forschungsgebiet. Eine Übersicht wird von Buchmann in [Buc94] gegeben.

Die Dissertation von Türker [Tür99] behandelt speziell die Integration von Integritätsbedingungen im Rahmen der Datenbankföderation, enthält aber auch detailliertere Literaturaufarbeitungen zu andern Aspekten der Integritätsüberwachung. Ein aktuelles Buch zu Aspekten der Implementierung von Integritätsbedingungen in SQL stammt von Neumann [Neu99].

12.9 Übungsaufgaben

Übung 12.1 Gegeben seien folgende Relationen:

```
Polygon ( Name, PunktNr, x, y );
PolyInfo ( Name, Farbe, Liniendicke);
```

In der Relation `Polygon` werden die Punkte (durchnumeriert mit `PunktNr`) von durch `Name` identifizierten Polygonen abgespeichert. In der zweiten Relation werden weitere Daten über Polygone gespeichert.

Betrachten Sie folgende Bedingungen:

1. `Name` und `PunktNr` sind Schlüssel in `Polygon`.

2. Nur Farben von Polygonen sind gespeichert, für die es auch Stützpunkte gibt.

3. Ein Polygon hat mindestens drei Stützpunkte.

4. Stützpunkte sind fortlaufend numeriert (beginnend bei 1).

5. Keine zwei Polygone gleicher Farbe haben einen Stützpunkt gemeinsam.

6. Polygone sind geschlossene Linienzüge, d.h., Anfangs- und Endpunkt sind identisch.

7. Aufeinanderfolgende Stützpunkte sind mindestens zehn Einheiten voneinander entfernt.

8. Die grünen Polygone haben mehr Stützpunkte als die roten.

9. Polygone überschneiden sich nicht selber.

10. Polygone haben einen Flächeninhalt von mehr als 20 Quadrateinheiten.

11. Die umschreibenden Rechtecke der grünen Polygone überschneiden sich nicht.

12. Bei einer Änderung darf ein Stützpunkt maximal um je eine Einheit auf den beiden Achsen verschoben werden.

Bearbeiten Sie die folgenden Fragestellungen:

1. Klassifizieren Sie die Bedingungen anhand der Klassifikationsvarianten in Tabelle 12.2.

2. Welche Bedingungen können in der DDL von SQL-92 angegeben werden? Geben Sie diese an.

3. Geben Sie Integritätsregeln für diejenigen Bedingungen an, für die dieses möglich ist. □

Übung 12.2 Generieren Sie Trigger nach dem angegebenen Verfahren für die Bedingung: *"Kein Kontostand darf unter 100,- DM fallen."* □

Übung 12.3 Führen Sie eine Anfragemodifikation in QUEL anhand einer Änderungsoperation durch. Definieren Sie hierzu die Bedingung *"Kein Kontostand darf unter 100,- DM fallen."* in QUEL-Syntax, und betrachten Sie die Änderung *"Allen Kunden wird (etwa am Jahresende) eine Kontoführungsgebühr von 40,- DM abgezogen."* □

13

Sichten

Inhalt dieses Kapitels sind Konzepte zur Strukturierung von Datenbanken. *Sichten* erlauben die Strukturierung und Präsentation einer Datenbank, angepaßt an bestimmte Anwendungen.

Das Konzept der *Sicht* folgt direkt aus der bereits besprochenen Drei-Ebenen-Architektur für Datenbanksysteme: Die externe Ebene besteht aus an Anwendungsbedürfnisse angepaßten 'virtuellen' Datenbeständen, die aufgrund einer Sichtdefinition aus der konzeptionellen Gesamtsicht abgeleitet werden.

Möglichkeiten zur Definition und Nutzung verschiedener Sichten auf eine zentrale Datenbank sind eines der entscheidenden Merkmale von Datenbanksystemen. Große Informationssysteme, die nicht über ein Sichtenkonzept verfügen, fallen gerade durch ihre starre Informationsstruktur auf: Die Nutzer passen sich an die Darstellung und die Struktur der Informationen im System an, nicht umgekehrt.

Im folgenden Kapitel wird noch eine weitere Motivation hinzukommen: Sichten sind ein gutes Mittel, um bestimmten Nutzern nur bestimmte Teile einer Datenbank zu präsentieren. Mit Sichten können Zugriffskontrollmechanismen also hevorragend umgesetzt werden — im Gegensatz zu den eher grobschlächtigen, dateibasierten Techniken von Betriebssystemen.

Dieses Kapitel ist folgendermaßen aufgebaut:

- In Abschnitt 13.1 erläutern wir die Definition und die Verwendbarkeit von Sichten. Dabei wird sich herausstellen, daß Änderungsoperationen auf Sichten Probleme in ihrer Umsetzung auf die zugrundeliegende Datenbank bereiten werden.

- Die Abschnitte 13.2 und 13.3 greifen diese Probleme auf und klassifizieren sie. Dabei werden die Sichten nach den sie definierenden Anfrageoperationen unterschieden.

- Abschnitt 13.4 beschreibt die Umsetzung des Sichtkonzepts auf SQL und hier insbesondere die Umsetzung von Anfrage- und Änderungsoperationen auf Sichten. Dabei berücksichtigen wir die Fähigkeiten verschiedener SQL-Standards.

- Objektorientierte Datenbanken haben leider nur selten ein Sichtkonzept. Die verschiedenen Formen der Sichtdefinition, die in objektorientierten Datenbanken möglich sind, werden in Abschnitt 13.5 behandelt.

- Abschließend behandeln wir einige Spezialthemen: Theoretische Untersuchungen zu Sichten, auf denen Änderungsoperationen prinzipiell automatisch auf die Datenbank transformierbar sind, skizziert Abschnitt 13.6. Da derzeitige Datenbanksysteme so weitreichende Techniken nicht bieten, wird in Abschnitt 13.7 eine Realisierung von Änderungsoperationen über Trigger gezeigt. Schließlich können die virtuellen Sichtrelationen aus Effizienzgründen auch gespeichert, also *materialisiert* werden. Dies ist insbesondere im Bereich der Data Warehouses üblich und wird in Abschnitt 13.8 skizziert.

13.1   Motivation und Begriffsbildung

Als *Sicht* (engl. *view*) bezeichnen wir eine abgeleitete 'Sicht' auf eine Datenbank, also sozusagen eine 'virtuelle' oder 'berechnete' Datenbank im Gegensatz zu einer tatsächlich gespeicherten Datenbank. Eine Sicht wird aus einer tatsächlich gespeicherten Datenbank über eine feste Berechnungsvorschrift abgeleitet, sie kann also nicht mehr Daten als diese enthalten. Sichten werden demzufolge eingesetzt, um Daten auszublenden (aus Gründen der Zugriffskontrolle oder zur übersichtlicheren Darstellung) oder Daten in einer neuen Form zu präsentieren. Wir bezeichnen nicht nur eine ganze virtuelle Datenbank als Sicht, sondern benutzen diesen Ausdruck auch für einzelne abgeleitete Datenbankelemente einer abgeleiteten Datenbank.

Im Relationenmodell entspricht eine virtuelle Datenbank allgemein einer *Menge von virtuellen Relationen*. Die Sprachvorschläge für das Relationenmodell beschränken Sichten sogar auf die Definition jeweils genau *einer* einzelnen virtuellen Relation. In anderen Datenmodellen sind Sichten allgemeine virtuelle Datenbankobjekte entsprechend den Konzepten des konkreten Datenbankmodells. Im erweiterten ER-Modell (Abschnitt 3.5) korrespondieren Sichten zu den abgeleiteten Konzepten, z.B. abgeleiteten Beziehungen, die dort in der graphischen Darstellung gepunktet notiert werden und deren Ausprägungen durch eine Anfrage definiert sind.

Wir beschränken uns in der folgenden Darstellung auf relationale Sichten. Die Probleme mit Sichten sind unabhängig von dem konkreten Datenbankmodell; darum ist es sinnvoll, ein möglichst einfaches Datenbankmodell zu betrachten. Für viele Datenbankmodelle, insbesondere neuere (etwa objektorientierte Modelle), gibt es zudem noch keine allgemein akzeptierten Sprachvorschläge; hingegen sind Sichten im relationalen Datenbankmodell Teil der genormten Datenbanksprache SQL.

13.1.1 Sichten und externe Schemata

Der Begriff einer virtuellen Datenbank ist uns bereits bei der Diskussion der Architektur von Datenbanksystemen begegnet: Sichten entsprechen externen Datenbank-Schemata in der bekannten Drei-Ebenen-Schema-Architektur, die in Abbildung 13.1 noch einmal dargestellt ist.

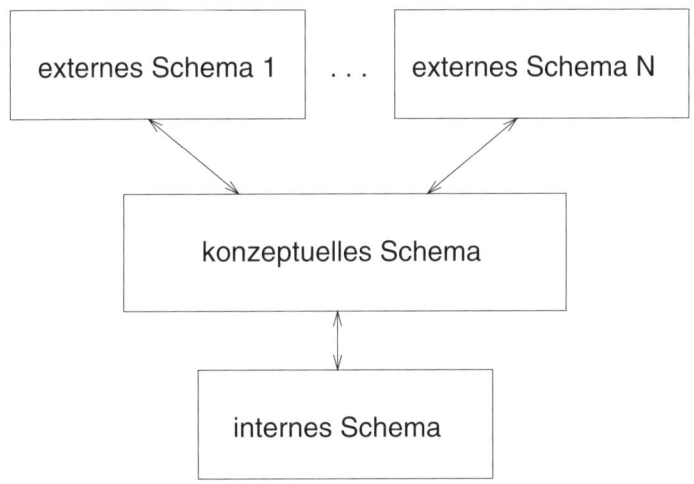

Abb. 13.1: Drei-Ebenen-Schema-Architektur für Datenbankbeschreibungen

Sichten sind also ein Mittel zum Erreichen der *logischen Datenunabhängigkeit*, die eine Stabilität des konzeptionellen Gesamtschemas gegen Änderungen der Anwendungen (und umgekehrt) ermöglicht.

13.1.2 Definition von Sichten

Die Definition einer Sicht besteht prinzipiell aus zwei Teilen, der Definition des *Schemas* der Sicht und einer *Berechnungsvorschrift*, die die Ausprägung der Sicht für einen gegebenen aktuellen Datenbankzustand festlegt. Im relationalen Datenbankmodell benötigen wir also zur Definition einer Sicht

- ein *Relationenschema*, das explizit angegeben werden kann oder auch implizit aus dem Ergebnistyp der Berechnungsanfrage folgt, sowie

- eine *Berechnungsvorschrift* für die virtuelle Relation, also etwa eine Anfrage in SQL.

Zusätzlich muß natürlich ein Name für die virtuelle Relation vergeben werden. Eine Sichtdefinition in einer Datenbanksprache erfordert also nur wenige sprachliche Konzepte zusätzlich zu der Möglichkeit, Anfragen zu formulieren. Die konkreten Sprachmittel in SQL werden im folgenden kurz skizziert. Anschließend wird der SQL-Vorschlag für die Sichtdefinition anhand von Beispielen noch ausführlicher behandelt.

13.1.3 Definition von Sichten in SQL

In SQL wird die Sichtdefinition durch die Schlüsselwörter 'create view', gefolgt vom Namen der Sicht, eingeleitet. Nach dem Sichtnamen steht im einfachsten Fall das Schlüsselwort **as** und eine SQL-Anfrage, die die Sicht definiert (optionale Teile sind in eckige Klammern gesetzt):

```
create view SichtName [ SchemaDeklaration ]
as SQLAnfrage
[ with check option ]
```

Das Relationenschema der Sicht, also Name und Datentyp der einzelnen Spalten, wird aus der Anfrage abgeleitet und muß nicht explizit angegeben werden. Der ursprüngliche Standard von SQL erlaubte allerdings keine Vergabe von Attributnamen für berechnete Spalten in Ergebnisrelationen. In diesen Fällen kann optional eine SchemaDeklaration hinter dem Sichtnamen eingefügt werden, in der die Namen der Spalten festgelegt werden können. Dieses Sprachkonstrukt erlaubt auch die Umbenennung von Spalten. Obwohl in SQL-92 die Umbenennung von Spalten in Anfragen möglich ist [DD97], wurde die Klausel in der Sichtdeklaration dort aus Kompatibilitätsgründen beibehalten.

Ein weiterer optionaler Teil einer Sichtdeklaration ist die Angabe der Schlüsselwörter 'with check option' am Ende der Sichtdefinition. Diese Angabe legt fest, ob Änderungen der Sicht, die den in ihr nicht sichtbaren Teil der

Datenbank beeinflussen, in einem Test erkannt und abgewiesen werden sollen. Ein Beispiel hierfür folgt im nächsten Abschnitt.

Neben der 'create view'-Anweisung zum Einrichten von Sichten steht dem Datenbankbenutzer in SQL natürlich auch eine 'drop view'-Anweisung zum Entfernen von Sichten zur Verfügung.

13.1.4 Vorteile von Sichten

Bevor wir zu den, zum Teil schwerwiegenden, Problemen mit Sichten kommen, wollen wir kurz die *Vorteile* eines Sichtkonzepts zusammenfassen:

- Sichten können zur wesentlichen *Vereinfachung von Anfragen* für den Benutzer der Datenbank führen, etwa indem oft benötigte Teilanfragen als Sicht realisiert werden.

- Datenbankschemata für komplexe Anwendungen, etwa das Gesamtschema der Datenhaltung eines Betriebes, können sehr groß und unhandlich werden. Sichten bieten die Möglichkeit der *Strukturierung der Datenbankbeschreibung*, zugeschnitten auf Benutzerklassen.

- Die bereits erwähnte *logische Datenunabhängigkeit* ermöglicht es, daß die Schnittstelle für Anwendungen stabil bleibt gegenüber Änderungen der Datenbankstruktur (entsprechend in umgekehrter Richtung).

- Vielleicht der wichtigste Aspekt ist aber die Beschränkung von Zugriffen auf eine Datenbank im Zusammenhang mit der *Zugriffskontrolle*. Hierbei ist der Einsatz von Sichten unverzichtbar. Dieser Aspekt wird in Abschnitt 14 ausführlich behandelt.

Beispiel 13.1 Als Beispiel für den Einsatz von Sichten für die Strukturierung des Datenzugriffs und Datenschutzprobleme betrachten wir eine Relation mit Prüfungsdaten:

```
Prüf(Studienfach, Fach, Student, Prüfer, Datum, Note)
```

Relevante Sichten könnten hier sein:

1. Die Fakultät für Informatik sieht nur die Daten der Informatikstudenten.

2. Das Prüfungsamt sieht alle Daten.

3. Jeder Student darf seine eigenen Daten sehen (aber nicht ändern).

4. Die Kommission für die Vergabe von Promotionsstipendien darf von Studenten die Durchschnittsnote sehen.

5. Der Dekan darf statistische Daten über die Absolventen des letzten Jahrgangs lesen.

6. Die Sekretariate dürfen die Prüfungsdaten der zugehörigen Professoren einsehen. □

13.1.5   Probleme mit Sichten

Wie schon angedeutet, bringen Sichten erhebliche technische Probleme mit sich. Ziel der Drei-Ebenen-Architektur ist es, den Anwender von der tatsächlichen Datenbankrealisierung abzukoppeln, um die logische Datenunabhängigkeit zu erhalten. Der Anwender *darf* die Realisierung oft gar nicht kennen, um nicht in Versuchung zu kommen, dieses Wissen in einer Form einzusetzen, die die Vorteile der Datenunabhängigkeit zunichte macht. Als Konsequenz muß die Umsetzung der Sicht auf die tatsächliche Datenbank *vom DBMS vorgenommen werden* — zumindest im interaktiven Betrieb des Systems. Anders ausgedrückt: Anfragen und Änderungen müssen *automatisch* umgesetzt werden.

- Die *automatische Anfragentransformation* sollte eigentlich keine Probleme bereiten: Die Namen der berechneten Relationen können syntaktisch durch die Anfrage ersetzt werden, die die Sicht definiert. Dieses funktioniert allerdings nur in *orthogonalen* Sprachvorschlägen, in denen an jeder Stelle, an der ein Basisrelationsname stehen darf, auch eine Anfrage stehen kann. Dies gilt zum Beispiel für die relationale Algebra.

  SQL ist insbesondere in den frühen Versionen diesbezüglich *nicht orthogonal* — in der `from`-Klausel darf keine Anfrage stehen. Die Anfragentransformation ist somit in SQL komplexer und zum Teil nicht möglich: In SQL sind zum Beispiel keine geschachtelten Aggregatfunktionen ("maximaler Durchschnittspreis") möglich. Mehr hierzu in Abschnitt 13.4.

- Die *Durchführung von Änderungen auf Sichten* hingegen bereitet unabhängig von der gewählten Sprache allgemein Schwierigkeiten. Der Grund ist einsichtig: Änderungen auf beliebig berechneten Datenbankobjekten können nicht immer auf "vernünftige" Änderungen der Basisdatenbank umgesetzt werden, da bei der Berechnung der Sicht Informationen verlorengehen. Dieser Fragenkomplex wird im folgenden Abschnitt 13.2 ausführlich diskutiert.

13.2   Problemklassen anhand relationaler Sichten

Änderungen von Sichten sind ein wichtiges Problemfeld, da, der Idee der Drei-Ebenen-Architektur folgend, die Anwender *ausschließlich* auf die Sichten der externen Ebene zugreifen sollten und die Basisrelationen nicht direkt manipulieren dürften. Als Konsequenz müßten alle Modifikationen des Datenbankinhalts durch Änderungen auf Sichten erfolgen.

13.2.1 Kriterien für Änderungen auf Sichten

Soll eine Änderung auf einer Sicht in Änderungen auf der Basisdatenbank umgesetzt werden, müssen eine Reihe von notwendigen oder wünschenswerten Kriterien eingehalten werden. Wir listen diese Kriterien kurz auf und erläutern die aus ihnen folgenden Probleme danach anhand der folgenden Beispiele.

- **Effektkonformität**

  Der Benutzer, der die Änderung auf der Sicht formuliert, soll nach der ausgeführten Änderung auf der Basisdatenbank im nächsten Zustand eine Ausprägung der Sicht erhalten, die dem Effekt entspricht, *als wäre die Änderung auf der Sichtrelation direkt ausgeführt worden*. Dieses Kriterium fordert in gewissem Sinne die Korrektheit der Transformation.

  Auf Effektkonformität und Ansätze einer theoretischen Untersuchung von Änderungsoperationen auf Sichten gehen wir in Abschnitt 13.6 noch genauer ein.

- **Minimalität**

  Die Basisdatenbank sollte nur *minimal geändert werden*, um den erwähnten Effekt zu erhalten.

- **Konsistenzerhaltung**

  Die Änderung einer Sicht darf zu *keinen Integritätsverletzungen* der Basisdatenbank führen.

- **Respektierung der Zugriffskontrolle**

  Wird die Sicht aus Gründen der Zugriffskontrolle eingeführt, *darf der bewußt ausgeblendete Teil der Basisdatenbank von Änderungen der Sicht nicht betroffen werden*.

Beispielszenario im Relationenmodell

Um die allgemeinen Probleme bei der Behandlung von Sichtänderungen in Datenbanksystemen eingehender erläutern zu können, behandeln wir zuerst einige typische Sichtdefinitionen in einer relationalen Datenbank. Eine Sicht wird durch die Angabe einer Anfrage bestimmt; wir klassifizieren die betrachteten Anfragen anhand typischer relationaler Operationen und behandeln nacheinander die Fälle von *Projektionssichten*, *Selektionssichten*, *Verbundsichten* und *Aggregierungssichten*.

Zur Erläuterung definieren wir uns ein kleines relationales Beispielschema mit zwei Relationen, das die Speicherung von Informationen über Mitarbeiterinnen und Mitarbeiter in Abteilungen ermöglicht:

```
MGA(Mitarbeiter, Gehalt, Abteilung)
    AL(Abteilung, Leiter)
```

Die Relation MGA speichert Daten über die Zugehörigkeit von Mitarbeitern zu Abteilungen und deren jeweiliges Gehalt. Die zweite Relation AL gibt für jede Abteilung den Mitarbeiter an, der die Abteilung zur Zeit leitet.

13.2.2 Projektionssichten

Wir beginnen mit dem Fall, daß in einer Sicht Informationen einzelner Datenbankelemente ausgeblendet werden sollen. In einer relationalen Datenbank entspricht dies einer *Projektion* auf eine Teilmenge der Attribute einer Relation. Die Sicht MA blendet das Gehalt aus der MGA-Relation aus und sei in der relationalen Algebra wie folgt definiert:

$$MA := \pi_{\text{Mitarbeiter,Abteilung}}(MGA)$$

In SQL kann MA syntaktisch mit der '**create view**'-Anweisung als Sicht definiert werden:

```
create view MA as
select Mitarbeiter, Abteilung
from MGA
```

Eine Änderung auf einer Sicht muß in eine Änderung auf der zugrundeliegenden Basisrelation transformiert werden. Beim Löschen von Tupeln haben wir bei einer Projektionssicht keine Probleme, aber beim *Einfügen* von Tupeln müssen wir eine Lösung zur Behandlung der ausgeblendeten Attribute finden. Eine Lösung des Problems ist das Einfügen von *Nullwerten* (undefinierte Attributwerte) an die Stelle des ausgeblendeten Attributs.

Beispiel 13.2 Eine Änderungsanweisung für die Sicht MA der Form

```
insert into MA
values ('Zuse', 'Info')
```

muß in die folgende Anweisung auf der Basisrelation MGA umgeformt werden:

```
insert into MGA
values ('Zuse', null, 'Info')□
```

Bei diesem Beispiel tritt das Problem der *Konsistenzerhaltung* auf der Basisrelation auf. Die Integrität der Relation MGA wäre verletzt, wenn das Attribut Gehalt als nicht optional deklariert wäre, also den Wert **null** nicht annehmen dürfte. Allgemein ist das Einfügen auf Projektionssichten nur erlaubt, wenn keine mit **not null** deklarierten Attribute auf **null** gesetzt werden müßten.

Eine alternative Lösung für diesen speziellen Fall wäre es, statt des Wertes **null** einen Default-Wert einzusetzen, der für dieses Attribut in der Datenbankdefinition spezifiziert wurde. Derartige Default-Werte sind im Sprachvorschlag für SQL-92 vorgesehen (vergl. Abschnitt 7.1).

Allgemein lassen sich für viele Arten von Integritätsbedingungen Sichtänderungen angeben, die diese Bedingungen verletzen können, ohne daß dem externen Anwender dieses bekannt sein kann — der externe Benutzer kennt diese Bedingungen ja nicht, da er die zugrundeliegenden Daten nicht sieht. Integritätsverletzende Sichtänderungen müssen natürlich zurückgewiesen werden, wobei jetzt das Problem auftritt, geeignete sinnvolle Meldungen für den externen Benutzer zu generieren.

Ein weiterer bei Projektionssichten auftretender, oft unerwünschter Effekt ist, daß die Zeilen der Sichtrelation mehreren Zeilen der Basisrelation zugeordnet sein können — dies tritt ein, falls Schlüsselattribute herausprojiziert werden. Falls etwa Nachname und Abteilung Schlüssel in einer Relation GehaltsInfo mit dem zusätzlichen Attribut Gehalt sind, und in einer Sicht NG nur Gehalt und Nachname sichtbar sind, würden Mitarbeiter mit demselben Nachnamen und Gehalt, die in verschiedenen Abteilungen tätig sind, auf ein einziges Tupel der Sicht abgebildet werden. Eine Änderung (z.B. eine Gehaltserhöhung) eines Sichttupels betrifft in diesem Fall mehrere Tupel in der Basisrelation.

13.2.3 Selektionssichten

Während Projektionssichten Spalten einer Relation ausblenden, werden in *Selektionssichten* Zeilen herausgefiltert. Das folgende Beispiel selektiert die Mitarbeiter oberhalb einer festen Gehaltsgrenze. Wie in vielen praktischen Fällen ist in dieser Selektionssicht eine Projektion integriert:

$$\text{MG} := \sigma_{\text{Gehalt}>20}(\pi_{\text{Mitarbeiter,Gehalt}}(\text{MGA}))$$

Die Relation MG kann in SQL wie folgt definiert werden:

```
create view MG as
select Mitarbeiter, Gehalt
from MGA
where Gehalt > 20
```

Bei Selektionssichten tritt nun das Problem auf, daß das Ändern der Sicht ein Tupel der Sicht in den nicht selektierten Teil der Sicht 'bewegen' kann. Wir bezeichnen dieses Phänomen auch als *Tupelmigration* zwischen verschiedenen Sichten.

Beispiel 13.3 Die folgende Änderung kann ein Tupel

$$MGA('Zuse', 25, 'Info'),$$

das in der Sicht sichtbar ist, in den nicht selektierten Teil der Datenbank bewegen:

```
update MG
set Gehalt = 15
where Mitarbeiter = 'Zuse'
```

Die automatische Transformation würde die folgende Änderung auf der Relation MGA erzeugen:

```
update MGA
set Gehalt = 15
where Mitarbeiter = 'Zuse' and Gehalt > 20
```

Bei der Transformation muß die Selektionsbedingung um die Selektion der Sichtdefinition erweitert werden, da ansonsten auch ein Tupel

$$MGA('Zuse', 10, 'Info')$$

geändert werden könnte, das nicht in der Sicht enthalten ist.   □

Die Änderung in Beispiel 13.3 würde zur Löschung aus der Sicht führen und somit zum Einfügen in den Rest der Relation! Hier wird nun die Forderung der *Respektierung der Zugriffskontrolle* relevant: Wurde die Selektion aus Gründen der Zugriffskontrolle vorgenommen, sollte die Änderung zurückgewiesen werden. Nicht alle Selektionssichten werden aber aus diesen Gründen eingerichtet, wie das folgende Beispiel zeigt:

Beispiel 13.4 Um die Arbeit der Gehaltsabteilung zu strukturieren, werden mehrere Sichten eingerichtet, die jeweils mehrere Abteilungen einem Sachbearbeiter zuordnen. Wäre Tupelmigration allgemein verboten, könnten die Sachbearbeiter keine Mitarbeiter in andere Abteilungen versetzen, sofern diese von einem anderen Sachbearbeiter bearbeitet werden.   □

Im SQL-Standard kann ein Test auf Tupelmigration explizit in der Sichtdefinition gefordert werden, indem die Angabe '**with check option**' an die Sichtdeklaration angefügt wird:

```
create view MG as
select Mitarbeiter, Gehalt
from MGA
where Gehalt > 20
with check option
```

Dieses Sprachkonstrukt erlaubt es etwa dem Datenbankadministrator, bei
Sichtdefinitionen flexibel darauf zu reagieren, welche Intention bei Selektionssichten zugrunde liegt. So kann bei Sichten zur Zugriffskontrolle die Tupelmigration verboten werden (mit der Klausel **with check option**), hingegen bei
aus Strukturierungsgründen eingefügten Sichten ein kooperierendes Arbeiten
durch Verschieben von Daten eingeschränkt erlaubt werden (ohne die Klausel
with check option).

13.2.4 Verbundsichten

Änderungen auf Sichten über mehrere Relationen sind naturgemäß besonders
schwierig zu behandeln. Ein typisches Beispiel ist eine sogenannte *Verbundsicht*, also eine Sicht, die durch die Verbundbildung über mehrere Relationen
definiert ist. Als Beispiel betrachten wir den natürlichen Verbund über die Relationen MGA und AL:

$$\text{MGAL} := \text{MGA} \bowtie \text{AL}$$

In SQL kann diese Sicht wie folgt deklariert werden:

```
create view MGAL as
select Mitarbeiter, Gehalt, MGA.Abteilung, Leiter
from MGA, AL
where MGA.Abteilung = AL.Abteilung
```

Das Problem bei Verbundsichten ist, daß Änderungsoperationen in der Regel
nicht eindeutig übersetzt werden können. Auch eine *minimale erforderliche Änderung* kann nicht in allen Fällen eindeutig bestimmt werden.

Beispiel 13.5 Die folgende Anweisung soll den Mitarbeiter Turing in die von
Zuse geleitete Abteilung 'Informatik' einfügen:

```
insert into MGAL
values ('Turing',30,'Info','Zuse')
```

Um diese Anweisung in Änderungen der Basisrelationen umzusetzen, benötigen wir Änderungsanweisungen auf beiden Basisrelationen. Für die Relation
MGA erhalten wir direkt die folgende Änderungsanweisung:

```
insert into MGA
values ('Turing', 30, 'Info')
```

Zusätzlich müssen wir noch die Relation AL ändern — vorausgesetzt, die Information, daß Zuse die Abteilung Informatik leitet, ist nicht bereits abgespeichert! Für diese Änderung haben wir eventuell mehrere Möglichkeiten:

1. Die direkte Methode ist eine Einfügeanweisung auf AL:

    ```
    insert into AL
    values ('Info','Zuse')
    ```

2. Falls Zuse bereits eine andere Abteilung, etwa Mathematik, leitet, wäre allerdings auch die folgende Anweisung möglich:

    ```
    update AL
    set Abteilung = 'Info'
    where Leiter = 'Zuse'
    ```

Diese zweite Variante verändert die Basisdatenbank weniger als die erste Variante und wäre somit nach der *Minimalitätsforderung* vorzuziehen. Als Nebeneffekt dieser Variante würden aber alle Untergebenen von Zuse in der Abteilung Mathematik nun keinen Leiter mehr haben — dies widerspricht der Forderung der *Effektkonformität!*

Noch deutlicher wird die Mehrdeutigkeit der Umsetzung am Beispiel der Löschanweisung. Das Löschen eines Tupels, etwa MGAL('Turing', 30, 'Info', 'Zuse'), kann entweder durch eine Löschung in der Relation MGA oder in der Relation AL erreicht werden — oder durch simultanes Löschen in beiden Relationen! □

Zusammengefaßt läßt sich sagen, daß sich bei Verbundsichten Änderungen im allgemeinen nicht eindeutig übersetzen lassen — aus welcher der beiden Relationen soll etwa gelöscht werden, wenn in der Verbundsicht gelöscht wird? Als Lösungsmöglichkeit könnte entweder die Mehrdeutigkeit in der Sichtdefinition durch explizite Regeln beseitigt oder — in SQL-92 so realisiert — Änderungen auf Verbundsichten prinzipiell verboten werden.
   Ähnliche Probleme ergeben sich bei Sichten, die durch die Vereinigung oder den Schnitt von Relationen definiert sind.

13.2.5 Aggregierungssichten

Unter einer *Aggregierungssicht* verstehen wir eine Sichtrelation, deren Zeilen aus mehreren Zeilen einer Basisrelation durch Gruppierung und Aggregierung berechnet wurden. Sie sind ein Spezialfall der sogenannten *berechneten Sichten*, also von Sichten, bei denen arithmetische Operationen zur Berechnung von Spalten eingesetzt werden.

Als Beispiel betrachten wir eine Sicht AS, in der für jede Abteilung die Summe der Gehälter der in ihr beschäftigten Mitarbeiter angezeigt wird:

```
create view AS (Abteilung, SummeGehalt)
as
select Abteilung, sum(Gehalt)
from MGA
group by Abteilung
```

In dieser Sichtdefinition wird die explizite Schemaangabe verwendet, die notwendig ist, wenn der entsprechende SQL-Dialekt keine Attributnamen für berechnete Ergebnisspalten unterstützt.

Bei Aggregierungssichten tritt allgemein das Problem auf, daß Änderungen der aggregierten Werte nicht sinnvoll übersetzt werden können.

Beispiel 13.6 Da der Etat der Abteilung 'Informatik' für das laufende Jahr erhöht wurde, sollen die Gehaltsausgaben um 1.000,- DM erhöht werden:

```
update AS
set SummeGehalt = SummeGehalt + 1000
where Abteilung = 'Info'
```

Eine sinnvolle Transformation ist bei dieser Änderung nicht möglich.   □

Änderungen auf berechneten Sichten können allgemein nicht sinnvoll umgesetzt werden und sind darum etwa in SQL generell verboten.

13.3 Klassifikation der Problembereiche

Die behandelten Sichtbeispiele scheinen sehr spezifisch für das relationale Datenmodell zu sein. Sichtdefinitionen und Änderungen auf Sichten sollten allerdings aufgrund der Drei-Ebenen-Architektur von allen Datenbankmodellen unterstützt werden. Was ist nun die Essenz der behandelten Sichtklassen und der auftretenden Probleme bei Änderungen, die auf beliebige Datenbankmodelle übertragen werden kann?

Wir können mehrere Problembereiche unabhängig vom eingesetzten Datenbankmodell und dem benutzten Anfrageformalismus identifizieren, die bei Änderungen von Sichten auftreten:

1. Der erste Problembereich betrifft Verletzung der Schemadefinition, z.B. durch Einfügen von Nullwerten bei Projektionssichten. Allgemein betrifft er die Vermeidung von *Integritätsverletzungen*.

2. Ein zweiter Bereich ist die Notwendigkeit, aus *Zugriffsschutzgründen* Seiteneffekte auf dem nicht-sichtbaren Teil der Datenbank zu vermeiden, etwa Tupelmigration bei Selektionssichten.

3. Die Minimalitätsforderung ist nicht immer ausreichend, um eine eindeutige Transformation einer Sichtänderung automatisch zu bestimmen. Bei *mehreren Transformationsmöglichkeiten* muß das Auswahlproblem gelöst werden.

4. In vielen Fällen, z.B. Aggregierungssichten, ist *keine sinnvolle Transformation* möglich.

5. Oft wird gefordert, daß eine elementare Änderung auf der Sicht ebenfalls genau einer atomaren Änderung auf der Basisrelation entspricht. Diese Einschränkung erfordert im Relationenmodell eine *1:1-Beziehung zwischen Sichttupeln und Tupeln* der Basisrelation. Diese Bedingung ist zum Beispiel beim Herausprojizieren von Schlüsseln nicht gegeben.

In implementierten Systemen werden diese Problembereiche oft sehr restriktiv behandelt, wie wir im folgenden anhand des SQL-Standards sehen werden. Diese restriktive Behandlung erschwert die konsequente Realisierung einer Drei-Ebenen-Architektur für Datenbank-Anwendungen stark.

13.4 Behandlung von Sichten in SQL

SQL-Datenbanksysteme weisen in Bezug auf Sichten einige Einschränkungen und Spezialitäten auf, die in diesem Abschnitt erläutert werden sollen. Dabei beziehen wir uns zunächst auf SQL-92, insbesondere in der Darstellung von Date und Darwen in [DD97, Kapitel 13]. Im letzten Unterabschnitt werden wir die Neuerungen in SQL-99 zusammenstellen. Allgemein gelten in SQL folgende Konventionen:

- *Integritätsverletzende Sichtänderungen* werden zurückgewiesen.

- Die Behandlung von *sicherheitsverletzenden Sichtänderungen* unterliegt der Administratorkontrolle (die '`with check option`'-Klausel).

- Sichten, die zu nicht-eindeutigen Transformationen bei Änderungen führen können, werden als *nicht änderbar* klassifiziert. Auf diesen Sichten sind keinerlei Änderungsoperationen erlaubt.

Hier ist SQL-92 restriktiver als notwendig, da nicht nach verschiedenen Änderungsarten unterschieden wird. SQL-99 wird hier einige Verbesserungen erzielen, erreicht aber immer noch nicht die möglichen, änderbaren Sichten, wie sie bereits in der eher theoretischen Datenbankliteratur identifiziert wurden (siehe Abschnitt 13.6).

- Elementare Änderungen auf der Sichtebene müssen auf elementare Änderungen der Basisrelation abgebildet werden. Dies entspricht in etwa dem bereits diskutierten Problem, das beim Herausprojizieren von Schlüsseln auftritt. Da SQL aber Multirelationen und nicht echte Relationen als zugrundeliegendes Datenmodell hat, tritt dieses Problem in SQL nur bei Einsatz des Schlüsselwortes **distinct** in Sichtdeklarationen auf.

13.4.1 Auswertung von Anfragen an Sichten in SQL

Der SQL-Standard definiert die Bedeutung einer Anfrage an eine Sichtrelation durch syntaktisches "Mischen" der Anfrage mit der Sichtdefinition bzw. sofern möglich durch Ersetzen der Sichtnamen durch die die Sicht definierende Anfrage. In SQL-92 [DD97] kann die Sichtdefinition direkt im **from**-Teil der Anfrage durch Expansion des Sichtnamens eingesetzt werden, und wir erhalten als Ergebnis eine korrekte SQL-Anfrage. Viele implementierte SQL-Dialekte halten sich allerdings an die Vorgaben der ursprünglichen SQL-Norm, in denen dieses nicht möglich war, so daß wir die in diesem Fall auftretenden Probleme am Beispiel erläutern wollen.

Eine Auswertung einer Sichtanfrage mittels 'Mischen' könnte durch die folgenden Schritte erfolgen:

- In der **select**-Liste werden die Sichtattribute wenn nötig umbenannt bzw. durch ihren Berechnungsterm ersetzt.

- Im **from**-Teil werden die Namen der Originalrelationen aufgeführt.

- Nach eventuellen Umsetzungen wie im **select**-Teil erfolgt eine konjunktive Verknüpfung der **where**-Klauseln von Sichtdefinition und Anfrage.

Für den Sichtbenutzer bedeutet diese Vorgehensweise unerwartete Probleme bei Anfragen an Sichten, die z.B. Gruppierung, Aggregierung oder Arithmetik in der Sichtdefinition enthalten. Wir diskutieren die Probleme anhand zweier Beispiele.

Beispiel 13.7 Als Beispiel betrachten wir die folgende Sichtdefinition, die eine Aggregierungssicht darstellt:

```
create view DS (Abteilung, GehaltsSumme)
as
```

```
select Abteilung, sum(Gehalt)
from MGA
group by Abteilung
```

Als erste Anfrage an die Sichtrelation betrachten wir die folgende SQL-Anfrage, die die Abteilungen mit hohen Gehaltsausgaben bestimmen soll:

```
select Abteilung
from DS
where GehaltsSumme > 500
```

Eine syntaktische Transformation nach obigen Regeln führt zu folgendem Anfrageterm:

```
select Abteilung
from MGA
where sum(Gehalt) > 500
group by Abteilung
```

Dieser Anfrageterm ist keine syntaktisch korrekte SQL-Anfrage, da in SQL im **where**-Teil keine Aggregatfunktionen auftreten dürfen! Derartige Anfragen waren im ursprünglichen SQL-Standard und in vielen realisierten SQL-Dialekten darum verboten — obwohl die folgende Anfrage eine korrekte Transformation wäre:

```
select Abteilung
from MGA
group by Abteilung
having sum(Gehalt) > 500
```

Während obiges Beispiel übersetzbar wäre, zeigt folgende Anfrage ein prinzipielles Problem: Aggregierung über Aggregierungssichten ist im ursprünglichen SQL-Standard nicht ausdrückbar! Die folgende Anfrage soll den durchschnittlichen Gehaltsaufwand der Abteilungen in der Sicht DS bestimmen:

```
select avg (GehaltsSumme)
from DS
```

Diese Anfrage müßte wie folgt transformiert werden:

```
select avg(sum (Gehalt))
from MGA
group by Abteilung
```

Geschachtelte Aggregatfunktionen sind in SQL nicht erlaubt. Wie in [DD97] gezeigt, kann eine solche Anfrage nur in SQL-Dialekten ausgedrückt werden, die Unteranfragen im **from**-Teil zulassen. □

13.4.2 Einschränkungen für Sichtänderungen in SQL-92

Aufgrund der Benutzung des syntaktischen Ansatzes ist SQL-92 sehr restriktiv bei Änderungen von Sichten. Änderungen sind nur erlaubt, falls folgendes für die Sichtdefinition gilt (aus [DD97]):

- Die Anfrage ist eine reine Selektionsanfrage; mit anderen Worten, Verbundbildung, Vereinigung und Schnittbildung von Relationen sind verboten.

- Um eine 1 : 1-Zuordnung von Sichttupeln zu Basistupeln zu erreichen, darf die Anfrage kein **distinct** enthalten.

- Arithmetik und Aggregatfunktionen im **select**-Teil sind verboten.

- Es ist nur genau eine Referenz auf einen Relationsnamen im **from**-Teil erlaubt. Es besteht somit keine Möglichkeit, Verbundsichten auszudrücken.

- In SQL-92 sind keine Unteranfragen mit "Selbstbezug" im **where**-Teil erlaubt. Selbstbezug bedeutet, daß der Relationsname im obersten SFW-Block nicht in **from**-Teilen von Unteranfragen verwendet wird.

- Gruppierung ist allgemein verboten, **group by** und **having** dürfen nicht auftauchen.

Sichtdefinitionen, die obigen Kriterien genügen, werden in SQL-92 als "änderbar" (engl. *updatable*) bezeichnet. Frühere SQL-Dialekte waren hierbei noch restriktiver als diese Aufzählung und etwa Unteranfragen waren generell verboten. In SQL-92 erfolgt keine Differenzierung für verschiedene Klassen von Änderungen, obwohl einige Sichten, bei denen etwa Einfügen Probleme bereitet, durchaus beim Löschen problemlos wären.

13.4.3 Sichtänderungen in SQL-99

In SQL-99 sind einige dieser Einschränkungen aufgehoben worden. So ist es nun erstmals möglich, Änderungsoperationen über Sichten durchzuführen, die mit **union** oder **join** gebildet wurden. Dabei sind natürlich spezielle Voraussetzungen zu beachten, die die Art der Änderungsoperation und den genauen Aufbau der Sicht betreffen. Insbesondere sind folgende drei Fälle zulässig:

- **update** auf **union**-Sichten: Ist eine Sicht mit **union all** gebildet worden, wurde also auf die Duplikateliminierung verzichtet und eine Multimenge als Ergebnis aufgebaut, so ist eine Modifikation der Tupel in der Sicht möglich. Durch den Verzicht auf die Duplikateliminierung können alle Tupelmodifikationen eindeutig auf Tupelmodifikationen in den Basisrelationen zurückgeführt werden.

- **update** auf **join**-Sichten: Wurde in Embedded SQL ein Cursor auf ein Tupel aus einer Verbundsicht positioniert, die zwei Relationen über einen Primärschlüssel-Fremdschlüssel-Verbund verknüpft, so ist das auf dem Cursor befindliche Tupel ebenfalls modifizierbar. Auch hier sind die Änderungen eindeutig in Tupelmodifikationen auf den beiden beteiligten Basisrelationen transformierbar. Leider ist die Operation nicht effektkonform, da andere Tupel der Sicht durch eine Modifikation betroffen sein können.

- **insert** in **join**-Sichten: Ist eine Sicht mit **join** als Primärschlüssel-Fremdschlüssel-Verbund definiert, so können Einfügungen neuer Tupel in die Sicht wiederum eindeutig auf die beiden beteiligten Basisrelationen propagiert werden.

Wie sich in Abschnitt 13.6 noch herausstellen wird, sind diese Spezialfälle noch nicht ausreichend, um die möglichen Änderungsoperationen auf Sichten auch tatsächlich durchführen zu können. Immerhin werden einige einfach realisierbare Fälle auf Sichten mit mehr als einer beteiligten Basisrelation nun erstmals unterstützt.

13.5 Sichten in objektorientierten Datenbanken

Trotz der zentralen Rolle in der Datenbanktechnik ist der Sichtbegriff in aktuellen objektorientierten Datenbankmodellen eher unterentwickelt — viele kommerzielle Systeme unterstützen ihn erst gar nicht. Mit dem zu erwartenden Zusammenwachsen der "SQL-Welt" mit der "OODBMS-Welt" in Form von objektrelationalen Datenbanken wird sich jedoch auch ein objektorientierter Sichtbegriff durchsetzen.

Sichten ermöglichen eine speziell angepaßte Datendarstellung (Struktur- und Verhaltensabstraktion) für Anwendungen. So ist bei komplex strukturierten Objekten oft eine *Strukturanpassung* von Objekten an Werkzeuge der Anwendung relevant. Eine derartige Strukturanpassung kann durch eine Sicht erfolgen.

Dieser Aspekt ist insbesondere für Objekte relevant, die Entwurfsdokumente im computerunterstützten Entwurf repräsentieren [Kac92]. Dort kann ein Objekt je nach Anforderungen eines Entwurfswerkzeugs umstrukturiert werden. Zusammen mit der Struktur ist dann auch neues Verhalten sichtbar.

13.5.1 Deklaration von Sichten

Im Falle relationaler Datenbanken beschränkt sich die Sichtdefinition auf die Ausdrucksfähigkeit einfacher SQL-Anfragen, die jeweils eine *virtuelle Relation* definieren. Im Falle von OODBMS muß aber ein wesentlich *reicherer* Satz an

Modellierungskonstrukten berücksichtigt werden. Um Modellierungskonstruk-te wie Beziehungen und Typhierarchien angemessen berücksichtigen zu kön-nen, sollte das Ergebnis einer Sichtdeklaration im Falle von OODBMS nicht nur eine einzelne Klasse sein, sondern eine *Objektdatenbank*, bestehend aus einem objektorientierten Datenbankschema und einer Instanz dieses Schemas, die alle Objekte der Klassen dieses Schemas enthält.

Zur Deklaration einer Sicht können eine Reihe von notwendigen bzw. sinn-vollen Transformationen identifiziert werden:

- Sowohl für ganze Schemata als auch für einzelne Klassen sind eine Reihe von *Typmanipulationen* sinnvoll. Typelemente, im Falle von Objekttypen etwa Attribute, können im Rahmen einer Sichtdeklaration ausgeblendet, neu definiert (im Falle abgeleiteter Attribute), umstrukturiert oder umbe-nannt werden.

- Eine *Manipulation der Extensionen* ist notwendig, um zum Beispiel ei-ne Selektion auf Klassenextensionen, Mengenoperationen auf Extensionen oder auch eine Objekterzeugung durchzuführen. Eine Objekterzeugung er-folgt zum Beispiel, wenn komplexe Attributwerte oder Beziehungen in der Sicht in Objekte umgewandelt werden sollen. Im Falle der Objekterzeu-gung findet in der Regel zusätzlich zur Manipulation der Extension auch eine Typmanipulation statt.

- Die *Manipulation von Beziehungen* wird gesondert erwähnt, da diese eine echte Erweiterung zum relationalen Fall darstellt. So kann eine unidirek-tionale Beziehung in eine bidirektionale Beziehung umgewandelt werden. Ein anspruchsvolleres Beispiel ist die Darstellung einer transitiven Bezie-hung von einer Klasse A über eine Zwischenklasse B zur Klasse C unter Ausblendung der Zwischenklasse in der Sicht.

Bereits in dieser kurzen Auflistung wird erkennbar, daß die von einem Sicht-konzept zu unterstützenden Operationen weit über den relationalen Fall hin-ausgehen.

13.5.2 Klassifikation von Sichtansätzen

Basierend auf den aufgelisteten Transformationen, die ein Sichtmodell für Ob-jektdatenbankmodelle unterstützen sollte, kann eine Klassifikation von Sicht-ansätzen vorgenommen werden. Die Klassifikation basiert auf den folgenden Kriterien:

Granularität: Das Ergebnis einer Sichtdeklaration kann entweder eine Klas-se oder eine mehrere Klassen beinhaltende Objektdatenbank sein.

Identitätsbehandlung: Analog zur Diskussion bei objektorientierten Anfragesprachen, können Sichten eine *objekterhaltende* oder eine *objekterzeugende* Semantik besitzen.

Objektauswahl: Die Extension von Sichtklassen kann *zustandsabhängig* bestimmt oder ausschließlich aus der Strukturbeschreibung abgeleitet werden. Die zustandsabhängige Bestimmung von Extensionen entspricht unter anderem den Selektionssichten im relationalen Fall.

Kapazitätsänderung: Unter der *Informationskapazität* versteht man das "Fassungsvermögen" an Informationen einer Sicht (siehe Abschnitt 5.4). Wir können zwei Ausprägungen des Kapazitätsbegriffs unterscheiden: Die *Typkapazität* betrifft die Kapazität an Sprachkonstrukten auf der Metaebene (etwa die Menge der benutzbaren Attributnamen), während die eigentliche Informationskapazität die Datenebene betrifft.

Eine *kapazitätsvermindernde* Sicht betrifft in der Regel beide Aspekte: Das Ausblenden von Attributen (verminderte Typkapazität) blendet auch die zugehörigen Attribut*werte* der Objekte aus (verminderte Informationskapazität). Reinformen kommen allerdings auch vor: Reine *Selektionssichten* vermindern die Informationskapazität, da hier nur eine selektierte Teilmenge der ursprünglichen Objekte angezeigt wird. Das Ausblenden berechneter Attribute hingegen vermindert nur die Typkapazität.

Der Fall *kapazitätserhöhender* Sichten ist gerade für Objektdatenbanken interessant, erweitert aber den klassischen Sichtbegriff:

- Die *Erhöhung der Typkapazität* bei gleichbleibender Informationskapazität ist auch in relationalen Sichten durch die Definition berechneter Attribute in Sichten bekannt. In Objektdatenbanksichten tritt dieser Fall auch auf, wenn die Darstellung von Beziehungen manipuliert wird. Zum Beispiel erhöht die Änderung einer unidirektionalen Beziehung in eine bidirektionale Beziehung die Typkapazität in einer der beiden beteiligten Klassen.

- Eine *Erhöhung der Informationskapazität* widerspricht auf den ersten Blick dem Konzept der Sicht als virtuell abgeleitete Datenbank und hat daher kein Gegenstück in relationalen Sichtmodellen.

  In objektorientierten Ansätzen werden Datenbankobjekte aber direkt als Anwendungsobjekte behandelt. Hier kann es zum Beispiel Sinn machen, *transiente* Attribute in einer Sichtdeklaration neu zu definieren und somit die Informationskapazität zu erhöhen. Neben einer derartigen *transienten Erhöhung der Informationskapazität* sind auch *persistente Erhöhungen* denkbar, falls Sichten persistent materialisiert werden, zum Beispiel zum Speichern lokaler Datenbestände.

Deklarationsparadigma: Der aus relationalen Datenbanken bekannte Ansatz kann als *operational* oder auch *anfragebasiert* bezeichnet werden. Die Sichtdeklaration erfolgt mittels eines Ausdrucks einer Anfragesprache und eventuell weiterer Zusatzangaben.

Im Gegensatz dazu ist in OODBMS auch der *strukturelle* Ansatz von Interesse. Eine Sicht wird hierbei durch den Einsatz von Schemamanipulationsoperatoren aus einer Datenbank abgeleitet. Dieser Ansatz wird auch als *vererbungsbasierte Sichtableitung* bezeichnet.

Beide Deklarationsparadigmen werden in den Abschnitten 13.5.3 und 13.5.4 kurz vorgestellt und diskutiert.

Die vorgestellten Kriterien sind in Tabelle 13.1 noch einmal gegenübergestellt. Die verwendete Kriterienliste wurde der Dissertation von Heijenga [Hei97] entnommen und an die in diesem Buch verwendeten Begriffe und Notationen angepaßt.

Kriterium	Varianten
Granularität	Klasse
	Objektdatenbank
Identität	objekterhaltend
	objekterzeugend
Objektauswahl	zustandsabhängig
	zustandsunabhängig
Kapazitätsänderung	kapazitätsvermindernd, Typ
	kapazitätsvermindernd, Information
	kapazitätserhöhend, Typ
	kapazitätserhöhend, Information
Deklarationsparadigma	operational
	strukturell
	kombiniert

Tab. 13.1: Klassifikationskriterien für Sichtansätze

13.5.3   Operationale Sichtdefinition

Angepaßt an objektorientierte Datenbanken, könnte eine operationale Sichtdeklaration wie folgt aussehen:

```
create view SichtName
as OQL-Anfrage
```

Einige Probleme mit der operationalen Sichtdeklaration wurden bereits in Kapitel 10.5 ausführlich diskutiert. Insbesondere die Fragestellungen der Objektgenerierung im Gegensatz zur Objekterhaltung sind für ein Sichtkonzept wichtig. Im Falle von objekterhaltenden Anfragen stellt sich die Frage, ob die Sichtobjekte geändert werden können, nicht in dem Maße wie etwa in relationalen Datenbanken, da Datenbank- und Sichtobjekte identisch sind und Änderungen direkt auf den Objekten ausgeführt werden können. Im Falle der Objekterzeugung muß wie in SQL das Problem der *Änderbarkeit von Sichten* gelöst werden, etwa indem die Änderbarkeit von Sichten nur bei bestimmten Anfragemustern unterstützt wird. Das folgende Beispiel deklariert eine einfache (*objekterhaltende*) Selektionssicht:

```
create view Besserverdiener as
    select m
    from m in Mitarbeiter
    where m.Gehalt > 10000;
```

Eine Einschränkung auf einen Teil der Attributliste hinter dem Schlüsselwort **select** führt entweder zu einer Objekterhaltung mit geänderter Typkapazität oder zu einer *objektgenerierenden* Sicht.

Durch Angabe einer **select**-Klausel bieten operationale Sichtmodelle die Möglichkeit einer Typtransformation. Abgeleitete Attribute und Beziehungen können — wie auch in Anfragesprachen — einfach deklariert werden. Eine Objektauswahl kann zustandsabhängig (**where**-Klausel) erfolgen; das Ergebnis einer Anfrage ist eine (virtuelle) Klasse, die in ein existierendes Schema eingeordnet werden kann.

13.5.4   Strukturelle Sichtdefinition

Die Idee der strukturellen Sichtdeklaration beruht auf der Erkenntnis, daß die Abstraktionskonzepte der *Generalisierung* (auch im Sinne der Kapselung) und *Spezialisierung* von Objekttypen gut geeignet sind, um wichtige Strukturtransformationen von Objekten auszudrücken:

- Die *Generalisierung* eines Objekttyps modelliert das Entfernen von Schemaelementen für Objekte einer Klasse.

- Die *Spezialisierung* hingegen erweitert ein Objektdatenbankschema um zusätzliche Schemaelemente.

Beide Abstraktionen lassen sich auch auf Schemaebene anwenden — eine Generalisierung auf Schemaebene bedeutet zum Beispiel das Ausblenden einer Klasse. Für eine Sichtdefinitionssprache muß dieser Ansatz in Operationen zur Schematransformation umgesetzt werden. Neben Operatoren zum Ausblenden

und Hinzufügen sind auch Mischformen wie die Umbenennung von Schemaelementen und zusätzliche für den objektorientierten Ansatz spezifische Operationen wie das Umstrukturieren von komplexen Werten und Beziehungen
notwendig.

Heijenga schlägt in [Hei97] für das von ihm entwickelte strukturelle Sichtmodell ViCOM die folgenden Operatoren zur Schemamanipulation vor (ein weiterer Operator, **derive**, leitet einen Sichttyp aus einem vorhandenen Schema
ab, der dann die Basis der Transformationen bildet):

- Der Operator **rename** realisiert die Umbenennung von Strukturelementen.

- **add** fügt neue Strukturelemente hinzu. Die Werte dieser neuen Strukturelemente können abgeleitete Informationen sein oder einer Erhöhung der
  Informationskapazität entsprechen.

- Mittels **hide** werden Strukturelemente in der Sichtdeklaration ausgeblendet.

- **redefine** ermöglicht das Redefinieren von Attributen (zum Beispiel das
  Umwandeln eines **list**-Attributs in ein **set**-Attribut), aber auch die Ma-
  nipulation von Beziehungen. So können mittels **redefine** unidirektionale
  Beziehungen in bidirektionale umgewandelt werden.

Diese Operationen sind in ViCOM auf verschiedenen Ebenen einsetzbar, so können Strukturelemente Datentypen, Attribute, Beziehungen, Methoden, Objekttypen, Klassen oder Vererbungsbeziehungen sein. Die Operatoren arbeiten sowohl global auf der Schemaebene als auch lokal auf der Typ-/Klassenebene.

Zum Beispiel sei ein einfaches Schema in einer ViCOM-ähnlichen Notation
wie folgt vorgegeben (siehe [Hei97]):

```
schema Unternehmen
{
    ...
    class Projekt { ... };

    class Mitarbeiter
    {
        int          mitarbNr;
        String       name;
        Set<String>  vornamen;
        Date         gebDatum;
        int          gehalt;
        List<String> telefone;
        List<Projekt> beteiligt_an;
    };
};
```

Eine Sichtdeklaration kann nun in einer ViCOM-ähnlichen Notation folgendermaßen angegeben werden (der **derive**-Operator wird durch das ':*'-Symbol ausgedrückt):

```
view schema Personaldaten :* Unternehmen
{
    hide
        Projekt;

    view class Person :* Unternehmen.Mitarbeiter
    {
        hide
            gehalt, beteiligt_an;
        rename
            name Nachname;
        add
            int alter(Date datum_param) { ... };
    };
};
```

Im obigen Beispiel wird aus der Datenbank die Klasse Projekt ausgeblendet und die neue Klasse Person dadurch von der Klasse Mitarbeiter abgeleitet, daß die Attribute gehalt und beteiligt_an ausgeblendet, das Attribut name umbenannt und eine Methode alter hinzugefügt werden.

Der strukturelle Sichtansatz ermöglicht die direkte Manipulation existierender Objekte zur Erzeugung einer Sicht. Hierbei ist die einheitliche Behandlung der Objektdatenbanksicht wie auch einzelner Sichtklassen mit demselben Satz an Sprachkonstrukten hervorzuheben.

Probleme zeigen sich beim reinen strukturellen Ansatz in der Manipulation von Extensionen (Selektionssichten), der Materialisierung transitiver Beziehungen und bei berechneten Attributen.

Kombinierte Sichtmodelle für Objektdatenbanken

Viele aktuelle Ansätze diskutieren eine Mischform von operationaler und struktureller Sichtdeklaration [Ber92, Sch93, Bel96, Hei97]. Dabei werden die Anteile unterschiedlich gewichtet: So nimmt Bertino [Ber92] nur das Hinzufügen von Attributen in ihren Sprachvorschlag auf, während Heijenga [Hei97] die Möglichkeit aufzeigt, ein volles strukturelles Sichtmodell um selektierende Prädikate zu erweitern.

13.6 Theorie änderbarer Sichten

In vorhergehenden Abschnitten hatten wir unter anderem das Problem der Nutzbarkeit von Sichten angesprochen. Während Anfragen an Sichten problemlos umgesetzt werden können, sind Änderungsoperationen auf Sichten in vielen Fällen nicht sinnvoll oder nur mehrdeutig auf Basisrelationen umsetzbar.

Während in SQL syntaktische Einschränkungen an Sichtdefinitionen eingeführt werden, für die Änderungsoperationen erlaubt werden können, haben sich in der Forschung viele Ansätze mit der Ausweitung der in SQL extrem engen Kriterien beschäftigt.

Ein allgemeines Ziel für diese Untersuchungen ist die Effektkonformität. In Abbildung 13.2 haben wir das Problem in Form eines kommutativen Diagramms noch einmal dargestellt. Der Nutzer möchte auf der ihm bekannten Sicht 1 ein Update u durchführen. Er erwartet, daß das Update u exakt auf der virtuellen Relation Sicht 1 ausgeführt wird und Sicht 2 ergibt. Aufgabe des Datenbanksystems ist es nun, die folgende Umsetzung der Sichtmodifikation so zu gestalten, daß folgende zwei Operationsfolgen das gleiche Ergebnis liefern:

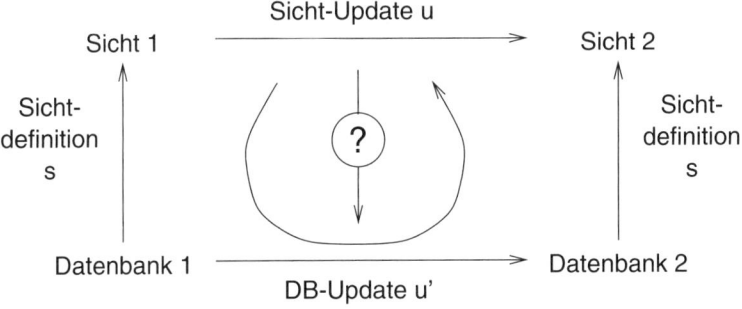

Abb. 13.2: Kommutatives Diagramm der Sicht-Update-Transformation

- Geht man von der gespeicherten Datenbank 1 aus, berechnet zunächst die Sicht mittels Sichtdefinition s und wendet danach das vom Nutzer gewünschte Update u auf der Sichtrelation an, so entsteht die Sichtrelation Sicht 2.

- Geht man von der gespeicherten Datenbank 1 aus, wendet zunächst ein noch zu bestimmendes Update u' auf der Datenbank an und erhält mit diesem eine Datenbank 2, und berechnet man nun mit Hilfe der Sichtdefinition s wieder die Sichtrelation aus der Datenbank 2, so erhält man ebenfalls Sicht 2.

Aufgabe für das Datenbanksystem ist es nun, eine möglichst eindeutige Sicht-Update-Transformation von u nach u' vorzunehmen so, daß

$$u(s(db_1)) = s(u'(db_1))$$

gilt.

Die Verfahren sind zwar bereits in den achtziger Jahren entstanden, sind aber immer noch nicht in SQL umgesetzt worden. Selbst der neueste SQL-99-Standard kann nur bestimmte "erlaubte" Sichten bearbeiten. Die erste Generation der Verfahren wie Bancilhon/Spyratos (1981) [BS81] und Dayal/Bernstein (1982) [DB82], sowie die zweite Generation der Verfahren wie Date (1986) [Dat86] und Keller (1985) [Kel85b, Kel85a] haben jeweils folgende Eigenschaften:

- Erste Generation: Hier sollen möglichst viele Sichtdefinitionen zugelassen werden. Das Problem dieser Verfahren ist, daß viele Sichten bei diesen Verfahren dann als nicht eindeutig aktualisierbar erkannt werden.

- Zweite Generation: Hier werden mehr Sichtdefinitionen ausgeschlossen (aber immer noch weitaus mehr als in SQL zugelassen). Der Vorteil ist, daß innerhalb der erlaubten Sichtdefinitionen weitaus mehr Sichten als aktualisierbar erkannt werden.

Am Beispiel des Verfahrens von Keller wollen wir nun die Grundidee erläutern:

- Es sind in diesem Verfahren nur die Operationen nur $\pi, \sigma, \bowtie$ erlaubt.

- Die Projektion π darf nur schlüsselerhaltend angewendet werden.

- Es sind in Sichten nur spezielle Verbunde (Schlüssel-Fremdschlüssel-Verbunde) erlaubt.

In der Relation `Ausleihe := (PANr, Inventarnr)` sind `PANr` und `Inventarnr` Fremdschlüssel. Folgende Inklusionsabhängigkeiten (INDs) gelten aufgrund der Fremdschlüsselbedingungen:

$$\pi_{\text{PANr}}(\text{Ausleihe}) \subseteq \pi_{\text{PANr}}(\text{Personen})$$

$$\pi_{\text{Inventarnr}}(\text{Ausleihe}) \subseteq \pi_{\text{Inventarnr}}(\text{Buch\_Exemplare})$$

Folgende Sicht `Bibliothekar` ist demnach ausgeschlossen von Änderungsoperationen, da die Projektion nicht schlüsselerhaltend ist:

`Bibliothekar :=`
$$\pi_{\text{Nachname,ISBN}}(r(\text{Buch\_Exemplare}) \bowtie r(\text{Ausleihe}) \bowtie r(\text{Personen}))$$

Falls auch `Nachname` und `ISBN` Schlüssel wären, dann wäre folgende Löschung durchführbar:

```
delete from Bibliothekar
where Nachname ="Heuer" and ISBN="3-752-9801-6"
```

Diese Löschung *muß* (aufgrund der INDs) eindeutig in eine Löschung auf PANr, Inventarnr übersetzt werden: Sowohl der Nachname ist durch die Schlüsseleigenschaft eindeutig einer Personalausweisnummer als auch die ISBN eindeutig einer Inventarnummer zuzuordnen. In diesem Fall wird je genau ein Tupel der beteiligten Relationen Ausleihe, Buch_Exemplare und Personen angesprochen. Da eine Löschung von Personen nicht effektkonform wäre (eine Person kann noch mehr Bücher ausgeliehen haben, die dann aus der Sicht verschwinden würden) und eine Löschung von Buchexemplaren nicht minimal (der gewünschte Effekt läßt sich bereits mit der Löschung des Tupels in Ausleihe erreichen), wird nur das eine Tupel in der Ausleihtabelle gelöscht. Diese Löschung erfüllt die vorgegeben Kriterien wie Effektkonformität und Minimalität.

13.7   Instead-Of-Trigger für Sichtänderungen

Sind Änderungsoperationen auf Sichten entweder nach SQL-Standard nicht erlaubt oder findet sich keine automatische Transformation der Sicht-Updates auf Datenbank-Updates, so kann man für konkrete Anwendungen die gewünschten Transformationen mit Hilfe von Triggern beschreiben. Wir demonstrieren das am Beispiel der Instead-of-Trigger, die für die Transformation von Objektsichten auf relationale Basisrelationen in Oracle 8 benutzt werden.

Instead-of-Trigger[1] wurden zuerst im Oracle8-System eingesetzt, um *Objektsichten* auf normale relationale Tabellen zu unterstützen [CHRS98]. Hierbei werden aus flachen Tabellen strukturierte Objektklassen zusammengesetzt. Sollen derartige Objektsichten als Übergang zu objektorientierter Software-Strukturierung eingesetzt werden, treten insbesondere zwei Probleme auf:

- Methoden sind für den *Objekttyp* definiert, *nicht* für die *Objektsicht*. Eine Methodenimplementierung sollte unabhängig von der Sichtdefinition sein, um den Typ wiederverwendbar zu halten.

- Wenn die Objektsichten als alleinige Schnittstelle genutzt werden sollen, müssen auf ihnen Einfügungen, Änderungen und Löschoperationen möglich sein. Die Methoden des Objekttyps können in einer relationalen Datenbank nur als Ersatz für die SQL-Statements **insert**, **update** und **delete** dienen, wenn diese intern wiederum auf derartige Anweisungen auf den Basisrelationen zugreifen können.

---

[1]'instead of', engl.: 'an stelle von'.

Fazit dieser beiden Punkte ist, daß die generischen SQL-Statements **insert**, **update** und **delete** auch für Objektsichten möglich sein sollten, und dieses auch nicht durch Methoden des zugehörigen Objekttyps umgangen werden sollte.

Oracle8 ermöglicht dies durch die in diesem Release neu eingeführten **'instead of'**-Trigger [CHRS98]. Instead-of-Trigger erlauben es, zum Beispiel bei einer **insert**-Anweisung statt der generischen Operation — die auf komplexen Objektstrukturen nicht direkt definiert sein muß — eine Folge von Anweisungen auszuführen, die eine spezifische **new**-Methode realisiert.

Für die Realisierung von **'instead of'**-Triggern sollte man folgende Besonderheiten beachten:

- **'instead of'**-Trigger arbeiten datensatzorientiert (d.h. für Objektsichten 'Einzelobjekt-orientiert').

- Auf die Parameter eines mit **insert** eingefügten Objekts wird mittels **:new**-Präfix zugegriffen; Analoges gilt beim Ändern für **:new** und **:old** und beim Löschen für **:old**.

Besonderheiten von Instead-Of-Trigger

Instead-of-Trigger passen nicht unbedingt in das Raster der bisher behandelten Trigger. Der Grund ist, daß sie üblicherweise nicht auf Tabellen, sondern auf Sichten definiert werden. Die Leistung eines Instead-of-Triggers ist es, daß **update**-, **insert**- oder **delete**-Verhalten einer Sicht anstelle des voreingestellten Verhaltens zu regeln. Instead-of-Trigger sind per default Row-Level-Trigger, also datensatzorientiert.

Das Verhalten dieser Trigger soll nun anhand eines einfachen Beispiels illustriert werden. Zunächst wird die View V_Bücher kreiert, die genau wie die Tabelle Bücher definiert ist.

```
create or replace view V_Bücher
           as select * from Bücher;
```

Dann wird auf dieser Sicht folgender Trigger definiert:

```
create or replace trigger V_Bücher_Insert
       instead of insert on V_Bücher
for each row
when user = 'Andreas'
begin
    NULL
end;
```

Versucht der Benutzer Andreas nun einen Datensatz neu einzufügen, erhält er zwar die Meldung "1 row created", aber der Datensatz wird nicht eingefügt, da statt des Inserts nur NULL (also nichts) ausgeführt wird. Instead-of-Trigger können aber auch für andere Zwecke als solche Tricks, die eine primitive Form des Zugriffsschutzes darstellen, eingesetzt werden. Interessant ist, daß der Trigger V_Bücher_io_Insert, der sich auf ein **insert**-Ereignis bezieht, auch einen **delete**- oder **update**-Befehl enthalten kann. Das DBMS täuscht dann etwas anderes vor, als das, was tatsächlich geschieht. Eine saubere Ausnahmebehandlung ist daher bei Instead-of-Triggern unbedingt erforderlich.

Instead-of-Trigger können unter anderem in folgenden Fällen sinnvoll eingesetzt werden:

- Sichten für den Zugriffsschutz.

- Ergänzung von **not null** Spalten, die in der Sicht fehlen.

- Einschränkung der Datenmanipulation, wenn z.B. bestimmte Benutzer bestimmte Werte nur innerhalb vorgegebener Grenzen verändern dürfen.

- Transparenz von Schemaänderungen, d.h. eine Änderung in der Tabellenstruktur kann mit einer Sicht und darauf definierten Instead-of-Trigger verborgen bzw. gekapselt werden.

- Die erwähnten Objektsichten können ausschließlich über Instead-of-Trigger manipuliert werden.

13.8   Materialisierte Sichten in Data Warehouses

Bisher wurden Sichtrelationen oder Sichtobjekte *auf Anforderung* berechnet. Ruft der Nutzer oder das Anwendungsprogramm eine Sicht auf, so wird in dem Moment des Aufrufs die Anfrage, die die Sicht definiert, ausgewertet. Da dieses Vorgehen bei großen Datenmengen in der Sicht Effizienzprobleme bereiten kann, können alternativ die virtuellen Relationen oder Objekte auch *permanent gespeichert* oder *materialisiert* werden. Die Forderung nach permanenter Verfügbarkeit der Daten bedeutet eine Abspeicherung oder Materialisierung der Sicht, was normalerweise mit redundanter Datenhaltung einhergeht. Dadurch müssen Änderungsoperationen auf dem Datenbankinhalt zu den Sichten propagiert werden.

Man beachte, daß diese Propagierung genau entgegengesetzt zu den Änderungsoperationen auf Sichten verläuft: Die in den Abschnitten 13.2, 13.3 und 13.6 vorgestellten Änderungen auf Sichten müssen von Sichten zu Basisrelationen propagiert werden. Im Falle materialisierter Sichten müssen die Änderungen dagegen von Basisrelationen auf die gespeicherten Sichten übertragen werden. Im einfachsten Fall können die Sichten natürlich völlig neu berechnet werden, was wiederum nicht besonders effizient sein muß. Besser ist es, nur die

"Unterschiede" (Deltas) aus den relevanten Datenbankänderungen den Sichten mitzuteilen.

Ein aktuelles Einsatzgebiet von materialisierten Sichten sind Data Warehouses (siehe auch Abschnitt 4.6). Ein Data Warehouse stellt eine materialisierte Sicht auf die Datenbestände eines Unternehmens dar. Dieser Ansatz erfordert Operationen, die effizient unterstützt werden müssen:

- **load**: Das Laden eines Data Warehouse ist eine umfangreiche Operation, da sehr große Datenbestände geladen werden. Hier müssen Zugriffsstrukturen ein schnelles Laden von Massendaten unterstützen.

  Das Laden aus operativen Systemen beinhaltet desweiteren die in Abschnitt 4.6 erwähnten Schritte der Extraktion, Bereinigung und Transformation, die so weit wie möglich automatisiert werden müssen.

- **refresh**: Der Datenbestand eines Data Warehouse muß regelmäßig aktualisiert werden. Hier sollten die oben erwähnten Delta-Techniken eingesetzt werden, die nur geänderte Daten aktualisieren.

Die Aktualisierung kann auch durch ein kontinuierliches, asynchrones *Refresh* mit Hilfe von Trigger-Mechanismen erfolgen. Das Refresh teilt am Ende einer Operation oder einer Transaktion die Änderung der operationalen Daten dem Data Warehouse mit.

13.9   Vertiefende Literatur

Das Sicht-Konzept in SQL ist Inhalt der entsprechenden SQL-Normen und diverser Lehrbücher zum SQL-Standard (etwa für SQL-92 das Lehrbuch [DD97] und die deutschsprachige Version [DD98], als Standard [Int92] und für SQL-99 [ISO99a] und [ISO99b]).

Die Sichtproblematik betreffend Änderbarkeit von Sichten wird in den einschlägigen Lehrbüchern über das relationale Datenbankmodell und die diesem zugrundeliegenden theoretischen Konzepten behandelt. Die Originalartikel der zwei Generationen von Verfahren sind: erste Generation [BS81] und [DB82] sowie zweite Generation [Dat86] und [Kel85b, Kel85a].

Sichten in Oracle8 und die Verbindung mit Instead-Of-Trigger für Sichtänderungen werden in [CHRS98] diskutiert.

Einen Überblick über die Anforderungen und Mechanismen von Sichtmodellen für Objektdatenbanken gibt Motschnig-Pitrik in [MP96]. Insbesondere werden dort verschiedene existierende Sichtmodelle miteinander verglichen. [SST97] enthält ebenfalls einen Abschnitt über Sichtmodelle für Objektdatenbanken.

Operationale Sichtmodelle für Objektdatenbanken wurden von mehreren Gruppen vorgeschlagen, zum Beispiel von Laasch, Scholl und Tresch für das

COCOON-Modell [SLT91, TS93, SST94b] sowie von Abiteboul und Koautoren für das O_2-Modell [AB91, DAD94]. Der Artikel von Bertino [Ber92] beinhaltet einen auf dem Orion-Modell basierenden Sichtenvorschlag.

Strukturelle Sichtmodelle für Objektdatenbanken werden von Kachel [Kac92], Schiefer [Sch93] (für das OBST-Datenbanksystem), Brunk [Bru93] und Heijenga [Hei93, Hei96, Hei97] vorgeschlagen. Aus [Hei97] wurden Teile der Diskussion struktureller Sichtmodelle und der Klassifikation entnommen.

Verfahren für Sicht-Updates werden Bancilhon und Spyratos [BS81], Dayal und Bernstein [DB82], sowie von Date [Dat86] und Keller [Kel85b, Kel85a] beschrieben.

Die ersten Ansätze zur Propagierung von Änderungsoperationen bei materialisierten Sichten stammen von Blakeley und Co-Autoren [BLT86], spätere Verallgemeinerungen von Griffin und Libkin [GL95]. Die Problematik der Sichtmaterialisierung wird von Kuno und Rundensteiner unter anderem in [KR95, KR96, RR95] diskutiert. Sichtmaterialisierung im Kontext objektorientierter Datenbanken wird in [GGMS97] behandelt.

13.10   Übungsaufgaben

Übung 13.1 Geben Sie die Sichtdefinitionen der in Beispiel 13.1 auf Seite 531 angeführten Sichten in SQL-Syntax an. $\Box$

Übung 13.2 Definieren Sie die in Abschnitt 13.6 angegebene Sicht in SQL-Syntax.

Realisieren Sie eine sinnvolle Löschoperation mittels eines Instead-Of-Triggers. Können Sie auch eine sinnvolle Einfüge-Operation auf der Sicht mit dieser Methode realisieren? $\Box$

14

Rechtevergabe und Zugriffskontrolle

Inhalt dieses Kapitels sind Konzepte zum Schutz der Datenbanken vor beabsichtigtem und unbeabsichtigtem Mißbrauch. Die Frage der *Zugriffskontrolle* betrifft den Schutz vor unberechtigtem Zugriff und Manipulation der Datenbank. Da mit Sichten gewisse Ausschnitte aus der Datenbank definiert werden können, sind Sichten ein Hilfsmittel zur Realisierung der Zugriffskontrolle.

Der berechtigte Zugriff eines Nutzers oder einer Nutzergruppe auf Teile der Datenbank wird mit Hilfe der *Rechtevergabe* geregelt. Ein Datenbanksystem erlaubt es, bestimmte Rechte (wie lesende oder schreibende Aktionen) auf bestimmten Teilen der Datenbank (Basisrelationen oder Sichten) für bestimmte Nutzer oder Nutzergruppen zu definieren. Rechte können von diesen Nutzern dann in einigen Fällen auch weitergegeben werden.

In Datenbanksystemen werden in vielen Fällen Daten verwaltet, deren Sicherheit für den Betreiber von großer Bedeutung sind — seien es firmenspezifische Daten eines Unternehmens oder personenbezogene Daten in Verwaltungen. Der Schutz dieser Daten vor unberechtigtem Zugriff und Manipulation muß somit ein zentraler Aspekt von Datenbank-Management-Systemen sein. Leider sind die beiden in diesem Zusammenhang verwendeten Begriffe *Datensicherheit* und *Datenschutz* nicht einheitlich verwendet worden. Deshalb starten wir nach der Kapitelübersicht zunächst mit der Klärung dieser und weiterer Begriffe im Zusammenhang mit der Datenbanktechnik und im Kontext der Datensicherheit.

- Anschließend werden in Abschnitt 14.1 verschiedene Sicherheitsmodelle vorgestellt, die im Bereich der Informationssysteme gebräuchlich sind.

- Besonders ausgeprägt sind in Datenbanksystemen die Mechanismen zur Rechtevergabe. Diese werden in Abschnitt 14.2 ausführlich (auch im Kontext des SQL-Standards) vorgestellt.

- Möchte man die Rechte eines Nutzers auf statistische Auswertungen von Datenbanken beschränken, so muß sichergestellt werden, daß der Nutzer nicht durch eine geschickte Kombination statistischer Anfragen auf konkrete Einzelinformationen zurückschließen kann. Dieses Problem wird in Abschnitt 14.3 besprochen.

Datensicherheit, Datenschutz, Integrität und Zugriffskontrolle

Leider werden im Bereich der Datenbanktechnik und im Bereich der sicheren und verläßlichen Informations- und Kommunikationssysteme Begriffe aus diesem Bereich sehr unterschiedlich verwendet:

- Im Bereich der Datenbanktechnik wird mit *Integrität* der Schutz der Konsistenz der Daten vor unbeabsichtigten Eingabefehlern bezeichnet. Unter *Datensicherheit* werden Maßnahmen zum Schutz vor systembedingten Fehlern wie Stromausfällen, Systemabstürzen oder Softwarefehlern zusammengefaßt (siehe auch Band II dieses Buches [SH99a]). Mit *Datenschutz* wird im Datenbankbereich der Schutz der Daten vor unerlaubter Nutzung oder böswilliger Manipulation (bis hin zur Löschung wichtiger Daten) bezeichnet. Eine technische Maßnahme für diesen Schutz ist die *Zugriffskontrolle*.

- Im Bereich der sicheren und verläßlichen Systeme ist dagegen *Datensicherheit* der Oberbegriff für den Schutz des Systems vor unbeabsichtigter oder bösartiger Nutzung (*Vertraulichkeit*) oder Manipulation (*Integrität*) von Daten. Verschiedene Maßnahmen zur Erreichung von Datensicherheit sind beispielsweise die *Zugriffskontrolle*, das Sichtenkonzept oder die Überwachung und Protokollierung (*Auditing*) von Aktionen auf der Datenbank. Der *Datenschutz* ist nun sehr speziell der Schutz personenbezogener Daten in solchen Datenbeständen.

Wir verwenden im folgenden nun den Begriff *Zugriffskontrolle* als technische Maßnahme zum Schutz der Daten vor Mißbrauch. Falls der Begriff *Datenschutz* an einigen Stellen aus formulierungstechnischen Gründen noch auftaucht, ist hier immer der Schutz von Daten gemeint und nicht speziell der Schutz von personenbezogenen Daten.

14.1 Sicherheitsmodelle

Sicherheitsmodelle (engl. *security models*) beschreiben die funktionalen und strukturellen Eigenschaften eines Sicherheitssystems. Insbesondere legen sie die Mechanismen zur Wahrung des Schutzes von Daten fest. Ein solches Modell muß die Konzepte des Datenbankmodells berücksichtigen. Für objektorientierte Datenbanken bedeutet dies zum Beispiel, daß die Konzepte Spezialisierung und komplexe Objekte auch vom Sicherheitsmodell erfaßt werden.

In der Literatur wird zwischen diskreten und verbindlichen Sicherheitsmodellen unterschieden. Diese sollen nun kurz skizziert werden.

14.1.1 Diskrete Sicherheitsmodelle

Diskrete Sicherheitsmodelle regeln den Zugriff auf Objekte auf der Basis der Identität der Nutzer und Zugriffsrechten, die für jeden Nutzer festlegen, auf welche Objekte er in welchem Modus zugreifen darf. Die Anzahl der Zugriffsrechte pro Nutzer ist bei diesem Ansatz variabel; es können zusätzliche Rechte hinzukommen, aber auch vorhandene Rechte zurückgenommen werden.

In Abschnitt 14.2 werden mögliche Zugriffsmodi diskutiert und klassifiziert.

Durch die individuelle Vergabe von Rechten ist dieses Modell sehr flexibel, es läßt jedoch keine Informationsflußkontrolle zu.

14.1.2 Verbindliche Sicherheitsmodelle

In *verbindlichen* (engl. *mandatory*) Sicherheitsmodellen werden Subjekte und Objekte sogenannten *Sicherheitsklassen* zugeordnet. Diese Modelle wurden ursprünglich für den militärischen Bereich entwickelt, in dem "geheime" Dokumente klassifiziert und vor dem Zugriff Unbefugter geschützt werden müssen. Es wird bestimmten Nutzerklassen ein Zugriff auf klassifizierte Informationen gewährt. Daher wird dieser Ansatz oft auch als *Sicherheitsklassenansatz* bezeichnet. Mögliche Sicherheitsklassen sind hier etwa:

$$\texttt{öffentlich} < \texttt{vertraulich} < \texttt{geheim} < \texttt{streng geheim}$$

Die Sicherheitsklassen sind in diesem Fall folgend der militärischen Praxis linear geordnet.

Die Zugriffsrechte werden beim Sicherheitsklassenansatz mit Hilfe der folgenden verbindlichen Regeln festgelegt:

- Ein Nutzer s darf ein Objekt o lesen, wenn die Sicherheitsklasse des Nutzers gleich oder höher priorisiert ist als die des Objektes.

- Das Schreiben eines Objektes o ist für den Nutzer s erlaubt, wenn die Sicherheitsklasse des Objektes gleich oder höher priorisiert ist als die des Nutzers.

Die verbindlichen Modelle sind leider sehr starr, was ihre Brauchbarkeit im wesentlichen auf den militärischen Bereich einschränkt.

Zum Abschluß sei angemerkt, daß diskrete und verbindliche Sicherheitsmodelle auch kombiniert auftreten können. Eine gebräuchliche Ausprägung der hybriden Modelle sind die *Rollenmodelle*: Die Vergabe von Rechten wird hier nicht pro Nutzer, sondern pro Rolle vorgenommen. Rollen können dann in verschiedenen Beziehungen zueinander stehen. Wir werden auf diese Modelle weiter unten noch zurückkommen.

14.2   Rechtevergabe in Datenbanksystemen

Die Vergabe von Rechten für den Zugriff auf gespeicherte Datenbestände ist einer der technischen Aspekte des *Vertraulichkeit* von Daten. Wir betrachten an dieser Stelle nur diese technischen Aspekte. Für eine weitergehende Behandlung des Schutzes von Daten, insbesondere unter Einbeziehung der rechtlichen Aspekte (Stichwort "informationelle Selbstbestimmung" des Bürgers), sei auf die Literatur zu diesen Themengebieten verwiesen [CFMS95, Bis91].

Wir betrachten im folgenden eine einfache Modellierung von *Zugriffsrechten* auf Datenbestände. In dieser Modellierung haben Zugriffsrechte den Aufbau *(Subjekt, Objekt, Aktion)*:

```
(AutorisierungsID, DB-Ausschnitt, Operation)
```

- Der *Autorisierungsidentifikator* (kurz *AutorisierungsID*) ist eine interne Kennung eines "Datenbankbenutzers". Eine typische AutorisierungsID kann die Benutzerkennung des Betriebssystems sein. Andere Beispiele wären Kennungen von zugreifenden Software-Systemen oder auch Kennungen von Benutzergruppen.

- Datenbank-Ausschnitte sind im Relationenmodell gespeicherte Relationen und Sichten, aber auch ganze Datenbanken oder Schemainformationen.

- Unter den Operationen sind insbesondere die klassischen Operationen des Lesens, Einfügens, Änderns und Löschens von Datensätzen zu verstehen. Je nach verwendetem Datenmodell und konkret realisiertem System kommen weitere Operationen beispielsweise zur Verwaltung von Systeminformationen (etwa der Datenverteilung) hinzu.

Die Verwaltung und Überwachung von Zugriffsrechten erfolgt ausschließlich durch das Datenbank-Management-System.

14.2.1 Rechtevergabe in SQL-92

Im SQL-Standard werden Rechte mittels der **grant**-Anweisung vergeben, die nach folgendem Muster notiert wird:

```
grant <Rechte>
on <Tabelle>
to <BenutzerListe>
[with grant option]
```

Die Erklärung der einzelnen syntaktischen Konstrukte kann wie folgt gegeben werden:

- In der <Rechte>-Liste kann entweder die Angabe **all** bzw. als Langform **all privileges** für alle zu vergebenden Rechte stehen oder eine Liste aus den Schlüsselwörtern **select** (Leserecht), **insert**, **update** (gefolgt von optionaler Angabe eines Attributnamens in Klammern) oder **delete** angegeben werden. Wie erwähnt, erlauben SQL-Dialekte hier weitere Operationsangaben.

- Hinter **on** steht ein Relationen- oder Sichtname, für den das Recht vergeben werden soll.

- Hinter dem Schlüsselwort **to** steht eine Liste von Autorisierungsidentifikatoren, also in der Regel Benutzerkennungen der Anwender. Der SQL-92-Standard läßt hier offen, welche Arten von Autorisierungsidentifikatoren von einem konkreten System unterstützt werden, insbesondere, ob und in welcher Form Benutzergruppen — wie in Mehrbenutzerbetriebssystemen üblich — verwaltet werden können.

- Ein spezielles Recht ist das *Recht auf die Weitergabe von Rechten*. Dieses Recht kann durch die Angabe der Schlüsselwörter **with grant option** weitergegeben werden. Eigentümer eines Datenbankobjektes besitzen in der Regel das **grant**-Recht für dieses Objekt.

Ein Spezialfall der Angabe eines Autorisierungsidentifikators ist die Angabe **public** (engl. für öffentlich). Zusammen mit der Benutzung des reservierten Wortes **user** in Sichtdefinitionen ermöglicht die Angabe **public** benutzerspezifische Sichten:

```
create view MeineAufträge as
select *
from AUFTRAG
where KName = user;

grant select, insert
```

```
on MeineAufträge
to public;
```

Die Bedeutung dieser Anweisungsfolge kann in natürlicher Sprache wie folgt charakterisiert werden:

"Jeder Benutzer kann seine Aufträge sehen und neue Aufträge einfügen (aber nicht löschen und ändern!)."

14.2.2 Zurücknahme von Rechten

Neben der **grant**-Anweisung zur Vergabe von Rechten gibt es als duale Anweisung zum *Zurücknehmen* in der Vergangenheit vergebener Rechte die **revoke**-Anweisung. Die syntaktische Form ist zum großen Teil selbsterklärend:

```
revoke <Rechte>
on <Tabelle>
from <BenutzerListe>
[restrict | cascade ]
```

Die beiden Angaben **restrict** und **cascade** betreffen die Reaktion bei weitergegebenen Rechten und haben die folgende Bedeutung:

- **restrict**: Falls das Recht von dem Benutzer, dem es entzogen werden soll, bereits an Dritte weitergegeben wurde, erfolgt ein Abbruch der **revoke**-Anweisung.

- **cascade**: Bei dieser Angabe wird die Rücknahme des Rechts r mittels **revoke** an alle Benutzer propagiert, die das Recht r von diesem Benutzer mittels der **grant**-Anweisung erhalten haben.

In SQL gilt bei weitergegebenen Rechten die Regel, daß nach der erfolgreichen Ausführung einer **revoke**-Anweisung der Zustand erreicht werden soll, *als ob das Recht niemals vergeben worden wäre*. Die Überprüfung dieser Forderung ist schwer zu kontrollieren, da ein Recht an einen bestimmten Benutzer von mehreren Seiten gewährt worden sein kann.

Die Problematik dieser Festlegung kann man sich anhand des folgenden Beispielablaufs verdeutlichen:

Zwei Benutzer B_1 und B_2 besitzen beide das Recht r. Beide geben dieses Recht zu unterschiedlichen Zeiten an B_3 weiter (mit **grant option**). Zwischen den beiden Rechteweitergaben gibt B_3 das Recht an B_4 weiter. Zieht nun B_1 das Recht r zurück, muß die Weitergabe an B_4 nur dann rückgängig gemacht werden, wenn die Weitergabe durch B_1 vor der von B_2 erfolgte (da B_3 das Recht zum Zeitpunkt der Weitergabe an B_4 nur von B_1, aber noch nicht von B_2 erhalten hatte).

Um diese Festlegung des Standards zu erfüllen, muß also für Benutzer nicht nur gespeichert werden, von welchen Benutzern Rechte erhalten wurden, sondern auch der zeitliche Ablauf der Rechtevergabe.

14.2.3 Rollenmodell in SQL-99

Statt Rechte nur an konkrete Benutzer oder Benutzergruppen zu vergeben, können seit SQL-99 nun auch Rollen definiert und Rechte an Rollen weitergegeben werden. So ist dann nicht ein spezieller Nutzer der Empfänger eines Rechts, sondern die Rolle, die er einnimmt. Dies erleichtert die Verwaltung von Rechten beim Wechsel von Personen in einer Firma. Verläßt beispielsweise der Besitzer von einigen Tabellen in der Datenbank die Firma, so ist es ohne Rollen relativ schwer, die Administratorrechte zur Manipulation der Tabellen an seinen Nachfolger zu übergeben.

In SQL-99 wird mit der Klausel

```
create role Administrator_der_Bibliotheksdatenbank
```

eine neue Rolle festgelegt, die mit **grant** dann auch an bestimmte Nutzer gebunden werden kann. Eine Rolle bekommt dann eine Menge von Rechten unabhängig von der Person, die diese Rolle gerade einnimmt. Im Normalfall ist die Menge von Rechten, die diese Person dann besitzt, eine Vereinigung der Rechte in seiner Rolle und der Rechte als Person. Sind der Person mehrere Rollen zugewiesen worden, so vereinigen sich alle Mengen von Rechten. Letzteres ist oft nicht unbedingt gewünscht: Ist eine Person gleichzeitig Aufsichtsratsmitglied einer Firma und als Privatmann Aktienbesitzer, so darf er die "Rechte" aus beiden Rollen nicht miteinander vermischen und somit keine "Insider-Geschäfte" tätigen.

14.2.4 Authentifikation und Autorisierung

Mit der Rechtevergabe in SQL können Benutzer *autorisiert* werden, bestimmte Dinge in der Datenbank tun zu dürfen. Mit der *Authentifikation*, einem grundlegenden Problem der technischen Zugriffskontrolle, soll überprüft werden, ob ein Benutzer eines Systems wirklich derjenige ist, für den er sich ausgibt, also seine *Benutzeridentifikation*.

Die Identität von Benutzern kann technisch mit drei Arten von Merkmalen geprüft werden:

- *Was der Benutzer weiß:* Paßwörter, PINs, Geburtsdatum der Mutter etc.

- *Was der Benutzer besitzt:* etwa Scheckkarte oder Schlüssel.

- *Was der Benutzer selbst hat:* Fingerabdrücke, Stimme etc.

Eine Kombination aller drei Arten von Merkmalen ist wünschenswert, eine Kombination von zwei Merkmalen bei vielen Systemen üblich (etwa Scheckkarte und PIN).

Einen Überblick über verschiedene Ansätze zur Gewährleistung des Schutzes von Daten beinhaltet das Buch über *Database Security* von Castano u.a. [CFMS95]. Ein spezielles Problem, das durch die Aggregatfunktionen in Datenbanken häufig auftritt, ist der Schutz in statistischen Datenbanken, auf den wir zum Abschluß dieses Abschnitts noch eingehen wollen.

14.3 Statistische Datenbanken

Statistische Datenbanken sind Datenbanken, in denen die Einzeleinträge dem Datenschutz unterliegen, aber statistische Informationen allen Benutzern zugänglich sind. Ein einzelner Benutzer hat somit nur das einzige Recht, statistische Information abzufragen. Unter statistischen Informationen sind hierbei aggregierte Werte zu verstehen, zum Beispiel das Durchschnittseinkommen in einer Region.

Die Schwierigkeit der Zugriffsüberwachung besteht nun darin, daß ein Benutzer auch indirekt Daten über Einzeleinträge gewinnen kann. Dies kann insbesondere dadurch geschehen, daß ein Benutzer die Kriterien für eine zu betrachtende Personengruppe derart einschränkt, daß tatsächlich nur ein Einzeleintrag betrachtet wird.

Beispiel 14.1 Wir betrachten ein Beispiel aus dem Bankbereich, in dem ein Benutzer X Daten über Kontoinhaber sowie statistische Daten wie Kontosummen abfragen darf, aber keine einzelnen Kontostände erfahren soll.

In einer ersten Anfrage wird das Suchkriterium derart verfeinert, daß nur ein Kunde selektiert wird (z.B. durch Einschränkung des Adressenbereichs in Kombination mit dem Alter).

```
select count (*)
from Konto
where Ort = 'Teterow'
```

Ist der Bereich auf einen Treffer eingeschränkt, kann der Name des Kontoinhabers bestimmt werden.

```
select Name
from Konto
where Ort = 'Teterow'
```

Als letzter Schritt wird eine 'statistische' Anfrage formuliert, die tatsächlich aber einen Einzeleintrag als Ergebnis liefert.

```
select sum(Kontostand)
from Konto
where Ort = 'Teterow'
```

□

Das Beispiel hat gezeigt, daß statistische Anfragen im Zusammenhang mit der Bestimmung von Ergebnisgrößen eine Verletzung des Schutzes für Einzeleinträge ermöglichen. Daher sollten statistische Anfragen nicht erlaubt werden, wenn weniger als vorgegebene n Tupel im Ergebnis der Selektion liegen.

Diese Einschränkung allein reicht aber nicht aus, um die Vertraulichkeit zu gewährleisten, wie das folgende Beispiel zeigt.

Beispiel 14.2 Ein Bentzer X will den Kontostand von einer Person Y herausfinden. X weiß, daß Y nicht in Magdeburg lebt. Er hat abgefragt, daß in Magdeburg mehr als n Kontoinhaber leben, so daß er eine statistische Anfrage mit dem Ort als Selektionsprädikat formulieren darf. X stellt nun folgende zwei Anfragen:

```
select sum(Kontostand)
from Konto
where Ort = 'Magdeburg'

select sum(Kontostand)
from Konto
where Name = :Y or Ort = 'Magdeburg'
```

Zieht X nun das Ergebnis der ersten Anfrage von dem der zweiten ab, so erhält X den Kontostand von Y als Ergebnis. □

Als Konsequenz dieses Beispiels sollten statistische Anfragen nicht erlaubt werden, die paarweise einen Durchschnitt von mehr als m vorgegebenen Tupeln betreffen. Die Ergebnisgröße n und die Größe der Überlappung der Ergebnismengen m sind also kritische Parameter bei statistischen Anfragen. Es gilt hierbei der folgende Satz [Ull88]: *Sind nur Ergebnisse von Aggregatfunktionen erlaubt, dann benötigt eine Person $1 + (n-2)/m$ Anfragen, um einen einzelnen Attributwert zu ermitteln.*

Diese Beispiele zeigen, daß die Gewährleistung des Datenschutzes in statistischen Datenbanken ein Gebiet ist, das sehr komplex ist und das wir in dem Rahmen dieses Buchs nicht vollständig behandeln können. Stattdessen hoffen wir, mit den kurzen Beispielen zumindest die Problematik dieses Gebietes deutlich gemacht zu haben.

14.4 Vertiefende Literatur

Die Rechtevergabe in SQL wurde bereits in [ABC⁺76] beschrieben und ist Inhalt der SQL-Standards und aller Lehrbücher zum Thema SQL und relationale Datenbanken.

Biskup beschreibt in [Bis91] weitere Aspekte des Datenschutzes in Datenbanksystemen. Ein Lehrbuch über Informationssysteme, das solche Aspekte berücksichtigt, ist [Bis95]. Das Buch *Database Security* von Castano u.a. [CFMS95] behandelt ausführlich die alternativen Ansätze zur Datenschutzproblematik, die in diesem Buch nur kurz angerissen werden konnten. Eine Einführung in verschiedene Sicherheitsbegriffe im Datenbankbereich bietet Gerhardt [Ger93].

Jonscher beschreibt in [Jon98] Sicherheitsmodelle für objektorientierte, föderative Datenbanksysteme. Techniken zur Erkennung von Angriffen gegen die Datensicherheit sind Gegenstand von [Sob99].

14.5 Übungsaufgaben

Übung 14.1 Geben Sie für die Sichtdefinitionen aus Aufgabe 13.1 eine entsprechende Vergabe von Rechten an. Studenten werden hierbei durch ihre Autorisierungsidentifikatoren (Benutzernummern) gekennzeichnet; für die anderen Anwender werden spezielle Autorisierungsidentifikatoren (etwa Dekan) vergeben.

Geben Sie eine Beispielausprägung der vergebenen Rechte in Form einer Tabelle an. □

15

Weitergehende Ansätze

In den bisherigen Kapiteln haben wir an vielen Stellen den "klassischen" Ansatz des Datenbankeinsatzes beschrieben: Eine zentrale integrierte Datenhaltung durch ein DBMS basierend auf anwendungsunabhängigen Datenbankmodellen (repräsentiert durch das relationale Modell) und speziellen Datenbanksprachen (repräsentiert durch SQL). Dieser Ansatz entwickelt sich in vielerlei Weise fort, die wir in diesem Kapitel diskutieren werden:

- Die zentrale, monolithische Struktur der zentralen Datenhaltung und einer zugehörigen Datenverwaltungssoftware wird durch Aspekte der Verteilung und Zergliederung abgelöst. Dieser Aspekt wird in Abschnitt 15.1 behandelt.

- Die Grenze zwischen anwendungsunabhängiger Datenbank-Software und Anwendungsprogrammen verwischt — gerade im Bereich der objektorientierten Software-Entwicklung. Abschnitt 15.2 stellt erweiterte Datenbankmodelle vor, die solche Aspekte einschließen.

- Neue Sprach- und Modellierungsparadigmen aus dem Bereich der künstlichen Intelligenz werden in die klassische Datenbank-Technologie integriert. Diese Integration wird in Abschnitt 15.3 beschrieben.

- Neue Anwendungsgebiete verlangen neue Funktionalität und Dienstqualität von DBMS. Spezielle Anwendungen wie Ingenieur-Datenbanken, Workflow-Management, geographische Informationssysteme und Geometriedaten, Digitale Bibliotheken und Electronic Commerce, Multimedia-Datenbanken und temporale Datenbanken werden in Abschnitt 15.4 diskutiert.

- Sehr aktuelle Entwicklungen werden im Abschnitt 15.5 abschließend vorgestellt. Hierzu gehören wissenschaftliche Datenbanken wie Genom-Datenbanken, Data Mining und Knowledge Discovery, Informationsfusion, Datenbanken im WWW sowie mobile Datenbanken.

Gerade die Änderungen in den Architekturprinzipien und Implementierungsaspekte werden hier nur sehr kurz skizziert, da sie thematisch in ein Buch "Datenbanken II" einzuordnen sind und in [SH99a] ausführlich behandelt werden. Auch werden einige (in [SH99a] ebenfalls diskutierte) spezielle Ansätze, etwa Hauptspeicherdatenbanken und Parallelrechnerdatenbanken, hier gar nicht behandelt.

15.1 Erweiterte System-Architekturen

Die klassische Architektur von Datenbanksystemen läßt sich wie folgt einfach charakterisieren:

- Ein einziger, integrierter Datenbestand wird zentral verwaltet.

- Die Anwendungen korrespondieren allein durch die Schnittstellen des DBMS mit dem Datenbestand.

- Das DBMS ist weitgehend monolithisch aufgebaut; alle Zugriffe erfolgen auf einer hohen Beschreibungsebene (der konzeptuellen Ebene).

Diese Eigenschaften können auf vielerlei Art abgewandelt werden, welches zu neuen Architekturprinzipien führt, die wir im folgenden diskutieren werden.

15.1.1 Client/Server-Architekturen

In der klassischen Datenbank-Architektur erfolgen alle Manipulationen des Datenbestands zentral durch das DBMS. Dies resultiert in einem hohen Kommunikationsaufwand zwischen Anwendungsprogramm und DBMS insbesondere bei interaktiver Datenmanipulation; auch sind Datenbankmanipulationen auf die Mächtigkeit der angebotenen Datenmanipulationssprache des zentralen DBMS eingeschränkt. Ein letztes Problem des zentralisierten Ansatzes ist die naturgemäß beschränkte Verarbeitungskapazität des zentralen Datenbankknotens in einem verteilten Netzwerk, da dieser einen Engpaß für alle Anwendungen darstellen kann.

Client/Server-Architekturen vermeiden diese Nachteile unter Beibehaltung einer zentralen, integrierten Datenhaltung, die der Hauptvorteil des klassischen Datenbankansatzes ist. Hierzu werden die Daten zentral auf einem *Server* gehalten, der die volle Datenbankfunktionalität inklusive Mehrbenutzerkontrolle und Datensicherung gewährleistet. Lokale Anwendungsrechner, die sogenannten *Clients*, haben lokale Datenverwaltungsfunktionalität und können Datenmanipulationen auf ausgelagerten Datenbeständen ausführen, die sie über ein *Check-in/Check-out*-Protokoll vom zentralen Server anfordern (und wieder einbringen).

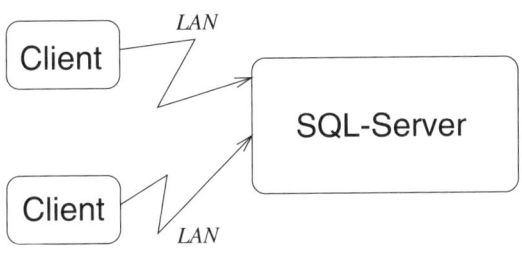

Abb. 15.1: Skizze der Client/Server-Architektur

Abbildung 15.1 skizziert die Client/Server-Architektur bestehend aus einem Server und zwei mit diesem über ein LAN (Local Area Network) kommunizierenden Clients. Typische Clients eines SQL-Servers sind Standard-Programme mit lokaler Datenhaltung, etwa DB-Entwicklungsumgebungen, graphische Anfrageschnittstellen, Textverarbeitungssysteme, CAD-Systeme, Tabellenkalkulation etc. Diese Programme senden vorübersetzte SQL-Anweisungen an den Server, um die Daten des Check-outs festzulegen.

Ein SQL-Server kann somit auf einige Komponenten der allgemeinen Architektur aus Abbildung 1.5 von Seite 10 verzichten. Die vereinfachte Architektur ist in Abbildung 15.2 skizziert. Inbesondere fehlen alle interaktiven Komponenten zur direkten Benutzung durch den Anwender. Der Datenaustausch erfolgt im wesentlichen über denselben Weg wie in der kompletten Architektur.

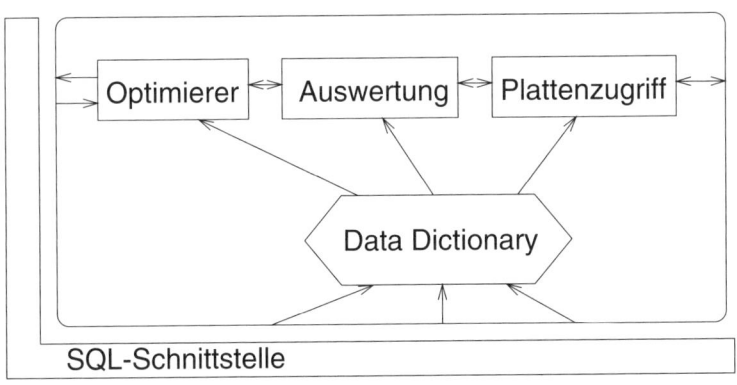

Abb. 15.2: Grob-Architektur der Komponenten eines SQL-Servers

15.1.2 Datenbank-Kernsysteme und Datenbank-Generatoren

Klassische Datenbanksysteme sind monolithische, geschlossene Systeme: Die inneren Datenstrukturen und die Sprachschnittstellen sind fixiert und nicht von außen zugänglich. Die inneren Sprachschnittstellen sind nicht offengelegt und von außen nicht aufrufbar. Eine nachträgliche Anpassung eines existierenden Systems an spezielle Anforderungen, etwa die Unterstützung komplexer Objektstrukturen, ist praktisch unmöglich.

Der Ansatz der *Datenbank-Kernsysteme* stellt daher statt einem großen DBMS ein kleines Kernsystem zur Verfügung, das auf niedrigerer Abstraktionsstufe eine sehr flexible Schnittstelle implementiert. Höhere Datenbankfunktionalität hingegen, etwa die Analyse und Optimierung deskriptiver Anfragen, muß in einer Extra-Schicht auf diesen Kern aufgesetzt werden. Auf einem Kern können damit verschiedene höhere DBMS-Schnittstellen aufgesetzt werden, die anwendungsspezifische Sprachen und Modelle unterstützen. In Deutschland wurden mehrere Kernsysteme als Universitätsprototypen entwickelt [SPSW90, HMMS87]. Ein Server im Client/Server-Ansatz kann als Datenbank-Kern mit einer SQL-Schnittstelle aufgefaßt werden.

Verwandt mit dem Kernsystem-Ansatz ist das sogenannte *Baukastenprinzip*. Hierbei werden konfigurierbare Bausteine, also parametrisierte Software-Module, bereitgestellt, aus denen anwendungsspezifisch ein angepaßtes DBMS zusammengesetzt werden kann. Im Ansatz der *Datenbank-Generatoren* werden diese Module aus vorgegebenen Regeln generiert, die etwa Aspekte der Anfragebearbeitung festlegen. Ein Beispiel für ein derartig aufgebautes System ist das Exodus-System [CDG+90].

15.1.3 Verteilte Datenbanken

Während man im Ansatz der Client/Server-Datenbanken und der Parallelrechner-DBMS die Verarbeitungskapazität verteilt, wird in verteilten Datenbank-Management-Systemen (kurz VDBMS) der *Datenbestand* physisch auf mehrere Knoten verteilt. Der zentralisierte Ansatz wird in Abbildung 15.3 anhand eines relationalen Systems skizziert.

Verteilte Datenbestände werden in zwei Schritten festgelegt. Die *Partitionierung* eines Datenbestands teilt diesen in zu verteilende Fragmente auf. In Abschnitt 5.2.3 hatten wir bereits die horizontale und vertikale Fragmentierung von Relationen diskutiert. Die *Allokation* verteilt die Fragmente auf die Rechnerknoten eines Netzwerks. Im Fall einer Zuordnung eines Fragments zu mehreren Knoten sprechen wir von einer *Replikation* eines Teiles des Datenbestands, die natürlich kontrolliert werden muß, um einen konsistenten Datenbestand zu bewahren. Diese kontrollierte Redundanz in der Datenhaltung kann zu Effizienzsteigerung und erhöhter Verfügbarkeit der Daten führen.

[BBC+98]   Bernstein, P. A.; Brodie, M. L.; Ceri, S.; DeWitt, D. J.; Franklin, M. J.; Garcia-Molina, H.; Gray, J.; Held, G. et al.: The Asilomar report on database research. *ACM SIGMOD Record*, Band 27, Nr. 4, S. 74–80, 1998.

[BBG+90]   Batory, D.; Barnett, J.; Garza, J.; Smith, K.; Tsukuda, K.; Twitchell, B.; Wise, T.: GENESIS: An extensible database management system. In: *[ZM90]*, S. 500–518. Morgan Kaufmann Publishers, San Francisco, CA, 1990. Auch in IEEE Transactions on Software Engineering, 14(11), 1988.

[BCF92]   Bode, T.; Cremers, A. B.; Freitag, J.: OMS — Ein erweiterbares Objektmanagementsystem. In: Bayer, R.; Härder, T.; Lockemann, P. (Hrsg.): *Objektbanken für Experten*. Springer-Verlag, Berlin, 1992.

[BCN92]   Batini, C.; Ceri, S.; Navathe, S. B.: *Conceptual Database Design — An Entity-Relationship Approach*. Benjamin/Cummings, Redwood City, CA, 1992.

[BDB79]   Biskup, J.; Dayal, U.; Bernstein, P.: Synthesizing independent database schemes. *Proc. ACM SIGMOD Conference on Management of Data*, S. 143–151, 1979.

[BDK92]   Bancilhon, F.; Delobel, C.; Kanellakis, P. (Hrsg.): *Building an Object-Oriented Database System — The Story of O_2*. Morgan Kaufmann Publishers, San Mateo, CA, 1992.

[BDS95]   Buneman, P.; Davidson, S. B.; Suciu, D.: Programming Constructs for Unstructured Data. In: Atzeni, P.; Tannen, V. (Hrsg.): *Database Programming Languages (DBPL-5), Proceedings of the Fifth International Workshop on Database Programming Languages*. Gubbio, Umbria, Italy, September 1995. Electronic Workshops in Computing.

[Bee89]   Beeri, C.: Formal models for object-oriented databases. In: *[KNN89]*, S. 370–395, 1989.

[Bee90]   Beeri, C.: A formal approach to object-oriented databases. *Data and Knowledge Engineering*, Band 5, Nr. 4, S. 353–382, 1990.

[Bel96]   Bellahsene, Z.: A View Mechanism for Schema Evolution in Object-Oriented DBMS. In: Morrison, R.; Keane, J. B. (Hrsg.): *Advances in Databases: 14th British National Conf. on Databases, BNCOD 14, Edinburgh, UK, July 1996, Lecture Notes in Computer Science*, Band 1094, S. 18–34. Springer-Verlag, Berlin, 1996.

[Ber76]   Bernstein, P.: Synthesizing third normal form relations from functional dependencies. *ACM Transactions on Database Systems*, Band 1, Nr. 4, S. 277–298, 1976.

[Ber92]   Bertino, E.: A View Mechanism for Object-Oriented Databases. In: Pirotte, A.; Delobel, C.; Gottlob, G. (Hrsg.): *Advances in Database Technology — EDBT'92, Proc. of the 3th Int. Conf. on Extending Database Technology, Vienna, Austria, March 1992, Lecture Notes in Computer Science*, Band 580, S. 136–151. Springer-Verlag, Berlin, 1992.

[Bis81]   Biskup, J.: A formal approach to null values in database relations. In: Gallaire, H.; Minker, J.; Nicolas, J. (Hrsg.): *Advances in Data Base Theory*, Band 1, S. 299–341. Plenum Press, New York, NJ, 1981.

[Bis91]   Biskup, J.: Sicherheit: Gewährleistung und Begrenzung des Informationsflusses. In: Vossen, G.; Witt, K.-U. (Hrsg.): *Entwicklungstendenzen bei Datenbanksystemen*, S. 363–388. R. Oldenbourg Verlag, München, Wien, 1991.

[Bis95]   Biskup, J.: *Grundlagen von Informationssystemen*. Vieweg-Verlag, Braunschweig, Wiesbaden, 1995.

[BJR97]   Booch, G.; Jacobson, I.; Rumbaugh, J.: *Unified Modeling Language (Version 1.0)*. Rational Software Corporation, Santa Clara, 1997.

[BK86a]   Beeri, C.; Kifer, M.: Elimination of intersection anomalies from database schemes. *Journal of the ACM*, Band 33, Nr. 3, S. 423–450, 1986.

[BK86b]   Beeri, C.; Kifer, M.: An integrated approach to logical design of relational database schemes. *ACM Transactions on Database Systems*, Band 11, Nr. 2, S. 134–158, 1986.

[BK95]   Bosc, P.; Kacprzyk, J.: *Fuzziness in Database Management Systems*. Physica-Verlag, Wien, 1995.

[BLN86]   Batini, C.; Lenzerini, M.; Navathe, S.: A comparative analysis of methodologies for database schema integration. *ACM Computing Surveys*, Band 18, Nr. 4, S. 323–364, 1986.

[BLT86]   Blakeley, J.; Larson, P.; Tompa, F.: Efficiently updating materialized views. In: *Proc. ACM SIGMOD Conference on Management of Data*, 1986.

[BM98]   Behme, H.; Mintert, S.: *XML in der Praxis*. Addison-Wesley, Bonn, 1998.

[Boo91]   Booch, G.: *Object-Oriented Design — with Applications*. Benjamin/Cummings, Redwood City, CA, 1991.

[BP85]   Blaser, A.; Pistor, P. (Hrsg.): *Proc. GI-Fachtagung "Datenbanksysteme in Büro, Technik und Wissenschaft" (BTW'85), Karlsruhe*, Informatik-Fachberichte. Springer-Verlag, Berlin, März 1985.

[BP98]   Blaha, M.; Premerlani, W.: *Object-Oriented Modelling and Design for Database Applications*. Prentice Hall, Englewood Cliffs, 1998.

[Bra98]   Bradley, N.: *The XML Companion*. Addison-Wesley, Harlow, England, 1998.

[BRJ99]   Booch, G.; Rumbaugh, J.; Jacobson, I.: *The Unified Modeling Language User Guide*. Object Technology Series. Addison Wesley Longman, Inc., Reading, Massachusetts, 1999.

[Bro97]   Brosius, G.: *Access 97 professionell*. Addison-Wesley, Bonn, 1997.

[Bro99]   Brosius, G.: *Access 2000 professionell*. Addison-Wesley, Bonn, 1999.

[Bru93]   Brunk, M.: *Eine Anfragesprache und ein Sichtkonzept für objektorientierte Datenbanksysteme, Fortschritt-Berichte*, Band 10. VDI Verlag, Düsseldorf, 1993.

[BS81]   Bancilhon, F.; Spyratos, N.: Update semantics of relational views. *ACM Transactions on Database Systems*, Band 6, Nr. 4, S. 557–575, 1981.

[Buc94]   Buchmann, A. P.: Active Object Systems. In: Dogac, A.; Özsu, T.; Biliris, A.; Sellis, T. (Hrsg.): *Advances in Object-Oriented Database Systems*, Nato ASI Series, S. 201–224. Springer-Verlag, Berlin, 1994.

[Buc99]   Buchmann, A. P. (Hrsg.): *Datenbanksysteme in Büro, Technik und Wissenschaft, BTW'99, GI-Fachtagung, Freiburg*, Informatik aktuell. Springer-Verlag, Berlin, 1999.

[Bur95]   Burkhardt, R.: *UML – Unified Modeling Language*. Addison-Wesley, Bonn, 1995.

[BYRN99]   Baeza-Yates, R.; Ribeiro-Neto, B.: *Modern Information Retrieval*. ACM Press, Addison-Wesley Longman, New York, 1999.

[BZBW95]   Buchmann, A. P.; Zimmermann, J.; Blakeley, J. A.; Wells, D. L.: Building an Integrated Active OODBMS: Requirements, Architecture, and Design Decisions. In: Yu, P. S.; Chen, A. L. P. (Hrsg.): *Proc. of the 11th IEEE Int. Conf. on Data Engineering, ICDE'95, Taipei, Taiwan, March 1995*, S. 117–128. IEEE Computer Society Press, Los Alamitos, CA, 1995.

[CAE+76] Chamberlin, D.; Astrahan, M.; Eswaran, K.; Griffiths, P.; Mehl, R. L. J.; Reisner, P.; Wade, B.: SEQUEL 2: A unified approach to data definition, manipulation and control. *IBM Journal of Research and Development*, Band 20, S. 560–575, 1976.

[Cat94] Cattell, R. (Hrsg.): *The Object Database Standard: ODMG-93 — Release 1.1*. Morgan Kaufmann Publishers, San Mateo, CA, 1994.

[CB74] Chamberlin, D.; Boyce, R.: SEQUEL: A structured english query language. *Proceedings of the ACM SIGFIDET Workshop on Data Description, Access and Control*, S. 249–264, 1974.

[CB97] Cattell, R.; Barry, D. (Hrsg.): *The Object Database Standard: ODMG 2.0*. Morgan Kaufmann Publishers, San Francisco, CA, 1997.

[CCS93] Codd, E. F.; Codd, S. B.; Salley, C. T.: Providing OLAP (online analytical processing) to user-analysts: An IT mandate. Hyperion Solutions Corporation, URL: http://www.hyperion.com/whitepapers.cfm, 1993.

[CD87] Carey, M.; DeWitt, D.: An overview of the EXODUS project. *IEEE Database Engineering*, Band 6, S. 107–114, 1987.

[CD97] Chaudhuri, S.; Dayal, U.: An Overview of Data Warehousing and OLAP Technology. *SIGMOD Record*, Band 26, Nr. 1, S. 65–74, 1997.

[CDF+91] Carey, M.; DeWitt, D.; Frank, D.; Graefe, G.; Richardson, J.; Shekita, E.; Muralikrishna, M.: The architecture of the EXODUS extensible DBMS. In: *[DDB91]*, S. 231–256. Springer-Verlag, Berlin, 1991.

[CDG+90] Carey, M.; DeWitt, D.; Graefe, G.; Haight, D.; Richardson, J.; Schuh, D.; Shekita, E.; Vandenberg, S.: The EXODUS extensible DBMS project: an overview. In: *[ZM90]*, S. 474–499. Morgan Kaufmann Publishers, San Francisco, 1990.

[CFMS95] Castano, S.; Fugini, M. G.; Martella, G.; Samarati, P.: *Database Security*. Addison-Wesley, 1995.

[CFP84] Casanova, M.; Fagin, R.; Papadimitriou, C.: Inclusion dependencies and their interaction with functional dependencies. *Journal of Computer and System Sciences*, Band 28, Nr. 1, S. 29–59, 1984.

[CFPT92] Ceri, S.; Fraternali, P.; Paraboschi, S.; Tanca, L.: Constraint Enforcement through Production Rules: Putting Active Databases to Work. *Bulletin of the IEEE Technical Committee on Data Engineering*, Band 15, Nr. 1–4, S. 10–14, Dezember 1992.

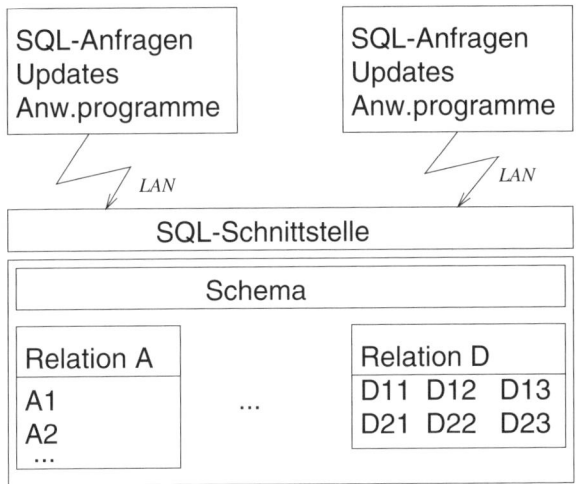

Abb. 15.3: Zentralisiertes System kommunizierend mit Anwendungen auf mehreren Rechnern

In Abbildung 15.4 ist der grobe Aufbau einer verteilten Datenhaltung in einem verteilten Datenbanksystem skizziert. Während die Datenbestände verteilt sind, erfolgt der Zugriff konzeptionell weiterhin über *eine* global verfügbare Schnittstelle. Die Verteilung der Daten ist für die Anwender *transparent* (also nicht sichtbar), d.h., die Anfragen werden so formuliert, als gäbe es einen globalen zentralen Datenbestand.

Basierend auf dem zentralisierten System in Abbildung 15.3, zeigt Abbildung 15.5 eine verteilte Realisierung desselben Datenbestands (ohne Replikation). Daten der Relation A wurden horizontal partitioniert, während die Relation D vertikal partitioniert wurde (mit den Werten der ersten Spalte als Schlüssel in beiden Fragmenten).

Besondere Fragestellungen bei der Realisierung verteilter DBMS sind die Optimierung von Anfragen unter Berücksichtigung der Verteilung und die korrekte Abarbeitung verteilter Transaktionen.

Ein Überblick über Konzepte verteilter Datenbanksysteme und verwandter Gebiete (etwa parallele DB-Verarbeitung) kann im zweiten Band [SH99a] dieses Buches gefunden werden. Detailliertere Darstellungen zu den Themengebieten verteilte und parallele Datenbanken entnehme man den Büchern von Rahm [Rah94] oder Dadam [Dad96].

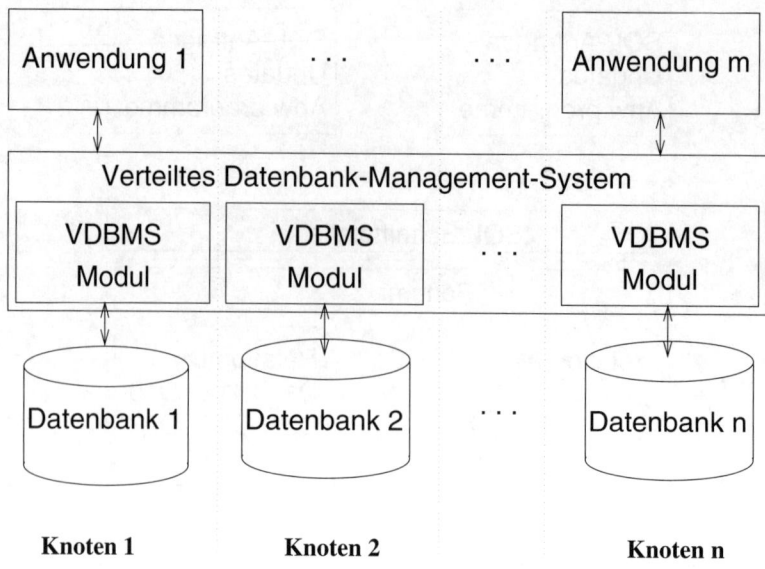

Abb. 15.4: Datenbank-Management-Systeme für verteilte Datenbanken

15.1.4 Heterogene Datenbanken

In den bisherigen Ansätzen sind wir stets von einem homogen strukturierten Datenbestand ausgegangen, wie er in der Drei-Ebenen-Schema-Architektur durch das konzeptuelle Gesamtschema beschrieben wird. Wir haben hierbei ein festes Datenbankmodell sowie ein einheitliches Schema, das den gesamten Datenbestand integriert beschreibt, vorliegen. In der Realität der Datenverarbeitung liegen aber die Datenbestände oft in unterschiedlichen, historisch gewachsenen Datenbanksystemen vor. Ein realistisches Szenario in einer Firma könnte aus Fertigungsdaten eines hierarchischen DBMS sowie Auftragsdaten eines relationalen DBMS bestehen.

Heterogene DBMS verwalten derartige Datenbestände, die in heterogenen Datenmodellen beschrieben werden, indem sie eine einheitliche Zugriffsschnittstelle für diese Datenbestände realisieren. Heterogene Schemata in einem einheitlichen Datenmodell sind hierbei ein wichtiger Spezialfall. Naturgemäß müssen bei der Verwaltung heterogener Datenbestände Konflikte in der Datenbeschreibung aufgelöst werden, die ähnlich den Konflikten sind, die wir in Abschnitt 5.2.2 bei der Sichtintegration diskutiert haben. Kritische Fragestellungen sind die Übersetzung und Optimierung von Anfragen an derartige Datenbestände. Abbildung 15.6 verdeutlicht die unterschiedlichen zu verwaltenden Strukturen in einem heterogenem DBMS.

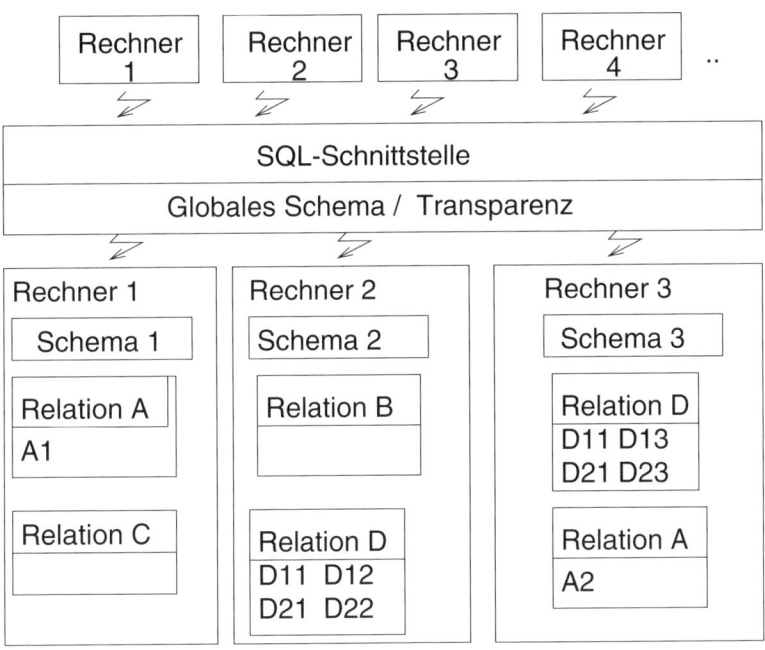

Abb. 15.5: *Verteilung von Relationen in einem VDBMS*

15.1.5 Interoperable und föderierte Datenbanken

Bisher hatten wir neue Architekturansätze diskutiert, bei denen der Zugriff auf den zentralen oder verteilt vorliegenden Datenbestand über eine einzige Schnittstelle erfolgte. Diese Schnittstelle bietet die Sprachkonzepte des DBMS angewendet auf das (globale) konzeptuelle Schema an. Die bisherige Architektur ist zwingend notwendig, um eine zentrale Kontrolle der Konsistenz zu gewährleisten.

Fn vielen Anwendungen ist eine derartige zentrale Kontrolle nicht durchzusetzen oder nicht erforderlich. In diesen Fällen liegen lokale DBMS vor, die teilweise *autonom* arbeiten und die lokal verfügbar sind, ohne daß über eine zentrale Schnittstelle zugegriffen werden muß. Wir bezeichnen derartige lokale Datenbanksysteme als *interoperabel*, wenn sie globale Anwendungen unterstützen können, die mehrere lokale Datenbanken betreffen. Interoperable Datenbanksysteme kooperieren miteinander, zum Beispiel, indem sie globale Transaktionen mit kontrollierter Sperrvergabe unterstützen.

Föderierte Datenbanksysteme bestehen aus teilautonomen, lokalen DBMS, die einen lokalen Zugriff auf die Daten erlauben [SL90, Con97]. Zugleich tragen sie zu einer Föderation mehrerer DBMS bei, indem sie einen Teil ihres Daten-

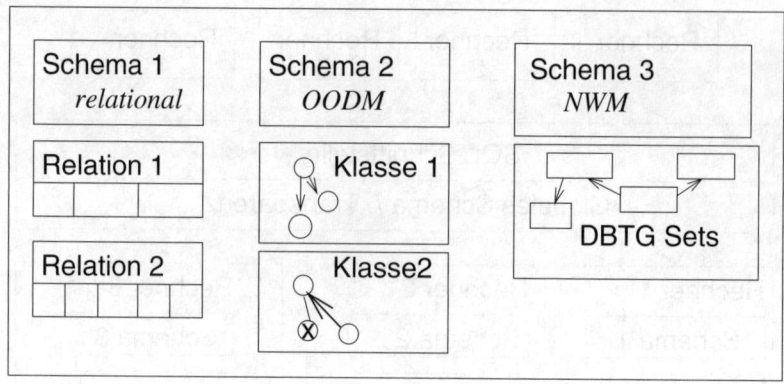

Abb. 15.6: Daten in einem heterogenen DBMS

bestands in einem *Exportschema* bereitstellen, das in einem globalen Schema integriert wird. Ein lokales DBMS kann an mehreren derartigen Föderationen teilnehmen.

15.2 Erweiterte Datenbankmodelle

Neben den bisher diskutierten Architektur-Modifikationen ist in den letzten Jahren eine Reihe von Erweiterungen bei Datenbankmodellen vorgeschlagen worden, die wir im Kapitel über Datenbankmodelle nicht ausführlich betrachtet haben. Zwei dieser Ansätze werden im folgenden kurz skizziert.

15.2.1 Erweiterbare Datenbanksysteme

Die Datenmodelle und Sprachen der klassischen Datenbanksysteme sind für den Anwender nicht offen: Die inneren Datenstrukturen und die Sprachschnittstellen sind fixiert und nicht von außen zugänglich. *Erweiterbare Datenbanksysteme* erlauben die Anpassung insbesondere der Sprachschnittstellen. Aber auch die internen Strukturen müssen an diese Änderungen angepaßt werden.

Eine typische Erweiterung ist die Integration neuer Datentypen und zugehöriger Operationen in das Datenbankmodell. Das relationale Datenmodell kann etwa um Datentypen für geometrische Anwendungen erweitert werden. Hierzu werden Datentypen `point` und `polygon` mit zugehörigen Operationen, etwa `distance`, deklariert und ihre Realisierung wird dem DBMS bekannt gegeben. Die neuen Datentypen können jetzt als Wertebereiche für Attribute und die Operationen in Anfragen und Integritätsbedingungen verwendet werden.

In letzter Konsequenz muß das DBMS nicht nur auf oberster Ebene modifiziert werden sondern auch in den inneren Komponenten. In unserem Beispiel der geometrischen Datentypen sollte es möglich sein, auch spezielle Zugriffsverfahren für geometrische Datenbestände in das DBMS zu integrieren, um effizient geometrische Nachbarschaftssuche in Anfragen zu ermöglichen [Güt89, Wid91].

15.2.2 Objektorientierte Datenbanksysteme

Objektorientierte Datenbankmodelle und -sprachen wurden bereits an verschiedenen Stellen dieses Buchs diskutiert. So wurden

- in Abschnitt 4.4 Konzepte objektorientierter Datenbankmodelle und der ODMG-Standard eingeführt,

- in Abschnitt 7.4 die ODMG-ODL und

- in Abschnitt 10.5 objektorientierte Anfragesprachen inklusive ODMG-OQL skizziert.

Die Konzepte von OODBSs werden in der einschlägigen Literatur [Heu97, SST97] genauer beschrieben. Bemerkungen zur Architektur und zu wesentlichen Bausteinen solcher Systeme sollen jedoch zumindest überblicksmäßig noch folgen.

Als Architekturmodelle haben sich im objektorientierten Bereich Client/Server-Modelle durchgesetzt. Die Schnittstelle zwischen Client- und Server-Prozeß liegt jedoch im allgemeinen "niedriger" als bei RDBSs:

- Bei der *Seiten-Server*-Architektur verwaltet der Server nur Plattenseiten. Die Clients fordern beim Server bestimmte Seiten unter ihrer Adresse an. Die Hauptarbeit bei der Umsetzung von Anfragen und Updates leistet hier der Client.

- Bei der *Objekt-Server*-Architektur werden einzelne Anwendungsobjekte vom Server bereitgestellt, der hier schon für einen Großteil der datenbankspezifischen Aufgaben zuständig ist. Der Client fordert Objekte mit Hilfe ihrer Objektidentitäten an.

Aufgrund des erweiterten Datenbankmodells müssen auch andere Systembausteine in OODBSs erweitert werden. So reicht das klassische Transaktionsmodell mit kurzen und unstrukturierten Transaktionen nicht mehr aus. Deshalb werden *lange Transaktionen* oder *geschachtelte Transaktionen* eingeführt. Im ersten Fall werden Datenbankobjekte langfristig zum Bearbeiten auf eine Workstation ausgelagert, ohne daß diese Objekte in der Datenbank vollständig gesperrt werden. Im zweiten Fall werden Transaktionen in Untertransaktionen zerlegt, analog der Zerlegung komplexer Objekte in Komponentenobjekte.

Auch die Speicherstrukturen und Zugriffspfade müssen auf die erweiterten Modelle hin angepaßt werden. So gibt es spezielle Techniken zur Speicherung komplexer Attributwerte und leistungsfähige Indexdateien, die eine gesamte Klassenhierarchie indizieren können statt einzelner Relationen im RDM.

15.3 Erweiterte Sprachschnittstellen

Betreffend Sprachschnittstellen sind neben der Integration mit klassischen Programmiersprachentechniken, die in Kapitel 11 diskutiert wurden, die Integration von Ergebnissen der Wissensrepräsentation und -verarbeitung in Datenbanksprachen von Interesse.

15.3.1 Deduktive Datenbanken

Bereits in Abschnitt 10.4 hatten wir Sprachen für deduktive Datenbanken diskutiert. In deduktiven Datenbanken werden Konzepte der Logikprogrammierung mit den Konzepten insbesondere relationaler DBMS verbunden. Ein wesentlicher Aspekt ist die mengenbasierte Verarbeitung — im Gegensatz zu vielen Logikprogrammiersprachen wie Prolog werden in deduktiven Datenbanken keine Regel- und Fakten*listen* betrachtet, sondern jeweils *Mengen*.

Folgend dem mengenbasierten Ansatz, wird in deduktiven Datenbanken eine andere Art der Regelverarbeitung realisiert als in der Logikprogrammierung. In der Logikprogrammierung werden jeweils Listen von Regeln deterministisch in der Regelreihenfolge abgearbeitet. In deduktiven Datenbanken werden Regelmengen dahingehend optimiert, daß die Regelverarbeitung mittels mengenbasierter Anfragen realisiert werden kann.

Wichtige Fragestellungen in deduktiven Datenbanken sind somit die Optimierung von Regelprogrammen sowie Verfahren, die die Terminierung etwa beim Gebrauch von Negation gewährleisten.

15.3.2 Wissensbanken

Wissensbanken gehen einen Schritt weiter als deduktive Datenbanken, indem sie eine explizite Verwaltung von Wissen realisieren. Techniken der Wissensrepräsentation werden hierbei auf ein persistentes Datenmodell abgebildet. Etwa können frame-basierte Wissensrepräsentationstechniken ziemlich direkt auf ein objektorientiertes Datenmodell aufgesetzt werden [RS88].

Wissensbanken unterstützen im Gegensatz zu deduktiven Datenbanken unterschiedliche Strategien der Wissensverarbeitung, ermöglichen unscharfes Schließen und erlauben die Verarbeitung von Default-Wissen und disjunktiven Informationen. Hierzu müssen neben den Fakten der Wissensdarstellung auch

Regeln, Strategien der Wissensverarbeitung und weitere Aspekte der Wissensverarbeitung vom Datenbanksystem persistent gespeichert und interpretiert werden.

Als neuer Zweig der Wissensbanken werden zur Zeit Fuzzy-Datenbanken diskutiert, die die Speicherung und Verarbeitung unscharfen Wissens explizit im Datenmodell und den Anfragesprachen unterstützen. Die Verarbeitung unscharfer Fakten in Datenbanksprachen ist ein aktuelles Forschungsgebiet, bei dem existierende Datenbanksprachen, die für exakte Fakten (ein Tupel ist entweder in der Relation gespeichert oder nicht) entwickelt wurden, auf die Verarbeitung derartiger Aussagen wie "Mario ist ungefähr 20 Jahre alt" angepaßt werden.

15.4 Spezielle Datenbank-Anwendungen

Die ursprünglichen Datenbanksysteme wurden für die kommerzielle Datenhaltung etwa für die Buchhaltung in Firmen und Kontoverwaltung in Banken entwickelt. Diese Anwendungen werden auch als Standard-Anwendungen bezeichnet. Andere Anwendungsbereiche arbeiteten zuerst ohne explizite Datenbankkonzepte, etwa technische Anwendungen im CAx-Bereich. Die Dienste von DBMS wie Massendatenverwaltung, Datensicherheit und Integritätssicherung werden aber auch in diesen Bereichen benötigt, die zusammengefaßt in den 80er Jahren als sogenannte Nicht-Standard-Anwendungen bekannt wurden.

15.4.1 Ingenieur-Datenbanken

Im technischen Bereich werden Ingenieur-Datenbanken etwa zur Unterstützung der computergestützten Fertigung (Stichwort CIM) eingesetzt. Ingenieur-Datenbanken verwalten sehr heterogene Datenbestände: interne Darstellungen von CAD-Zeichnungen, Stücklisten, Arbeitspläne und CNC-Programme. Für diese Anwendungen sind darum reichhaltige Modellierungsmöglichkeiten notwendig. Die Datenbestände stehen in vielerlei Abhängigkeiten zueinander, so daß die Integrität des Datenbestands von großer Bedeutung ist. Ein anderer wichtiger Aspekt der Datenhaltung ist hier die Verwaltung von Versionen und Varianten von Produktdaten. Auch spielen standardisierte Datenaustauschformate eine große Rolle, etwa im Rahmen des STEP/EXPRESS-Standards (siehe Abschnitt 4.8).

Datenbanksysteme, die Daten über computer-gestütztes Design halten, werden of kurz als *CAD-Datenbanken* bezeichnet. Da die gespeicherten Daten Repräsentation geometrischer Konstrukte sind, bestehen enge Beziehungen zu den Konzepten von Geoinformationssystemen. Verwaltet werden auch hier Punkte, Polygonzüge, Körper, Flächen, Splines etc.

Die Arten der geometrische Daten unterscheiden sich je nach Ingenieurbereich:

- In VLSI-Datenbanken werden planare, geometrische Strukturen entworfen. Allerdings überlagern sich mehrere dieser Ebenen. Von der Datenhaltung her gesehen ähneln VLSI-Daten kartographischen Daten, auch wenn die benutzten Primitive in der Regel einfachere Geometrien (Rechtecke, Linien) als in kartographischen Datenbanken haben.

- Beim Entwurf von typischen Maschinenbau-Produkten werden in der Regel dreidimensionale Modelle gespeichert. Ein Beispiel wäre ein Modell für eine Fabrik oder ein Flugzeug.

- In einigen Anwendungen, so in der Netzplanung, kann auch ein rein topologischer Entwurf erfolgen.

Im dreidimensionalen CAD werden sowohl CSG-Modelle (CSG für *constructive solid modelling*) als auch Flächenmodelle (kurz BRep für *boundary representation*) benutzt. CSG-Modelle beschreiben konstruktiv den Aufbau von geometrischen Objekten als Abfolge von geometrischen Operationen (Schnitt, Translation, Vereinigung, Differenz, etc.) basierend auf Basiskörpern. BRep-Modelle hingegen beschreiben das Endprodukt einer derartigen Konstruktion durch die begrenzenden Freiformflächen.

Im Gegensatz zu Geoinformationssystemen sind Entwurfsdatenbanken sehr dynamisch, da sie ja gerade den Entwurfs*prozeß* unterstützen sollen. Ein spezielles Problem ist daher hier die *effiziente Versions- und Variantenverwaltung* für Entwurfsdokumente.

Zusammengefaßt zeichnen sich Ingenieur-Datenbanken durch folgende Spezifika aus:

- *Geometrische Datenbestände basierend auf regulären geometrischen Primitiven.*

  In vielen Anwendungen ist eine Ähnlichkeitssuche auf derartigen Bauteilen, wie sie im Zusammenhang mit Multimedia-Datenbanken beschrieben wurde, relevant.

- *Versions- und Variantenverwaltung.*

  Sowohl während des Entwurfs als auch für fertiggestellte Produkte müssen Versionen und Varianten effizient gespeichert werden. So sind moderne Passagier-Flugzeuge quasi Einzelstücke: Jedes ist im Detail anders aufgebaut.

- *Kooperierendes Arbeiten im Design.*

  Spezielle Transaktionskonzepte sind notwendig, um Integrität und Dauerhaftigkeit auch bei langwierigen kooperierenden Entwurfsprozessen zu gewährleisten.

15 Weitergehende Ansätze

15.4.2 Workflow-Management

Zum Teil aus dem Ingenieur-Bereich kommt auch die Anforderung der Unterstützung des *Workflow-Managements* durch Datenbanksysteme. Workflows sind (eventuell auf mehrere Personen aufgeteilte) teilautomatisierte Arbeitsvorgänge, zwischen denen Abhängigkeiten bestehen, die vom System verwaltet werden [Jab95a]. Die Verwaltung von Workflows erfordert somit insbesondere Techniken der Transaktionsverwaltung (etwa Sperren auf bearbeiteten Dokumente) und aktiver Datenbanken (Koordination zeitabhängiger Arbeitsabläufe, automatische Reaktion etwa in Ausnahmesituationen). Ein ähnliches Forschungsgebiet ist das *CSCW* (Computer Supported Cooperative Work), wo kooperative Prozesse systemseitig unterstützt werden sollen. Für eine Kooperation muß das bisherige Transaktionsmodell, das Kooperation durch Isolation verhindert, erweitert werden. Workflows bieten für diese Erweiterung gute Ansätze.

15.4.3 Geographische Informationssysteme und Geometriedaten

Geographische Informationssysteme, kurz GIS, verwalten kartographische Daten etwa in Katasterämtern. In diesen Anwendungen spielt die geometrische Suche eine wichtige Rolle. Eine typische Anfrage spezifiziert ein Suchfenster, also ein Rechteck in dem kartographischen Koordinatenraum, sowie Eigenschaften der zu qualifizierenden Objekte. Spezielle Datenstrukturen müssen derartige Suchanfragen unterstützen [Wid91].

Allgemeine *geometrische Anfragen* benutzen die Geometrie von Datenbankobjekten als Suchkriterium, um etwa alle Objekte in einem Kartenausschnitt zu bestimmen. Während kartographische Datenbanken meist auf zweidimensionalen Geometrie-Daten beruhen, arbeiten andere Anwendungen mit dreidimensionalen oder sogar höherdimensionalen Daten.

Die praktische Bedeutung derartiger Anfragen verdeutlicht die folgende unvollständige Liste an Anwendungsgebieten:

- Geo-Informationssysteme: Kartographische Daten, Kataster-Daten, Umweltinformationssysteme, ...

- Touren-Planung, Positionsunterstützung in Automobilen, auf Schiffen, ...

- dreidimensionale Daten für Flugsimulatoren, virtuelle Welten, Datenhaltung für große Simulationsanwendungen (Meeresströmungen, Wettervorhersage, ...)

- Graphikunterstützung in Medizin, Molekularbiologie, sowie Satellitenbilder, astronomische Daten, große CAD-Modelle, Stadtplanung etc.

In [SH99a] ist Zugriffsstrukturen für geometrische Daten ein eigener Abschnitt gewidmet.

15.4.4 Digitale Bibliotheken und Electronic Commerce

Ein weiteres Aufgabengebiet mit speziellen Anforderungen ist die *Datenverwaltung für Dokumente* aller Art. Ursprünglich für Büroinformationssysteme gedacht, wird die Verwaltung von Dokumenten heutzutage in vielen Anwendungsgebieten benötigt. Waren ursprünglich Textdokumente mit den zugehörigen Suchverfahren des *Information Retrieval* das wichtigste Anwendungsgebiet, werden nun auch Graphiken, Bilder, digitalisierte Tondokumente und Videosequenzen als Dokumente verwaltet. Diese Medientypen werden im folgenden Unterabschnitt über Multimedia-Datenbanken noch behandelt.

Beschränken wir uns auf Textdokumente, so sind Fragen der Repräsentation und Speicherung des Dokumentes (LaTeX, XML, PDF, ...) und der Suche nach Dokumenten zu klären. In vielen Fällen können hier die in den Abschnitten 4.7 (semistrukturierte Daten und XML) und 10.3 (Information Retrieval) bereits vorgestellten Techniken greifen. Somit können auch für die Verwaltung von Textdokumenten in einer *digitalen Bibliothek* Datenbanktechniken gewinnbringend eingesetzt werden.

Unabhängig von diesen Datenbanktechniken ist das Ziel einer digitalen Bibliothek die elektronische Unterstützung beim Schreiben, Produzieren, Verteilen, Finden, Zusammenstellen, Archivieren, Lesen und Nutzen von Dokumenten wie Büchern, Artikel, Zeitschriften, Dokumentationen, Handbüchern, Produktkatalogen, Meldungen, Nachrichten und Zeitungen. Alle Vorgänge sollen möglichst besser und preiswerter als bisher funktionieren [Les97]. Neben Datenbanktechniken sind natürlich Autorenwerkzeuge zur Erstellung der Dokumente, allgemeine Techniken verteilter Systeme (gerade im Internet) zum Verteilen der Dokumente und bei kostenpflichtigen Dokumenten sogar die sichere, elektronische Bezahlung über das Netz wichtig. Gerade die letzten beiden Punkte werden derzeit im Bereich des Electronic Commerce ausgiebig behandelt.

Electronic Commerce erfordert die sichere Abwicklung von Zahlungtransaktionen im Internet. Dazu sind mehrere Teilaspekte zu gewährleisten, die in verteilten Datenbanksystemen üblicherweise schon berücksichtigt werden: eine verschlüsselte Übertragung der Daten (siehe [SH99a, Abschnitt 3.7]), eine "atomare" Abwicklung der Lieferung des Dokumentes und der gleichzeitigen Bezahlung des Dokumentes (ACID-Eigenschaften von Transaktionen, siehe [SH99a, Kapitel 8 bis 10]) und Gewährleistung von sicherer Benutzeridentifikation (siehe Kapitel 14). Natürlich sind beim allgemeinen Electronic Commerce weitere Aspekte zu bedenken, da die Waren nicht unbedingt elektronisch vorliegen oder nicht in einer "virtuellen" Form gewünscht sind[1]. Kauft man beispielsweise ökologische Eier über das Internet, so kann das Transaktionskon-

---

[1]Vielleicht möchte man statt des elektronischen Dokuments doch die Papierversion des Buches kaufen.

zept verteilter Datenbanken natürlich nicht den beschädigungsfreien Erhalt der Eierstiege zusichern.

15.4.5 Multimedia-Datenbanken

Multimedia-Datenbanken (kurz MMDB) ermöglichen die Speicherung von Dokumenten in verschiedenen Medien, so etwa Textdokumente zusammen mit Bildern, Audio- und Video-Sequenzen. Einzelne Datenbankobjekte in einer MMDB sind sehr groß (digitalisierte Bilder größer als 1 MByte) und oft unstrukturiert, spezielle Funktionen zum Bearbeiten der Dokumente müssen in das DBMS integriert werden (Forderung nach Erweiterbarkeit), und beim Bearbeiten von Videosequenzen spielen Echtzeitanforderungen eine wichtige Rolle.

Folgend Khoshafian und Baker [KB95], zeichnet sich ein MMDBS durch folgende Funktionalität aus:

1. Unterstützung für Bild- und Mediendatentypen,

2. Fähigkeiten zur Verwaltung einer sehr großen Anzahl von Medien-Objekten,

3. eine effiziente Speicherverwaltung,

4. Datenbankfunktionalitäten, sowie

5. Information-Retrieval-Funktionalität.

Mehrere Eigenschaften von Multimedia-Datenbanken erfordern besondere Datenspeicherungskonzepte:

• Einzelne Medien-Objekte wie digitalisierte Bilder oder Audio-Sequenzen liegen als (sehr) große *Binär-Objekte* ohne innere Struktur vor. Dies resultiert unter anderem aus den vielfältigen Codierungs- und Komprimierungs-Techniken. Eigenschaften dieser Binär-Objekte können oft nur mit externen Funktionen, etwa Funktionen von Bildverarbeitungs-Software, extrahiert werden.

Format	Megabyte	Komprimierung
JPEG	75	unkomprimiert
MPEG-1	12.5	komprimiert, Qualitätsverlust
MPEG-2	17	komprimiert, hohe Qualität

Tab. 15.1: Speicherbedarf für Video-Sequenzen

Tabelle 15.1 zeigt typische Zahlen für eine Minute kombinierter Video- / Audio-Aufzeichnung mit 30 Bildern pro Sekunde (Zahlen aus [SKS97]). *JPEG* steht hier für das bekannte Format der *Joint Picture Experts Group* für die Speicherung von Einzelbildern; *MPEG* steht für die Verfahren der *Motion Picture Experts Group*, die zusätzlich Ähnlichkeiten aufeinanderfolgender Bilder eines Videos zur Komprimierung ausnutzen.

Die Speicherung von großen Binär-Objekten in BLOBs wird z.B. in [SH99a] behandelt und an dieser Stelle nicht vertieft. Kommerzielle Datenbanksysteme unterstützen oft neben BLOBs auch die Medien-Datentypen `text` und `image`, die ebenfalls sehr große Medienobjekte speichern können.

- Eine weitere Besonderheit ist die Indexierung über abgeleiteten Eigenschaften (sogenannte *Features*) zur Unterstützung der Suche. Die Binär-Darstellung von digitalisierten Bildern etwa ist zur Indexierung nicht direkt verwertbar; abgeleitete Informationen über Farbverteilung, Umrisse etc. hingegen können durchaus bei der Ähnlichkeitssuche eingesetzt werden.

  Das Ergebnis ist eine Indexierung über hochdimensionalen *Feature-Vektoren*. Hier müssen besondere Verfahren für hochdimensionale Indexe eingesetzt werden, da die klassischen Verfahren bei hoher Dimensionszahl Probleme zeigen.

- Die dritte Besonderheit liegt darin, daß die Daten bestimmter Medien-Objekte nicht gleichzeitig als Ergebnis geliefert werden müssen, sondern kontinuierlich *abgespielt* werden. Das Extrembeispiel ist ein digitalisierter Spielfilm, der gar nicht komplett im Hauptspeicher gehalten werden kann.

  Derartige Datenstrukturen werden als *kontinuierliche Datentypen* bezeichnet. Besondere Probleme sind dabei Abweichungen vom kontinuierlichen Ablauf, etwa fast-forward-Funktionen oder direkte Positionierung.

15.4.6 Temporale Datenbanken

Historische oder *temporale Datenbanken* [TCG+93] speichern zeitbezogene Daten, wie sie etwa in Buchungssystemen und Prozeßablaufsystemen bearbeitet werden. Einzelne Datensätze sind mit Zeitstempeln versehen, die sich auf unterschiedliche Zeitskalen beziehen können, etwa Transaktionszeit (Zeitpunkt der Speicherung im System) und Gültigkeitszeit (Zeitpunkt eines Ereignisses in der realen Anwendung). Auch müssen oft unterschiedliche Zeitgranularitäten sowie Intervalle und periodische Ereignisse behandelt werden.

Besondere Implementierungsprobleme in temporalen Datenbanken betreffen temporale Indexe und Optimierungen temporaler Anfragen, etwa temporaler Verbunde ('Wer hat gleichzeitig an einem Projekt gearbeitet?'), insbesondere in Zusammenhang mit Zeitintervallen.

Das von Tansel und weiteren Herausgebern zusammengestellte Buch [TCG⁺93] gibt einen sehr guten Überblick über Forschungsthemen und Implementierungskonzepte für temporale Datenbanken.

15.5 Aktuelle Entwicklungen

Neben den eben diskutierten, seit längerem etablierten Spezialgebieten zeichnen sich aktuelle Anwendungsgebiete ab, die neuartige Anforderungen an die Datenbank-Technologie stellen.

15.5.1 Scientific Databases

Ein Beispiel für Anwendungsprojekte, die neue Anforderungen an die Datenbank-Technologie stellen, sind molekularbiologische Datenbanken und hier insbesondere das *Human Genome Projekt*, dessen Ziel die Erfassung und Analyse des menschlichen Erbguts in Genom-Datenbanken ist. Neben der ungewöhnlichen Größe des Datenbestands (das menschliche Erbgut, das Genom, wird auf ca. 100.000 Gene geschätzt), sind die speziellen Such- und Analyseverfahren eine Herausforderung an die Datenbankforschung. Das Erbgut besteht aus (teilweise nur fragmentarisch vorliegenden) DNS-Sequenzen, aufgebaut aus den vier Nukleotiden Adenin, Cytosin, Guanin und Thymin. Eine typische Suchoperation ist die Mustererkennung auf derartigen Sequenzen, um übereinstimmende Teilsequenzen zu erkennen. Die Daten liegen als Sequenzen, also geordnet, vor, so daß ein angepaßtes Datenbankmodell neben Mengen (Relationen) auch Sequenzen besonders unterstützen muß.

Ein weiteres Beispiel für neuartige Suchanforderungen auf großen Datenbeständen sind die sogenannten wissenschaftlichen Datenbanken oder auch *Scientific Databases*, die aus numerischen Massendaten bestehen. Typische Beispiele sind Meßdaten von Satelliten, die in großer Anzahl kontinuierlich anfallen. Eine wichtige Aufgabe eines Datenbanksystems für derartige Datenbestände ist neben der reinen Speicherung des anfallenden enormen Datenvolumens die Unterstützung statistischer Auswertungen auf diesen Daten.

15.5.2 Data Mining

Ein Ziel der Anwendung von statistischen Auswertungsverfahren ist die Entdeckung interessanter Zusammenhänge, von 'Wissen' in sehr großen Datenbeständen. Dieser Aspekt der Wissensfindung kann auch automatisch unterstützt werden. Der Begriff *Knowledge Discovery in Databases (KDD)* kann als

"der nichttriviale Prozeß der Identifikation gültiger, neuer, potentiell nützlicher und verständlicher Muster in Datenbeständen"

[FPS96a] definiert werden. *Data Mining* bezeichnet in diesem Zusammenhang den Teilschritt der Suche und Bewertung von Hypothesen. Im kommerziellen Bereich wird dagegen Data Mining häufig als Synonym für KDD verwendet. KDD ist ein iterativer und interaktiver Prozeß, der die folgenden Schritte umfaßt [FPS96b]:

1. Festlegung von Problembereich und Zielen

2. Datensammlung und -bereinigung

3. Auswahl und Parametrisierung der Analysefunktionen und -methoden

4. Data Mining

5. Bewertung und Interpretation der Ergebnisse

6. Nutzung des gefundenen Wissens

Datenbanktechnologie wird hierbei insbesondere in den Schritten 2 und 3 eingesetzt. In Abhängigkeit von der Analyseaufgabe kommen verschiedene Methoden des Data Mining zum Einsatz. Die wichtigsten Klassen dieser Verfahren, von denen wir bereits zwei vorgestellt haben, sind u.a. [FPS96a, CHY96, Wro98]:

- *Erkennung von Abhängigkeiten:* Diese Verfahren ermitteln statistische Abhängigkeiten zwischen Variablen der relevanten Datensätze. Als Ergebnis werden *Assoziationsregeln* [AS94] oder auch Wahrscheinlichkeitsnetze geliefert.

- *Klassifikation:* Klassifikationsverfahren zielen auf die Zuordnung von Objekten zu verschiedenen vorgegebenen Klassen ab, wobei das Klassifikationsmodell anhand einer Beispielmenge (Trainingsset) der Datenbank ermittelt wird.

- *Clustering:* Beim Clustering werden ähnliche Objekte in neu gebildete Kategorien eingeordnet, so daß die Ähnlichkeiten der Objekte innerhalb einer Kategorie möglichst groß und zwischen den Kategorien gering sind [Fis95].

- *Generalisierung:* Dies beinhaltet Methoden zur Aggregation und Verallgemeinerung großer Datenmengen auf einer höheren Abstraktionsebene. Oft werden diese Verfahren bei der interaktiven Datexploration angewendet [HCC92].

- *Sequenzanalyse:* Diese Verfahren dienen zur Suche nach häufig auftretenden Episoden oder Ereignisfolgen in Datenbeständen, denen eine (z.B. zeitliche) Ordnung der einzelnen Datensätze zugrundeliegt [MTV95].

Neben der Verarbeitung einfacher, relationaler Daten gewinnt die Analyse von Textdokumenten (*Document / Text Mining*), Bilddatenbanken (*Image Mining*), geographischen Daten (*Spatial Data Mining* [EGKS99]) und Informationen aus dem World Wide Web (*Web Mining*) zunehmend an Bedeutung. Für eine weitergehende Diskussion konkreter KDD-Verfahren sei an dieser Stelle auf die Literatur [FPSU96, SHF96, HMPU97] verwiesen.

Data Mining in Datenbanken

Unter *Data Mining* versteht man die Anwendung verschiedenster Modellierungs- und Entdeckungstechniken, um Wissen aus Daten zu gewinnen. Zum Einsatz gelangen dabei neben statistischen Verfahren auch Ansätze des Maschinellen Lernens (z.B. Entscheidungsbäume und induktive logische Programmierung) und des Soft Computing (z.B. Neuronale Netze und Neuro-Fuzzy-Systeme) sowie probabilistische Verfahren (z.B. Bayessche Netze). Ziele des Data Mining sind unter anderem Segmentierung, Klassifikation, Prognose, Konzeptbeschreibung, Abweichungserkennung und Abhängigkeitsanalyse.

Ein populärer Ansatz zur Bereitstellung entscheidungsrelevanter Daten ist das in Abschnitt 4.6 eingeführte Data Warehousing, also die Erstellung einer aus meist mehreren operativen Datenbanken extrahierten Datenbank, die alle für den Geschäftsprozeß relevanten Daten eines Unternehmens zusammenfaßt, aufbereitet und aggregiert. Die Aufbereitung und Aggregierung der entstehenden sehr großen Datenbestände bildet die Kopplung zu dem Gebiet des Data Minings, dessen Methoden in Data Warehouses zum Einsatz kommen können.

Aufgrund dieser Beziehung werden wir in diesem Abschnitt Beispiele für Regeln vorstellen, die in klassischen relationalen Datenbanken relevant sind. Für andere Regelklassen (zeitliche Abhängigkeiten / Sequenzanalyse, spatial data mining) sind spezielle Datenbankmodelle und Verfahren vorteilhafter.

Beispiele für Regeln

Eine Anwendung von Data Mining Verfahren sind sogenannte *Warenkorb-Analysen*. Hierzu werden Kaufvorgänge[2] analysiert, wie etwa von elektronischen Kassen in Supermärkten gespeichert werden.

Die Warenkorbanalyse ist nun an Regeln als Implikationen der folgenden (vereinfachten) Form interessiert:

$$(\forall\, \texttt{Einkauf}: E)\; \texttt{Posten}(E, \texttt{Brot}) \Rightarrow \texttt{Posten}(E, \texttt{Milch})$$

Die gefundenen Regeln können nun für die Warenplazierung in Supermärkten genutzt werden. Diese Regeln sind natürlich nicht als Integritätsregeln aufzu-

---

[2]Im Englischen als *transaction* bezeichnet. Wir verzichten auf diesen Begriff, um keine falsche Assoziationen zum Transaktionsbegriff in Datenbanken zu wecken.

fassen, die entweder wahr oder falsch sind. Eine gefundene Regel zeigt nur eine Tendenz auf, die für einen bestimmten Prozentsatz aller Einkäufe gilt.

Daher sind die beiden folgenden Werte für gefundene Regeln wichtig, die zusammen die Relevanz einer Regel ausmachen:

- Der *Support*[3] einer Regel gibt den Anteil an den Gesamttransaktionen `Einkauf` an, die die gefundenen Regel unterstützen.

  Im Beispielszenario könnte gelten, daß 0.001% aller Einkäufe sowohl Milch als auch Brot beinhalten.

- Die *Confidence*[4] gibt den Anteil derjenigen Tupel, die beide Teile der Regel wahr machen, an denen, die insgesamt die linke Seite der Implikation wahr machen.

  In unserem Beispielszenario könnte gelten, daß 80% aller Kunden, die Brot kaufen, auch Milch kaufen.

Deutlich wird, daß beide Konzepte notwendig sind, um sinnvolle Werte zu erhalten: Eine Kombination zweier Waren, die nur in einem einzigen Einkauf eingekauft wurden, hat eine Confidence von 100% aber einen sehr kleinen Support (und ist daher nicht relevant für Analysezwecke).

Regelklassen im Data Mining

Neben der erwähnten Warenkorbanalyse gibt es eine Reihe weiterer Anwendungsgebiete, die zum Teil unterschiedliche Arten von Regeln betrachten. Mit Bezug auf Unterstützung durch Datenbanktechnologie wurden bisher insbesondere die folgenden Regelklassen betrachtet (angelehnt an [SKS97, Abschnitt 21.3]):

- Die *Klassifikation* (engl. *Classification*) hat eine Aufteilung der Daten in disjunkte Gruppen zum Ziel.

  Als Beispiel könnten Personen aufgrund ihrer beruflichen Abschlüsse und des gegenwärtigen Einkommens in verschiedene Kreditklassen aufgeteilt werden:

$$(\forall \, \texttt{Person} : P) \qquad P.\texttt{Abschluss} = \texttt{Diplom} \wedge P.\texttt{Einkommen} \geq 95.000$$
$$\Rightarrow \quad P.\texttt{Kreditklasse} = \texttt{hervorragend}$$

  Allgemein ist die linke Seite einer Regel in disjunktiver Normalform, also eine Disjunktion von Basisprädikaten:

$$(\forall \, \texttt{Person} : P) \qquad P.\texttt{Abschluss} = \texttt{Vordiplom}$$
$$\vee (P.\texttt{Einkommen} \geq 45.000 \wedge P.\texttt{Einkommen} < 95.000)$$
$$\Rightarrow \quad P.\texttt{Kreditklasse} = \texttt{gut}$$

---

[3]Englisch für Unterstützung oder Untersetzung einer Regel.
[4]Englisch für Vertrauen.

- *Assoziationsregeln* (engl. *association rules*) sind Regeln, die dem obigen Muster der Warenkorbanalyse entsprechen. Das obiges Beispiel (Brot/Milch-Einkäufe) ist ein typisches Beispiel für Assoziationsregeln.

Die Datenbankforschung hat sich besonders auf diese beiden Regelklassen konzentriert. Beide Regelklassen haben direkte Gegenstücke in Konzepten der Datenmodellierungstheorie (Partitionierung, funktionale Abhängigkeiten) und sind daher besonders gut mit Datenbankmethoden vereinbar.

15.5.3 Informationsfusion

In vielen Anwendungsbereichen besteht die Aufgabe, Daten oder Informationen aus verschiedenen, zum Teil heterogenen Quellen zu kombinieren, zu verdichten, zu interpretieren und daraus Informationen einer neuen Qualität abzuleiten. Wesentliche Kernfunktionen dieses als *Informationsfusion* bezeichneten Prozesses sind dabei durch Methoden der Datenintegration und der Datenanalyse / Data Mining bereitzustellen. Sattler und Koautoren diskutieren in [SS99a, CSS99] die Techniken der Datenbankunterstützung für die Informationsfusion und deren Abgrenzung von verwandten Forschungsgebieten.

Allgemeine Anforderungen der Informationsfusion

Aufgrund der vielfältigen Problemstellungen und Anwendungsfelder der Informationsfusion und der damit verbundenen Anforderungen werden wir uns im weiteren auf die Fusionierung von Daten bzw. Informationen aus Datenbanken beschränken. Die dafür notwendigen Funktionen eines Softwaresystems lassen sich wie folgt beschreiben:

- *Datenzugriff:* Zunächst ist der transparente Zugriff auf Daten aus unterschiedlichen Quellen zu realisieren. Dies schließt die Verwendung von Datenbank-Gateways zur Verbergung der Heterogenität ebenso ein wie die Verarbeitung von Dateien mit vorgegebener Struktur (semistrukturierte Daten), wobei der Zugriff über entsprechende Protokolle (z.B. HTTP) erfolgen kann. Weiterhin ist zu diesem Funktionsbereich die Verarbeitung und Optimierung von Anfragen zu zählen.

- *Datenintegration:* Für die Daten aus den einzelnen Quellen ist eine integrierte Sicht zu schaffen, die die Daten in einem homogenen Modell präsentiert und dabei Konflikte auf Schema- und Instanzebene behebt. Weiterhin sind quellenübergreifende Beziehungen zu repräsentieren und in geeigneter Weise zu verwalten.

- *Analyse und Verdichtung:* Durch das Extrahieren von Zusammenhängen und Abstraktionen, durch Filterung und Verdichtung der Daten sind Informationen einer neuen Qualität zu gewinnen. Die Definition der „neuen

Qualität" ist dabei abhängig von der konkreten Anwendung. Mögliche Repräsentationsformen für diese Informationen sind generalisierte Aggregationen und Assoziationen, neue Cluster und Klassen.

- *Präsentation und Weiterverarbeitung:* Die gewonnenen Informationen sind entsprechend der Problemstellung zu präsentieren bzw. zur Weiterverarbeitung bereitzustellen [KK96].

- *Repräsentation von Metainformationen:* Eine wesentliche Voraussetzung für die Fusion ist das Vorhandensein von Informationen über die Datenquellen, die zu fusionierenden Objekte und den Problembereich. Diese Metainformationen sind durch das System zu verwalten und im Verlauf des Fusionsprozesses sukzessive anzupassen bzw. zu erweitern.

Anforderungen an die Datenbanktechnologie

Aus der Zielstellung der Informationsfusion und der beschriebenen Funktionalitäten leiten sich Anforderungen an Entwicklungen im Bereich Datenbanken/Datenintegration sowie Data Mining/KDD an. Für den Datenbankbereich beinhaltet dies die folgenden Aufgabenstellungen:

- *Intelligente Unterstützung des Integrationsprozesses:* Für viele Einsatzfälle ist die Integration der Schemata der einzelnen Quellen in ein globales Schema ein komplexer Prozeß, der nicht vollständig automatisierbar ist. So sind semantische und strukturelle Konflikte der Ausgangsschemata zu beseitigen und unterschiedliche Klassenhierarchien zu integrieren. Es werden daher Werkzeuge benötigt, die diese Schritte unterstützen und dabei auch die Semantik der Daten einbeziehen. Darüber hinaus sind die Aspekte der Qualität der zu integrierenden Daten [Ger98], wie die Genauigkeit, Vagheit, Vollständigkeit oder die geeignete Repräsentationsform, zu berücksichtigen, da diese die Ergebnisse der Fusion nachhaltig beeinflussen.

- *Realisierung eines effizienten, optimierten Datenzugriffs:* Zur Analyse großer Datenbestände über verschiedene Quellen hinweg sind effiziente Zugriffsmechanismen notwendig. Speziell für verteilte, heterogene Quellen sind geeignete Indexstrukturen aufzubauen und spezielle Caching- oder Replikationsstrategien zu verfolgen. Weiterhin sind die spezifischen Anforderungen der Analysemethoden hinsichtlich der Zugriffsschnittstellen (z.B. satzorientierte oder navigierende Zugriffe) zu berücksichtigen.

- *Integration semistrukturierter Daten:* Nicht zuletzt durch die Verbreitung des World Wide Web liegen viele Informationen in nur unzureichend strukturierter Form, wie z.B. in HTML-Dateien, vor. Die Integration dieser semistrukturierten Daten, die effiziente Aufbereitung und Repräsentation sowie die damit verbundene Möglichkeit der Anfragebearbeitung stellt eine weitere wichtige Aufgabe dar.

- *Gewinnung von Metainformationen:* Informationen, die die Semantik und Qualität der Daten beschreiben, bilden eine wichtige Basis für die Fusion. Sofern diese Metainformationen nicht vorliegen, müssen sie aus den Daten extrahiert oder mit Hilfe des Nutzers erfaßt werden.

Ein Teil dieser Themen sind gegenwärtig Gegenstand aktiver Forschung, z.B. im Umfeld föderierter Datenbanken. Aus den aufgeführten Aufgabenstellungen lassen sich konkrete Anforderungen an Datenbank-Management-Systeme ableiten:

- Das eingesetzte DBMS muß einen offenen Optimierer haben, um Fusionsmethoden zusammen mit DB-Operationen optimieren zu können. So werden in Fusionsprozessen in der Regel (statistische) Aufbereitungsschritte im Wechsel mit Filterungsschritten zur Selektion eingesetzt, die durch DBMS-Anfragen effizient unterstützt werden können. Hier muß eine übergreifende Optimierung erfolgen.

- Das DBMS muß Funktionalität zur Unterstützung der Datenfusion anbieten, die über einfache Import/Export-Routinen hinausgeht.

- Das DBMS sollte Funktionen zur Unterstützung des Rankings bzw. der Qualitätsbewertung von Anfrageergebnissen besitzen (also müssen in gewissem Umfang Techniken des Information Retrieval in das DBMS verlagert werden).

- Das DBMS muß eine offene Softwarearchitektur mit einem zugänglichen Repository für Metainformationen aufweisen, um Fusionsmethoden einbetten zu können.

- Für die (physische) Anfragebearbeitung sollten neue Techniken, wie etwa die Indexgenerierung *on the fly*, aber auch die Nutzung und Integration spezieller vorhandener Indexstrukturen in den verschiedenen Datenquellen verfügbar sein.

- Viele statistische Methoden benutzen eine zufällige Auswahl von Datensätzen als ersten Schritt zur Initialisierung, bevor der gesamte Datenbestand analysiert wird. Ein derartiges *Sampling* zur Generierung einer zufälligen Stichprobe wird von kommerziellen DBMS in der Regel nicht unterstützt.

Während Datenfusion und Data Warehousing in der Regel die Daten nicht interpretieren, zielt die Informationsfusion auf eine höhere Qualität der Analyseergebnisse. Zwangsläufig müssen daher Techniken der Wissensrepräsentation und Methoden der Wissensextraktion durch spezielle Datenbanktechnologien unterstützt werden.

15.5.4 Datenbanken im WWW

Auch in anderen Gebieten sind neue Anforderungen an Datenbanken festzu-
stellen. Zu nennen sind hier etwa die Datenhaltung und die Informations-
suche in großen, zum Teil unstrukturierten Datenbeständen, wie sie etwa in
weltweiten Hypertextsystemen wie dem World Wide Web (WWW) vorliegen.
Werkzeuge zum Erschließen derartiger Daten sind neben dem Data Mining
und Knowledge Discovery auch neuartige *Suchmaschinen*, die Information-
Retrieval-Techniken (Anfragen an Text-Dokumente) und Datenbankanfragen
verbinden. Diese Techniken hatten wir bereits in den Abschnitten 4.7 (semistrukturierte Daten und XML), 10.3 (Information Retrieval) und 11.3 (JDBC
zum Zugriff auf Datenbanken aus dem WWW) vorgestellt.

In den meisten Bereichen werden Datenbanken in lokalen Informationssystemen für operative Daten bereits eingesetzt, um große Datenmengen in
kompakter Form zu verwalten. Datenbanken sind leichter aktualisierbar als
Textdokumente und vermeiden fehlerträchtige Redundanz durch Integration.

In vielen Anwendungen bringt auch der Einsatz von Datenbankanfrage-
sprachen Vorteile, da in diesen die Wünsche des Anwenders genauer spezifiziert werden können, exakte Treffer geliefert werden können und verschiedene
Sichten auf Datenbanken mit Anfragen formulierbar sind.

Die Kombination von Datenbanken und Anfragen im WWW führt zu dem
Begriff der *dynamischen HTML-Dokumente*. Dynamische HTML-Dokumente
werden aufgrund von Anfrageauswertungen generiert, entsprechen also Sichten auf den Datenbestand in Form von Dokumenten.

Dynamische Seiten beinhalten Daten, die erst beim Abruf einer Seite durch
spezielle Filterprogramme oder -funktionen des WWW-Servers aus einer Datenbank geholt und eingefügt werden. *Dynamisch erzeugte Seiten* werden komplett aus der Datenbank generiert. Diese Varianten geben mögliche Kopplun-
gen von Datenbanksystemen mit WWW-Diensten vor, die ein Informationssystem im WWW realisieren können. Während die zweite Technik in [SH99a, Abschnitt 13.4] genauer erläutert wird, wollen wir hier nur kurz die Realisierung
von dynamischen Seiten beschreiben.

Dynamische Seiten werden zum Beispiel über CGI-Skripte beim Aufruf mit
Daten aus einer Datenbank angereichert oder neu generiert. Abbildung 15.7
skizziert den prinzipiellen Aufbau dieser Lösung. Die Schnittstelle zwischen
WWW-Server und den Anfrageprogrammen wird hierbei über das *Common Gateway Interface (CGI)* realisiert. Ein CGI-Programm wird durch eine URL identifiziert und über eine normale Anfrage beim WWW-Server aufgerufen. Zusätzlich können noch Parameter übergeben werden, die z.B. die Anfrageparameter
repräsentieren. Als Ergebnis der Bearbeitung liefert ein CGI-Programm eine
HTML-Seite mit den Anfrageresultat. Ein Problem ist hierbei, daß die Programme bei jedem Aufruf die Verbindung zur Datenbank herstellen müssen.
Erweiterte Ansätze wie FastCGI oder proprietäre Server-Erweiterungen bieten

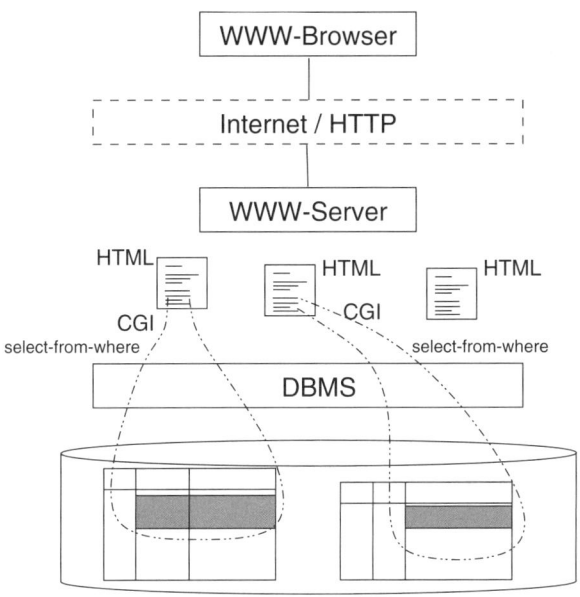

Abb. 15.7: WWW-Seiten mit CGI-Schnittstellen

hier jedoch Abhilfe. Konzeptionell ähnlich zum CGI sind *Servlets*, wobei hier Java-Klassen als Server-Erweiterung eingesetzt werden. Der Zugriff auf die Datenbank kann damit z.B. über JDBC erfolgen.

Ein anderer Ansatz ist die Verwendung von server-seitigen Skripten. Dabei werden Anweisungen einer Skriptsprache in die HTML-Seiten eingebunden und bei einer Anforderung vom Server ausgeführt. Die Ergebnisse der Abarbeitung werden in die HTML-Seite übernommen. So können Datenbankanfragen derart eingebunden werden, daß die Anfrageergebnisse Teil des ausgelieferten Dokumentes sind. Für den Client ist diese Einbettung vollständig transparent, es wird nur das HTML-Ergebnis übertragen. Zur Implementierung der Skripte sind verschiedene Sprachen geeignet, z.B. Perl, JavaScript oder Visual Basic.

Ausführliche Beschreibungen der möglichen Varianten finden sich zum Beispiel in den Artikeln von Loeser [Loe97, Loe98].

Die Vorteile der CGI-Lösung sind insbesondere, daß sie mit jedem WWW-Server zusammenspielt, aber die strukturierten Daten in der Datenbank gespeichert werden — mit all den Vorteilen, die eine Datenbanklösung mit sich bringt. Die Einbettungslösung erfordert spezielle Erweiterungen des WWW-Servers. Bei beiden Verfahren ist jedoch insbesondere die Aktualität der präsentierten Daten gewährleistet und die Redundanz wird kontrolliert. Für die

Datenhaltung kann ein klassisches (etwa relationales) Datenbanksystem genutzt werden.

Eine große Herausforderung ist der *Entwurf* von Informationssystemen, die Datenbankinhalte und WWW-Präsentation verknüpfen: Was ist HTML-Text und was sind Daten, die in der Datenbank verwaltet werden müssen? Sollen die Texte in Form von XML-Dokumenten selbst in der Datenbank verwaltet werden? Durch die Navigationsmöglichkeiten zwischen den HTML-Seiten ergeben sich neue Sichtkonzepte, die orthogonal zu den Datenbank-Sichtkonzepten wirken können. Aufgrund von verschiedenen Medientypen und verschiedenen Interaktionsparadigmen (vom PC über den Handheld bis zum WAP-Handy mit Internet-Anschluß) müssen Daten und Präsentationsformen beim Entwurf aufeinander abgestimmt werden.

15.5.5 Datenbanken und Mobile Computing

Ganz neue Anforderungen an die Datenhaltungstechnik entstehen auch im Zusammenhang mit dem Gebiet des *Mobile Computing*. Hier muß ein verteiltes Datenbanksystem aufgebaut werden, wobei einige Clients mobile Rechner sind. Aufgrund der eingeschränkten Kapazitäten von Bildschirm, Speicher und Akku und aufgrund der unterschiedlichen Kontexte, in denen sich ein mobiler Benutzer bewegen kann (im Hotel am Telefonmodem, im Zug am Funkmodem, auf der Baustelle ohne Modem) muß die Anfragebearbeitung inklusive der Optimierungsziele und die Präsentation der Daten gegenüber herkömmlichen Umgebungen völlig geändert werden. Etwa nützt einem Benutzer in bestimmten Kontexten keine optimierte Anfrage, deren Bearbeitungszeit zwar eine Minute schneller war, deren Optimierung aber auf dem mobilen Rechner so viel Energie verbraucht hat, daß vor dem Anschauen des Ergebnisses die Akku-Kapazität erschöpft ist.

15.6 Vertiefende Literatur

Viele der behandelten Themengebiete sind aktuelle Forschungsgebiete, über die man sich gut in den Tagungsbänden der großen Datenbanktagungen wie VLDB, SIGMOD oder ICDE informieren kann. Gerade Aspekte, die aus Nicht-Standard-Anwendungen heraus motiviert sind, wurden verstärkt im deutschsprachigen Raum untersucht. Hierzu geben die Tagungsbände der Tagung "Datenbanksysteme in Büro, Technik und Wissenschaft" (BTW), die seit 1985 zweijährig stattfindet, einen guten Überblick [BP85, SS87, Här89, App91, SO93, Lau95, DG97, Buc99].

Das Buch von Simon gibt einen Überblick über eine Reihe aktueller Entwicklungen der Datenbank-Technologie, die in diesem Abschnitt nur angerissen werden konnten [Sim95].

Architekturvarianten und Erweiterungen

Kernsysteme sind etwa PRIMA von Härder et al. [HMMS87] und DASDBS von Schek et al. [SPSW90]. Ein weiteres Kernsystem mit dem Namen OMS wird in [BCF92] vorgestellt.

Zum Thema *verteilte Datenbanksysteme* existieren einige ausführliche Lehrbücher. Der "Klassiker" von Ceri und Pelagatti [CP85] präsentiert ausführlich die Basis-Techniken verteilter Datenbanksysteme, insbesondere auch die Optimierungsverfahren. Das Lehrbuch von Özsu und Valduriez [ÖV91] beinhaltet hilfreiche Klassifikationen der Konzepte verteilter Datenbanksysteme und möglicher Systemvarianten. Das deutschsprachige Standardwerk ist von Dadam [Dad96]. Rahm geht in seinem Buch insbesondere auch auf parallele DBMS ein [Rah94].

Der grundlegende Artikel für die Konzepte auf dem Gebiet der föderierten Datenbanken ist von Sheth und Larson [SL90]. Der Beitrag von Schek und Weikum auf der BTW'91 behandelt die Aspekte Erweiterbarkeit und Föderierung im Zusammenhang [SW91]. Einen Überblick über Forschungsaktivitäten auf diesem Gebiet gibt der Tagungsband des Workshops RIDE-IMS von 1993 [SSC93]. Die Habilitation von Conrad gibt einen sehr guten Überblick über die mit föderierten Datenbanken verbunden Forschungsgebiete [Con97].

Für den Bereich erweiterbare Datenbankmodelle und -systeme verweisen wir insbesondere auf die Literatur zu den in diesem Bereich entwickelten Systemen, etwa Exodus [CD87, CDG+90, CDF+91], Postgres [SRH90, SK91] und Genesis [BBG+90]. Der bereits erwähnte Beitrag von Schek und Weikum behandelt ebenfalls Aspekte dieses Gebiets [SW91].

Als Lehrbücher für das Gebiet deduktive Datenbanksysteme sind die Bücher von Ceri, Gottlob und Tanca [CGT90], Das [Das92] sowie das auf die spezielle Sprache LDL zugeschnittene Buch von Naqvi und Tsur [NT89] zu empfehlen. Eher auf logische Programmierung als auf Datenbanktechnologie ausgelegt ist das Buch von Cremers, Griefahn und Hinze [CGH94].

Auch zum Thema Wissensbanken verweisen wir in erster Linie auf das Buch von Ceri, Gottlob und Tanca [CGT90]. Speziell zum Themengebiet Fuzzy-Datenbanken gibt es leider noch kein Lehrbuch. Statt dessen kann man sich in [ZK84] , [ZC86] und in dem aktuellen Sammelband [BK95] einen Überblick über Forschungsarbeiten auf dem Gebiet verschaffen.

Spezielle DB-Anwendungen

Verschiedene Aspekte des Einsatzes von Datenbanksystemen für Ingenieur-Anwendungen werden in Beiträgen im Buch von Encarnação und Lockemann [EL90] behandelt.

Kemper und Wallrath diskutieren in [KW87] Anforderungen an Datenbanksysteme zur Verwaltung geometrischer Objekte. Widmayer gibt in [Wid91] einen Überblick über Datenstrukturen für Geodatenbanken. Eine umfassende Aufbereitung des aktuellen Standes der Forschung und eine Klassifikation mehrdimensionaler Zugriffsmethoden geben Gaede und Günther in [GG98]. Das Buch von Günther [Gün98] behandelt insbesondere *Umweltinformationssysteme* als spezielle GIS. Ein Prototyp für ein kartographisches Datenbanksystem wird in [LNE89b] beschrieben. Eine weitere Arbeit auf diesem Sektor ist [DSW90].

Büro-Informationssysteme und ihr Bezug zu Datenbanken werden in [Kho92] vorgestellt. Digitale Bibliotheken sind Gegenstand des Buches von Lesk [Les97]. Datenbanklösungen für eine digitale Bibliothek beschreibt [Heu99]. Einen Überblick über Anforderungen an Multimedia-Datenbanken kann im Buch von Meyer-Wegener gefunden werden [Mey91]. Weitere Bücher sind von Khoshafian und Baker [KB95] sowie Subrahmanian [Sub98].

Grundlegende Konzepte sowie Anforderungen an eine Datenbankunterstützung für das Workflow-Management werden von Jablonski in [Jab95a, Jab95b, JB96] sowie Reinwald in [Rei93] diskutiert. In diesem Zusammenhang sind insbesondere erweiterte Transaktionskonzepte von Interesse, wie sie im von Elmagarmid herausgegebenen Buch diskutiert werden [Elm92].

Das von Tansel und anderen herausgegebene Sammelwerk [TCG$^+$93] gibt einen guten Überblick über Aspekte temporaler Datenbanken. Dort werden alle Aspekte von den Datenmodellen und Sprachen bis hin zu Implementierungstechniken in Übersichtsartikeln behandelt.

Über Genom-Datenbanken kann man sich in [Fre91] informieren. Fragestellungen wissenschaftlicher Datenbanken werden in [SOW84, SW85] diskutiert.

Data Warehouses werden in [Inm96] vorgestellt. In letzter Zeit sind mehrere Überblicksartikel zum Themenkreis OLAP und OLAP-spezifischer Anforderungen an Datenbanken entstanden. Zu nennen sind hier insbesondere die Artikel von Chaudhuri und Dayal [CD97], von Wu und Buchmann [WB97], und von Widom [Wid95].

Ein aktueller Artikel zu Data-Mining-Techniken ist [KSHK97]. [FPS96a, CHY96, Wro98] sind Überblicksartikel zu den verschiedenen Verfahren des Data Mining. Sammelbände zu Verfahren des Data Minings sind unter anderem [FPSU96, SHF96, HMPU97]. Chen, Han und Yu haben einen guten Übersichtsartikel zum Einsatz von Data Mining in Datenbanken geschrieben [CHY96].

Probleme im Bereich Datenbanken für "Mobile Computing" werden in [IB93] vorgestellt. Ein aktuelles Buch zum Thema ist [PS98].

Laufendes Beispiel

A.1 ER-Modellierung

Abbildung A.1 zeigt ein ER-Schema für die in Abschnitt 1.3 vorgestellte Beispielmodellierung der Universitätsanwendung. Attribute wurden weggelassen, um eine übersichtliche Darstellung zu ermöglichen. Für die Spezialisierung wurde die Notation mit "fetten Pfeilen" gewählt. Folgende Besonderheiten, die in der Überblicksgraphik nicht gezeigt werden, haben Einfluß auf die Umsetzung ins Relationenmodell:

- Personen haben das mehrwertige Attribut TelefonNr, bei Büchern sind die Attribute Autoren und Schlagworte mehrwertig. Autoren von Büchern sind geordnet.

- Die Beziehung hört hat ein Attribut Semester, bei den leiht aus Beziehungen ist das Rückgabedatum als Attribut vermerkt.

- Die Beziehung Voraussetzung ist mit Rollennamen versehen (nicht gezeigt), um die doppelte Beteiligung des Entity-Typs Vorlesung zu unterscheiden.

- Die Beziehung von beschreibt eine Abhängigkeitsbeziehung (weak entity) zwischen Buch und BuchExemplar.

Als Beispiel für eine (textuelle) Attributnotation im ER-Modell geben wir folgende Spezifikation des Entity-Typs Person an:

```
entity type Person
attributes
```

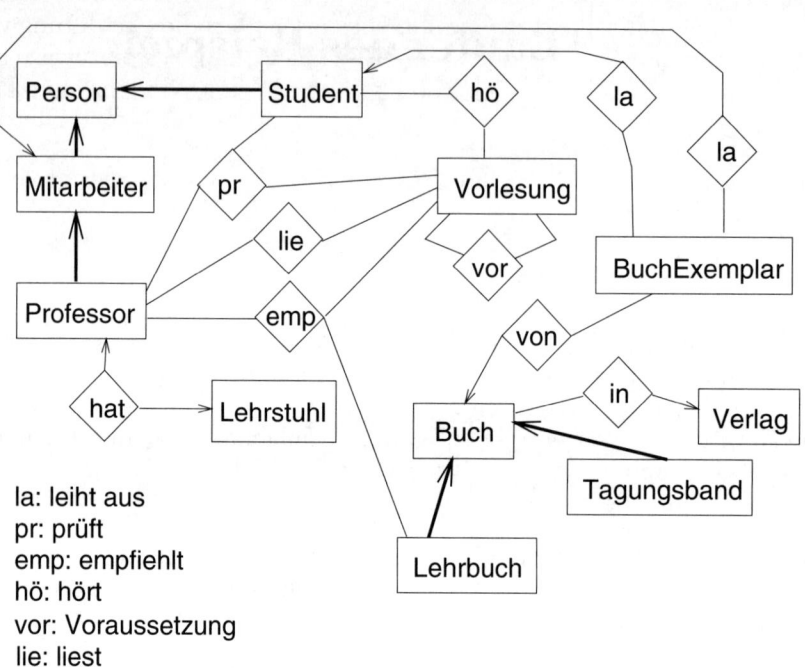

la: leiht aus
pr: prüft
emp: empfiehlt
hö: hört
vor: Voraussetzung
lie: liest

Abb. A.1: ER-Schema der Beispielanwendung

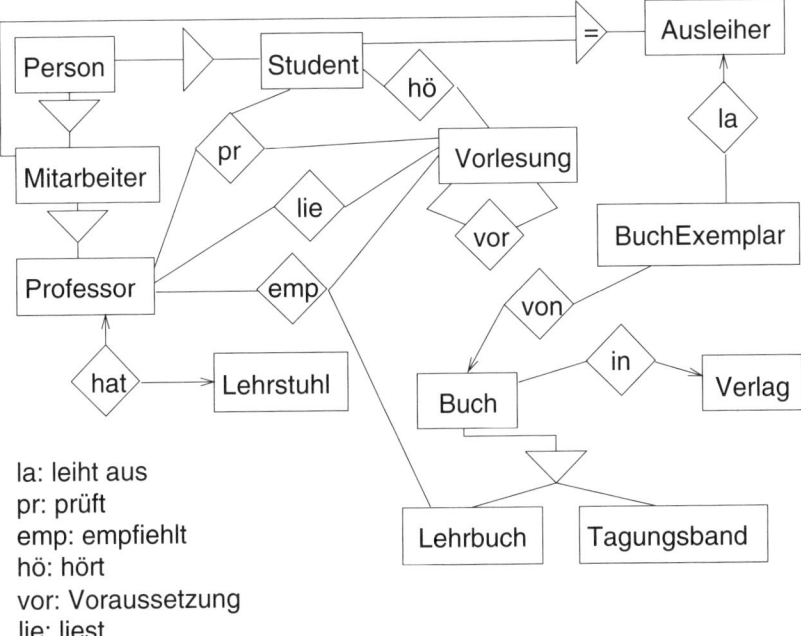

la: leiht aus
pr: prüft
emp: empfiehlt
hö: hört
vor: Voraussetzung
lie: liest

Abb. A.2: EER-Schema der Beispielanwendung

```
    PANr integer,
    Vorname string,
    Nachname string,
    Adresse record(PLZ digit(5),
                   Ort string,
                   Straße string,
                   HNr string),
    Geburtsdatum date,
    Telefonnummer set ( string )
key
    PANr
end entity type;
```

Die Spezifikation erfolgte in einer an gebräuchliche Programmiersprachen angelehnten Notation.

Abbildung A.2 zeigt dieselbe Modellierung im vorgestelltem EER-Modell.
Das EER-Modell ermöglicht es, die Generalisierung von Studenten und Mitarbeitern in ausleihberechtigte Personen direkt auszudrücken, die im ER-Schema

durch das zweifache Auftreten der Beziehung la nur indirekt modelliert wurde.

A.2 Relationale Repräsentation

In diesem Abschnitt werden die Basisrelationen für das Universitätsbeispiel angegeben. Die Tabellenstrukturen sind durch den logischen Datenbankentwurf nach den in den Kapiteln 5 und 6 vorgestellten Prinzipien entstanden. Datentypen und Integritätsbedingungen können aufgrund dieser Abbildungen ergänzt werden. Die Basisrelationen sind in zwei Unterabschnitte eingeteilt, je nachdem, ob sie Entity-Typen oder Beziehungstypen repräsentieren.

Die Spezialisierung von Büchern in Lehrbücher und Tagungsbände ist in den Beispieltabellen nicht berücksichtigt. Sie könnte über ein zusätzliches Diskriminatorattribut realisiert werden.

A.2.1 Repräsentation der Entity-Typen

Personen

PANr	Vorname	Nachname	PLZ	Ort	Straße	HNr	Geb.datum
4711	Andreas	Heuer	18209	DBR	BHS	15	31.10.1958
5588	Gunter	Saake	39106	MD	STS	55	05.10.1960
6834	Michael	Korn	39104	MD	BS	41	24.09.1974
7754	Andreas	Möller	18209	DBR	RS	31	25.02.1976
8832	Tamara	Jagellovsk	38106	BS	GS	12	11.11.1973
9912	Antje	Hellhof	18059	HRO	AES	21	04.04.1970
9999	Christa	Loeser	69121	HD	TS	38	10.05.1969

Pers_Telefon

PANr	Telefon
4711	038203-12230
4711	0381-498-3401
4711	0381-498-3427
5588	0391-345677
5588	0391-5592-3800
9999	06221-400177

Mitarbeiter

PANr	AngNr	Fachbereich	Gehalt	Raum	Einstellung
4711	HRO-3447	Informatik	6000	209	01.03.1994
5588	MD-5267	Informatik	6000	304	01.04.1994
6834	MD-77185	Mathematik	750	309	01.09.1994
7754	HRO-18532	Informatik	550	218	01.10.1994
8832	MD-4567	Informatik	2800	302	01.08.1994
9912	HRO-8134	Linguistik	2600	008	01.01.1993

Professoren

PANr	Lehrstuhlbezeichnung	Stufe
4711	Datenbank- und Informationssysteme	C4
5588	Datenbanken und Informationssysteme	C4

Studenten

PANr	Matrikelnummer	Studienfach	Immatrikulationsdatum
6834	MD-891372	Informatik	01.10.1989
7754	HRO-912291	Informatik	01.10.1991

A Laufendes Beispiel

Lehrstühle	Lehrstuhlbezeichnung	Anzahl_Planstellen
	Datenbank- und Informationssysteme	4
	Datenbanken und Informationssysteme	5
	Rechnernetze	2

Vorlesungen	V_Bezeichnung	SWS	Semester	Studiengang
	Datenbanken I	4	5	Informatik
	Datenbanken II	4	6	Informatik
	Datenbanken	3	7	Mathematik
	Objektorientierte Datenbanken	4	6	Informatik
	Datenbanken für Ingenieure	2	7	Elektrotechnik
	Verteilte Datenbanken	2	8	Informatik
	Theorie relationaler Datenbanken	3	9	Informatik
	Spezifikationsmethoden	3	10	Informatik

Bücher	ISBN	Titel	Verlagsname
	3-89319-175-5	Das DB2-Handbuch	Addison-Wesley
	0-8053-1753-8	Princ. of DBS	Benj./Cummings
	0-201-53771-0	Foundations of DB	Addison-Wesley
	3-929821-31-1	Datenbanken	Thomson

Buch_Autor	ISBN	Autor
	3-89319-175-5	Vossen
	3-89319-175-5	Witt
	0-8053-1753-8	Elmasri
	0-8053-1753-8	Navathe
	0-201-53771-0	Abiteboul
	0-201-53771-0	Hull
	0-201-53771-0	Vianu
	3-929821-31-1	Heuer
	3-929821-31-1	Saake

Buch_Stichwort	ISBN	Stichwort
	3-89319-175-5	RDB
	0-8053-1753-8	RDB
	0-8053-1753-8	Lehrbuch
	0-8053-1753-8	ER
	0-201-53771-0	RDB
	0-201-53771-0	Theorie
	3-929821-31-1	RDB
	3-929821-31-1	ER
	3-929821-31-1	Lehrbuch
	3-929821-31-1	OODB

Buch_Versionen	ISBN	Auflage	Jahr	Seiten	Preis
	3-89319-175-5	1	1990	288	79,-
	0-8053-1753-8	1	1989	802	72,35
	0-8053-1753-8	2	1994	873	88,85
	0-201-53771-0	1	1995	685	87,45
	3-929821-31-1	1	1995	510	59,-

Buch_Exemplare	Inventarnr	ISBN	Auflage
	001	3-89319-175-5	1
	005	0-8053-1753-3	1
	084	0-8053-1753-3	2
	085	0-8053-1753-3	2
	101	0-201-53771-0	1
	102	0-201-53771-0	1
	138	3-929821-31-1	1
	139	3-929821-31-1	1
	140	3-929821-31-1	1
	141	3-929821-31-1	1

Verlage	Verlagsname	Verlagsort
	Addison-Wesley	Bonn
	Benjamin/Cummings	Redwood City
	Thomson	Bonn

A.2 Relationale Repräsentation

A.2.2 Repräsentation der Beziehungstypen

Ausleihe

PANr	Inventarnr
7754	001
7754	140
4711	141
5588	101
9912	102
9912	085

Prüft

PANr	Matrikelnummer	V_Bezeichnung	Note
4711	HRO-912291	Datenbanken I	2.0
4711	HRO-912291	Objektorientierte Datenbanken	2.3
5588	MD-891372	Datenbanken I	1.3
5588	MD-891372	Spezifikationsmethoden	2.7

Empfiehlt

PANr	ISBN	V_Bezeichnung
4711	3-929821-31-1	Datenbanken I
4711	0-8053-1753-8	Datenbanken I
4711	0-8053-1753-8	Datenbanken II
4711	0-201-53771-0	Theorie relationaler Datenbanken
5588	3-89319-175-5	Datenbanken für Ingenieure
5588	0-8053-1753-8	Datenbanken I
5588	0-8053-1753-8	Datenbanken II
5588	3-929821-31-1	Datenbanken I

Vorl_Voraus

V_Bezeichnung	Voraussetzung
Datenbanken II	Datenbanken I
Objektorientierte Datenbanken	Datenbanken I
Spezifikationsmethoden	Objektorientierte Datenbanken
Spezifikationsmethoden	Theorie relationaler Datenbanken
Theorie relationaler Datenbanken	Datenbanken I
Verteilte Datenbanken	Datenbanken II
Verteilte Datenbanken	Objektorientierte Datenbanken

Liest

PANr	V_Bezeichnung	Semester
4711	Datenbanken I	WS 95/96
4711	Theorie relationaler Datenbanken	WS 95/96
4711	Datenbanken II	SS 96
4711	Objektorientierte Datenbanken	SS 96
5588	Datenbanken für Ingenieure	WS 95/96
5588	Datenbanken I	WS 95/96
5588	Verteilte Datenbanken	SS 96
5588	Spezifikationsmethoden	SS 96

Hört

Matrikelnummer	V_Bezeichnung	Semester
MD-891372	Datenbanken I	5
MD-891372	Spezifikationsmethoden	6
MD-891372	Verteilte Datenbanken	6
HRO-912291	Datenbanken I	5
HRO-912291	Objektorientierte Datenbanken	6
HRO-912291	Datenbanken II	8

B

Verzeichnis der Abkürzungen

In das Abkürzungsverzeichnis wurden diejenigen Kürzel aufgenommen, die entweder an mehreren Stellen des Buchs verwendet wurden, oder die eine feste Bedeutung im Datenbankbereich gewonnen haben (und somit auch aus historischen Gründen von Interesse sind). Nicht aufgenommen wurden einmalig gebrauchte Abkürzungen sowie Abkürzungen ohne expliziten Datenbankbezug (etwa ISBN, DOS oder CAD).

1NF	Erste Normalform
2NF	Zweite Normalform
2PL	Zwei-Phasen-Sperr-Protokoll (two-phase locking)
3NF	Dritte Normalform
4GL	Sprache der vierten Generation (fourth generation language)
ACID	Atomicity, Consistency, Isolation, Durability
ADT	Abstrakter Datentyp
ANSI	American National Standards Institute
API	Application Programming Interface
BCNF	Boyce-Codd-Normalform
BOA	Basic Object Adapter
BRep	Boundary Representation
CAD	Computer Aided Design
CIM	Computer Integrated Manufacturing
CLI	Call Level Interface
CNC	Computer Numerical Control
CODASYL	Conference on Data Systems and Languages

CORBA	Common Object Request Broker Architecture
CSCW	Computer Supported Cooperative Work
CSG	Constructive Solid Geometry
DASDBS	Darmstadt Database System
DBA	Datenbankadministrator
DBD	Database Description
DBMS	Datenbank-Management-System
DBPL	Datenbank-Programmiersprache (database programming language)
DBRM	Database Request Module
DBS	Datenbanksystem
DBTG	Database Task Group
DDL	Data Definition Language
DML	Data Manipulation Language
DL/I	Data Language One (in IMS)
DS	Dateischnittstelle
ECA	Event-Condition-Action
ECR	Entity-Category-Relationship
EER	Extended Entity-Relationship
EMVD	Eingebettete mehrwertige Abhängigkeit (embedded multivalued dependency)
eNF^2	extended Non-First Normal Form
ER	Entity-Relationship
ERM	Entity-Relationship-Modell
FD	Funktionale Abhängigkeit (functional dependency)
FDBS	Föderiertes Datenbanksystem
GIM	Generisches Integrationsmodell
GIS	Geographisches Informationssysteme
GS	Geräteschnittstelle
HDBL	Heidelberg Database Language
HERM	Hierarchical Entity-Relationship Model
HM	Hierarchisches Modell
HOLAP	Hybrides OLAP
HTML	Hypertext Markup Language
HTTP	Hypertext Transfer Protocol
ICDE	International Conference on Data Engineering
IDL	Interface Definition Language
IEF	Integrity Enhancement Feature
IMS	Information Management System
IND	Inklusionsabhängigkeit (inclusion dependency)
INGRES	Interactive Graphics and Retrieval System

IQL	Interactive Query Language
IQS	Interactive Query System (in UDS)
ISAM	Index-Sequential Access Method
ISO	International Standardization Organization
ISS	Interne Satzschnittstelle
JD	Verbundabhängigkeit (join dependency)
JDBC	Java Data Base Connectivity
LAN	Local Area Network
LOA	Library Object Adapter
MMDB	Multimedia-Datenbank
MOLAP	Multidimensionales OLAP
MOS	Mengenorientierte Schnittstelle
MVD	Mehrwertige Abhängigkeit (multivalued dependency)
NF	Normalform
NF^2	Non-First Normal Form
NWM	Netzwerkmodell
ODA	Object Database Adapter
ODBC	Open Data Base Connectivity
ODL	Object Definition Language
ODMG	Object Data Management Group
OLAP	On-Line Analytical Processing
OMA	Object Management Architecture
OMG	Object Management Group
OML	Object Manipulation Language
OMT	Object Modeling Technique
OODB	Objektorientierte Datenbank
OODBS	Objektorientiertes Datenbanksystem
OODM	Objektorientiertes Datenbankmodell
OOPL	Objektorientierte Programmiersprache
OOQL	Objektorientierte Anfragesprache
OQL	Object Query Language
ORB	Object Request Broker
ORDBS	Objektrelationales Datenbanksystem
ORDM	Objektrelationales Datenbankmodell
ORM	Objektrelationales Modell
OTS	Object Transaction Service
PCB	Program Communication Block
PL/SQL	Programming Language / SQL
PNF	Partitioned Normal Form
POS	Persistent Object Service

PSB	Program Specification Block
QBE	Query By Example
QL	Anfragesprache (query language)
QUEL	QUEry Language
RDBS	Relationales Datenbanksystem
RDM	Relationales Datenbankmodell
RM	Relationales Modell
ROLAP	Relationales OLAP
SAM	Sequential Access Method
SDDL	Subscheme Data Definition Language
SDM	Semantisches Datenbankmodell
SEQUEL	Structured English QUEry Language
SERM	Structured Entity Relationship Model
SFW	Select-From-Where
SIGMOD	Special Interest Group on Management Of Data
SOS	Satzorientierte Schnittstelle
SPARC	Standards Planning and Requirement Committee
SPS	Systempufferschnittstelle
SQL	Structured Query Language
SQLCA	SQL Communication Area
SSL	Storage Structure Language
UDS	Universelles Datenbanksystem
UML	Unified Modeling Language
UoD	Universe of Discourse
UWA	User Working Area
VDBMS	Verteiltes Datenbank-Management-System
VDL	View Definition Language
VLDB	Very Large Databases
VLSI	Very Large Scale Integration
VSAM	Virtual Storage Access Method
WWW	World Wide Web
XML	Extended Markup Language

Abbildungsverzeichnis

Tabellenverzeichnis

Literaturverzeichnis

[AB87]   Atkinson, M.; Bunemann, O.: Types and persistence in database programming languages. *ACM Computing Surveys*, Band 19, Nr. 2, S. 105–190, Juni 1987.

[AB91]   Abiteboul, S.; Bonner, A.: Objects and Views. In: Clifford, J.; King, R. (Hrsg.): *Proc. of the 1991 ACM SIGMOD Int. Conf. on Management of Data, Denver, Colorado, ACM SIGMOD Record*, Band 20, S. 238–247. ACM Press, Juni 1991.

[ABC+76]   Astrahan, M. M.; Blasgen, M. W.; Chamberlin, D. D.; Eswaran, K. P.; Gray, J.; Griffiths, P. P.; King, W. F.; Lorie, R. A. et al.: System R: Relational approach to database management. *ACM Transactions on Database Systems*, Band 1, Nr. 2, S. 97–137, 1976.

[ABD+89]   Atkinson, M.; Bancilhon, F.; DeWitt, D.; Dittrich, K.; Maier, D.; Zdonik, S.: The object-oriented database system Manifesto. In: *[KNN89]*, S. 40–57, 1989.

[Abi97]   Abiteboul, S.: Querying Semi-Structured Data. In: Afrati, F. N.; Kolaitis, P. (Hrsg.): *Database Theory - ICDT '97, 6th International Conference, Lecture Notes in Computer Science*, Band 1186, S. 1–18. Springer Verlag, Delphi, Greece, Januar 1997.

[ABU79]   Aho, A.; Beeri, C.; Ullman, J.: The theory of joins in relational databases. *ACM Transactions on Database Systems*, Band 4, Nr. 3, S. 297–314, 1979.

[AC90]   Anderl, R.; Castro, P.: *CAD / CAM: Auf dem Weg zu einer branchenübergreifenden Integration*. Springer-Verlag, Berlin, 1990.

[ACPT99]   Atzeni, P.; Ceri, S.; Paraboschi, S.; Torlone, R.: *Database Systems: Concepts, Languages and Architectures*. McGraw-Hill Book Company, New York, NJ, 1999.

[AFS89]   Abiteboul, S.; Fischer, P.; Schek, H.-J. (Hrsg.): *Nested Relations and Complex Objects in Databases, Lecture Notes in Computer Science*, Band 361. Springer-Verlag, Berlin, 1989.

[AGO95]   Albano, A.; Ghelli, G.; Orsini, R.: Fibonacci: A programming language for object databases. *The VLDB Journal*, Band 4, Nr. 3, S. 403–444, Juli 1995.

[AH87]   Abiteboul, S.; Hull, R.: IFO – A Formal Semantic Database Model. *ACM Transactions on Database Systems*, Band 12, Nr. 4, S. 525–565, 1987.

[AHV95]   Abiteboul, S.; Hull, R.; Vianu, V.: *Foundations of Databases*. Addison-Wesley Longman, Reading, MA, 1995.

[AM95]   Atkinson, M.; Morrison, R.: Orthogonally persistent object systems. *The VLDB Journal*, Band 4, Nr. 3, S. 319–401, Juli 1995.

[App91]   Appelrath, H.-J. (Hrsg.): *Proc. GI-Fachtagung "Datenbanksysteme in Büro, Technik und Wissenschaft" (BTW'91), Kaiserslautern, März 1991, Informatik-Fachberichte*, Band 270. Springer-Verlag, Berlin, 1991.

[AQM+97]   Abiteboul, S.; Quass, D.; McHugh, J.; Widom, J.; Wiener, J. L.: The Lorel Query Language for Semistructured Data. *International Journal on Digital Libraries*, Band 1, Nr. 1, S. 68–88, 1997.

[Arm74]   Armstrong, W.: Dependency structures of data base relationships. In: *Proceedings of the IFIP Congress*, S. 580–583, 1974.

[AS94]   Agrawal, R.; Srikant, R.: Fast Algorithms for Mining Association Rules in Large Databases. In: *Proc. of the 20th Int. Conference on Very Large Data Bases (VLDB)*, S. 478–499. Santiago, Chile, September 1994.

[Atk91]   Atkinson, M.: A vision of persistent systems. In: *Proceedings of the 2nd International Conference on Deductive and Object-Oriented Databases, Lecture Notes in Computer Science*, Band 566, S. 453–459. Springer-Verlag, Berlin, 1991.

[Bar00]   Barry, D. (Hrsg.): *The Object Data Standard: ODMG 3.0*. Morgan Kaufmann Publishers, San Francisco, CA, 2000.

[BB79]   Beeri, C.; Bernstein, P.: Computational problems related to the design of normal form relational schemas. *ACM Transactions on Database Systems*, Band 4, Nr. 1, S. 30–59, 1979.

[CGH94]   Cremers, A. B.; Griefahn, U.; Hinze, R.: *Deduktive Datenbanken*. Vieweg-Verlag, Braunschweig, Wiesbaden, 1994.

[CGT90]   Ceri, S.; Gottlob, G.; Tanca, L.: *Logic Programming and Databases*. Surveys in Computer Science. Springer-Verlag, Berlin, 1990.

[Cha98]   Chamberlin, D.: *A Complete Guide to DB2 Universal Database*. Morgan Kaufmann Publishers, San Francisco, CA, 1998.

[Che76]   Chen, P.: The Entity-Relationship Model – Toward a Unified View of Data. *ACM Transactions on Database Systems*, Band 1, Nr. 1, S. 9–36, 1976.

[CHRS98]   Christiansen, A.; Höding, M.; Rautenstrauch, C.; Saake, G.: *Oracle8 effizient einsetzen — Aufbau, Entwicklung, Verteilung und Betrieb leistungsfähiger Oracle8-Anwendungen*. Addison-Wesley, Bonn, 1998.

[CHS⁺97]   Conrad, S.; Höding, M.; Saake, G.; Schmitt, I.; Türker, C.: Schema Integration with Integrity Constraints. In: Small, C.; Douglas, P.; Johnson, R.; King, P.; Martin, N. (Hrsg.): *Advances in Databases, 15th British National Conf. on Databases, BNCOD 15, London, UK, July 1997, Lecture Notes in Computer Science*, Band 1271, S. 200–214. Springer-Verlag, Berlin, 1997.

[CHY96]   Chen, M.; Han, J.; Yu, P. S.: Data mining: An overview from a database perspective. *IEEE Transactions on Knowledge and Data Engineering*, Band 8, Nr. 6, S. 866–883, 1996.

[Clu97]   Cluet, S.: Modeling and Querying Semi-Structured Data. In: Pazienza, M. T. (Hrsg.): *Information Extraction: A Multidisciplinary Approach to an Emerging Information Technology, International Summer School, SCIE-97, Lecture Notes in Computer Science*, Band 1299, S. 192–213. Springer Verlag, Frascati, Italy, 1997.

[Cod70]   Codd, E.: A relational model for large shared data banks. *Communications of the ACM*, Band 13, Nr. 6, S. 377–387, Juni 1970.

[Cod72a]   Codd, E.: Further normalization of the data base relational model. *Data Base Systems*, S. 33–64, 1972.

[Cod72b]   Codd, E.: Relational completeness of data base sublanguages. *Data Base Systems*, S. 65–98, 1972.

[Cod74]   Codd, E.: Recent investigations in relational database systems. In: *Proceedings of the IFIP Conference*, S. 1017–1021, 1974.

[Cod82]   Codd, E.: Relational database: A practical foundation for productivity. *Communications of the ACM*, Band 25, Nr. 2, S. 109–117, Februar 1982.

[Cod90]   Codd, E.: *The Relational Model for Database Management, Version 2*. Addison-Wesley, Reading, MA, 1990.

[Con86]   Convent, B.: Unsolvable problems related to the view integration approach. In: *International Conference on Database Theory, Lecture Notes in Computer Science*, Band 243, S. 141–156. Springer-Verlag, Berlin, 1986.

[Con97]   Conrad, S.: *Föderierte Datenbanksysteme: Konzepte der Datenintegration*. Springer-Verlag, Berlin, 1997.

[CP85]   Ceri, S.; Pelagatti, G.: *Distributed Databases: Principles and Systems*. McGraw Hill, New York, 1985.

[CS88]   Carmo, J.; Sernadas, A.: A Temporal Logic Framework for a Layered Approach to Systems Specification and Verification. In: Rolland, C.; Bodart, F.; Leonard, M. (Hrsg.): *Proc. IFIP WG 8.1 Conf. on Temporal Aspects in Information Systems*, S. 31–46. North-Holland Publ. Comp., Amsterdam, 1988.

[CSS99]   Conrad, S.; Saake, G.; Sattler, K.: Informationsfusion - Herausforderungen an die Datenbanktechnologie. In: Buchmann, A. P. (Hrsg.): *Datenbanksysteme in Büro, Technik und Wissenschaft, BTW'99, GI-Fachtagung, Freiburg, März 1999*, Informatik aktuell, S. 307–316. Springer-Verlag, Berlin, 1999.

[CSST99]   Conrad, S.; Saake, G.; Schmitt, I.; Türker, C.: Database Design: Object-Oriented versus Relational. In: Kaschek, R. (Hrsg.): *Entwicklungsmethoden für Informationssysteme und deren Anwendung (EMISA'99, GI-Fachtagung, September 1999, Fischbachau)*, Reihe Wirtschaftsinformatik, S. 109–125. Teubner-Verlag, 1999.

[CST97]   Conrad, S.; Schmitt, I.; Türker, C.: Behandlung von Integritätsbedingungen bei Schemarestrukturierung und Schemaintegration. In: Dittrich, K. R.; Geppert, A. (Hrsg.): *Datenbanksysteme in Büro, Technik und Wissenschaft, BTW'97, GI-Fachtagung, Ulm, März 1997*, Informatik aktuell, S. 352–369. Springer-Verlag, Berlin, 1997.

[CST98]   Conrad, S.; Schmitt, I.; Türker, C.: Considering Integrity Constraints During Federated Database Design. In: Embury, S. M.; Fiddian, N. J.; Gray, A. W.; Jones, A. C. (Hrsg.): *Advances in Databases, 16th British National Conf. on Databases, BNCOD 16, Cardiff,*

Wales, July 1998, Lecture Notes in Computer Science, Band 1405, S. 119–133. Springer-Verlag, Berlin, 1998.

[CW85]   Cardelli, L.; Wegner, P.: On understanding types, data abstraction, and polymorphism. *ACM Computing Surveys*, Band 17, Nr. 4, S. 471–522, Dezember 1985.

[CW92]   Ceri, S.; Widom, J.: Production Rules in Parallel and Distributed Database Environments. In: Yuan, L.-Y. (Hrsg.): *Proc. of the 18th Int. Conf. on Very Large Data Bases, VLDB'92, Vancouver, Canada, August 23–27, 1992*, S. 339–351. Morgan Kaufmann Publishers, San Mateo, CA, 1992.

[DAD94]   Dos Santos, C. S.; Abiteboul, S.; Delobel, C.: Virtual Schemas and Bases. In: Jarke, M.; Bubenko, J.; Jeffery, K. (Hrsg.): *Advances in Database Technology — EDBT'94, Proc. of the 4th Int. Conf. on Extending Database Technology, Cambridge, UK, March 1994, Lecture Notes in Computer Science*, Band 779, S. 81–94. Springer-Verlag, Berlin, 1994.

[Dad96]   Dadam, P.: *Verteilte Datenbanken und Client/Server-Systeme.* Springer-Verlag, Berlin, 1996.

[DAF86]   DAFTG, D.: Reference Model for DBMS Standardization. *ACM SIGMOD Records*, Band 15, Nr. 1, S. 19–58, 1986.

[Das92]   Das, S. K.: *Deductive Databases and Logic Programming*. Addison-Wesley, Wokingham, England, 1992.

[Dat83]   Date, C. J.: *An Introduction to Database Systems*, Band 2. Addison-Wesley, Reading, MA, 1983.

[Dat86]   Date, C.: Updating views. In: Date, C. (Hrsg.): *Relational Database — Selected Writings*, S. 367–395. Addison-Wesley, Reading, MA, 1986.

[Dat87]   Date, C.: *A Guide to INGRES*. Addison-Wesley, Reading, MA, 1987.

[Dat90]   Date, C.: *An Introduction to Database Systems*, Band 1. Addison-Wesley, Reading, MA, 5. Auflage, 1990.

[Dat95]   Date, C.: *An Introduction to Database Systems*, Band 1. Addison-Wesley, Reading, MA, 6. Auflage, 1995.

[DB82]   Dayal, U.; Bernstein, P.: On the correct translation of update operations on relational views. *ACM Transactions on Database Systems*, Band 8, Nr. 3, S. 381–416, 1982.

[DBB⁺88]   Dayal, U.; Blaustein, B.; Buchmann, A.; Chakravarthy, S.; Gold-
           hirsch, D.; Hsu, M.; Ladin, R.; McCarthy, D.; et al.:   The HiPAC
           Project: Combining Active Databases and Timing Constraints. *ACM
           SIGMOD Record*, Band 17, Nr. 1, S. 51–70, März 1988.

[DD93]   Date, C.; Darwen, H.:   *A Guide to the SQL Standard*. Addison-
           Wesley, Reading, MA, 3. Auflage, 1993.

[DD95]   Demuth, F.; Dierks, J.: Entscheidungskriterien zur Auswahl von
           4GL-Systemen. *iX Multiuser-Multitasking Magazin*, S. 38–51, Ja-
           nuar 1995.

[DD97]   Date, C.; Darwen, H.:   *A Guide to the SQL Standard*. Addison-
           Wesley, Reading, MA, 4. Auflage, 1997.

[DD98]   Date, C.; Darwen, H.: *SQL — Der Standard*. Addison-Wesley, Bonn,
           1998.

[DDB91]   Dittrich, K.; Dayal, U.; Buchmann, A. (Hrsg.): *On Object-Oriented
           Database Systems*. Topics in Information Systems. Springer-Verlag,
           Berlin, 1991.

[DFF⁺98]   Deutsch, A.; Fernandez, M.; Florescu, D.; Levy, A.; Suciu, D.: XML-
           QL: A Query Language for XML. In: *Proceedings of the W3C Que-
           ry Language Workshop (QL98)*, December 1998. `http://www.w3.
           org/TR/1998/NOTE-xml-ql-19980819`.

[DG96]   Dittrich, K. R.; Gatziu, S.: *Aktive Datenbanksysteme — Konzepte
           und Mechanismen*, *Thomson's Aktuelle Tutorien*, Band 13. Interna-
           tional Thomson Publishing, Bonn, 1996.

[DG97]   Dittrich, K.; Geppert, A. (Hrsg.): *Datenbanksysteme in Büro, Tech-
           nik und Wissenschaft (BTW 97)*.   Informatik aktuell. Springer-
           Verlag, Berlin, 1997.

[DHK⁺99]   Düsterhöft, A.; Heuer, A.; Klettke, M.; Priebe, D.; Prager, B.; Pret-
           zel, J.; Wrenger, B.: GETESS - Ein Analyse- und Suchdienst für
           Texte im Internet. In: *2. IuK-Tage Mecklenburg-Vorpommern*. Wirt-
           schaftsministerium Mecklenburg-Vorpommern, Juni 1999.

[Dit98]   Dittrich, K.: Von der Datenboutique zum Informationskaufhaus:
           Datenbanktechnologie für globale Anfragedienste. Vortragsmanu-
           skript, Kolloquiumsvortrag, Universität Rostock, 1998.

[DL89]   Dadam, P.; Linnemann, V.: Advanced information management
           (AIM): Database technology for integrated applications. *IBM Sys-
           tems Journal*, Band 28, Nr. 4, S. 661–681, 1989.

[DLR95]   Delobel, C.; Lecluse, C.; Richard, P.: *Databases*. International Thomson Publishing, London, 1995.

[DSW90]   Dröge, G.; Schek, H.-J.; Wolf, A.: Erweiterbarkeit in DASDBS. *Informatik: Forschung und Entwicklung*, Band 5, Nr. 4, S. 162–176, 1990.

[Duq87]   Duquenne, V.: Contextual implications between attributes and some properties of finite lattices. In: Ganter, B.; Wille, R. (Hrsg.): *Beiträge zur Begriffsanalyse*, S. 213–239. B. I.-Wissenschaftsverlag, Mannheim, 1987.

[EGH+92]   Engels, G.; Gogolla, M.; Hohenstein, U.; Hülsmann, K.; Löhr-Richter, P.; Saake, G.; Ehrich, H.-D.: Conceptual modelling of database applications using an extended ER model. *Data & Knowledge Engineering, North-Holland*, Band 9, Nr. 2, S. 157–204, 1992.

[EGKS99]   Ester, M.; Gundlach, S.; Kriegel, H.-P.; Sander, J.: Database primitives for spatial data mining. In: Buchmann, A. P. [Buc99], S. 137–150.

[EGL89]   Ehrich, H.-D.; Gogolla, M.; Lipeck, U.: *Algebraische Spezifikation abstrakter Datentypen*. Leitfäden und Monographien der Informatik. Teubner-Verlag, Stuttgart, 1989.

[EHH99]   Ebert, A.; Hohenstein, U.; Höding, M.: An Approach for Generating Comfortable File Interfaces. In: Liu, C. L.; Chen, A.; H.., L. F. (Hrsg.): *Database Systems for Advanced Applications '99, Proc. of the 6th Int. Conf., DASFAA'97, Taiwan, ROC, April 19–22, 1999*. World Scientific Publishing, Singapore, 1999. *To appear*.

[EL90]   Encarnação, J. L.; Lockemann, P. C. (Hrsg.): *Engineering Databases — Connecting Islands of Automation through Databases*. Springer-Verlag, Berlin, 1990.

[Elm92]   Elmagarmid, A. K. (Hrsg.): *Database Transaction Models For Advanced Applications*. Morgan Kaufmann Publishers, San Mateo, CA, 1992.

[EM85]   Ehrig, H.; Mahr, B.: *Fundamentals of Algebraic Specification 1. Equations and Initial Semantics*. Springer-Verlag, Berlin, 1985.

[EN94]   Elmasri, R.; Navathe, S.: *Fundamentals of Database Systems*. Benjamin/Cummings, Redwood City, CA, 2. Auflage, 1994.

[EN00]   Elmasri, R.; Navathe, S.: *Fundamentals of Database Systems*. Benjamin/Cummings, Redwood City, CA, 3. Auflage, 2000.

[ES88]   Erbe, R.; Südkamp, N.: An Application Program Interface for a Complex Object Database. In: *Proc. 3rd Int. Conf. on Data and Knowledge Bases: Improving Usability and Responsiveness, Jerusalem*, S. 211–226. Morgan Kaufmann Publishers, San Mateo, CA, 1988.

[EWH85]   Elmasri, R.; Weeldreyer, J.; Hevner, A.: The category concept: An extension to the entity-relationship model. *Data and Knowledge Engineering*, Band 1, Nr. 1, S. 75–116, 1985.

[Fag77]   Fagin, R.: Multivalued dependencies and a new normal form for relational databases. *ACM Transactions on Database Systems*, Band 2, Nr. 3, S. 262–278, September 1977.

[Fis95]   Fisher, D.: Optimization and simplification of hierarchical clustering. In: *Proc. of 1st Int. Conference on Knowledge Discovery and Data Mining (KDD-95)*, S. 118–123. Montreal, Canada, August 1995.

[For99]   Fortier, P.: *SQL3 — Implementing the SQL Foundation Standard*. McGraw-Hill, New York, NJ, 1999.

[FPS96a]   Fayyad, U.; Piatetsky-Shapiro, G.; Smyth, P.: From Data Mining to Knowledge Discovery: An Overview. In: Fayyad, U. et al. [FPSU96], Kapitel 1, S. 1–34.

[FPS96b]   Fayyad, U.; Piatetsky-Shapiro, G.; Smyth, P.: The KDD Process for Extracting Useful Knowledge from Volumes of Data. *Communications of the ACM*, Band 39, Nr. 11, S. 27–34, November 1996.

[FPSU96]   Fayyad, U.; Piatetsky-Shapiro, G.; Smyth, P.; Uthurusuamy, R. (Hrsg.): *Advances in Knowlede Discovery and Data Mining*. AAAI/MIT Press, Cambridge, MA, 1996.

[Fre91]   Frenkel, K. A.: The human genome project and informatics. *Communications of the ACM*, Band 34, Nr. 11, S. 40–51, November 1991.

[FS97]   Fowler, M.; Scott, K.: *UML distilled: Applying the Standard Object Modeling Language*. Addison-Wesley-Longman, Reading, 1997.

[Ful98]   Fulcrum Technologies Inc.: *Fulcrum SearchServer : Introduction to SearchServer*, 1998.

[GBLP96]   Gray, J.; Bosworth, A.; Layman, A.; Pirahesh, H.: Data cube: A relational aggregation operator generalizing group-by, cross-tab, and sub-total. In: Su, S. Y. W. (Hrsg.): *Proc. of the 12th IEEE Int. Conf. on Data Engineering, ICDE'96, February 26 – March 1, 1996, New Orleans, Lousiana, USA*, S. 152–159. IEEE Computer Society Press, Los Alamitos, CA, 1996.

[GCB⁺97]   Gray, J.; Chaudhuri, S.; Bosworth, A.; Layman, A.; Reichart, D.; Venkatrao, M.; Pellow, F.; Pirahesh, H.: Data cube: A relational aggregation operator generalizing group-by, cross-tab, and sub totals. *Data Mining and Knowledge Discovery*, Band 1, Nr. 1, S. 29–53, März 1997.

[GD92]   Gatziu, S.; Dittrich, K. R.: SAMOS: an Active Object-Oriented Database System. *Bulletin of the IEEE Technical Committee on Data Engineering*, Band 15, Nr. 1–4, S. 23–26, Dezember 1992.

[GD93]   Gatziu, S.; Dittrich, K. R.: Eine Ereignissprache für das aktive, objektorientierte Datenbanksystem SAMOS. In: Stucky, W.; Oberweis, A. (Hrsg.): *Proc. GI-Fachtagung "Datenbanksysteme in Büro, Technik und Wissenschaft" (BTW'93), Braunschweig, März 1993*, Informatik aktuell, S. 54–73. Springer-Verlag, Berlin, 1993.

[GD94]   Gatziu, S.; Dittrich, K. R.: Events in an Active Object-Oriented Database System. In: Paton, N. W.; Williams, M. H. (Hrsg.): *Rules in Database Systems, Proc. of the 1st Int. Workshop, RIDS'93, Edinburgh, Scotland, August 1993*, Workshops in Computing, S. 23–39. Springer-Verlag, London, 1994.

[Gep96]   Geppert, A.: *Objektorientierte Datenbanksysteme — Ein Praktikum*. dpunkt Verlag, Heidelberg, 1996.

[Ger93]   Gerhardt, W.: *Zugriffskontrolle bei Datenbanken*. Oldenbourg, München, 1993.

[Ger98]   Gertz, M.: Managing Data Quality and Integrity in Federated Databases. In: Jajodia, S.; List, W.; McGregor, G. W.; L, A. M. S. (Hrsg.): *2nd Annual IFIP TC-11 WG 11.5 Working Conference on Integrity and Internal Control in Information Systems*, S. 211–230. Kluwer/IFIP, Warrenton, Virginia, November 1998.

[GG98]   Gaede, V.; Günther, O.: Multidimensional access methods. *Computing Surveys*, Band 30, Nr. 2, S. 170–231, Juni 1998.

[GGMS97] Gluche, D.; Grust, T.; Mainberger, C.; Scholl, M.: Incremental updates for materialized OQL views. In: *Proc. of the 5th Int'l Conference on Deductive and Object-Oriented Databases (DOOD'97)*, Lecture Notes in Computer Science, Band 1341, S. 52–66. Springer-Verlag, Berlin, Dezember 1997.

[GH91]   Gogolla, M.; Hohenstein, U.: Towards a Semantic View of an Extended Entity-Relationship Model. *ACM Transactions on Database Systems*, Band 16, Nr. 3, S. 369–416, 1991.

[GKG+97] Grust, T.; Kröger, J.; Gluche, D.; Heuer, A.; Scholl, M.: Query Eva-
          luation in CROQUE — Calculus and Algebra Coincide. In: *Procee-
          dings of the 15th British National Conference on Databases (BN-
          COD'15), Lecture Notes in Computer Science*, Band 1271, S. 84 –
          100. Springer-Verlag, Berlin, 1997.

[GL95]   Griffin, T.; Libkin, L.: Incremental maintenance of views with dupli-
          cates. In: *Proc. ACM SIGMOD Conference on Management of Data*,
          1995.

[GMW99]   Goldman, R.; McHugh, J.; Widom, J.: From Semistructured Data
          to XML: Migrating the Lore Data Model and Query Language. In:
          Cluet, S.; Milo, T. (Hrsg.): *ACM SIGMOD Workshop on The Web and
          Databases (WebDB'99)*, S. 25–30. INRIA, Philadelphia, Pennsylva-
          nia, USA, Juni 1999.

[Gog94]   Gogolla, M.: *An Extended Entity Relationship Model. Fundamen-
          tals and Pragmatics, Lecture Notes in Computer Science*, Band 767.
          Springer-Verlag, Berlin, 1994.

[GPvG90] Gyssens, M.; Paredaens, J.; Gucht, D. v.: A graph-oriented object
          database model. In: *Proceedings of the ACM SIGACT-SIGMOD-
          SIGART Symposium on Principles of Database Systems*. Nashville,
          TN, April 1990.

[Gün98]   Günther, O.: *Environmental Information Systems*. Springer, Berlin,
          1998.

[Güt89]   Güting, R. H.: Gral: an extensible relational database system for
          geometric applications. In: *Proceedings of the International Con-
          ference on Very Large Data Bases*. Morgan Kaufmann Publishers,
          Amsterdam, The Netherlands, August 1989.

[GW96]   Ganter, B.; Wille, R.: *Formale Begriffsanalyse*. Springer-Verlag, Ber-
          lin, Heidelberg, 1996.

[Här87a] Härder, T.: Realisierung von operationalen Schnittstellen. In:
          Lockemann, P.; Schmidt, J. (Hrsg.): *Datenbank-Handbuch*, S. 163–
          335. Springer-Verlag, Berlin, 1987.

[Har87b] Harel, D.: Statecharts: a Visual Formalism for Complex Systems.
          Science of Computer Programming, Band 8, S. 231–274, 1987.

[Här89]   Härder, T. (Hrsg.): *Proc. GI-Fachtagung "Datenbanksysteme in
          Büro, Technik und Wissenschaft" (BTW'89), Zürich, Informatik-
          Fachberichte*, Band 204. Springer-Verlag, Berlin, 1989.

[Has99]   Hasselbring, W.: Top-Down vs. Bottom-Up Engineering of Federated Information Systems. In: Conrad, S.; Hasselbring, W.; Saake, G. (Hrsg.): *Proc. 2nd Int. Workshop on Engineering Federated Information Systems, EFIS'99, Kühlungsborn, Germany, May 5–7, 1999*, S. 131–138. infix-Verlag, Sankt Augustin, 1999.

[HCC92]   Han, J.; Cai, Y.; Cercone, N.: Knowledge Discovery in Databases: An Attribute-Oriented Approach. In: *Proc. of 1992 Int. Conference on Very Large Data Bases (VLDB'92)*, S. 547–559. Vancouver, Canada, August 1992.

[HE92]   Hohenstein, U.; Engels, G.: SQL/EER: Syntax and Semantics of an Entity-Relationship-Based Query Language. *Information Systems*, Band 17, Nr. 3, S. 209–242, 1992.

[HE99]   Hohenstein, U.; Ebert, A.: An Integrated Toolkit for Building Database Federations. In: Conrad, S.; Hasselbring, W.; Saake, G. (Hrsg.): *Proc. 2nd Int. Workshop on Engineering Federated Information Systems, EFIS'99, Kühlungsborn, Germany, May 5–7, 1999*, S. 43–60. infix-Verlag, Sankt Augustin, 1999.

[Hei93]   Heijenga, W.: Vom Schema zur Sicht: Änderungsmöglichkeiten bei der Sichtableitung in einem objektorientierten Datenbanksystem. Technical Report, Cadlab, Paderborn, 1993.

[Hei96]   Heijenga, W.: View Definition in OODBS without Queries: A Concept to Support Schema-like View. In: *Extended Abstracts for Doctorial Consortium of the 2nd Int. Baltic Workshop on Databases and Information Systems, Tallinn, Estonia*. Institute of Cybernetics, Technical Report CS 87/96, Juni 1996.

[Hei97]   Heijenga, W.: *Strukturbasierte Sichtdefinition in objektorientierten Datenbanken*. Dissertation, Universität Paderborn, 1997.

[Heu85]   Heuer, A.: Systematischer Überblick über bekannte und neue Fensterfunktionen. In: *Workshop über Relationale Datenbanken*, S. 162–193. TU Clausthal, Informatik-Bericht 85/1, Juni 1985.

[Heu86]   Heuer, A.: Theorie der IRIS-SYNTHI-Synthese. Informatik-Bericht 86/2, Institut für Informatik, TU Clausthal, 1986.

[Heu89]   Heuer, A.: A data model for complex objects based on a semantic database model and nested relations. In: *[AFS89]*, S. 297–312, 1989.

[Heu94]   Heuer, A.: *Zur Rolle generischer Operationen in objektorientierten Datenbanken*. infix-Verlag, Sankt Augustin, 1994.

[Heu97]   Heuer, A.: *Objektorientierte Datenbanken — Konzepte, Modelle, Standards und Systeme.* Addison-Wesley, Bonn, 2. Auflage, 1997.

[Heu99]   Heuer, A.: GLOBAL-INFO: Fachübergreifende Digitale Bibliotheken für die Wissenschaft. In: *2. IuK-Tage Mecklenburg-Vorpommern.* Wirtschaftsministerium Mecklenburg-Vorpommern, Juni 1999.

[HFW90]   Heuer, A.; Fuchs, J.; Wiebking, U.: OSCAR: An object-oriented database system with a nested relational kernel. In: *Proc. of the 9th Int. Conf. on Entity-Relationship Approach, Lausanne,* S. 95–110. Elsevier Science Publishers, Oktober 1990.

[HG88]   Hohenstein, U.; Gogolla, M.: A Calculus for an Extended Entity-Relationship Model Incorporating Arbitrary Data Operations and Aggregate Functions. In: Batini, C. (Hrsg.): *Proc. 7th Int. Conf. on the Entity-Relationship Approach,* S. 129–148. North-Holland, Amsterdam, 1988.

[Hil95]   Hildebrandt, E.: Eignungsuntersuchung des ODMG-Objektmodells als Objektmodell einer Föderierungsschicht zur Integration heterogener, autonomer Datenbanksysteme. Diplomarbeit, Otto-von-Guericke-Universität Magdeburg, Fakultät für Informatik, 1995.

[HK87]   Hull, R.; King, R.: Semantic Database Modeling: Survey, Applications, and Research Issues. *ACM Computing Surveys,* Band 19, Nr. 3, S. 201–260, 1987.

[HM81]   Hammer, M. M.; McLeod, D. J.: Database Description with SDM: A Semantic Database Model. *ACM Transactions on Database Systems,* Band 6, Nr. 3, S. 351–386, 1981.

[HM99]   Hoppe, R.; Mempel, M.: *Oracle Designer R2.1.* Addison-Wesley, Bonn, 1999.

[HMMS87]   Härder, T.; Meyer-Wegener, K.; Mitschang, B.; Sikeler, A.: PRIMA — a DBMS prototype supporting engineering applications. In: *Proc. Int. Conf. on Very Large Databases,* S. 433–442, 1987.

[HMPU97]   Heckerman, D.; Mannila, H.; Pregibon, D.; Uthurusamy, R. (Hrsg.): *KDD-97 – Proceedings of the 3rd Int. Conference on Knowledge Discovery and Data Mining.* AAAI Press, Menlo Park, CA, 1997.

[HNS86]   Hohenstein, U.; Neugebauer, L.; Saake, G.: An Extended Entity-Relationship Model for Non-Standard Databases. In: *Proc. Workshop "Relationale Datenbanken", Bericht Nr. 3-86,* S. 185–211. Lessach, 1986.

[HNSE87] Hohenstein, U.; Neugebauer, L.; Saake, G.; Ehrich, H.-D.: Three-Level Specification of Databases Using an Extended Entity-Relationship Model. In: Wagner, R.; Traunmüller, R.; Mayr, H. C. (Hrsg.): *Proc. GI-Fachtagung "Informationsermittlung und -analyse für den Entwurf von Informationssystemen"*, *Informatik-Fachberichte*, Band 143, S. 58–88. Springer-Verlag, Berlin, 1987.

[Hoh93] Hohenstein, U.: *Formale Semantik eines erweiterten Entity-Relationship-Modells*. Teubner-Verlag, Stuttgart, Leipzig, 1993.

[HP99] Heuer, A.; Priebe, D.: IRQL — Yet another Language for Querying Semistructured Data? Preprint CS–01–99, Universität Rostock, Fachbereich Informatik, 1999.

[HR99] Härder, T.; Rahm, E.: *Datenbanksysteme — Konzepte und Techniken der Implementierung*. Springer, 1999.

[HS91] Heuer, A.; Scholl, M.: Principles of object-oriented query languages. In: Appelrath, H.-J. (Hrsg.): *Proceedings GI-Fachtagung "Datenbanksysteme für Büro, Technik und Wissenschaft", Kaiserslautern*, *Informatik-Fachberichte*, Band 270, S. 178–197. Springer-Verlag, Berlin, 1991.

[HS95] Heuer, A.; Saake, G.: *Datenbanken — Konzepte und Sprachen*. International Thomson Publishing, Bonn, 1995.

[Hul86] Hull, R.: Relative information capacity of simple relational database schemata. *SIAM Journal on Computing*, Band 15, Nr. 3, S. 856–886, 1986.

[IB93] Imielinski, T.; Badrinath, B. R.: Data management for mobile computing. *ACM SIGMOD Record*, Band 22, Nr. 1, S. 34–39, 1993.

[Ill95] Illustra Information Technologies, Inc.: *Illustra Server Product Description*, 1995.

[Ing91] Ingres Corporation: *Embedded SQL Companion Guide for C*, 1991.

[Inm96] Inmon, W. H.: *Building the Data Warehouse*. John Wiley & Sons, Inc., 2. Auflage, 1996.

[Int89] International Organization for Standardization (ISO): *Database Language SQL. Document ISO/IEC 9075:1989*, 1989.

[Int92] International Organization for Standardization (ISO): *Database Language SQL. Document ISO/IEC 9075:1992*, 1992.

[ISO96]   ISO: *Working Draft Database Language SQL (SQL/Foundation SQL3), Part 2, DBL:MCI-004 and X3H2-96-059*, 1996.

[ISO99a]   *ANSI/ISO/IEC International Standard (IS) Database Language SQL – Part 1: SQL/Framework, ISO/IEC 9075-1:1999 (E)*, September 1999.

[ISO99b]   *ANSI/ISO/IEC International Standard (IS) Database Language SQL – Part 2: Foundation (SQL/Foundation), ISO/IEC 9075-2:1999 (E)*, September 1999.

[Jab95a]   Jablonski, S.: *Workflow-Management-Systeme: Motivation, Modellierung, Architektur, Thomson's Aktuelle Tutorien*, Band 9. International Thomson Publishing, Bonn, 1995.

[Jab95b]   Jablonski, S.: Workflow-Management-Systeme: Motivation, Modellierung, Architektur. *GI Informatik Spektrum*, Band 18, Nr. 1, S. 13–24, Februar 1995.

[JB96]   Jablonski, S.; Bussler, C.: *Workflow Management — Modeling Concepts, Architecture and Implementation*. International Thomson Publishing, London, 1996.

[JCJÖ92]   Jacobson, I.; Christerson, M.; Johnsson, P.; Övergaard, G.: *Object-Oriented Software Engineering: A Use Case Driven Approach*. Prentice Hall, 1992.

[Jon98]   Jonscher, D.: *Access Control in Object-Oriented Federated Database Systems*. Dissertation, Universität Zürich, 1998. DISBIS 49, Infix-Verlag, Sankt Augustin.

[JSHS96]   Jungclaus, R.; Saake, G.; Hartmann, T.; Sernadas, C.: TROLL – A Language for Object-Oriented Specification of Information Systems. *ACM Transactions on Information Systems*, Band 14, Nr. 2, S. 175–211, April 1996.

[Jun93]   Jungclaus, R.: *Modeling of Dynamic Object Systems — A Logic-Based Approach*. Advanced Studies in Computer Science. Vieweg-Verlag, Wiesbaden, 1993.

[KA86]   Kulkarni, K.; Atkinson, P.: EFDM: Extended functional data model. *The Computer Journal*, Band 29, Nr. 1, S. 38–46, 1986.

[Kac92]   Kachel, G.: *Kontextobjektmodell für Entwurfsanwendungen*. Dissertation, Universität-Gesamthochschule Paderborn, 1992.

[KB95]   Khoshafian, S.; Baker, A. B.: *Multimedia and Imaging Databases*. Morgan Kaufmann Publishers, San Francisco, CA, 1995.

[KE96]   Kemper, A.; Eickler, A.: *Datenbanksysteme — Eine Einführung*. R. Oldenbourg Verlag, München, Wien, 1996.

[Kel85a]   Keller, A.: Algorithms for translating view updates to database updates for views involving selections, projections, and joins. *Proc. ACM SIGACT/SIGMOD Symp. on Principles of Database Systems*, Band 4, S. 154–163, 1985.

[Kel85b]   Keller, A.: *Updating relational databases through views*. Dissertation, Stanford University, 1985.

[Kho92]   Khoshafian, S.: *Intelligent Offices: Object-Oriented Multimedia Information Management in Client/Server Architectures*. John Wiley & Sons, Inc., New York, NJ, 1992.

[Kim95]   Kim, W. (Hrsg.): *Modern Database Systems*. Addison-Wesley, Reading, MA, 1995.

[KK93]   Kandzia, P.; Klein, H.-J.: *Theoretische Grundlagen relationaler Datenbanksysteme*. BI, Mannheim, 1993.

[KK96]   Keim, D.; Kriegel, H.-P.: Visualization Techniques for Mining Large Databases: A Comparison. *IEEE Transactions on Knowledge and Data Engineering*, Band 8, Nr. 6, S. 923–938, December 1996.

[KL89]   Kifer, M.; Lausen, G.: F-Logic: A higher order language for reasoning about objects, inheritance, and scheme. In: *Proc. ACM SIGMOD Conference on Management of Data*, S. 134–146. ACM Press, New York, NJ, Mai 1989.

[Klu82]   Klug, A.: Equivalence of relational algebra and relational calculus query languages having aggregate functions. *Journal of the ACM*, Band 29, Nr. 3, S. 699–717, 1982.

[KLW95]   Kifer, M.; Lausen, G.; Wu, J.: Logical Foundations of Object-Oriented and Frame-Based Languages. *Journal of the ACM*, Band 42, Nr. 4, S. 741–843, Juli 1995.

[KNN89]   Kim, W.; Nicolas, J.-M.; Nishio, S. (Hrsg.): *Proc. of the 1st International Conference on Deductive and Object-Oriented Databases (DOOD'89), Kyoto, Japan*. Elsevier Science Publishers, Dezember 1989.

[Kol99]   Kolmschlag, S.: *Schemaevolution in Föderierten Datenbanksystemen*. Dissertation, Univ.-GH Paderborn, 1999. C-LAB Publication Band 2, Shaker Verlag, Aachen.

[KR95]   Kuno, H. A.; Rundensteiner, E. A.: Materialized Object-Oriented
           Views in MultiView. In: Bukhres, O.; Özsu, T.; Shan, M.-C. (Hrsg.):
           *RIDE-DOM'95, Proc. of the 5th Int. Workshop on Research Issues
           in Data Engineering: Distributed Object Management, March 6–7,
           1995, Taipei, Taiwan*, S. 78–85. IEEE Computer Society Press, Los
           Alamitos, CA, 1995.

[KR96]   Kuno, H. A.; Rundensteiner, E. A.: Using Object-Oriented Princip-
           les to Optimize Update Propagation to Materialized Views. In: Su,
           S. Y. W. (Hrsg.): *Proc. of the 12th IEEE Int. Conf. on Data Enginee-
           ring, ICDE'96, February 26 – March 1, 1996, New Orleans, Lousia-
           na, USA*, S. 310–317. IEEE Computer Society Press, Los Alamitos,
           CA, 1996.

[KS96]   Kappel, G.; Schrefl, M.: *Objektorientierte Informationssysteme —
           Konzepte, Darstellungsmittel, Methoden*. Springers Angewandte In-
           formatik. Springer-Verlag, Wien, 1996.

[KSHK97]   Kersten, M.; Siebes, A.; Holsheimer, M.; Kwakkel, F.: Research and
           Business Challenges in Data Mining Technology. In: *[DG97]*, S. 1–
           16, 1997.

[Kur99]   Kurz, A.: *Data Warehousing*. MITP-Verlag, Bonn, 1999.

[Kut91]   Kutsche, R.-D.: PADKOM — Ein objektorientiertes, verteiltes Da-
           tenmodell für medizinische Anwendungen. In: Appelrath, H.-J.
           (Hrsg.): *Tagungsband GI-Fachtagung "Datenbanksysteme in Büro,
           Technik und Wissenschaft", Informatik-Fachberichte*, Band 270, S.
           238–257. Springer-Verlag, Berlin, 1991.

[KW87]   Kemper, A.; Wallrath, M.: An Analysis of Geometric Modeling in
           Database Systems. *ACM Computing Surveys*, Band 19, Nr. 1, S.
           47–91, 1987.

[Lau95]   Lausen, G. (Hrsg.): *Datenbanksysteme in Büro, Technik und Wissen-
           schaft (BTW 95)*. Informatik aktuell. Springer-Verlag, Berlin, 1995.

[LD87]   Lockemann, P.; Dittrich, K.: Architektur von Datenbanksystemen.
           In: Lockemann, P.; Schmidt, J. (Hrsg.): *Datenbank-Handbuch*, S.
           85–161. Springer-Verlag, Berlin, 1987.

[Les97]   Lesk, M. (Hrsg.): *Practical Digital Libraries*. Morgan Kaufmann,
           San Francisco, CA, 1997.

[LGS94]   Lipeck, U.; Gertz, M.; Saake, G.: Transitional Monitoring of Dyna-
           mic Integrity Contraints. *Bullettin of the Technical Committee on
           Data Engineering*, Band 17, Nr. 1, S. 38–42, 1994.

[Lie85]   Lien, Y.: Relational database design. In: Yao, S. (Hrsg.): *Principles of Database Design*, S. 211–254. Prentice Hall, Englewood Cliffs, NJ, 1985.

[Lip89]   Lipeck, U.: *Dynamische Integrität von Datenbanken — Grundlagen der Spezifikation und Überwachung*, Informatik-Fachberichte, Band 209. Springer-Verlag, Berlin, 1989.

[Lip92]   Lipeck, U.: Integritätszentrierter Datenbank-Entwurf. *EMISA-Forum*, Band 2, Nr. 2, S. 41–55, 1992.

[LL95]   Lang, S. M.; Lockemann, P. C.: *Datenbankeinsatz*. Springer-Verlag, Berlin, 1995.

[LLOW91] Lamb, C.; Landis, G.; Orenstein, J.; Weinreb, D.: The ObjectStore Database System. *Communications of the ACM*, Band 34, Nr. 10, S. 50–63, Oktober 1991.

[LM78]   Lockemann, P.; Mayr, H.: *Rechnergestützte Informationssysteme*. Springer-Verlag, Berlin, 1978.

[LM91]   Lausen, G.; Marx, B.: Eine Einführung in Frame-Logik. In: *[VW91]*, S. 173–202. R. Oldenbourg Verlag, 1991.

[LNE89a]   Larson, J. A.; Navathe, S. B.; Elmasri, R.: A Theory of Attribute Equivalence in Databases with Application to Schema Integration. *IEEE Transactions on Software Engineering*, Band 15, Nr. 4, S. 449–463, April 1989.

[LNE89b]   Lohmann, F.; Neumann, K.; Ehrich, H.-D.: Entwurf eines Datenbank-Prototyps für geowissenschaftliche Anwendungen. In: Härder, T. (Hrsg.): *Proc. GI/SI-Fachtagung "Datenbanksysteme in Büro, Technik und Wissenschaft"*, S. 43–57. Springer-Verlag, Berlin, 1989.

[Loe97]   Loeser, H.: Datenbankanbindung an das WWW - Techniken, Tools und Trends. In: Dittrich, K. R.; Geppert, A. (Hrsg.): *Datenbanksysteme in Büro, Technik und Wissenschaft, BTW'97, GI-Fachtagung, Ulm, März 1997*, Informatik aktuell, S. 83–99. Springer-Verlag, Berlin, 1997.

[Loe98]   Loeser, H.: Techniken für Web-basierte Datenbankanwendungen: Anforderungen, Ansätze, Architekturen. *Informatik Forschung & Entwicklung*, Band 13, Nr. 4, S. 196–216, 1998.

[LS87a]   Lipeck, U. W.; Saake, G.: Monitoring Dynamic Integrity Constraints Based on Temporal Logic. *Information Systems*, Band 12, S. 255–269, 1987.

[LS87b]   Lockemann, P. C.; Schmidt, J. W. (Hrsg.): *Datenbank-Handbuch*.
            Springer-Verlag, Berlin, 1987.

[LTK81]   Ling, T.; Tompa, F.; Kameda, T.: An improved third normal form
            for relational databases. *ACM Transactions on Database Systems*,
            Band 6, Nr. 2, S. 329–346, 1981.

[LV95]   Lausen, G.; Vossen, G.: *Objekt-orientierte Datenbanken: Modelle
            und Sprachen*. R. Oldenbourg Verlag, München, 1995.

[LW91]   Ludwig, T.; Walter, B.: EFTA: a database retrieval-algebra for
            feature-terms. *Data and Knowledge Engineering*, Band 6, S. 125–
            149, 1991.

[LWL+89]   Ludwig, T.; Walter, B.; Ley, M.; Maier, A.; Gehlen, E.: LILOG-DB:
            Database Support for Knowledge-Based Systems. In: *BTW'89*, S.
            176–195. Springer-Verlag, Berlin, 1989.

[Mai83]   Maier, D.: *The Theory of Relational Databases*. Computer Science
            Press, Rockville, MD, 1983.

[Mai98]   Maier, D.: Database Desiderate for an XML Query Language. De-
            cember 1998. http://www.w3.org/TandS/QL/QL98/pp/maier.
            html.

[Mat93]   Matthes, F.: *Persistente Objektsysteme*. Springer-Verlag, Berlin,
            1993.

[MD91]   Manola, F.; Dayal, U.: An overview of PDM: An object-oriented data
            model. *In [DDB91]*, S. 13–27, 1991. Auch in [ZM90].

[MD92]   McGoveran, D.; Date, C. J.: *A Guide to Sybase and SQL Server*.
            Addison-Wesley, Reading, Mass., 1992.

[Mel98]   Melton, J.: *Understanding SQL's Stored Procedures — A Complete
            Guide to SQL / PSM*. Morgan Kaufmann Publishers, San Francisco,
            CA, 1998.

[Mey91]   Meyer-Wegener, K.: *Multimedia-Datenbanken*. Leitfäden der ange-
            wandten Informatik. Teubner-Verlag, Stuttgart, 1991.

[MHH93]   Manegold, S.; Hörner, C.; Heuer, A.: Rückblick auf IRIS — Ab-
            schlussbericht eines Datenbank-Forschungsprojekts. Technischer
            bericht, TU Clausthal, Institut für Informatik, Juli 1993.

[Mit88]   Mitschang, B.: *Ein Molekül - Atom - Datenmodell für Non - Stan-
            dard - Anwendungen, Informatik-Fachberichte*, Band 185. Springer-
            Verlag, Berlin, 1988.

[MP96]   Motschnig-Pitrik, R.: Requirements and comparison of view mecha-
           nisms for object-oriented databases. *Information Systems*, Band 21,
           Nr. 3, S. 229–252, 1996.

[MPD99]   Mattos, N.; Pistor, P.; Dessloch, S.: Objektorientierung und Java
           als Standard: SQL3 und SQLJ. Manuskript zum DIA-Tutorium am
           Rande der GI-Fachtagung BTW 99, 1999.

[MR86]   Mannila, H.; Räihä, K.-J.: Inclusion dependencies in database de-
           sign. In: *Proceedings of the IEEE International Conference on Data
           Engineering*, S. 713–718, 1986.

[MS93]   Melton, J.; Simon, A.: *Understanding the New SQL — A Complete
           Guide*. Morgan Kaufmann Publishers, San Mateo, CA, 1993.

[MTV95]   Mannila, H.; Toivonen, H.; Verkano, A.: Discovering frequent epi-
           sodes in sequences. In: *Proc. of 1st Int. Conference on Knowledge
           Discovery and Data Mining (KDD-95)*, S. 210–215. Montreal, Cana-
           da, August 1995.

[Mul99]   Muller, R. J.: *Database Design for Smarties. Using UML for Data
           Modeling*. Morgan Kaufmann Publishers, Inc., 1999.

[MW99]   McHugh, J.; Widom, J.: Query Optimization for XML. In: Atkinson,
           M.; Orlowska, M. E.; Valduriez, P.; Zdonik, S.; Brodie, M. (Hrsg.):
           *Proceedings of the 25th International Conference on Very Large Data
           Bases*, S. 315–326. Morgan Kaufmann Publishers, September 1999.

[Neu92]   Neumann, K.: Kopplungsarten von Programmiersprachen mit Da-
           tenbanksprachen. *Informatik-Spektrum*, Band 15, S. 185–194,
           1992.

[Neu93]   Neumann, K.: Embedded SQL und Dynamic SQL. In: Kracke,
           U. (Hrsg.): *Datenbankmanagement*, S. 9/6.1–6.2.2. WEKA-Verlag,
           1993.

[Neu94]   Neumann, K.: Formulierung von Integritätsbedingungen in ver-
           schiedenen SQL–Dialekten. In: Jasper, H. (Hrsg.): *Proc. GI-
           Workshop "Aktive Datenbanken", Hamburg, 2.9.94*, S. 17–21. GI-
           Datenbankrundbrief 14, 1994.

[Neu96]   Neumann, K.: *Datenbanktechnik für Anwender*. Carl Hanser Ver-
           lag, München, 1996.

[Neu99]   Neumann, K.: *Integritätsbedingungen in relationalen Datenbanken
           — Grundlagen und Implementierung mit SQL*. Verlag der Deut-
           schen Hochschulschriften, Egelsbach, 1999.

[NT89]   Naqvi, S.; Tsur, S.: *A Logical Language for Data and Knowledge Bases*. Computer Science Press, New York, 1989.

[Obj93]   Object Design Inc., : *ObjectStore User Guide, Release 3.1*, December 1993.

[Oes97]   Oestereich, B.: *Objektorientierte Softwareentwicklung mit der Unified Modeling Language*. R. Oldenbourg Verlag, München, Wien, 1997.

[O'N94]   O'Neil, P.: *Database Principles, Programming, Performance*. Morgan Kaufmann, San Francisco, 1994.

[ÖV91]   Özsu, T.; Valduriez, P.: *Principles of Distributed Database Systems*. Prentice Hall, Eaglewood Cliffs, NJ, 1991.

[OY86]   Ozsoyoglu, Z.; Yuan, L.-Y.:   Unifying functional and multivalued dependencies for relational database design. *Proc. ACM SIGACT/SIGMOD Symp. on Principles of Database Systems*, Band 5, S. 183–190, 1986.

[PA86]   Pistor, P.; Andersen, F.: Designing a Generalized NF^2 Model with an SQL-Type Interface. In: Chu, W.; Gardarin, G.; Ohsuga, S.; Kambayashi, Y. (Hrsg.): *Proc. of the 12th Int. Conf. on Very Large Data Bases, VLDB'86, Kyoto, Japan, August 25–28, 1986*, S. 278–288. Morgan Kaufmann Publishers, Los Altos, CA, 1986.

[PBGG89]   Paredaens, J.; Bra, P. D.; Gyssens, M.; Gucht, D. V.: *The Structure of the Relational Database Model*. EATCS Monographs on Theoretical Computer Science. Springer-Verlag, Berlin, 1989.

[PD89]   Pistor, P.; Dadam, P.: The advanced information management prototype. In: *[AFS89]*, S. 3–26, 1989.

[Pen95]   Pendse, N.: *The FASMI Definition for OLAP*. Business Intelligence, August 1995.

[Pen97]   Pendse, N.: *The OLAP Report: Market Share Analysis*. Business Intelligence, 1997.

[Pet92]   Petković, D.:   *INGRES. Das relationale Datenbanksystem mit Knowledge-Base und Object-Base*. Addison-Wesley, Bonn, 1992.

[Pet98]   Petkovic, D.: *Informix Universal Server — Das objekt-relationale Datenbanksystem mit OnLine-XPS und ODS*. Addison-Wesley, Bonn, 1998.

[PM88]   Peckham, J.; Maryanski, F.: Semantic Data Models. *ACM Computing Surveys*, Band 20, Nr. 3, S. 153–189, 1988.

[Por99]   Porst, B.: Untersuchungen zu Datentyperweiterungen für XML-Dokumente und ihre Anfragemethoden am Beispiel von DB2 und Informix. Diplomarbeit, Universität Rostock, Fachbereich Informatik, April 1999.

[PS98]   Pitoura, E.; Samaras, G.: *Data Management for Mobile Computing*. Kluwer Academic Publishers, Boston, Dordrecht, London, 1998.

[PT86]   Pistor, P.; Traunmüller, R.: A data base language for sets, lists, and tables. *Information systems*, Band 11, Nr. 4, S. 323–336, Dezember 1986.

[Rah94]   Rahm, E.: *Mehrrechner-Datenbanksysteme. Grundlagen der verteilten und parallelen Datenbankverarbeitung*. Addison-Wesley, Bonn, 1994.

[Ram98]   Ramakrishnan, R.: *Database Management Systems*. WCB / McGraw-Hill, Boston, MA, 1998.

[RBP⁺91]   Rumbaugh, J.; Blaha, M.; Premerlani, W.; Eddy, F.; Lorensen, W.: *Object-Oriented Modeling and Design*. Prentice Hall, Englewood Cliffs, NJ, 1991.

[RBP⁺94]   Rumbaugh, J.; Blaha, M.; Premerlani, W.; Eddy, F.; Lorensen, W.: *Objektorientiertes Modellieren und Entwerfen*. Carl Hanser Verlag, München, 1994.

[Rei93]   Reinwald, B.: *Workflow-Management in verteilten Systemen*, *Teubner-Texte zur Informatik*, Band 7. Teubner-Verlag, Stuttgart, Leipzig, 1993.

[RJB99]   Rumbaugh, J.; Jacobson, I.; Booch, G.: *The Unified Modeling Language Reference Manual*. Object Technology Series. Addison Wesley Longman, Inc., Reading, Massachusetts, 1999.

[RLS98]   Robie, J.; Lapp, J.; Schach, D.: XML Query Language (XQL). In: *Proceedings of the W3C Query Language Workshop (QL98)*, December 1998. http://www.w3.org/TandS/QL/QL98/pp/xql.html.

[RR95]   Ra, Y.-G.; Rundensteiner, E. A.: A Transparent Object-Oriented Schema Change Approach Using View Evolution. In: Yu, P. S.; Chen, A. L. P. (Hrsg.): *Proc. of the 11th IEEE Int. Conf. on Data Engineering, ICDE'95*, S. 165–172. IEEE Computer Society Press, Los Alamitos, CA, 1995.

[RS88]   Reimer, U.; Schek, H.-J.: A frame-based knowledge representation model and its mapping to nested relations. Bericht 2/88, Uni Konstanz, Informationswissenschaft, 1988.

[RS97]   Riedel, H.; Scholl, M. H.: A Formalization of ODMG Queries. In: *Proc. of the 7th Int'l Conference on Data Semantics (DS-7)*, Oktober 1997.

[Rum98]   Rumbaugh, J.: *UML Reference Guide*. Addison-Wesley-Longman, Reading, 1998.

[Saa91a] Saake, G.: Conceptual Modeling of Database Applications. In: Karagiannis, D. (Hrsg.): *Proc. 1st IS/KI Workshop, Ulm (Germany), 1990*, *Lecture Notes in Computer Science*, Band 474, S. 213–232. Springer-Verlag, Berlin, 1991.

[Saa91b] Saake, G.: Descriptive Specification of Database Object Behaviour. *Data & Knowledge Engineering*, Band 6, Nr. 1, S. 47–74, 1991. North-Holland.

[Saa93]   Saake, G.: *Objektorientierte Spezifikation von Informationssystemen*. Teubner-Verlag, Stuttgart/Leipzig, 1993. Habilitationsschrift.

[Saa99]   Saake, G.: Entwurf von Datenbankföderationen. In: Kaschek, R. (Hrsg.): *Entwicklungsmethoden für Informationssysteme und deren Anwendung (EMISA'99, GI-Fachtagung, September 1999, Fischbachau)*, Reihe Wirtschaftsinformatik, S. 37–62. Teubner-Verlag, 1999.

[Sar98]   Saracco, C.: *Universal Database Management: A Guide to Object-Relational Technology*. Morgan Kaufmann, San Francisco, CA, 1998.

[Sau92]   Sauer, H.: *Relationale Datenbanken: Theorie und Praxis inklusive SQL-2*, Band 2. Addison-Wesley, 1992.

[SBB+99] Staab, S.; Braun, C.; Bruder, I.; Düsterhöft, A.; Heuer, A.; Klettke, M.; Neumann, G.; Prager, B.; Pretzel, J.; Schnurr, H.-P.; Studer, R.; Uszkoreit, H.; Wrenger, B.: GETESS — Searching the Web Exploiting German Texts. In: Klusch, M.; Shehory, O.; Weiss, G. (Hrsg.): *Cooperative Information Agents III, Proceedings 3rd International Workshop CIA-99, Lecture Notes in Computer Science*, Band 1652. Springer Verlag, Juli 1999.

[SC97]   Schmitt, I.; Conrad, S.: Restructuring Class Hierarchies for Schema Integration. In: Topor, R.; Tanaka, K. (Hrsg.): *Database Systems for Advanced Applications '97, Proc. of the 5th Int. Conf., DASFAA'97*,

Melbourne, Australia, April 1–4, 1997, S. 411–420. World Scientific Publishing, Singapore, 1997.

[SC99] Schmitt, I.; Conrad, S.: Restrukturierung objektorientierter Datenbankschemata mittels formaler Begriffsanalyse. *Informatik – Forschung & Entwicklung*, Band 14, Nr. 4, S. 218–226, 1999.

[Sch77] Schmidt, J.: Some high level language constructs for data of type relation. *ACM Transactions on Database Systems*, Band 2, Nr. 3, S. 247–261, 1977.

[Sch93] Schiefer, B.: *Eine Umgebung zur Unterstützung von Schemaänderungen und Sichten in objektorientierten Datenbanksystemen*. Dissertation, FZI Karlsruhe, 1993.

[Sch98] Schmitt, I.: *Schemaintegration für den Entwurf Föderierter Datenbanken, Dissertationen zu Datenbanken und Informationssystemen*, Band 43. infix-Verlag, Sankt Augustin, 1998.

[SCS99] Saake, G.; Conrad, S.; Schmitt, I.: Database Design. In: Webster, J. G. (Hrsg.): *Wiley Encyclopedia of Electrical and Electronics Engineering*, Band 4, S. 540–567. John Wiley & Sons, 1999.

[Sen73] Senko, M.: Data structures and access in database systems. *IBM Systems Journal*, Band 12, S. 30–93, 1973.

[Ser80] Sernadas, A.: Temporal Aspects of Logical Procedure Definition. *Information Systems*, Band 5, Nr. 3, S. 167–187, 1980.

[SFNC84] Schiel, U.; Furtado, A.; Neuhold, E.; Casanova, M.: Towards Multi-Level and Modular Conceptual Schema Specifications. *Information Systems*, Band 9, S. 43–57, 1984.

[SH99a] Saake, G.; Heuer, A.: *Datenbanken — Implementierungstechniken*. MITP-Verlag, Bonn, 1999.

[SH99b] Sattler, K.; Höding, M.: Adapter Generation for Extraction and Querying Data from Web Sources. In: *Proc. of 2nd ACM SIGMOD Workshop WebDB'99*, 1999.

[SHF96] Simoudis, E.; Han, J.; Fayyad, U. (Hrsg.): *KDD-96 – Proceedings of the 2nd Int. Conference on Knowledge Discovery and Data Mining*. AAAI Press, Menlo Park, CA, 1996.

[Shi81] Shipman, D.: The functional data model and the data language DAPLEX. *ACM Transactions on Database Systems*, Band 6, Nr. 1, S. 140–173, 1981.

[Shi88]   Shipman, D.: The functional data model and the data language
            DAPLEX. In: Stonebraker, M. (Hrsg.): *Readings in Database Sy-
            stems*, S. 388–404. Morgan Kaufmann Publishers, San Mateo, CA,
            1988.

[SHS94]   Schwiderski, S.; Hartmann, T.; Saake, G.: Monitoring Temporal Pre-
            conditions in a Behaviour Oriented Object Model. *Data & Knowled-
            ge Engineering*, Band 14, Nr. 2, S. 143–186, December 1994.

[Sim95]   Simon, A. R.: *Strategic Database Technology: Management for the
            Year 2000*. Morgan Kaufmann Publishers, San Francisco, CA, 1995.

[Sin90]   Sinz, E.: Das Entity-Relationship-Modell und seine Erweiterungen.
            Handbuch der modernen Datenverarbeitung, Band 27, Nr. 152, S.
            17–29, 1990.

[SK91]   Stonebraker, M.; Kemnitz, G.: The POSTGRES next generation da-
            tabase management system. *Communications of the ACM*, Band 34,
            Nr. 10, S. 78–92, Oktober 1991.

[SKS97]   Silberschatz, A.; Korth, H. F.; Sudarshan, S.: *Database System Con-
            cepts*. McGraw-Hill, New York, NJ, 3. Auflage, 1997.

[SL90]   Sheth, A. P.; Larson, J. A.: Federated Database Systems for Mana-
            ging Distributed, Heterogeneous, and Autonomous Databases. *ACM
            Computing Surveys*, Band 22, Nr. 3, S. 183–236, September 1990.

[SLPW89]   Saake, G.; Linnemann, V.; Pistor, P.; Wegner, L.: Sorting, Grouping,
            and Duplicate Elimination in the Advanced Information Manage-
            ment Prototype. In: Apers, P. G. M.; Wiederhold, G. (Hrsg.): *Proc.
            15th Int. Conf. on Very Large Databases VLDB'89*, S. 307–316. Mor-
            gan Kaufmann, Palo Alto, 1989.

[SLT91]   Scholl, M. H.; Laasch, C.; Tresch, M.: Updatable Views in Object-
            Oriented Databases. In: Delobel, C.; Kifer, M.; Masunaga, Y. (Hrsg.):
            *Deductive and Object Oriented Databases, Proc. of the 2nd Int. Conf.,
            DOOD'91, Munich, Germany, December 1991, Lecture Notes in Com-
            puter Science*, Band 566, S. 189–207. Springer-Verlag, Berlin, 1991.

[SM96]   Stonebraker, M.; Moore, D.: *Object-Relational DBMSs — The Next
            Great Wave*. Morgan Kaufmann Publishers, San Francisco, CA,
            1996.

[SM97]   Sellentin, J.; Mitschang, B.:   Möglichkeiten und Grenzen
            des Einsatzes von CORBA in DB-basierten Client/Server-
            Anwendungssystemen. In: *[DG97]*, S. 312–321. Springer, 1997.

[SN90]   Schrefl, M.; Neuhold, E.: A Knowledge-based Approach to Overcome Structural Differences in Object Oriented Database Integration. In: Meersman, R. A.; Zhongzhi, S.; Chen-Ho, K. (Hrsg.): *Artificial Intelligence in Databases and Information Systems, Proc. of the IFIP WG 2.6 Working Conf., DS-3, Guangzhou, China, July, 1988*, S. 265–304. North-Holland, Amsterdam, 1990.

[SO93]   Stucky, W.; Oberweis, A. (Hrsg.): *Datenbanksysteme in Büro, Technik und Wissenschaft (BTW 93)*. Informatik aktuell. Springer-Verlag, Berlin, 1993.

[Sob99]   Sobirey, M.: *Datenschutzorientiertes Intrusion Detection*. Vieweg, Braunschweig, 1999.

[Som92]   Sommerville, I.: *Software Engineering*. Addison-Wesley, Readings, MA, 4. Auflage, 1992.

[SOW84]   Shoshani, A.; Olken, F.; Wong, H. K. T.: Characteristics of scientific databases. In: *Proceedings of the Tenth International Conference on Very Large Data Bases*, S. 147–160, August 1984.

[SP94]   Spaccapietra, S.; Parent, C.: View Integration: A Step Forward in Solving Structural Conflicts. *IEEE Transactions on Knowledge and Data Engineering*, Band 6, Nr. 2, S. 258–274, April 1994.

[SPD92]   Spaccapietra, S.; Parent, C.; Dupont, Y.: Model Independent Assertions for Integration of Heterogeneous Schemas. *The VLDB Journal*, Band 1, Nr. 1, S. 81–126, Juli 1992.

[SPSW90]   Schek, H.-J.; Paul, H.-B.; Scholl, M.-H.; Weikum, G.: The DASDBS project: objectives, experiences, and future prospects. *IEEE Transactions on Knowledge and Data Engineering*, Band 2, Nr. 1, S. 25–43, 1990.

[SRH90]   Stonebraker, M.; Rowe, L.; Hirohama, M.: The implementation of POSTGRES. *IEEE Transactions on Knowledge and Data Engineering*, Band 2, Nr. 1, S. 125–142, 1990.

[SS86]   Schek, H.-J.; Scholl, M.: The relational model with relation-valued attributes. *Information systems*, Band 11, Nr. 2, S. 137–147, Juni 1986.

[SS87]   Schek, H.-J.; Schlageter, G. (Hrsg.): *Proc. GI-Fachtagung "Datenbanksysteme in Büro, Technik und Wissenschaft" (BTW'87), Darmstadt*, Informatik-Fachberichte. Springer-Verlag, Berlin, 1987.

[SS89]   Schek, H.-J.; Scholl, M.: The two roles of nested relations in the DASDBS project. In: *[AFS89]*, S. 50–68, 1989.

[SS96a]   Schmitt, I.; Saake, G.: Integration of Inheritance Trees as Part of View Generation for Database Federations. In: Thalheim, B. (Hrsg.): *Conceptual Modeling — ER'96, Proc. of the 15th Int. Conf., Cottbus, Germany, October 1996, Lecture Notes in Computer Science*, Band 1157, S. 195–210. Springer-Verlag, Berlin, 1996.

[SS96b]   Schmitt, I.; Saake, G.: Schema Integration and View Generation by Resolving Intensional and Extensional Overlappings. In: Yetongnon, K.; Hariri, S. (Hrsg.): *Proc. of the 9th ISCA Int. Conf. on Parallel and Distributed Computing Systems (PDCS'96), Dijon, France, September 1996*, S. 751–758. International Society for Computers and Their Application, Six Forks Road, Releigh, NC, 1996.

[SS98]   Schmitt, I.; Saake, G.: Merging Inheritance Hierarchies for Database Integration. In: Halper, M. (Hrsg.): *Proc. of the 3rd IFCIS Int. Conf. on Cooperative Information Systems, CoopIS'98, August 20–22, 1998, New York, USA*, S. 322–331. IEEE Computer Society Press, Los Alamitos, CA, 1998.

[SS99a]   Sattler, K.; Saake, G.: Supporting Information Fusion with Federated Database Technologies. In: Conrad, S.; Hasselbring, W.; Saake, G. (Hrsg.): *Proc. 2nd Int. Workshop on Engineering Federated Information Systems, EFIS'99, Kühlungsborn, Germany, May 5–7, 1999*, S. 179–184. infix-Verlag, Sankt Augustin, 1999.

[SS99b]   Schmitt, I.; Saake, G.: Integrating Database Schemata using the GIM Method. Preprint 20, Fakultät für Informatik, Universität Magdeburg, 1999.

[SS00]   Saake, G.; Sattler, K.: *Datenbanken & Java: JDBC, SQLJ und ODMG*. dpunkt Verlag, Heidelberg, 2000.

[SSC93]   Schek, H.-J.; Sheth, A. P.; Czejdo, B. D. (Hrsg.): *RIDE-IMS'93, Proc. of the 3rd Int. Workshop on Research Issues in Data Engineering: Interoperability in Multidatabase Systems, Vienna, Austria, April 19–20, 1993*. IEEE Computer Society Press, Los Alamitos, CA, 1993.

[SST94a]   Schewe, K.-D.; Stemple, D.; Thalheim, B.: Higher-Level Genericity in Object Oriented Databases. In: *Proc. COMAD'94, Bangalore (Indien)*, 1994.

[SST94b]   Scholl, M. H.; Schek, H.-J.; Tresch, M.: Object Algebra and Views for Multi-Objectbases. In: Özsu, T.; Dayal, U.; Valduriez, P. (Hrsg.): *Distributed Object Management*, S. 353–374. Morgan Kaufmann Publishers, San Mateo, CA, 1994.

[SST97]   Saake, G.; Schmitt, I.; Türker, C.: *Objektdatenbanken — Konzepte, Sprachen, Architekturen*. International Thomson Publishing, Bonn, 1997.

[ST94]   Schewe, K.-D.; Thalheim, B.: Achieving Consistency in Active Databases. In: Widom, J.; Chakravarthy, S. (Hrsg.): *Proc. of the 4th Int. Workshop on Research Issues in Data Engineering: Active Database Systems, RIDE-ADS'94, Houston, Texas, USA, February 1994*, S. 71–76. IEEE Computer Society Press, Los Alamitos, CA, 1994.

[ST98]   Schmitt, I.; Türker, C.: Refining Extensional Relationships and Existence Requirements for Incremental Schema Integration. In: Gardarin, G.; French, J.; Pissinou, N.; Makki, K.; Bougamin, L. (Hrsg.): *Proc. of the 7th ACM CIKM Int. Conf. on Information and Knowledge Management, November 3–7, 1998, Bethesda, Maryland, USA*, S. 322–330. ACM Press, New York, 1998.

[Sto86]   Stonebraker, M. (Hrsg.): *The INGRES Papers: Anatomy of a Relational Database System*. Addison-Wesley, Reading, MA, 1986.

[Stü93]   Stürner, G.: *Oracle7. Die verteilte semantische Datenbank*. dbms publishing, Weissach, 2. Auflage, 1993.

[Stü95]   Stürner, G.: *ORACLE7 – A User's and Developer's Guide*. International Thomson Publishing, London, 1995.

[Sub98]   Subrahmanian, V. S.: *Principles of Multimedia Database Systems*. Morgan Kaufmann Publishers, San Francisco, CA, 1998.

[SW85]   Shoshani, A.; Wong, H. K. T.: Statistical and scientific database issues. *IEEE Transactions on Software Engineering*, Band SE-11, Nr. 10, S. 1040–1047, Oktober 1985.

[SW91]   Schek, H.-J.; Weikum, G.: Erweiterbarkeit, Kooperation, Föderation von Datenbanksystemen. In: Appelrath, H.-J. (Hrsg.): *Proc. GI-Fachtagung "Datenbanksysteme in Büro, Technik und Wissenschaft" (BTW'91), Kaiserslautern, März 1991, Informatik-Fachberichte*, Band 270, S. 38–71. Springer-Verlag, Berlin, 1991.

[SWKH76]   Stonebraker, M.; Wong, E.; Kreps, P.; Held, G.: The design and implementation of INGRES. *ACM Transactions on Database Systems*, Band 1, Nr. 3, S. 189–222, 1976.

[TCG⁺93]   Tansel, A. U.; Clifford, J.; Gadia, S.; Jajodia, S.; Segev, A.; Snodgrass, R. (Hrsg.): *Temporal Databases — Theory, Design and Implementation*. Benjamin/Cummings, Redwood City, CA, 1993.

[Tha91a]   Thalheim, B.: *Dependencies in Relational Databases*. Teubner-Verlag, Leipzig, 1991.

[Tha91b]   Thalheim, B.: Konzepte des Datenbank-Entwurfs. In: *[VW91]*, S. 1–48. R. Oldenbourg Verlag, 1991.

[Tha00]   Thalheim, B.: *Fundamentals of Entity-Relationship Modeling*. Springer, Berlin, Heidelberg, 2000.

[Tit99]   Titzler, P.: Entwurf und Implementierung eines Virtuellen Dokumenten-Servers. Diplomarbeit, Universität Rostock, Fachbereich Informatik, Mai 1999.

[TK78]   Tsichritzis, D.; Klug, A.: The ANSI/X3/SPARC DBMS Framework Report of the Study Group on Database Management Systems. *Information Systems*, Band 3, Nr. 3, S. 173–191, 1978.

[Tod76]   Todd, S. J. P.: The peterlee relational test vehicle–a system overview. *IBM Systems Journal*, Band 15, Nr. 4, S. 285–308, 1976.

[TS93]   Tresch, M.; Scholl, M.: Schema Transformation Processors for Federated Objectbases. In: Moon, S. C.; Ikeda, H. (Hrsg.): *Proc. of the 3rd Int. Conf. on Database Systems for Advanced Applications, DASFAA'93, Taejon, Korea, April 1993*, S. 37–46. World Scientific Press, Singapore, 1993.

[TS98]   Türker, C.; Saake, G.: Deriving Relationships between Integrity Constraints for Schema Comparison. In: Litwin, W.; Morzy, T.; Vossen, G. (Hrsg.): *Advances in Databases and Information Systems, Proc. Second East-European Symposium, ADBIS'98, Poznań, Poland, September 1998, Lecture Notes in Computer Science*, Band 1475, S. 188–199. Springer-Verlag, Berlin, 1998.

[TS99]   Türker, C.; Saake, G.: Consistent Handling of Integrity Constraints and Extensional Assertions for Schema Integration. In: *Advances in Databases and Information Systems, Proc. Third East-European Symposium, ADBIS'99, Maribor, Slovenia, September 1999, Lecture Notes in Computer Science*, Band 1691, S. 31–45. Springer-Verlag, Berlin, 1999.

[Tü98]   Türscher, G.: *PL/SQL. Lernen, Verstehen und Einsetzen*. Springer, Berlin, 1998.

[Tür99]   Türker, C.: *Semantic Integrity Constraints in Federated Database Schemata, Dissertationen zu Datenbanken und Informationssystemen*, Band 63. infix-Verlag, Sankt Augustin, 1999.

[TYF86]   Teorey, T.; Yang, D.; Fry, J.: A logical design methodology for relational databases using the extended entity-relationship model. *ACM Computing Surveys*, Band 18, Nr. 2, S. 197–222, 1986.

[UD86]   Urban, S. D.; Delcambre, L.: An Analysis of the Structural, Dynamic, and Temporal Aspects of Semantic Data Models. In: *Proc. Int. Conf. on Data Engineering*, S. 382–387. ACM, New York, 1986, Los Angeles, 1986.

[Ull88]   Ullman, J.: *Principles of Database and Knowledge-Base Systems*, Band 1. Computer Science Press, Rockville, MD, 1988.

[Ull89]   Ullman, J.: *Principles of Database and Knowledge-Base Systems*, Band 2. Computer Science Press, Rockville, MD, 1989.

[UW97]   Ullman, J. D.; Widom, J.: *First Course in Database Systems*. Prentice Hall, Upper Saddle River, 1997.

[Vet87]   Vetter, M.: *Aufbau betrieblicher Informationssysteme mittels konzeptioneller Datenmodellierung*. Teubner-Verlag, Stuttgart, 4. Auflage, 1987.

[vH93]   van den Bussche, J.; Heuer, A.: Using SQL with object-oriented databases. *Information Systems*, Band 18, Nr. 7, S. 461–487, 1993.

[Vos87]   Vossen, G.: *Datenmodelle, Datenbanksprachen und Datenbank-Management-Systeme*. Addison-Wesley, Bonn, 1987.

[Vos91]   Vossen, G.: *Data Models, Database Languages, and Database Management Systems*. International Computer Science Series. Addison-Wesley, Wokingham, England, 1991.

[Vos94]   Vossen, G.: *Datenmodelle, Datenbanksprachen und Datenbank-Management-Systeme*. Addison-Wesley, Bonn, 2. Auflage, 1994.

[Vos99]   Vossen, G.: *Datenbankmodelle, Datenbanksprachen und Datenbankmanagement-Systeme*. Oldenbourg, 3. Auflage, 1999.

[VRT82]   Vinek, G.; Rennert, P.; Tjoa, A.: *Datenmodellierung — Theorie und Praxis des Datenbankentwurfes*. Physica-Verlag, Würzburg, Wien, 1982.

[VW91]   Vossen, G.; Witt, K.-U. (Hrsg.): *Entwicklungstendenzen bei Datenbank-Systemen*. R. Oldenbourg Verlag, 1991.

[Wal91]   Walter, B.: Datenbankkonzepte für wissensbasierte Systeme. In: Vossen, G.; Witt, K.-U. [VW91], S. 145–171.

[Wal94]   Wallrath, M.: *Entwicklung ingenieuerwissenschaftlicher Daten-bankanwendungen. Ein objektorientiertes Datenmodell.* FZI Berich-te Informatik. Springer-Verlag, Berlin, 1994.

[WB97]   Wu, M.-C.; Buchmann, A.: Research Issues in Data Warehousing. In: Dittrich, K. R.; Geppert, A. (Hrsg.): *Datenbanksysteme in Bü-ro, Technik und Wissenschaft, BTW'97, GI-Fachtagung, Ulm, März 1997*, Informatik aktuell, S. 61–82. Springer-Verlag, Berlin, 1997.

[Weg91]   Wegner, L. M.: Let the Fingers Do the Walking: Object manipula-tion in an NF^2 Database Editor. In: Maurer, H. (Hrsg.): *Proc. New Results and New Trends in Computer Science, Lecture Notes in Com-puter Science*, Band 555, S. 337–358. Springer-Verlag, Berlin, 1991.

[Wei97]   Weik, T.: *Terminierung und Konfluenz in einer aktiven objektorien-tierten Datenbank*. Dissertation, Technische Universität Ilmenau, 1997.

[WH95]   Weik, T.; Heuer, A.: An algorithm for the analysis of termination of large trigger sets in an OODBMS. In: *Proceedings of the Work-shop on Active and Real-Time Databases - ARTDB-95*, Workshops in Computing. Springer-Verlag, 1995.

[Wid91]   Widmayer, P.: Datenstrukturen für Geodatenbanken. In: Vossen, G.; Witt, K.-U. [VW91], S. 317–361.

[Wid95]   Widom, J.: Research Problems in Data Warehousing. In: Pissinou, N.; Silberschatz, A.; Park, E. K.; Makki, K. (Hrsg.): *Proc. of the 4th Conf. on Information and Knowledge Management (CIKM'95), Bal-timore, Maryland, USA*, S. 25–30. ACM Press, November 1995.

[Wie98]   Wieringa, R.: A survey of structured and object-oriented software specification methods and techniques. *ACM Computing Surveys*, Band 30, Nr. 4, S. 459–527, 1998.

[Wil92]   Wille, R.: Concept lattices and conceptual knowledge systems. *Com-puter & Mathematics with Applications*, Band 23, Nr. 6-9, S. 493–515, 1992.

[WK99]   Warmer, J.; Kleppe, A.: *The Object Constraint Language – Preci-se Modeling with UML*. Object Technology Series. Addison Wesley Longman, Inc., Reading, Massachusetts, 1999.

[WR92]   Wächter, H.; Reuter, A.: The ConTract Model. In: Elmagarmid, A. K. (Hrsg.): *Database Transaction Models for Advanced Applications*, S. 219–263. Morgan Kaufmann Publishers, San Mateo, CA, 1992.

[Wro98]   Wrobel, S.: Data Mining und Wissensentdeckung in Datenbanken. *Künstliche Intelligenz – Organ des FB 1 der Gesellschaft für Informatik (GI)*, Band 12, Nr. 1, 1998.

[ZC86]   Zvieli, A.; Chen, P. P.: Entity-relationship modeling and fuzzy databases. In: *Proceedings of the IEEE International Conference on Data Engineering*, S. 320. Los Angeles, CA, Februar 1986.

[ZK84]   Zemankova, M.; Kandel, A.: *Fuzzy Relational Databases — A Key to Expert Systems*. Verlag TÜV Rheinland, Köln, 1984.

[Zlo75]   Zloof, M. M.: Query by Example. In: *Proc. AFIPS Natl. Comp. Conf. 44*, S. 431–438, 1975.

[Zlo77]   Zloof, M. M.: Query-by-Example: A Database Language. *IBM Systems Journal*, Band 16, Nr. 4, S. 324–343, 1977.

[ZM81]   Zaniolo, C.; Melkanoff, M.: On the design of relational database schemata. *ACM Transactions on Database Systems*, Band 6, Nr. 1, S. 1–47, 1981.

[ZM90]   Zdonik, S.; Maier, D. (Hrsg.): *Readings in Object-Oriented Database Systems*. Morgan Kaufmann Publishers, San Mateo, CA, 1990.

Sachindex

Kalkül, 318
  sichere, 322
  syntaktisch sichere, 322
Anfragealgebra, 296
Anfragesprache, 14
  objektorientierte, 441
  regelbasierte, 437
Anomalie, 237
ANSI, 377
ANSI-SPARC, 31
ANSI-SPARC-Architektur, 31
ANSI/X3/SPARC, 27
Anwendungsarchitektur, 25
Anwendungsplan, 42
Anwendungsprozeß, 189
Anwendungsunabhängigkeit, 27
Armstrong-Axiome, 234
Assertion, 496
Assoziation, 76, 97
Assoziationsmatrix, 421
Assoziationsregel, 586, 589
ATTR(F), 231
Attribut, 11, 55, 59, 106, 108
  abgeleitetes, 74
  mehrwertiges, 73
  mengenwertiges, im EER-Modell,
    79
  objektwertiges, 87
  optionales, 72
  strukturiertes, 73
    im EER-Modell, 79
  transientes, 546
  unwesentliches, 239
Attribut-Selektion, 118, 348
Attributwert, 108
Auditing, 560
Aufgaben eines DBMS, 6
Aufwärtsvererbung, 214
Ausdrucksfähigkeit
  Bereichskalkül, 324
  QBE, 398
  Tupelkalkül, 328
Austauschformat, 165

Authentifikation, 565
Autorisierungsidentifikator, 562
azyklisches Schema, 409

Basic Object Adapter, 489
Basis-Tupelkalkül, Formel, 326
Basisrelation, 106, 110, 113
BCNF, 242
Bedingung
  temporale, 187
  transitionale, 187
Bedingungskonflikt, 176
Begriffsanalyse, 223
Begriffsverband, 224
Beispielelement, 392
benutzerdefinierter Typ, 286
Benutzerkomponente, 32
Benutzersicht, 15
Bereichskalkül, 320
Bereichsselektion, 349
Bereichsvariable, 320
Beschreibungskonflikt, 209
Bewertung, 417
Beziehung
  funktionale, 63
  inverse, 140
  Is-a, 131
  Komponenten-, 131
Beziehungsattribut, 59
Beziehungstyp, 58
  höherer Ordnung, 77
Bibliothek, digitale, 582
Binär-Objekt, 583
Binder, 42
Bindings in ODMG-97, 139
BLOB, 584
BOA, 489
boundary representation, 580
Boyce-Codd-Normalform, 242
BRep, 580
Browsing, 431
built-in-Funktion, 361

C++, 139, 148

future binding, 486

Gateway, 42
Gatherer, 431
GemStone, 129, 485
Generalisierung, 75, 184, 548
    im EER-Modell, 81
    im ER-Modell, 67
    totale, 81
generisches Integrationsmodell, 217
Geographische Informationssysteme, 581
geometrische Anfrage, 581
Geräteunabhängigkeit, 5
geschachtelte Relation, 124
geschachteltes Relationenmodell, 48
GETESS, 418
GIM, 217
GIM-Diagramm, 218
GIS, 581
Glossar, 419
GOLEM2, 415, 431, 432
GOOD, 165
Gruppeneigenschaft, 364
Gruppierung, 363
Gruppierungsattribut, 364
Gupta SQL-Base, 39
Gupta SQL-Windows, 483

Harvest, 431
Hauptmorphem, 420
HDBL, 412
HERM, 77
heterogene Datenbank, 574
hierarchisches Datenbankmodell, 122
    Abbildung von ER auf, 203
    Datenmanipulation, 454
    Hierarchie im, 122
hierarchisches Modell, 47
historische Entwicklung, 4
HM, 47
höhere Konzepte von OODBS, 129
HOLAP, 156
Homogenisierung, 220

Homonym, 175
horizontale Verteilung, 177
Horn-Klausel, 437
Host-Sprachen, 41
Host-Variable, 461
HTML, 160, 161
Hülle
    einer Attributmenge, 235
    einer FD-Menge, 233
hybrides OLAP, 156
Hypertext Markup Language, 160

I., 399
IBM, 33, 37, 376
identifizierende Attributmenge, 110, 111
IDL, 282, 489
IEF, 268, 271, 377
IFO-Modell, 127, 167
Illustra, 129, 144
Image Mining, 587
immutable objects, 140
impedance mismatch, 457
Implementierungshierarchie, 131
Implementierungsunabhängigkeit, 27
IMS, 36, 37, 122, 454
IMS-DDL, 278
IND, 262
Indexierung von Texten, 419
Indikator-Variable, 462
Indizierung von Texten, 419
Information Retrieval, 414, 582
Information-Retrieval-System, 414
Informationserhalt, 170
Informationsfusion, 589
Informationskapazität, 191, 546
Informix, 38, 141, 433
Informix Dynamic Server / Universal Option, 434
Informix Universal Server, 144
INGRES, 36, 38, 39, 375, 387, 389
    Anfragemodifikation, 522
    Windows4GL, 482

Namenskonflikt, 175, 209
NATURAL, 482
NB(F), 231
NDX-Datei, 40
Negation in QBE, 396
nest, 307
nested relation, 124
Nestung, 308
Netzwerk-Datenbanksystem, 37
Netzwerkmodell, 47, 119, 450
    Abbildung von ER auf, 202
Netzwerkschema, 119
NF2, 48
NF2-Algebra, 125
NF2-Relation, 124
Nicht-Standard-Datentyp, 78
Normalform, 238
    Boyce-Codd, 242
    erste, 107
    zweite, 239, 240
    dritte, 241
    vierte, 260
Null-Selektion, 350
Nullwert, 350, 369, 534
    in OQL, 447
    in Relationenalgebra, 314
    in SQL DDL, 270
NWM, 47

O_2, 129, 133, 485
Object Adapter, 489
Object Constraint Language, 95
Object Data Management Group, 138
Object Database Adapter, 489
Object Definition Language, 280
Object Exchange Model, 160
Object Management Architecture, 488
Object Management Group, 138, 488
Object Manipulation Language, 444
Object Modeling Technique, 93
Object Modelling Technique, 93
Object Query Language, 444
Object Request Broker, 488

Object Transaction Service, 488
Object View, 287
ObjectStore, 129, 140, 484
Objekt, 186
Objekt-Server, 577
objektabhängige Persistenz, 484
Objektbehälter, 130
Objektdiagramm, 94
objekterhaltende Semantik, 442
objekterzeugende Semantik, 442
Objektidentität, 128, 130
Objektmigration, 136
Objektmodell, 93
Objektmodell der ODMG, 139
objektorientierte Datenbanksysteme,
    129, 577
objektorientierte Programmierspra-
    chen, 129
objektorientierter Entwurf, 93, 180
objektorientiertes Datenbankmodell,
    127
objektorientiertes Datenmodell, 49
objektorientiertes Entwurfsmodell, 49
Objektpuffer, 36
Objektrelation, 134
objektrelationale Datenbank, 49
objektrelationale Datenbanksysteme,
    142
Objektschicht, 182, 183
Objektsichten, 553
Objektsystem
    verteiltes, 488
Objektvorrat, 130
objektwertiges Attribut, 87
Observer, 147
OCL, 95
ODA, 489
Odapter, 145
ODBC, 475
ODL, 139, 280
ODMG, 49, 138, 382
    Binding, 485
    future binding, 486

Schlüsselkandidat, 65
Schneeflocken-Schema, 157
Schnittstellen der Fünf-Schichten-
    Architektur, 33
Scientific Databases, 585
SDDL, 18
SDM, 49, 127
SearchSQL, 432
Seiten-Server, 577
Selbst-Verbund in SQL, 342
Selektion, 13, 115, 118, 297, 299
Selektionsprädikat, 318
Selektionssicht, 535, 546
Semantik, von QBE, 397
semantischer Konflikt, 209
semantisches Datenmodell, 49, 73, 126
semi-naive Auswertung, 439
semistrukturierte Daten, 159
semistrukturierte Dokumente, 159
SEQUEL, 376
SEQUEL2, 376, 377
Sequenzanalyse, 586
SERM, 101
Server, 570
Servlet, 593
Set-Typ, 119
SFW-Block, 340, 444
SGML, 161
sichere Anfrage, 320, 322
Sicherheitsmodell, 561
    diskretes, 561
    verbindliches, 561
Sicht, 294, 528, 544
    berechnete, 539
    Deklaration, 544
    in ORDBMS, 151
    kapazitätserhöhende, 546
    kapazitätsvermindernde, 546
    materialisierte, 555
    objekterhaltende, 548
    objektgenerierende, 548
    Selektions-, 546
Sichtdefinition

kombinierte, 550
operationale, 547
strukturelle, 548
Sichtdefinition in SQL, 530
Sichthierarchie, 287
Sichtintegration, 177, 263
Sichtmodellierung, 175
Siemens, 37
$\sigma(E)$ aktuelle Entities, 57
SMALLTALK, 139
Snapshot, 294
snowflake schema, 157
Software AG, 432
Sortierung
    in QBE, 396
    in SQL, 368
SOS, 33
spätes Binden, 132
Spaltenerweiterung, 316
Spatial Data Mining, 587
Speichersystem, 34
Spezialisierung, 75, 548
    im EER-Modell, 80
    im ER-Modell, 67
    mehrfache, 83, 86
SQL, 38, 48, 115, 268, 340, 376, 444
    Änderungsoperation, 370
    Bezug zum Tupelkalkül, 342, 347,
        350, 354
    Communication Area, 463
    Datenmodell, 48
    DDL, 268
    Description Area, 467
SQL-86, 377
SQL-89, 269, 377, 379
    Anfrage, 339
    Standard, 379
SQL-92, 269, 377
    Anfrage, 339
    DDL, 272
    Mengenoperationen, 358
    Sicht, 540
    Standard, 379

volle Abhängigkeit, 240
vollständige Partitionierung, 75
Volltext-Datenbanksystem, 431
Vorübersetzer-Prinzip, 457
VSAM, 39
VSAM-Dateien, 39

W3C, 161
Watcom SQL, 39
weak entity, 65
Wert, 186
    im EER-Modell, 78
    im ER-Modell, 57
Wertebereich, 51, 106, 108
    Operationen, 360
Wertebereichskonflikt, 176
wertorientiertes   Datenbankmodell,
    130
Wissensbanken, 578

Workflow, 189
World Wide Web Consortium, 161
Wrapper, 145
WWW, 592
WWW-Suchdienst, 431

XML, 161, 425
XML-Anfragesprache, 165

YoYo-Ansatz, 213

Zeitereignis, 519
Zugriffskontrolle, 559, 560
    bei Sichtänderungen, 533
Zugriffspfad, 17
Zugriffsrecht, 562
Zugriffssystem, 34
zusammengesetztes Ereignis, 518
zweite Normalform, 239, 240

Personenindex

Hammer, M., 127
Han, J., 596
Harel, D., 94
Hasselbring, W., 213
Heijenga, W., 547, 549, 557
Heuer, A., 21, 44, 127, 285, 570, 577, 581, 584
Hildebrandt, E., 209
Hinze, R., 595
Hohenstein, U., 72, 77, 101, 328, 330, 333, 413, 448
Hull, R., 127, 167

Jablonski, S., 581, 596
Jacobson, I., 93, 101
Jonscher, D., 568

Kachel, G., 557
Kameda, T., 264
Keller, A, 552, 557
Kemper, A., 24, 596
Khoshafian, S., 583, 596
Kifer, M., 166, 263, 264
King, R., 139
Kolmschlag, S., 213
Korth, H. F., 24, 584, 588
Kuno, H. A., 557

Laasch, C., 556
Larson, J., 575, 595
Lausen, G., 166
Lenzerini, M., 264
Lesk, M., 582, 596
Libkin, L., 557
Lien, Y., 264
Ling, T., 264
Lipeck, U., 502, 512, 524
Lockemann, P. C., 596
Loeser, H., 593

Maier, D., 24, 139, 167, 255, 264
Mannila, H., 264
McLeod, D., 127
Melkanoff, M., 263, 264

Melton, J., 493
Meyer-Wegener, K., 596
Motschnig-Pitrik, R., 556
Muller, R. J., 227

Naqvi, S., 595
Navathe, S. B., 24, 66, 73, 90, 101, 226, 264
Neuhold, E., 214
Neumann, K., 456, 524

O'Neil, P., 24, 456, 466, 467
Özsu, T., 595
Ozsoyoglu, Z., 263, 264

Papadimitriou, C. H., 263
Paraboschi, S., 24
Paredaens, J., 167
Pelagatti, G., 595
Pendse, N., 155
Pistor, P., 448

Räihä, K.-J., 264
Rahm, E., 44, 573, 595
Ramakrishnan, R., 24
Reinwald, B, 596
Reuter, A., 189, 227
Rumbaugh, J., 93, 101
Rundensteiner, E. A., 557

Saake, G., 21, 44, 181, 226, 227, 493, 570, 577, 581, 584
Sattler, K.-U., 493, 589
Schek, H.-J., 125, 167, 309, 595
Schewe, K.-D., 522
Schiefer, B., 557
Schmidt, J. W., 492, 493
Schmitt, I., 217, 227, 577
Scholl, M., 167, 309, 556
Schrefl, M., 214
Senko, H. M., 33, 44
Sheth, A., 575, 595
Silberschatz, A., 24, 584, 588
Simon, A. R., 595
Sinz, E., 101

Sobirey, M., 568
Spaccapietra, S., 208, 214
Spyratos, N, 552, 557
Stemple, D., 522
Stonebraker, M., 143, 447
Stürner, G., 468, 493
Subrahmanian, V. S., 596
Sudarshan, S., 24, 584, 588

Tanca, L., 595
Tansel, A. U., 585, 596
Thalheim, B., 77, 92, 101, 227, 522
Tompa, F., 264
Torlone, R., 24
Tresch, M., 556
Tsur, S., 595
Türker, C., 524, 577
Türscher, G., 493

Ullman, J. D., 24, 263, 448, 567

Valduriez, P., 595
Vossen, G., 24

Wächter, H., 189, 227
Wallrath, M., 596
Weikum, G., 595
Widmayer, P., 577, 581, 596
Widom, J., 24, 522, 596
Wieringa, R., 94
Wu, M.-C., 596

Yu, P. S., 596
Yuan, L.-Y., 263, 264

Zaniolo, C., 263, 264
Zdonik, S., 139
Zloof, M. M., 447

Schlüsselwortindex

min, 361
minus, 377
modify, 453
move, 484
multiset, 146, 148

natural join, 344
new, 487, 510
next, 187, 459
nil, 447
no action, 286, 505
no_of_matches, 434
not, 338, 350
not final, 288
not found, 464
not instantiable, 288
not null, 270, 503
null, 369, 534

oder, 402
of, 149
old, 510
on, 276, 343, 513, 517, 563, 564
on delete, 505
on update, 505
only, 290, 383
open, 463
or, 338, 350
order by, 368, 455
out, 148, 283
outer join, 344
overlapping, 100
overriding method, 289
owner is system, 452

parent, 279
pattern, 435
phrase_support, 435
post, 188
pre, 188
precise form of, 434
prepare, 466
primary key, 271, 503
prior, 459

private, 96, 148
protected, 96, 148
public, 96, 147–149, 563
public function, 147, 149

raises, 282, 283, 285
range of, 390
rank, 434
readonly, 96, 282
record, 279, 468
recursive union, 147
redefine, 549
ref, 288
ref from, 290
ref is, 289
ref is system generated, 290
ref using, 290
reference, 287
references, 271, 286, 503
referencing new as, 516
referencing new table as, 516
referencing old as, 516
referencing old table as, 516
refresh, 556
reject, 510
relationship, 281–284
relative, 459
remove, 453
rename, 549, 550
replace, 332, 455
restrict, 275, 286, 564
retrieve, 390
return, 138
returns, 147, 149
revoke, 564
right outer join, 344
rightmost, 455
roll up, 158, 311
rollback work, 465
rollup, 411
root, 279
rotate, 313
row, 146, 148, 286, 287